자이스토리 중학 국어 비문학 독해

특징 3

20일 완성

1 문해력＋어휘 체크 문제, 어휘력 향상 TEST ⇒ 독해력 향상

- 어휘, 지시어, 문해력을 파악하는 문제를 통해
  독해력의 기초를 자연스럽게 쌓을 수 있게 했습니다.
- QR 코드를 찍으면 다양한 어휘 문제들을 추가로 만나 볼 수 있습니다.

2 나만의 과외 선생님 – 지문 분석 특강, 문제 풀이 특강

- **지문 분석 특강**: 재미있는 내용의 지문을 통해 글을 읽고
  독해하는 방법을 알려 줍니다.
- 문제 풀이 특강: 무엇을 중심으로 문제를 풀어야 하는지, 어떠한
  방법으로 문제를 해결할 수 있는지를 체계적으로 알려 줍니다.

3 단계별 독해 훈련 – 아주 특별한 독해 훈련 문제

- 지문을 쉽고 빠르게 독해할 수 있는 4단계 독해 STEP과
  아주 특별한 독해 훈련 문제를 제시했습니다.

  STEP ❶ 핵심어 찾기, 중심 문장 찾기 [3일]
  STEP ❷ 문단 요약하기, 문단 간의 관계 파악하기 [4일]
  STEP ❸ 글의 구조 파악하기, 주제 찾기 [5일]
  STEP ❹ 실력 향상 TEST [8일]

- 4단계로 이루어진 독해 STEP별 문제로 훈련하면 비문학 독해가
  아주 쉬워집니다.

4단계 독해 STEP!

재미있는 국어 공부, 독해력이 쑥쑥

자이스토리 중학 국어 시리즈

🎓 중학 국어 비문학 독해 **1**, **2**, **3** (예비 고등)

- 문해력 + 어휘 체크 문제
- 4단계 독해 STEP별 아주 특별한 문제
- 지문 분석 특강 : 지문을 읽는 방법 익히기
- 문제 풀이 특강 : 문제를 푸는 방법 익히기
- 다양한 유형의 어휘력 향상 TEST, 배경지식, 어휘 총정리 + 어휘 특별 TEST
- 독해 STEP에 따른 단계별 독해 훈련

  STEP **1** 핵심어 찾기, 중심 문장 찾기 [3일] STEP **3** 글의 구조 파악하기, 주제 찾기 [5일]

  STEP **2** 문단 요약하기, 문단 간의 관계 파악하기 [4일] STEP **4** 실력 향상 TEST [8일]

📖 문학 독해 + 문학 용어 **1**, **2**, **3**

갈래별 STEP에 따른 단계별 독해 훈련

〈시〉	〈소설·극〉	〈수필〉
STEP	STEP	STEP
1 화자, 중심 대상 찾기	**1** 중심인물, 배경 파악하기	**1** 중심 대상 찾기
2 상황, 정서, 태도 파악하기	**2** 중심 사건, 갈등 파악하기	**2** 글쓴이의 생각, 태도 파악하기
3 표현상 특징 파악하기	**3** 서술상 특징 파악하기	**3** 서술상 특징 파악하기

📝 문해력을 키우는 어휘 **1**, **2**, **3**

- (읽기, 듣기·말하기·쓰기 교과서 어휘 + 용어 수록)

  영역별·주제별 핵심 어휘
- (문학) 교과서 필수 작품
- (문법) 교과서 필수 개념

📚 독해력 완성 **1**, **2**, **3** [비문학]

- 독해 STEP에 따른 단계별 독해 훈련
- 지문과 문제 접근법을 알려 주는 Follow Me!
- 다양한 유형의 어휘 테스트와 배경지식

Xi STORY

Xistory stands for extra
intensive story for an
entrance examination for
a university.

중학
국어

비문학
독해 ①

국어가 쉬워지면 모든 과목 성적이 오릅니다!

수경출판사

비문학 독해 – 단계별 독해력 향상 연습

✦ 어휘부터 글 전체까지 단계별로 독해력을 올릴 수 있습니다.

어휘의 의미를 파악하고 문해력을 쌓으면 글을 이해하기 쉽습니다.
4 STEP으로 글을 이해하는 훈련을 하면 긴 글도 빠르고 정확하게 독해할 수 있습니다.

▸ UP!

STEP I
핵심어 찾기,
중심 문장 찾기

• 글의 핵심어와
  중심 문장을 찾으면서
  글을 읽는 연습을
  해 보세요.

STEP II
문단 요약하기,
문단 간의 관계 파악하기

• 문단 내용을 요약하고,
  각 문단이 어떻게
  연결되어 있는지를
  파악해 보세요.
• 글의 흐름을 빨리
  이해할 수 있어요.

STEP III
글의 구조 파악하기,
주제 찾기

• 글의 구조를
  파악하고 주제를
  찾아보세요.
• 주제를 찾을 수
  있어야 글 전체를
  완전히 이해할 수
  있어요.

STEP IV
실력 향상 TEST

• 자신의 독해력이
  얼마나 향상되었는지
  자신의 실력을
  점검해 보세요.

✦ 국어가 쉬워지면 모든 과목 성적이 오릅니다!

글을 읽고, 이해하고, 정리하는 독해 훈련이 제대로 되어 있으면
교과서 내용을 쉽게 이해할 수 있어 공부가 재미있어집니다.
그래서 모든 과목 성적이 쉽게 오릅니다.

문해력 + 어휘 체크 문제
어휘, 지시어, 문장의 의미를 정확히 파악했는지
확인하는 문제입니다.

\+

STEP별 특별 문제
각 STEP별 독해 방법을 익힐 수 있도록 구성된
아주 특별한 문제입니다.

문제를 통해 문해력을 쌓고 독해력을 키웁니다.

지문 분석 특강
글의 내용을 정확하게 파악하는 방법을 연습하게
해 줍니다.

\+

문제 풀이 특강
문제를 해결하는 방법과 선택지가 정답과 오답이
되는 이유를 명확하게 구분해 줍니다.

지문을 읽는 방법과 문제를 풀이하는 방법을 안내합니다.

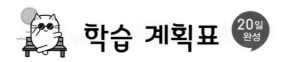

학습 계획표 20일 완성

★ 공부한 날은 '확인' 칸에 ☑ 표시를 해 보세요. ☑ 표시가 늘어날수록 독해력이 쑥쑥 높아질 거예요.

DAY	학습 날짜		틀린 문제, 헷갈리는 문제 번호 적기	확인
01	월	일		
02	월	일		
03	월	일		
04	월	일		
05	월	일		
06	월	일		
07	월	일		
08	월	일		
09	월	일		
10	월	일		
11	월	일		
12	월	일		
13	월	일		
14	월	일		
15	월	일		
16	월	일		
17	월	일		
18	월	일		
19	월	일		
20	월	일		

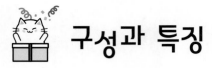

구성과 특징

1 매일 재미있는 지문으로 문해력, 어휘력 학습 ⇒ 독해력 기초 향상

▶ 매일 다른 제재의 재미있는 지문
하나의 DAY마다 서로 다른 영역의 지문을
통해 재미있게 학습할 수 있습니다.

▶ 문해력+어휘 체크
어휘, 지시어, 문장의 의미를 파악하는
문제를 통해 문해력을 높일 수 있습니다.

▶ 지문과 문제의 [어휘 풀이] 수록

DAY 01 피겨스케이팅

🐱 ＊ 다음 글을 읽고, 물음에 답하시오.

김연아 선수부터 차준환 선수에 이르기까지
선수들의 연기는 ⓐ우아하다는 극찬을 받았
기본 기술에는 스텝, 스핀, 점프가 있다. 스텝
주는 동작이고, 스핀은 빙판 위에서 여러 자세
위에서 ⊙도약하여 공중에서 회전한 뒤 다시

🐱 문해력+어휘 체크

01 다음 중 맞는 것에 ○ 표시하시오.

(1) ⓐ '우아하다는'의 사전적 의미는?
① 힘이 넘치고 생기가 가득하다. (   )
② 고상하고 기품이 있으며 아름답다.

(2) ⓑ '이것'의 의미는?
① 피겨스케이팅 선수들이 얼음 ㄲ
수 있는 것   (   )

2 최고의 독해력 향상 학습법 – STEP Ⅰ~Ⅳ

▶ STEP별 특별 문제
● STEP별 독해력 향상 학습법으로 훈련하면 비문학 지문이 쉽게 이해됩니다.
● STEP별 학습 요소를 단계별 문제로 연습할 수 있어 독해력을 빠르게 향상시킬 수 있습니다.

STEP Ⅰ	STEP Ⅱ	STEP Ⅲ	STEP Ⅳ
핵심어 찾기, 중심 문장 찾기	문단 요약하기, 문단 간의 관계 파악하기	글의 구조 파악하기, 주제 찾기	실력 향상 TEST
글의 핵심어와 글의 중심 문장을 찾는 훈련을 합니다.	각 문단의 중심 내용을 요약하고, 문단 간의 관계를 파악하는 연습을 합니다.	글 전체의 구조를 파악하고, 주제를 찾는 연습을 합니다.	STEP Ⅰ~Ⅲ에서 학습한 내용을 바탕으로 실력을 점검합니다!
⇓	⇓	⇓	⇓

02 빈칸에 들어갈 윗글의 핵심어를 쓰시오

> 피겨스케이팅 선수들의 동작에는
> 있다.

03 윗글의 중심 문장으로 알맞은 것은?
① 피겨스케이팅의 기본 기술에는
② 회전 관성이란 회전 운동을 하는
성질을 의미한다.
③ 이처럼 겉보기에는 우아하게만
다양한 과학적 원리가 숨어 있다
④ 먼저, 피겨스케이팅 선수들이 저
쪽으로 모으는 이유는 '회전 관〈
⑤ 김연아 선수부터 차준환 선수에
피겨스케이팅 선수들의 연기는

02 빈칸에 들어갈 말을 쓰시오.

〈문단 요약하기〉

1문단: 가짜 뉴스의 구체적 사례
수현이가 접한 아이돌 가수의 교통사고
(❶   )(이)였다

2문단: 가짜 뉴스의 개념과 특징
이익을 위해 의도적으로 유포된 거짓 정
비슷한 형식의 (❷   ) 을

3문단: 가짜 뉴스가 유포되는 3가지 0
쉽게 접근할 수 있는 플랫폼에서 유통되고
확인하는 데 한계가 있으며, 돈이 되기 때

4문단: 가짜 뉴스를 막기 위한 노력
① 플랫폼·검색 누리집
가짜 뉴스를 막기 위해 동영상 재생 플
누리집 측에서는 여러 노력을 하고 있

5문단: 가짜 뉴스를 막기 위한 노력
② 뉴스를 보는 사람들
뉴스를 보는 사람들도 뉴스를 비판적으

08 〈문단 요약〉을 바탕으로 구조도의 빈

> **1문단**
> 사용자 추적
> 광고와 관련된
> 구체적 사례

> (❸

> 1문단에서 구체적 사례를 통해
> 사용자 추적 광고에 대한 읽는 사람의
> 호기심을 끌고, 2문단에서는 사용자 추적
> 광고의 (❷   )와/과 장점을,
> 3문단에서는 문제점을 제시했습니다.

⇒ 주제 : (❹

01
윗글의 내용으로 알맞지 **않은** 것은?
① 문신을 예술이라고 보는 사람들이 ○
② 대식 세포는 상처가 난 곳의 병원균〈
③ 우리 몸속에 들어온 병원균은 대식 〈
처리한다.
④ 문신을 새길 때보다 지울 때 더 많은
한다.
⑤ 레이저를 활용하면 대식 세포가 먹은
쪼갤 수 있다.

02
문신을 새긴 후 이것이 유지되는 과정을 질

> 진피로 잉크가 들어옴.
> ↓
> 대식 세포가 잉크를 잡아먹음
> ↓
> 대식 세포가 잉크 색으로 염색ㅂ

3 나만의 과외 선생님 – 지문 분석 특강, 문제 풀이 특강

▶ 지문 분석 특강

글의 내용을 빠르고 정확하게 파악하는 방법을
연습하게 해 줍니다.

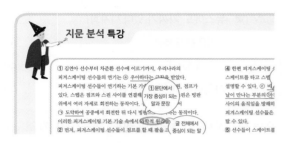

▶ 문제 풀이 특강

문제를 해결하는 방법과 선택지가 정답과 오답이
되는 이유를 알게 해 줍니다.

4 어휘력 향상 TEST + 배경지식

▶ 어휘력 향상 TEST

지문과 문제 속 어휘를 다양한 유형의 문제로 풀어
봄으로써 어휘력을 탄탄하게 다질 수 있습니다.

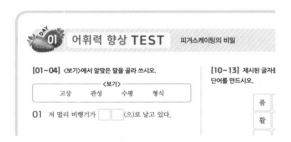

▶ 지문과 관련된 [배경지식]

지문을 읽으며 학생들이 궁금해 할 법한 내용, 추가적으로
좀 더 알아두면 좋을 내용으로 구성했습니다.

5 특별 부록 – 어휘 총정리

▶ 어휘 총정리

- 각 DAY별 중학생 필수 어휘들을 총정리했습니다.
- 한자어의 경우, 한자의 음과 뜻도 함께
  제시했습니다.

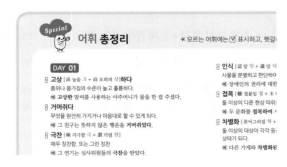

▶ QR 코드 : 어휘 특별 TEST

- 1 DAY당 1쪽 분량의 TEST로
  나의 어휘 실력을 점검해 보세요.
- 수경출판사 누리집(http://www.book-sk.kr)의
  학습 자료실 / 교재관련자료 코너로 연결됩니다.

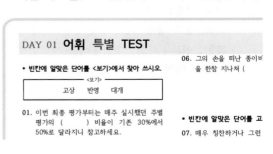

 # 차례

★ (비문학 독해) 지문은 소재에 따라 다음과 같이 나눕니다.

- **인문**: 인간의 사상이나 문화를 대상으로 하는 언어, 역사, 철학, 윤리학, 논리학 등
- **사회**: 우리 사회와 관련된 정치, 경제, 법, 심리학, 제도, 복지, 언론, 문화 등
- **예술**: 아름다움을 창조하는 구체적인 행위인 미술, 음악, 건축, 공연 등
- **과학·기술**: 생명 과학, 물리학, 지구 과학, 화학, 정보·통신, 에너지 및 자원, 기계 등
- **복합**: '인문+사회', '과학+예술' 등 두 가지 영역 이상을 융합하여 다루는 경우

STEP Ⅲ
글의 구조 파악하기, 주제 찾기 (5일)

STEP Ⅳ
실력 향상 TEST (8일)

특별 부록 | 어휘 총정리 178
– 각 DAY별로 익힌 어휘를 한눈에 확인해 보세요.

★ 어휘 특별 TEST
– DAY별 어휘 실력을
점검할 수 있는 문제입니다.

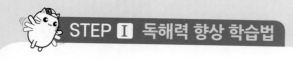

★ **핵심어 찾기**

① 문단의 핵심어, 글 전체 핵심어: 가장 많이 등장하고 [방법 ❶]

가장 중심이 되는 말 [방법 ❷] ➡ **유행어**

① '중꺾마'와 같은 유행어는 어느 한 시기에 널리 쓰이다가 안 쓰이게 되는 새로운 말의 일종이다. 유행어는 당시의 사회 분위기를 담아 만들어진다. 그래서 유행어는 '시대의 거울'이라고 불리기도 한다. 2002년 월드컵 때의 유행어인 '꿈은 이루어진다'가 꿈을 가지고 노력하면 언젠간 꿈을 이룰 수 있다고 믿는 당시 분위기를 담고 있다면, 2022년 월드컵 때의 '중꺾마'는 승패를 떠나 그 과정에서 최선을 다하는 것이 중요하다고 생각하는 2020년대의 시대상을 반영한 것이라고 볼 수 있다.

② 문단의 핵심어: 가장 중심이 되는 말 [방법 ❷] ➡ **부정적**

② 그렇다면 유행어를 사용하는 것에 대해 사람들은 어떻게 생각할까? 유행어를 사용하는 것을 부정적으로 보는 사람들은 다음과 같은 이유를 든다. 첫 번째로 유행어는 대개 짧은 시간 동안 인기를 끌고 사라지기 때문에 유행어를 사용하여 다른 사람들과 지속적으로 소통하기에는 적절하지 않다는 것이다. 두 번째로는 유행어는 대개 특정 연령층이나 문화권에서만 인기가 있기 때문에 유행어를 사용하면 다른 연령층이나 문화권에서는 그 유행어를 이해하지 못할 수 있다는 것이다.

③ 문단의 핵심어: 가장 중심이 되는 말 [방법 ❷] ➡ **긍정적**

③ 반면 유행어를 사용하는 것을 긍정적으로 보는 사람들은 다음과 같은 이유를 든다. 첫 번째로 유행어는 대중적으로 사용되기 때문에 유행어를 사용하면 이 말을 사용하는 사람들 간의 의사소통이 원활해진다는 것이다. 또 새로운 유행어는 새로운 개념과 아이디어를 표현하기 편리하다고 본다.

④ 문단의 핵심어: 가장 중심이 되는 말 [방법 ❷] ➡ **유행어**

④ 유행어를 사용하는 것은 무조건 나쁘거나, 무조건 좋다고 할 수는 없다. 유행어를 대화가 이루어지는 때와 장소, 같이 대화하는 사람에 맞지 않게 사용한다면 의사소통을 어렵게 할 수 있지만, 적절하게만 사용한다면 이것은 문제가 되지 않기 때문이다. 그러므로 유행어를 사용할 때는 대화하는 상황과 상대방을 고려하는 태도를 가져야 한다.

★ **중심 문장 찾기**

① **문단의 중심 문장**
유행어의 개념을 소개하고 있음. [방법 ❶, ❷]

② **문단의 중심 문장**
유행어를 사용하는 것을 부정적으로 보는 사람들의 견해를 소개하고 있음. [방법 ❷]

③ **문단의 중심 문장**
유행어를 사용하는 것을 긍정적으로 보는 사람들의 견해를 소개하고 있음. [방법 ❷]

④ **문단의 중심 문장**
유행어를 사용할 때 상황과 상대방을 고려해야 한다는 글쓴이의 주장이 드러나 있음. [방법 ❶]

✳ **글 전체 중심 문장**
글쓴이가 윗글을 쓴 목적은 유행어를 사용할 때 대화 상황과 상대방을 고려해야 한다고 주장하기 위해서임. [방법 ❸]

STEP I

핵심어 찾기,
중심 문장 찾기

★ 핵심어 찾기

핵심어는 글에서 중심이 되는 단어입니다.

| 핵심어를 찾는 이유 |

글 전체에서 이야기하고 있는 중심 대상인 핵심어를 찾으면 글이 무엇을 이야기하고 있는지 쉽게 파악할 수 있습니다.

| 핵심어를 찾는 방법 |

방법 ❶ 글에서 가장 많이 등장하는 말 찾기
방법 ❷ 글에서 가장 중심이 되는 말 찾기

★ 중심 문장 찾기

● 중심 문장은 문단 또는 글 전체의 중심이 되는 내용을 포함하는 문장입니다.
● 보통 중심 문장은 각 문단의 맨 앞이나 뒤에 위치합니다.

| 중심 문장을 찾는 이유 |

하나의 문단에서는 보통 하나의 중심 내용을 이야기하므로, 중심 문장을 찾으면 그 문단에서 이야기하고자 하는 내용을 쉽게 파악할 수 있습니다.

| 중심 문장을 찾는 방법 |

방법 ❶ 각 문단에서 말하고자 하는 것 찾기
방법 ❷ 핵심어에 대해 설명하고 있는 것 찾기
방법 ❸ 글 전체의 내용을 포함한 주제 문장 찾기

핵심어 위주로 글을 읽으면 내용을 쉽고 빠르게 파악할 수 있어요!

DAY 01 피겨스케이팅의 비밀 [예술+과학]

＊ 다음 글을 읽고, 물음에 답하시오.

지문을 읽으면서 핵심어에는 동그라미, 중심 문장에는 밑줄을 그으세요.

김연아 선수부터 차준환 선수에 이르기까지, 우리나라의 피겨스케이팅 선수들의 연기는 ⓐ우아하다는 극찬을 받았다. 피겨스케이팅 선수들이 연기하는 기본 기술에는 스텝, 스핀, 점프가 있다. 스텝은 점프와 스핀 사이를 연결해 주는 동작이고, 스핀은 빙판 위에서 여러 자세로 회전하는 동작이다. 점프는 빙판 위에서 ㉠도약하여 공중에서 회전한 뒤 다시 빙판으로 착지하는 동작이다. 이러한 피겨스케이팅 기본 기술 속에서 과학적 원리를 찾을 수 있다.

먼저, 피겨스케이팅 선수들이 점프를 할 때 팔을 크게 벌렸다 몸 쪽으로 모으는 이유는 '회전 관성' 때문이다. 회전 관성이란 회전 운동을 하는 물체가 계속해서 회전 운동을 하려고 하는 성질을 의미한다. 회전하는 반지름의 크기가 클수록 회전 관성은 커지고, 회전 관성이 커지는 만큼 회전 속도는 줄어든다. 피겨스케이팅 선수들이 회전을 할 때는, 몸통이 회전축이 되고 뻗은 팔이 회전하는 반지름이 된다. 선수들이 점프할 때 팔을 크게 벌렸다 몸 쪽으로 모으면, 회전하는 반지름이 커졌다가 작아지기 때문에 회전 관성은 줄어들고 회전 속도는 증가하게 되어 더 높게 뛸 수 있다.

또한 피겨스케이팅 선수들이 스핀을 할 때 팔을 벌렸다가 가슴 쪽으로 모으는 것과 수평으로 들고 있던 다리를 수직에 가깝게 올리는 것은 회전하는 반지름을 줄이기 때문에 회전 속도를 빠르게 만들어 준다. 이처럼 스핀 역시 회전 관성과 관련이 있는 기본 기술이다.

한편 피겨스케이팅 선수들은 어떻게 얼음 위에서 미끄러지듯 스케이트를 타고 스텝을 할 수 있는 것일까? ⓑ이것 역시 과학적으로 설명할 수 있다. ⓒ비밀을 풀 수 있는 열쇠는 바로 얼음과 스케이트 날이 만나는 부분의 '마찰력'이다. 마찰력이란 접촉하고 있는 두 물체 사이의 움직임을 방해하는 힘을 통틀어 말하며, 마찰력을 줄임으로써 피겨스케이팅 선수들은 얼음 위에서 물 흐르듯 미끄러지며 스케이트를 탈 수 있다.

선수들이 스케이트를 타고 얼음 위를 달릴 때 얼음과 스케이트 날이 부딪히면서 열이 발생하는데, 이 열이 닿은 부분의 얼음이 녹아 얇은 물 층이 생긴다. 이렇게 생긴 물은 얼음과 맞닿아 있는 스케이트 날의 마찰력을 줄여주는 윤활유 역할을 하며, 선수들이 빙판 위를 매끄럽게 움직일 수 있게 해 준다. 국제 경기에서 ㉡피겨스케이팅 경기장의 빙판 온도를 영하 2도에서 영상 5도로 정해 놓는 이유도 여기에 있다. 빙판이 너무 꽝꽝 얼지 않도록 막음으로써 얇은 물 층을 형성하기 위해서이다.

이처럼 우아하게만 보이는 피겨스케이팅 경기에는 사실 다양한 과학적 원리가 숨어 있다. 피겨스케이팅 선수들은 이러한 과학적 원리를 바탕으로 다양한 기술을 연습함으로써 우리에게 아름다운 연기를 선보이는 것이다.

Go!

- **극찬**: 매우 칭찬함. 또는 그런 칭찬
- **착지하다**: 공중에서 땅으로 내리다.
- **원리**: 사물의 근본이 되는 이치
- **관성**: 물체가 운동하던 상태를 유지하려는 성질
- **회전축**: 어떤 도형이 회전하여 회전체가 될 때, 그 회전의 중심이 되는 직선
- **증가하다**: 양이나 수치가 늘다.
- **수평**: 기울지 않고 평평한 상태
- **수직**: 중력의 방향. 실에 추를 달아 늘어뜨릴 때 실이 나타내는 방향이다.
- **접촉하다**: 서로 맞닿다.
- **윤활유**: 기계가 맞닿는 부분의 마찰을 덜기 위하여 쓰는 기름
- **매끄럽다**: 거침없이 저절로 밀어져 나갈 정도로 반드럽다.
- **형성하다**: 어떤 모양이나 상태를 이루다.

DAY
01

01 다음 중 맞는 것에 ○ 표시하시오.

(1) ⓐ '우아하다는'의 사전적 의미는?

① 힘이 넘치고 생기가 가득하다.　　（　　　　）
② 고상하고 기품이 있으며 아름답다.　　（　　　　）

(2) ⓑ '이것'의 의미는?

① 피겨스케이팅 선수들이 얼음 위에서 미끄러지듯 스케이트를 타고 스텝을 할
　수 있는 것　　（　　　　）
② 피겨스케이팅 선수들이 스핀을 할 때 팔을 벌렸다가 회전을 시작하면서 팔을
　모으는 것　　（　　　　）

(3) ⓒ '비밀을 풀 수 있는 열쇠는 바로 얼음과 스케이트 날이 만나는 부분의
　'마찰력'이다.'의 의미는?

① 피겨스케이팅 선수들이 점프를 할 때 빠르게 회전하는 이유는 '마찰력'으로
　설명할 수 있다.　　（　　　　）
② 피겨스케이팅 선수들이 얼음 위에서 미끄러지듯 스케이트를 타고 스텝을 할
　수 있는 이유는 '마찰력'으로 설명할 수 있다.　　（　　　　）

02 빈칸에 들어갈 윗글의 핵심어를 쓰시오.

피겨스케이팅 선수들의 동작에는 다양한 □□□□□이/가 숨어
있다.

03 윗글의 중심 문장으로 알맞은 것은?

① 피겨스케이팅 선수들이 연기하는 기본 기술에는 스텝, 스핀, 점프가 있다.
② 회전 관성이란 회전 운동을 하는 물체가 계속해서 회전 운동을 하려고 하는
　성질을 의미한다.
③ 이처럼 우아하게만 보이는 피겨스케이팅 경기에는 사실 다양한
　과학적 원리가 숨어 있다.
④ 먼저, 피겨스케이팅 선수들이 점프를 할 때 팔을 크게 벌렸다 몸
　쪽으로 모으는 이유는 '회전 관성' 때문이다.
⑤ 김연아 선수부터 차준환 선수에 이르기까지, 우리나라의
　피겨스케이팅 선수들의 연기는 우아하다는 극찬을 받았다.

01

(1) 어휘의 의미 파악하기
앞, 뒤 내용을 바탕으로 ⓐ의
의미를 떠올려 보세요.

· **고상하다**: 품위나 몸가짐의
　수준이 높고 훌륭하다.
· **기품**: 인격 등에서 드러나는
　고상한 품격

(2) 지시어의 의미 파악하기
제시된 두 선택지를 ⓑ에 넣어
읽어 보고 의미가 통하는 것을
고르세요.

(3) 문장의 의미 파악하기
문단과 ⓒ의 앞, 뒤 내용을
바탕으로 ⓒ가 무엇을
의미하는지 골라보세요.

02 핵심어 찾기
글에 가장 많이 등장하고,
중심이 되는 말을 찾아보세요.

03 중심 문장 찾기
핵심어를 바탕으로 윗글의
중심 문장을 찾아보세요.

04 윗글의 내용으로 알맞지 **않은** 것은?

내신형

① 피겨스케이팅의 기본 기술에는 과학적 원리가 숨어 있다.
② 피겨스케이팅의 기본 기술 중 점프는 '회전 관성'과 관련이 있다.
③ 피겨스케이팅의 기본 기술 중 스핀은 '회전 관성'과 관련이 있다.
④ 국제적인 피겨스케이팅 경기에서는 경기장의 빙판 온도를 정해 놓는다.
⑤ 스케이트 날과 얼음 사이의 '마찰력'이 높을수록 얼음 위를 매끄럽게 움직일 수 있다.

04 내용 파악하기
선택지의 내용과 관련이 있는 문단을 윗글에서 찾아보세요.

05 다음은 피겨스케이팅의 기본 기술 중 스핀 동작이다.

수능형

이에 대한 반응으로 알맞은 것은?

① 회전 관성이 커지게 하는 동작이야.
② 회전 반지름이 커지게 하는 동작이야.
③ 몸통을 회전하는 반지름으로 만드는 동작이야.
④ 회전 관성보다는 마찰력과 관련이 있는 동작이야.
⑤ 다리를 높게 들어 올려 회전 속도를 빠르게 하는 동작이야.

05 반응의 적절성 파악하기
스핀에 대해 이야기하고 있는 문단의 내용을 확인해 보세요.

06 다음 문장의 밑줄 친 부분이 ㉠과 같은 의미로 쓰인 것은?

수능형

① 더 나은 사람으로 <u>도약하기</u> 위해 노력하자.
② 우리나라 축구가 세계적 수준으로 <u>도약했다</u>.
③ 실패를 한 경험은 성공으로 <u>도약할</u> 수 있는 디딤돌이 될 것이다.
④ 올해는 너의 국어 실력이 더욱 <u>도약하는</u> 해가 될 것이라고 생각해.
⑤ 우리나라 높이뛰기 선수는 하늘 높이 <u>도약하여</u> 장애물을 뛰어넘었다.

06 어휘의 의미 파악하기
윗글에서 ㉠이 어떠한 의미로 쓰였는지 생각해 보고, ①~⑤에서 같은 의미로 쓰인 것을 골라보세요.

07 ㉡과 같이 하는 이유가 무엇인지 〈조건〉에 맞게 쓰시오.

서술형

┌─── 〈조건〉 ───┐
1. '마찰력'이라는 말을 포함할 것
2. '~ 위해서이다.' 형식의 한 문장으로 쓸 것
└────────────┘

07
피겨스케이팅 경기장의 빙판 위 얇은 물 층이 하는 역할을 생각해 보세요.

• **형식**: 일을 할 때의 일정한 절차나 양식 또는 한 무리의 사물을 특징짓는 데에 공통적으로 갖춘 모양

① 김연아 선수부터 차준환 선수에 이르기까지, 우리나라의 피겨스케이팅 선수들의 연기는 ⓐ 우아하다는 극찬을 받았다. 피겨스케이팅 선수들이 연기하는 기본 기[1문단에서 가장 중심이 되는 말과 문장]핀, 점프가 있다. 스텝은 점프와 스핀 사이를 연결해 ...핀은 빙판 위에서 여러 자세로 회전하는 동작이다. ㉠ 도약하여 공중에서 회전한 뒤 다시 빙판 ...는 동작이다. 이러한 피겨스케이팅 기본 기술 속에서 과학적 원리를[글 전체에서 중심이 되는 말]

② 먼저, 피겨스케이팅 선수들이 점프를 할 때 팔을 ...쪽으로 모으는 이유는 회전 관성 때문이다. 회전 관성이란 ...하는 물체가 계속해서 회전[2문단에서 가장 중심이 되는 말과 문장]하는 성질을 의미한다. 회전하는 반지름의 크기가 ...커지고, 회전 관성이 ...커지는 만큼 회전 속도는 줄 ...이팅 선수들이 회전을 할 때는, 몸통이 회전축이 되고 뻗은 팔이 회전하는 반지름이 된다. 선수들이 점프할 때 팔을 크게 벌렸다 몸 쪽으로 모으면, 회전하는 반지름이 커졌다가 작아지기 때문에 회전 관성은 줄어들고 회전 속도는 증가하게 되어 더 높게 뛸 수 있다.

③ 또한 피겨스[3문단에서 가장 중심이 되는 말과 문장]이 스핀을 할 때 팔을 벌렸다가 가슴 쪽으로 모으는 ...고 있던 다리를 수직에 가깝게 올리는 것은 회전하는 ...기 때문에 회전 속도를 빠르게 만들어 준다. 이처럼 스핀 역시 회전 관성과 관련이 있는 기본 기술이다.

④ 한편 피겨스케이팅 선... 얼음 위에서 미끄러지듯 스케이트를 타고 스[4문단에서 가장 중심이 되는 말과 문장]? ⓑ 이것 역시 과학적으로 설명할 수 있다. ⓒ 비...쇠는 바로 얼음과 스케이트 날이 만나는 부분의 마찰력이다. 마찰력이란 접촉하고 있는 두 물체 사이의 움직임을 방해하는 힘을 통틀어 말하며, 마찰력을 줄임으로써 피겨스케이팅 선수들은 얼음 위에서 물 흐르듯 미끄러지며 스케이트를 탈 수 있다.

⑤ 선수들이 스케이트를 타고 얼음 위를 달릴 때 얼음과 스케이트 날이 부딪히면서 열이 발생하는데, 이 열이 닿은 부분의 얼음이 녹아 얇은 물 층이 생긴다. 이렇게 생긴 물은 얼음과 맞닿아 있는 스케이트 날의 마찰력을 줄여주는 윤활유 역할을 하며, 선수들이 빙판 위 ...움직[5문단에서 가장 중심이 되는 말과 문장]다. 국제 경기에서 ㉡ 피겨스케...서 영상 5도로 정해 놓는 이유...빙판이...지 않도록 막음으로써 얇은 물 층을...위해서이다. [6문단과 글 전체에서 가장 중심이 되는 문장]

⑥ 이처럼 우아하게만 보이는 피겨스케이팅 경기에는 다양한 과학적 원리가...스케이팅 선수들은 이러한 과학적 원리를 바탕...습함으로써 우리에게 아름다운 연기를 선보이는...[6문단에서 가장 중심이 되는 말]

○ 각 문단 핵심어   ◎ 글 전체 핵심어   — 각 문단 중심 문장   ▨ 글 전체 중심 문장

❶ 핵심어 찾기

핵심어는 글과 문단에서 중심이 되는 단어이며, 가장 많이 등장하는 단어입니다.

따라서 글이 무엇을 이야기하고 있는지를 파악하려면 먼저 문단별 핵심어를 찾아야 합니다.

각 문단별 핵심어는 다음과 같습니다.

1문장: 과학적 원리   2문단: 회전 관성

3문단: 1) ☐☐☐☐   4문단: 2) ☐☐☐☐

5문단: 마찰력   6문단: 과학적 원리

➡ 윗글에서 가장 많이 등장하며 가장 중심이 되는 단어는 과학적 원리이므로, 전체 핵심어는 3) ☐☐☐☐☐ 입니다.

❷ 중심 문장 찾기

중심 문장은 문단 또는 글을 대표하는 핵심 내용이 들어 있는 문장입니다. 중심 문장은 보통 문단의 처음이나 끝에 제시되는 경우가 많습니다.

각 문단별 핵심 내용이 들어 있는 중심 문장은 다음과 같습니다.

1문단: 이러한 피겨스케이팅 ~ 과학적 원리를 찾을 수 있다.

2문단: 먼저, 피겨스케이팅 선수들이 ~ '4) ☐☐☐☐, 때문이다.

3문단: 이처럼 스핀 역시 회전 관성과 ~ 기본 기술이다.

4문단: 마찰력이란 ~ 미끄러지며 스케이트를 탈 수 있다.

5문단: 이렇게 생긴 물은 ~ 5) ☐☐☐ 을/를 줄여주는 윤활유 역할을 ~ 움직일 수 있게 해 준다.

6문단: 이처럼 겉보기에는 ~ 6) ☐☐☐☐ 이/가 숨어 있다.

➡ 윗글에서는 피겨스케이팅의 기본 기술에 회전 관성과 마찰력이라는 과학적 원리가 숨어 있다고 설명하고 있습니다.

따라서 윗글의 전체의 중심 문장은 6문단 ❶문장

'이처럼 우아하게만 보이는 피겨스케이팅 경기에는 다양한 7) ☐☐☐☐☐ 이/가 숨어 있다.'입니다.

1문단에서는 피겨스케이팅의 기본 기술에서 과학적 원리를 찾을 수 있다고 했고

2문단에서는 회전 관성과 점프에 대해, 3문단에서는 회전 관성과 스핀에 대해 설명했으며

4, 5문단에서는 마찰력과 스텝에 대해 이야기하고

6문단에서는 이러한 내용을 종합하여 피켜스케이팅 경기에 다양한 과학적 원리가 숨어 있다고 했습니다.

따라서 윗글의 **주제**는

'8) ☐☐☐☐☐ 의 기본 기술에 숨은 과학적 원리'입니다.

문제 풀이 특강

01

(1) 어휘의 의미 파악하기

ⓐ'우아하다는'의 기본형 '우아하다'의 사전적 의미는 '고상하고 기품이 있으며 아름답다.'입니다.

(2) 지시어의 의미 파악하기

> 4문단 ❶, ❷문장 한편 피겨스케이팅 선수들은 어떻게 얼음 위에서 미끄러지듯 스케이트를 타고 스텝을 할 수 있는 것일까? ⓑ이것 역시 과학적으로 설명할 수 있다.

앞 문장을 고려하면 ⓑ'이것'은 피겨스케이팅 선수들이 얼음 위에서 미끄러지듯 스케이트를 타고 스텝을 할 수 있는 것을 의미합니다.

(3) 문장의 의미 파악하기

> 4문단 ❶, ❸문장 한편 피겨스케이팅 선수들은 어떻게 얼음 위에서 미끄러지듯 스케이트를 타고 스텝을 할 수 있는 것일까? ~ ⓒ비밀을 풀 수 있는 열쇠는 바로 얼음과 스케이트 날이 만나는 부분의 '마찰력'이다.

문맥을 고려하면 ⓒ의 '비밀'은 피겨스케이팅 선수들이 얼음 위에서 미끄러지듯 스케이트를 타고 스텝을 할 수 있는 이유입니다. 이를 '마찰력'으로 설명하고 있습니다.

02 핵심어 찾기

윗글에서 가장 많이 등장하며 가장 중심이 되는 말은 '과학적 원리'입니다.

따라서 빈칸에 들어갈 윗글 전체의 핵심어는 '과학적 원리'입니다.

03 중심 문장 찾기

1문단 : 피겨스케이팅의 기본 기술인 스텝, 스핀, 점프에서 과학적 원리를 찾을 수 있다고 했습니다.

2문단 : '회전 관성'에 대해 설명하고, 점프에서 회전 관성을 어떻게 활용하는지 이야기했습니다.

3문단 : 스핀 역시 회전 관성과 관련이 있는 기술이라고 설명했습니다.

4문단 : 마찰력에 대해 설명하고, 스텝에서 마찰력을 어떻게 활용하는지 이야기했습니다.

5문단 : 얼음과 스케이트 날 사이의 마찰력을 줄여 주는 물 층에 대해 설명했습니다.

6문단 : 피겨스케이팅 경기에 다양한 과학적 원리가 숨어 있다고 강조했습니다.

★ 문단별 중심 내용을 고려할 때 윗글 전체의 중심 문장을 찾으면

6문단 ❶문장

'<u>이처럼 우아하게만 보이는 피겨스케이팅 경기에는 다양한 과학적 원리가 숨어 있다.</u>'입니다.

04 내용 파악하기
> 윗글의 내용과 맞는 것/맞지 않는 것 중 무엇을 찾는 문제인지 확인하기

윗글의 내용으로 알맞지 <u>않은</u> 것은?

① 피겨스케이팅의 기본 기술에는 과학적 원리가 숨어 있다.　　　　　(○ . ×)

> 1문단 ❺문장 이러한 피겨스케이팅 기본 기술 속에서 과학적 원리를 찾을 수 있다.

② 피겨스케이팅의 기본 기술 중 점프는 '회전 관성'과 관련이 있다.　　　　(○ . ×)

> 2문단 ❶문장 먼저, 피겨스케이팅 선수들이 점프를 할 때 팔을 크게 벌렸다 몸 쪽으로 모으는 이유는 '회전 관성' 때문이다.

③ 피겨스케이팅의 기본 기술 중 스핀은 '회전 관성'과 관련이 있다.　　　　(○ . ×)

> 3문단 ❷문장 이처럼 스핀 역시 회전 관성과 관련이 있는 기본 기술이다.

④ 국제적인 피겨스케이팅 경기에서는 경기장의 빙판 온도를 정해 놓는다.　　　(○ . ×)

> 5문단 ❸문장 국제 경기에서 피겨스케이팅 경기장의 빙판 온도를 영하 2도에서 영상 5도로 정해놓는 이유도 ~

⑤ 스케이트 날과 얼음 사이의 '마찰력'이 높을수록 얼음 위를 매끄럽게 움직일 수 있다.　　　(○ . ×)

> 5문단 ❷문장 이렇게 생긴 물은 얼음과 맞닿아있는 스케이트 날의 마찰력을 줄여주는 윤활유 역할을 하며, 선수들이 빙판 위를 매끄럽게 움직일 수 있게 해 준다.

05 반응의 적절성 파악하기 — 독자의 반응으로 알맞은 것 고르기

다음은 피겨스케이팅의 기본 기술 중 스핀 동작이다. 이에 대한 반응으로 알맞은 것은?

① 회전 관성이 커지게 하는 동작이야.　　（ ○ , × ）

> ②문단 ❸문장 회전하는 반지름의 크기가 클수록 회전 관성은 커지고, 회전 관성이 커지는 만큼 회전 속도는 줄어든다.

　스핀을 할 때 다리를 높이 들어 올리면 회전 반지름이 작아지므로 회전 관성은 커지는 것이 아니라 작아집니다.

② 회전 반지름이 커지게 하는 동작이야.　（ ○ , × ）

> ③문단 ❶문장 또한 피겨스케이팅 선수들이 스핀을 할 때 팔을 벌렸다가 가슴 쪽으로 모으는 것과 수평으로 들고 있던 다리를 수직에 가깝게 올리는 것은 회전하는 반지름을 줄이기 때문에 ~

③ 몸통을 회전하는 반지름으로 만드는 동작이야.（ ○ , × ）

> ②문단 ❹문장 피겨스케이팅 선수들이 회전을 할 때는, 몸통이 회전축이 되고 뻗은 팔이 회전하는 반지름이 된다.

　스핀을 할 때 몸통은 회전하는 반지름이 아니라, 회전축이 됩니다.

④ 회전 관성보다는 마찰력과 관련이 있는 동작이야.
　　　　　　　　　　　　　　　　（ ○ , × ）

> ③문단 ❷문장 이처럼 스핀 역시 회전 관성과 관련이 있는 기본 기술이다.

　스핀은 마찰력이 아니라 회전 관성과 관련이 있는 동작입니다.

⑤ 다리를 높게 들어 올려 회전 속도를 **빠르게** 하는 동작이야.
　　　　　　　　　　　　　　　　（ ○ , × ）

> ③문단 ❶문장 ~ 스핀을 할 때 ~ 다리를 수직에 가깝게 올리는 것은 회전하는 반지름을 줄이기 때문에 회전 속도를 빠르게 만들어 준다.

　스핀을 할 때 수평으로 들고 있던 다리를 높게 들어올리면 회전 반지름이 작아지고, 회전 속도는 빨라집니다.

06 어휘의 의미 파악하기 — 문맥을 바탕으로 ㉠이 어떠한 의미로 사용되었는지 확인해 보기

다음 문장의 밑줄 친 부분이 ㉠과 같은 의미로 쓰인 것은?

> 점프는 빙판 위에서 ㉠도약하여 ~
> 문맥을 고려하면 '몸을 위로 솟구치다.'라는 의미로 쓰임.

	밑줄 친 부분의 사전적 의미	같으면 ○, 다르면 ×
① 더 나은 사람으로 도약하기 위해 노력하자.	더 높은 단계로 발전하다.	（　　）
② 우리나라 축구가 세계적 수준으로 도약했다.	더 높은 단계로 발전하다.	（　　）
③ 실패를 한 경험은 성공으로 도약할 수 있는 디딤돌이 될 것이다.	더 높은 단계로 발전하다.	（　　）
④ 올해는 너의 국어 실력이 더욱 도약하는 해가 될 것이라고 생각해.	더 높은 단계로 발전하다.	（　　）
⑤ 우리나라 높이뛰기 선수는 하늘 높이 도약하여 장애물을 뛰어넘었다.	몸을 위로 솟구치다.	（　　）

07 — 스케이트와 빙판 사이에 만들어진 얇은 물 층의 역할을 생각해 보기

㉡과 같이 하는 이유가 무엇인지 〈조건〉에 맞게 쓰시오.

> ── 〈조건〉 ──
> 1. '마찰력'이라는 말을 포함할 것
> 2. '~ 위해서이다.' 형식의 한 문장으로 쓸 것

> ⑤문단 ❹문장 빙판이 너무 꽝꽝 얼지 않도록 막음으로써 얇은 물 층을 형성하기 위해서이다.

　얼음과 스케이트 날이 부딪힐 때 열이 발생하는데, 이 열 때문에 얼음이 녹아 물을 만들고, 이 물이 스케이트 날과 얼음 사이의 마찰력을 줄여줍니다.
　피겨스케이팅 경기장의 빙판 온도를 영하 2도에서 영상 5도로 정해 놓는 이유도 빙판을 너무 꽝꽝 얼지 않게 하여 스케이트 날과 얼음 사이에 윤활유 역할을 하는 물 층을 만들기 위해서입니다.
　이것을 조건에 맞게 쓰면
　'**빙판이 너무 꽝꽝 얼지 않도록 막음으로써 윤활유 역할을 하는 얇은 물 층을 형성하여 마찰력을 줄이기 위해서이다.**'라고 정리할 수 있습니다.

[01~04] 〈보기〉에서 알맞은 말을 골라 쓰시오.

┌─────────── 〈보기〉 ───────────┐
│   고상   관성   수평   형식   │
└────────────────────────────────┘

01 저 멀리 비행기가 ☐☐ (으)로 날고 있다.

02 호수 위에 떠 있는 백조는 ☐☐하기로 소문난 동물이다.

03 자동차는 ☐☐ 때문에 달리던 방향으로 삼사십 미터를 더 나아가서 멎었다.

04 수정이는 연극의 내용보다도 처음 보게 된 무대 ☐☐에 더 흥미가 생겼다.

[05~09] 다음 중 알맞은 단어를 고르시오.

05 눈 앞에 (수직 / 수평)의 낭떠러지가 있었다.

06 이 옷감의 (매끄러운 / 부끄러운) 느낌이 마음에 든다.

07 심사 위원들은 하나같이 민지의 시가 아름답다고 (극찬 / 극복)을 하였다.

08 나는 달리기를 하다가 급하게 멈춰서는 바람에 전봇대에 (접촉 / 접속)할 뻔했다.

09 나는 평균대에서 불안정하게 (착지 / 착륙)하는 바람에 체조 시합에서 좋은 점수를 받지 못했다.

[10~13] 제시된 글자를 조합하여 다음 뜻풀이에 해당하는 단어를 만드시오.

품	전	기	원
활	극	윤	유
축	약	리	회
고	판	빙	직

10 사물의 근본이 되는 이치
➡ ☐☐

11 인격이나 작품 따위에서 드러나는 고상한 품격
➡ ☐☐

12 기계가 맞닿는 부분의 마찰을 덜기 위해 쓰는 기름
➡ ☐☐☐

13 어떤 도형이 회전할 때, 그 회전의 중심이 되는 직선
➡ ☐☐☐

[14~15] 단어가 들어가기에 알맞은 문장을 찾아 바르게 연결하시오.

14 도약 •

•㉠ 용돈 기입장을 보니까 지난달보다 이번 달에 나의 지출이 ( )했다.

15 증가 •

•㉡ 발레 공연을 보러 간 순미는 무대 위에서 남성 무용수가 ( )하는 동작을 바라보았다.

다 똑같은 '날'이 아니야.

쇼트트랙 스피드 스케이팅, 피겨스케이팅 등 빙상 종목 선수들이 신는 스케이트화는 각각 다릅니다. 먼저 쇼트트랙 스피드 스케이팅 선수들이 신는 스케이트화의 경우, 스케이트화의 날이 왼쪽으로 휘어져 있습니다. 쇼트트랙 스피드 스케이팅 경기는 곡선 주로를 얼마나 빠르게 통과하느냐에 따라 순위가 달라지기 때문에 왼쪽으로 휘어진 날은 코너를 돌 때 원심력에 의해 몸이 바깥쪽으로 밀리는 현상을 막아줍니다.

또 쇼트트랙 스피드 스케이팅 스케이트화의 날은 부츠의 정가운데가 아니라 왼쪽으로 치우쳐 있습니다. 이것은 코너를 돌 때 왼쪽으로 기우는 몸의 중심을 더 잘 잡기 위해서입니다. 스케이트의 날은 초승달처럼 앞뒤를 깎아 가운데가 볼록한데, 이는 얼음과 닿는 면적을 최대한 줄임으로써 속도가 줄어드는 것을 막고 곡선 주로를 부드럽게 빠져나가기 위해서입니다. 또 여러 명의 선수가 한꺼번에 경기를 펼치기 때문에 안전을 위해 스케이트화 날의 뒤끝은 둥글게 깎여 있습니다.

피겨스케이팅 스케이트화는 날과 얼음 사이의 마찰력을 줄이면서도 선수들이 빙판 위에서 점프를 뛰고 착지를 잘할 수 있게 해야 합니다. 그래서 날의 길이는 다른 종목 선수들이 신는 스케이트화의 날보다 짧고, 두께는 가장 두껍습니다.

또 피겨스케이팅 스케이트화의 날의 앞은 톱니 모양으로 되어 있는데, 이를 토(toe)라고 합니다. 이렇게 토가 있는 이유는 피겨스케이팅 경기를 할 때 선수들이 점프를 하기 때문입니다. 또 스케이트화의 날 가운데에는 오목하게 홈이 파여있고 날의 양쪽 가장자리가 솟아 있는 에지(edge)가 있습니다. 에지는 피겨스케이팅 선수들이 방향을 빠르게 바꿀 수 있도록 해 줍니다.

└ 토

빙상 종목 선수들이 신는 스케이트화가 모두 다른 이유는 바로 각각의 날이 가진 특성을 최대한 활용하기 위해서입니다. 선수들은 각각의 종목에 맞는 스케이트화를 신음으로써 우리를 비롯한 많은 사람들에게 최선의 실력을 선보일 수 있는 것입니다.

🎸 논술형 문제 **피겨스케이팅 선수들이 신는 스케이트화와 다른 종목 선수들이 신는 스케이트화의 차이점을 쓰고, 이러한 차이가 나타나게 된 이유를 쓰시오. (300자 내외)**

✏️

▶ 정답: 문제편 **185**쪽

유행어 사용, 나쁘기만 할까? [인문]

∗ 다음 글을 읽고, 물음에 답하시오.

> 지문을 읽으면서 핵심어에는 동그라미, 중심 문장에는 밑줄을 그으세요.

　　지난 2022년 카타르에서 열린 월드컵 이후 우리나라에서는 '중요한 것은 꺾이지 않는 마음'의 줄임말인 '중꺾마'라는 말이 ⓐ유행하였다. 이 말은 뛰어난 게임 능력을 가졌지만 대회에서 우승만은 하지 못했던 한 프로게이머가 중요한 경기를 앞두고 인터뷰에서 한 말이다. 이 인터뷰 후 그가 속한 팀은 세계 최고라고 평가받던 팀을 꺾고 기적처럼 우승하였고, ⓑ그의 이야기와 함께 '중꺾마'가 사람들의 입에 오르내리기 시작했다. 2022년 월드컵에서 대한민국의 16강 진출이 확정되었을 때 선수들이 펼쳐 든 태극기에도 이 말이 적혀 있었다. 그 다음부터 이 말은 방송계를 비롯한 다양한 분야에서 널리 활용되었다.

　　'중꺾마'와 같은 유행어는 어느 한 시기에 널리 쓰이다가 안 쓰이게 되는 새로운 말의 일종이다. 유행어는 당시의 사회 분위기를 ㉠담아 만들어진다. ㉡그래서 유행어는 '시대의 거울'이라고 불리기도 한다. 2002년 월드컵 때의 유행어인 '꿈은 이루어진다'가 꿈을 가지고 노력하면 언젠간 꿈을 이룰 수 있다고 믿는 당시 분위기를 담고 있다면, 2022년 월드컵 때의 '중꺾마'는 승패를 떠나 그 과정에서 최선을 다하는 것이 중요하다고 생각하는 2020년대의 시대상을 반영한 것이라고 볼 수 있다.

　　그렇다면 유행어를 사용하는 것에 대해 사람들은 어떻게 생각할까? 유행어를 사용하는 것을 부정적으로 보는 사람들은 다음과 같은 이유를 든다. 첫 번째로 유행어는 대개 짧은 시간 동안 인기를 끌고 사라지기 때문에 유행어를 사용하여 다른 사람들과 지속적으로 소통하기에는 적절하지 않다는 것이다. 두 번째로는 유행어는 대개 특정 연령층이나 문화권에서만 인기가 있기 때문에 유행어를 사용하면 다른 연령층이나 문화권에서는 그 유행어를 이해하지 못할 수 있다는 것이다.

　　반면 유행어를 사용하는 것을 긍정적으로 보는 사람들은 다음과 같은 이유를 든다. 첫 번째로 유행어는 대중적으로 사용되기 때문에 유행어를 사용하면 이 말을 사용하는 사람들 간의 의사소통이 원활해진다는 것이다. 또 새로운 유행어는 새로운 개념과 아이디어를 표현하기에 편리하다고 본다.

　　유행어를 사용하는 것은 무조건 나쁘거나, 무조건 좋다고 할 수는 없다. 유행어를 대화가 이루어지는 때와 장소, 같이 대화하는 사람에 맞지 않게 사용한다면 의사소통을 어렵게 할 수 있지만, ㉢적절하게만 사용한다면 이것은 문제가 되지 않기 때문이다. 그러므로 유행어를 사용할 때는 대화하는 상황과 상대방을 고려하는 태도를 가져야 한다.

- **일종**: 한 종류 또는 한 가지
- **시대상**: 한 시대의 사회상
- **반영하다**: 다른 것에 영향을 받아 어떤 현상을 나타내다.
- **대개**: 일반적인 경우에
- **소통하다**: 오해가 없도록 뜻을 서로 통하다.
- **연령층**: 같은 나이 또는 비슷한 나이인 사람들의 층
- **문화권**: 공통된 특징을 보이는 어떤 문화가 지리적으로 분포하는 범위
- **대중적**: 수많은 사람의 무리를 중심으로 한 것
- **원활하다**: 거침이 없이 잘 나가는 상태에 있다.
- **개념**: 어떤 사물이나 현상에 대한 일반적인 지식

08 다음 중 맞는 것에 ○ 표시하시오.

(1) ⓐ '유행하였다'의 사전적 의미는?

① 자기 나라를 떠나 다른 나라로 사는 곳을 옮기다.　（　　　）

② 특정한 언어, 사상, 행동 따위가 사람들에게 일시적으로 널리 퍼지다.（　　　）

(2) ⓑ '그'의 의미는?

① 세계 최고라고 평가받던 팀을 꺾고 기적처럼 팀의 우승을 거머쥔 프로게이머

（　　　）

② 2022년 월드컵에서 대한민국의 16강 진출이 확정되었을 때 태극기를 펼쳐 든
선수　（　　　）

(3) ⓒ '적절하게만 사용한다면 이것은 문제가 되지 않기 때문이다.'의 의미는?

① 유행어를 많이 사용한다면 다른 사람들과 지속적으로 소통할 수 있다.（　　　）

② 유행어를 대화가 이루어지는 때와 장소, 같이 대화하는 사람에 맞게
사용한다면 의사소통을 원활하게 할 수 있다.　（　　　）

08

(1) 어휘의 의미 파악하기

• **사상**: 어떠한 사물에 대하여
가지고 있는 구체적인
사고나 생각

(2) 지시어의 의미 파악하기

ⓑ에 ①과 ②를 넣어 읽어
보세요.

• **거머쥐다**: 무엇을 완전히
가지거나 마음대로 할 수
있게 되다.

(3) 문장의 의미 파악하기

5문단과 ⓒ의 앞, 뒤 내용을
바탕으로 ⓒ가 무엇을
의미하는지 골라보세요.

09 윗글의 내용을 바탕으로 빈칸에 들어갈 말을 쓰시오.

> ☐☐☐을/를 사용할 때는 대화하는 상황과 상대방을 고려하는 태도를
> 가져야 한다.

09 핵심어 찾기

윗글에서 가장 많이 등장하는
말을 찾아보세요.

10 윗글의 중심 문장으로 알맞은 것은?

① 유행어는 당시의 사회 분위기를 담아 만들어진다.

② 유행어를 사용하는 것을 부정적으로 보는 사람들은 다음과 같은 이유를 든다.

③ 그러므로 유행어를 사용할 때는 대화하는 상황과 상대방을 고려하는 태도를
가져야 한다.

④ '중꺾마'와 같은 유행어는 어느 한 시기에 널리 쓰이다가 안 쓰이게 되는
새로운 말의 일종이다.

⑤ 첫 번째로 유행어는 대중적으로 사용되기 때문에 유행어를 사용하면 이 말을
사용하는 사람들 간의 의사소통이 원활해진다는 것이다.

10 중심 문장 찾기

글쓴이의 주장이 드러나 있는
문장을 찾아보세요.

• **고려하다**: 생각하고 헤아려
보다.

11 윗글에 대한 설명으로 가장 알맞은 것은?
[수능형]
① 유행어를 사용하는 것이 무조건 나쁘다고 주장하고 있다.
② 유행어를 사용하면 의사소통에 긍정적 영향을 미친다고 주장하고 있다.
③ 구체적인 예를 들어 유행어를 많은 사람들이 사용하지 않고 있다고 주장하고 있다.
④ 유행어 사용에 대한 상반된 견해를 소개하고, 적절하게 유행어를 사용하자고 주장하고 있다.
⑤ 유행어는 당시의 사회 분위기를 담아 만들어진다는 것을 근거로 유행어가 '시대의 거울'이라 주장하고 있다.

11 내용 전개 방식 파악하기
윗글에서 어떠한 방식으로 내용을 전개하고 있는지 생각해 보세요.

· **상반되다**: 서로 반대되거나 어긋나게 되다.
· **견해**: 어떤 사물이나 현상에 대한 자기의 의견이나 생각

12 윗글의 내용으로 알맞지 않은 것은?
[내신형]
① 유행어의 수명은 짧은 편이다.
② 2022 월드컵 이후 '중꺾마'라는 말이 유행했다.
③ 새로운 개념과 아이디어는 새로운 유행어로 표현할 수 있다.
④ 유행어를 사용하면 모든 사람들과 의사소통을 원활하게 할 수 있다.
⑤ 유행어는 어느 한 시기에 널리 쓰이다가 안 쓰이게 되는 새로운 말이다.

12 내용 파악하기
선택지의 내용과 관련이 있는 문단을 윗글에서 찾아보세요.

13 다음 문장의 밑줄 친 부분이 ㉠과 같은 의미로 쓰인 것은?
[수능형]
① 이것은 내 마음을 담은 편지입니다.
② 오늘은 빈 물통에 물을 가득 담아라.
③ 이 커다란 바구니에 과일을 담아 가자.
④ 영식이는 화분에 흙을 담고 씨앗을 뿌렸다.
⑤ 이 주머니에는 중요한 물건을 담을 수 있도록 단추가 달려 있다.

13 어휘의 의미 파악하기
윗글에서 ㉠이 어떠한 의미로 쓰였는지 생각해 보고, ①~⑤에서 같은 의미로 쓰인 것을 골라 보세요.

14 ㉡의 이유를 〈조건〉에 맞게 쓰시오.
[서술형]

─〈조건〉─
1. 윗글에서 근거를 찾아 쓸 것
2. '~기 때문이다.' 형식의 한 문장으로 쓸 것

14
글쓴이가 ㉡과 같이 말한 이유가 무엇인지 생각해 보세요.

어휘력 향상 TEST

유행어 사용, 나쁘기만 할까?

▶ 정답: 문제편 **185**쪽

[01~03] 〈보기〉를 참고하여, 빈칸에 알맞은 말을 쓰시오.

〈보기〉
• **원활하다**: 거침이 없이 잘 나가는 상태에 있다.
• **반영하다**: 다른 것에 영향을 받아 어떤 현상을 나타내다.
• **유행하다**: 특정한 언어, 사상, 행동 따위가 사회 구성원들에게 일시적으로 널리 퍼지다.

01 우리는 선생님의 조언을 〔　〕〔　〕하여 건의문을 고쳐 썼다.

02 그 아이돌 가수의 노래는 요즘 학생들 사이에 〔　〕〔　〕하고 있다.

03 손을 들고 말하기로 규칙을 정하니 학급 회의가 〔　〕〔　〕하게 진행되었다.

[04~06] 문장에 들어가기에 알맞은 것에 ○ 표시하시오.

04 고양이는 동물의 (일종 / 일체)이다.

05 그 배우는 (개인적 / 대중적)인 인기를 끌고 있다.

06 다른 사람과 잘 (소화 / 소통)하려면 먼저 상대방의 이야기를 집중해서 들어야 한다.

[07~09] 제시된 글자를 조합하여 빈칸에 들어갈 단어를 만드시오.

충	시	적	령	개	권
상	문	대	안	화	연

07 〔　〕〔　〕: 일반적인 경우에

08 〔　〕〔　〕〔　〕: 한 시대의 사회상

09 〔　〕〔　〕〔　〕: 공통된 특징을 보이는 어떤 문화가 지리적으로 분포하는 범위

[10~11] 제시된 초성을 참고하여 밑줄 친 부분과 같은 뜻이 되도록 빈칸을 채우시오.

10 공부를 할 때는 그 과목의 <u>일반적인 지식</u>부터 이해해야 한다.
➡ ㄱㄴ: 〔　〕〔　〕

11 영양 선생님은 학생들의 건강을 <u>생각하고 헤아려</u> 식단을 계획하신다.
➡ ㄱㄹ: 〔　〕〔　〕하여

배경지식

함께 즐겨요! 월드컵

월드컵이란 스포츠 경기에서 세계선수권대회를 이르는 말입니다. 하지만 대부분의 사람들은 국제축구연맹(FIFA)의 주최로 4년마다 열리는 월드컵축구대회를 월드컵이라고 인식합니다. 1930년 우루과이에서 열린 제1회 월드컵축구대회 이후, 4년마다 열리는 국제 축구 대회인 월드컵은 세계에서 가장 큰 규모의 스포츠 대회 중 하나입니다.

월드컵에는 FIFA 회원국들의 국가대표 축구팀이 참가하며, 예선 라운드에서 이긴 팀들이 본선에 진출하게 됩니다. 본선에는 32개 팀이 참가할 수 있으며, 이들은 8개의 조로 나뉘어 경기를 치릅니다. 각 조에서 상위 2개 팀은 16강으로 진출하게 되며, 그 이후에는 토너먼트* 방식으로 8강, 4강, 결승전이 진행됩니다. 그리고 결승전에서 이긴 국가는 월드컵 챔피언이 됩니다.

*토너먼트: 경기 대전 방식의 하나. 경기를 거듭할 때마다 진 편은 제외시키면서 이긴 편끼리 겨루어 최후에 남은 두 편으로 우승을 가린다.

02 2층으로 된 한옥을 본 적 있나요? [예술]

✱ 다음 글을 읽고, 물음에 답하시오.

우리나라 전통 가옥인 한옥에 대해 관심이 많은 민주는 한옥 마을을 자주 찾는다. 한옥 마을에 갈 때마다 민주는 ㉮우리가 사는 아파트나 주택은 여러 층으로 짓는데, 한옥은 왜 단층으로 지었는지 궁금해졌다. 민주는 지난 주말 서울의 인사동에 갔다가 기와지붕과 나무 기둥이 있는 전형적인 한옥의 모습을 ㉠갖춘 2층 한옥을 보았다. 민주는 태어나서 처음 본 2층 한옥이 생소하게 느껴졌는데, 어머니의 말씀에 따르면 2층 한옥은 과거에도 있었다고 한다.

우리 주변에서 가장 대표적으로 볼 수 있는 2층 한옥은 덕수궁의 석어당이다. 덕수궁의 ⓐ유일한 2층 건물인 석어당은 임진왜란 후 선조가 다시 한양으로 돌아와서 죽기 직전까지 머물렀던 곳이다. ⓑ이 외에도 여러 기록에 따르면 2층으로 된 한옥은 꽤 오래 전부터 존재했다고 전해진다. 고려 시대에도 2층 한옥이 있었고, 조선 시대에는 궁궐의 문루가 2층으로 되어 있었다고 한다. 1800년대 후반부터 1900년대 초반에도 2층 한옥은 서울 곳곳에서 찾아볼 수 있었는데, 이후 한옥 자체를 짓지 않게 되는 바람에 2층 한옥은 우리 주변에서 자주 볼 수 없게 되었다.

그렇다면 2층으로 된 한옥은 어떠한 구조였을까? 기록에 따르면 2층 한옥의 1층은 돌담으로 된 기초 위에 주요 뼈대를 목재로 짜 맞춘 형태이고, 2층은 바닥에 목재를 깔고 그 위에 다시 벽을 쌓아 올린 형태였다고 한다. 이렇게 지어진 2층 한옥은 사람이 사는 주거용으로는 사용하기 어려웠다. 우리나라의 경우 온돌로 난방을 했는데, 2층에는 난방을 하기 어려웠기 때문이다. ⓒ이러한 어려움 탓에 2층 한옥은 대부분 업무용으로 사용되었고, 널리 퍼지지 못했다.

하지만 최근 들어 단층 한옥이 아니라 2층 한옥을 짓는 일이 늘어나고 있다. 2층 한옥이 가진 난방이 어렵다는 단점을 현대의 기술로 극복했기 때문이다. 한옥 구조에 현대의 건물을 지을 때 많이 사용하는 철근 콘크리트 구조를 접목하여 2층에도 난방 시설을 갖출 수 있게 됨에 따라 2층 한옥을 짓는 사람들이 점차 늘어나고 있다.

시대가 변화함에 따라 한옥은 단층에서 2층 이상의 복층으로의 변화뿐만 아니라 그 구조나 용도에 있어서도 다양한 변화를 겪고 있다. 우리가 우리의 전통 가옥인 한옥의 변신을 관심 있게 지켜보고 하나의 주거 양식으로 받아들일 때, 한옥은 더 이상 과거에 머무르지 않고 현재와 미래로 이어질 수 있을 것이다.

지문을 읽으면서 핵심어에는 동그라미, 중심 문장에는 밑줄을 그으세요.

Go!

- **가옥**: 사람이 사는 집
- **단층**: 하나로만 이루어진 층
- **전형적**: 어떤 부류의 특징을 가장 잘 나타내는 것
- **생소하다**: 어떤 대상이 친숙하지 못하고 낯이 설다.
- **대표적**: 어떤 분야나 집단에서 무엇을 대표할 만큼 전형적이거나 특징적인 것
- **문루**: 궁문, 성문 따위의 바깥문 위에 지은 다락집
- **목재**: 건축이나 가구 따위에 쓰는, 나무로 된 재료
- **형태**: 사물의 생김새나 모양
- **주거용**: 머물러 살아가기 위해 쓰임
- **난방**: 실내의 온도를 높여 따뜻하게 하는 일
- **업무용**: 직업상 맡아서 하는 일에 쓰임.
- **철근**: 콘크리트 속에 묻어서 콘크리트를 보강하기 위하여 쓰는 막대 모양의 철재
- **접목하다**: 둘 이상의 다른 현상 따위를 알맞게 조화하게 하다.
- **복층**: 두 개 이상의 층

01 다음 중 맞는 것에 ○ 표시하시오.

(1) ⓐ '유일한'의 사전적 의미는?

① 이익이 있다.   (   )

② 오직 하나밖에 없다.   (   )

(2) ⓑ '이'의 의미는?

① 덕수궁의 석어당   (   )

② 한옥 마을의 단층 한옥   (   )

(3) ⓒ '이러한 어려움 탓에 2층 한옥은 대부분 업무용으로 사용되었고, 널리 퍼지지 못했다.'의 의미는?

① 한옥의 구조적 특성상 2층에는 난방을 하기 어렵기 때문에 2층 한옥은 대부분 업무를 보는 곳으로 사용되었고, 많은 사람들이 이것을 짓지 않아 널리 퍼지지 못했다.   (   )

② 한옥의 구조적 특성상 2층은 바닥에 목재를 깔고 그 위에 다시 벽을 쌓아 올린 형태로 되어 있었기 때문에 2층 한옥은 대부분 업무용으로 사용되었고, 업무를 보는 사람들이 적어 널리 퍼지지 못했다.   (   )

02 빈칸에 들어갈 윗글의 핵심어를 쓰시오.

> 우리나라 전통 가옥인 한옥에는 단층 한옥도 있고, ☐☐☐☐도 있다. 최근 2층에 난방을 하기 어렵다는 한계를 현대의 기술로 극복하고 2층 한옥을 짓는 사람들이 점차 늘어나고 있다.

03 윗글의 중심 문장으로 알맞은 것은?

① 그렇다면 2층으로 된 한옥은 어떠한 구조였을까?

② 이렇게 지어진 2층 한옥은 사람이 사는 주거용으로는 사용하기 어려웠다.

③ 하지만 최근 들어 단층 한옥이 아니라 2층 한옥을 짓는 일이 늘어나고 있다.

④ 민주는 태어나서 처음 본 2층 한옥이 생소하게 느껴졌는데, 어머니의 말씀에 따르면 2층 한옥은 과거에도 있었다고 한다.

⑤ 우리가 우리의 전통 가옥인 한옥의 변신을 관심 있게 지켜보고 하나의 주거 양식으로 받아들일 때, 한옥은 더 이상 과거에 머무르지 않고 현재와 미래로 이어질 수 있을 것이다.

01

(1) 어휘의 의미 파악하기
• **이익** : 물질적으로나 정신적으로 보탬이 되는 것

(2) 지시어의 의미 파악하기
2문단에서 무엇에 대해 소개하고 있는지 생각해 보세요.

(3) 문장의 의미 파악하기

02 핵심어 찾기
윗글에서 가장 많이 등장하고, 중심이 되는 말을 찾아보세요.

03 중심 문장 찾기
윗글의 핵심어를 바탕으로 중심 문장을 찾아보세요.

독해력 완성 TEST

▶ 정답과 해설 6쪽

04 윗글의 내용으로 알맞지 않은 것은?
(내신형)

① 서울 인사동에는 2층 한옥이 있다.
② 2층 한옥은 서울 곳곳에서 찾아볼 수 있었다.
③ 2층 한옥은 주거 용도로는 많이 사용되지 않았다.
④ 기와지붕과 나무 기둥은 전형적인 한옥의 모습이다.
⑤ 2층 한옥의 2층은 돌담으로 된 기초 위에 벽을 쌓아 올린 구조로 되어 있다.

04 내용 파악하기
선택지의 내용과 관련이 있는 문단을 윗글에서 찾아보세요.

05 다음 건물을 본 학생의 반응으로 알맞지 않은 것은?
(수능형)

◀ 덕수궁 석어당

① 조선 시대의 왕이 머물렀던 곳이구나.
② 1층은 돌담으로 기초를 만들었을 거야.
③ 우리 주변에서 가장 흔하게 볼 수 있는 형태의 한옥이야.
④ 2층은 난방이 어려워 대부분 업무용으로 활용되었을 거야.
⑤ 고려 시대에도 이와 같은 형태의 한옥을 볼 수 있었을 거야.

05 반응의 적절성 평가하기
윗글에서 석어당에 대해 무엇이라고 설명했는지 떠올려 보세요.

06 각 문장의 밑줄 친 부분이 ㉠과 같은 의미로 쓰인 것은?
(수능형)

① 한복을 차려 입고 예를 <u>갖추어라</u>.
② 미선이는 배울 자세를 <u>갖추고</u> 있다.
③ 할머님께서는 위엄을 <u>갖추고</u> 계셨다.
④ 이 공장은 최신식 기계를 <u>갖추고</u> 있다.
⑤ 조선 시대에 왕을 만나려면 복잡한 절차를 <u>갖추어야</u> 했다.

06 어휘의 의미 파악하기
윗글에서 ㉠이 어떠한 의미로 쓰였는지 생각해 보고, ①~⑤에서 같은 의미로 쓰인 것을 골라 보세요.

• **위엄**: 존경할 만한 위세가 있어 점잖고 엄숙함. 또는 그런 태도나 기세

07 ㉮의 이유를 <조건>에 맞게 쓰시오.
(서술형)

— <조건> —
1. 우리나라의 난방 방식에 대한 내용을 포함할 것
2. 한 문장으로 쓸 것

07
글쓴이가 ㉮를 설명하기 위해 어떠한 근거를 들었는지 생각해 보세요.

24 자이스토리 중학 국어 비문학 독해 1

[01~04] 다음 중 알맞은 단어를 고르시오.

01 그는 그 사건의 (유일한 / 유치한) 목격자이다.

02 이 영화는 (전형적 / 정서적)인 로맨스 코미디 장르의 영화이다.

03 무궁화 공원은 강원도 홍천의 (회의적 / 대표적)인 장소이다.

04 갑자기 길이 (생소하게 / 낯익게) 느껴져서 이곳이 어디인지 정신을 차릴 수 없었다.

[05~06] 제시된 글자를 조합하여 다음 뜻풀이에 해당하는 단어를 만드시오.

용	목	전	업
통	주	재	거

05 머물러 살아가기 위해 쓰임. ➡ ☐☐☐

06 건축이나 가구 따위에 쓰는, 나무로 된 재료
➡ ☐☐

[07~10] 〈보기〉를 참고하여, 빈칸에 알맞은 말을 쓰시오.

〈보기〉
• ㅎㅌ : 사물의 생김새나 모양
• ㅇㅁㅇ : 직업상 맡아서 하는 일에 쓰임.
• ㅇㅇ : 물질적으로나 정신적으로 보탬이 되는 것
• ㅊㄱ : 콘크리트 속에 묻어서 콘크리트를 보강하기 위하여 쓰는 막대 모양의 철재

07 그는 ☐☐☐(으)로 쓸 서명을 하나 만들었다.

08 아이는 같은 ☐☐의 블록을 모으는 놀이에 열중하고 있었다.

09 운동장 한쪽에는 체육관을 짓기 위한 ☐☐이/가 쌓여 있었다.

10 수현이는 늘 자기 자신보다는 다른 사람들의 ☐☐을/를 추구하였다.

[11~12] 다음 단어의 사전적 의미가 맞으면 ○, 틀리면 ✕표를 하시오.

11 가옥: 사람이 사는 집 (   )

12 단층: 두 개 이상의 층 (   )

세계로 수출되는 한옥

우리나라의 전통 가옥은 크게 기와집과 초가집으로 구분할 수 있습니다. 현재 초가집은 민속촌 등에 가야 볼 수 있을 정도로 거의 없어졌지만, 기와집은 최근에 다시 우리 주변에서 찾아 볼 수 있게 되었습니다.

중국, 일본의 집과 달리 우리나라의 한옥은 곡선형으로, 남향으로 지어져 있는 것이 보통입니다. 한옥은 소나무로 기둥을 만들어 집을 지탱하고, 기와로 지붕을 장식합니다.

겨울의 추위를 피하기 위해 집의 높이는 전체적으로 낮은 편이며, 부엌에 달린 아궁이에서 불을 때면 온돌 전체가 데워져 집이 따뜻해집니다.

전 세계적으로 우리나라 문화에 관심이 높아짐에 따라 우리나라의 전통 가옥인 한옥에 대한 수요도 꾸준히 늘어나고 있습니다. 이에 따라 우리나라의 한 대학교의 한옥 건축학과에서는 미국을 비롯한 6개 나라에 한옥을 수출하기도 했습니다. 자랑스러운 우리의 한옥에 관심을 가져 봅시다.

▲ 남산골 한옥 마을

02 비밀번호를 대체하는 신체 특징 [과학·기술]

 ✳ 다음 글을 읽고, 물음에 답하시오.

현대 사회를 살아가는 우리에게 비밀번호는 너무나 익숙한 존재이다. 사람들은 글자, 숫자, 특수 문자까지 사용하여 자신만의 비밀번호를 만들고 그 비밀번호를 통해 자신의 개인 정보를 보호하려고 한다. 하지만 비밀번호가 나의 개인 정보를 완벽하게 지켜줄 수 있을까?

최근 여러 누리집에서 해킹 등으로 인해 개인정보가 ⓐ유출되는 사건이 연이어 발생하면서 과연 비밀번호가 개인 정보를 완벽하게 보호할 수 있는지에 대해 의문을 품는 사람들이 많아졌다. 누리집의 비밀번호는 해커들의 간단한 공격에도 쉽게 유출될 수 있기 때문이다. ⓑ비밀번호가 가진 이러한 문제 때문에 최근 많은 기업이 비밀번호를 대체할 새로운 기술들을 개발하고 있다. 이 가운데 특히 관심을 받는 것이 생체 인식 기술이다.

생체 인식 기술이란 사람의 신체적, 행동적 특성을 미리 추출하여 두고, 이후에 그 사람이 맞는지를 비교하여 확인하는 기술을 말한다. 비밀번호를 대체하는 생체 인식 기술의 대표적인 예로는 지문 인식 기술, 안면 인식 기술, 홍채 인식 기술 등이 있다.

먼저 지문 인식 기술은 사람의 지문을 전자적으로 읽어 미리 입력된 지문 데이터와 비교해 본인이 맞는지를 확인하는 기술이다. 지문 인식 기술은 우리가 자주 사용하는 스마트폰 화면뿐만 아니라, 컴퓨터의 마우스, 터치패드, 도어락 등 손으로 접촉할 수 있는 많은 기계에서 널리 사용된다. 다음으로 안면 인식 기술은 얼굴형이나, 눈매, 코 모양 등 타인과 차별화되는 얼굴의 고유한 특징을 기준으로 사람들의 얼굴을 비교하여 분석함으로써 본인이 맞는지를 확인하는 기술이다. ⓒ이 기술은 지문 인식 기술 다음으로 널리 사용되는데, 공항의 출입국 심사, 건물 출입 관리 등에서 많이 활용된다. 마지막으로 홍채 인식 기술은 사람마다 고유한 특성을 가진 안구의 홍채 정보를 이용해 사람을 인식하는 기술이다. 홍채 인식 기술을 사용하면 굳이 기계에 접촉하지 않고도 개인을 식별할 수 있으며, 안경이나 렌즈를 착용해도 개인을 식별하는 정확도가 매우 높다는 특징이 있다.

개개인이 지닌 고유의 특성을 활용하는 생체 인식 기술은 비밀번호를 기억하고 입력하지 않아도 개인을 식별해 주기 때문에 ㉠편리하면서도 보안 수준이 높다는 장점이 있다. 하지만 이러한 생체 인식 기술 역시 문제를 가지고 있다. 비밀번호는 유출되었을 경우 언제든지 변경할 수 있지만 생체 정보는 개인이 가지고 있는 _____㉮_____ 이 정보가 유출될 경우 심각한 피해로 이어질 수 있기 때문이다. 따라서 다양한 생체 인식 기술을 개발하는 것도 좋지만, 어떻게 하면 개인의 생체 정보를 더욱 안전하게 활용할 수 있는지에 대해서도 함께 고민해 보아야 한다.

📖 지문을 읽으면서 핵심어에는 동그라미, 중심 문장에는 밑줄을 그으세요.

- **대체하다**: 다른 것으로 대신하다.
- **존재**: 현실에 실제로 있음. 또는 그런 대상.
- **생체**: 생물의 몸
- **인식**: 사물을 분별하고 판단하여 앎.
- **추출하다**: 전체 속에서 어떤 물건, 생각, 요소 따위를 뽑아내다.
- **안면**: 눈, 코, 입이 있는 머리의 앞면
- **홍채**: 안구의 각막과 수정체 사이에 있는 얇은 막
- **터치패드**: 손가락이나 펜 등을 이용해 커서를 이동할 수 있도록 만든 컴퓨터 장치
- **접촉하다**: 서로 맞닿다.
- **차별화되다**: 둘 이상의 대상이 각각 등급이나 수준 따위의 차이가 두어져 구별된 상태가 되다.
- **고유하다**: 본래부터 가지고 있어 특유하다.
- **분석하다**: 얽혀 있거나 복잡한 것을 풀어서 개별적인 요소나 성질로 나누다.
- **출입국**: 나라 밖으로 나가거나 나라 안으로 들어오는 일
- **심사**: 자세하게 조사하여 등급이나 당락 따위를 결정함.
- **식별하다**: 분별하여 알아보다.
- **보안**: 안전을 유지함.

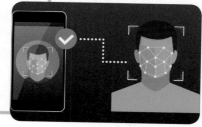

08 다음 중 맞는 것에 ○ 표시하시오.

(1) ⓐ '유출되는'의 사전적 의미는?

① 위험한 상태에서 구해지다. (   )

② 귀중한 물품이나 정보 따위가 불법적으로 나라나 조직의 밖으로 나가
버리다. (   )

(2) ⓒ '이 기술'의 의미는?

① 지문 인식 기술 (   )

② 안면 인식 기술 (   )

(3) ⓑ '비밀번호가 가진 이러한 문제 때문에 최근 많은 기업이 비밀번호를 대체할
새로운 기술들을 개발하고 있다.'의 의미는?

① 해커들의 간단한 공격에도 쉽게 노출될 수 있다는 비밀번호의 문제 때문에 최근
많은 기업이 비밀번호를 대신할 새로운 기술들을 개발하고 있다. (   )

② 글자, 숫자, 특수 문자까지 사용하여 복잡하게 만들어야만 한다는 비밀번호의
문제 때문에 최근 많은 기업이 비밀번호를 대신할 새로운 기술들을 개발하고
있다. (   )

09 빈칸에 들어갈 윗글의 핵심어를 쓰시오.

> 최근 기업들은 비밀번호를 대체할 새로운 기술로 사람의 신체적, 행동적 특성을
> 추출하여 그 사람이 맞는지를 비교하여 확인하는 기술인 ☐☐☐☐
> 기술을 개발하고 있다.

10 윗글의 중심 문장으로 가장 알맞은 것은?

① 이 가운데 특히 관심을 받는 것이 생체 인식 기술이다.

② 하지만 비밀번호가 나의 개인 정보를 완벽하게 지켜줄 수 있을까?

③ 마지막으로 홍채 인식 기술은 사람마다 고유한 특성을 가진 안구의 홍채
정보를 이용해 사람을 인식하는 기술이다.

④ 먼저 지문 인식 기술은 사람의 지문을 전자적으로 읽어 미리 입력된 지문
데이터와 비교해 본인이 맞는지를 확인하는 기술이다.

⑤ 생체 인식 기술이란 사람의 신체적, 행동적 특성을 미리 추출하여 두고,
이후에 그 사람이 맞는지를 비교하여 확인하는 기술을 말한다.

08

(1) 어휘의 의미 파악하기

DAY
02

• **귀중하다**: 귀하고 중요하다.
• **불법적**: 법에 어긋나는 것

(2) 지시어의 의미 파악하기
①과 ②를 ⓒ에 넣어 읽어
보고 의미가 통하는 것을
고르세요.

(3) 문장의 의미 파악하기

09 핵심어 찾기
• **대체하다**: 다른 것으로
대신하다.

10 중심 문장 찾기
윗글의 핵심어를 바탕으로
중심 문장을 찾아보세요.

• **전자적**: 전기와 자기의
원리를 이용한 것

11 윗글에 대한 설명으로 가장 알맞은 것은?
〔수능형〕

① 생체 인식 기술이 발전한 과정을 시간 순서대로 설명하고 있다.
② 생체 인식 기술의 문제점을 지적하고 새로운 기술을 개발하자고 권하고 있다.
③ 생체 인식 기술의 개념을 정의하고 생체 인식 기술의 종류를 이야기하고 있다.
④ 비밀번호 대신 생체 인식 기술을 활용하는 것에 대한 찬성과 반대의 입장을 이야기하고 있다.
⑤ 생체 인식 기술들의 차이를 언급하며 가장 우수한 생체 인식 기술이 무엇인지 밝히고 있다.

12 ㉮에 들어갈 말로 가장 알맞은 것은?
〔내신형〕

① 비밀번호를 변형한 것이므로
② 신체의 고유한 특징이기 때문에 보안 수준이 높아
③ 신체의 고유한 특징이라 어떤 보상도 받을 수 없어
④ 신체의 고유한 특징이기 때문에 마음대로 변경할 수 없어
⑤ 신체의 고유한 특징이지만 다른 생체 정보로 손쉽게 바꿀 수 있어

13 ㉠의 상황을 표현하기에 알맞은 사자성어는?
〔수능형〕

① 과유불급(過猶不及)
② 다다익선(多多益善)
③ 일거양득(一擧兩得)
④ 일취월장(日就月將)
⑤ 조삼모사(朝三暮四)

14 생체 인식 기술의 장점과 단점을 <조건>에 맞게 쓰시오.
〔서술형〕

───── 〈조건〉 ─────
1. '식별'이라는 말을 포함할 것
2. '생체 인식 기술의 장점은 ~ (이)고, 단점은 ~ (이)다.' 형식의 한 문장으로 쓸 것

─────────────────────
─────────────────────
─────────────────────
─────────────────────

11 내용 전개 방식 파악하기
윗글에서 어떠한 방식으로 내용을 전개하고 있는지 생각해 보세요.

• **개발하다**: 새로운 물건을 만들거나 새로운 생각을 내어놓다.

• **우수하다**: 여럿 가운데 뛰어나다.

12 내용 파악 + 추론하기
㉮의 앞 내용을 바탕으로 빈칸에 들어갈 말을 찾아보세요.

• **변형하다**: 모양이나 형태가 달라지거나 달라지게 하다.
• **변경하다**: 다르게 바꾸어 새롭게 고치다.

13 사자성어 적용하기
두 가지의 장점을 갖고 있다는 의미의 사자성어가 무엇인지 생각해 보세요.

• **사자성어**: 한자 네 자로 이루어진 교훈이나 유래를 담은 말

14
윗글에 제시된 생체 인식 기술과 관련된 설명을 장점과 단점으로 나누어 보세요.

[01~03] 뜻풀이에 알맞은 단어가 오도록 〈보기〉의 글자를 조합하여 빈칸에 쓰시오.

───〈보기〉───

고 출 별 유 추 식

01 분별하여 알아보다. ➡ (   )하다.

02 본래부터 가지고 있어 특유하다.
➡ (   )하다.

03 전체 속에서 어떤 물건, 생각, 요소 따위를
뽑아내다.
➡ (   )하다.

[04~06] 다음에 제시된 단어의 사전적 의미를 찾아 바르게
연결하시오.

04 인식 •

• ㉠ 안전을 유지함.

05 보안 •

• ㉡ 눈, 코, 입이 있는
머리의 앞면

06 안면 •

• ㉢ 사물을 분별하고
판단하여 앎.

[07~08] 〈보기〉를 읽고 빈칸에 알맞은 단어를 쓰시오.

───〈보기〉───

질문 : '변형하다'와 '변경하다'는 어떤 차이가 있나요?
답 : '변형하다'는 '모양이나 형태가 달라지거나 달라지게
하다.'라는 의미이지만 '변경하다'는 '다르게 바꾸어
새롭게 고치다.'라는 의미입니다.

07 폐품을 ☐☐하여 장난감을 만들었다.

08 갑자기 비가 내려서 우리는 여행 계획을 ☐☐
했다.

[09~10] 문장에 들어가기에 알맞은 것에 ○를 표시하시오.

09 그 부부에게 새로 태어난 아이는 귀중한
(존재 / 생체)였다.

10 미래에는 전자 문서가 종이 문서를 완전히
(대체 / 대비)할 것이다.

비밀번호, 꼭 특수문자까지 넣어서 만들어야 할까?

현대인이라면 누리집에 로그인을 할 때 비밀번호를 찾느라 애를 쓴 경험이 한 번쯤은 있을
것입니다. 실제로 인터넷 사용자 8,000명을 대상으로 얼마나 자주 비밀번호를 잊어버리는지
설문 조사를 실시한 결과, 응답자의 52%는 최소 한 달에 1번, 21%는 일주일에 1번,
14%는 하루에 1번 이상 비밀번호를 재설정한다고 답했다고 합니다.

그렇다면 사람들이 비밀번호를 잊는 이유는 무엇일까요? 여러 이유가 있을 수 있겠지만
가장 큰 이유는 비밀번호가 복잡해서일 것입니다. 누리집마다 약간의 차이는 있지만,
일반적으로 영어 대·소문자, 특수문자, 숫자를 섞어 8~12자리 이상의 문자로 비밀번호를
구성해야 하기 때문입니다. 비밀번호를 복잡하게 만들었기 때문에 금세 잊게 되는 것이지요.

한 보안 업체의 보고서에 따르면 비밀번호가 'password' '123456' 등 외우기 쉬운 문자로만 구성되어 있을 경우,
단 1초 만에 해커가 그 비밀번호를 풀 수 있다고 합니다. 반면 복잡하게 설정한 비밀번호를 푸는 데에는 3~4일
정도 걸린다고 합니다. 그러므로 누리집을 가입할 때 우리에게 복잡한 비밀번호를 설정하라고 하는 이유는
그만큼 우리의 정보를 안전하게 지키기 위해서라고 볼 수 있습니다.

DAY 03 은행이 망하면? [사회]

> ✱ 다음 글을 읽고, 물음에 답하시오.

　대부분의 사람들에게는 어린 시절 돼지 저금통에 용돈을 모은 경험이 한 번쯤 있을 것이다. 사람들은 돼지 저금통을 넘어 은행에 자신의 돈을 맡긴다. 은행에 돈을 넣어 두면 자신의 돈이 안전할 것이라고 생각하기 때문이다.

　최근 미국의 한 은행이 ⓐ파산하는 일이 벌어졌다. 이 은행의 재정이 부실하다는 잘못된 소문이 SNS를 통해 사람들 사이에서 퍼져나가면서 약 40년의 역사를 가진 이 은행은 36시간 만에 붕괴되고 말았다. 이 은행에 돈을 저축하고 있던 사람들이 휴대 전화 등을 이용해 해당 은행의 애플리케이션에 접속하여 본인들의 돈을 모두 출금했기 때문이다. ⓑ이 사건 이후 우리나라 사람들 역시 우리나라의 은행에 돈을 맡겨도 괜찮은 것인지에 대해 의문을 품기 시작했다. 은행이 망하면 어떻게 될까? 내가 맡겨둔 돈은 돌려받을 수 있을까?

　결론부터 말하면, 은행이 망해도 내가 맡겨둔 돈은 일정한 한도 내에서 돌려받을 수 있다. 우리나라에서는 1993년에 은행이 망할 경우를 대비하여 예금자 보호 제도를 도입하기로 하였고, 1997년 1월에 예금자 보호법이 시행됨에 따라 예금자들은 은행이 파산해도 예금액을 지급받을 수 있게 되었다. 예금자 보호 제도란 은행이 망해서 예금자의 돈을 돌려주지 못하게 된 경우에 예금보험공사에서 일정 금액 한도 내에서 예금자에게 예금액을 돌려주는 제도를 말한다.

　2023년을 기준으로 우리나라에서는 은행이 망했을 때 이 제도에 따라 인당 최고 5,000만 원까지 예금액을 보호받을 수 있다. 다시 말해 우리나라의 은행에 어떤 개인이 2022년에 5,100만 원을 맡긴 후 그 은행이 2023년에 망했다면, 이 개인은 보호 금액에 해당하는 5,000만 원은 돌려받게 되지만 5,000만 원을 초과하는 금액인 100만 원은 돌려받지 못할 수도 있다. 이러한 예금자 보호 제도는 우리나라뿐만 아니라 대부분의 국가에서 시행하고 있다.

　그렇다면 내가 은행에 맡긴 돈을 온전히 보호받으려면 어떻게 해야 할까? 여러 은행에 예금자 보호 제도에서 보장하는 금액만큼만 나눠서 돈을 맡기면 된다. 예금자 보호 제도는 모든 은행에 각각 적용되기 때문이다.

　은행은 국민들의 돼지 저금통이다. 하지만 안타깝게도 이 사회에 완벽하게 안전한 돼지 저금통은 존재하지 않는다. 그러므로 은행은 예금자들의 돈을 안전하게 맡아줄 수 있도록 여러 방법을 마련해야 하고, 국가는 은행의 ⓒ이러한 행동들을 잘 관리하고 감독해야 한다. 또한 우리는 은행에 돈을 맡기기 전에 신뢰할 수 있는 은행인지를 꼼꼼하게 알아보는 등 우리의 돈을 스스로 지킬 수 있도록 노력해야 한다.

- **재정**: 개인, 가계, 기업 따위의 경제 상태
- **부실하다**: 내용이 실속이 없고 충분하지 못하다.
- **붕괴되다**: 무너지고 깨어지게 되다.
- **출금하다**: 돈을 내어 쓰거나 내어 주다.
- **의문**: 의심스럽게 생각함. 또는 그런 문제나 사실
- **한도**: 일정한 정도. 또는 한정된 정도
- **대비하다**: 앞으로 일어날지도 모르는 어떠한 일에 대응하기 위하여 미리 준비하다.
- **예금자**: 금융 기관에 돈을 맡기는 사람
- **도입하다**: 기술, 방법, 물자 따위를 끌어 들이다.
- **시행되다**: 법령이 확정되어 일반 국민에게 알려진 뒤 그 효력이 실제로 발생되다.
- **지급**: 돈이나 물품 따위를 정하여진 몫만큼 내줌.
- **초과하다**: 일정한 수나 한도 따위가 넘어가다. 또는 일정한 수나 한도 따위를 넘다.
- **보장하다**: 어떤 일이 어려움 없이 이루어지도록 조건을 마련하여 보증하거나 보호하다.
- **감독하다**: 어떤 사람이나 기관이 다른 사람이나 기관의 행위가 잘못되지 않도록 감시하고, 명령이나 제재를 가하다.

01 다음 중 맞는 것에 ○ 표시하시오.

(1) ⓐ '파산하는'의 사전적 의미는?

① 재산을 모두 잃고 망하다.　　　（　　　　）

② 어떤 상태나 상황을 그대로 보존하거나 변함없이 계속하여 지탱하다. （　　　　）

(2) ⓒ '이러한 행동들'의 의미는?

① 예금자들의 돈을 맡아줄 때 최대 5,000만 원까지만 맡아주는 것　（　　　　）

② 예금자들의 돈을 안전하게 맡아줄 수 있도록 여러 방법을 마련하는 것 （　　　　）

(3) ⓑ '이 사건 이후 우리나라 사람들 역시 우리나라의 은행에 돈을 맡겨도 괜찮은 것인지에 대해 의문을 품기 시작했다.'의 의미는?

① 미국의 한 은행이 파산한 사건 이후 우리나라 사람들은 우리나라 은행에 돈을 맡겨도 안전한 것인지에 대해 의문을 가지기 시작했다.　　（　　　　）

② 은행의 애플리케이션에 접속하여 돈을 출금하게 된 이후 우리나라 사람들은 우리나라 은행에 돈을 맡겨도 안전한 것인지에 대해 의문을 가지기 시작했다.　（　　　　）

01

(1) 어휘의 의미 파악하기

• **보존하다**: 잘 보호하거나 보관하여 남기다.

• **지탱하다**: 오래 버티거나 배겨 내다.

(2) 지시어의 의미 파악하기

6문단의 내용을 바탕으로 ⓒ가 무엇을 의미하는지 골라보세요.

(3) 문장의 의미 파악하기

02 빈칸에 들어갈 윗글의 핵심어를 쓰시오.

> 은행이 망하더라도 우리나라에서는 □□□□□ 제도에 따라 일정 금액 한도 내에서 예금액을 돌려받을 수 있다.

02 핵심어 찾기

• **예금액**: 금융 기관에 맡긴 돈의 액수

03 윗글의 핵심어를 바탕으로 윗글에서 중심 문장을 찾아 쓰시오.

_____

_____

_____

03 중심 문장 찾기

글쓴이가 무엇을 설명하고자 윗글을 썼을지 생각해 보고, 3문단에서 소개하고 있는 예금자 보호 제도의 개념을 떠올려 보세요.

04 윗글에 대한 설명으로 알맞지 <u>않은</u> 것은?
수능형

① 예금자 보호 제도의 개념을 설명하고 있다.
② 은행을 친숙한 것에 빗대어 설명하고 있다.
③ 질문과 답변의 형식으로 내용을 전개하고 있다.
④ 구체적 사례를 들어 읽는 사람의 이해를 돕고 있다.
⑤ 우리나라와 다른 나라의 차이를 중심으로 예금자 보호 제도를 설명하고 있다.

04 내용 전개 방식 파악하기

윗글에서 어떠한 방식으로 내용을 전개하고 있는지 생각해 보세요.

• **제도**: 관습이나 도덕, 법률 따위의 규범이나 사회 구조의 체계

• **빗대다**: 곧바로 말하지 아니하고 빙 둘러서 말하다.

05 윗글의 내용으로 알맞지 <u>않은</u> 것은?
내신형

① 국가는 완벽하게 안전한 은행을 만들어야 한다.
② 우리나라에서는 1997년부터 예금자 보호법이 시행되었다.
③ 사람들은 은행이 안전하다고 믿기 때문에 은행에 돈을 맡긴다.
④ 은행이 망해도 개인은 예금한 돈을 일정 금액 내에서 돌려받을 수 있다.
⑤ 최근 미국에서 한 은행이 파산한 이유는 SNS를 통해 잘못된 소문이 퍼졌기 때문이다.

05 내용 파악하기

• **예금하다**: 일정한 계약에 의하여 은행이나 우체국 따위에 돈을 맡기다.

06 〈보기〉의 사례 속 김 씨가 예금보험공사로부터 돌려받을 수 있는 총 금액은?
수능형

> ─────〈보기〉─────
> 　대한민국에 사는 김 씨는 2010년에 A 은행에
> 7,000만 원, B 은행에 4,000만 원을 저축했다.
> 그런데 2023년 5월에 A 은행과 B 은행 모두
> 파산하고 말았다. 2023년 6월, 김 씨는 자신의 돈을
> 돌려받기 위해 예금보험공사에 연락했다.

① 3,000만 원　　　　　　　② 5,000만 원
③ 9,000만 원　　　　　　　④ 1억 원
⑤ 1억 1,000만 원

06 구체적 사례에 적용하기

예금자 보호 제도를 바탕으로 예금자가 한 은행당 보호받을 수 있는 최고 금액이 얼마인지를 떠올려 보세요.

• **저축하다**: 절약하여 모아 두다.

07 우리가 은행에 돈을 맡기기 전에 신뢰할 수 있는 은행인지를 알아보아야 하는 이유를 〈조건〉에 맞게 쓰시오.
서술형

> ─────〈조건〉─────
> 1. '은행'이라는 말을 포함할 것
> 2. '~ 때문이다.' 형식의 한 문장으로 쓸 것

_____

_____

_____

07

예금자 보호 제도가 만들어진 이유를 생각해 보세요.

• **신뢰하다**: 굳게 믿고 의지하다.

[01~04] 〈보기〉에서 알맞은 말을 골라 쓰시오.

┌─── 〈보기〉 ───┐
재정   의문   제도   한도
└──────────────┘

01 ☐☐ : 일정한 정도. 또는 한정된 정도

02 ☐☐ : 개인, 가계, 기업 따위의 경제 상태

03 ☐☐ : 의심스럽게 생각함. 또는 그런 문제나
사실

04 ☐☐ : 관습이나 도덕, 법률 따위의 규범이나
사회 구조의 체계

[05~06] 밑줄 친 부분과 같은 의미가 되도록 빈칸을
채우시오.

05 그는 월요일이 되면 <u>은행에 돈을 맡기러</u> 가기로
했다.
➡ ☐☐ 하러

06 그는 산에 오르기 전에 비상식량과 물을 챙기는 등,
<u>만일의 사태에 대응하기 위해서 미리 준비했다.</u>
➡ ☐☐ 했다

[07~09] 〈보기〉를 참고하여, 빈칸에 알맞은 말을 쓰시오.

┌─── 〈보기〉 ───┐
• ㄷㅇ하다 : 기술, 방법, 물자 따위를 끌어 들이다.
• ㅂㅅ하다 : 내용이 실속이 없고 충분하지 못하다.
• ㄱㄷ하다 : 어떤 사람이나 기관이 다른 사람이나
  기관의 행위가 잘못되지 않도록 감시하고, 명령이나
  제재를 가하다.
└──────────────┘

07 시험을 ☐☐ 하러 어떤 선생님이 오시니?

08 찬미는 아침 식사가 ☐☐ 했는지 금세 허기가 졌다.

09 그 기업은 새로운 기술을 ☐☐ 하여 더 좋은
제품을 만들 수 있었다.

[10~11] 다음 문장에 들어가기에 알맞은 단어를 골라 ○를
표시하시오.

10 환경을 (보존 / 보장)하자고 주장하는 사람들이
많아지고 있다.

11 수진이는 음식의 맛이 없으면 음식값을 100%
돌려주겠다고 (보존 / 보장)하는 음식점에 가기로 했다.

배 경 지 식

뱅크런(Bank Run)

뱅크런은 은행에서 사람들이 한꺼번에 예금한 돈을 찾는 현상을 일컫는 말입니다.
뱅크런은 금융 시장이 불안정하거나 은행의 재정 상태가 좋지 않다고 판단될 때, 사람들이
자신의 예금액을 돌려받지 못할 것을 걱정하여 나타나는 현상입니다.

은행은 사람들이 맡긴 예금을 다른 기업에 빌려주기도 하고, 다른 산업에 투자를
하기도 합니다. 그래서 고객들이 예금한 돈 전액을 그대로 갖고 있지 않습니다. 고객들 중
일부에게 예금액을 돌려 줄 수 있을 정도만 준비해 둘 뿐입니다. 그런데 뱅크런이 발생하면
은행이 준비해 둔 돈으로는 고객들이 찾아가고자 하는 돈을 모두 감당할 수 없게 됩니다.
그렇게 되면 은행은 그대로 파산하게 됩니다.

하나의 은행이 파산하면 그 영향은 다른 은행에까지 미칩니다. 그러므로 국가에서는
뱅크런이 발생할 위험이 있는지 않은지 잘 살펴야 하고, 만약 뱅크런이 발생한다면 이를
최대한 빠르게 수습하기 위해 노력해야 합니다.

03 하품을 하는 이유는 무엇일까? [과학·기술]

 * 다음 글을 읽고, 물음에 답하시오.

하품이란 우리가 졸리거나 힘들거나 배가 부를 때 저절로 입이 벌어지면서 쉬는 깊은 숨을 의미한다. 전문가들은 우리가 하품을 하는 이유를 크게 생리적* 반응의 결과와 정서적 반응의 결과로 설명한다.

하품을 생리적 반응의 결과로 보는 전문가들은 하품이 뇌를 식히는 기능을 한다고 설명한다. 하품을 할 때 입을 크게 벌렸다 닫는 동작을 하게 되는데, 이때 코 옆의 동굴과 같은 공간인 부비강이 ⓐ팽창한 후 수축된다. 이때 부비강을 통해 뇌에 공기가 들어오면서, 뇌의 온도를 낮춰 준다는 것이다. ⓑ또한 이들은 우리가 하품을 할 때 우리 몸속의 먼지나 기타 자극적인 물질을 공기와 함께 몸 밖으로 내보낼 수 있다고 설명한다. 마지막으로 우리의 몸이 지나치게 피곤하거나 스트레스를 받을 때 하품을 하면 몸의 긴장을 이완시켜 주는 기능을 한다고 덧붙인다. 하품을 함으로써 피로와 스트레스로 긴장되어 있는 몸의 근육이 ㉠풀어진다는 것이 이들의 설명이다.

반면 일부 전문가들은 우리가 하품을 하는 이유를 생리적 반응의 결과가 아닌 정서적 반응의 결과라고 설명한다. 피곤하지 않더라도 곁에 있는 사람이 하품을 하면 자신도 모르게 따라서 하품을 하는 경우가 이것에 해당한다. 전문가들은 ⓒ이러한 하품이 '감정 이입' 때문이라고 설명한다. 사람들에게 하품을 하는 사람의 동영상을 보여 주면 그중 50%는 하품을 따라 한다는 연구 결과와 개는 주인이 하품하는 소리만 들어도 하품을 하기도 한다는 연구 결과가 이들의 주장을 뒷받침한다.

하품을 정서적 반응의 결과로 설명하는 전문가들은 다음과 같은 경우에 하품이 잘 전염된다고 주장한다. 첫째, 하품은 정서적 친밀도가 높은 사람들 사이에서 전염이 잘 된다고 한다. 가족이나 친구처럼 감정적으로 가까운 사람들이 하품을 할 때, 그 하품이 전염될 가능성이 크다는 것이다. 둘째, 하품은 공감 능력이 높은 사람들 사이에서 전염이 잘 된다고 한다. 감정 이입은 공감 능력과 관련이 있으므로 공감 능력이 높은 사람은 다른 사람이 하품하는 모습을 보고 하품을 할 가능성이 크다는 것이다.

우리는 생리적 반응 또는 정서적 반응의 결과로 하루에도 몇 번씩 하품을 하게 된다. 하품을 할 때 내가 하품을 하는 이유가 생리적 반응의 결과인지, 아니면 정서적 반응의 결과인지 생각해 보자. 단순한 행위가 특별한 의미로 다가올지도 모른다.

* 생리적: 신체의 조직이나 기능에 관련되는

🐾 지문을 읽으면서 핵심어에는 동그라미, 중심 문장에는 밑줄을 그으세요.

- **부비강**: 머리뼈에 있는 공기 구멍
- **수축되다**: 근육 따위가 오그라들다.
- **자극적**: 자극하는 성질이 있는 것
- **피곤하다**: 몸이나 마음이 지치어 고달프다.
- **긴장**: 근육이나 신경이 지속적으로 오그라들거나 흥분한 상태
- **이완**: 굳어서 뻣뻣하게 된 근육 따위가 원래의 상태로 풀어짐.
- **이입**: 옮기어 들임.
- **전염되다**: 다른 사람의 습관, 분위기, 기분 따위에 영향을 받아 물이 들다.
- **친밀도**: 지내는 사이가 아주 가깝고 친하게 느끼는 정도
- **감정적**: 마음이나 기분에 의한 것
- **행위**: 사람이 의지를 가지고 하는 짓

08 다음 중 맞는 것에 ○ 표시하시오.

(1) ⓐ '팽창한'의 사전적 의미는?

① 부풀어서 부피가 커지다.　　　（　　　）

② 모양이나 규모 따위를 줄여서 작게 하다.　　（　　　）

(2) ⓒ '이러한 하품'의 의미는?

① 피곤하지 않더라도 곁에 있는 사람을 따라서 하는 하품　（　　　）

② 우리 몸이 지나치게 피곤할 때 긴장되어 있는 몸의 근육을 풀기 위해 하는 하품　（　　　）

(3) ⓑ '이들은 우리가 하품을 할 때 우리 몸속의 먼지나 기타 자극적인 물질을 공기와 함께 몸 밖으로 내보낼 수 있다고 설명한다.'의 의미는?

① 하품을 하는 이유를 생리적 반응의 결과로 보는 전문가들은 우리가 하품을 할 때 몸속의 먼지 등을 몸 밖으로 내보낼 수 있다고 설명한다.　（　　　）

② 하품을 하는 이유를 정서적 반응의 결과로 보는 전문가들은 우리가 하품을 할 때 몸속의 먼지 등을 몸 밖으로 내보낼 수 있다고 설명한다.　（　　　）

09 빈칸에 들어갈 윗글의 핵심어를 쓰시오.

> 전문가들은 우리가 　　 을/를 하는 이유를 생리적 반응의 결과와 정서적 반응의 결과라고 설명한다. 정서적 반응의 결과로 사람들이 하품을 한다고 보는 전문가들은 사람들이 하품을 따라하는 것을 감정 이입 때문이라고 설명한다.

10 윗글의 핵심어를 바탕으로 윗글에서 중심 문장을 찾아 쓰시오.

_____

_____

_____

08

(1) 어휘의 의미 파악하기

· **부피**: 넓이와 높이를 가진 물건이 공간에서 차지하는 크기

(2) 지시어의 의미 파악하기

(3) 문장의 의미 파악하기

우리가 하품을 할 때 몸 속의 먼지 등을 몸 밖으로 내보낼 수 있다고 설명한 사람이 누구인지 생각해 보세요.

09 핵심어 찾기

윗글에서 중심이 되는 말을 찾아보세요.

10 중심 문장 찾기

1문단에서 우리가 하품을 하는 이유에 대해 전문가들이 무엇이라고 했다고 하였는지 살펴보세요.

DAY **03**

11
[내신형]

윗글의 내용으로 알맞지 않은 것은?

① 하품을 하면 근육이 수축된다.
② 하품을 하면 몸의 긴장이 풀어진다.
③ 하품을 하면 몸 안의 공기를 내보낼 수 있다.
④ 하품을 하면 부비강이 팽창되었다가 수축된다.
⑤ 뇌를 식히려면 하품을 자주 하는 것이 도움이 된다.

11 내용 파악하기

12
[수능형]

다음 사진을 본 반응으로 알맞은 것을 〈보기〉에서 모두 고르면?

◀ 흰색 옷을 입은 사람이 하품을 하자 양옆의 사람이 따라서 하품을 한 상황임.

─〈보기〉─
ㄱ. 사진 속 세 사람의 정서적 친밀도는 높을 거야.
ㄴ. 이 사람들이 하품을 한 것은 생리적 반응의 결과야.
ㄷ. 흰 옷을 입은 사람의 옆에 있는 사람들은 공감 능력이 높을 거야.
ㄹ. 일부 전문가들은 이 사람들을 보고 하품이 정서적 반응의 결과라고 설명할 거야.

① ㄱ   ② ㄱ, ㄴ   ③ ㄱ, ㄷ   ④ ㄱ, ㄴ, ㄹ   ⑤ ㄱ, ㄷ, ㄹ

12 내용 파악+추론하기
제시된 사진 속 인물들이 하품을 하는 이유를 생각해 보세요.

· **공감**: 남의 감정, 의견, 주장 따위에 대하여 자기도 그렇다고 느낌

13
[수능형]

다음 문장의 밑줄 친 부분이 ㉠과 같은 의미로 쓰인 것은?

① 날씨가 풀어져서 밖에 나가 놀 수 있겠다.
② 시험공부를 하다 졸린 민정이의 눈이 풀어졌다.
③ 친구와 솔직하게 대화하고 나니 마음속 응어리가 풀어졌다.
④ 동생이 달리기 시합을 하는데 신발 끈이 풀어져 넘어질 뻔했다.
⑤ 어머니께 안마를 해 드렸더니 어머니께서 뭉친 근육이 풀어졌다고 하셨다.

13 어휘의 의미 파악하기

· **응어리**: 가슴속에 쌓여 있는 한이나 불만 따위의 감정

14
[서술형]

하품이 잘 전염되는 경우를 〈조건〉에 맞게 쓰시오.

─〈조건〉─
1. 윗글에서 2가지를 찾아 쓸 것
2. 한 문장으로 쓸 것

14
4문단에서 어떠한 경우에 사람들 사이에서 하품이 전염된다고 했는지 떠올려 보세요.

03 어휘력 향상 TEST

하품을 하는 이유는 무엇일까?   ▶ 정답: 문제편 185쪽

[01~04] 〈보기〉에서 알맞은 말을 골라 쓰시오.

┌─────── 〈보기〉 ───────┐
행위   부피   이완   공감
└──────────────────────┘

01 나는 다른 사람의 감정에 ☐☐을/를 잘한다.

02 사람을 해치는 ☐☐은/는 법으로 금지하고 있다.

03 그 인형은 가방에 넣기에는 ☐☐이/가 너무 크다.

04 운동의 원리는 근육의 긴장과 ☐☐을/를 반복하는 것이다.

[05~06] 다음을 참고하여, 빈칸에 알맞은 말을 쓰시오.

┌────────────────────────────────┐
• ㅈㄱㅈ : 자극하는 성질이 있는 것
• ㄱㅈㅈ : 마음이나 기분에 의한 것
└────────────────────────────────┘

05 어제 ☐☐☐인 음식을 먹었더니 배가 아프다.

06 이 문제는 ☐☐☐(으)로 접근하기보다는 이성적으로 생각해야 한다.

[07~08] 다음에 제시된 한자의 뜻을 참고하여 단어의 의미를 완성하시오.

07 이입(移入): 移(이: 옮기다), 入(입: 들이다)
➡ ☐☐아/어 들임.

08 친밀도(親密度): 親(친: 친하다), 密(밀: 빽빽하다), 度(도: 정도)
➡ 지내는 사이가 아주 가깝고 친하게 느끼는 ☐☐

[09~11] 사다리 타기 결과에 따라, 빈칸에 들어갈 단어의 뜻을 〈보기〉에서 골라 번호를 쓰시오.

┌─────── 〈보기〉 ───────┐
① 부풀어서 부피가 커지다.
② 근육 따위가 오그라들다.
③ 몸이나 마음이 지치어 고달프다.
④ 다른 사람의 습관, 분위기, 기분 따위에 영향을 받아 물이 들다.
└──────────────────────┘

수축되다	전염되다	팽창하다	피곤하다

09 (   ) 10 (   ) 11 (   ) ②

하품을 할 때 눈물이 나는 이유

하품을 할 때 우리의 몸에서 같이 일어나는 현상이 하나 있습니다. 바로 눈물이 나는 것입니다. 하품을 하면 눈물이 나는 이유는 무엇일까요?

우리가 하품을 하게 되면 우리의 호흡에 사용되는 몸속 근육들이 긴장을 하게 되고, 이에 따라 가슴 근처의 몸통 안의 압력이 강하게 바뀝니다. 이 영향으로 눈알 안쪽의 압력, 즉 안압도 증가합니다. 안압이 증가하면 눈의 끝 쪽에 있는 눈물샘이 눌리게 되고, 그래서 눈물이 나게 됩니다.

하품을 할 때 눈물이 나는 것은 우리 몸이 연속적인 반응을 일으키며 발생하는 것이므로 자연스러운 현상입니다. 하품을 할 때 눈물이 나지 않으면 오히려 건강에 문제가 있는 것은 아닌지 의심해 보아야 합니다.

★ 문단 요약　　★ 문단 간의 관계

① 문단 핵심어, 글 전체 핵심어: 유행어

① '중꺾마'와 같은 유행어는 어느 한 시기에 널리 쓰이다가
안 쓰이게 되는 새로운 말의 일종이다. 유행어는 당시의 사회
분위기를 담아 만들어진다. 그래서 유행어는 '시대의 거울'이라고
불리기도 한다. 2002년 월드컵 때의 유행어인 '꿈은
이루어진다'가 꿈을 가지고 노력하면 언젠간 꿈을 이룰 수
있다고 믿는 당시 분위기를 담고 있다면, 2022년 월드컵 때의
'중꺾마'는 승패를 떠나 그 과정에서 최선을 다하는 것이
중요하다고 생각하는 2020년대의 시대상을 반영한 것이라고
볼 수 있다.

①문단: 유행어의 개념과
특징 [방법 ❸]

유행어는 어느 한 시기에
널리 쓰이다가 안 쓰이게
되는 새로운 말의
일종이다. [방법 ❷]

①문단: 유행어의
개념과 특징을
제시했다.

② 문단의 핵심어: 부정적

② 그렇다면 유행어를 사용하는 것에 대해 사람들은 어떻게
생각할까? 유행어를 사용하는 것을 부정적으로 보는 사람들은
다음과 같은 이유를 든다. 첫 번째로 유행어는 대개 짧은 시간
동안 인기를 끌고 사라지기 때문에 유행어를 사용하여 다른
사람들과 지속적으로 소통하기에는 적절하지 않다는 것이다.
두 번째로는 유행어는 대개 특정 연령층이나 문화권에서만
인기가 있기 때문에 유행어를 사용하면 다른 연령층이나
문화권에서는 그 유행어를 이해하지 못할 수 있다는 것이다.

②문단: 유행어 사용에
부정적인 사람들의 견해
[방법 ❸]

사람들과 소통하기 어렵고,
다른 령층·문화권에서는
그 유행어를 이해하지
못한다. [방법 ❹]

②문단 ↔ ③문단
내용상 서로 상반되는
내용을 다룸.

유행어 사용에 대한
상반된 견해를 나누어
제시했다. [방법 ❸]

③ 문단의 핵심어: 긍정적

③ 반면 유행어를 사용하는 것을 긍정적으로 보는 사람들은
다음과 같은 이유를 든다. 첫 번째로 유행어는 대중적으로
사용되기 때문에 유행어를 사용하면 이 말을 사용하는 사람들
간의 의사소통이 원활해진다는 것이다. 또 새로운 유행어는
새로운 개념과 아이디어를 표현하기 편리하다고 본다.

③문단: 유행어 사용에
긍정적인 사람들의 견해
[방법 ❸]

사용하는 사람들끼리
의사소통이 원활해지고
새 개념, 아이디어를
표현하기 편하다. [방법 ❹]

④ 문단의 핵심어: 유행어

④ 유행어를 사용하는 것은 무조건 나쁘거나, 무조건 좋다고 할
수는 없다. 유행어를 대화가 이루어지는 때와 장소, 같이
대화하는 사람에 맞지 않게 사용한다면 의사소통을 어렵게 할
수 있지만, 적절하게만 사용한다면 이것은 문제가 되지 않기
때문이다. 그러므로 유행어를 사용할 때는 대화하는 상황과
상대방을 고려하는 태도를 가져야 한다.

④문단: 유행어 사용에
대한 글쓴이의 주장
[방법 ❸]

유행어를 사용할 때
대화 상황과 상대방을
고려하는 태도를 가져야
한다. [방법 ❷]

④문단: 유행어를
사용할 때 대화
상황과 상대방을
고려해야 한다는
글쓴이의 주장을
제시했다.

★ 글 전체 중심 문장: 글쓴이가 윗글을 쓴 목적은 유행어를 사용할 때
대화 상황과 상대방을 고려해야 한다고 주장하기 위해서임.

STEP II

문단 요약하기,
문단 간의 관계 파악하기

★ 문단 요약하기

문단의 내용을 한 문장으로 간단하게
표현하는 것입니다.

| 문단을 요약하는 이유 |

글을 읽을 때 한 번에 글의 모든 정보를 기억하기
어렵습니다. 그래서 문단별로 요약한 내용을 모아
놓으면 글 전체 내용을 파악하는 데 도움이 됩니다.

| 문단을 요약하는 방법 |

방법 ❶ 덜 중요하거나 반복되는 내용을 지운다.

방법 ❷ 중심 문장을 고른다.

방법 ❸ 구체적인 개념이나 세부 정보를 나타내는
　　　　단어들은 하나의 표현으로 정리한다.

방법 ❹ 중심 문장이 뚜렷하지 않다면 내용을 모두
　　　　포함하는 새 문장을 만든다.

★ 문단 간의 관계 파악하기

각 문단들이 어떻게 연결되어 있고, 어떠한
관계인지를 알아보는 것입니다.

| 문단 간의 관계를 파악하는 이유 |

문단 간의 관계를 파악하면 글 전체 내용을
체계적으로 이해할 수 있습니다.

| 문단 간의 관계를 파악하는 방법 | 담화 표지 살피기

방법 ❶ '이, 그, 저, 이러한'
　　　　– 이 표현들이 앞의 내용 중 무엇을 가리키는
　　　　것인지를 살펴보기

방법 ❷ '그리고, 또, 또한, 마찬가지로'
　　　　– 앞 내용과 비슷한 내용이 이어질 것이라고
　　　　예상하기

방법 ❸ '반면, 하지만, 그러나, 그렇지만, 그럼에도'
　　　　– 앞의 내용과 반대되거나 다른 방향의
　　　　내용이 나올 것이라고 예상하기

방법 ❹ '따라서, 즉, 결론적으로'
　　　　– 앞의 내용을 요약하여 정리하거나, 다시
　　　　한번 말함으로써 강조하는 내용이 이어질
　　　　것이라고 예상하기

문단을 요약하고
문단 간의 관계를 파악하면
글의 흐름을 쉽게
이해할 수 있어요!

04 뉴스에도 가짜가 있다? [사회]

✱ 다음 글을 읽고, 물음에 답하시오.

중학생인 수현이는 오늘 아침 인터넷 뉴스를 보다가 깜짝 놀랐다. 수현이가 좋아하는 아이돌 가수 A 씨가 지난밤 교통사고를 당해 크게 다쳤다는 내용이 ⓐ속보로 실려 있었기 때문이다. 수현이는 다른 뉴스들을 찾아보고 나서야 아침에 자신이 본 뉴스가 가짜라는 것을 알게 되었다.

위의 사례에서 수현이가 본 것은 가짜 뉴스이다. 가짜 뉴스란 정치·경제적 이익을 위해 의도적으로 언론 보도의 형식을 하고 유포된 거짓 정보를 말한다. 언론사의 오보, 디지털 미디어 플랫폼*에서의 거짓 정보가 담긴 동영상까지 가짜 뉴스의 유형은 다양하다. 보통 가짜 뉴스의 제목은 '속보', '단독'을 붙여 실제 뉴스 형식과 비슷하게 하는데, ⓑ이러한 이유 때문에 가짜 뉴스의 제목을 본 사람들이 거짓된 정보를 사실로 받아들이는 문제가 생긴다.

그렇다면 가짜 뉴스가 유포되는 이유는 무엇일까? 첫째, 가짜 뉴스가 유포되는 플랫폼에 누구나 쉽게 접근할 수 있기 때문이다. 사람들은 휴대 전화 등을 통해 장소나 시간과 상관없이 인터넷 매체를 손쉽게 사용할 수 있다. 그래서 인터넷상에 떠도는 가짜 뉴스를 쉽게 접하게 된다. 둘째, 가짜 뉴스인지 아닌지를 확인하는 것이 현실적으로 한계가 있기 때문이다. 세계적으로 인기 있는 동영상 플랫폼이나 검색 누리집에는 수많은 영상이나 기사들이 실시간으로 생산되고 업로드되고 있다. 이러한 상황에서 영상과 기사를 제공하는 플랫폼 측에서 올라오는 모든 뉴스의 내용을 확인하는 것은 현실적으로 어렵다. 셋째, 가짜 뉴스는 돈이 되기 때문이다. 많은 사람이 조회하는 뉴스일수록 높은 금액의 광고가 따라온다. 가짜 뉴스를 만드는 사람들은 광고를 통해 큰 이익을 얻기 위해 사실 여부와 상관없이 자극적인 제목과 내용의 가짜 뉴스를 만들고, 많은 사람들의 조회를 유도한다.

현재 가짜 뉴스를 막기 위해 일부 동영상 재생 플랫폼과 검색 누리집 측에서는 인공 지능 기술을 활용하여 가짜 뉴스를 파악하고 해당 뉴스를 삭제하거나 광고 수익을 차단하는 등의 노력을 하고 있다. 또한, 사실 확인을 전문적으로 수행하는 기관과의 협력을 통해 가짜 뉴스를 제재하고 있다.

ⓒ하지만 이러한 노력만으로는 가짜 뉴스를 모두 없앨 수 없다. 우리처럼 뉴스를 보는 사람들도 뉴스를 비판적으로 받아들이려 노력해야 한다. 자신이 접한 정보를 무조건 사실이라고 믿지 말고 혹시 진실로 보이게끔 만들어진 정보가 아닌지 의심해 보는 자세를 가져야 한다. 또 자신이 접한 정보의 출처가 정확하고 믿을 수 있는지, 어느 한쪽의 정보만 다루고 있지는 않은지 등 뉴스의 내용을 비판적으로 대하고 받아들이려 노력해야 한다.

* 플랫폼: 정보 시스템 환경을 만들고 열어 둠으로써 누구나 다양하고 많은 정보를 쉽게 활용할 수 있도록 제공하는 서비스

지문을 읽으면서 핵심어에는 동그라미, 중심 문장에는 밑줄을 그으세요.

- **의도적**: 무엇을 하려고 꾀하는 것
- **보도**: 대중 전달 매체를 통해 반 사람들에게 새로운 소식을 알림. 또는 그 소식
- **유포되다**: 세상에 널리 퍼지다.
- **오보**: 어떠한 사건이나 소식을 그릇되게 전하여 알려 줌. 또는 그 사건이나 소식
- **단독**: 단 하나
- **접근하다**: 가까이 다가가다.
- **실시간**: 실제 흐르는 시간과 같은 시간
- **생산되다**: 인간이 생활하는 데 필요한 각종 물건이 만들어지다.
- **업로드**: 컴퓨터 통신망을 통하여 다른 컴퓨터 시스템에 파일이나 자료를 전송하는 일
- **유도하다**: 사람이나 물건을 목적한 장소나 방향으로 이끌다.
- **수익**: 기업이 경제 활동의 대가로서 얻은 경제 가치
- **차단하다**: 다른 것과의 관계나 접촉을 막거나 끊다.
- **수행하다**: 생각하거나 계획한 대로 일을 해내다.
- **협력**: 힘을 합하여 서로 도움.
- **제재하다**: 일정한 규칙이나 관습의 위반에 대하여 제한하거나 금지하다.
- **출처**: 사물이나 말 따위가 생기거나 나온 근거

01 다음 중 맞는 것에 ○ 표시하시오.

(1) ⓐ '속보'의 사전적 의미는?

① 빨리 알림. 또는 그런 보도　　　(　　　　)

② 빨리 걸음. 또는 빠른 걸음　　　(　　　　)

(2) ⓑ '이러한'의 의미는?

① 가짜 뉴스의 제목이 간결하다는　　　(　　　　)

② 가짜 뉴스의 제목이 실제 뉴스 형식과 비슷하다는　　　(　　　　)

(3) ⓒ '하지만 이러한 노력만으로는 가짜 뉴스를 모두 없앨 수 없다.'의 의미는?

① 플랫폼과 검색 누리집에서 가짜 뉴스를 삭제하거나 광고 수익을 차단하는
것만으로는 가짜 뉴스가 유포되는 문제가 완전히 해결되지 않는다.　　　(　　　　)

② 플랫폼과 검색 누리집 측에서 가짜 뉴스를 삭제하려고 해도 광고 수익 등을
차단하기 어렵기 때문에 가짜 뉴스가 유포되는 문제가 완전히 해결되지
않는다.　　　(　　　　)

02 빈칸에 들어갈 말을 쓰시오.

〈문단 요약하기〉

〈문단 간 관계 파악하기〉

① 문단: 가짜 뉴스의 구체적 사례
수현이가 접한 아이돌 가수의 교통사고는
(❶　　　　　　　　　　　)(이)였다.

1문단에서 가짜 뉴스를 접한
수현이의 사례를 바탕으로
2문단에서
(❸　　　　　　　　　　　)을/를
설명하고, 특징을 제시했다.

② 문단: 가짜 뉴스의 개념과 특징
이익을 위해 의도적으로 유포된 거짓 정보로, 뉴스와
비슷한 형식의 (❷　　　　　　　) 을/를 붙인다.

③ 문단: 가짜 뉴스가 유포되는 3가지 이유
쉽게 접근할 수 있는 플랫폼에서 유통되고, 진짜인지를
확인하는 데 한계가 있으며, 돈이 되기 때문에 유포됨.

④ 문단: 가짜 뉴스를 막기 위한 노력
① 플랫폼·검색 누리집
가짜 뉴스를 막기 위해 동영상 재생 플랫폼과 검색
누리집 측에서는 여러 노력을 하고 있다.

⑤ 문단: 가짜 뉴스를 막기 위한 노력
② 뉴스를 보는 사람들
뉴스를 보는 사람들도 뉴스를 비판적으로 받아들이려
노력해야 한다.

가짜 뉴스를 막기 위해
4문단에서는 플랫폼과 검색
누리집 측이 하는 노력을
제시했다.
5문단에서는
(❹　　　　　　　　　　　)
노력해야 한다고 했다.

01

(1) 어휘의 의미 파악하기

DAY **04**

(2) 지시어의 의미 파악하기
사람들이 거짓된 정보를
사실로 받아들이는 문제가
생기는 이유를 생각해 보세요.
· **간결하다**: 간단하고
깔끔하다.
(3) 문장의 의미 파악하기

02

❶, ❷ 문단 요약하기
각 문단의 내용을 요약한 것을
보고, 그 문단의 중심이 되는
핵심어가 무엇일지 생각해
보세요.

❸, ❹ 문단 간의 관계 파악하기
2문단에서 무엇을 설명하기
위해 1문단에서 수현이의
사례를 제시한 것인지 생각해
보세요.

· **비판적**: 현상이나 사물의
옳고 그름을 판단하여
밝히거나 잘못된 점을
지적하는 것

03 윗글의 내용으로 알맞지 <u>않은</u> 것은?

[내신형]

① 사람들은 가짜 뉴스에 쉽게 접근할 수 없다.

② 사람들은 가짜 뉴스의 자극적인 제목에 이끌려 가짜 뉴스를 조회하게 된다.

③ 가짜 뉴스의 제목을 본 사람들은 거짓된 정보를 사실로 받아들이는 경우가 많다.

④ 가짜 뉴스는 누군가의 이익을 위해 의도적으로 뉴스 형식을 하고 퍼트려진 거짓 정보이다.

⑤ 우리는 뉴스를 볼 때 해당 내용이 어느 한쪽의 정보만 다루고 있지는 않은지 생각해 보아야 한다.

03 내용 파악하기

• **퍼트리다**: 널리 퍼지게 하다. = 퍼뜨리다.

04 윗글을 읽고 해결할 수 있는 질문만을 <u>모두</u> 고른 것은?

[수능형]

> ㄱ. 가짜 뉴스의 유형에는 무엇이 있을까?
>
> ㄴ. 가짜 뉴스를 유포하면 얼마나 많은 돈을 벌 수 있을까?
>
> ㄷ. 가짜 뉴스를 모두 없애는 가장 확실한 방법은 무엇일까?
>
> ㄹ. 인공 지능 기술을 활용하여 가짜 뉴스 유포를 막을 수 있을까?

① ㄱ, ㄴ   ② ㄱ, ㄹ   ③ ㄴ, ㄷ

④ ㄴ, ㄹ   ⑤ ㄷ, ㄹ

04 내용 파악＋추론하기

ㄱ ~ ㄹ을 해결할 수 있는 내용이 윗글의 어느 문단에 있는지 찾아보세요.

• **유형**: 성질이나 특징 따위가 공통적인 것끼리 묶은 하나의 틀. 또는 그 틀에 속하는 것

05 글쓴이가 윗글을 쓴 목적으로 가장 알맞은 것은?

[수능형]

① 가짜 뉴스의 문제점만을 강조하기 위해서

② 가짜 뉴스의 개념과 특징을 소개하기 위해서

③ 가짜 뉴스와 관련된 여러 가지 사례를 알려주기 위해서

④ 가짜 뉴스를 줄이기 위해 관련 기업에서 많이 노력하고 있음을 알려주기 위해서

⑤ 가짜 뉴스가 유포되는 이유를 설명하고, 사람들에게 비판적으로 정보를 받아들이는 태도를 지니라고 당부하기 위해서

05 내용 파악＋추론하기

5문단을 바탕으로 글쓴이가 윗글을 쓴 목적을 생각해 보세요.

• **당부하다**: 말로 단단히 부탁하다.

06 뉴스를 볼 때의 알맞은 자세를 〈조건〉에 맞게 쓰시오.

[서술형]

> ── 〈조건〉 ──
>
> 1. '가짜 뉴스'라는 말을 활용할 것
>
> 2. '뉴스를 볼 때는 ~ 한다.' 형식의 한 문장으로 쓸 것

06

5문단의 내용을 고려하여 뉴스를 접하는 사람들이 어떤 태도를 갖추어야 하는지 생각해 보세요.

_____

_____

_____

지문 분석 특강

▶ 정답: 문제편 185쪽

DAY
04

① 중학생인 수현이는 오늘 아침 인터넷 뉴스를 보다가 깜짝 놀랐다. 수현이가 좋아하는 아이돌 가수 A 씨가 지난밤 교통사고를 당해 크게 다쳤다는 내용이 ⓐ속보로 [가장 중심이 되는 말: 핵심어] 문이다. 수현이는 다른 뉴스들을 찾아보고 나서야 [ ] 뉴스가 (가짜)라는 것을 알게 되었다.

② 위의 사례에서 수현이가 본 것은 (가짜 뉴스)이다. 가짜 뉴스란 정치·경제적 이익을 위해 의도적으로 언론 보도의 형식을 하고 유포된 거짓 정보를 말한다. 언론사의 오보, 디지털 미디어 플랫폼*에서의 거짓 정보가 담긴 동영상까지 가짜 뉴스의 유형은 다양하다. 보통 가짜 뉴스의 제목은 '속보', '단독'을 붙여 실제 뉴스 형식과 비슷하게 하는데, ⓑ이러한 이유 때문에 가짜 뉴스의 제목을 본 사람들이 거짓된 정보를 사실로 받아들이는 문제가 생긴다.

③ 그렇다면 (가짜 뉴스가 유포되는 이유)는 무엇일까? 첫째, 가짜 뉴스가 유포되는 플랫폼에 누구나 쉽게 접근할 수 있기 때문이다. 사람들은 휴대 전화 등을 통해 장소나 시간과 상관없이 인터넷 매체를 손쉽게 사용할 수 있다. 그래서 인터넷상에 떠도는 가짜 뉴스를 쉽게 접하게 된다. 둘째, 가짜 뉴스인지 아닌지를 확인하는 것이 현실적으로 한계가 있기 때문이다. 세계적으로 인기 있는 동영상 플랫폼이나 검색 누리집에는 수많은 영상이나 기사들이 실시간으로 생산되고

업로드되고 있다. 이러한 상황에서 영상과 기사를 제공하는 플랫폼 측에서 올라오는 모든 뉴스의 내용을 확인하는 것은 현실적으로 어렵다. 셋째, 가짜 뉴스는 돈이 되기 때문이다. 많은 사람이 조회하는 뉴스일수록 높은 금액의 광고가 따라온다. 가짜 뉴스를 만드는 사람들은 광고를 통해 큰 이익을 얻기 위해 사실 여부와 상관없이 자극적인 제목과 내용의 가짜 뉴스를 만들고, 많은 사람들의 조회를 유도한다.

④ 현재 가짜 뉴스를 막기 위해 일부 동영상 재생 플랫폼과 검색 누리집 측에서는 인공 지능 기술을 활용하여 가짜 [④문단에서는 가짜 뉴스 유포를 막기 위한 플랫폼과 검색 누리집의 노력을 제시한 후, ⑤문단에서는 플랫폼과 검색 누리집의 노력만으로는 부족하기 때문에 받아들이는 사람이 노력해야 한다고 주장하고 있습니다.] 뉴스를 삭제하거나 광고 수익을 차단 사실 확인을 전문적으로 수행하는 제재하고 있다.

⑤ ⓒ하지만 이러한 노력만으로는 가짜 뉴스 우리처럼 뉴스를 보는 사람들도 뉴스를 비판적으로 받아들이려 노력 해야 한다. 자신이 접한 정보를 무조건 사실이라고 믿지 말고 혹시 진실로 [전체 중심 문장] 이게끔 만들어진 정보가 아닌지 의심해 보는 자세를 가져야 접한 정보의 출처가 정확하고 믿을 수 있는지, 어느 한 다루고 있지는 않은지 등 뉴스의 내용을 비판적으로 대하고 받아들이려 노력해야 한다.

○ 각 문단 핵심어　◎ 글 전체 핵심어　— 각 문단 중심 문장　▢ 글 전체 중심 문장

---

❶ 핵심어, 중심 문장 찾기

➡ 윗글에서 가장 많이 이야기하고 있으며 중심이 되는 단어인 전체 핵심어는 1) ☐☐☐☐ 입니다.

➡ 윗글의 글쓴이는 구체적 사례를 통해 사람들의 관심을 끈 후, 가짜 뉴스의 개념과 가짜 뉴스가 유포되는 이유를 알아보고, 뉴스를 보는 사람들도 뉴스를 비판적으로 받아들이려 노력해야 한다고 주장하고 있습니다.

따라서 윗글의 중심 문장은 ⑤문단 ❷문장 '우리처럼 뉴스를 보는 사람들도 뉴스를 2) ☐☐☐ (으)로 받아들이려 노력해야 한다.'입니다.

❷ 문단 요약하기, 문단 간의 관계 파악하기

〈문단 요약하기〉

• 글을 읽을 때 한 번에 글의 모든 정보를 기억하기란 쉽지 않습니다. 그래서 문단별로 핵심 내용을 요약하여 기억하는 것이 중요합니다.

• 문단별로 요약한 내용을 모으면 글의 전체 내용을 요약한 것이 되므로 문단을 요약하면 글 전체 내용을 파악할 수 있습니다.

* 각 문단을 요약하면 다음과 같습니다.

① 문단: 가짜 뉴스의 구체적 사례를 제시했습니다.

② 문단: 가짜 뉴스의 개념과 특징을 소개했습니다.

③ 문단: 가짜 뉴스가 유포되는 3가지 이유를 안내했습니다.

④ 문단: 가짜 뉴스를 막기 위해 플랫폼·검색 누리집 측이 하는 노력을 설명했습니다.

⑤ 문단: 가짜 뉴스를 막기 위해 뉴스를 보는 사람들도 노력해야 한다고 주장했습니다.

〈문단 간의 관계 파악하기〉

한 편의 글은 여러 개의 문단으로 이루어져 있습니다. 따라서 문단 간의 관계를 파악하면 글 전체의 흐름뿐 아니라 글쓴이가 그 글을 통해 말하고자 하는 바를 알 수 있습니다.

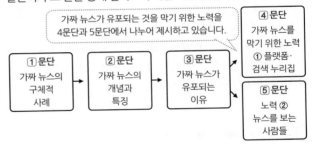

[가짜 뉴스가 유포되는 것을 막기 위한 노력을 4문단과 5문단에서 나누어 제시하고 있습니다.]

①문단 가짜 뉴스의 구체적 사례 → ②문단 가짜 뉴스의 개념과 특징 → ③문단 가짜 뉴스가 유포되는 이유 → ④문단 가짜 뉴스를 막기 위한 노력 ① 플랫폼·검색 누리집 / ⑤문단 노력 ② 뉴스를 보는 사람들

1문단에서 구체적 사례를 통해 가짜 뉴스에 대한 읽는 사람의 흥미를 유발하고

2문단에서 가짜 뉴스의 개념을 소개한 후,

3문단에서 가짜 뉴스가 유포되는 이유를 제시했습니다.

4문단에서 가짜 뉴스를 막기 위해 플랫폼과 검색 누리집 측이 하는 노력을 제시한 후

5문단에서 글쓴이는 뉴스를 받아들이는 사람들도 가짜 뉴스를 막기 위해 노력해야 한다는 주장을 드러냈습니다.

따라서 윗글의 주제는

'3) ☐☐☐☐ 의 개념과 유포를 막기 위한 노력'입니다.

문제 풀이 특강

01

(1) 어휘의 의미 파악하기

① '빨리 알림. 또는 그런 보도'는 속보(速 빠를 속, 報 알릴 보)의 사전적 의미이고, ② '빨리 걸음. 또는 빠른 걸음'은 '속보(速 빠를 속, 步 걸을 보)'의 사전적 의미입니다.

문맥을 고려하면 ④ '속보'의 사전적 의미는 ①입니다.

(2) 지시어의 의미 파악하기

②문단 ❹문장 보통 가짜 뉴스의 제목은 '속보', '단독'을 붙여 실제 뉴스 형식과 비슷하게 하는데, ⓑ이러한 이유 때문에 가짜 뉴스의 제목을 본 사람들이 거짓된 정보를 사실로 받아들이는 문제가 생긴다.

문맥을 고려하면 ⓑ '이러한'은 가짜 뉴스의 제목이 실제 뉴스 형식과 비슷하다는 것을 의미합니다.

(3) 문장의 의미 파악하기

④문단 ❶문장 현재 가짜 뉴스를 막기 위해 일부 동영상 재생 플랫폼과 검색 누리집 측에서는 ~ 해당 뉴스를 삭제하거나 광고 수익을 차단하는 등의 노력을 하고 있다.
⑤문단 ❶문장 ⓒ하지만 이러한 노력만으로는 가짜 뉴스를 모두 없앨 수 없다.

앞 문단의 내용을 고려하면 ⓒ '하지만 이러한 노력만으로는 가짜 뉴스를 모두 없앨 수 없다.'에서 '이러한 노력'은 가짜 뉴스를 막기 위해 플랫폼·검색 누리집에서 하고 있는 노력을 말합니다.

따라서 ⓒ의 의미는 ① '플랫폼과 검색 누리집 측에서 가짜 뉴스를 삭제하거나 광고 수익을 차단하는 것만으로는 가짜 뉴스가 유포되는 문제가 완전히 해결되지 않는다.'입니다.

02 문단 요약하기, 문단 간 관계 파악하기

❶ 1문단: 수현이가 접한 인터넷 뉴스는 가짜 뉴스였다는 구체적 사례가 제시되었습니다. 따라서 ❶에는 '가짜 뉴스'가 들어가야 합니다.

❷, ❸ 2문단: 가짜 뉴스란 정치·경제적 이익을 위해 의도적으로 언론 보도의 형식을 하고 유포된 거짓 정보라고 했습니다. 따라서 ❷에는 '제목', ❸에는 '가짜 뉴스의 개념'이 들어가야 합니다.
3문단: 가짜 뉴스가 유포되는 이유를 나열했습니다.
4문단: 가짜 뉴스를 막기 위한 플랫폼과 검색 누리집 측의 노력을 제시했습니다.
❹ 5문단: 4문단에서 언급한 플랫폼과 검색 누리집 측의 노력만으로는 가짜 뉴스가 유포되는 것을 막기 어려우므로, 뉴스를 보는 사람들도 뉴스를 비판적으로 받아들이려 노력해야 한다고 주장하고 있습니다. 따라서 ❹에는 '뉴스를 보는 사람들도'가 들어가야 합니다.

이처럼 가짜 뉴스를 막기 위해 4문단에서는 플랫폼과 검색 누리집 측에서 기울이는 노력을, 5문단에서는 뉴스를 보는 사람들이 기울여야 하는 노력을 제시하고 있습니다.

03 내용 파악하기 〔윗글의 내용과 맞는 것/맞지 않는 것 중 무엇을 찾는 문제인지 확인하기〕

윗글의 내용으로 알맞지 않은 것은?

① 사람들은 가짜 뉴스에 쉽게 접근할 수 없다. (○ . ✕)

③문단 ❷, ❸문장 ~ 가짜 뉴스가 유포되는 플랫폼에 누구나 쉽게 접근할 수 있기 때문 ~ 사람들은 ~ 인터넷 매체를 손쉽게 사용 ~

② 사람들은 가짜 뉴스의 자극적인 제목에 이끌려 가짜 뉴스를 조회하게 된다. (○ . ✕)

③문단 ❿문장 가짜 뉴스를 만드는 사람들은 ~ 자극적인 제목과 내용의 가짜 뉴스를 만들고, 많은 사람들의 조회를 유도한다.

③ 가짜 뉴스의 제목을 본 사람들은 거짓된 정보를 사실로 받아들이는 경우가 많다. (○ . ✕)

②문단 ❹문장 ~ 가짜 뉴스의 제목을 본 사람들이 거짓된 정보를 사실로 받아들이는 문제가 생긴다.

④ 가짜 뉴스는 누군가의 이익을 위해 의도적으로 뉴스 형식을 하고 퍼트려진 거짓 정보이다. (○ . ✕)

②문단 ❷문장 가짜 뉴스란 정치·경제적 이익을 위해 의도적으로 언론 보도의 형식을 하고 유포된 거짓 정보를 말한다.

⑤ 우리는 뉴스를 볼 때 해당 내용이 어느 한쪽의 정보만 다루고 있지는 않은지 생각해 보아야 한다. (○ . ✕)

⑤문단 ❹문장 ~ 어느 한쪽의 정보만 다루고 있지는 않은지 등 뉴스의 내용을 비판적으로 대하고 받아들이려 노력해야 한다.

04 내용 파악+추론하기 〔윗글에서 ㄱ~ㄹ의 답을 찾을 수 있는 부분 찾기〕

윗글을 읽고 해결할 수 있는 질문만을 모두 고른 것은?

ㄱ. 가짜 뉴스의 유형에는 무엇이 있을까? (○ . ✕)

②문단 ❸문장 언론사의 오보, 디지털 미디어 플랫폼에서의 거짓 정보가 담긴 동영상까지 가짜 뉴스의 유형은 다양하다.

▶ 정답: 문제편 **185**쪽

ㄴ. 가짜 뉴스를 유포하면 얼마나 많은 돈을 벌 수
있을까? (○ , ×)

> ③문단 ⑧~⑩문장 셋째, 가짜 뉴스는 돈이 되기 때문이다.
> 많은 사람이 조회하는 뉴스일수록 높은 금액의 광고가
> 따라온다. 가짜 뉴스를 만드는 사람들은 광고를 통해 큰
> 이익을 얻기 위해 사실 여부와 상관없이 자극적인 제목과
> 내용의 가짜 뉴스를 만들고, 많은 사람들의 조회를
> 유도한다.

3문단에서 많은 사람들이 조회하는 뉴스일수록 높은 금액의
광고가 따라온다고만 했을 뿐, 가짜 뉴스를 만들어 유포하면
얼마나 많은 돈을 벌 수 있는지에 대해서는 이야기하지
않았습니다.

ㄷ. 가짜 뉴스를 모두 없애기 위한 가장 확실한 방법은
무엇일까? (○ , ×)

4문단에서 가짜 뉴스를 막기 위한 노력 가운데 플랫폼과
검색 누리집의 노력에 대해 설명하고 5문단에서 이러한
노력만으로는 가짜 뉴스를 모두 없앨 수 없다고 했습니다.

ㄹ. 인공 지능 지능 기술을 활용하여 가짜 뉴스 유포를
막을 수 있을까? (○ , ×)

> ④문단 ①문장 ~ 일부 동영상 재생 플랫폼과 검색 누리집
> 측에서는 인공 지능 기술을 활용하여 가짜 뉴스를 파악하고
> 해당 영상을 삭제하거나 광고 수익을 차단하는 등 ~

05 내용 파악+추론하기 〔글쓴이의 주장이 드러난 문단 찾기〕

글쓴이가 윗글을 쓴 목적으로 가장 알맞은 것은?

① 가짜 뉴스의 문제점만을 강조하기 위해서 (○ , ×)
글쓴이는 5문단에서 가짜 뉴스를 받아들이는 사람들도
정보를 비판적으로 대하고 받아들여야 한다고 강조했습니다.

② 가짜 뉴스의 개념과 특징을 소개하기 위해서(○ , ×)
2문단에서 가짜 뉴스의 개념과 특징을 소개하고 있지만,
이는 글쓴이가 글을 쓴 목적이라고 볼 수는 없습니다.

③ 가짜 뉴스와 관련된 여러 가지 사례를 알려주기 위해서
(○ , ×)

1문단에서 가짜 뉴스와 관련하여 수현이의 사례를 제시하고
있을 뿐, 여러 사례를 제시하지 않았습니다. 이것은 읽는
사람의 흥미를 끌기 위한 것일 뿐, 글쓴이가 글을 쓴
목적이라고 할 수는 없습니다.

④ 가짜 뉴스를 줄이기 위해 관련 기업에서 많이
노력하고 있음을 알려주기 위해서 (○ , ×)

글쓴이는 4문단에서 가짜 뉴스를 막기 위해 일부 동영상
재생 플랫폼과 검색 누리집 측에서 하고 있는 노력을 소개하고,
5문단에서 이러한 노력만으로는 가짜 뉴스를 모두 없앨 수
없다면서 뉴스를 보는 사람들에게 뉴스의 내용을 비판적으로
받아들이라고 당부하고 있습니다.

따라서 글쓴이가 가짜 뉴스를 줄이기 위한 기업 측의
노력만을 알리기 위해 윗글을 썼다고 보기는 어렵습니다.

⑤ 가짜 뉴스가 유포되는 이유를 설명하고, 사람들에게
비판적으로 정보를 받아들이는 태도를 지니라고
당부하기 위해서 (○ , ×)

글쓴이는 3문단에서 가짜 뉴스가 유포되는 이유를
구체적으로 설명하고, 5문단에서 사람들이 뉴스를 볼
때 정보를 비판적으로 받아들이려 노력해야 한다고
주장했습니다.

06 〔글쓴이가 뉴스를 보는 우리에게 요구한 태도 파악하기〕

뉴스를 볼 때의 알맞은 자세를 〈조건〉에 맞게 쓰시오.

── 〈조건〉 ──
1. '가짜 뉴스'라는 말을 활용할 것
2. '뉴스를 볼 때는 ~ 한다.' 형식의 한 문장으로 쓸 것

> ⑤문단 ②~④문장 우리처럼 뉴스를 보는 사람들도 뉴스를
> 비판적으로 받아들이려 노력해야 한다. 자신이 접한 정보를
> 무조건 사실이라고 믿지 말고 혹시 진실로 보이게끔 만들어진
> 정보가 아닌지 의심해 보는 자세를 가져야 한다. 또 자신이
> 접한 정보의 출처가 정확하고 믿을 수 있는지, 어느 한쪽의
> 정보만 다루고 있지는 않은지 등 뉴스의 내용을 비판적으로
> 대하고 받아들이려 노력해야 한다.

윗글의 글쓴이는 우리처럼 뉴스를 보는 사람들도 뉴스를
비판적으로 받아들여야 한다면서 의심하는 자세를 갖고, 출처를
확인하며, 뉴스의 내용이 한쪽으로 치우치지 않았는지 확인해야
한다고 했습니다.

뉴스를 볼 때의 알맞은 자세를 조건에 맞게 쓰면
'뉴스를 볼 때는 가짜 뉴스는 아닌지 비판적으로 받아들이려
노력해야 한다.'라고 정리할 수 있습니다.

[01~03] 제시된 글자들을 조합하여 다음 뜻풀이에 해당하는 단어를 쓰시오.

난	업	드
협	로	출
송	처	력

01 힘을 합하여 서로 도움.

➡ ⬜⬜

02 사물이나 말 따위가 생기거나 나온 근거

➡ ⬜⬜

03 컴퓨터 통신망을 통하여 다른 컴퓨터 시스템에 파일이나 자료를 전송하는 일

➡ ⬜⬜⬜

[04~07] 사다리 타기 결과에 따라, 빈칸에 들어갈 단어의 뜻을 <보기>에서 골라 번호를 쓰시오.

─── 〈보기〉 ───
① 단 하나
② 빨리 알리는 보도
③ 기업이 경제 활동의 대가로서 얻은 경제 가치
④ 어떠한 사건이나 소식을 그릇되게 전하여 알려 줌.

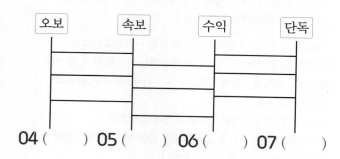

오보   속보   수익   단독

04 (   ) 05 (   ) 06 (   ) 07 (   )

[08~10] 다음 밑줄 친 단어와 바꿔쓸 수 있는 단어를 <보기>에서 찾아 문장에 알맞은 형태로 쓰시오.

─── 〈보기〉 ───
수행하다   생산되다   유포되다

08 나는 연극의 주인공 역할을 해냈다.

➡ ⬜⬜⬜⬜

09 우리 학교의 비밀이 친구들 사이에서 널리 퍼지고 있었다.

➡ ⬜⬜⬜⬜

10 오늘날에는 수많은 정보가 실시간으로 만들어지고, 만들어진 정보는 사람들 사이에서 대량으로 소비된다.

➡ ⬜⬜⬜

[11~13] 다음 단어를 활용하기에 알맞은 문장을 찾아 바르게 연결하고 빈칸을 채우시오.

11 차단하다 • • ㉠ 그는 안내원에게 (   )여 길을 물었다.

12 제재하다 • • ㉡ 갑자기 시야를 (   )는 어둠 때문에 골목길을 걸어갈 수 없었다.

13 접근하다 • • ㉢ 네가 그렇게 말을 한다고 해서 나의 개인적 자유까지 (   ) 수는 없어.

비판적으로 뉴스를 보는 방법

우리가 보는 뉴스는 공정한 시각에서 모든 사건을 다룰까요? 뉴스를 만드는 사람들도 제각기 자신의 생각을 가지고 있습니다. 이들은 객관적인 시각에서 뉴스를 만들고자 노력하지만, 자신의 생각을 전혀 반영하지 않고 뉴스를 만드는 것은 불가능합니다. 어떤 것을 뉴스로 만들어 사람들에게 전달할지를 생각하는 것에서부터 사람들의 생각이 반영되기 때문입니다. 그러므로 뉴스를 보는 사람들은 먼저 뉴스에서 전달하고자 하는 내용이 정확한지, 뉴스의 내용이 어느 한쪽으로 치우쳐 있지는 않은지 등을 점검하며 뉴스를 비판적으로 보아야 합니다.

B 지역에 폐수를 정화하는 시설을 건설하고자 하는데 이것이 지연되고 있다는 뉴스가 보도되었다고 가정해 봅시다. 가 방송사에서는 이 사건이 발생한 이유가 폐수 정화 시설 건설을 반대하는 B 지역 사람들 때문이라는 내용을 함께 보도하고, 나 방송사에서는 B 지역 사람들이 폐수 정화 시설 건설을 반대하는 구체적인 이유와 B 지역에 이 시설을 건설하는 것보다 더 나은 대안을 함께 보도했다고 해 봅시다.

뉴스를 비판적으로 보는 사람들은 믿을 만한 출처의 자료를 바탕으로 가 방송사와 나 방송사의 뉴스에서 전달하고자 하는 내용, 즉 B 지역에 폐수 처리 시설을 건설하는 것이 늦어지고 있는 것이 맞는지를 확인할 것입니다. 이때 B 지역이 아니라 A 지역에 폐수 처리 시설을 건설하려고 한다는 내용이 밝혀질 수도 있습니다. 뉴스가 전달하는 내용이 정확한 사실이 아닐 수도 있기 때문에 이러한 과정을 거치는 것입니다.

뉴스를 비판적으로 보는 사람들은 같은 사건을 다양한 시각에서 바라보고 공정한 견해를 갖기 위해 노력합니다. 그러므로 가 방송사와 나 방송사의 뉴스뿐만 아니라 같은 사건을 다룬 다른 방송사의 뉴스는 없는지 확인할 것입니다.

우리도 뉴스를 볼 때는 뉴스를 비판적으로 보는 사람들처럼 뉴스를 보려고 노력해야 합니다. 이와 더불어 뉴스에 폭력적이고 자극적인 문구가 사용되지는 않았는지, 의도적으로 특정 개인이나 집단에게 이롭거나 불리한 사진이나 영상을 활용하지는 않았는지 등도 살펴보아야 합니다. 이를 통해 뉴스의 표현 방식이 뉴스를 보는 사람에게 어떠한 영향을 미칠지 생각해 보는 자세를 가져야 합니다.

논술형 문제 윗글에 제시된 뉴스를 비판적으로 보는 방법을 요약하고, 이 중 한 가지에 대한 자신의 생각을 쓰시오. (300자 내외)

▶ 정답: 문제편 185쪽

＊ 다음 글을 읽고, 물음에 답하시오.

하율이는 곧 다가오는 가족 여행을 준비하느라 분주하다. 온 가족과 함께 어느 지역으로 여행을 가서 무엇을 하며 어떻게 시간을 보낼지에 대해 설레는 마음으로 계획을 세우고 있다.

여행은 일이나 유람을 목적으로 국내의 다른 고장이나 외국에 가는 일을 의미한다. 하율이 같은 요즘 사람뿐만 아니라 우리 조상들도 여행 떠나기를 즐겼다. 조선 후기의 실학자 겸 소설가였던 박지원은 중국 청나라에 가는 사신을 따라 외국으로 여행을 떠나서 ⓐ견문을 넓히고 아름다운 경치를 즐긴 경험을 《열하일기》에 담아내기도 했다.

박지원부터 하율이에 이르기까지 많은 사람들이 여행을 떠나는 것을 좋아하는 이유는 무엇일까? 첫째, 일상생활에서 벗어나므로 공부 등을 하면서 쌓인 스트레스가 해소되고 휴식을 취할 수 있기 때문이다. 둘째, 다른 고장, 혹은 다른 나라의 다양한 문화와 역사 등을 체험하며 많은 것들을 보고 배울 수 있기 때문이다. 셋째, 혼자가 아닌 여러 사람과 함께 여행을 떠난 경우, 함께 시간을 보내는 과정에서 서로 친밀해지고 서로를 더 잘 이해할 수 있기 때문이다. 넷째, 혼자서 여행을 떠난 경우, 여행을 통해 자기 자신에게 더욱 집중함으로써 삶의 의미에 대해 깊이 생각해 보고, 인생에 대한 새로운 방향을 발견할 수 있기 때문이다.

그렇다면 여행을 떠날 때 주의해야 할 점은 무엇일까? 첫째, 해당 지역의 치안 상황을 파악하고 개인 물품을 도난을 당하지 않도록 주의해야 한다. 귀중한 물건은 항상 몸에 지니거나, 가방에 넣고 가방을 꼭 들고 다니는 것이 좋다. 둘째, 각각의 지역, 나라마다 문화가 다를 수 있으므로 ㉠해당 지역의 문화를 미리 알아두는 것이 좋다. 생각보다 많은 나라에서는 왼손을 깨끗하지 않다고 여긴다. 만약 ⓑ그 나라에 방문하여 누군가에게 왼손을 사용해서 음식을 건넨다면 그 나라 사람들은 그 행동을 아주 무례한 것이라고 여길 수도 있다. ㉢이러한 점을 미리 알아두면 다른 사람에게 무례하지 않게 행동할 수 있다.

지난 2022년에는 우주 비행사가 없이 민간인들끼리 우주 정거장으로 왕복 10일 간 여행을 갔다 왔다고 한다. 기술 등의 발달로 오늘날에는 여행을 갈 수 있는 곳이 국내, 해외를 넘어 머나먼 우주까지 확대되고 있는 것이다. 자유롭게 우주 여행을 떠나는 미래를 상상하며, 이번 주말에는 어디로 여행을 갈지 즐거운 마음으로 계획을 세워 보는 것은 어떨까?

> 지문을 읽으면서 핵심어에는 동그라미, 중심 문장에는 밑줄을 그으세요.

- **분주하다**: 이리저리 바쁘고 수선스럽다.
- **유람**: 돌아다니며 구경함.
- **국내**: 나라의 안
- **고장**: 사람이 많이 사는 지방이나 지역
- **실학자**: 조선 중기에 실학(실생활의 유익을 목표로 한 학문) 사상을 주장한 사람
- **사신**: 임금이나 국가의 명령을 받고 외국에 사절로 가는 신하
- **해소되다**: 어려운 일이나 문제가 되는 상태가 해결되어 없어지다.
- **친밀하다**: 지내는 사이가 매우 친하고 가깝다.
- **주의하다**: 마음에 새겨 두고 조심하다.
- **치안**: 국가 사회의 안녕과 질서를 유지·보전함.
- **도난**: 도둑을 맞는 재난
- **귀중하다**: 귀하고 중요하다.
- **무례하다**: 태도나 말에 예의가 없다.
- **민간인**: 관리나 군인이 아닌 일반 사람
- **왕복**: 갔다가 돌아옴.

07 다음 중 맞는 것에 ○ 표시하시오.

(1) ⓐ '견문'의 사전적 의미는?

① 실지로 보고 그 일에 관한 구체적인 지식을 넓힘. (   )

② 보거나 듣거나 하여 깨달아 얻은 지식 (   )

(2) ⓑ '그 나라'의 의미는?

① 왼손을 깨끗하다고 여기는 나라 (   )

② 왼손을 깨끗하지 않다고 여기는 나라 (   )

(3) ⓒ '이러한 점을 미리 알아두면 다른 사람에게 무례하지 않게 행동할 수 있다.'의 의미는?

① 방문할 지역의 치안 상황을 미리 알아두면 개인 물품을 훔치려고 시도하는 무례한 사람을 피할 수 있다. (   )

② 방문할 지역의 문화를 미리 알아두면 그 나라 사람들이 무례하다고 생각하는 행동을 하지 않을 수 있다. (   )

07

(1) 어휘의 의미 파악하기
ⓐ에 ①과 ②를 넣어 읽어 보고, 의미가 바뀌지 않는 것을 찾아보세요.
• **실지**: 실제의 처지나 경우

(2) 지시어의 의미 파악하기
앞, 뒤 내용을 바탕으로 ⓑ의 의미를 떠올려 보세요.

(3) 문장의 의미 파악하기

08 빈칸에 들어갈 말을 쓰시오.

〈문단 요약하기〉

┌─────────────────────────────────┐
│ ①문단: 학생이 즐겁게 여행을 계획한 사례 │
│ 하율이는 설레는 마음으로 (❶   )을/를 │
│ 준비하고 있다. │
└─────────────────────────────────┘

┌─────────────────────────────────┐
│ ②문단: 여행의 개념과 조상들도 즐긴 여행 │
│ (❷   )은/는 일이나 유람을 목적으로 국내의 │
│ 다른 고장이나 외국에 가는 일로, 우리 조상들도 즐겼다. │
└─────────────────────────────────┘

┌─────────────────────────────────┐
│ ③문단: 사람들이 (❸   ) │
│ 스트레스 해소와 휴식, 많은 것을 보고 배움, 같이 │
│ 간 사람과 친밀해짐, 인생에 대한 새로운 방향 발견 │
└─────────────────────────────────┘

┌─────────────────────────────────┐
│ ④문단: 여행을 떠날 때 주의해야 할 점 │
│ 치안 상황을 파악하고 물품을 도난당하지 않도록 하며, │
│ 각 지역과 나라의 문화를 미리 알아 두는 것이 좋다. │
└─────────────────────────────────┘

┌─────────────────────────────────┐
│ ⑤문단: 여행 계획을 세워 볼 것을 권함. │
│ 주말에 여행을 떠날 계획을 세워 보자. │
└─────────────────────────────────┘

〈문단 간 관계 파악하기〉

1문단에서 하율이의 예를 통해 읽는 사람의 관심을 끌었어. 2문단에서 여행의 개념을 소개한 후, 하율이뿐만 아니라 (❹   ) 여행 떠나기를 즐겼다고 했다.

08

❶, ❷ 문단 요약하기
각 문단의 내용을 보고, 빈칸에 들어갈 단어가 무엇일지 생각해 보세요.

❸, ❹ 문단 간의 관계 파악하기
1, 2문단의 내용을 바탕으로 문단 간의 관계를 생각해 보세요.

09 윗글에 대한 설명으로 알맞지 <u>않은</u> 것은?

〔수능형〕

① 중심 화제와 관련된 구체적인 내용을 나열하고 있다.

② 질문을 하고 답을 하는 형식으로 내용을 전개하고 있다.

③ 학생의 사례를 제시하여 읽는 사람의 흥미를 끌고 있다.

④ 유명한 사람의 말을 인용하여 읽는 사람의 이해를 돕고 있다.

⑤ 유명한 사람의 사례를 제시하여 읽는 사람의 흥미를 끌고 있다.

09 내용 전개 방식 파악하기

• **나열하다:** 죽 벌여 놓다.

• **전개하다:** 내용을 진전시켜 펴 나가다.

10 윗글의 내용으로 알맞지 <u>않은</u> 것은?

〔내신형〕

① 박지원은 다른 사람들과 함께 여행을 떠났다.

② 기술의 발달로 오늘날에는 우주까지 여행을 갈 수 있다.

③ 여행은 일이나 유람을 목적으로 외국에만 가는 일을 의미한다.

④ 《열하일기》에는 우리 조상들이 여행을 즐긴 경험이 녹아 있다.

⑤ 여행을 할 때 중요한 물건을 몸에 지니면 물품을 도난당하지 않는 데 도움이 된다.

10 내용 파악하기

11 윗글을 읽고 해결할 수 있는 질문을 <u>모두</u> 고른 것은?

〔수능형〕

> ㄱ. 여행의 단점은 무엇일까?
>
> ㄴ. 혼자 여행하면 어떤 점이 좋을까?
>
> ㄷ. 외국으로 여행을 떠난다면 어떤 점에 유의해야 할까?
>
> ㄹ. 아직 많은 사람들이 우주 여행을 갈 수 없는 이유는 무엇일까?

① ㄱ, ㄴ   ② ㄱ, ㄷ   ③ ㄴ, ㄷ

④ ㄴ, ㄹ   ⑤ ㄷ, ㄹ

11 내용 파악+추론하기

ㄱ ~ ㄹ에 대해 답변할 수 있는 내용이 윗글의 어느 부분에 있는지 찾아보세요.

12 ㉠의 이유를 〈조건〉에 맞게 쓰시오.

〔서술형〕

> ─── 〈조건〉 ───
> 1. 윗글에서 근거를 찾아 쓸 것
> 2. '해당 지역의 문화를 미리 알아두면 ~ 수 있기 때문이다.' 형식의 한 문장으로 쓸 것

12

㉠은 '해당 지역의 문화를 미리 알아두는 것이 좋다.'라는 문장입니다. 4문단의 내용을 고려하여 ㉠의 이유를 생각해 보세요.

04 **어휘력 향상 TEST**   사람들이 여행을 떠나는 이유   ▶ 정답: 문제편 **185쪽**

[01~03] 다음 단어를 활용하기에 알맞은 문장을 찾아
연결하고, 빈칸을 채우시오.

01 무례하다 •   • ㉠ 친한 친구라도 (   )게
대해서는 안 된다.

02 주의하다 •   • ㉡ 도착지가 가까워 오자
승객들은 내릴 준비로
(   )였다.

03 분주하다 •   • ㉢ 여름에는 식중독에 걸리지
않도록 음식을 먹을 때
(   )해야 한다.

[04~05] 다음 밑줄 친 말과 바꿔쓸 수 있는 단어를
〈보기〉에서 찾아 쓰시오.

┌─────── 〈보기〉 ───────┐
도난   왕복   실학
└──────────────────────┘

04 민철이는 지갑을 <u>도둑맞았다고</u> 경찰서에 신고를
하였다.
➡ ☐☐ 당했다고

05 여기서 거기까지 <u>갔다가 돌아오는</u> 것에 시간이
얼마나 걸리겠습니까?
➡ ☐☐ 하는

[06~09] 사다리 타기에 따라, 빈칸에 들어갈 단어의 뜻을
〈보기〉에서 골라 번호를 쓰시오.

┌─────── 〈보기〉 ───────┐
① 나라의 안
② 돌아다니며 구경함.
③ 국가 사회의 안녕과 질서를 유지하고 보전함.
④ 임금이나 국가의 명령을 받고 외국에 사절로 가는
신하
└───────────────────────┘

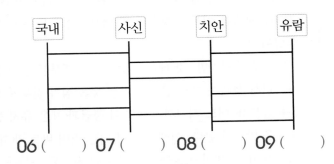

국내   사신   치안   유람

06 (   ) **07** (   ) **08** (   ) **09** (   )

[10~11] 제시된 글자들을 조합하여 다음 빈칸에 해당하는
단어를 쓰시오.

| 간 | 장 | 민 | 소 |
| 밀 | 해 | 도 | 인 |

10 드디어 두 사람의 오랜 갈등이 ☐☐ 되었다.

11 군대에서 전역한 우리 형은 드디어 ☐☐☐ 이/가
되었다.

 배 경 지 식

박지원의 《열하일기》

오늘날 사람들이 자신의 SNS에 여행을 가서 찍은 사진을 게시하는 것처럼 우리 조상인
실학자 박지원도 여행을 다녀온 것을 기록으로 남겼습니다. 청나라에 가는 사신을 따라
러허강(熱河江)까지 다녀온 박지원은 청나라의 자연환경, 관광지, 교통 제도, 의술, 천문학, 음악
등 청나라에서 본 것들과, 청나라의 새로운 문물과 기술을 조선이 적극적으로 받아들여야 한다는
자신의 생각을 《열하일기》에 담았습니다.

당시 조선의 사대부들은 청나라를 조선보다 뒤떨어진 나라로 생각했기 때문에 청나라의
문물과 기술을 조선이 받아들여야 한다는 이 책의 내용을 크게 비판했습니다. 그럼에도 박지원의
《열하일기》는 조선의 지식인들이 세계를 바라보는 안목을 넓혀 주었으며, 실학자들의 개혁
사상에도 많은 영향을 주었습니다.

연암
박지원
1737년 (영조 13) 12월 11일~
1805년 (순조 5) 3월 22일

✳ 다음 글을 읽고, 물음에 답하시오.

> 지문을 읽으면서 핵심어에는 동그라미, 중심 문장에는 밑줄을 그으세요.

㉮사람들이 어린아이나 강아지, 새끼 고양이 등을 보며 귀엽다고 느끼는 이유는 무엇일까? 이 질문에 대해 콘라드 로렌츠(Konrad Lorenz)를 비롯한 진화학자*들은 ⓐ성체의 도움이 필요한 포유류의 새끼들에게 공통적으로 나타나는 특징인 '베이비 스키마(baby schema)' 때문이라고 설명한다. 갓 태어난 동물들은 살아남기 위해 귀여운 모습을 갖게 되었고, 이것이 다른 존재로 하여금 갓 태어난 동물들을 돌보고 싶어 하게 만든다는 것이다. 갓 태어난 동물들의 귀여운 모습은 이들이 성체가 될 때까지 살아남는 데 도움이 된다는 것이 이들의 설명이다.

인간도 그렇지만, 갓 태어난 동물들의 대부분은 성체에 비해 약하게 태어나며, 자라면서 성체가 가진 신체적 기능 등을 점차 갖추게 된다. 그러므로 새끼 동물들은 ⓑ어느 시기까지는 먹이 공급과 체온 유지 등에 있어 다른 존재들의 도움을 받아야 한다. 이때 도움이 되는 것이 바로 새끼 동물들이 가진 '베이비 스키마'이다. 새끼 동물들은 대체로 어른이 된 동물들, 즉 성체보다 작고 통통한 몸집과 부드러운 털, 동그란 얼굴, 큰 눈, 넓은 이마, 토실한 뺨 등을 갖고 있다. 베이비 스키마는 인간을 비롯한 새끼 동물들이 가진 이러한 외양적 특징을 가리킨다.

인간이 새끼 동물들을 보고 귀엽다는 감정을 느낄 때는 베이비 스키마를 인식할 때이다. ⓒ이때 인간의 두뇌에서는 도파민이라는 호르몬이 분비된다. 우리의 뇌 속에서 도파민이 분비되면 우리는 행복을 느끼게 된다. 이러한 이유 때문에 인간은 새끼 동물들을 보고 귀엽다고 느끼고, 돌보고 싶다는 감정을 갖게 된다. 요약하자면 인간은 새끼 동물들의 귀여운 모습인 베이비 스키마 때문에 새끼 동물들을 보면 사랑스럽고, 보호해 주고 싶다는 느낌을 받게 되는 것이다.

우리가 베이비 스키마를 느끼는 대상은 어린아이나 새끼 동물들에 한정되지는 않는다. 우리가 귀엽다고 느끼는 캐릭터들에게서도 넓은 이마, 큰 눈, 토실한 뺨 등의 베이비 스키마를 찾아볼 수 있다. 여러 기업에서는 베이비 스키마를 이용해 사람들이 귀엽게 느낄 수 있는 캐릭터를 개발하고, 캐릭터를 활용해 기업의 상품을 홍보하거나 캐릭터 자체와 관련된 물품을 판매하기도 한다. 이는 베이비 스키마가 우리에게 많은 영향을 ㉠미친다는 것을 보여 주는 예이기도 하다.

이번 주말에는 우리가 귀여워하는 강아지, 고양이, 캐릭터 등에서 베이비 스키마를 찾아 보자. 내가 왜 어린아이나 강아지, 새끼 고양이 등을 보며 귀엽다고 느꼈는지를 발견할 수 있을 것이다.

* 진화학자: 생물이 생명의 기원 이후부터 점차 변해 가는 현상을 연구하는 학자

- **갓**: 이제 막
- **진화**: 생물이 생명의 기원 이후부터 점진적으로 변해 가는 현상
- **공통적**: 둘 또는 그 이상의 것에 두루 통하고 관계된 것
- **하여금**: 누구를 시키어
- **기능**: 하는 구실이나 작용을 함. 또는 그런 것
- **공급**: 요구나 필요에 따라 물품 따위를 제공함.
- **유지**: 어떤 상태나 상황을 그대로 보존하거나 변함없이 계속하여 지탱함.
- **외양**: 겉으로 드러나 보이는 것
- **인식하다**: 사물을 분별하고 판단하여 알다.
- **분비되다**: 침이나 호르몬 따위가 세포나 몸밖으로 배출되다.
- **요약하다**: 글의 요점을 잡아서 간추리다.
- **한정되다**: 수량이나 범위 따위가 제한되어 정해지다.
- **개발하다**: 새로운 물건을 만들거나 새로운 생각을 내어놓다.
- **홍보하다**: 널리 알리다.
- **자체**: 다른 것을 제외한 사물 본래의 몸체 또는 바로 그 본래의 바탕

01 다음 중 맞는 것에 ○ 표시하시오.

(1) ⓐ '성체'의 사전적 의미는?

① 물체나 신체의 윗부분　(　　　)

② 다 자라서 어른이 된 동물 혹은 그런 몸　(　　　)

(2) ⓑ '어느 시기까지는'의 의미는?

① 성체가 되기 전까지는　(　　　)

② 다시 새끼 동물을 낳을 수 있을 때까지는　(　　　)

(3) ⓒ '이때 인간의 두뇌에서는 도파민이라는 호르몬이 분비된다.'의 의미는?

① 인간이 새끼 동물들을 보며 베이비 스키마를 인식하면 도파민이라는 호르몬이 분비된다.　(　　　)

② 인간이 새끼 동물들을 보며 돌보고 싶다는 감정을 느끼지 않으면 도파민이라는 호르몬이 분비된다.　(　　　)

01

(1) 어휘의 의미 파악하기

ⓐ의 의미를 잘 모르겠다면, ⓐ가 활용된 다른 문단의 내용을 바탕으로 의미를 추측해 보세요.

(2) 지시어의 의미 파악하기

DAY
05

(3) 문장의 의미 파악하기

02 빈칸에 들어갈 말을 쓰시오.

〈문단 요약하기〉

①문단: 사람들이 어린 동물을 귀엽다고 느끼는 이유에 대한 진화학자들의 설명
(❶　　　　　　　　　) 때문이라고 설명한다.

②문단: 베이비 스키마의 개념
베이비 스키마는 새끼 동물들이 가진
(❷　　　　　　　)을/를 가리킨다.

③문단: 인간의 도파민 분비를 유도하는 베이비 스키마
인간이 베이비 스키마를 인식하면 두뇌에서는 도파민이 분비된다.

④문단: 기업에서도 활용하는 베이비 스키마
여러 기업들은 베이비 스키마를 활용하여 캐릭터를 개발하기도 한다.

⑤문단: 우리 주변에서 베이비 스키마를 찾아보자는 권유
이번 주말에는 우리가 귀여워하는 것들에서 베이비 스키마를 찾아보자.

〈문단 간 관계 파악하기〉

1문단에서 사람들이 갓 태어난 동물들을 보고 귀엽다고 느끼는 이유를 (❸　　　　　　)이/가 베이비 스키마 때문이라고 설명한다고 한 후 2문단에서는
(❹

　　　　　　　　　)을/를 소개했다.

02

❶, ❷ 문단 요약하기

각 문단의 내용을 요약한 것을 보고, 그 문단의 중심이 되는 핵심어가 무엇일지 생각해 보세요.

❸, ❹ 문단 간의 관계 파악하기

1, 2문단에서 무엇에 대해 이야기하고 있는지 생각해 보세요.

03 윗글에 대한 설명으로 알맞지 <u>않은</u> 것은?

〔수능형〕

① 전문가의 견해를 제시하고 있다.
② 중심 화제의 개념을 제시하고 있다.
③ 찬성 측과 반대 측의 의견을 제시하고 있다.
④ 질문과 답변의 형식으로 내용을 전개하고 있다.
⑤ 중심 화제와 관련된 구체적 사례를 들어 읽는 사람의 이해를 돕고 있다.

03 내용 전개 방식 파악하기
윗글에서 사용하지 않은 전개 방식을 찾아보세요.
· **견해**: 어떤 사물이나 현상에 대한 자기의 의견이나 생각
· **화제**: 이야기할 만한 재료나 소재
· **전개하다**: 내용을 진전시켜 펴나가다.
· **사례**: 어떤 일이 전에 실제로 일어난 예

04 윗글의 내용으로 가장 알맞은 것은?

〔내신형〕

① 사람을 본 동물들의 뇌에서는 도파민이 나온다.
② 동물들의 새끼는 먹이를 스스로 찾아 먹을 수 있다.
③ 성체는 대체로 부드럽고 동그란 느낌의 외양적 특징을 갖고 있다.
④ 기업에서 귀여운 캐릭터를 개발할 때는 베이비 스키마를 활용한다.
⑤ 대부분의 새끼 동물들은 태어나면서부터 성체가 가진 신체적 기능을 갖추고 있다.

04 내용 파악하기

05 〈보기〉에서 ㉠과 바꾸어 쓰기에 알맞은 말을 <u>모두</u> 고른 것은?

〔수능형〕

━━━━ 〈보기〉 ━━━━
ㄱ. 준다   ㄴ. 끼친다   ㄷ. 받는다

① ㄱ   ② ㄱ, ㄴ   ③ ㄱ, ㄷ
④ ㄴ, ㄷ   ⑤ ㄱ, ㄴ, ㄷ

05 어휘의 의미 파악하기
ㄱ~ㄷ을 ㉠에 넣어 읽어 보고 의미가 통하는 것을 고르세요.

06 ㉮의 이유를 〈조건〉에 맞게 쓰시오.

〔서술형〕

━━━━ 〈조건〉 ━━━━
1. '도파민'이라는 말을 포함할 것
2. '~ 때문이다.' 형식의 한 문장으로 쓸 것

_____

_____

_____

06
사람들이 어린아이와 새끼 동물들을 보며 귀엽다고 느끼는 이유를 설명한 1문단과 3문단의 내용을 참고해 보세요.

[01~04] 〈보기〉에서 알맞은 말을 골라 쓰시오.

┌─────── 〈보기〉 ───────┐
│ 한정   분비   전개   홍보 │
└──────────────────────┘

01 상큼한 음식을 보면 침이 [ ][ ]된다.

02 그 소설가는 사건을 흥미롭게 [ ][ ]하기로 유명하다.

03 전염병으로 인해 도서관 운영 시간은 오후 6시까지로 [ ][ ]되어 있다.

04 이번 주에는 우리 동아리를 [ ][ ]하는 내용을 담은 포스터를 그려야겠어.

[05~07] 다음 중 알맞은 단어를 고르시오.

05 자신의 문제를 정확히 (감식 / 인식)해야 그 문제를 고칠 수 있다.

06 고 박사는 오랫동안 생물의 (진전 / 진화) 과정을 연구해왔다.

07 오랜만에 만난 그 친구의 (외상 / 외양)이 알아볼 수 없을 만큼 변하였다.

[08~10] 각 단어와 사전적 의미를 바르게 연결하시오.

08 기능 •
     • ㉠ 이야기할 만한 재료나 소재

09 자체 •
     • ㉡ 하는 구실이나 작용을 함. 또는 그런 것

10 화제 •
     • ㉢ 다른 것을 제외한 사물 본래의 몸체 또는 바로 그 본래의 바탕

[11~13] 다음을 참고하여, 빈칸에 알맞은 말을 쓰시오.

┌──────────────────────────────────────┐
│ • ㅅㄹ : 어떤 일이 전에 실제로 일어난 예 │
│ • ㄱㄱ : 요구나 필요에 따라 물품 따위를 제공함. │
│ • ㅇㅈ : 어떤 상태나 상황을 그대로 보존하거나 │
│   변함없이 계속하여 지탱함. │
└──────────────────────────────────────┘

11 나는 건강 [ ][ ]을/를 위해 꾸준히 운동하고 있다.

12 식물을 잘 기르려면 영양분의 [ ][ ]이/가 중요하다.

13 이 책은 어려운 내용도 구체적인 [ ][ ]을/를 들어 설명하고 있어서 이해하기가 쉬웠다.

자극을 최소화하는 방법: 도파민 단식이란?

요즘 많은 사람들이 스마트폰 등을 활용해 시간 가는 줄도 모르고 짧은 동영상을 본다고 합니다. 사람들이 이러한 짧은 동영상에 중독되는 이유는 도파민 때문입니다.

도파민은 의욕과 감정, 동기와 관련된 호르몬으로, 우리에게 행복을 느끼게 하기 때문에 '행복 호르몬'이라고도 불립니다. 우리가 짧은 동영상을 볼 때도 우리의 뇌 속에서는 도파민이 분비되어 우리는 행복을 느끼게 됩니다. 그래서 우리가 짧은 동영상을 보는 것에서 쉽게 빠져나오지 못하는 것입니다.

최근에는 '도파민 단식'이라는 새로운 현상도 나타나고 있습니다. 도파민 단식이란 도파민 분비를 자극하는 활동을 줄이는 것을 뜻합니다. 예를 들면 짧은 동영상을 보는 대신 가벼운 스트레칭이나 산책을 하는 것입니다. 도파민 단식을 실천하는 사람들은 도파민 단식을 '삶을 정상으로 되돌리는 과정'이라고 말하기도 합니다.

'노쇼(no-show)'란 무엇인가? [사회]

 ＊ 다음 글을 읽고, 물음에 답하시오.

 A는 토요일 오후 2시에 친구 2명과 함께 B 음식점에 가겠다고 예약을 해 두었다. 그런데 막상 토요일이 되자 A는 집 밖에 나가는 것이 귀찮아졌다. 그래서 A는 B 음식점에 못 간다는 연락도 남기지 않고 집에서 쉬기로 결정했다.

 위의 사례 속 A의 ⓐ행위처럼 정해진 날짜에 오기로 한 사람이 사전에 취소한다는 연락 없이 예약 장소에 나타나지 않는 행위를 노쇼(no-show) 또는 예약 부도(豫約 不渡)라고 한다. 원래 이 말은 항공 회사의 업무 용어였으나, 1990년대 이후 음식점, 미용실, 호텔 등 예약이 필요한 다른 서비스 업계에서도 널리 쓰이게 되었다.

 노쇼를 하면 안 되는 이유는 노쇼가 다른 사람들에게 피해를 주는 행위이기 때문이다. 위의 사례 속 B 음식점에서는 A와 A의 친구들을 위해 토요일 오후 2시에 자리를 비워 두고, 기본 음식을 준비해 두었을 것이다. 그러나 A와 A의 친구들이 예약한 당일에 B 음식점에 나타나지 않음으로써 음식점 주인은 미리 준비한 음식을 활용하지 못하게 되었다. 게다가 해당 시간에 B 음식점에 방문하고 싶었으나 A가 이미 예약을 했기 때문에 방문하지 못한 다른 손님들도 A가 미리 예약을 취소했다면 그 시간에 A 대신 B 음식점을 이용할 수 있었을 것이다. ⓑ그러나 A가 취소를 하지 않음에 따라 그 시간에 B 음식점을 이용할 수 없어 이 사람들도 피해를 입게 되었다.

 그렇다면 ⓒ이와 같은 행위를 법적으로 처벌할 방법은 없는 것일까? 2018년에 공정거래위원회는 소비자 분쟁 해결 기준을 통해 노쇼 문제를 해결하기 위한 방안으로 노쇼 위약금＊ 개정안을 마련하였다. 요즘 일부 식당의 경우, 예약을 할 때 소비자에게 예약 보증금을 내게 한다. 이 개정안에 따르면 소비자가 노쇼를 할 경우 소비자가 지불한 예약 보증금을 피해 업체에 위약금으로 지급하게 된다. 이 개정안에서는 소비자가 예약 시간 1시간 이전에 예약을 취소하는 경우에는 예약 보증금을 돌려받을 수 있게 규정했다. 그러나 소비자들 중에는 예약 보증금을 받는 제도에 거부감을 느끼는 경우가 많아서 예약 보증금을 받지 않고 있는 업체가 많다. 또 이러한 규정이 있어도 이를 실질적으로 적용하기에는 많은 논란이 있어 여전히 우리 사회에는 노쇼가 많은 상황이다.

 그러므로 노쇼를 예방하기 위해서는 무엇보다 _____ ㉮ 우리가 하는 노쇼로 인해 관련된 사람들이 경제적, 정신적 피해를 입는다는 점을 알고, 개개인이 예약을 지켜야 한다는 책임감을 느낀다면 우리 사회에서 노쇼는 사라지고 좀 더 성숙한 예약 문화가 만들어질 것이다.

＊ 위약금: 약속을 할 때 약속을 어기면 약속을 어긴 대가로 지급할 것을 미리 약속한 돈

👀 지문을 읽으면서 핵심어에는 동그라미, 중심 문장에는 밑줄을 그으세요.

- **사전**: 일이 일어나기 전
- **부도**: 어음이나 수표를 가진 사람이 기한이 되어도 어음이나 수표에 적힌 돈을 받지 못하는 일, 여기서는 예약을 지키지 못하는 것을 가리킨다.
- **업계**: 같은 산업이나 상업에 종사하는 사람들의 활동 분야
- **당일**: 일이 있는 바로 그날
- **해당**: 무엇에 관계되는 바로 그것
- **처벌하다**: 국가 등이 제재를 가하다.
- **분쟁**: 갈라져 다툼.
- **개정안**: 고쳐 바로잡은 안건
- **마련하다**: 헤아려서 갖추다.
- **보증금**: 계약을 맺을 때 계약을 이행하겠다는 것을 증명하기 위해 맡긴 돈
- **지불하다**: 돈을 내어 주다. 값을 치르다.
- **규정하다**: 규칙으로 정하다.
- **제도**: 관습이나 도덕, 법률 따위의 규범이나 사회 구조의 체계
- **거부감**: 어떤 것을 받아들이고 싶지 않거나 물리치고 싶은 느낌
- **실질적**: 실제로 있는 본바탕과 같거나 그것에 근거하는 것
- **예방하다**: 일이 일어나기 전에 미리 대처하여 막다.
- **성숙하다**: 어떤 사회 현상이 새로운 발전 단계로 들어설 수 있도록 조건이나 상태가 충분히 마련되다.

07 다음 중 맞는 것에 ○ 표시하시오.

(1) ⓐ '행위'의 사전적 의미는?

① 사람이 의지를 가지고 하는 짓 　（　　　）

② 많은 사람이 의사를 드러내어 행진 등을 하며 위력을 나타내는 일 　（　　　）

(2) ⓑ '이와 같은 행위'의 의미는?

① 정해진 날짜에 오기로 한 사람이 사전에 취소한다는 연락 없이 예약 장소에
　나타나지 않는 행위 　（　　　）

② 정해진 날짜에 오기로 한 사람이 사전에 말없이 예약한 인원보다 더 많은
　인원을 데려오는 행위 　（　　　）

**(3) ⓒ '그러나 A가 취소를 하지 않음에 따라 그 시간에 B 음식점을 이용할 수 없어 이
사람들도 피해를 입게 되었다.'의 의미는?**

① A가 B 음식점에 노쇼를 하는 바람에 미리 준비한 음식을 활용하지 못하게 된
　B 음식점 주인만이 피해를 입게 되었다. 　（　　　）

② A가 B 음식점에 노쇼를 하는 바람에 B 음식점에 방문하고 싶었던 다른
　손님들이 B 음식점에 방문하지 못해 피해를 입게 되었다. 　（　　　）

07

(1) 어휘의 의미 파악하기

(2) 지시어의 의미 파악하기
1～3문단에서 이야기하고
있는 중심 화제를 떠올려
보세요.

(3) 문장의 의미 파악하기
A가 B 음식점에 노쇼를
함으로써 피해를 입은 사람이
누구인지, 어떠한 피해를
입었는지 생각해 보세요.

08 빈칸에 들어갈 말을 쓰시오.

〈문단 요약하기〉

> ① **문단**: 노쇼의 구체적 사례
> A는 B 음식점에 가겠다고 예약을 했으나, B 음식점에
> 취소 연락을 하지 않고 집에서 쉬기로 했다.

> ② **문단**: 노쇼의 개념
> 사전에 취소한다는 연락 없이 예약 장소에 나타나지
> 않는 행위를 (❶　　　　　)라고 한다.

> ③ **문단**: 노쇼를 하면 안 되는 이유
> 노쇼를 하면 안 되는 이유는 (❷
> 　　　　　)(이)기 때문이다.

> ④ **문단**: 노쇼를 법적으로 처벌하는 방법
> 공정거래위원회는 노쇼 문제를 해결하기 위한
> 방안으로 노쇼 위약금 개정안을 마련했다.

> ⑤ **문단**: 성숙한 예약 문화를 만들어 나가자는 권유
> 예약에 대한 사람들의 인식이 개선되어야 하며, 성숙한
> 예약 문화를 만들기 위해 우리가 노력해야 한다.

〈문단 간 관계 파악하기〉

1문단에서 구체적 사례를
제시했다.
2문단에서 1문단의 사례를
(❸　　　　　)(이)나 예약
부도라고 한다고 설명했다.

4문단에서 노쇼를
법적으로 처벌할 방법으로
(❹　　　　　)이/가
있지만, 이것을 적용하기에는
많은 논란이 있다고 했다.
5문단에서 글쓴이는 노쇼를
예방하기 위해서는 사람들의
인식부터 달라져야 한다는 주장을
드러냈다.

08

❶, ❷ 문단 요약하기

❸, ❹ 문단 간의 관계 파악하기
2문단에서 무엇을 소개하고
있는지 떠올려 보세요.

09 윗글의 내용으로 알맞지 <u>않은</u> 것은?

〔내신형〕

① 노쇼는 1990년대 이전부터 널리 쓰였던 용어이다.

② 노쇼가 발생하면 그날 예약하지 못한 다른 손님들도 피해를 본다.

③ A가 B 음식점에 미리 방문하지 못한다고 연락을 했다면 A는 노쇼를 한 것이
아니다.

④ 노쇼가 발생하면 음식점은 미리 준비한 음식을 버려야 하므로 경제적 손실을
보게 된다.

⑤ A가 예약 시간 2시간 전에 B 음식점에 연락을 하여 예약을 취소했다면, A는
B 음식점으로부터 예약 보증금을 돌려받을 수 있다.

09 내용 파악하기

• **손실**: 잃어버리거나 일정한
수나 양이 모자라서 손해를
봄. 또는 그 손해

10 다음 중 윗글을 읽은 학생의 반응으로 알맞지 <u>않은</u> 것은?

〔수능형〕

① 항공 회사에서는 노쇼라는 용어를 사용하는구나.

② 노쇼라는 용어를 다른 나라에서도 사용하는구나.

③ 노쇼를 예방하려면 우리부터 책임감을 가져야겠어.

④ 2018년에 노쇼를 하는 사람을 법적으로 처벌할 방법이 마련되었군.

⑤ 노쇼 위약금 개정안에 따르면 노쇼를 할 경우 위약금을 내야 하는군.

10 반응의 적절성 파악하기
윗글의 내용과 일치하지 않는
선택지를 찾아보세요.

11 ㉮에 들어갈 내용으로 가장 알맞은 것은?

〔수능형〕

① 예약에 대한 소비자의 인식부터 달라져야 한다.

② 노쇼를 하는 소비자들을 강력하게 처벌해야 한다.

③ 노쇼를 한 소비자가 내야 할 위약금 액수를 늘려야 한다.

④ 예약을 잘 지키는 소비자들에게 법적으로 혜택을 주어야 한다.

⑤ 정부가 노쇼로 피해를 입은 일부 업체에 피해를 보상해 주어야 한다.

11 내용 파악＋추론하기
㉮의 앞, 뒤 내용을 바탕으로
㉮에 들어갈 내용을 생각해
보세요.

• **인식**: 사물을 분별하고
판단하여 앎.

• **액수**: 돈의 머릿수

• **혜택**: 은혜와 덕택

• **보상하다**: 어떤 것에 대한
대가로 갚다.

12 우리 사회에 노쇼가 많은 이유를 〈조건〉에 맞게 쓰시오.

〔서술형〕

──── 〈조건〉 ────

1. 한 가지 이상의 이유를 쓸 것

2. '～ 때문이다.' 형식의 한 문장으로 쓸 것

12

우리 사회에 노쇼가 많은
이유를 설명한 4문단의
내용을 떠올려 보세요.

[01~03] 밑줄 친 말과 바꾸어 쓸 수 있는 어휘를 <보기>에서 골라 문장에 맞게 활용하여 쓰시오.

─────── <보기> ───────
규정하다　보상하다　예방하다　지불하다

01 충치가 생기는 것을 <u>막으려면</u> 양치질을 꼼꼼히 해야 한다. ➡ ☐☐☐☐

02 한글맞춤법은 한글의 올바른 표기를 <u>규칙으로 정한</u> 것이다. ➡ ☐☐

03 민정이는 편의점에서 새로 나온 음료수를 사고 점원에게 돈을 <u>냈다</u>. ➡ ☐☐☐☐

[04~07] 사다리 타기에 따라, 빈칸에 들어갈 단어의 뜻을 <보기>에서 골라 기호를 쓰시오.

─────── <보기> ───────
㉠ 일이 일어나기 전
㉡ 일이 있는 바로 그날
㉢ 무엇에 관계되는 바로 그것
㉣ 실제로 있는 본바탕과 같거나 그것에 근거하는 것

당일　　사전　　실질적　　해당

04 (　)　**05** (　)　**06** (　)　**07** (　)

[08~11] 제시된 글자를 조합하여 다음 뜻풀이에 해당하는 단어를 만드시오.

분	식	감	전	실	지
거	손	부	인	쟁	절

08 갈라져 다툼. ➡ ☐☐

09 사물을 분별하고 판단하여 앎. ➡ ☐☐

10 어떤 것을 받아들이고 싶지 않거나 물리치고 싶은 느낌 ➡ ☐☐☐

11 잃어버리거나 일정한 수나 양이 모자라서 손해를 봄. 또는 그 손해 ➡ ☐☐

[12~13] <보기>를 읽고 빈칸에 알맞은 단어를 쓰시오.

─────── <보기> ───────
[물음] '위약금'과 '보증금'은 어떤 차이가 있나요?
[답] '위약금'은 약속을 할 때 약속을 어기면 약속을 어긴 대가로 지급할 것을 미리 약속한 돈이고, '보증금'은 계약을 맺을 때 계약을 이행하겠다는 것을 증명하기 위해 맡긴 돈입니다.

12 나는 계약을 할 때 계약을 포기하면 상당한 ☐☐☐을 내기로 약속했다.

13 나는 카페에 일회용 컵을 반납하기로 약속하며 ☐☐☐을 냈다.

배 경 지 식

공정거래위원회는 어떤 일을 할까?

　공정거래위원회는 기업들이 경제 활동을 할 때 법을 어기는 일이 없도록 기업을 감독하고, 소비자의 권리와 이익을 보호하기 위해 여러 가지 규정을 만드는 곳입니다. 공정거래위원회는 소비자들을 위해 다음과 같은 일을 합니다. 첫째, 소비자에게 불리한 계약이나 약관 등을 바로잡습니다. 둘째, 소비자들이 어떤 것을 선택하고자 할 때 반드시 알아야 하는 정보를 기업이 정확하게 공개하도록 합니다. 셋째, 물건을 파는 업체에서 사실과 다른 정보를 제공한다면 이를 수정하게 합니다. 넷째, 전자 상거래 등 특수한 거래 분야에서 나타날 수 있는 소비자 피해를 방지합니다.
　이외에도 공정거래위원회는 다양한 활동을 통해 기업들이 부당하게 이익을 얻는 것을 막고, 공정한 경쟁을 하도록 유도합니다. 또 대기업의 불공정한 행위를 막아 중소기업이 발전할 수 있도록 돕습니다.

대화형 인공 지능 챗봇 [과학·기술]

 ＊ 다음 글을 읽고, 물음에 답하시오.

2020년대에 들어 많은 사람들이 공부를 하다가 자신이 잘 모르는 것을 확인할 때 챗GPT와 같은 대화형 인공 지능 챗봇＊을 ⓐ활용한다. 대화형 인공 지능 챗봇(Artificial Intelligence Chat Bot)이란 인간의 지능이 가지는 학습, 추리, 적응, 논증 따위의 기능을 갖춘 컴퓨터 시스템인 인공 지능을 활용한 것으로, 사용자가 대화창에 텍스트를 입력하면 ⓑ그에 맞춰 대화를 함께 나누는 서비스를 의미한다.

그렇다면 대화형 인공 지능 챗봇의 특징은 무엇일까? 우선 대화형 인공 지능 챗봇은 사용자가 하는 말의 내용을 이해하고, 이를 바탕으로 사용자와 자연스럽게 대화를 할 수 있다. 또 대화형 인공 지능 챗봇은 많은 양의 새로운 데이터를 계속해서 학습하기 때문에 사용자와 새롭고 다양한 주제로 대화할 수 있다. 그래서 학생들이 공부하는 과정에서 자신이 이해하지 못하는 부분이 생기면 대화형 인공 지능 챗봇과 대화를 나누면서 이를 해결할 수 있다. 또한 대화형 인공 지능 챗봇은 다양한 언어를 구사할 수 있어서 사람들은 이것을 활용하여 영어, 일본어 등 외국어를 공부할 수도 있다.

이러한 대화형 인공 지능 챗봇에도 한계는 있다. 아직까지 대화형 인공 지능 챗봇은 인간의 감정을 깊이 있게 이해하지 못하고, 이해한 바를 효과적으로 표현할 수 없다. 그래서 대화형 인공 지능 챗봇은 함께 대화를 나누는 사용자의 의도나 감정 등을 정확하게 파악하지 못하여 ㉠사용자의 마음을 상하게 할 수도 있고, 대화의 맥락과 ㉠동떨어지는 이상한 답변을 할 수도 있다. 또한 대화형 인공 지능 챗봇은 사용자에게 정확한 내용의 정보나 균형 있는 정보를 제공하지 못할 수도 있다. 대화형 인공 지능 챗봇은 자신이 학습한 데이터를 바탕으로 사용자와 대화를 이어 나가기 때문에 데이터에 있던 정보가 확실하지 않거나 한쪽으로 치우쳐져 있다면 이러한 일이 발생할 수 있다. 또 대화형 인공 지능 챗봇을 이용하다 개인 정보가 유출되는 등의 피해가 발생할 수 있다. 대화형 인공 지능 챗봇은 공짜로 이용할 수 있는 것과 돈을 내고 이용할 수 있는 것이 있는데, 최근 돈을 내고 이용하는 것에서 개인들의 결제 정보가 유출되어 큰 논란이 되기도 했다.

한편 대화형 인공 지능 챗봇을 사용하는 일부 사람들에게도 문제가 있다. 숙제를 할 때 대화형 인공 지능 챗봇을 활용한 후 대화형 인공 지능 챗봇과의 대화 내용을 그대로 숙제로 제출하는 사람들이 있다. ⓒ대화형 인공 지능 챗봇이 학습한 데이터 또한 누군가가 만들어 낸 지식과 정보이다. 그러므로 ㉰대화형 인공 지능 챗봇과의 대화 내용을 그대로 숙제로 내는 것은 표절이며, 이와 같은 행위는 다른 사람의 지식재산권을 침해하는 행위가 될 수도 있다.

자신이 원하는 정보를 편리하게 얻을 수 있기 때문에 점차 대화형 인공 지능 챗봇을 사용하는 사람들은 늘어날 것이다. 대화형 인공 지능 챗봇의 한계를 극복하면서도 이를 효과적으로 활용할 수 있는 방안은 무엇이 있는지 모두 함께 생각해 보아야 한다.

＊ **챗봇**: 문자 또는 음성으로 대화하는 기능이 있는 컴퓨터 프로그램 또는 인공 지능

❤ 지문을 읽으면서 핵심어에는 동그라미, 중심 문장에는 밑줄을 그으세요.

● **추리**: 알고 있는 것을 바탕으로 알지 못하는 것을 미루어서 생각함.

● **논증**: 옳고 그름을 이유를 들어 밝힘.

● **데이터**: 컴퓨터가 처리할 수 있는 문자, 숫자, 소리, 그림 등의 형태로 된 정보

● **구사하다**: 말, 수사법, 수단 등을 능숙하게 마음대로 쓰다.

● **한계**: 사물, 능력, 책임 등이 실제 작용할 수 있는 범위

● **맥락**: 사물 따위가 서로 이어져 있는 관계나 연관

● **균형**: 어느 한쪽으로 기울거나 치우치지 아니하고 고른 상태

● **유출되다**: 귀중품, 정보 등이 불법적으로 나라나 조직의 밖으로 나가다.

● **결제**: 증권 또는 돈을 주고받아 사고파는 당사자 사이의 거래 관계를 끝맺는 일

● **논란**: 여럿이 서로 다른 주장을 내며 다툼.

● **제출하다**: 의견, 법안 등을 내다.

● **표절**: 글, 노래 등을 지을 때 다른 작품의 일부를 몰래 따다 씀.

● **지식재산권**: 지적 활동으로 인하여 발생하는 모든 재산권

● **침해하다**: 침범하여 해를 끼치다.

● **극복하다**: 악조건이나 고생 등을 이겨내다.

---

01 다음 중 맞는 것에 ○ 표시하시오.

(1) ⓐ '활용하다'의 사전적 의미는?

① 충분히 잘 이용하다. (   )

② 어떠한 것을 받아들이다. (   )

(2) ⓑ '그'의 의미는?

① 사용자가 대화창에 텍스트를 입력한 것 (   )

② 인공 지능 챗봇이 대화창에 텍스트를 입력한 것 (   )

(3) ⓒ '대화형 인공 지능 챗봇이 학습한 데이터 또한 누군가가 만들어 낸 지식과 정보이다.'의 의미는?

① 대화형 인공 지능 챗봇이 학습한 데이터는 다른 사람의 지식재산권과는 관련이 없는 것이다. (   )

② 대화형 인공 지능 챗봇이 학습한 데이터는 지식재산권을 가진 다른 사람이 만들어 낸 것이다. (   )

01

(1) 어휘의 의미 파악하기

(2) 지시어의 의미 파악하기

(3) 문장의 의미 파악하기
대화형 인공 지능 챗봇과 나눈 대화 내용을 그대로 숙제로 내면 안 되는 이유가 무엇인지 생각해 보세요.

02 빈칸에 들어갈 말을 쓰시오.

〈문단 요약하기〉

┌─────────────────────────┐
│ ①문단: (❶   )의 개념
│ 사용자가 대화창에 텍스트를 입력하면 그 텍스트에
│ 맞춰 대화를 함께 나누는 서비스
└─────────────────────────┘

┌─────────────────────────┐
│ ②문단: 대화형 인공 지능 챗봇의 특징
│ 사용자와 자연스럽게, 새롭고 다양한 주제로
│ 대화를 할 수 있고, 외국어도 구사할 수 있다.
└─────────────────────────┘

┌─────────────────────────┐
│ ③문단: 대화형 인공 지능 챗봇의 한계
│ 사용자의 (❷   )
│ 사용자에게 정확한 내용의 정보나 균형 있는 정보를
│ 제공하지 못할 수도 있다.
└─────────────────────────┘

┌─────────────────────────┐
│ ④문단: 대화형 인공 지능 챗봇을 잘못된 방식으로
│ 사용하는 일부 사람들
│ 대화형 인공 지능 챗봇과의 대화 내용을 그대로
│ 숙제로 제출하는 것은 표절이다.
└─────────────────────────┘

┌─────────────────────────┐
│ ⑤문단: 대화형 인공 지능 챗봇에 대한 전망과
│ 글쓴이의 주장
│ 대화형 인공 지능 챗봇의 한계를 극복하고 효과적으로
│ 사용할 수 있는 방안을 생각해 보아야 한다.
└─────────────────────────┘

〈문단 간 관계 파악하기〉

1문단에서는
(❸   )의
개념을,
2문단에서는 특징을,
3문단에서는
(❹   )을/를
설명했다.

02

❶, ❷ 문단 요약하기
각 문단의 내용을 요약한 것을 보고, 그 문단에서 무엇에 대해 이야기하고 있는지 생각해 보세요.

❸, ❹ 문단 간의 관계 파악하기
1문단에서 무엇에 대해 설명하고 있는지 떠올려 보세요.

03 윗글의 내용으로 알맞지 <u>않은</u> 것은?
(내신형)
① 대화형 인공 지능 챗봇은 다양한 언어를 사용한다.
② 대화형 인공 지능 챗봇은 2020년대에 널리 사용되고 있다.
③ 대화형 인공 지능 챗봇은 사용자가 하는 말을 이해할 수 있다.
④ 대화형 인공 지능 챗봇은 사용자와 다양한 주제로 대화를 나눌 수 있다.
⑤ 대화형 인공 지능 챗봇은 사용자에게 언제나 정확한 정보만을 제공한다.

03 내용 파악하기
선택지의 내용이 윗글의 어느 부분에서 설명한 내용인지 생각해 보세요.
· **널리**: 범위가 넓게

04 대화형 인공 지능 챗봇이 ㉮와 같은 한계를 보이는 이유로 가장 알맞은 것은?
(수능형)
① 대화형 인공 지능 챗봇이 다른 사람의 지식재산권을 침해하기 때문이다.
② 대화형 인공 지능 챗봇이 인간의 감정을 깊이 있게 이해하지 못하기 때문이다.
③ 대화형 인공 지능 챗봇을 많은 사람들이 이용함에 따라 오류를 일으키기 때문이다.
④ 대화형 인공 지능 챗봇이 많은 양의 새로운 데이터를 계속해서 학습하기 때문이다.
⑤ 대화형 인공 지능 챗봇이 인간의 감정을 이해하고 이를 효과적으로 표현할 수 있기 때문이다.

04 내용 파악＋추론하기
㉮가 나타나는 이유를 생각해 보세요.

· **오류**: 그릇되어 이치에 맞지 않는 일

05 ㉠의 사전적 의미로 가장 알맞은 것은?
(수능형)
① 위에서 아래로 내려지다.
② 둘 사이에 관련성이 거의 없다.
③ 어떤 기준에 꼭 맞아 남거나 모자람이 없다.
④ 성질이나 특성이 기준이 되는 것과 비슷하다.
⑤ 서로의 사이가 다정하거나 가깝지 않고 서먹서먹하게 되다.

05 어휘의 의미 파악하기
문맥을 고려하여 '동떨어지는'이 의미하는 바가 무엇일지 생각해 보세요.

06 ㉯와 같은 행위를 하면 안 되는 이유를 〈조건〉에 맞게 쓰시오.
(서술형)
── 〈조건〉 ──
1. 근거는 한 가지만 제시할 것
2. '~ ㉯와 같은 행위를 하면 안 된다.' 형식의 한 문장으로 쓸 것

_____

_____

06
4문단의 내용을 바탕으로 ㉯와 같은 행위를 하면 안 되는 이유를 생각해 보세요.

[01~04] 각 단어의 사전적 의미를 찾아 바르게 연결하시오.

01 구사하다 •

02 극복하다 •

03 제출하다 •

04 침해하다 •

• ㉠ 의견, 법안 등을 내다.

• ㉡ 침범하여 해를 끼치다.

• ㉢ 악조건이나 고생 등을 이겨내다.

• ㉣ 말, 수사법, 수단 등을 능숙하게 마음대로 쓰다.

[05~08] 다음 단어의 사전적 의미가 맞으면 ○, 틀리면 ×표를 하시오.

05 균형: 어느 한쪽으로 기울거나 치우친 상태 (   )

06 맥락: 사물 등이 서로 이어져 있는 관계나 연관 (   )

07 결제: 사고파는 당사자 사이의 거래 관계를 시작하는 일 (   )

08 표절: 글이나 노래 등을 지을 때 다른 사람의 작품 일부를 몰래 따다 사용함. (   )

[09~12] 다음 빈칸에 들어갈 단어를 〈보기〉에서 찾아 쓰시오.

─── 〈보기〉 ───
논란   논증   오류   한계

09 1을 7로 잘못 읽어서 계산에 ☐☐이/가 생겼다.

10 기범이는 실험을 통해 자신의 주장에 대한 ☐☐을/를 시도했다.

11 탕수육에 소스를 부어 먹는 것과 찍어 먹는 것 중 무엇이 더 맛있는지 ☐☐이/가 일었다.

12 그가 이번 대회에서 우승한 것은 능력의 ☐☐을/를 뛰어넘기 위해 열심히 노력한 결과이다.

[13~14] 다음 중 알맞은 말을 고르시오.

13 시험 문제가 (유출 / 지출)되지 않도록 힘쓰세요.

14 경찰은 사건을 목격한 사람들의 이야기를 듣고 (궁리 / 추리)를 시작했다.

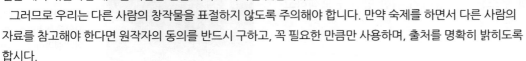

표절(剽 위협할 표 + 竊 훔칠 절)**은 다른 사람의 것을 훔치는 행위야!**

표절이란 '위협할 표(剽)'와 '훔칠 절(竊)'을 합친 말로, 다른 사람이 창작한 것의 일부 또는 전부를 몰래 사용하여 마치 자신이 창작한 것처럼 발표하는 것을 의미합니다. 출처를 밝히더라도 원작자의 동의를 구하지 않았거나 지나치게 많은 부분을 그대로 가져왔다면 표절에 해당합니다.

표절은 사람을 위협하고 물건을 훔치는 강도처럼 다른 사람의 지식 재산을 훔치는 행위라고 볼 수 있습니다. 만약 여러분이 시간과 노력을 들여 작품을 만들었는데, 그 작품을 다른 사람이 제멋대로 가져다 자신이 만들었다고 발표한다면 어떤 생각이 들까요? 내가 작품을 만드는 데 들인 시간과 노력이 모두 헛수고였다고 생각할 것이고, 매우 허탈할 것입니다. 그리고 이러한 일을 계속 겪는다면 새로운 작품을 만들 의욕도 사라질 것입니다.

그러므로 우리는 다른 사람의 창작물을 표절하지 않도록 주의해야 합니다. 만약 숙제를 하면서 다른 사람의 자료를 참고해야 한다면 원작자의 동의를 반드시 구하고, 꼭 필요한 만큼만 사용하며, 출처를 명확히 밝히도록 합시다.

✔ 출처 밝히기
✔ 원작자의 동의 구하기
✔ 필요한 부분만 사용하기

공중전화가 뭔데? [인문]

✱ 다음 글을 읽고, 물음에 답하시오.

요즘 길거리를 다니다 보면 대부분의 사람들이 가지고 있는 물건이 있다. 바로 휴대 전화이다. 전화 통화를 비롯해 문자 메시지 발송, 누리집 접속과 쇼핑까지 많은 사람들이 길에서도 휴대 전화를 이용해 다양한 활동을 한다. 그렇다면 휴대 전화가 ⓐ보급되기 전에 길에서 갑자기 전화 통화를 해야 하는 상황에 처했을 때 사람들은 어떻게 했을까?

휴대 전화가 보급되기 전에 대부분의 사람들은 ⓑ이러한 경우에 공중전화를 이용했다. 공중전화는 요즘 세대에게 다소 생소하지만, 1990년대에는 사람들이 이용하기 위해 줄을 서서 차례를 기다릴 만큼 인기 있는 통신 수단이었다. 공중전화는 칸막이로 만들어진 부스에 놓여 있었으며, 공중전화 부스는 지하철역, 버스 터미널 등 사람이 많이 모이는 공공장소뿐만 아니라, 공원 등 일상 곳곳에서 쉽게 볼 수 있었다.

하지만 우리나라에 휴대 전화가 널리 보급되면서 공중전화를 이용하는 사람들은 급격하게 줄어들었다. 우리나라에서 공중전화를 운영하는 회사에 따르면, 현재 공중전화 한 대당 하루 평균 이용량은 3.6건에 불과하다고 한다. ⓒ그래서인지 공중전화 부스도 길거리에서 점점 사라지고 있다.

그렇다면 이제 우리나라에서 공중전화는 필요가 없어진 통신 수단일까? 꼭 그렇지는 않다. 지진 및 태풍 등의 자연재해가 발생하거나, 불이 나서 통신망이 마비되어 휴대 전화를 이용하기 어려운 경우에 공중전화는 진가를 발휘한다. 휴대 전화는 통신망에서 나오는 무선 전파를 통해 통신하는데, 자연재해 등으로 통신망이 망가진다면 무선 전파가 나오지 않아 휴대 전화를 이용할 수 없다. 하지만 공중전화는 지하에 묻힌 통신선을 이용하기 때문에 이 통신선이 파괴되지 않았다면 언제든 이용할 수 있다. 이와 같은 경우 외에도 휴대 전화를 분실했거나, 휴대 전화의 전원이 꺼졌을 때도 공중전화를 이용해 통화를 할 수 있다. 또 휴대 전화 요금이 부담되는 사람들이나 전파가 약한 일부 지역의 사람들에게는 공중전화가 여전히 유용한 통신 수단이다.

사람들이 공중전화를 많이 사용하지 않는다고 해서 ㉠공중전화와 공중전화 부스를 모두 없앨 수는 없다. 공중전화가 여전히 유용한 통신 수단이기도 하거니와, 전기통신사업법에 공중전화가 국민 생활에 필수인 보편적 통신 서비스로 규정되어 있기 때문이다. 그래서 공중전화를 운영하는 회사에서는 공기 질 측정기, 배터리 공유 충전소, 휴대 전화 배터리 대여소 등으로 사용하지 않는 공중전화 부스를 재활용하기 위한 방안을 모색하고 있다.

지문을 읽으면서 핵심어에는 동그라미, 중심 문장에는 밑줄을 그으세요.

- **처하다**: 어떤 형편이나 처지에 놓이다.
- **세대**: 같은 시대에 살며 공통의 의식을 갖고 연령층이 비슷한 사람 전체
- **생소하다**: 어떤 대상이 친숙하지 않고 낯설다.
- **통신**: 전화나 우편 따위로 정보나 의사를 전달함.
- **수단**: 어떤 목적을 이루기 위한 방법 또는 도구
- **부스**: 칸막이한 공간
- **급격하다**: 변화의 움직임이 급하고 격렬하다.
- **운영하다**: 어떤 대상을 관리하고 움직이게 하거나 부리어 쓰다.
- **불과하다**: 그 수량에 지나지 않은 상태이다.
- **마비되다**: 본래의 기능이 둔하여지거나 정지되다.
- **진가**: 참된 값어치
- **발휘하다**: 재능, 능력 등을 떨치어 나타내다.
- **파괴되다**: 부서지거나 깨뜨려져 헐리다.
- **요금**: 남의 힘을 빌리거나 사물을 사용·소비·관람한 대가로 치르는 돈
- **부담되다**: 감당하기 어렵거나 힘든 것으로 느껴지다.
- **유용하다**: 쓸모가 있다.
- **보편적**: 모든 것에 두루 미치거나 통하는
- **규정되다**: 규칙으로 정해지다.
- **측정기**: 측정하는 데 쓰는 기계나 기구
- **모색하다**: 일이나 사건 따위를 해결할 수 있는 방법이나 실마리를 더듬어 찾다.

07 다음 중 맞는 것에 ○ 표시하시오.

(1) ⓐ '보급되기'의 사전적 의미는?

① 부족한 것이 보태져 채워지다.　　　（　　　）

② 널리 퍼져서 많은 사람들에게 골고루 미치게 되어 누리게 되다.　（　　　）

(2) ⓑ '이러한 경우'의 의미는?

① 사람들이 길에서 갑자기 전화 통화를 해야 하는 경우　（　　　）

② 사람들이 길에서 갑자기 인터넷 검색 누리집에 접속하고 싶어진 경우（　　　）

(3) ⓒ '그래서인지 공중전화 부스도 길거리에서 점점 사라지고 있다.'의 의미는?

① 사람들이 휴대 전화를 사용하면서도 공중전화를 같이 이용하고 있어서
　공중전화 부스도 길거리에서 점점 사라지고 있다.　（　　　）

② 사람들이 휴대 전화를 사용하게 되면서 공중전화를 이용하지 않고 있으며,
　그에 따라 공중전화 부스도 길거리에서 점점 사라지고 있다.　（　　　）

08 빈칸에 들어갈 말을 쓰시오.

〈문단 요약하기〉

> ① 문단: (❶　　　　　　　　　) 보급 전
> 사람들이 어떻게 전화 통화를 했을지에 대한 의문

> ② 문단: 휴대 전화 보급 전 사람들이 사용했던
> 공중전화
> 휴대 전화가 보급 전 사람들은 공중전화를
> 이용했다.

> ③ 문단: 휴대 전화의 보급에 따른 공중전화 부스의
> 감소
> 휴대 전화의 보급으로 사람들의 공중전화 이용률이
> 줄어들고, (❷　　　　　　　　)도 사라지고 있다.

> ④ 문단: 공중전화의 유용성
> 휴대 전화를 이용하기 어려운 경우 공중전화는
> 여전히 유용한 통신 수단이다.

> ⑤ 문단: 공중전화 부스를 재활용하는 방안
> 공중전화와 부스를 모두 없앨 수 없기 때문에
> 공중전화 운영 회사에서는 공중전화 부스를
> 재활용하기 위한 방안을 모색하고 있다.

〈문단 간 관계 파악하기〉

1문단에서 휴대 전화가 보급되기
전 전화 통화를 해야 하는 경우
사람들이 어떻게 했을지에 대한
의문을 드러냈다.
2문단에서 1문단의 의문에 대해
사람들이 (❸
　　　　　　　　)고 답변했다.

3문단에서 (❹
　　　　　　　　)이/가
줄어들면서 공중전화 부스도
사라지고 있다고 했지만,
4문단에서 공중전화는 여전히
유용한 통신 수단이라고 했다.

07

(1) 어휘의 의미 파악하기
앞, 뒤 내용을 바탕으로 ⓐ의
의미를 떠올려 보세요.

(2) 지시어의 의미 파악하기
• **접속하다**: 정보 따위를 얻기
위해서 들어가다.

(3) 문장의 의미 파악하기

DAY
06

08

❶, ❷ 문단 요약하기
각 문단의 내용을 요약한 것을
보고, 그 문단의 중심이 되는
핵심어가 무엇일지 생각해
보세요.

❸, ❹ 문단 간의 관계 파악하기

09 윗글에 대한 설명으로 가장 알맞은 것은?

[수능형]

① 질문과 답변의 형식으로 내용을 전개하고 있다.
② 통계 자료를 활용하여 주장을 뒷받침하고 있다.
③ 다양한 자료를 인용하여 읽는 사람의 이해를 돕고 있다.
④ 중심 화제를 둘러싼 찬성과 반대의 의견을 소개하고 있다.
⑤ 중심 화제의 장점과 단점을 바탕으로 대안을 모색하고 있다.

09 내용 전개 방식 파악하기

· **통계**: 어떤 현상을 종합적으로 한눈에 알아보기 쉽게 일정한 체계에 따라 숫자로 나타냄. 또는 그런 것
· **인용하다**: 남의 말이나 글을 자기 말이나 글에 끌어 쓰다.
· **대안**: 어떤 일에 대처할 방안
· **모색하다**: 일이나 사건 따위를 해결할 수 있는 방법이나 실마리를 더듬어 찾다.

10 윗글을 읽고 답할 수 <u>없는</u> 질문은?

[내신형]

① 예전에 공중전화를 볼 수 있는 장소는 어디였나?
② 오늘날에는 어떠한 경우에 공중전화를 사용하는가?
③ 우리나라 국민 중 몇 명이 휴대 전화를 갖고 있는가?
④ 휴대 전화와 공중전화는 어떠한 점에서 차이가 있는가?
⑤ 오늘날 사용하지 않는 공중전화 부스를 활용하는 방안에는 무엇이 있는가?

10 내용 파악하기

선택지 가운데 윗글에서 이야기하지 않은 것을 찾아보세요.

11 윗글을 읽은 후의 반응으로 알맞지 <u>않은</u> 것은?

[수능형]

① 공중전화가 놓여 있는 칸막이를 부스라고 하는구나.
② 휴대 전화 전원이 꺼졌을 때는 공중전화가 대안이 될 수 있겠어.
③ 요즘 대부분의 사람들은 휴대 전화를 활용하여 다양한 활동을 하는군.
④ 공중전화를 유용하게 사용하는 사람들이 많은 지역에서는 무선 전파가 약할수도 있어.
⑤ 요즘에 공공장소에 가면 공중전화 부스에 사람들이 줄을 서 있는 모습을 쉽게 볼 수 있겠어.

11 반응의 적절성 평가하기

윗글의 내용을 잘못 이해한 선택지를 찾아보세요.

12 ㉮의 이유를 〈조건〉에 맞게 쓰시오.

[서술형]

┌───── 〈조건〉 ─────┐
1. 윗글에서 근거를 1개 이상 찾아 쓸 것
2. '~ 때문이다.' 형식의 한 문장으로 쓸 것
└──────────────────┘

12

앞, 뒤 내용을 바탕으로 ㉮의 이유가 무엇인지 생각해 보세요.

_____

_____

_____

[01~04] 밑줄 친 단어와 바꾸어 쓰기에 알맞은 말을 〈보기〉에서 골라 문맥에 맞게 활용하여 쓰시오.

---〈보기〉---
모색하다   생소하다   유용하다   파괴되다
---

01 처음 가보는 곳의 길이 <u>낯설었다.</u>
➡ ☐☐☐☐

02 우리 함께 다양한 해결책을 <u>찾아</u> 보자.
➡ ☐☐☐

03 문화재가 <u>부서진</u> 것을 보니 마음이 아프다.
➡ ☐☐☐

04 칼은 어떻게 쓰는지에 따라 <u>쓸모 있는</u> 도구일 수도, 위험한 도구일 수도 있다. ➡ ☐☐☐

[05~06] 〈보기〉를 참고하여, 빈칸에 알맞은 말을 쓰시오.

---〈보기〉---
• ㅅㄷ : 어떤 목적을 이루기 위한 방법 또는 그 도구
• ㅅㄷ : 같은 시대에 살며 공통의 의식을 갖고 연령층이 비슷한 사람 전체
---

05 무분별한 줄임말 사용은 ☐☐ 간의 의사소통을 방해한다.

06 어떤 ☐☐ (으)로도 지금 내가 느낀 마음을 전부 표현할 수는 없을 것이다.

[07~11] 다음을 읽고 정우네 집의 비밀번호를 쓰시오.

> 정우야! 비밀번호가 틀려서 깜짝 놀랐지?
> 다음 뜻풀이에 해당하는 단어의 숫자를 나열하면
> 새로운 비밀번호를 알 수 있단다. 한번 맞혀보렴.

07 그 수량에 지나지 않은 상태이다. ( )

08 재능, 능력 등을 떨치어 나타내다. ( )

09 변화의 움직임 따위가 급하고 격렬하다. ( )

10 어떤 대상을 관리하고 움직이게 하거나 부리어 쓰다. ( )

① 급격하다   ② 발휘하다   ③ 불과하다   ④ 운영하다

➡ 새로운 비밀번호는 **11** ( )이다.

[12~13] 빈칸에 들어갈 말을 〈보기〉에서 찾아 쓰시오.

---〈보기〉---
대안   진가   통계

> 영교: 국어 성적이 떨어져서 고민이야. 내가 무엇을 하며 시간을 보내는지 **12** ☐☐ 을/를 낸 후, 노는 시간을 줄여 나의 **13** ☐☐ 을/를 드러내기 위해 노력해야지.

어느 날 갑자기 통신망이 마비된다면?

우리는 전자 기기를 활용하여 동영상 강의를 보며 공부를 하기도 하고 모르는 것을 검색해 보기도 하며, 금융 거래도 합니다. 그런데 어느날 갑자기 우리가 사용하고 있는 전자 기기의 통신망을 활용할 수 없게 된다고 생각해 봅시다. 어떠한 일이 일어날까요?

2022년 10월 경, 한 IT 기업의 서버가 마비되었던 적이 있습니다. 해당 기업에서 운영하는 메신저와 은행, 검색 누리집을 비롯한 모든 서비스를 이용할 수 없었습니다. 평소에 그 서비스를 자주 이용하던 사람들은 매우 큰 불편을 겪었습니다. 이후 이 기업을 비롯한 IT 기업들에서는 통신망이 마비되는 것을 예방하기 위해 통신망이 안정적인지 더욱 꼼꼼하게 점검하고, 안정성을 높이는 방안을 모색하고 있습니다. 기업에서 통신망이 마비되지 않도록 하는 것도 중요하지만, 우리 역시 재난 상황에서 통신망이 마비되었을 때를 가정하여 이에 대비하기 위해 노력해야 합니다.

07 먹어도 살이 찌지 않는 사람들 [과학·기술]

✻ 다음 글을 읽고, 물음에 답하시오.

조금만 음식을 먹어도 살이 찌는 사람들이 있다. 반면, 아무리 ⓐ과식해도 살이 찌지 않는 사람들도 있다. 이들은 먹는 양에 비해 살이 찌지 않고 오히려 적당히 먹는 사람들보다 날씬한 경우도 있다. 이 사람들이 음식을 ㉠지나치게 먹어도 살이 찌지 않는 이유는 무엇일까?

아무리 음식을 먹어도 살이 찌지 않는 사람들은 ⓑ대체로 다음과 같은 특징이 있다. 첫째, ⓒ이들은 대체로 먹은 음식을 빠르게 소화하고, 불필요한 에너지를 몸에 저장하지 않는다. 특히 평소 단백질을 많이 먹거나, 근력 운동을 해서 몸에 근육량이 많다면 몸의 대사가 활발해져 이러한 특성을 가질 확률이 높아진다. 둘째, 이들은 살이 찌지 않는 유전자를 갖고 있다. 부모나 조부모로부터 해당 유전자를 물려받아 많은 양의 음식을 먹더라도 살이 찌지 않는 것이다. 셋째, 이들은 대체로 스트레스를 잘 받지 않는 경향의 사람들일 수 있다. 스트레스를 많이 받으면 우리의 몸속에서는 스트레스 호르몬인 코르티솔이 분비된다. 코르티솔이 분비되면 우리는 식욕을 느끼게 된다. 또 복부의 지방 세포에는 이 호르몬을 받아들이는 수용체가 많아서 이 호르몬 수치가 높으면 복부 비만으로 이어질 가능성이 높다고 한다. ⓓ그래서 스트레스를 많이 받는 사람들은 조금만 먹어도 살이 찌기 쉽다.

그렇다면 건강을 지키면서도 적정 체중을 유지하는 방법은 무엇일까? 첫 번째 방법은 규칙적인 식습관을 갖는 것이다. 하루에 세 번, 일정한 양을 골고루 먹되 단백질을 많이 함유한 음식을 먹는 것이 좋다. 두 번째 방법은 운동을 꾸준히 하여 체지방을 태우고 근육량을 늘려나가는 것이다. 몸속 지방을 태우고 근육량을 늘리기 위해서는 유산소 운동과 근력 운동을 적절히 병행하는 것이 좋다. 세 번째 방법은 평소에 잠을 충분히 자는 것이다. 잠을 충분히 자지 못하면 몸속 대사 활동이 떨어져 체중이 증가할 수도 있다. 마지막으로는 스트레스를 잘 해소하는 것이다. 스트레스를 받으면 코르티솔이 분비되고, 이는 체중 증가로 이어지게 된다. 따라서 ㉯스트레스를 해소하는 나만의 방법을 찾아 실천하는 것이 좋다.

살이 찌고 빠지는 것보다 중요한 것은 나 자신의 건강이다. 무조건 마르고 싶다고 굶거나, 지나치게 운동을 하는 것은 나의 건강을 해치는 일이다. 규칙적인 식습관을 갖고 꾸준히 운동하며 스트레스를 적절히 해소하여 건강한 몸을 유지하기 위해 노력하자.

🦜 지문을 읽으면서 핵심어에는 동그라미, 중심 문장에는 밑줄을 그으세요.

● **소화하다**: 섭취한 음식물을 분해하여 영양분을 흡수하기 쉬운 형태로 바꾸다.

● **근력**: 근육의 힘

● **대사**: 섭취한 영양물질을 몸 안에서 분해하고 합성하여, 필요한 물질이나 에너지를 만들고, 불필요한 물질은 몸 밖으로 내보내는 작용

● **조부모**: 할아버지와 할머니

● **경향**: 현상, 사상, 행동 따위가 어떤 방향으로 기울어짐.

● **호르몬**: 동물의 내분비샘에서 분비되어 다른 기관이나 조직의 작용을 촉진, 억제하는 물질

● **분비되다**: 침, 호르몬 등이 세포나 몸 밖으로 배출되다.

● **복부**: 배의 부분

● **수용체**: 호르몬, 빛 등 외부 인자와 반응하여 세포 기능에 변화를 일으키는 물질

● **수치**: 계산하여 얻은 값

● **적정**: 알맞고 바른 정도

● **함유하다**: 물질이 어떤 성분을 포함하고 있다.

● **유산소 운동**: 몸속의 지방을 태워 체중 조절에 효과가 있는 운동

● **병행하다**: 둘 이상의 일을 한꺼번에 행하다.

● **해소하다**: 어려운 일이나 문제가 되는 상태를 해결하여 없애 버리다.

01 다음 중 맞는 것에 ○ 표시하시오.

(1) ⓐ '과식해도'의 사전적 의미는?

① 음식을 적게 먹다.   (   )

② 지나치게 많이 먹다.   (   )

(2) ⓑ '대체로'와 바꾸어 쓸 수 있는 말은?

① 일반적으로   (   )

② 전문적으로   (   )

(3) ⓒ '이들'의 의미는?

① 음식을 많이 먹어도 살이 찌지 않는 사람들   (   )

② 음식을 많이 먹어도 음식에 대한 거부감이 생기지 않는 사람들   (   )

(4) ⓓ '그래서 스트레스를 많이 받는 사람들은 조금만 먹어도 살이 찌기 쉽다.'의 의미는?

① 스트레스를 많이 받는 사람들은 체중을 늘어나게 하는 스트레스 호르몬이
많이 분비되기 때문에 조금만 먹어도 살이 찌기 쉽다.   (   )

② 스트레스를 많이 받는 사람들은 부모로부터 체중을 늘어나게 하는 호르몬을
많이 물려받아서 조금만 먹어도 살이 찌기 쉽다.   (   )

01

(1) 어휘의 의미 파악하기

ⓐ의 사전적 의미를 고르기 어렵다면 ⓐ에 ①, ②를 넣어 읽어 보고 의미가 변하지 않는 것을 고르세요.

(2) 어휘의 의미 파악하기

(3) 지시어의 의미 파악하기

ⓒ의 바로 앞 문장에서 누구에 대해 이야기하고 있는지 생각해 보세요.

(4) 문장의 의미 파악하기

02 빈칸에 들어갈 말을 쓰시오.

〈문단 요약하기〉

①문단: 과식을 해도 (❶   )에 대한 의문

②문단: 살이 찌지 않는 사람들의 특징
먹은 음식을 빠르게 소화하며 불필요한 에너지를 몸에 저장하지 않고, 살이 찌지 않는 유전자를 갖고 있으며, (❷   )

③문단: 건강을 지키며 적정 체중을 유지하는 방법
규칙적인 식습관을 갖는 것, 운동을 꾸준히 할 것, 잠을 충분히 잘 것, 스트레스를 잘 해소할 것

④문단: 건강한 몸을 유지하자는 글쓴이의 주장
나 자신의 건강이 중요하므로 건강한 몸을 유지하기 위해 노력하자.

〈문단 간 관계 파악하기〉

1문단에서 과식을 해도 살이 찌지 않는 사람들에 대한 의문을 드러낸 후,
2문단에서 (❸   )이/가 가진 특징을 제시하고 있다.

3문단에서 건강을 지키면서
(❹   )을/를 밝히고,
4문단에서 건강한 몸을 유지하기 위해 노력하자고 주장하고 있다.

02

❶, ❷ 문단 요약하기

각 문단의 내용을 요약한 것을 보고, 그 문단에서 무엇에 대해 이야기하고 있는지 생각해 보세요.

❸, ❹ 문단 간의 관계 파악하기

03 윗글에 대한 설명으로 알맞지 <u>않은</u> 것은?
[수능형]

① 질문과 답변의 형식으로 내용을 전개하고 있다.
② 자신의 주장을 드러내며 글을 마무리하고 있다.
③ 살이 찌지 않는 사람들의 특징을 설명하고 있다.
④ 전문가의 의견을 인용하여 주장을 뒷받침하고 있다.
⑤ 건강을 지키면서도 적정 체중을 유지하는 방법을 설명하고 있다.

03 내용 전개 방식 파악하기

· **인용하다**: 남의 말이나 글을 자신의 말이나 글 속에 끌어 쓰다.

04 윗글을 읽고 답할 수 있는 질문을 <u>모두</u> 고른 것은?
[내신형]

> ㄱ. 스트레스를 해소하지 못하면 어떻게 되는가?
> ㄴ. 스트레스와 관련된 호르몬의 이름은 무엇인가?
> ㄷ. 몸속 대사 활동을 활발하게 만들기 위해서는 어떻게 해야 하는가?
> ㄹ. 적정 체중을 유지하기 위해서는 하루에 유산소 운동과 근력 운동을 각각 몇 분씩 해야 하는가?

① ㄱ, ㄴ ② ㄱ, ㄹ ③ ㄱ, ㄴ, ㄷ
④ ㄱ, ㄴ, ㄹ ⑤ ㄴ, ㄷ, ㄹ

04 내용 파악+추론하기
선택지의 질문에 대한 답과 관련이 있는 문단이나 문장을 윗글에서 찾아보세요.

05 윗글을 읽은 후의 반응으로 알맞지 <u>않은</u> 것은?
[수능형]

① 평소에 잠을 조금만 자면 살이 잘 안 찌는 체질로 바뀔 수 있구나.
② 살을 빨리 빼기 위해 굶거나 적게 먹으면 건강을 해칠 수도 있구나.
③ 건강을 지키면서 적정 체중을 유지하려면 평소에 스트레스를 잘 해소해야겠어.
④ 단백질을 함유한 음식을 먹으면서 유산소 운동과 근력 운동을 같이 하면 건강을 지킬 수 있겠어.
⑤ 과식을 해도 살이 찌지 않는 사람들은 조상으로부터 살이 찌지 않는 유전자를 물려받았을 수도 있겠어.

05 반응의 적절성 파악하기
선택지의 내용과 윗글의 내용을 연결하면서 알맞지 않은 반응을 찾아보세요.

06 ㉠의 사전적 의미로 가장 알맞은 것은?
[수능형]

① 가리켜 보게 하다.
② 일정한 한도를 넘어 정도가 심하다.
③ 시간이 흘러가서 그 시기에서 벗어나다.
④ 어떤 사람이나 사물과 같은 대상물의 주위를 멈추지 않고 오다.
⑤ 시간이 오래 걸리거나 같은 상태가 오래 계속되어 따분하고 싫증이 나다.

06 어휘의 의미 파악하기

· **한도**: 일정한 정도 또는 한정된 정도

· **싫증**: 싫은 생각이나 느낌 또는 그런 반응

07 ㉰의 이유를 <조건>에 맞게 쓰시오.
[서술형]

> ━━ <조건> ━━
> 1. 이유는 한 가지만 제시할 것
> 2. '~때문이다.' 형식의 한 문장으로 쓸 것

07
앞, 뒤 내용을 바탕으로 글쓴이가 ㉰와 같이 설명한 이유가 무엇인지 생각해 보세요.

[01~03] 다음 중 알맞은 말을 고르시오.

01 나는 공부와 운동을 (병행 / 집행)하는 은현이가 대단하다고 생각한다.

02 동해 바닷물이 짠 이유는 소금기를 (소유 / 함유) 하고 있기 때문이다.

03 적당히 스트레칭을 하는 것은 피로를 (해지 / 해소) 하는 데 도움이 된다.

[04~05] 빈칸에 들어갈 말을 <보기>에서 찾아 쓰시오.

─── <보기> ───
근력   대사   식욕

장원: 소화가 안 되는지 속이 좋지 않아.
태민: 운동을 해서 **04** ☐☐ 을/를 활발하게 만드는 것이 어때?
장원: 그래? 어떤 운동이 도움이 되는데?
태민: 운동은 크게 두 가지로 나눌 수 있어. 먼저 **05** ☐☐ 운동은 근육의 힘을 기르고 근육량을 늘리는 운동이고, 유산소 운동은 지방을 태워 체중을 조절하기 좋은 운동이야. 너에게 필요한 운동을 선택하면 좋겠다.

[06~09] 다음 단어의 사전적 의미를 찾아 바르게 연결하시오.

06 경향 ·

· ㉠ 일정한 정도 또는 한정된 정도

07 수용체 ·

· ㉡ 싫은 생각이나 느낌 또는 그런 반응

08 싫증 ·

· ㉢ 현상, 사상, 행동 따위가 어떤 방향으로 기울어짐.

09 한도 ·

· ㉣ 호르몬, 빛 등 외부 인자와 반응하여 세포 기능에 변화를 일으키는 물질

[10~11] 한자의 뜻을 참고하여 각 단어의 의미를 쓰시오.

10 수치(數値): 數(수: 셈, 계산하다), 値(치: 값)
➡ (   )

11 적정(適正): 適(적: 맞다, 알맞다), 正(정: 바르다)
➡ (   )

스트레스 호르몬, 이렇게 줄이자!

일반적으로 사람들이 스트레스와 같은 위협을 만나면, 몸은 그러한 위협에 맞서서 버티기 위해 에너지를 생산해 내야 합니다. 이때 분비되는 코르티솔은 위협에 맞설 수 있도록 필요한 에너지를 공급해 줍니다.

코르티솔이 분비되면 심장의 박동과 호흡이 빨라집니다. 또한 코르티솔은 우리가 언제든지 움직일 수 있도록 근육을 긴장시키고, 정확하고 빠르게 상황을 판단할 수 있도록 정신을 또렷하게 하며, 주변의 상황을 잘 알아차릴 수 있도록 감각을 민감하게 만듭니다.

우리 몸속 코르티솔의 수치가 지나치게 높아지면 식욕이 증가하고 살이 잘 찌게 되어 비만이 될 확률이 높아집니다. 또한 고혈압의 위험이 증가하며, 근육이 손상될 수도 있습니다. 그러므로 우리는 코르티솔 수치를 적정하게 유지해야 합니다. 그러려면 규칙적으로 운동하고, 일상생활 중에도 스트레칭을 틈틈이 해 주어야 합니다. 그리고 잠을 충분하게 자는 것도 스트레스를 줄여 주어 코르티솔 수치를 낮추는 데 도움이 됩니다.

웹툰에 사용되는 다양한 표현 방식 [예술]

 ＊ 다음 글을 읽고, 물음에 답하시오.

중학생인 수민이는 매주 화요일만 기다리며 일주일을 보낸다. 화요일은 수민이가 즐겨보는 웹툰이 연재되는˙ 날이기 때문이다. 수민이처럼 우리 주변에는 ⓐ한가한 시간에 휴대 전화 등을 통해 웹툰을 보는 것이 취미인 사람이 많다.

사람들이 즐겨보는 웹툰(webtoon)은 인터넷을 뜻하는 '웹(web)'과 만화를 의미하는 '카툰(cartoon)'이 합쳐져 만들어진 용어로˙, 인터넷을 통해 공개되는˙ 만화를 의미한다. 웹툰은 사람들이 접근하기 쉬운 인터넷 누리집 등에 연재된다. ⓑ이 때문에 사람들이 서점이나 도서관에 가지 않아도 스마트폰과 같은 전자 기기만 있으면 언제든지 웹툰을 볼 수 있다. 그리고 웹툰은 매일 혹은 매주 짧은 분량˙으로 연재되기 때문에 사람들이 부담 없이 즐길 수 있다. 또한, 웹툰은 인터넷 누리집 등에서 연재되기 때문에 많은 기술을 활용할 수 있다. 그래서 ㉠인쇄물로 연재되던 기존의 만화책보다 웹툰에 더 다양한 표현 방식이 활용된다.

그렇다면 웹툰에 사용되는 표현 방식에는 어떤 것들이 있을까? 우선 웹툰에서는 세로 방향으로 이어지는 형태인 스크롤˙을 활용한다. 그래서 웹툰을 구성하는 가장 작은 단위˙인 '칸'들을 길게 이어지게 그림으로써 등장인물들의 움직임을 생동감˙ 있게 보여 줄 수 있다. 그리고 기존의 만화책과는 달리 스크롤 덕분에 칸의 경계˙가 페이지에 구속되지˙ 않기 때문에 독자로 하여금˙ 시간의 흐름을 자연스럽게 느끼게 하고 인물의 감정에 더 빠져들 수 있게 한다.

최근에는 독자들이 더욱 다양한 감각을 느낄 수 있도록 웹툰에 새로운 표현 방식을 적용하고 있다. ⓒ가장 대표적인 것이 바로 소리를 삽입하는˙ 것이다. 일부 웹툰에 적용된 이 표현 방식 덕분에 독자들은 듣고 싶은 목소리로 등장인물의 대사˙를 들을 수 있다. 또 독자가 스크롤을 내리면 웹툰 속 인물이 케이크의 촛불을 부는 장면에 맞추어 불길이 치솟는 것 같은 효과음도 들을 수 있다. 이 밖에도 웹툰의 분위기에 어울리는 배경음악도 삽입할 수 있다. 이처럼 웹툰에 삽입된 소리는 독자로 하여금 웹툰에 더욱 ㉠몰입하여 웹툰을 감상할˙ 수 있게 한다.

앞서 설명한 스크롤, 소리 외에도 진동이나 깜빡임 등 웹툰에는 다양한 표현 방식이 활용되고 있다. 이러한 다양한 표현 방식 덕분에 웹툰을 감상하는 독자들도 웹툰을 더욱 재미있고 실감˙ 나게 즐길 수 있게 되었다. 기술이 발전함에 따라 앞으로도 웹툰에는 더욱 다양한 표현 방식이 사용될 것이다. 미래의 웹툰은 어떠한 모습으로 우리에게 다가올지 기대해 보자.

💚 지문을 읽으면서 핵심어에는 동그라미, 중심 문장에는 밑줄을 그으세요.

Go!

- **연재되다**: 신문이나 잡지 따위에, 긴 글이나 만화 따위가 여러 차례로 나뉘어서 계속하여 실리다.

- **용어**: 일정한 분야에서 주로 사용하는 말

- **공개되다**: 어떤 사실이나 사물, 내용 따위가 여러 사람에게 널리 드러나다.

- **분량**: 수, 무게 따위의 많고 적음이나 부피의 크고 작은 정도

- **스크롤**: 컴퓨터 따위에서, 화면에 나타난 내용이 상하 또는 좌우로 움직이는 것

- **단위**: 하나의 조직 따위를 구성하는 기본적인 한 덩어리

- **생동감**: 생기 있게 살아 움직이는 듯한 느낌

- **경계**: 사물이 어떠한 기준에 의하여 분간되는 한계

- **구속되다**: 행동이나 의사의 자유가 제한되거나 속박되다.

- **하여금**: 누구를 시키어

- **삽입하다**: 글 따위에 다른 내용을 끼워 넣다.

- **대사**: 연극, 영화 등에서 인물이 하는 말

- **감상하다**: 주로 예술 작품을 이해하여 즐기고 평가하다.

- **실감**: 실제로 체험하는 느낌

08 다음 중 맞는 것에 ○ 표시하시오.

(1) ⓐ '한가한'의 사전적 의미는?

① 시간적인 여유가 있다.   (   )

② 정도에 너무 지나치거나 모자라서 딱하거나 기막히다.   (   )

(2) ⓑ '이 때문에'의 의미는?

① 웹툰을 보는 것이 취미인 사람들이 많기 때문에   (   )

② 웹툰이 사람들이 접근하기 쉬운 인터넷 누리집 등에서 연재되기 때문에 (   )

(3) ⓒ '가장 대표적인 것이 바로 소리를 삽입하는 것이다.'의 의미는?

① 웹툰에 소리를 삽입하는 것은 독자들이 시간의 흐름을 자연스럽게 느끼게
하는 웹툰의 표현 방식 중 가장 대표적인 예이다.   (   )

② 웹툰에 소리를 삽입하는 것은 독자들이 다양한 감각을 느끼게 하는 웹툰의
표현 방식 중 가장 대표적인 예이다.   (   )

09 빈칸에 들어갈 말을 쓰시오.

〈문단 요약하기〉

① 문단: 사람들의 취미 생활인 웹툰 보기
우리 주변에는 웹툰 보기가 취미인 사람들이 많다.

② 문단: 웹툰의 개념과 특징
인터넷을 통해 공개되는 만화인 웹툰은 인터넷
누리집 등에서 (❶   ) 짧은
분량으로 연재되고, 다양한 표현 방식이 활용된다.

③ 문단: 웹툰에 사용되는 표현 방식 ①
(❷   )

④ 문단: 웹툰에 사용되는 표현 방식 ② 소리

⑤ 문단: 웹툰의 미래에 대한 기대

〈문단 간 관계 파악하기〉

1문단에서 수민이의 사례를 통해
(❸   )(이)라는
중심 화제를 제시한 후,
2문단에서는 웹툰의 개념과
특징을 설명하고 있다.

웹툰에 활용하는 표현 방식으로
3문단에서는 스크롤을 활용하는 것,
4문단에서는
(❹   )을/를
소개하고 있다.

08

(1) 어휘의 의미 파악하기

(2) 지시어의 의미 파악하기
제시된 두 선택지를 ⓒ에 넣어
읽어 보고 의미가 통하는 것을
고르세요.

(3) 문장의 의미 파악하기

DAY 07

09

❶, ❷ 문단 요약하기

❸, ❹ 문단 간 관계 파악하기
1문단에서 수민이의 사례를
통해 제시한 화제가 무엇인지,
4문단에서 주로 설명하고
있는 대상이 무엇인지 생각해
보세요.

10 웹툰에 대한 설명으로 알맞지 <u>않은</u> 것은?
[내신형]

① 웹툰은 인터넷을 통해 공개된다.

② 웹툰을 구성하는 가장 작은 단위는 칸이다.

③ 웹툰은 칸의 경계가 페이지에 구속되지 않는다.

④ 웹툰은 매달 많은 분량이 연재되기 때문에 많은 사람들이 부담 없이 즐길 수 있다.

⑤ 웹툰은 인터넷이 연결되는 전자 기기를 가지고 있다면 언제든지 쉽게 볼 수 있다.

10 내용 파악하기

11 윗글을 읽고 답할 수 있는 질문을 〈보기〉에서 <u>모두</u> 고른 것은?
[수능형]

— 〈보기〉 —

ㄱ. 웹툰을 많이 보면 좋은 이유는 무엇인가?

ㄴ. 웹툰이라는 용어는 어떻게 만들어진 것일까?

ㄷ. 웹툰과 관련된 직업에는 어떠한 것이 있을까?

ㄹ. 웹툰에 사용되는 표현 방식에는 어떤 것들이 있을까?

① ㄱ, ㄴ   ② ㄱ, ㄹ   ③ ㄴ, ㄷ

④ ㄴ, ㄹ   ⑤ ㄷ, ㄹ

11 내용 파악+추론하기

윗글에서 제시된 질문과 관련이 있는 문단이나 문장을 찾아보세요.

• 용어: 일정한 분야에서 주로 사용하는 말

12 다음 중 ㉠과 바꾸어 쓰기에 알맞은 것은?
[수능형]

① 빠져서   ② 억지로   ③ 가볍게

④ 강제로   ⑤ 재미없게

12 어휘의 의미 파악하기

제시된 선택지를 ㉠에 넣어 읽어 보고 의미가 통하는 것을 고르세요.

13 ㉮의 이유를 〈조건〉에 맞게 쓰시오.
[서술형]

— 〈조건〉 —

1. 이유는 한 가지만 제시할 것

2. '~때문이다.' 형식의 한 문장으로 쓸 것

13

앞, 뒤 문단 및 문장 간의 관계를 고려하여 ㉮의 이유가 무엇인지 생각해 보세요.

[01~03] 빈칸에 들어갈 말을 〈보기〉에서 찾아 쓰시오.

〈보기〉

대사	단위	용어

01 아르바이트 비용은 일주일 ☐☐로 계산하여 지급합니다.

02 어려운 ☐☐를 설명하기 위해 구체적인 사례를 제시하는 것이 어떨까?

03 나는 그 영화에서 주인공이 친구에게 자기 꿈을 이야기하는 ☐☐가 가장 인상 깊었다.

[04~06] 밑줄 친 말과 바꾸어 쓸 수 있는 단어를 〈보기〉에서 찾아 문맥에 맞게 활용하여 쓰시오.

〈보기〉

감상하다	한가하다	삽입하다

04 나는 주말에 시간적인 여유가 있다.
➡ ☐☐☐☐

05 지난 주말에는 산에 올라가 아름다운 경치를 보며 즐겼다.
➡ ☐☐☐☐

06 우리 모둠은 발표 자료에 다양한 사진과 동영상을 끼워넣기로 했다.
➡ ☐☐☐☐☐

[07~09] 사다리 타기에 따라 빈칸에 들어갈 단어의 뜻을 〈보기〉에서 골라 쓰시오.

〈보기〉

㉠ 행동이나 의사의 자유가 제한되거나 속박되다.
㉡ 어떤 사실이나 사물, 내용 따위가 여러 사람에게 널리 드러나다.
㉢ 신문이나 잡지 따위에, 긴 글이나 만화 따위가 여러 차례로 나뉘어서 계속하여 실리다.

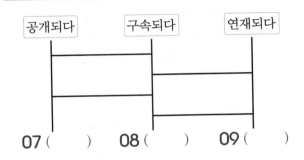

공개되다   구속되다   연재되다

07 (   )   08 (   )   09 (   )

[10~12] 다음 글자를 조합하여 다음 뜻풀이에 해당하는 단어를 만드시오.

위	실	현	선	량	수
단	계	경	분	양	감

10 실제로 체험하는 느낌 ➡ ☐☐

11 사물이 어떠한 기준에 의하여 분간되는 한계
➡ ☐☐

12 수, 무게 따위의 많고 적음이나 부피의 크고 작은 정도 ➡ ☐☐

배 경 지 식

단짠단짠, 스낵 컬처(Snack Culture) 즐기기

　스낵 컬처란 간편하게 즐길 수 있는 스낵, 즉 과자에서 유래된 말로 과자를 먹듯 짧은 시간에 간편하게 문화 콘텐츠를 소비하는 새로운 문화 트렌드를 가리킵니다. 언제 어디서나 스마트폰 등의 전자 기기만 있으면 빠르고 간편하게 즐길 수 있는 웹툰, 웹 소설 등이 스낵 컬처의 대표적인 예입니다. 스낵 컬처에는 바쁜 일상 속에서 시간을 많이 들이지 않고도 문화생활을 즐기고자 하는 현대인의 바람이 반영되어 있습니다.

　웹툰과 웹 소설 외에도 재미있는 이야깃거리를 모아둔 인터넷 누리집이나 책의 줄거리를 요약하거나 책을 읽어 주는 방식의 오디오 북도 사람들 사이에서 인기가 많습니다. 이처럼 스낵 컬처의 분야와 형태가 다양해지면서 사람들이 즐길 수 있는 문화 콘텐츠도 점차 늘어나고 있습니다.

★ 글의 구조 파악하기

①문단 핵심어, 글 전체 핵심어: 유행어

① '중꺾마'와 같은 유행어는 어느 한 시기에 널리 쓰이다가
안 쓰이게 되는 새로운 말의 일종이다. 유행어는 당시의 사회
_{중심 문장}
분위기를 담아 만들어진다. 그래서 유행어는 '시대의 거울'이라고
불리기도 한다. 2002년 월드컵 때의 유행어인 '꿈은
이루어진다'가 꿈을 가지고 노력하면 언젠간 꿈을 이룰 수
있다고 믿는 당시 분위기를 담고 있다면, 2022년 월드컵 때의
'중꺾마'는 승패를 떠나 그 과정에서 최선을 다하는 것이
중요하다고 생각하는 2020년대의 시대상을 반영한 것이라고
볼 수 있다.

②문단의 핵심어: 부정적

② 그렇다면 유행어를 사용하는 것에 대해 사람들은 어떻게
생각할까? 유행어를 사용하는 것을 부정적으로 보는 사람들은
_{중심 문장}
다음과 같은 이유를 든다. 첫 번째로 유행어는 대개 짧은 시간
동안 인기를 끌고 사라지기 때문에 유행어를 사용하여 다른
사람들과 지속적으로 소통하기에는 적절하지 않다는 것이다.
두 번째로는 유행어는 대개 특정 연령층이나 문화권에서만
인기가 있기 때문에 유행어를 사용하면 다른 연령층이나
문화권에서는 그 유행어를 이해하지 못할 수 있다는 것이다.

③문단의 핵심어: 긍정적

③ 반면 유행어를 사용하는 것을 긍정적으로 보는 사람들은
_{중심 문장}
다음과 같은 이유를 든다. 첫 번째로 유행어는 대중적으로
사용되기 때문에 유행어를 사용하면 이 말을 사용하는 사람들
간의 의사소통이 원활해진다는 것이다. 또 새로운 유행어는
새로운 개념과 아이디어를 표현하기 편리하다고 본다.

④문단의 핵심어: 유행어

④ 유행어를 사용하는 것은 무조건 나쁘거나, 무조건 좋다고 할
수는 없다. 유행어를 대화가 이루어지는 때와 장소, 같이
대화하는 사람에 맞지 않게 사용한다면 의사소통을 어렵게 할
수 있지만, 적절하게만 사용한다면 이것은 문제가 되지 않기
때문이다. 그러므로 유행어를 사용할 때는 대화하는 상황과
_{중심 문장}
상대방을 고려하는 태도를 가져야 한다.

✱ 글 전체 중심 문장: 글쓴이가 윗글을 쓴 목적은 유행어를 사용할 때
대화 상황과 상대방을 고려해야 한다고 주장하기 위해서임.

★ 글의 구조 파악하기

> **①문단**
> 유행어의
> 개념과 특징

유행어를 사용하는
것에 대한 사람들의
부정적 의견(②문단)과
긍정적 의견(③문단)을
나누어 제시하고 있음.

> **②문단**
> 유행어 사용을
> 부정적으로 보는
> 사람들의 견해

> **③문단**
> 유행어 사용을
> 긍정적으로 보는
> 사람들의 견해

②, ③문단의 내용을
바탕으로 유행어 사용에
대한 글쓴이의 견해를
④문단에서
정리하고 있음.

> **④문단**
> 유행어 사용에 대한
> 글쓴이의 주장

★ 주제 찾기

★ 문단 요약을 바탕으로 주제 정리

순서 ❶ 핵심어 파악하기 – 유행어
순서 ❷ 문단 요약한 것을 바탕으로
주제 정리하기

①문단에서 소개한 유행어 개념을 바탕으로,
②, ③문단에서 제시한 유행어에 대해서
긍정적인 의견과 부정적인 의견이 모두
있다는 점을 반영하여
④문단에서 유행어를 사용할 때엔 대화
상황과 상대방을 고려하는 태도를 갖자는
글쓴이의 주장을 드러내고 있습니다.

**주제: 유행어를 사용할 때 가져야 할
대화 상황과 상대방을 고려하는 태도**

STEP III

글의 구조 파악하기, 주제 찾기

★ 글의 구조 파악하기

문단 간의 관계를 바탕으로 전체 글의
짜임새를 그려보는 것입니다.

| 글의 구조를 파악하는 이유 |

긴 글의 내용을 한꺼번에 이해하는 것은 쉽지
않습니다. 글의 구조를 파악하면 긴 글을 체계적으로
정리할 수 있어서 내용을 쉽게 이해할 수 있습니다.

| 글의 구조를 파악하는 순서 |

순서 ❶ 각 문단의 내용을 요약한 후, 문단 간의 관계를
　　　　파악하기
순서 ❷ 문단간의 관계를 바탕으로 글의 구조도를
　　　　그려서 글의 내용을 한눈에 정리하기

★ 주제 찾기

글쓴이가 글을 통해 전달하고자 하는 중심이
되는 내용을 찾는 것입니다.

| 주제를 찾는 이유 |

글 전체의 핵심을 정확하게 이해할 수 있기
때문입니다.

| 주제를 찾는 순서 |

순서 ❶ 핵심어 파악하기
순서 ❷ 문단 요약한 것을 바탕으로 핵심어에 대해
　　　　무엇을 이야기하고 있는지 정리하기

글의 구조도를 그려보면
긴 글의 내용을 체계적으로
정리할 수 있어 주제를
빨리 찾을 수 있어요!

공기로 음식을 튀기는 에어프라이어 [과학·기술]

* 다음 글을 읽고, 물음에 답하시오.

요즘 에어프라이어(AirFryer)를 사용하는 가정이 늘어나고 있다. 사람들은 냉동식품을 에어프라이어에 어떻게 ⓐ조리했을 때 가장 맛있는지, 에어프라이어로 과자를 몇 도에 몇 분 돌리면 갓 나온 과자처럼 먹을 수 있는지 등의 정보를 활발하게 공유하기도 한다. 에어프라이어는 단어 그대로, '공기로(air) 음식을 튀기는(fry)' 방식의 가전제품이다. 건강에 대한 관심이 높아진 요즘, 기름을 사용하지 않고도 음식을 조리할 수 있다는 점에서 에어프라이어는 사람들 사이에서 많은 인기를 ㉠끌고 있다.

에어프라이어는 어떻게 기름 없이 음식을 조리할 수 있을까? 에어프라이어의 안쪽을 보면 모기향처럼 생긴 열선이 있다. 에어프라이어의 전원이 연결되면 이 열선에서 열이 발생하고, 발생한 열은 에어프라이어 내부의 공기를 데운다. 이후 열선의 위쪽에 위치한 팬이 빠른 속도로 회전하여, 열선이 뜨겁게 만든 공기를 에어프라이어 안에서 빠르게 순환시킨다. 이렇게 뜨거운 공기를 통해 전달된 열은 음식물의 겉면으로 이동하여 음식물을 ⓑ가열한다. 뜨거운 공기가 음식물을 가열하는 과정에서 수분이 발생하는데, 발생한 수분은 필터를 통해 제거된다. 그 결과 음식은 더욱 바삭해진다.

그렇다면 에어프라이어로 조리한 음식은 기름으로 튀긴 음식과 맛이 같을까? ⓒ아쉽게도 차이는 존재한다. 기름으로 음식을 튀길 때 뜨거운 기름 안에 음식을 넣으면 음식물에 있던 수분이 뜨거운 기름과 만나 수증기가 되어 기름의 표면으로 올라가 공기 중으로 빠져나간다. ⓓ이 과정에서 재료 자체의 수분량이 줄어들어 음식이 바삭해진다. 그리고 수분이 빠진 자리를 기름이 대신함으로써 고소한 튀김의 맛이 완성된다. 그러나 에어프라이어는 기름을 사용하지 않고 공기로만 음식을 조리하기 때문에 수분이 빠진 자리를 기름이 대체하지 않으므로 고소한 튀김 맛을 재현하기는 어렵다.

하지만 에어프라이어로 음식을 조리하는 것에는 많은 장점이 있다. 일단 에어프라이어는 기름을 사용하지 않기 때문에 기름을 사용하여 요리를 할 때보다 조리 후 정돈을 하기 편하고, 조리한 음식을 섭취할 때 열량에 대한 부담도 줄어든다. 또한 오븐보다 크기가 작아 소량의 음식을 조리하기에 간편하고, 주방 공간을 적게 차지하며, 오븐 등에 비해 가격도 저렴한 편이다. 위와 같은 이유로 ㉡많은 가정에서 에어프라이어를 이용하고 있다.

👉 지문을 읽으면서 핵심어에는 동그라미, 중심 문장에는 밑줄을 그으세요.

- **가정**: 가까운 혈연관계에 있는 사람들의 생활 공동체
- **돌리다**: 기능을 작동시키다.
- **공유하다**: 두 사람 이상이 한 물건을 공동으로 소유하다.
- **열선**: 열이 발생하도록 되어 있는 전기선
- **내부**: 안쪽의 부분
- **순환**: 주기적으로 자꾸 되풀이하여 돎. 또는 그런 과정
- **수분**: 축축한 물의 기운
- **표면**: 사물의 가장 바깥쪽. 또는 가장 윗부분
- **대체하다**: 다른 것으로 대신하다.
- **재현하다**: 다시 나타내다.
- **섭취하다**: 생물체가 양분 따위를 몸속에 빨아들이다.
- **열량**: 열에너지의 양. 단위는 보통 칼로리(cal)로 표시한다.
- **소량**: 적은 분량

01 다음 중 맞는 것에 ○ 표시하시오.

(1) ⓐ '조리했을'의 사전적 의미는?

① 요리를 만들다.　(　　　)

② 건강이 회복되도록 몸을 보살피고 병을 다스리다.　(　　　)

(2) ⓑ '가열한다'와 바꾸어 쓸 수 있는 말은?

① 데운다　(　　　)

② 식힌다　(　　　)

(3) ⓓ '이 과정'의 의미는?

① 뜨거운 공기가 음식물을 데움으로써 음식물 자체가 뜨거워지는 과정 (　　　)

② 음식물에 있던 수분이 뜨거운 기름과 만나 수증기가 되어 공기 중으로 빠져나가는 과정　(　　　)

(4) ⓒ '아쉽게도 차이는 존재한다.'의 의미는?

① 에어프라이어로 조리한 음식과 기름으로 튀긴 음식의 맛에는 차이가 있다.　(　　　)

② 에어프라이어로 조리한 음식과 기름으로 튀긴 음식의 모양에는 차이가 있다.　(　　　)

01

(1) 어휘의 의미 파악하기

(2) 어휘의 의미 파악하기
ⓑ에 ①과 ②를 넣어 읽어 보고 자연스러운 것을 골라 보세요.

(3) 지시어의 의미 파악하기
ⓓ의 앞부분에서 어떤 과정에 대해 이야기했는지 떠올려 보세요.

(4) 문장의 의미 파악하기
• 차이: 같지 아니하고 다름. 또는 그런 정도나 상태

DAY
08

02 〈문단 요약〉을 바탕으로 구조도의 빈칸을 채우고 윗글의 주제를 파악하시오.

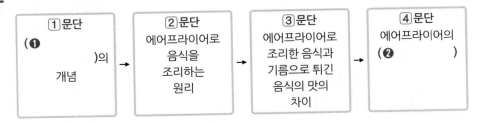

➡ 글의 순서대로 구조도를 그릴 수 있다.

➡ 주제: 에어프라이어로 음식을 조리하는 (❸ 　　　　　　)와/과 장점

02 글의 구조 파악·주제 찾기
윗글의 내용을 바탕으로 글의 구조를 생각해 보고, 윗글에서 전달하고자 하는 가장 중요한 내용이 무엇인지 떠올려 보세요.

03 윗글의 내용으로 알맞지 <u>않은</u> 것은?

[내신형]

① 에어프라이어 안쪽에는 열선이 있고 그 위에 팬이 있다.

② 에어프라이어는 기름으로 음식을 조리하는 가전제품이 아니다.

③ 에어프라이어로 음식을 조리하면 수분이 제거되어 음식이 바삭해진다.

④ 기름을 사용하여 튀긴 음식보다 에어프라이어로 조리한 음식이 더 고소하다.

⑤ 에어프라이어가 오븐보다 가격이 저렴하기 때문에 많은 가정에서
  에어프라이어를 이용한다.

03 내용 파악하기
선택지의 내용과 관련이 있는
문단을 윗글에서 찾아보세요.

04 다음은 에어프라이어의 구조를 그림으로 나타낸 것이다. 윗글을 참고하여 A~C에 대해

[수능형] 설명한 것으로 알맞지 <u>않은</u> 것은?

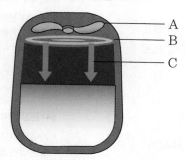

A
B
C

① A는 팬으로, 빠른 속도로 회전한다.

② B는 팬으로, 공기를 순환시키는 역할을 한다.

③ B는 열선으로, 전원이 연결되면 열이 발생한다.

④ C는 공기로, 열선에 의해 뜨거워진다.

⑤ C는 A에 의해 에어프라이어 안에서 빠르게 순환한다.

04 구체적 사례에 적용하기
에어프라이어 내부 구조를
설명한 2문단의 내용을
바탕으로 A ~ C가 무엇을
가리키는지 생각해 보세요.

05 각 문장의 밑줄 친 부분이 ㉠과 같은 의미로 쓰인 것은?

[수능형]

① 바지를 <u>끌고</u> 다니지 마.

② 수레를 혼자 <u>끌면</u> 무겁지 않을까?

③ 시간을 <u>끌지</u> 말고 빨리 일을 하자.

④ 경민이가 수진이의 팔을 <u>끌어</u> 교실로 데려갔다.

⑤ 수현이는 박수를 쳐서 사람들의 주의를 <u>끌었</u>다.

05 어휘의 의미 파악하기
윗글에서 ㉠이 어떠한 의미로
쓰였는지 생각해 보고,
①~⑤에서 같은 의미로 쓰인
것을 골라 보세요.

· **주의**: 어떤 한 곳이나 일에
  관심을 집중하여 기울임.

06 ㉡의 이유를 〈조건〉에 맞게 쓰시오.

[서술형]

─── 〈조건〉 ───

1. 한 가지 이유만 쓸 것

2. '많은 가정에서 에어프라이어를 이용하고 있는
   이유는 ~ 때문이다.' 형식의 한 문장으로 쓸 것

06

4문단의 내용을 참고하여
㉡의 이유를 정리해 보세요.

지문 분석 특강

▶ 정답 문제편 **185**쪽

> 가장 중심이 되는 말: 핵심어

1 요즘 에어프라이어(를) ~하는 가정이 늘어나고 있다. 사람들은 냉동식품을 에어프라이어에 어떻게 @조리했을 때 가장 맛있는지, 에어프라이어로 과자를 몇 도에 몇 분 돌리면 갓 나온 과자처럼 먹을 수 있는지 등의 정보를 활발하게 공유하기도 한다. 에어프라이어는 단어 그대로, '공기로(air) 음식을 튀기는(fry)' 방식의 가전제품이다. 건강에 대한 관심이 높아진 ~

> 에어프라이어의 개념
> ➡ 가장 중심이 되는 문장: 글 전체 중심 문장

~ 않고도 음식을 조리할 수 있다는 점에서 ~ 사이에서 많은 인기를 ㉠끌고 있다.

2 에어프라이어는 어떻게 기름 없이 음식을 조리할 수 있을까? 에어프라이어의 안쪽을 보면 모기향처럼 생긴 열선이 있다. 에어프라이어의 전원이 연결되면 이 열선에서 열이 발생하고, 발생한 열은 에어프라이어 내부의 공기를 데운다. 이후 열선의 위쪽에 위치한 팬이 빠른 속도로 회전하여, 열선이 뜨겁게 만든 공기를 에어프라이어 안에서 빠르게 순환시킨다. 이렇게 뜨거운 공기를 통해 전달된 열은 음식물의 겉면으로 이동하여 음식물을 ⓑ가열한다. 뜨거운 공기가 음식물을 가열하는 과정에서 수분이 발생하는데, 발생한 수분은 필터를 통해 제거된다. 그 결과 음식은 더욱 바삭해진다.

3 그렇다면 에어프라이어로 조리한 음식은 기름으로 튀긴 음식과 맛이 같을까? ㉢아쉽게도 차이는 존재한다. 기름으로 음식을 튀길 때 뜨거운 기름 안에 음식을 넣으면 음식물에 있던 수분이 뜨거운 기름과 만나 수증기가 되어 기름의 ~ 나간다. @이 과정에서 재료 ~ 그리고 수분이 빠진 ~ 완성된다. 그러나 에 ~ 음식을 조리하기 때문에 ~ 고소한 튀김 맛을 재현하기는 어 ~

> 3문단에서 에어프라이어로 조리한 음식과 기름으로 튀긴 음식의 맛에 차이가 있다고 설명한 후, 4문단에서 에어프라이어의 장점때문에 많은 가정에서 에어프라이어를 이용한다면서 글을 마무리했습니다.

4 하지만 에어프라이어로 음식을 조리하는 것에는 많은 장점이 있다. 일단 에어프라이어는 기름을 사용하지 않기 때문에 기름을 사용하여 요리를 할 때보다 조리 후 정돈을 하기 편하고, 조리한 음식을 섭취할 때 열량에 대한 부담도 줄어든다. 또한 오븐보다 크기가 작아 소량의 음식을 조리하기에 간편하고, 주방 공간을 적게 차지하며, 오븐 등에 비해 가격도 저렴한 편이다. 위와 같은 이유로 ㉤많은 가정에서 에어프라이어를 이용하고 있다.

○ 각 문단 핵심어 ◎ 글 전체 핵심어 ▬ 각 문단 중심 문장 ■ 글 전체 중심 문장

DAY
08

❶ 핵심어, 중심 문장 찾기

➡ 윗글에서 가장 많이 등장하고, 글 전체에서 중심이 되는 말은 '에어프라이어'이므로, 전체 핵심어는

1) ☐☐☐☐☐☐ 입니다.

➡ 윗글의 글쓴이는 에어프라이어의 개념과 에어프라이어로 조리한 음식과 기름으로 튀긴 음식의 맛이 다른 이유 등을 설명하고, 에어프라이어의 장점을 소개하며 글을 마무리했습니다.

이러한 내용을 담은 윗글의 중심 문장은 1문단 ❸문장

'2) ☐☐☐☐☐ 은/는 단어 그대로, '공기로(air) 음식을 튀기는(fry)' 방식의 가전제품이다.'입니다.

❷ 문단 요약하기, 문단 간의 관계 파악하기

1문단: 에어프라이어의 개념을 설명했습니다.

2문단: 에어프라이어의 내부 구조를 바탕으로 에어프라이어를 활용하여 기름 없이 음식을 조리하는 원리를 설명했습니다.

3문단: 에어프라이어로 조리한 음식과 기름으로 튀긴 음식의 맛의 차이를 설명했습니다.

4문단: 에어프라이어의 장점을 설명하고, 많은 가정에서 에어프라이어를 이용하고 있다고 했습니다.

❸ 글의 구조 파악하기, 주제 찾기

〈글의 구조 파악하기〉

문단별 핵심어와 중심 문장을 찾고, 문단 간의 관계를 파악한 뒤, 글의 구조도를 그리면 지문의 내용을 체계적으로 정리할 수 있습니다.

문단 요약을 바탕으로 글의 구조도를 그리면 다음과 같습니다.

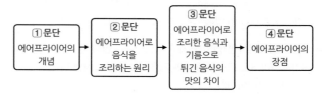

1문단 에어프라이어의 개념 → 2문단 에어프라이어로 음식을 조리하는 원리 → 3문단 에어프라이어로 조리한 음식과 기름으로 튀긴 음식의 맛의 차이 → 4문단 에어프라이어의 장점

➡ 글의 순서대로 구조도를 그릴 수 있습니다.

〈주제 찾기〉

1문단에서 소개한 에어프라이어의 개념을 바탕으로 2문단에서는 에어프라이어로 음식을 조리하는 원리를 소개했습니다.

3문단에서는 에어프라이어로 조리한 음식과 기름으로 튀긴 음식의 맛의 차이를, 4문단에서는 에어프라이어로 음식을 조리하는 것의 장점을 나열했습니다.

따라서 윗글의 **주제**는

'3) ☐☐☐☐☐ (으)로 음식을 조리하는

원리와 장점'입니다.

01

(1) 어휘의 의미 파악하기

'조리하다'는 여러 의미를 가진 다의어입니다.

① '요리를 만들다.'는 '조리하다'의 첫 번째 의미이고, ② '건강이 회복되도록 몸을 보살피고 병을 다스리다.'는 '조리하다'의 두 번째 의미입니다.

문맥을 고려하면 ⓐ '조리했을'은 ①의 의미로 사용되었습니다.

(2) 어휘의 의미 파악하기

ⓑ '가열한다'의 기본형 '가열하다'의 사전적 의미는 '어떤 물질에 열을 가하다.'입니다.

'데우다'의 사전적 의미는 '식었거나 찬 것을 덥게 하다.'이고, '식히다'의 사전적 의미는 '더운 기를 없애다.'입니다.

따라서 ⓑ '가열한다'는 ① '데운다'와 바꾸어 쓸 수 있습니다.

(3) 지시어의 의미 파악하기

> ③문단 ❸, ❹문장 기름으로 음식을 튀길 때 ~ 음식물에 있던 수분이 뜨거운 기름과 만나 수증기가 되어 기름의 표면으로 올라가 공기 중으로 빠져나간다. ⓓ이 과정에서 재료 자체의 수분량이 줄어들어 음식이 바삭해진다.

ⓓ '이 과정'은 음식물에 있던 수분이 뜨거운 기름과 만나 수증기가 되어 공기 중으로 빠져나가는 과정을 뜻합니다.

(4) 문장의 의미 파악하기

> ③문단 ❶, ❷문장 ~ 에어프라이어로 조리한 음식은 기름으로 튀긴 음식과 맛이 같을까? ⓒ아쉽게도 차이는 존재한다.

문맥을 고려하면 ⓒ '아쉽게도 차이는 존재한다.'는 에어프라이어로 조리한 음식과 기름으로 튀긴 음식의 맛이 다르다는 의미입니다.

02 글의 구조 파악하기·주제 찾기

＊ 글의 구조를 정리하면 다음과 같습니다.

1문단 : 에어프라이어의 개념을 설명한 후

2문단 : 에어프라이어의 내부 구조를 바탕으로 에어프라이어로 음식을 조리하는 원리를 설명했습니다.

3문단 : 에어프라이어로 조리한 음식과 기름으로 튀긴 음식의 맛에 차이가 나는 이유를 설명했습니다.

4문단 : 에어프라이어의 장점을 설명하고, 에어프라이어의 장점 때문에 많은 가정에서 에어프라이어를 이용하고 있다고 했습니다.

＊ 글의 구조를 바탕으로 주제를 찾으면 다음과 같습니다.

1~4문단의 내용을 정리하면 윗글의 주제는 '에어프라이어로 음식을 조리하는 원리와 장점'입니다.

따라서 빈칸에는 ❶ '에어프라이어', ❷ '장점', ❸ '원리'가 들어가야 합니다.

03 내용 파악하기

> 윗글의 내용과 일치하는 것, 일치하지 않는 것 중 무엇을 파악하는 문제인지 확인하기

윗글의 내용으로 알맞지 않은 것은?

① 에어프라이어 안쪽에는 열선이 있고 그 위에 팬이 있다.　　　　　　　　　　　(○ , ×)

> 2문단 ❷, ❹문장 에어프라이어의 안쪽을 보면 모기향처럼 생긴 열선이 있다. ~ 이후 열선의 위쪽에 위치한 팬이 ~

② 에어프라이어는 기름으로 음식을 조리하는 가전제품이 아니다.　　　　　　　　(○ , ×)

> 1문단 ❹문장 ~ 기름을 사용하지 않고도 음식을 조리할 수 있다는 점에서 에어프라이어는 사람들 사이에서 많은 인기를 끌고 있다.

③ 에어프라이어로 음식을 조리하면 수분이 제거되어 음식이 바삭해진다.　　　　(○ , ×)

> 2문단 ❻, ❼문장 뜨거운 공기가 음식물을 가열하는 과정에서 수분이 발생하는데, 발생한 수분은 필터를 통해 제거된다. 그 결과 음식은 더욱 바삭해진다.

④ 기름을 사용하여 튀긴 음식보다 에어프라이어로 조리한 음식이 더 고소하다.　　(○ , ×)

> 3문단 ❻문장 그러나 에어프라이어는 ~ 고소한 튀김 맛을 재현하기는 어렵다.

에어프라이어로 조리한 음식의 맛이 기름으로 튀긴 음식의 고소한 맛을 재현하기 어렵다는 것은 기름으로 튀긴 음식보다 에어프라이어로 조리한 음식이 더 고소하지 않다는 의미입니다.

⑤ 에어프라이어가 오븐보다 가격이 저렴하기 때문에 많은 가정에서 에어프라이어를 이용한다.　(○ , ×)

> 4문단 ❸, ❹문장 ~ 오븐 등에 비해 가격도 저렴한 편이다. 위와 같은 이유로 많은 가정에서 에어프라이어를 이용하고 있다.

▶ 정답: 문제편 185쪽

04 구체적 사례에 적용하기 〔윗글의 내용을 그림에 적용하기〕

다음은 에어프라이어의 구조를 그림으로 나타낸 것이다. 윗글을 참고하여 A~C에 대해 설명한 것으로 알맞지 <u>않은</u> 것은?

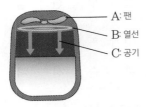

A: 팬
B: 열선
C: 공기

① A는 팬으로, 빠른 속도로 회전한다. (○ , ×)

> ②문단 ④문장 이후 열선의 위쪽에 위치한 팬이 빠른 속도로 회전하여, ~

A는 모기향처럼 생긴 열선인 B의 위에 있으므로 팬이며, 빠른 속도로 회전합니다.

② B는 팬으로, 공기를 순환시키는 역할을 한다. (○ , ×)

> ②문단 ❷, ❸문장 에어프라이어의 안쪽을 보면 모기향처럼 생긴 열선이 있다. 에어프라이어의 전원이 연결되면 이 열선에서 열이 발생하고, ~

B는 모기향처럼 생겼으므로 팬이 아니라 열선이며, 공기를 순환시키는 역할이 아니라 열을 발생시키는 역할을 합니다.

③ B는 열선으로, 전원이 연결되면 열이 발생한다. (○ , ×)

> ②문단 ❷, ❸문장 에어프라이어의 안쪽을 보면 모기향처럼 생긴 열선이 있다. 에어프라이어의 전원이 연결되면 이 열선에서 열이 발생하고, ~

B는 모기향처럼 생겼으므로 열선이며, 전원이 연결되면 열이 발생합니다.

④ C는 공기로, 열선에 의해 뜨거워진다. (○ , ×)

> ②문단 ❸문장 ~ 열선에서 열이 발생하고, 발생한 열은 에어프라이어 내부의 공기를 데운다.

C는 열선에 의해 데워진 공기입니다.

⑤ C는 A에 의해 에어프라이어 안에서 빠르게 순환한다. (○ , ×)

> ②문단 ④문장 이후 열선의 위쪽에 위치한 팬이 빠른 속도로 회전하여, 열선이 뜨겁게 만든 공기를 에어프라이어 안에서 빠르게 순환시킨다.

C는 공기이고, A는 팬입니다. 팬이 빠른 속도로 회전하면 공기는 에어프라이어 안에서 빠르게 순환하게 됩니다.

05 어휘의 의미 파악하기 〔㉠과 같은 의미로 쓰인 어휘 찾기〕

각 문장의 밑줄 친 부분이 ㉠과 같은 의미로 쓰인 것은?

> 에어프라이어는 많은 인기를 ㉠끌고 있다.
> '남의 관심 따위를 쏠리게 하다.'라는 의미로 쓰임.

	밑줄 친 부분의 사전적 의미	같으면 ○, 다르면 ×
① 바지를 <u>끌고</u> 다니지 마.	바닥에 댄 채로 잡아당기다.	( )
② 수레를 혼자 <u>끌면</u> 무겁지 않을까?	바퀴 달린 것을 움직이게 하다.	( )
③ 시간을 <u>끌지</u> 말고 일을 빨리 하자.	시간이나 일을 늦추거나 미루다.	( )
④ 경민이가 수진이의 팔을 <u>끌어</u> 교실로 데려갔다.	목적하는 곳으로 바로 가도록 같이 가면서 따라오게 하다.	( )
⑤ 수현이는 박수를 쳐서 사람들의 주의를 <u>끌었다</u>.	남의 관심 따위를 쏠리게 하다.	( )

06

㉡의 이유를 〈조건〉에 맞게 쓰시오.
'많은 가정에서 에어프라이어를 이용하고 있다.'

> ─── 〈조건〉 ───
> 1. 한 가지 이유만 쓸 것
> 2. '많은 가정에서 에어프라이어를 이용하고 있는 이유는 ~ 때문이다.' 형식의 한 문장으로 쓸 것

> ④문단 ❷, ❸문장 에어프라이어는 기름을 사용하지 않기 때문에 기름을 사용하여 요리를 할 때보다 조리 후 정돈을 하기 편하고, 조리한 음식을 섭취할 때 열량에 대한 부담도 줄어든다. 또한 오븐보다 크기가 작아 소량의 음식을 조리하기에 간편하고, 주방 공간을 적게 차지하며, 오븐 등에 비해 가격도 저렴한 편이다.

4문단에서 에어프라이어의 장점을 소개하고, 이러한 장점 때문에 많은 가정에서 에어프라이어를 사용하고 있다고 했습니다. 따라서 ㉡의 이유를 〈조건〉에 맞추어 쓰면 '많은 가정에서 에어프라이어를 이용하고 있는 이유는 기름을 사용하지 않아 조리 후 정돈을 하기 편하기 때문이다.' 등입니다.

DAY 08

[01~04] <보기>에서 알맞은 말을 골라 쓰시오.

┌─────── <보기> ───────┐
│   공유 대체 섭취 재현   │
└──────────────────────┘

01 음식을 골고루 ☐☐하는 것이 건강에 도움이 된다.

02 우리반 친구들은 내일 공부할 자료를 ☐☐하기로 했다.

03 서울의 옛 모습을 그대로 ☐☐하려면 어떻게 해야 할까?

04 석유 에너지를 친환경 에너지로 ☐☐하는 것은 지구 온난화를 막는 데 도움이 된다.

[05~08] 다음 중 알맞은 단어를 고르시오.

05 내가 앉은 책상의 (지면 / 표면)이 너무 까끌까끌해.

06 유자청을 담기 전에 이 그릇을 끓는 물로 (가열 / 냉각)하여 소독하자.

07 나는 요즘 (주목 / 주의)이/가 산만하다는 평가를 많이 받는다.

08 그 과수원에서는 사과를 아주 (대량 / 소량)만 재배해서 시장에서 구하기 어렵다고 한다.

[09~11] 제시된 글자를 조합하여 다음 뜻풀이에 해당하는 단어를 만드시오.

들	수	환	밀
지	순	매	열
분	슬	선	처

09 축축한 물의 기운
➡ ☐☐

10 열이 발생하도록 되어 있는 전기선
➡ ☐☐

11 주기적으로 자꾸 되풀이하여 돎. 또는 그런 과정
➡ ☐☐

[12~14] 다음을 참고하여, 빈칸에 알맞은 말을 쓰시오.

┌─────────────────────────────────┐
│ • ㄴㅂ : 안쪽의 부분   │
│ • ㅊㅇ : 같지 아니하고 다름. 또는 그런 정도나 상태 │
│ • ㄱㅈ : 가까운 혈연관계에 있는 사람들의 생활 공동체 │
└─────────────────────────────────┘

12 민수는 일찍 결혼하여 벌써 한 ☐☐을/를 이루었다.

13 문이 활짝 열려 있어 방의 ☐☐에 있는 물건들이 훤히 보인다.

14 혼자 책을 보고 공부하는 것과 선생님의 수업을 듣고 공부하는 것에는 많은 ☐☐이/가 있구나.

가전제품 속 대류 (對 대할 대 + 流 흐를 류) 현상

'대류'란 공기와 같은 기체나 물과 같은 액체에서 물질이 이동함으로써 열이 전달되는 현상을 말합니다. 기체나 액체는 온도가 높아지면 무게가 가벼워져서 위로 올라가게 되고, 온도가 낮아지면 무게가 무거워져 아래쪽으로 이동하게 됩니다. 이 과정이 되풀이되면 기체나 액체 전체의 온도가 고르게 조절됩니다.

대류 현상은 우리의 일상생활 속에서도 쉽게 발견할 수 있습니다. 난로를 피워 방 전체를 따뜻하게 하는 것도 대류 현상과 관련이 있습니다. 방에서 난로를 피우면 우선 난로 근처의 공기가 따뜻해집니다. 따뜻한 공기는 차가운 공기보다 가볍기 때문에 방의 위쪽으로 점차 이동합니다. 따뜻한 공기가 위로 올라가면 상대적으로 무거운 차가운 공기는 아래로 내려옵니다. 이렇게 온도가 다른 공기가 서로 움직이다 보면 따뜻한 공기와 차가운 공기가 점차 섞이면서 방 안 전체가 따뜻해지게 됩니다.

물을 끓일 때도 대류 현상이 일어납니다. 오른쪽 사진에서처럼 아래쪽에 발열 장치가 있는 전기 포트에 물을 끓이면, 처음에는 발열 장치와 가까운 아래쪽 물의 온도가 올라갑니다. 그리고 따뜻해진 물은 위로 올라가고 차가운 물은 내려오게 됩니다. 이 과정이 반복되면서 전기 포트 속 물이 섞이고, 전체적으로 물이 데워지게 됩니다.

대류 현상을 이용한 대표적인 가전제품에는 대류식 오븐도 있습니다. 대류식 오븐은 밀폐된 공간 안에서 뜨거운 열을 발생시킨 후 공기의 순환으로 점차 열을 퍼뜨려 음식을 조리합니다. 대류식 오븐의 작동 원리가 에어프라이어의 작동 원리와 매우 비슷하기 때문에 사람들은 대류식 오븐을 에어프라이어의 사촌이라고 부르기도 합니다. 다만 대류식 오븐은 에어프라이어와 달리 조리 과정에서 기계 안에 있는 공기나 수분을 밖으로 빼내지 않습니다.

대류 현상은 기체나 액체의 온도를 낮출 때에도 발견됩니다. 대류 현상을 이해하고 있다면 대부분의 에어컨에서 찬 공기가 나오는 곳이 왜 천장에서 가까운 위쪽인지도 쉽게 알 수 있을 것입니다.

논술형 문제

대류 현상과 관련지어 에어컨에서 찬 공기가 나오는 곳이 왜 천장에서 가까운 쪽인지에 대해 설명하시오. (300자 내외)

✏️

▶ 정답; 문제편 185쪽

내 마음을 읽는 SNS 광고 [사회]

 ✱ 다음 글을 읽고, 물음에 답하시오.

새 학기를 맞아 예쁜 운동화를 ⓐ마련하고 싶었던 찬희는 스마트폰을 활용하여 인터넷 검색 누리집˙에서 운동화를 검색했다. 평소 관심이 있던 브랜드의 온라인 쇼핑몰 누리집에 방문한 찬희는 여러 개의 운동화 중에서 전체가 흰색으로 된 운동화를 클릭하여 자세히 살펴보았다. 다음 달까지 용돈을 모으면 이 흰색 운동화를 살 수 있을 것 같아 들뜬˙ 기분이 된 찬희는 누리집을 끄고 평소 즐겨 찾는 SNS에 접속한˙ 후 깜짝 놀라고 말았다. SNS의 광고 칸에 방금 찬희가 보았던 ⓑ그 운동화를 비롯하여 비슷한 스타일의 운동화 광고가 연달아˙ 떠올랐기 때문이다. 어떻게 SNS에 찬희가 갖고 싶어 하던 운동화와 비슷한 운동화 광고들이 나타난 것일까?

SNS에서 찬희의 마음을 읽은 듯한 광고가 떠오를 수 있었던 것은 모두 사용자˙ 추적˙ 광고 덕분이다. 사용자 추적 광고란 광고주가 사용자의 인터넷 이용 기록, 검색 기록 등을 수집하여 그 정보를 바탕으로 소비자에게 광고를 제공하는 것을 말한다. ⓒ불특정 다수를 대상으로 제공되는 보통의 광고와는 달리 사용자 추적 광고는 사용자의 선호도˙, 관심사, 구매력˙ 등을 파악하여 사용자가 원하는 것을 중심으로 광고한다. 그래서 광고 상품에 대한 사용자의 관심을 더 많이 끌 수 있기 때문에 ⓓ최근 많은 회사에서 광고를 할 때 이 방식을 채택하고˙ 있다.

그러나 사용자 추적 광고는 개인 정보 보호 측면에서 문제가 있다. 사용자 추적 광고를 하기 위해서는 기업체˙ 등에서 먼저 사용자의 인터넷 이용 기록 등을 수집해야만 한다. 사용자의 인터넷 이용 기록 등을 수집하는 과정에서 사용자 본인의 동의를 받지 못할 수도 있다. 또 사용자 본인의 동의가 있었다고 하더라도 기업체가 수집한 사용자의 인터넷 기록 등이 유출되면˙ 건강과 같은 민감한˙ 개인 정보가 불법적으로 이용될 수 있으며, 이 경우 사용자의 사생활이 크게 침해될˙ 수 있다.

정리하자면 사용자 추적 광고를 활용하면 소비자는 자신이 선호하는 상품의 정보를 제공받을 수 있고 광고주는 소비자의 관심을 끌어 수익˙을 높일 수 있다는 장점이 있다. 그러나 사용자의 개인 정보가 유출될 가능성이 있고 그 결과 사용자의 사생활을 침해할 수 있다는 문제점 역시 존재한다. 사용자 추적 광고의 이러한 문제점을 최소화하기 위해서 기업들은 사용자가 애플리케이션이나 누리집에 처음 접속할 때 안내창을 띄워 사용자의 동의를 받고, 보안˙을 강화하는˙ 등 문제를 방지하기˙ 위해 노력해야 한다. 소비자들 역시 기업이 동의를 구할 때 자신의 개인 정보가 어떻게 쓰이고 있는지 관심을 ㉠가져야 한다.

지문을 읽으면서 핵심어에는 동그라미, 중심 문장에는 밑줄을 그으세요.

- **누리집:** '홈페이지(homepage)'를 우리말로 바꾼 말
- **들뜨다:** 마음이나 분위기가 가라앉지 아니하고 조금 흥분되다.
- **접속하다:** 정보 따위를 얻기 위해서 들어가다.
- **연달다:** 어떤 물체가 다른 물체의 뒤를 이어 따르다. 또는 다른 물체에 이어지다. = 잇따르다.
- **사용자:** 물건을 쓰는 사람
- **추적:** 사물의 자취를 더듬어 감.
- **선호도:** 여럿 가운데서 어떤 대상을 특별히 가려서 더 좋아하는 정도
- **구매력:** 개인이나 단체가 어떤 재화나 용역을 살 수 있는 재력
- **채택하다:** 작품, 의견, 제도 따위를 골라서 다루거나 뽑아 쓰다.
- **기업체:** 기업을 경영하는 조직체
- **유출되다:** 귀중한 물품이나 정보 따위가 불법적으로 나라나 조직의 밖으로 나가 버리다.
- **민감하다:** 자극에 빠르게 반응을 보이거나 쉽게 영향을 받는 데가 있다.
- **침해되다:** 침범받아 해를 입다.
- **수익:** 이익을 거두어들임. 또는 그 이익
- **보안:** 안전을 유지함.
- **강화하다:** 수준이나 정도를 더 높이다.
- **방지하다:** 어떤 일이나 현상이 일어나지 못하게 막다.

07 다음 중 맞는 것에 ○ 표시하시오.

(1) ⓐ '마련하고'의 사전적 의미는?

① 헤아려서 갖추다. (   )

② 터무니없는 고집을 부릴 정도로 매우 어리석고 둔하다. (   )

(2) ⓒ '불특정'과 바꾸어 쓸 수 있는 말은?

① 특별히 지정한 (   )

② 특별히 지정하지 않은 (   )

(3) ⓑ '그 운동화'의 의미는?

① 예쁜 운동화 (   )

② 흰색 운동화 (   )

(4) ⓓ '최근 많은 회사에서 광고를 할 때 이 방식을 채택하고 있다.'의 의미는?

① 최근 많은 회사에서 광고를 할 때 불특정 다수를 대상으로 똑같은 상품의 광고를 제공하는 방식을 택하고 있다. (   )

② 최근 많은 회사에서 광고를 할 때 사용자의 정보를 바탕으로 소비자가 관심을 갖고 있는 상품이나, 그와 비슷한 상품의 광고를 제공하는 방식을 택하고 있다. (   )

08 〈문단 요약〉을 바탕으로 구조도의 빈칸을 채우고 윗글의 주제를 파악하시오.

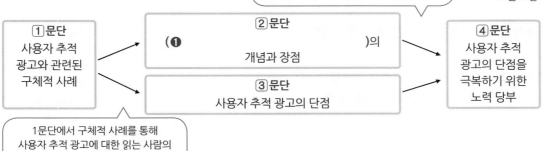

4문단에서는 2문단에서 제시한 사용자 추적 광고의 (❸   )와/과 3문단에서 제시한 사용자 추적 광고의 단점을 정리하고, 이를 극복하기 위해 노력하자면서 글을 마무리했습니다.

| ①문단 사용자 추적 광고와 관련된 구체적 사례 | ②문단 (❶   )의 개념과 장점 | ④문단 사용자 추적 광고의 단점을 극복하기 위한 노력 당부 |

③문단 사용자 추적 광고의 단점

1문단에서 구체적 사례를 통해 사용자 추적 광고에 대한 읽는 사람의 호기심을 끌고, 2문단에서는 사용자 추적 광고의 (❷   )와/과 장점을, 3문단에서는 문제점을 제시했습니다.

➡ 주제: (❹   )의 개념과 장단점

07

(1) 어휘의 의미 파악하기

• **터무니없다**: 전혀 근거가 없다.

(2) 어휘의 의미 파악하기

①과 ②를 ⓒ에 넣어 읽어 보고 의미가 달라지지 않는 것을 골라 보세요.

(3) 지시어의 의미 파악하기

찬희가 온라인 쇼핑몰 누리집에서 보았던 운동화가 어떤 운동화였는지 생각해 보세요.

(4) 문장의 의미 파악하기

• **제공하다**: 무엇을 내주거나 갖다 바치다.

08 글의 구조 파악·주제 찾기

윗글의 내용을 바탕으로 글의 구조를 생각해 보고, 윗글에서 전달하고자 하는 가장 중요한 내용이 무엇인지 떠올려 보세요.

• **당부**: 말로 단단히 부탁함. 또는 그런 부탁

DAY 08

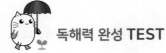
09 윗글에 대한 설명으로 가장 알맞은 것은?
수능형

① 중심 화제와 관련하여 전문가의 의견을 인용하고 있다.
② 시간 순서에 따라 중심 화제가 변화해 온 내용을 소개하고 있다.
③ 중심 화제의 구체적인 종류를 제시하고, 각각의 특징을 설명하고 있다.
④ 구체적인 사례를 들어 중심 화제에 대한 읽는 사람의 흥미를 불러일으키고 있다.
⑤ 중심 화제를 사용하는 것을 찬성하는 측과 반대하는 측의 주장을 제시하고 있다.

09 내용 전개 방식 파악하기
윗글에서 어떠한 방식으로 내용을 전개하고 있는지 생각해 보세요.

10 윗글의 내용으로 알맞지 <u>않은</u> 것은?
내신형

① 사용자 추적 광고는 개인 정보와 관련이 있다.
② 사용자 추적 광고는 불특정 다수를 대상으로 하지 않는다.
③ 사용자 추적 광고 때문에 수집한 개인의 민감한 정보가 불법적으로 이용될 수도 있다.
④ 사용자 추적 광고는 광고주가 제공하는 정보를 바탕으로 소비자에게 광고를 제공한다.
⑤ 사용자 추적 광고를 활용할 때 소비자와 기업 모두가 개인 정보를 보호하기 위해 노력해야 한다.

10 내용 파악하기

· **불법적**: 법에 어긋나는 것

· **광고주**: 광고를 내는 사람

11 각 문장의 밑줄 친 부분이 ㉠과 같은 의미로 쓰인 것은?
수능형

① 공부에 흥미를 <u>가져</u> 보자.
② 수지는 많은 자매를 <u>가졌다</u>.
③ 오늘 학생회의를 <u>가질</u> 예정이야.
④ 민교는 새 공책을 <u>가지고</u> 싶었다.
⑤ 공을 <u>가지고</u> 놀 때는 주변에 사람이 없는지 살펴야 해.

11 어휘의 의미 파악하기
윗글에서 ㉠이 어떠한 의미로 쓰였는지 생각해 보고, ①~⑤에서 같은 의미로 쓰인 것을 골라 보세요.

12 사용자 추적 광고의 문제점을 〈조건〉에 맞게 쓰시오.
서술형

───────── 〈조건〉 ─────────
1. '개인 정보', '사생활'이라는 표현을 활용할 것
2. '~ 문제가 있다.' 형식의 한 문장으로 쓸 것

_____

_____

_____

_____

12
3, 4문단의 내용을 참고하여 사용자 추적 광고의 문제점을 정리해 보세요.
· **사생활**: 개인의 사사로운 일상생활

[01~02] <보기>에서 빈칸에 들어갈 알맞은 말을 고르시오.

┌─────────── <보기> ───────────┐
│　　기업체　　누리집　　사용자　　│
└──────────────────────────────┘

01 우리 학교 도서관에 있는 책에 대한 정보는 우리
학교 ⬜⬜⬜ 에서 찾을 수 있다.

02 저희는 전세계의 ⬜⬜⬜ 을/를 위해 제품과
함께 3개 국어로 쓰인 사용 설명서를 제공하고
있습니다.

[03~06] 다음 중 알맞은 단어를 고르시오.

03 자유민주주의 국가에서 개인의 자유는
(침해 / 침몰)되어서는 안 된다.

04 그 기업은 유명한 가수를 홍보 모델로 삼은 이후
엄청난 (수익 / 유익)을 올리고 있다.

05 그 광고는 (무차별 / 불특정) 다수를 겨냥한
것이었다.

06 아버지께서는 우리가 어렸을 때부터 형제간에 항상
우애 있게 지내라고 (당부 / 거부)를 하셨다.

[07~09] 제시된 글자를 조합하여 다음 뜻풀이에 해당하는
단어를 만드시오.

제	속	다	택	열	강
정	화	접	하	채	공

07 수준이나 정도를 더 높이다. ➡ ⬜⬜⬜⬜

08 정보 따위를 얻기 위해서 들어가다.
➡ ⬜⬜⬜⬜⬜

09 작품, 의견, 제도 따위를 골라서 다루거나 뽑아
쓰다. ➡ ⬜⬜⬜⬜

[10~11] 다음을 참고하여, 빈칸에 알맞은 말을 쓰시오.

┌──────────────────────────────────┐
│ • ㅂㅂㅈ : 법에 어긋나는 것　　　　　│
│ • ㅅㅎㄷ : 여럿 가운데서 어떤 대상을 특별히 가려서 더 │
│　좋아하는 정도　　　　　　　　　　　│
└──────────────────────────────────┘

10 일제 강점기에 일본은 우리나라 농민으로부터
토지를 ⬜⬜⬜ (으)로 빼앗았다.

11 이번 분기에는 소비자들을 대상으로 신제품에 대한
⬜⬜⬜ 을/를 조사하기로 했습니다.

내 개인 정보(個 하나 개＋人 사람 인＋情 사정 정＋報 알릴 보)**, 누가 쓰고 있다고요?**

　개인 정보란 개인의 신체, 재산, 사회적 지위, 신분 등을 알 수 있는 여러 가지 정보를
의미합니다. 우리가 스마트폰 등에서 애플리케이션에 가입할 때 대부분의 애플리케이션
업체는 회원 가입을 할 때 우리에게 '개인 정보 수집 및 이용'에 동의하라고 합니다. 그 내용
속 이름, 생년월일, 집 주소, 휴대 전화 번호, 이메일 주소 등이 모두 개인 정보입니다.

　개인 정보가 다른 곳으로 새어 나가면 여러 가지 문제가 생길 수 있어요. 계좌 번호나 체크
카드 등의 번호가 유출되면 다른 사람이 이를 나쁜 목적으로 사용할 수 있습니다. 또 나의
개인 정보를 범죄에 악용할 수도 있죠.

　개인 정보가 유출되는 것을 막으려면 스스로 노력해야 합니다. 신뢰할 수 없는 누리집,
애플리케이션 등에는 가입하지 말고, 스마트폰이나 컴퓨터에 바이러스가 깔려 있지는
않은지 확인하며, 누리집 등의 비밀번호를 자주 바꿔 주는 것이 좋습니다.

09 달걀의 출생 기록 [사회]

＊ 다음 글을 읽고, 물음에 답하시오.

우리나라 사람이라면 누구나 자신만의 주민등록번호를 가지고 있다. 우리나라의 달걀도 주민등록번호 같은 것을 갖고 있다. 달걀 껍데기에 표시되어 있는 '난각˙ 번호'라고 불리는 총 10개의 ⓐ고유 번호가 바로 ⓑ그것이다.

달걀의 이력˙ 정보를 표시한 난각 번호를 통해 우리는 닭이 언제 어떤 환경에서 달걀을 낳았는지 알 수 있다. 난각 번호의 앞 네 자리는 닭이 달걀을 낳은 날짜, 즉 산란일이다. 그 옆의 가운데 다섯 자리는 그 달걀이 생산된 농장, 즉 생산자의 고유 번호이다. 마지막으로 맨 오른쪽 한 자리는 닭을 키우는 사육˙ 환경을 나타내는 번호이다.

난각 번호 중 사육 환경은 1부터 4까지의 숫자로 표기하는데, ⓒ숫자가 낮을수록 닭에게 이로운 사육 환경이다. 사육 환경을 나타내는 숫자가 4라면 이것은 닭이 자라는 장소, 즉 닭장이 A4 용지 한 장 정도 크기라는 의미이다. 숫자 3은 4보다는 조금 더 넓어지기는 했지만, 여전히 좁은 닭장에 닭들을 가두어 기르는 사육 환경을 가리킨다. 숫자 1과 2는 닭장이 없는 사육 환경으로, 자유롭게 이동할 수 있는 실내에서 닭을 기른다면 숫자 2를, 완전히 자유롭게 실외˙에 풀어놓고 닭을 기른다면 숫자 1을 표기한다.

4번 사육 환경에서 자란 닭이 낳은 달걀보다 1번 사육 환경에서 자란 닭이 낳은 달걀이 더 비싸게 판매된다. 바깥에 풀어 놓고 닭을 기르면 닭장에서 닭을 기를 때보다 닭이 달걀을 덜 낳고, 그러한 환경을 유지하는 관리비가 더 들기 때문이다. ㉮최근에는 가격이 비싸더라도 사육 환경 번호를 고려하여 달걀을 구매하는 소비자가 늘어나고 있다. 자유로운 환경에서 건강하게 자란 닭이 낳은 달걀이 우리 몸에 더 좋으리라는 인식과 동물도 행복할 권리가 있다는 동물 복지에 대한 생각이 사람들 사이에 확산되고 있기 때문이다.

난각 번호의 사육 환경 번호가 1, 2번인 달걀을 낳은 닭이 반드시 건강한 사육 환경에서 자랐다고 할 수는 없다. 난각 번호는 1번인데, 해당 사육 환경이 동물 복지 인증˙을 받지 않은 경우도 있기 때문이다. 여기에서 동물 복지 인증이란 동물이 원래의 습성˙을 유지하면서 정상적으로 살 수 있도록 관리하며˙ 동물의 복지를 증진하는 축산 농장임을 인증하는 제도를 말한다. 난각 번호는 식약처에서 관리하지만 동물 복지 인증은 농림축산식품부에서 관리하기 때문에 난각 번호는 1번일지라도 동물 복지 인증을 받지 못한 곳에서 생산된 달걀이 있을 수 있다. 따라서 닭의 복지를 고려하여 달걀을 구매하고 싶다면 난각 번호뿐만 아니라, 달걀을 낳은 닭이 살고 있는 농장이 동물 복지 인증을 받았는지 확인해야 한다.

🐱 지문을 읽으면서 핵심어에는 동그라미, 중심 문장에는 밑줄을 그으세요.

Go!

- **난각**: 동물의 알의 맨 바깥층의 단단한 막
- **이력**: 지금까지 거쳐 온 학업, 직업, 경험 등의 내력
- **사육**: 어린 가축이나 짐승이 자라도록 먹이어 기름.
- **표기하다**: 적어서 나타내다.
- **실외**: 방이나 건물 따위의 밖
- **판매되다**: 상품 따위가 팔리다.
- **구매하다**: 물건 따위를 사들이다.
- **복지**: 행복한 삶
- **확산되다**: 흩어져 널리 퍼지게 되다.
- **인증**: 어떠한 문서나 행위가 정당한 절차로 이루어졌다는 것을 공적 기관이 증명함.
- **습성**: 동일한 동물종(動物種) 내에서 공통되는 생활 양식이나 행동 양식
- **관리하다**: 사람의 몸이나 동식물 따위를 보살펴 돌보다.

1004 M3FDS 1
Ⓐ ─── Ⓑ ─── Ⓒ

Ⓐ **산란일자** 닭이 알을 낳은 날 (산란일이 10월 14일이면 1004로 표시)
Ⓑ **생산자 고유번호**
Ⓒ **사육 환경 번호**

01 다음 중 맞는 것에 ○ 표시하시오.

(1) ⓐ '고유'의 사전적 의미는?

① 본래부터 가지고 있는 특유한 것 (　　　)

② 어렵고 고된 일을 겪음. 또는 그런 일이나 생활 (　　　)

(2) ⓑ '그것'의 의미는?

① 달걀의 이력 정보를 표시한 고유 번호 (　　　)

② 달걀을 낳은 닭의 품종을 알 수 있는 고유 번호 (　　　)

(3) ⓒ '숫자가 낮을수록 닭에게 이로운 사육 환경이다.'의 의미는?

① 사육 환경을 나타내는 숫자가 1에 가까울수록 닭이 더 자유롭게 자랄 수 있는 환경이다. (　　　)

② 사육 환경을 나타내는 숫자가 4에 가까울수록 닭이 더 자유롭게 자랄 수 있는 환경이다. (　　　)

01

(1) 어휘의 의미 파악하기

(2) 지시어의 의미 파악하기
①과 ②를 ⓑ에 넣어 읽어 보세요.

(3) 문장의 의미 파악하기
윗글에서 사육 환경 번호에 따라 닭이 생활하는 환경이 어떻다고 설명했는지 찾아보세요.

02 〈문단 요약〉을 바탕으로 윗글의 구조도를 그린 것이다. 빈칸에 들어갈 말을 쓰시오.

02 글의 구조 파악하기

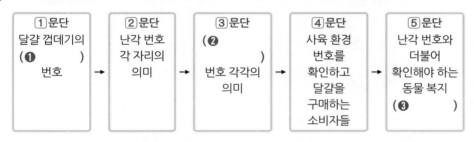

| ①문단 달걀 껍데기의 (❶　　　) 번호 | → | ②문단 난각 번호 각 자리의 의미 | → | ③문단 (❷　　　　) 번호 각각의 의미 | → | ④문단 사육 환경 번호를 확인하고 달걀을 구매하는 소비자들 | → | ⑤문단 난각 번호와 더불어 확인해야 하는 동물 복지 (❸　　　) |

➡ 글의 순서대로 구조도를 그릴 수 있다.

03 윗글의 주제로 가장 알맞은 것은?

① 닭을 풀어 놓고 키울 때 좋은 점

② 동물 복지에 대한 시민들의 인식

③ 동물 복지 인증을 확인하는 방법

④ 닭장에서 키운 닭의 복지를 높이는 방법

⑤ 달걀에 대한 정보를 담고 있는 난각 번호

03 주제 찾기
윗글에서 전달하고자 하는 가장 중요한 내용이 무엇인지 떠올려 보세요.

04 윗글의 내용으로 알맞지 **않은** 것은?

<수능형>

① 동물 복지 인증을 받은 농장에서 생산된 달걀도 있다.

② 동물 복지 인증과 관련이 있는 정부 기관은 식약처이다.

③ 난각 번호는 그 달걀이 어떤 환경에서 생산되었는지 알려 준다.

④ 달걀 껍데기에는 달걀의 이력을 알 수 있는 고유 번호가 새겨져 있다.

⑤ 자유롭게 이동할 수 있는 환경에서 자란 닭이 낳은 달걀은 그렇지 않은 환경에서 자란 닭이 낳은 달걀보다 비싸게 판매된다.

04 내용 파악하기

05 '난각 번호'에 대한 설명으로 가장 알맞은 것은?

<내신형>

① 9개의 문자로 이루어져 있다.

② 달걀 포장지에 표시되어 있다.

③ 동물 복지 인증을 받았다는 증거이다.

④ 가운데 네 자리는 산란일과 관련이 있다.

⑤ 달걀에게 있어 일종의 주민등록번호와 같은 것이다.

05 내용 파악하기
난각 번호에 대해 설명하고 있는 문단을 찾고, 선택지의 내용과 일치하는지 비교해보세요.

06 〈보기〉에 대해 설명한 것으로 알맞지 **않은** 것은?

<수능형>

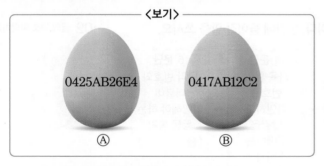
〈보기〉

0425AB26E4 Ⓐ   0417AB12C2 Ⓑ

① Ⓐ는 4월 25일에 낳은 달걀이다.

② Ⓐ를 낳은 닭은 매우 좁은 닭장 속에서 자랐다.

③ Ⓑ를 낳은 닭은 실내에서 자랐다.

④ Ⓑ는 Ⓐ보다 더 신선한 달걀이다.

⑤ Ⓑ가 Ⓐ보다 소비자에게 더 비싸게 판매된다.

06 구체적 사례에 적용하기
Ⓐ 달걀과 Ⓑ 달걀의 난각 번호에서 알 수 있는 정보를 생각해 보세요.

• **신선하다**: 채소나 과일, 생선 따위가 싱싱하다.

07 ㉮의 이유를 〈조건〉에 맞게 쓰시오.

<서술형>

┌──── 〈조건〉 ────┐
1. 사람들이 가진 두 가지 인식과 관련하여 쓸 것
2. '~ 때문이다.' 형식의 한 문장으로 쓸 것
└─────────────┘

07
㉮가 있는 문단을 살펴보고, 어떤 인식 때문에 ㉮와 같은 현상이 일어났는지 찾아보세요.

[01~03] 다음 단어의 사전적 의미가 맞으면 ○, 틀리면 ×표를 하시오.

01 판매되다: 물건 따위를 사들이다. ( )

02 확산되다: 흩어져 널리 퍼지게 되다. ( )

03 관리하다: 사람의 몸이나 동식물 따위를 보살펴 돌보다. ( )

[04~06] 다음에 제시된 한자의 뜻을 참고하여 단어의 의미를 완성하시오.

04 복지(福祉): 福(복: 행복) + 祉(지: 행복)
➡ ☐☐한 삶

05 실외(室外): 室(실: 방, 건물) + 外(외: 밖)
➡ 방이나 건물 따위의 ☐

06 사육(飼育): 飼(사: 기르다) + 育(육: 기르다)
➡ 어린 가축이나 짐승이 자라도록 먹이어
☐☐.

[07~09] 제시된 글자를 조합하여 다음 뜻풀이에 해당하는 단어를 만드시오.

이	각	성	연	습	난
매	주	궁	력	육	축

07 지금까지 거쳐 온 학업, 직업, 경험 ➡ ☐☐

08 동물의 알의 맨 바깥층의 단단한 막 ➡ ☐☐

09 동일한 동물종 내에서 공통되는 생활 양식이나 행동 양식 ➡ ☐☐

[10~11] 다음 밑줄 친 단어와 반대되는 의미의 단어를 〈보기〉에서 찾아 쓰시오.

─〈보기〉─
구매하다   신선하다

10 냉장고에 오래 있어 시들어버린 채소를 정리했다.
➡ ☐☐☐☐

11 마트에서 냉동 식품을 묶음 단위로 판매하고 있다.
➡ ☐☐☐☐

🚩 배 경 지 식

동물도 권리가 있다! 동물권 (動 움직일 동 + 物 물건 물 + 權 권리 권)

통계청의 '인구주택총조사'에 따르면 우리나라 전체 가구 중 약 15%가 반려동물을 키우고 있다고 합니다. 그 수를 계산해 보면 300만 가구가 훌쩍 넘습니다. 이러한 상황에서, '동물권'에 대한 사람들의 관심도 점차 높아지고 있습니다.

인간에게 인간으로서 당연히 가지는 기본적 권리인 인권이 있듯, 동물에게도 동물이라는 존재 자체만으로 존중받아야 하는 동물로서의 권리가 있는데 이것이 바로 동물권입니다. 기쁨과 고통을 느낄 수 있는 동물 역시 존엄한 생명체임을 인정하자는 취지에서 생겨난 개념이지요.

이러한 인식에 발맞추어 동물 복지에 대해 이야기하는 사람도 점차 늘어나고 있습니다. 최근에는 동물을 기르는 사람들의 의무를 강화하고 학대를 막아야 한다는 사람들이 많아짐에 따라 우리나라 정부에서는 동물복지법을 마련하고 있습니다.

우주에서 오줌을 싸면? [과학·기술]

🐱 ★ 다음 글을 읽고, 물음에 답하시오.

　찬성이는 최근 우리나라의 한 연예인이 일반인 최초로 달 여행을 ⓐ시도하는 등 조만간 많은 사람들이 우주여행을 갈 수 있을 것으로 ㉠보인다는 신문 기사를 보았다. 초등학생 시절 우주에는 중력이 없기 때문에 우주에 가면 사람도 둥둥 떠다니고, 물을 쏟아도 물이 바닥을 적시지 않고 비누 거품처럼 방울방울 떠다닌다는 선생님의 말씀을 들은 이후 찬성이의 꿈은 우주에 가는 것이었다. 드디어 우주 여행을 가는 시대가 되었다는 생각에 가슴이 벅차오른 찬성이에게 한 가지 궁금증이 생겼다. ㉮중력이 없는 우주에서는 오줌을 어떻게 처리할까?

　우주에서는 우주인의 오줌을 정화하여 재활용한다. 우주선의 화장실에는 양변기와 1m 정도 길이의 호스가 있다. 우주인이 오줌을 누면 양변기나 호스가 진공청소기처럼 이를 ⓑ빨아들인다. 빨아들인 오줌은 우주선 내부의 배관을 통해 폐수 탱크에 모이고, 폐수 탱크에 모인 오줌은 여러 단계를 거쳐 정화된다.

　우주에서 오줌을 정화하는 과정은 다음과 같다. 오줌을 정화하는 첫 번째 단계는 오줌을 원심 분리기에 넣는 것이다. 원심 분리기란 물질을 빠르게 회전시켜 섞여 있는 물질을 분리하는 기계를 뜻하는데, 원심 분리기에 들어간 오줌은 물과 불순물로 분리된다. 이후 원심 분리기에 열을 가하면 불순물이 제거된 오줌이 수증기로 변한다. 이 수증기를 차갑게 식혀 액체로 변화, 즉 냉각시키고, ㉡이렇게 만들어진 액체는 필터 등을 통해 깨끗이 소독된다. 소독된 액체를 131도에서 팔팔 끓여 세균을 제거하면 오줌 정화 작업은 마무리된다.

　정화 작업을 거친 오줌은 우주인의 식수로 활용된다. 지구에서와 달리 물을 구할 수 있는 방법이 없는 우주에서는 물이 굉장히 소중하다. ⓓ그래서 우주에서 살아가기 위해서 우주인들은 오줌을 정화하여 식수로 사용하는 것이다. 오줌을 다시 마신다는 생각 때문에 많은 사람들이 오줌을 정화한 물을 마시는 것에 거부감을 느낄 수도 있지만, 여러 단계의 정화 작업을 거친 오줌은 가정에서 마시는 물보다 더 깨끗하다고 한다.

　우주선에는 오줌을 정화하는 기술 외에도 다양한 기술이 적용되어 있다. 우주 여행을 꿈꾸고 있다면 우주선에 숨어 있는 다양한 기술에 관심을 가져보자. 내가 개발한 기술이 우주선에 적용되어 우리가 우주에 가는 날이 앞당겨질지도 모른다.

> 🐾 지문을 읽으면서 핵심어에는 동그라미, 중심 문장에는 밑줄을 그으세요.
>
> ● **일반인**: 특별한 지위나 신분을 갖지 아니하는 보통의 사람
> ● **최초**: 맨 처음
> ● **중력**: 지구 위의 물체가 지구로부터 받는 힘
> ● **벅차오르다**: 큰 감격이나 기쁨으로 가슴이 몹시 뿌듯하여 오다.
> ● **처리하다**: 일정한 결과를 얻기 위하여 화학적 또는 물리적 작용을 일으키다.
> ● **정화하다**: 불순하거나 더러운 것을 깨끗하게 하다.
> ● **양변기**: 걸터앉아서 대소변을 보게 된 수세식 서양 변기
> ● **배관**: 기체나 액체 따위를 다른 곳으로 보내기 위하여 이어 배치한 관
> ● **폐수**: 쓰고 난 뒤에 버리는 물
> ● **불순물**: 순수한 물질에 섞여 있는 순수하지 않은 물질
> ● **분리되다**: 서로 나뉘어 떨어지다.
> ● **가하다**: 어떤 행위를 하거나 영향을 끼치다.
> ● **제거되다**: 없어지게 되다.
> ● **냉각**: 식어서 차게 됨. 또는 식혀서 차게 함.
> ● **소독되다**: 병원균이 죽게 되다.
> ● **식수**: 먹을 용도의 물
> ● **적용되다**: 이용되거나 맞추어져 쓰이다.

08 다음 중 맞는 것에 ○ 표시하시오.

(1) ⓐ '시도하는'의 사전적 의미는?

① 어떤 것을 이루어 보려고 계획하거나 행동하다.　　(　　　)

② 사람이나 물건을 목적한 장소나 방향으로 이끌다.　　(　　　)

(2) ⓑ '빨아들인다'와 바꾸어 쓸 수 있는 말은?

① 배출한다　　(　　　)

② 흡수한다　　(　　　)

(3) ⓒ '이렇게 만들어진 액체'의 의미는?

① 우주선 내부의 배관을 통해 폐수 탱크에 모인 오줌　　(　　　)

② 원심 분리기를 통해 불순물이 제거되어 수증기로 변했다가 차갑게 식어 액체로 변한 오줌　　(　　　)

(4) ⓓ '그래서 우주에서 살아가기 위해서 우주인들은 오줌을 정화하여 식수로 사용하는 것이다.'의 의미는?

① 그래서 물을 구할 수 없는 우주에서 살아남기 위해 우주인들은 오줌을 정화하여 식수로 활용하는 것이다.　　(　　　)

② 그래서 우주선에 적용된 뛰어난 기술을 활용하기 위해 우주인들은 오줌을 정화하여 식수로 활용하는 것이다.　　(　　　)

09 〈문단 요약〉을 바탕으로 구조도의 빈칸을 채우고 주제를 파악하시오.

➡ 글의 순서대로 구조도를 그릴 수 있다.

➡ 주제: (❸　　　　　　　　　) 처리하는 방법

우측 설명란

08

(1) 어휘의 의미 파악하기

(2) 어휘의 의미 파악하기
ⓑ에 ①과 ②를 넣어 읽어 보고 의미가 변하지 않는 것을 고르세요.

(3) 지시어의 의미 파악하기
ⓒ의 앞부분에서 액체가 어떠한 과정을 거쳤다고 설명했는지 생각해 보세요.

DAY 09

(4) 문장의 의미 파악하기

09 글의 구조 파악·주제찾기

10 윗글의 내용으로 알맞지 <u>않은</u> 것은?

[내신형]

① 우주에서는 오줌을 정화하여 식수로 마신다.

② 중력이 없는 곳에서는 사람이 둥둥 떠다닌다.

③ 우주에서 물을 쏟으면 물이 방울방울 떠다닌다.

④ 지구에서 물을 구하는 것은 우주에서 물을 구하는 것보다 쉽다.

⑤ 우주선의 화장실에서 오줌을 누면 오줌이 비누 거품처럼 방울방울 떠다닐 것이다.

10 내용 파악하기

11 윗글을 참고할 때 〈보기〉에 대한 설명으로 알맞지 <u>않은</u> 것은?

[수능형]

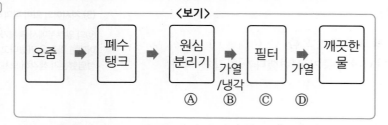

─── 〈보기〉 ───

오줌 ➡ 폐수 탱크 ➡ 원심 분리기 ⓐ ➡ 가열/냉각 ⓑ ➡ 필터 ⓒ ➡ 가열 ⓓ ➡ 깨끗한 물

① 〈보기〉는 우주선에서 오줌이 정화되는 과정을 나타낸 것이다.

② ⓐ에서 오줌은 빠르게 회전하면서 불순물과 물로 분리된다.

③ ⓑ에서 오줌은 액체로 변했다가 수증기가 된다.

④ ⓒ에서 액체는 소독되는 과정을 거친다.

⑤ ⓓ는 오줌 정화의 마지막 단계이다.

11 내용 파악＋추론하기

윗글에서 오줌을 정화하는 각각의 단계와 관련된 내용을 찾아보세요.

12 각 문장의 밑줄 친 부분이 ⊙과 같은 의미로 쓰인 것은?

[수능형]

① 너한테 내 공책을 <u>보여도</u> 될지 모르겠다.

② 골목을 돌아가니 내가 찾던 가게가 <u>보였다</u>.

③ 잘하면 내 계획이 이루어질 것으로 <u>보인다</u>.

④ 아무리 생각해도 그는 어린아이로만 <u>보인다</u>.

⑤ 내가 어떻게 <u>보이든</u> 내 선택을 바꾸지 않을 것이다.

12 어휘의 의미 파악하기

13 ㉮에 대한 답변을 〈조건〉에 맞게 쓰시오.

[서술형]

─── 〈조건〉 ───

1. '정화'라는 말을 포함할 것

2. 한 문장으로 쓸 것

13

4문단을 참고하여 '중력이 없는 우주에서는 오줌을 어떻게 처리할까?'에 대한 답을 작성해 보세요.

[01~04] 〈보기〉에서 빈칸에 들어갈 알맞은 단어를 찾아 쓰시오.

──── 〈보기〉 ────
냉각   소독   적용   정화

01 얼음은 물을 [   ][   ]시킨 것이다.

02 그는 [   ][   ]된 솜으로 상처를 닦았다.

03 훌륭한 예술 작품을 감상하는 것은 우리의 내면을 [   ][   ]하는 데 도움이 된다.

04 이번에 우리가 하는 실험에 [   ][   ]된 그 이론을 주장한 사람은 이 선생님이시다.

[05~06] 다음 중 알맞은 말을 고르시오.

05 공장에서 흘러내린 (정수 / 폐수) 때문에 강물이 오염되었다.

06 장애물이 (소거 / 제거)되자 교차로의 교통이 원활해졌다.

[07~09] 제시된 글자를 조합하여 다음 뜻풀이에 해당하는 단어를 만드시오.

배	분	임	기	리	관
중	처	력	원	용	심

07 일정한 결과를 얻기 위하여 화학적 또는 물리적 작용을 일으키다. ➡ [   ][   ]하다

08 기체나 액체 따위를 다른 곳으로 보내기 위하여 관을 이어 배치한 관 ➡ [   ][   ]

09 지구 위의 물체가 지구로부터 받는 힘 ➡ [   ][   ]

[10~12] 다음에 제시된 한자의 뜻을 참고하여 단어의 의미를 완성하시오.

10 식수(食水): 食(식: 먹다) + 水(수: 물)
➡ 먹을 용도의 [   ]

11 최초(最初): 最(최: 가장) + 初(초: 처음)
➡ 맨 [   ][   ]

12 분리(分離)되다: 分(분: 나누다) + 離(리: 떨어지다)
➡ 서로 나뉘어 [   ][   ][   ]다.

배 경 지 식

뺑뺑이에 숨은 원심력 (遠멀 원 + 心심장 심 + 力힘 력)

운동장에서 주로 '뺑뺑이'라고 불리는 회전하는 방식의 놀이 기구를 타 본 적이 있나요? 이 기구가 빙글빙글 돌 때 기구에 매달려 있다 보면, 바깥으로 밀려 나갈 것만 같은 느낌이 듭니다. 이것은 바로 '원심력'이라는 힘이 가해지기 때문입니다. 원심력이란 물체가 원운동을 할 때 회전의 중심에서 멀어지려는 힘을 말합니다.

이러한 원심력은 뺑뺑이를 탈 때뿐만 아니라, 우리의 일상생활에서도 쉽게 찾아볼 수 있습니다. 세탁기에서 탈수 기능을 작동하면 세탁기 안에 있는 옷들이 일정 시간 빠르게 돌게 됩니다. 이후 탈수를 마친 옷을 세탁기에서 꺼내 보면 옷의 물기가 어느 정도 제거되어 있는 것을 볼 수 있습니다. 세탁기의 통이 빠른 속도로 돌면서 원심력이 가해져 옷을 적시고 있던 물이 세탁기 통 안의 구멍으로 빠져나오기 때문입니다. 우주에서 오줌의 불순물을 제거하는 '원심 분리기'도 이러한 '원심력'을 사용한 기계입니다.

색을 구분하지 못하는 화가 [과학+예술]

 ✳ 다음 글을 읽고, 물음에 답하시오.

유명한 화가 빈센트 반 고흐의 그림은 강렬한 색감, 두껍게 발린 물감, 서정적인 분위기로 인해 많은 사람들의 사랑을 받았다. 고흐는 자신의 대표작 〈해바라기〉에서처럼 주로 노란색을 ⓐ사용하여 그림을 그렸다. ⓑ이 때문에 고흐를 떠올리면 많은 사람들이 노란색이 함께 떠오른다고 한다. 그런데 최근 일부 사람들이 고흐가 노란색을 즐겨 사용한 이유가 고흐가 색맹이었기 때문이라는 의혹을 제기했다. 고흐가 마셨던 술이 고흐의 시각에 영향을 미쳐 그를 노란색과 파랑색에 민감하게 만들었고, 그 결과 고흐가 노란색을 많이 사용한 그림을 그리게 되었다는 것이다.

▲ 고흐의 〈해바라기〉가 인쇄된 우표

색깔을 인식하는 데 문제가 있는 경우를 '색각 이상'이라고 하고, 색각 이상은 크게 '색맹'과 '색약'으로 나눈다. 색맹이란 색깔을 구분하는 감각 세포인 시각 세포에 이상이 있어서 색깔을 구분하지 못하거나, 원래의 색이 아닌 다른 색깔로 잘못 보는 상태 또는 그런 사람을 의미한다. 색깔을 구분하는 능력이 부족한 정도가 색맹보다 가벼울 때는 색약이라고 한다. 이것들은 대부분 부모로부터 유전되는데, 고흐처럼 약물의 부작용이나 질병 등의 후천적인 원인으로 발생하기도 한다.

ⓒ고흐가 색맹이었을 수도 있다는 이야기는 색각 이상자들이 그림을 잘 그리지 못할 것이라는 편견을 깨 준다. 실제로 색깔을 잘 구분하지 못하더라도 예술계에서 두각을 드러내는 사람들이 있다. 세계적인 비디오 아티스트인 고(故) 백남준, 월트 디즈니 사에서 애니메이터로 일하는 김상진, 사진 작가 킬리안 숀베르게 등은 색맹으로 알려져 있는 사람들이다. ⓓ이들은 보통 사람들과는 다른 시각으로 세상을 바라보고, 이를 통해 개성 있는 작품을 만들어내고 있다. 남들과 다른 자신의 특성을 오히려 개성으로 바꾸어 자신의 능력을 ㉠발휘하고 있는 것이다.

한편 색맹, 색약과 같은 색각 이상자들은 다른 사람과 색깔을 다르게 인식한다는 이유로 주변인으로부터 놀림을 받거나 따돌림을 당해 상처를 입는 경우가 있다고 한다. 그러나 앞서 살펴본 것처럼 색맹이나 색약은 놀림을 받아야 할 약점이 아니라, 주로 유전적으로 타고나는 일종의 개성, 특성일 뿐이다. 따라서 우리는 색맹, 색약과 같은 색각 이상을 극복해야 할 약점으로 여기지 말고, 고흐의 강렬한 노란색처럼 자신만의 하나의 개성이라고 인정해 주어야 한다.

🔖 지문을 읽으면서 핵심어에는 동그라미, 중심 문장에는 밑줄을 그으세요.

• **구분하다**: 일정한 기준에 따라 전체를 몇 개로 갈라 나누다.
• **색감**: 색에서 받는 느낌
• **서정적**: 정서를 듬뿍 담고 있는 것
• **의혹**: 의심하여 수상히 여김. 또는 그런 마음
• **제기하다**: 의견이나 문제를 내어놓다.
• **인식하다**: 사물을 분별하고 판단하여 알다.
• **색각**: 빛의 파장을 느껴 색채를 식별하는 감각
• **이상**: 정상적인 상태와 다름.
• **유전되다**: 물려받아 내려오다. 또는 그렇게 전해지다.
• **후천적**: 성질, 체질, 질환 따위가 태어난 후에 얻어진 것
• **편견**: 공정하지 못하고 한쪽으로 치우친 생각
• **두각**: 뛰어난 학식이나 재능을 이르는 말
• **개성**: 다른 사람이나 개체와 구별되는 고유의 특성
• **극복하다**: 악조건이나 고생 따위를 이겨 내다.

01 다음 중 맞는 것에 ○ 표시하시오.

(1) ⓐ '사용하여'의 사전적 의미는?

① 어떠한 것을 받아들이다.　　（　　　　）

② 일정한 목적이나 기능에 맞게 쓰다.　　（　　　　）

(2) ⓑ '이 때문에'의 의미는?

① 고흐가 많은 사람들에게 사랑을 받기 때문에　　（　　　　）

② 고흐가 주로 노란색을 사용하여 그림을 그렸기 때문에　　（　　　　）

(3) ⓓ '이들'의 의미는?

① 색맹이지만 예술계에서 활약하고 있는 사람들　　（　　　　）

② 아름다운 그림을 그려 전 세계적으로 큰 사랑을 받고 있는 화가들　　（　　　　）

(4) ⓒ '고흐가 색맹이었을 수도 있다는 이야기는 색각 이상자들이 그림을 잘 그리지 못할 것이라는 편견을 깨 준다.'의 의미는?

① 고흐가 색맹이었을 수도 있다는 이야기는 색각 이상자들도 그림을 잘 그릴 수 있다는 것을 증명한다.　　（　　　　）

② 고흐가 색맹이었을 수도 있다는 이야기는 색각 이상자들이 약물의 부작용이나 질병 등을 앓고 있다는 것을 의미한다.　　（　　　　）

02 〈문단 요약〉을 바탕으로 구조도의 빈칸을 채우고 윗글의 주제를 파악하시오.

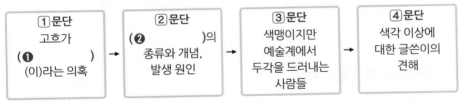

```
┌──────────────┐     ┌──────────────┐     ┌──────────────┐     ┌──────────────┐
│  1 문단       │     │  2 문단       │     │  3 문단       │     │  4 문단       │
│  고흐가       │ ──▶ │ (❷    )의     │ ──▶ │  색맹이지만   │ ──▶ │  색각 이상에  │
│ (❶      )     │     │  종류와 개념, │     │  예술계에서   │     │  대한 글쓴이의│
│  (이)라는 의혹 │     │  발생 원인    │     │  두각을 드러내는│    │  견해         │
│              │     │              │     │  사람들       │     │              │
└──────────────┘     └──────────────┘     └──────────────┘     └──────────────┘
```

➡ 글의 순서대로 구조도를 그릴 수 있다.

➡ 주제: (❸　　　　　) 하나인 색각 이상

01

(1) 어휘의 의미 파악하기
앞, 뒤 내용을 바탕으로 ⓐ의 의미를 떠올려 보세요.

(2) 지시어의 의미 파악하기
사람들이 고흐를 떠올릴 때 노란색을 함께 떠올리는 이유를 생각해 보세요.

(3) 지시어의 의미 파악하기
· **활약하다**: 활발히 활동하다.

(4) 문장의 의미 파악하기

· **부작용**: 약이 지닌 그 본래의 작용 이외에 일어나는 좋지 않은 작용

02 글의 구조 파악·주제 찾기

03 수능형 〈보기〉에서 윗글에 대한 설명으로 알맞은 것을 <u>모두</u> 고른 것은?

━━━━━ 〈보기〉 ━━━━━

ㄱ. 중심 화제의 종류를 나누어 설명하고 있다.

ㄴ. 중심 화제와 관련된 구체적인 사례를 들고 있다.

ㄷ. 중심 화제에 대한 글쓴이의 견해를 드러내고 있다.

ㄹ. 글쓴이의 의견을 뒷받침하기 위해 통계 자료와 전문가의 의견을 활용하고 있다.

① ㄱ, ㄴ   ② ㄱ, ㄹ

③ ㄱ, ㄴ, ㄷ   ④ ㄴ, ㄷ, ㄹ

⑤ ㄱ, ㄴ, ㄷ, ㄹ

> **03** 내용 전개 방식 파악하기
>
> 윗글에서 설명하고 있는 대상이 무엇인지 살펴보고, 그 대상에 대해 설명할 때 어떤 방법을 사용하는지 살펴보세요.
>
> • **통계**: 어떤 현상을 종합적으로 한눈에 알아보기 쉽게 일정한 체계에 따라 숫자로 나타낸 것

04 내신형 윗글의 내용으로 가장 알맞은 것은?

① 고흐의 그림은 가벼운 물감의 표현이 두드러진다.

② 색맹이 있는 사람은 개성 있는 그림을 그리기 어렵다.

③ 색맹은 약물의 부작용 등 후천적인 원인으로만 발생한다.

④ 색깔을 구분하는 시각 세포에 이상이 생기면 색을 구분하지 못할 수 있다.

⑤ 고흐가 노란색을 많이 사용하여 그림을 그린 이유는 노란색을 좋아하기 때문이다.

> **04** 내용 파악하기

05 수능형 ㉠과 바꾸어 쓸 수 <u>없는</u> 말은?

① 떨치고   ② 숨기고

③ 보이고   ④ 드러내고

⑤ 나타내고

> **05** 어휘의 의미 파악하기

06 서술형 윗글에 나타난 글쓴이의 주장을 〈조건〉에 맞게 쓰시오.

━━━━━ 〈조건〉 ━━━━━

1. '극복', '개성'이라는 단어를 포함할 것

2. '~지 말고 ~야 한다.' 형식의 한 문장으로 쓸 것

> **06**
>
> 글쓴이가 주장하고자 하는 바가 잘 드러난 문단을 찾아보세요.

[01~03] 다음 빈칸에 들어갈 단어를 <보기>에서 찾아 쓰시오.

─── <보기> ───
구분 극복 인식

01 힘든 일이 있더라도 □□하기 위해 노력해 보자.

02 플라스틱과 비닐을 □□해서 버리는 것을 잊지마!

03 나는 김 선생님께서 해 주신 말씀을 바탕으로 나의 문제점을 □□할 수 있게 되었다.

[04~07] 다음 단어의 사전적 의미가 맞으면 ○, 틀리면 ×표를 하시오.

04 부작용: 약이 지닌 본래의 작용 (   )

05 활약하다: 몸을 움직여 행동하다. (   )

06 서정적: 정서를 듬뿍 담고 있는 것 (   )

07 개성: 다른 사람이나 개체와 구별되는 고유의 특성 (   )

[08~10] 제시된 글자를 조합하여 다음 뜻풀이에 해당하는 단어를 만드시오.

후	일	천	두	거	적
각	작	통	리	계	활

08 뛰어난 학식이나 재능을 비유적으로 이르는 말
➡ □□

09 성질, 체질, 질환 따위가 태어난 후에 얻어진 것
➡ □□□

10 어떤 현상을 종합적으로 한눈에 알아보기 쉽게 일정한 체계에 따라 숫자로 나타낸 것
➡ □□

[11~12] 다음에 제시된 한자의 뜻을 참고하여 단어의 의미를 쓰시오.

11 색감(色感): 色(색: 색채) + 感(감: 느끼다)
➡ □에서 받는 느낌

12 편견(偏見): 偏(편: 치우치다) + 見(견: 견해)
➡ 공정하지 못하고 한쪽으로 □□□ 생각

색각 이상, 어떻게 알 수 있나요?

우리의 눈에는 빛에 반응하여 색깔을 구분하는 시각 세포가 있습니다. 하나의 시각 세포가 모든 색깔을 인식하지는 않습니다. 파란색을 인식하는 시각 세포, 초록색을 인식하는 시각 세포, 빨간색을 인식하는 시각 세포가 있고, 우리는 각 시각 세포가 인식한 색을 조합하여 다양한 색을 보게 됩니다.

세 가지 시각 세포가 제대로 기능하지 못하면 색각 이상이 나타납니다. 예를 들어, 초록색을 인식하는 시각 세포와 빨간색을 인식하는 시각 세포의 기능이 약하면 초록색과 빨간색을 구분할 수 없고, 노란색과 파란색에 민감해집니다. 마치 노란색에 민감했던 고흐처럼 말입니다.

가장 대표적인 색각 이상을 검사하는 방법은 '이시하라 검사'로, 원 안에 다양한 색이 있고 어떠한 숫자가 표시되어 있는 그림을 읽게 하는 검사가 바로 이 검사입니다. 색약이나 색맹 등 색각 이상을 가지고 있다면 그림 속 원 안의 숫자를 잘 읽지 못합니다. 이 검사는 간편해서 자주 쓰이지만, 색각 이상의 종류까지는 정확히 알 수 없다는 단점이 있습니다.

버스 정류장 앞에 빵집이 있는 이유 [사회]

✱ 다음 글을 읽고, 물음에 답하시오.

눈을 감고 집 근처 버스 정류장이나 지하철역을 떠올려 보자. 근처에 무엇이 있었는지 기억이 나는가? 많은 사람들이 버스 정류장이나 지하철역 근처에서 한 번쯤은 빵집을 보았던 기억을 떠올릴 것이다. 그렇다면 버스 정류장과 지하철역 근처에 빵집이 있는 이유는 무엇일까?

ⓐ이는 버스 정류장과 지하철역의 근처 지역의 특징과 관련이 있다. 버스나 지하철을 기다리는 사람들은 잠시 ⓑ그곳에 머물렀다가 자신이 타야 하는 교통수단이 오면 그것을 타고 버스 정류장이나 지하철역 근처를 떠난다. 한 무리의 사람들이 떠나면 뒤이어 다른 사람들이 그 지역을 찾는다. 이렇게 수많은 사람들이 버스 정류장과 지하철역을 오갈 때 근처에 빵집이 있다는 것을 알게 되고, 자신이 탈 교통수단을 기다리다가 빵을 사기도 한다. ⓒ이러한 현상 때문에 버스 정류장과 지하철역 근처에 빵집을 열면 빵이 잘 팔린다고 한다. 빵집을 운영하는 사람들이 대중교통이 있는 시설 근처에 빵집을 여는 이유가 여기에 있는 것이다.

빵집을 운영하는 사람들이 빵집을 열기 위해 대중교통 시설 근처 지역을 선택한 것처럼 사람들이 물건을 사고파는 경제 활동을 하기 위해서 선택하는 장소를 입지라고 한다. 입지는 경제 활동의 종류에 따라 각각 다르게 결정된다. 예를 들어, 상업 시설이나 문화 시설은 많은 사람들이 드나드는 도시의 번화가나 교통이 편리한 곳을, 물건을 만들어야 하는 공장들은 수입과 수출이 편리한 항구나 원료를 쉽게 구할 수 있는 곳을 선택한다. 입지를 결정할 때는 자연환경뿐만 아니라, 문화, 교통, 경제 등 다양한 요인을 ⓓ전반적·종합적으로 고려한다. 빵집을 ⊙열 때도 단순히 사람이 많이 돌아다니는지만 고려하는 것이 아니라 가게 임대료가 너무 비싸지는 않은지, 그곳을 지나다니는 사람들이 빵을 좋아하는지, 빵을 살 수 있는 능력, 즉 구매력이 있는지 등도 고려해야 한다.

우리가 길을 걸을 때 마주하게 되는 여러 가게들을 비롯해 학교, 도서관 등 모든 곳이 여러 가지 요건을 고려해 그곳에 위치하게 된 것이다. 버스를 기다릴 때, 도서관에 갈 때 어떤 곳이 어디에 있는지 살펴보고, 그곳에 있는 이유를 생각해 보자. 관심을 가지고 여러 장소가 왜 그곳에 있는지 살펴보다 보면, 특정 가게들이 선호하는 입지가 있다는 것을 발견할 수 있을 것이다.

지문을 읽으면서 핵심어에는 동그라미, 중심 문장에는 밑줄을 그으세요.

• **운영하다**: 조직이나 기구, 사업체 따위를 관리하고 운용하다.
• **시설**: 기구, 기계, 장치 따위를 베풀어 설비함. 또는 그런 설비
• **상업**: 상품을 사고파는 행위를 통하여 이익을 얻는 일
• **번화가**: 번성하여 화려한 거리
• **수입**: 다른 나라로부터 상품이나 기술 따위를 국내로 사들임.
• **수출**: 국내의 상품이나 기술을 외국으로 팔아 내보냄.
• **원료**: 어떤 물건을 만드는 데 들어가는 재료
• **임대료**: 남에게 물건이나 건물 따위를 빌려준 대가로 받는 돈
• **구매력**: 개인이나 단체가 무언가를 살 수 있는 능력
• **요건**: 필요한 조건

07 다음 중 맞는 것에 ○ 표시하시오.

(1) ⓓ '전반적'의 사전적 의미는?

① 전체 가운데 한 부분이 되거나 부분에 관계되는 것　(　　　)

② 어떤 일이나 부문에 대하여 그것과 관계되는 전체에 걸친 것　(　　　)

(2) ⓐ '이'의 의미는?

① 버스 정류장과 지하철역에 사람이 많은 것　(　　　)

② 버스 정류장과 지하철역 근처에 빵집이 있는 것　(　　　)

(3) ⓑ '그곳'의 의미는?

① 수입과 수출이 편리한 항구　(　　　)

② 버스 정류장과 지하철역 근처　(　　　)

(4) ⓒ '이러한 현상 때문에 버스 정류장과 지하철역 근처에 빵집을 열면 빵이 잘 팔린다고 한다.'의 의미는?

① 대중교통 시설 근처를 오가는 사람들이 빵집에 들러 빵을 사가는 것 때문에 버스 정류장과 지하철역 근처에 빵집을 열면 빵이 잘 팔린다고 한다. (　　　)

② 대중교통 시설 근처를 오가는 사람들이 자신이 타야 하는 교통수단이 오면 그것을 타고 떠나는 것 때문에 버스 정류장과 지하철역 근처에 빵집을 열면 빵이 잘 팔린다고 한다.　(　　　)

08 〈문단 요약〉을 바탕으로 윗글의 구조도를 그린 것이다. 빈칸에 들어갈 말을 쓰시오.

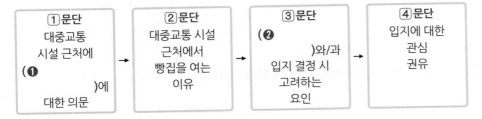

```
┌──────────┐   ┌──────────┐   ┌──────────┐   ┌──────────┐
│ ①문단    │   │ ②문단    │   │ ③문단    │   │ ④문단    │
│ 대중교통  │   │ 대중교통 시설│  │ (❷      │   │ 입지에 대한│
│ 시설 근처에│ → │ 근처에서  │ → │        )와/과│ → │ 관심     │
│ (❶       │   │ 빵집을 여는│   │ 입지 결정 시│  │ 권유     │
│        )에│   │ 이유     │   │ 고려하는  │   │          │
│ 대한 의문 │   │          │   │ 요인     │   │          │
└──────────┘   └──────────┘   └──────────┘   └──────────┘
```

➡ 글의 순서대로 구조도를 그릴 수 있다.

09 윗글의 주제로 가장 알맞은 것은?

① 사람이 모이는 곳의 특징

② 빵이 잘 팔리는 빵집의 비밀

③ 버스 정류장과 지하철역의 공통점

④ 사람들이 대중교통을 이용하는 목적

⑤ 입지의 개념과 입지를 결정할 때 고려하는 요인

07

(1) 어휘의 의미 파악하기

(2) 지시어의 의미 파악하기

1문단에서 한 질문이 무엇인지 생각해 보세요.

(3) 지시어의 의미 파악하기

버스나 지하철을 타기 위해 기다리는 사람들이 머무르는 곳이 어디일지 생각해 보세요.

DAY
10

(4) 문장의 의미 파악하기

08 글의 구조 파악하기

윗글의 내용을 바탕으로 글의 구조를 생각해 보세요.

09 주제 찾기

윗글에서 전달하고자 하는 가장 중요한 내용이 무엇인지 떠올려 보세요.

10 윗글에 대한 설명으로 가장 알맞은 것은?
〔수능형〕

① 잘 알려진 사실의 허점을 지적하고 있다.

② 사물의 구성 요소를 하나하나 분석하고 있다.

③ 구체적인 사례를 들어 주요 개념을 설명하고 있다.

④ 전문가의 의견을 인용하여 주장을 뒷받침하고 있다.

⑤ 서로 반대되는 개념의 차이점을 중점적으로 설명하고 있다.

10 내용 전개 방식 파악하기

• **허점**: 불충분하거나 허술한 점

• **중점적**: 여럿 가운데 가장 중요하게 여기는 것

11 윗글의 내용으로 알맞지 <u>않은</u> 것은?
〔내신형〕

① 경제 활동의 종류에 따라 입지는 달라진다.

② 입지를 결정할 때는 여러 요인을 전체적으로 고려한다.

③ 버스 정류장과 지하철역 근처에는 오가는 사람이 많다.

④ 문화 시설은 도시의 번화가나 교통이 편리한 곳에 위치한다.

⑤ 길가에 있는 가게들은 무작위로 그 자리에 위치하게 된 것이다.

11 내용 파악하기

• **요인**: 조건이 되는 요소

• **무작위**: 일부러 꾸미거나 뜻을 더하지 아니함.

12 각 문장의 밑줄 친 부분이 ㉠과 같은 의미로 쓰인 것은?
〔수능형〕

① 꽉 닫힌 문을 활짝 <u>열었다</u>.

② 이 사물함의 자물쇠를 <u>열어</u> 줘.

③ 나는 그 비밀에 대해 입을 <u>열었다</u>.

④ 나의 친구가 옆 건물에 가게를 <u>열었다</u>.

⑤ 나는 마음을 <u>열고</u> 친구에게 사과하기로 했어.

12 어휘의 의미 파악하기

13 버스 정류장과 지하철역 근처에 빵집을 여는 이유를 〈조건〉에 맞게 쓰시오.
〔서술형〕

┌──────── 〈조건〉 ────────┐
　1. 근거는 한 가지만 제시할 것
　2. '~ 때문이다.' 형식의 한 문장으로 쓸 것
└─────────────────────┘

_____

_____

_____

_____

13

2문단의 내용을 참고하여 사람들이 빵집의 입지를 버스 정류장과 지하철역 근처로 정한 이유를 생각해 보세요.

[01~06] 다음 단어의 뜻을 보고 십자말풀이를 채워 완성하시오.

		04		02	05
01					
				06	
		03			

[가로 말풀이]

01 불충분하거나 허술한 점

02 다른 나라로부터 상품이나 기술 따위를 국내로 사들임.

03 남에게 물건이나 건물 따위를 빌려준 대가로 받는 돈

[세로 말풀이]

04 여럿 가운데 가장 중요하게 여기는 것

05 국내의 상품이나 기술을 외국으로 팔아 내보냄.

06 어떤 물건을 만드는 데 들어가는 재료

[07~09] 제시된 글자를 조합하여 다음 뜻풀이에 해당하는 단어를 만드시오.

업	작	경	운	료	무
쟁	위	인	요	원	영

07 조건이 되는 요소 ➡ ☐☐

08 일부러 꾸미거나 뜻을 더하지 아니함.

➡ ☐☐☐

09 조직이나 기구, 사업체 따위를 관리하고 운용하다.

➡ ☐☐하다

[10~11] 다음을 참고하여, 빈칸에 알맞은 말을 쓰시오.

- ㅅㅇ : 상품을 사고파는 행위를 통하여 이익을 얻는 일
- ㅅㅅ : 기구, 기계, 장치 따위를 베풀어 설비함. 또는 그런 설비

10 그 병원은 최첨단 ☐☐와/과 기술을 자랑한다.

11 조선 후기에 상인들이 등장하면서 ☐☐이/가 발달하였다.

철은 바닷가에서, 가구는 도시에서?

빵집과 같이 물건을 파는 상업 시설뿐만 아니라, 우리가 사용하는 다양한 물건을 만드는 공장을 세울 때에도 입지를 고려합니다. 공장에서 어떤 물건을 만드느냐에 따라 공장이 위치하는 곳도 달라집니다.

원료의 운송비가 많이 드는 제품을 생산하는 경우에는 운송비를 줄일 수 있는 곳에 공장을 짓습니다. 예를 들어, 철을 만드는 제철 공장이나 자동차의 연료인 휘발유를 만드는 정유 공장은 바닷가에 위치합니다. 철의 재료가 되는 철광석과 휘발유의 재료가 되는 원유는 외국에서 구매하여 배로 실어 옵니다. 철광석과 원유는 매우 무거운데, 이것들을 육지로 옮기지 않고 바닷가에서 바로 철이나 휘발유로 가공하면 운송비를 줄일 수 있습니다.

한편 똑같이 무거운 것일지라도 대도시 근처에 위치하는 공장이 있습니다. 바로 가구 공장입니다. 가구는 운반을 할 때 흠집이 나기 쉬우므로 처음부터 소비자가 많은 대도시 근처에 공장을 세우고 그곳에서 가구를 만드는 것입니다.

▲ 정유 공장

11 우유 대신 두유? [과학+사회]

 * 다음 글을 읽고, 물음에 답하시오.

"우유는 두유로 바꿔 주세요."

요즘 우유가 들어간 음료를 주문할 때 우유 대신 두유와 같은 식물성 음료를 고를 수 있는 카페가 늘어나고 있다. 식물성 음료는 식물성 원료인 콩, 쌀, 귀리, 아몬드, 코코넛 등에서 단백질과 지방을 ⓐ추출해 우유 맛을 낸 음료를 뜻한다.

그렇다면 사람들이 우유가 아닌 식물성 음료를 선택하는 이유는 무엇일까? 식물성 음료를 선택하는 사람들은 첫 번째 이유로 유당 불내증을 든다. 유당 불내증이 있는 사람은 몸속에 우유에 들어있는 유당을 분해하는 효소인 락테이스가 부족하다. 그래서 유당 불내증이 있는 사람이 우유를 마시면 우유 속 유당이 제대로 몸에 흡수되지 않고, 이 흡수되지 않은 유당이 소화 불량을 일으킨다. 그래서 배에 가스가 차거나 설사를 하는 등의 증세를 보이게 된다. 유당은 포유동물의 젖에만 존재하기 때문에, 유당 불내증이 있는 사람이더라도 식물성 음료는 쉽게 소화시킬 수 있다. 그래서 유당 불내증이 있는 사람이라도 우유 대신 식물성 음료를 마시면 ⓑ이러한 증상에서 벗어날 수 있다.

두 번째 이유로는 환경 보호와 동물 복지를 든다. 우유를 생산하기 위해서는 많은 수의 젖소를 사육해야 하는데, 젖소들이 먹는 사료를 만들 때와 젖소들이 사료 등을 먹고 똥을 쌀 때 많은 탄소가 발생한다. ⓒ이때 발생하는 탄소가 지구 온난화의 원인이 된다. 또 젖소들은 풀을 뜯어 먹으면서 자유롭게 자라나지 못하고, 제한된 공간에서 사료를 먹으며 오로지 우유를 생산하기 위해 계속해서 임신을 반복해야 한다. ⓓ이러한 문제 때문에 일부 사람들은 동물의 우유 대신 식물성 음료를 선택한다.

세 번째 이유는 건강 관리를 든다. 우유는 칼슘 등 우리의 건강에 좋은 영양소를 많이 포함하고 있지만 콜레스테롤과 지방 함량이 높다. 게다가 우유의 열량은 100ml에 약 67kcal인 반면 두유의 열량은 100ml에 약 46kcal로, 두유보다 우유가 열량이 높다. 그래서 일부 사람들은 몸속 콜레스테롤 수치를 관리하고 체중을 감량하기 위해 우유 대신에 식물성 음료를 선택하기도 한다.

요즘에는 편의점에만 가도 콩으로 만든 두유부터 아몬드로 만든 우유, 귀리로 만든 우유에 이르기까지 다양한 식물성 음료를 접할 수 있다. 또한 사람들의 다양한 기호를 고려해 초코맛 등 다양한 맛의 식물성 음료도 출시되고 있다. 간식을 찾고 있다면 내 취향에 맞는 식물성 음료를 마셔 보는 것은 어떨까?

 지문을 읽으면서 핵심어에는 동그라미, 중심 문장에는 밑줄을 그으세요.

- **유당**: 포유류의 젖 속에 들어 있는 이당류 탄수화물
- **효소**: 생물체가 몸 밖으로부터 섭취한 영양물질을 몸 안에서 분해하고, 합쳐서 생명 활동에 쓰는 물질이나 에너지를 생성하고, 필요하지 않은 물질은 몸 밖으로 내보내는 작용을 하게 하여 반응 속도를 빠르게 하거나 늦추는 물질을 통틀어 이르는 말
- **증세**: 병을 앓을 때 나타나는 여러 가지 상태나 모양
- **포유동물**: 어미가 제 젖으로 새끼를 먹여 기르는 동물
- **제한되다**: 일정한 한도가 정하여지다.
- **콜레스테롤**: 고등 척추동물의 뇌, 신경 조직, 혈액 따위에 많이 들어 있다. 핏속에서 이 양이 많아지면 동맥의 벽이 두꺼워지고 굳어져서 탄력을 잃는 동맥 경화증이 나타난다.
- **함량**: 물질이 어떤 성분을 포함하고 있는 분량
- **열량**: 열에너지의 양. 단위는 보통 칼로리(cal)로 표시한다.
- **감량하다**: 수량이나 무게를 줄이다.
- **다양하다**: 모양, 빛깔, 형태, 양식 따위가 여러 가지로 많다.
- **기호**: 즐기고 좋아함.
- **출시되다**: 상품이 시중에 나오다.

01 다음 중 맞는 것에 ○ 표시하시오.

(1) ⓐ '<u>추출해</u>'의 사전적 의미는?

① 전체 속에서 어떤 물건, 생각, 요소 따위를 뽑아내다.   (   )

② 귀중한 물품이나 정보 따위를 불법적으로 나라나 조직의 밖으로
내보내다.   (   )

(2) ⓑ '이러한 증상'의 의미는?

① 몸속에 부족했던 락테이스가 다시 늘어나는 것   (   )

② 우유를 마시면 배에 가스가 차거나 설사를 하는 것   (   )

(3) ⓒ '이때'의 의미는?

① 제한된 공간에서 젖소의 우유를 짤 때   (   )

② 우유를 생산하기 위해 젖소를 키울 때   (   )

(4) ⓓ '이러한 문제 때문에 일부 사람들은 동물의 우유 대신 식물성 음료를 선택한다.'의
의미는?

① 우유를 생산하기 위해 젖소를 키울 때 발생하는 환경 문제와 동물 복지 문제
때문에 일부 사람들은 식물성 음료를 선택한다.   (   )

② 우유를 생산하기 위해 젖소들이 먹는 사료를 만들 때 동물권이 무시되는
문제를 해결하기 위해 일부 사람들은 식물성 음료를 선택한다.   (   )

01

(1) 어휘의 의미 파악하기

ⓐ에 ①, ②를 넣어 읽어
보고 의미가 변하지 않는 것을
고르세요.

(2) 지시어의 의미 파악하기

유당 불내증이 있는 사람이
우유를 마시면 나타나는
증상을 떠올려 보세요.

(3) 지시어의 의미 파악하기

• **생산하다**: 인간이 생활하는
데 필요한 각종 물건을
만들어 내다.

(4) 문장의 의미 파악하기

• **동물권**: 동물에게 주어지는
기본적인 권리

DAY 11

02 〈문단 요약〉을 바탕으로 구조도의 빈칸을 채우고 윗글의 주제를 파악하시오.

02 글의 구조 파악·주제 찾기

윗글의 내용을 바탕으로 글의
구조를 생각해 보고, 윗글에서
전달하고자 하는 가장 중요한
내용이 무엇인지 떠올려
보세요.

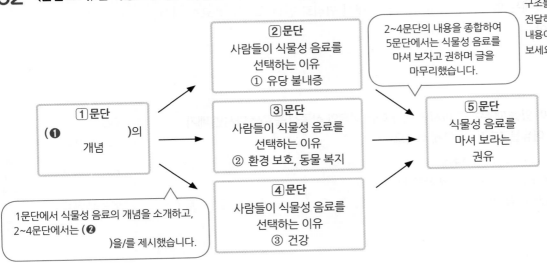

➡ 주제: 사람들이 식물성 음료를 선택하는 (❸   )

03 윗글에 대한 설명으로 가장 알맞은 것은?

(수능형)

① 식물성 음료가 가진 사회적 의의를 제시하고 있다.

② 사람들이 식물성 음료를 마시는 이유를 나열하고 있다.

③ 식물성 음료의 단점을 제시하고 보완하는 방법에 대해 이야기하고 있다.

④ 식물성 음료를 둘러싼 사람들의 생각을 다양한 측면에서 이야기하고 있다.

⑤ 식물성 음료가 동물성 우유를 대체하는 과정을 시간 순서대로 보여 주고 있다.

03 내용 전개 방식 파악하기

윗글에서 설명하고 있는 중심 화제가 무엇인지 살펴보고, 이를 어떤 방식으로 서술하고 있는지 살펴보세요.

• **나열하다**: 죽 벌여 놓다.

• **보완하다**: 모자라거나 부족한 것을 보충하여 완전하게 하다.

• **대체하다**: 다른 것으로 대신하다.

04 윗글의 내용으로 알맞지 <u>않은</u> 것은?

(내신형)

① 락테이스는 유당을 분해하는 효소이다.

② 유당 불내증이 있는 사람이 우유를 마시면 배에 가스가 찬다.

③ 식물성 음료는 콩, 쌀, 귀리 등에서 탄수화물을 추출해서 만든다.

④ 젖소를 키우는 과정에서 발생한 탄소는 지구 온난화의 원인이 된다.

⑤ 유당 불내증이 있는 사람이라도 코코넛으로 만든 음료를 마시면 소화 불량이 발생하지 않는다.

04 내용 파악하기

• **분해하다**: 한 물질을 두 가지 이상의 간단한 물질로 나누다.

05 윗글을 읽은 후의 반응으로 알맞지 <u>않은</u> 것은?

(수능형)

① 요즘에는 식물성 음료를 쉽게 구매할 수 있어.

② 귀리로 만든 음료를 마시면 지구 온난화 방지에 도움이 되겠어.

③ 음료에 콜레스테롤과 지방이 많이 들어있으면 건강에 좋지 않구나.

④ 우유에 들어있는 락테이스가 우리가 유당을 소화하는 것을 방해하는구나.

⑤ 이번 주말에는 편의점에 가서 초코우유 대신 귀리로 만든 초코맛 음료를 사서 마실 거야.

05 반응의 적절성 평가하기

윗글에 제시된 식물성 음료에 대한 정보를 바탕으로 선택지의 적절성을 판단해 보세요.

06 유당 불내증이 있을 때 우유를 마시면 배가 아픈 이유와 식물성 음료를 마시면 배가 아프지 않은 이유를 〈조건〉에 맞게 쓰시오.

(서술형)

┌─────── 〈조건〉 ───────┐

1. '유당 불내증'이라는 말을 포함할 것

2. 두 문장으로 쓸 것

└────────────────────┘

06

2문단을 참고하여 유당 불내증이 있는 사람이 우유를 마시면 어떤 증세를 보이는지, 왜 그런 증세를 보이게 되는지 생각해 보세요.

[01~05] 다음 단어의 뜻을 보고 십자말풀이를 채워 완성하시오.

01	04			
				05
		02		
03				

[가로 말풀이]

01 어미가 제 젖으로 새끼를 먹여 기르는 동물

02 물질이 어떤 성분을 포함하고 있는 분량

03 상품이 시중에 나오다.

[세로 말풀이]

04 포유류의 젖 속에 들어 있는 이당류 탄수화물

05 수량이나 무게를 줄이다.

[06~08] 다음 중 알맞은 단어를 고르시오.

06 이 미생물은 오염 물질을 (분류 / 분해)한다.

07 여기서부터는 일반인의 출입이 (면제 / 제한)되어 있다.

08 진열장에는 셀 수 없을 정도로 (다양 / 일정)한 상품이 있었다.

[09~10] 다음을 참고하여, 빈칸에 알맞은 말을 쓰시오.

- ㄱㅎ : 즐기고 좋아함.
- ㅈㅅ : 병을 앓을 때 나타나는 여러 가지 상태나 모양

09 의사는 나에게 감기의 ☐☐을/를 자세히 물었다.

10 그들은 각자 자신의 ☐☐에 맞는 음식을 골라 주문했다.

DAY 11

탄소 발자국을 줄이라면?

　지구 온난화가 점점 더 심각해지고 있습니다. 대기를 오염시켜 지구의 온도를 높이는 온실가스가 줄지 않고 있기 때문입니다. '탄소 발자국'이란 사람들이 일상생활 속에서 직접적·간접적으로 만들어내는 온실가스의 총량을 의미합니다. 우리는 이것을 통해 이산화탄소 등의 온실가스가 지구의 기후 변화에 어떠한 영향을 미치는지를 알 수 있습니다.

　우리가 살아가면서 이산화탄소를 만들어내지 않기란 불가능합니다. 방에 불을 켜거나, 버스나 자동차를 탈 때, 심지어 우리가 먹는 우유를 젖소가 생산할 때도 이산화탄소가 발생합니다.

　우리가 일상생활에서 탄소 발자국을 줄이기 위해 실천할 수 있는 몇 가지 방법들이 있습니다. 가까운 거리를 갈 때는 걸어가거나 자전거를 이용하고, 전자 제품을 사용하지 않을 때에는 전원을 끄고 플러그까지 뽑아 두는 것입니다. 또 우리가 먹는 우유나 고기를 생산하기 위해 가축들을 키울 때도 탄소가 많이 발생하므로 우유 대신 식물성 음료를 마시는 것, 고기 대신 채소를 먹는 것도 탄소 발자국을 줄이는 데 도움이 됩니다.

✱ 다음 글을 읽고, 물음에 답하시오.

민지는 친구와 대화를 한 후 기분이 나빠졌다. 하지만 민지는 자신이 기분이 나빠진 이유를 알 수 없었다. 그래서 괜히 친구에게 짜증을 내고 친구가 연락을 해도 모른 척했다. 그런데 이렇게 ⓐ대처하고 나니 오히려 민지의 기분은 더 나빠졌고 친구와의 관계는 서먹해졌다. 우리가 민지라면 이러한 감정을 어떠한 방법으로 현명하게 다스릴 수 있을까?

우리는 매 순간 어떤 감정을 느끼고 있지만, 그 감정을 ㉠알아차리기란 쉽지 않다. 내가 지금 느끼고 있는 진짜 감정은 무엇인지, 그 감정을 어떠한 이유 때문에 느끼고 있는지를 말로 잘 설명할 수 있는 사람은 흔치 않을 것이다. 특히 분노나 슬픔과 같은 부정적인 감정에 휩싸이게 되면 ⓑ이를 피하고 싶은 마음에 이 감정들을 마주 대하기가 더 어려워진다.

감정을 잘 다스리려면 먼저 자신이 느끼는 감정이 무엇인지 알아야 한다. 많은 사람들이 기분을 '좋다, 나쁘다'라고만 표현하는 경우가 많은데, 감정을 나타내는 표현에는 여러 가지가 있다. 부정적인 감정을 나타내는 표현만 살펴보더라도 '속상하다', '서운하다', '답답하다', '창피하다', '겁나다', '불안하다' 등 굉장히 다양하다. 이러한 표현들을 활용해서 자신이 느끼는 감정에 이름을 붙여 주면 내가 느끼는 감정에 좀 더 가까워질 수 있다.

다음으로는 ⓒ그 감정에 점수를 매겨 보아야 한다. 가만히 눈을 감고 내가 이름 붙인 감정이 무엇인지, 그 정도가 어떠한지 생각해 보자. '나는 지금 친구에게 서운한 감정을 70점 정도로 느끼고 있구나. 왜 그런지 생각해 보니, 친구가 나에게 먼저 연락하지 않아서 그런 것 같아.' 이렇게 생각하는 것만으로 감정을 효과적으로 다스릴 수 있고, 다음에 내가 할 행동을 좀 더 이성적으로 결정할 수 있다.

한편 부정적인 감정이 꼭 우리에게 나쁜 영향만 끼치는 것은 아니다. 내가 성적이 떨어져서 불안함을 느끼는 학생이라고 가정해 보자. 우선 스스로가 느끼는 부정적인 감정이 자연스러운 상태임을 받아들였다면 이를 어떻게 해소할 수 있을지 곰곰이 생각해 볼 것이다. 이 불안한 감정 덕분에 '나'는 다음에 어떻게 하면 더 좋은 성적을 거둘 수 있을지 고민하게 되고, 이를 바탕으로 더 열심히 공부하여 좋은 성적을 얻기 위해 노력하게 될 것이다. 이 사례처럼 부정적인 감정을 편견 없이 받아들이고 이를 극복하고자 노력할 때 우리는 정신적으로나 신체적으로 더 건강해지고 성숙해질 수 있다.

부정적인 감정을 완전히 없애는 것은 사실상 불가능하고, 그럴 필요도 없다. 다만 자신이 느끼는 감정을 솔직하게 인정하고 그 감정을 잘 다스린다면 우리는 그렇게 하지 못하는 경우보다 더 행복한 삶을 살아갈 수 있게 될 것이다. 우리는 우리가 느끼는 감정의 주인이다. 스스로가 느끼는 감정에 관심을 가지고 자신의 마음에게 말을 걸어 보자.

 지문을 읽으면서 핵심어에는 동그라미, 중심 문장에는 밑줄을 그으세요.

Go!

● **서먹하다**: 낯이 설거나 친하지 아니하여 어색하다.
● **현명하다**: 어질고 슬기로워 사리에 밝다.
● **다스리다**: 몸이나 마음을 가다듬거나 노력을 들여서 바로잡다.
● **휩싸이다**: 어떠한 감정에 마음이 뒤덮이다.
● **불안하다**: 마음이 편하지 아니하다.
● **활용하다**: 충분히 잘 이용하다.
● **매기다**: 일정한 기준에 따라 사물의 값이나 등수 따위를 정하다.
● **이성적**: 개념적으로 생각하는 능력에 따르거나 개념적으로 생각하는 능력에 근거한 것
● **편견**: 공정하지 못하고 한쪽으로 치우친 생각
● **극복하다**: 악조건이나 고생 따위를 이겨 내다.
● **성숙하다**: 몸과 마음이 자라서 어른스럽게 되다.

07 다음 중 맞는 것에 ○ 표시하시오.

(1) ⓐ '대처하고'의 사전적 의미

① 서로 맞서서 버티다. (   )

② 어떤 정세나 사건에 대하여 알맞은 조치를 취하다. (   )

(2) ⓑ '이'의 의미

① 우리가 매 순간 느끼고 있는 감정 (   )

② 분노나 슬픔과 같은 부정적인 감정 (   )

(3) ⓒ 그 감정에 점수를 매겨 보아야 한다.'의 의미

① 내가 느끼고 있는 감정이 어느 정도인지 파악해 보아야 한다. (   )

② 어떠한 이유 때문에 어떠한 감정을 느끼고 있는지 파악해 보아야 한다. (   )

07

(1) 어휘의 의미 파악하기

· **정세**: 일이 되어 가는 형편

· **조치**: 벌어지는 사태를 잘 살펴서 필요한 대책을 세워 행함. 또는 그 대책

(2) 지시어의 의미 파악하기

2문단에서 사람들이 어떠한 감정을 피하고 싶어 한다고 했는지 생각해 보세요.

(3) 문장의 의미 파악하기

· **파악하다**: 어떤 대상의 내용이나 본질을 확실하게 이해하여 알다.

DAY 11

08 〈문단 요약〉을 바탕으로 윗글의 〈구조도〉를 그리시오.

〈문단 요약〉

③문단 감정을 다스리는 방법 ① 자신이 느끼는 감정을 알고 이름 붙이기

④문단 감정을 다스리는 방법 ② 감정에 점수 매기기

〈구조도〉

> 3, 4문단에서 (❶   )을/를 설명한 후 5문단에서는 부정적 감정의 긍정적 영향을 정리했습니다.

❷

| ①문단 부정적 감정을 느낀 구체적 사례 | → | ②문단 우리가 감정을 마주 대하기가 어려운 이유 |

| ⑤문단 부정적 감정의 긍정적 영향 | → | ⑥문단 감정에 관심을 갖자고 권함. |

> 감정을 다스리는 방법을 3문단에서는 자신이 느끼는 감정을 알고 이름 붙이기를, 4문단에서는 자신이 느끼는 감정에 점수 매기기로 나누어 제시했습니다.

08 글의 구조 파악하기

윗글의 내용을 바탕으로 글의 구조를 생각해 보세요.

09 윗글의 주제로 가장 알맞은 것은?

① 부정적인 감정의 종류

② 부정적인 감정이 드는 이유

③ 감정을 마주하기 어려운 이유

④ 감정을 현명하게 다스리는 방법

⑤ 신체적으로도 영향을 끼치는 감정

09 주제 찾기

윗글에서 전달하고자 하는 가장 중요한 내용이 무엇인지 떠올려 보세요.

10 윗글의 내용으로 알맞지 <u>않은</u> 것은?
내신형

① 사람들은 부정적인 감정을 피하고 싶어 한다.
② 부정적인 감정은 신체적인 반응으로도 나타난다.
③ 우리가 느끼는 감정을 표현하는 다양한 말이 있다.
④ 부정적인 감정을 극복하고자 노력하면 우리는 성숙한 사람이 될 수 있다.
⑤ 많은 사람들이 자신이 느끼고 있는 감정이 무엇인지를 말로 설명하지 못한다.

10 내용 파악하기

11 윗글을 바탕으로 〈보기〉의 '진영'에게 조언할 말로 가장 알맞은 것은?
수능형

> ── 〈보기〉 ──
> 일주일 뒤 피아노 연주 대회에 나가야 하는 진영이는 피아노를
> 연습하던 중 같은 부분에서 자꾸 실수를 했다. 기분이 상한
> 진영이는 소리를 꽥 지르고는 연습을 그만두고 엉엉 울어버렸다.

① 소리를 지르고 운다고 해서 달라지는 것은 없어.
② 지금 네가 느끼는 감정을 잠시 피했다가, 진정이 된 후 그 감정에 점수를 매겨 봐.
③ 네가 느끼고 있는 기분에 이름을 붙여 보고, 그 기분을 어느 정도로 느끼고
있는지 점수를 매겨 봐.
④ 기분이 안 좋다고 해서 그냥 울기만 하는 건 도움이 되지 않아. 더 연습해야
실수를 하지 않지.
⑤ 부정적인 기분을 없애는 것은 불가능한 일이므로 일단 울면서 엉망진창이 된
기분을 풀어 보자.

11 구체적 상황에 적용하기

12 ㉠과 바꾸어 쓰기에 가장 알맞은 말은?
수능형

① 확인하기란 　　　　　　② 인식하기란
③ 주목하기란 　　　　　　④ 확정하기란
⑤ 전달하기란

12 어휘의 의미 파악하기
①~⑤를 ㉠에 넣어 읽어
보고 뜻이 변하지 않는 것을
고르세요.

13 윗글의 내용을 바탕으로 우리가 행복한 삶을 살아갈 수 있는 방법을 〈조건〉에 맞게
서술형 쓰시오.

> ── 〈조건〉 ──
> 1. '감정'이라는 말을 포함할 것
> 2. '~ 될 것이다.' 형식의 한 문장으로 쓸 것

13
6문단의 내용을 참고하여
우리가 행복하게 살아가려면
어떻게 해야 할지를 생각해
보세요.

_____

_____

_____

_____

[01~03] 〈보기〉에서 알맞은 말을 골라 쓰시오.

――――――〈보기〉――――――
성숙　극복　친밀　파악

01 나는 기계를 보자마자 문제점을 ☐☐했다.

02 그녀는 힘든 일이 있어도 다시 ☐☐해 냈다.

03 나는 민채가 중학생이지만 정신적으로 매우 ☐☐하다고 생각했다.

[04~07] 다음 중 알맞은 단어를 고르시오.

04 한정된 자원을 잘 (수용 / 활용)하기 위해서 계획을 세워보자.

05 말이 없는 나와 그 사이에 (서먹 / 친밀)한 분위기만이 흐르고 있었다.

06 집에 혼자 있기에 (불쌍한 / 불안한) 마음이 들어 친구를 초대했다.

07 민재는 혼란스러운 감정을 가까스로 (다스린 / 버무린) 것처럼 보였다.

[08~10] 제시된 글자를 조합하여 다음 뜻풀이에 해당하는 단어를 만드시오.

다	치	진	싸	견	조
처	극	이	휩	복	편

08 어떠한 감정에 마음이 뒤덮이다.
➡ ☐☐☐☐

09 공정하지 못하고 한쪽으로 치우친 생각
➡ ☐☐☐

10 벌어지는 사태를 잘 살펴서 필요한 대책을 세워 행함. 또는 그 대책
➡ ☐☐

[11~12] 다음 단어의 사전적 의미가 맞으면 ○, 틀리면 ×표를 하시오.

11 정세: 일이 되어 가는 형편　　　(　)

12 매기다: 일정한 기준에 따라 사물의 값이나 등수 따위를 정하다.　　　(　)

마음의 감기, 우울증에 대처하는 방법

　살면서 누구나 한 번쯤은 '우울함'을 느낍니다. 우울한 감정을 반기지 않는 사람도 많지만, 사실 우울함은 우리로 하여금 위험을 감지하게 하고, 우리가 신중하게 어떤 것을 선택해야 할 때 도움을 줍니다. 하지만 우울한 기분이 매우 심각하고, 그 감정이 2주 이상 지속되며 우울한 기분으로 인해 집이나 학교에서 제 역할을 할 수 없다면 그 우울함은 '우울증'이라고 의심해 볼 수 있습니다.

　우울증은 마음의 감기라는 별명이 붙었을 정도로 흔한 질병입니다. 간혹 우울증이 의지가 약한 사람이 앓는 병이라는 오해를 하는 사람들도 있으나, 우울증은 뇌의 신경 전달 물질이 부족하기 때문에 발생하는 경우가 더 많습니다. 우울증을 단순히 우울한 감정이라고만 여기고 제 때에 치료하지 않는 사람들도 많다고 합니다. 하지만 우리가 감기에 걸리면 병원을 찾는 것처럼, 우울증에 걸렸을 때에도 병원을 찾아 치료를 받는 것이 좋습니다.

그 자리, 비워 두어야 할까? [사회]

✱ 다음 글을 읽고, 물음에 답하시오.

하선이네 반 학생들은 도덕 수업 시간에 대중교통에 존재하는°임산부 배려석에 대해 토론을 했다. 대부분의 학생들이 임산부가 대중교통을 이용할 때 어려움이 있다는 점에는 ㉠공감했다. 그러나 학생들 사이에서 임산부 배려석을 계속 비워 두어야 한다는 의견과 임산부가 오면 비켜 주면 되기 때문에 잠시 앉아도 된다는 의견이 ⓐ상반되었다.

임산부뿐만 아니라 노약자, 장애인을 교통 약자°라고 하는데, ⓑ이들은 대중교통을 이용할 때 많은 불편을 겪는다. 균형을 잡기 어려운 노약자나 장애인은 버스가 급정거하거나°회전할 때 넘어지거나, 다칠 수 있다. ⓒ임산부의 상황도 크게 다르지 않다. 배가 불러올수록 서서 균형을 잡기 어려워진다. 초기 임산부의 경우 겉으로는 다른 사람과 크게 달라 보이지 않지만, 태아의 건강을 위해 행동을 ㉡조심해야 하고 오래 서 있는 행동은 삼가야°한다.

대중교통을 탈 때마다 이러한 불편을 겪어야 하는 교통 약자들을 배려하기° 위한 좌석°이 우리나라에서 공식적°으로 처음 ㉢등장한 것은 1980년이다. 서울시 지하철에서 먼저 전동차°의 오른쪽과 왼쪽 맨 끝의 좌석 각 3개씩을 '노약자석'으로 지정한°이후, 시내버스에 '경로석'이 마련되었으며°, 2013년에 이르러 지하철에 임산부를 위한 배려석이 지정되었다.

그렇다면 다시 처음의 토론 내용으로 돌아가 보자. ㉮교통 약자 배려석은 항상 비워 두어야 하는 것일까? 어떤 사람들은 교통 약자 배려석을 비워 두는 것은 법적으로 정해진 의무가 아니므로 교통 약자 배려석을 비워 둘 필요가 없다고 말한다. 이들은 출퇴근 시간처럼 혼잡한°시간대에 자리를 비워 두는 것은 ㉣비효율적이며, 그 자리에 앉을 사람이 있을 때만 그 자리를 양보해°주면 된다고 주장한다.

반드시 교통 약자 배려석을 비워 둬야 한다는 생각을 가진 사람들은 이 자리가 비워져 있는 것과 아닌 것의 차이는 크다고 강조한다. 이미 앉아 있는 사람에게 자리를 양보해 달라고 말하는 것은 매우 부담스러운 일이라는 것이다. 이들은 교통 약자 배려석을 비워 두면 정말 이 자리가 필요한 사람들이 ㉤유용하게 사용할 수 있으므로 항상 이 자리를 비워 두어야 한다고 주장한다.

그렇다면 여러분은 교통 약자 배려석에 대해 어떠한 생각을 가지고 있는가? 서로를 배려하는 마음을 바탕으로 교통 약자 배려석에 대해 진지하게 생각해 보자.

✔ 지문을 읽으면서 핵심어에는 동그라미, 중심 문장에는 밑줄을 그으세요.

- **존재하다**: 현실에 실재하다.
- **약자**: 힘이나 세력이 약한 사람
- **급정거하다**: 자동차, 기차 따위가 갑자기 서다.
- **삼가다**: 몸가짐이나 말과 행동을 조심하다.
- **배려하다**: 도와주거나 보살펴 주려고 마음을 쓰다.
- **좌석**: 앉을 수 있게 마련된 자리
- **공식적**: 국가적으로 규정되었거나 사회적으로 인정된 것
- **전동차**: 전동기의 힘으로 레일 위를 달리는 차. 대표적으로 지하철이 있다.
- **지정하다**: 가리키어 확실하게 정하다.
- **마련되다**: 헤아려져 갖춰지다.
- **혼잡하다**: 여럿이 한데 뒤섞이어 어수선하다.
- **양보하다**: 길이나 자리, 물건 따위를 사양하여 남에게 미루어 주다.

01 다음 중 맞는 것에 ○ 표시하시오.

(1) ⓐ '상반되었다.'와 바꾸어 쓸 수 있는 말은?

① 반대되었다.　　　(　　　　)
② 완전히 같았다.　　　(　　　　)

(2) ⓑ '이들'의 의미는?

① 임산부, 노약자, 장애인　　　(　　　　)
② 임산부를 제외한 교통 약자　　　(　　　　)

(3) ⓒ '임산부의 상황도 크게 다르지 않다.'의 의미는?

① 임산부도 균형을 잡기 어려워서 버스가 급정거하거나 회전할 때 넘어지거나 다칠 수 있다.　　　(　　　　)
② 초기 임산부들은 다른 사람보다 균형을 잘 잡아 버스가 급정거하거나 회전할 때 넘어지지 않는다.　　　(　　　　)

01

(1) 어휘의 의미 파악하기

(2) 지시어의 의미 파악하기

(3) 문장의 의미 파악하기
대중교통에서 임산부가 처한 상황이 누구의 상황과 비슷하다고 했는지 생각해 보세요.

02 〈문단 요약〉을 바탕으로 윗글의 〈구조도〉를 그리시오.

〈문단 요약〉
④문단 교통 약자 배려석을 항상 비워 두지 않아도 된다는 사람들의 의견
⑤문단 교통 약자 배려석을 (❶　　　　　　　　　　) 사람들의 의견

〈구조도〉

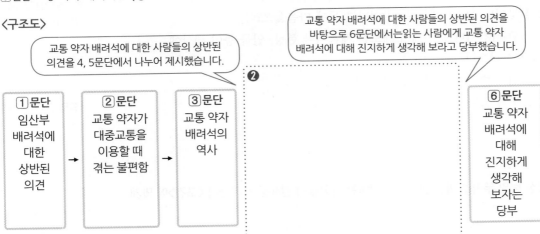

02 글의 구조 파악하기
화살표 등을 활용하여 글의 구조도를 완성하세요. 어떻게 표현해야 할지 모르겠다면 107쪽 02번 문제를 참고하세요.

03 윗글의 주제로 가장 알맞은 것은?

① 교통 약자 배려석의 개념
② 교통 약자 배려석의 위치
③ 교통 약자 배려석을 만든 사람
④ 교통 약자 배려석이 만들어진 이유
⑤ 교통 약자 배려석에 대한 사람들의 상반된 견해

03 주제 찾기

DAY
12

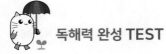

04 윗글에 대한 설명으로 가장 알맞은 것은?

〔수능형〕

① 중심 화제의 역사적 의의를 설명하고 있다.
② 중심 화제에 대한 전문가의 의견을 인용하고 있다.
③ 중심 화제에 대한 구체적 통계 자료를 제시하고 있다.
④ 중심 화제에 대한 서로 반대되는 의견을 제시하고 있다.
⑤ 두 가지 중심 화제의 차이점을 중심으로 설명하고 있다.

04 내용 전개 방식 파악하기
글쓴이가 어떠한 방식으로 중심 화제에 대해 이야기하고 있는지 살펴보세요.
• **의의**: 어떤 사실이나 행위 따위가 갖는 중요성이나 가치
• **인용하다**: 남의 말이나 글을 자신의 말이나 글 속에 끌어 쓰다.

05 윗글의 내용으로 알맞지 <u>않은</u> 것은?

〔내신형〕

① 교통 약자 배려석은 버스보다 지하철에 먼저 생겼다.
② 모든 사람들은 임산부 배려석을 항상 비워 둬야 한다고 주장한다.
③ 1980년이 되어서야 우리나라에 교통 약자 배려석이 처음 생겼다.
④ 버스가 급정거하거나 회전할 때 균형을 잡기 어려운 사람들이 있다.
⑤ 교통 약자 배려석은 노약자, 장애인, 임산부 등이 대중교통을 탈 때 느끼는 불편함을 덜어주기 위해 마련된 것이다.

05 내용 파악하기

06 ㉠~㉤의 사전적 의미로 알맞지 <u>않은</u> 것은?

〔수능형〕

① ㉠: 남의 감정, 의견, 주장 따위에 대하여 자기도 그렇다고 느끼다.
② ㉡: 잘못이나 실수가 없도록 말이나 행동에 마음을 쓰다.
③ ㉢: 어떤 사건이나 분야에서 새로운 제품이나 현상, 인물 등이 세상에 처음으로 나오다.
④ ㉣: 들인 노력에 비하여 얻는 결과가 큰 것
⑤ ㉤: 쓸모가 있다.

06 어휘의 의미 파악하기
㉠ ~ ㉤에 선택지의 사전적 의미를 대신 넣어봤을 때 어색하지 않은지 살펴보세요.

• **쓸모**: 쓸 만한 가치

07 ㉮를 항상 비워 두지 않아도 된다고 생각하는 사람들의 견해를 정리하여 〈조건〉에 맞게 쓰시오.

〔서술형〕

───── 〈조건〉 ─────
1. '의무'라는 단어를 포함할 것
2. 한 문장으로 쓸 것

07
4문단을 참고하여 교통 약자 배려석을 항상 비워 두지 않는다는 사람들의 의견을 정리해 보세요.

• **의무**: 사람으로서 마땅히 하여야 할 일

[01~03] 〈보기〉에서 알맞은 말을 골라 쓰시오.

┌─────── 〈보기〉 ───────┐
│   양보   존재   인용   │
└──────────────────────┘

01 지구에는 수많은 생명체가 □□한다.

02 민지는 동생에게 자신이 먹을 빵을 □□했다.

03 우리 교장 선생님은 말씀 중에 속담을 자주 □□하신다.

[04~06] 다음에 제시된 한자의 뜻을 참고하여 단어의 의미를 쓰시오.

04 약자(弱者): 弱(약: 약하다) + 者(자: 사람)
➡ 힘이나 세력이 □□ 사람

05 좌석(座席): 座(좌: 자리) + 席(석: 앉을 자리)
➡ 앉을 수 있게 마련된 □□

06 지정(指定)하다: 指(지: 가리키다) + 定(정: 정하다) + 하다
➡ □□□아/어 확실하게 정하다.

[07~09] 다음 중 알맞은 단어를 고르시오.

07 버스에 사람이 너무 많아 (한산 / 혼잡)하다.

08 도서관 곳곳에 앉아서 책을 볼 수 있는 시설이 (마련 / 마비)되어 있었다.

09 승아는 다른 사람을 먼저 (배려 / 배반)하는 따뜻한 마음을 가진 친구이다.

[10~12] 다음을 참고하여, 빈칸에 알맞은 말을 쓰시오.

┌──────────────────────────┐
│ • ㅆㅁ : 쓸 만한 가치   │
│ • ㅇㅁ : 사람으로서 마땅히 하여야 할 일 │
│ • ㅇㅇ : 어떤 사실이나 행위 따위가 갖는 중요성이나 │
│   가치   │
└──────────────────────────┘

10 그는 낡아서 □□이/가 없게 된 물건들을 버리기로 했다.

11 이번 독서회는 회원 모두가 참가했다는 점에서 큰 □□이/가 있다.

12 할머니께서는 학생이 공부를 열심히 하는 것이야말로 학생의 □□(이)라고 말씀하셨다.

누구에게나 불편함이 없는 환경 _ 유니버설 디자인(Universal Design)

배 경 지 식

장애가 있거나 나이가 많은 사람도 어디든 자유롭게 다니고, 어떠한 물건이든 자유롭게 쓸 수 있다면 얼마나 좋을까요? 이를 꿈꾸는 디자인이 바로 유니버설 디자인입니다. 유니버설 디자인이란 신체의 상황이나 능력의 차이와 상관없이 누구나 손쉽게 쓸 수 있는 제품이나 공간의 디자인을 의미합니다.

오른쪽에 제시된 사진 속의 두 문고리를 봅시다. 위쪽의 문고리는 손으로 꽉 움켜쥐고 돌릴 힘이 있어야 문을 열 수 있는 방식입니다. 문고리는 손에 장애가 있는 사람이나 손에 힘이 부족한 사람은 사용하기 어렵습니다. 반면 아래쪽의 문고리는 힘을 주어 누르기만 하면 열리는 방식입니다. 손에 장애가 있어도, 힘이 부족한 사람이더라도 이 문고리를 누르기만 하면 쉽게 문을 열 수 있습니다.

위와 같은 유니버설 디자인 등을 통해 점차 우리 사회에 누군가를 배려해야 하는 환경이 아니라 누구나 불편함이 없는 환경이 만들어진다면, 모든 사람이 서로에 대한 벽을 좀 더 허물 수 있을 것입니다.

분위기는 글씨로 전하세요. [예술]

 * 다음 글을 읽고, 물음에 답하시오.

서점에 가서 책 표지를 둘러보면 알록달록한 그림과 색깔 외에도 우리의 눈길을 모으는 것이 있다. 바로 글씨이다. 전문적인 지식을 담은 책의 표지에는 직선으로 이루어져 딱딱한 느낌을 주는 글씨가, 어린아이들을 위한 동화책의 표지에는 동글동글 귀여운 느낌을 주는 글씨가 표지를 장식하고 있다. 책의 표지 외에도 인기 가수의 공연 포스터 속 글씨, 우리가 구매하는 과자 포장지의 과자 이름을 ㉠표기한 글씨까지, 사람들은 글씨를 ㉡활용하여 자신이 전달하고자 하는 분위기를 드러낸다. 이처럼 글씨를 활용하여 시각적으로 분위기를 나타내는 것을 타이포그래피라고 한다.

타이포그래피를 할 때 가장 먼저 ⓐ고려할 것은 서체와 폰트(Font)이다. 보통 서체와 폰트는 ㉢비슷한 의미로 쓰이지만 ⓑ타이포그래피에서는 둘을 구분한다. 서체는 '명조체', '고딕체'와 같은 글씨의 모양을 의미하고, 폰트는 글씨의 크기, 혹은 글씨를 굵게 하거나 기울이는 등 서체 안의 특정 스타일을 의미한다.

두 번째로 고려할 것은 계층 구조이다. 한 장면 안에 있는 모든 글씨가 똑같이 중요하지 않다. 전달하고자 하는 내용 중 더 중요한 부분은 ㉣강조하여 계층 구조를 나타내면 ⓒ이것을 보는 사람들이 무엇이 중요한지를 더 쉽게 파악할 수 있다. 예를 들어 영화 포스터에서는 영화의 제목을 가장 크고 두꺼운 글씨로 표기하거나, 제목의 모양을 ㉤독특하게 디자인하여 눈에 잘 띄는 곳에 배치한다. 그리고 영화에 대한 간단한 정보나 홍보 문구는 제목보다 작은 글씨로 배치한다. 이러한 계층 구조 덕분에 영화 포스터를 슥 훑기만 해도 우리는 영화에 대한 정보를 쉽게 파악할 수 있다.

타이포그래피를 할 때 가장 중요하게 고려해야 할 것은 가독성이다. 가독성이란 글이 얼마나 쉽게 읽히는가 하는 능률의 정도를 의미한다. 아름답고 창의적인 것도 좋지만 결국 글자는 사람들에게 읽히기 위한 것이기 때문에, 사람들이 정보를 쉽게 파악할 수 있도록 하는 것이 가장 중요하다.

우리도 일상생활에서 타이포그래피를 활용한다. 발표를 하기 위해 자료를 만들 때, 사람들이 발표 자료에 주목할 수 있도록 중요한 글자는 더 크고 두껍게 하여 중앙에 배치하는 것도 타이포그래피라고 할 수 있다. 앞으로 발표를 하게 된다면 타이포그래피를 할 때 고려해야 할 요소들을 생각하며 발표 자료를 만들어 보자. 사람들에게 내가 전달하고자 하는 바를 좀 더 효과적으로 전달할 수 있을 것이다.

🐱 지문을 읽으면서 핵심어에는 동그라미, 중심 문장에는 밑줄을 그으세요.

▲ 전문적이지만 귀여운 느낌을 주는 글씨가 사용된 책의 표지

- **분위기**: 그 자리나 장면에서 느껴지는 기분
- **전문적**: 어떤 분야에 상당한 지식과 경험을 가지고 그 일을 잘하는 것
- **장식하다**: 액세서리 따위로 치장하다.
- **전달하다**: 지시, 명령, 물품 따위를 다른 사람이나 기관에 전하여 이르게 하다.
- **시각적**: 눈으로 보는 것
- **구분하다**: 일정한 기준에 따라 전체를 몇 개로 갈라 나누다.
- **계층**: 사회적 지위가 비슷한 사람들의 층
- **파악하다**: 어떤 대상의 내용이나 본질을 확실하게 이해하여 알다.
- **배치하다**: 사람이나 물자 따위를 일정한 자리에 알맞게 나누어 두다.
- **능률**: 일정한 시간에 할 수 있는 일의 비율
- **주목하다**: 관심을 가지고 주의 깊게 살피다.

08 다음 중 맞는 것에 ○ 표시하시오.

(1) ⓐ '**고려할**'의 사전적 의미는?

① 생각하고 헤아려 보다.　（　　　）

② 이미 지난 일을 다시 돌이켜 생각하다.　（　　　）

(1) 어휘의 의미 파악하기

(2) ⓒ '**이것**'의 의미는?

① 전달하고자 하는 내용 중 더 중요한 부분을 강조하여 계층 구조를 나타낸 것 （　　）

② 전달하고자 하는 내용 중 간단한 정보만을 더 강조하여 눈에 띄게 배치한 것 （　　）

(2) 지시어의 의미 파악하기

(3) ⓑ '**타이포그래피에서는 둘을 구분한다.**'의 의미는?

① 타이포그래피에서 서체와 폰트는 서로 다른 의미로 사용된다.　（　　）

② 타이포그래피에서 서체와 폰트는 다른 모양의 글씨체를 의미한다.　（　　）

(3) 문장의 의미 파악하기
'둘'이 무엇을 가리키는지 확인해 보세요.

09 〈문단 요약〉을 바탕으로 윗글의 구조도를 그리시오.

〈문단 요약〉
②문단 타이포그래피의 고려 요소 ① 서체와 폰트
③문단 타이포그래피의 고려 요소 ② 계층 구조
④문단 타이포그래피의 고려 요소 ③ 가독성

〈구조도〉

09 글의 구조 파악하기
윗글의 내용을 바탕으로 글의 구조를 생각해 보세요.
• **구조**: 부분이나 요소가 어떤 전체를 짜 이룸.
• **가독성**: 인쇄물이 얼마나 쉽게 읽히는가 하는 능률의 정도

5문단에서는 일상생활에서 타이포그래피를 할 때 고려해야 할 요소들을 생각해 보자면서 글을 마무리했습니다.

①문단
타이포그래피의
개념

⑤문단
일상생활에서도
사용되는
타이포그래피

2~4문단에서는 타이포그래피의
고려 요소 3가지를 나누어 제시했습니다.

10 윗글의 주제로 가장 알맞은 것은?

① 타이포그래피의 장점과 단점

② 타이포그래피를 활용하는 분야

③ 아름다운 영화 포스터를 만드는 방법

④ 사람들이 관심을 갖는 발표 자료를 만드는 방법

⑤ 타이포그래피의 개념과 타이포그래피를 할 때 고려해야 할 요소

10 주제 찾기

11 윗글을 읽고 알 수 <u>없는</u> 것은?

`내신형`

① 가독성의 개념
② 서체와 폰트의 차이
③ 타이포그래피의 개념
④ 타이포그래피의 개념을 만든 사람
⑤ 타이포그래피를 할 때 가장 중요하게 생각해야 하는 것

11 내용 파악하기

12 다음은 국어 시간에 발표를 한 학생의 발표 자료이다. 윗글을 바탕으로 조언한 내용으로

`수능형` 알맞지 <u>않은</u> 것은?

> 첫 사랑을 약 속 두 근 거 림 ♪
> < 통 백 꽃 > 줄 거 리
>
> '나'는 정순이네 집에서 일을 하는 남자아이다. 정순이는 닭싸움을 시키는 등
> '나'를 자꾸 골탕 먹인다. 약이 오른 '나'는 정순이의 수탉을 때려 죽인다.
> '나'는 크게 혼날까봐 겁에 질려 울었다. 그걸 본 정순이가 닭 걱정은 하지 말라고
> 다독이고, '나'와 정순이는 동백나무 사이에 겹쳐 쓰러진다.

① 제목의 폰트를 좀 더 크고 두껍게 바꿔 보는 것은 어떨까?
② 제목의 서체를 깔끔한 것으로 바꾸면 가독성이 높아지지 않을까?
③ 전체적으로 글씨 크기가 너무 작은데, 폰트를 바꾸는 것은 어떨까?
④ 전체 내용 중 더 중요한 부분만 강조하여 계층 구조를 나타내는 것이 어때?
⑤ 가독성을 높이기 위해 글씨의 색을 연한 분홍색으로 바꿔보는 것은 어떨까?

12 구체적 사례에 적용하기
〈보기〉는 학생의 발표
자료입니다. 윗글의 내용을
바탕으로 타이포그래피를
어떻게 할 수 있을지 생각해
봅시다.

13 ㉠~㉢의 사전적 의미로 알맞지 <u>않은</u> 것은?

`수능형`

① ㉠: 적어서 나타내다.
② ㉡: 충분히 잘 이용하다.
③ ㉢: 두 개의 대상이 크기, 모양, 상태, 성질 따위가 똑같지는 아니하지만
　　전체적 또는 부분적으로 일치하는 점이 많은 상태에 있다.
④ ㉣: 어떤 부분을 특별히 강하게 주장하거나 두드러지게 하다.
⑤ ㉤: 말하는 것이나 행동하는 것이 신통하여 귀염성이 있다.

13 어휘의 의미 파악하기

14 타이포그래피를 활용하여 발표 자료를 준비할 때 고려해야 하는 요소를 〈조건〉에 맞게

`서술형` 쓰시오.

> ─── 〈조건〉 ───
> 1. 윗글에서 2가지 이상을 찾아 쓸 것
> 2. 한 문장으로 쓸 것

14
2~4문단에서 설명하고
있는 타이포그래피를 할 때
고려해야 할 요소를 떠올려
보세요.

[01~04] 다음 단어의 뜻을 보고 십자말풀이를 채워 완성하시오.

01	03			
				04
		02		

[가로 말풀이]

01 일정한 기준에 따라 전체를 몇 개로 갈라 나누다.

02 눈으로 보는 것

[세로 말풀이]

03 그 자리나 장면에서 느껴지는 기분

04 어떤 분야에 상당한 지식과 경험을 가지고 그 일을 잘하는 것

[05~06] 다음 단어의 사전적 의미가 맞으면 ○, 틀리면 ×표를 하시오.

05 파악하다: 깨뜨리거나 찢어서 내버리다.　　(　)

06 가독성: 인쇄물이 얼마나 쉽게 읽히는가 하는 능률의 정도　　(　)

[07~10] 문맥을 고려하여 알맞은 말을 고르시오.

07 민후는 친구에게 선물 받은 공책을 스티커로 (의식 / 장식)했다.

08 물놀이 사고를 예방하기 위해 해변에 안전 요원을 (배송 / 배치)하기로 했다.

09 박물관에 간 나와 내 동생은 가장 화려한 미술품이 무엇인지에 (주목 / 주지)하기로 했다.

10 발표를 할 때 청중에게 효과적으로 발표 내용을 (전송 / 전달)하려면 큰 목소리로 말해야 한다.

[11~12] 다음을 참고하여, 빈칸에 알맞은 말을 쓰시오.

> • ㄴㄹ : 일정한 시간에 할 수 있는 일의 비율
> • ㄱㅈ : 부분이나 요소가 어떤 전체를 짜 이룸.

11 오늘은 이 한옥의 ☐☐을/를 모두 함께 살펴봅시다.

12 공부를 할 때 ☐☐을/를 높이려면 어떻게 해야 할까?

배　경　지　식

감성을 담은 글씨, 캘리그래피(Calligraphy)

타이포그래피와 비슷하지만 우리에게 더 익숙한 것은 캘리그래피일 것입니다. 타이포그래피가 글씨의 모양이나 배치 등 글씨와 관련된 디자인을 두루 말하는 것이라면, 캘리그래피는 '손으로 그린 문자', 즉 글자를 아름답게 쓰는 것을 의미합니다. 일반적으로 캘리그래피를 우리나라의 서예라고 번역하기도 하지만, 캘리그래피는 '아름다운 서체'라는 뜻의 그리스어 'Kalligraphia'에서 유래된 것으로 손으로 글씨를 쓰는 것을 가리킵니다. 타이포그래피가 의미를 전달하는 것에 가장 큰 목적을 두고 있다면 캘리그래피의 목적은 의미 전달보다는 글자 자체의 독특한 아름다움을 표현하는 것입니다.

　개성과 감성을 중시하는 현대 사회에서 캘리그래피에 대한 사람들의 관심은 점차 커지고 있습니다. 모양이 일정하게 정해져 있는 기존의 서체에 비해 캘리그래피는 자신만의 개성과 감성을 담을 수 있기 때문입니다.

비문학이 쉬워지는 핵심 개념어 20

① **화제** : 글에서 다루고 있는 대상

② **중심 화제**
글쓴이가 가장 주목하는 대상이면서, 중심 내용과 관련된 것

③ **중심 내용** : 화제에 대해 글쓴이가 말하고자 하는 주된 내용

④ **정의** : 어떤 대상의 뜻을 구체적으로 밝혀 주는 방법
➡ '~은/는 ~(이)다 / (이)라고 한다.'
　'~을/를 ~(이)라고 한다.'

⑤ **예시** : 구체적인 사례를 들어 설명하는 방법
➡ '예를 들어', '예컨대', '이를테면'

> [ ] : 예시
> [지난 2022년 카타르에서 열린 월드컵 이후 우리나라에서는
> '중요한 것은 꺾이지 않는 마음'의 줄임말인 '중꺾마'라는
> 말이 유행하였다.] '중꺾마'와 같은 <u>유행어는</u> <u>어느 한 시기에</u>
> 　　　　　　　　　중심 화제
> <u>널리 쓰이다가 안 쓰이게 되는 새로운 말의 일종이다.</u>
> 　중심 내용　　　　　　　　　　　　　정의
> 유행어는 당시의 사회 분위기를 담아 만들어진다.

⑥ **비교** : 두 대상 사이의 공통점을 중심으로 설명하는 방법
➡ '~ 역시', '~ 와/과 비슷하게', '마찬가지로'

⑦ **대조** : 두 대상 사이의 차이점을 중심으로 서술하는 방법
➡ '~와/과 달리', '반면에', '한편'

> 비교
> 이들은 당시 자본주의 사회의 일상의 모습을 대상으로 삼은
> 점에서는 공통적이다. 팝아트는 대상을 함축적으로
> 변형했지만 하이퍼리얼리즘은 대상을 정확하게 재현하려고
> 하였다.
> 　대조

⑧ **구분** : 대상을 기준에 따라 몇 부분으로 나누어 설명하는 방법

⑨ **분류** : 어떤 대상을 특정한 기준에 따라 나누어 제시하는 방법
대상들 사이에 공통점이 있어야 하며, 하나의 기준을 적용해야 함.

> 　　　대상
> 우리나라의 전통 가옥은 지붕의 재료에 따라 기와집과
> 초가집으로 구분할 수 있다.　기준

⑩ **분석**
어떤 대상을 구성하고 있는 요소, 부분으로 나누어 설명하는 방법

⑪ **인용** : 다른 사람의 말이나 책의 내용 등을 가져다 쓰는 방법

> 전문가들은 우리가 하품을 하는 이유를 정서적 반응의
> 결과라고 설명한다.　전문가들의 견해를 가져옴.

⑫ **인과**
어떠한 행동, 일 등이 발생하게 된 원인과 그 결과를 제시하는 방법
➡ '그 결과', '~(이)기 때문에'

> 　　　원인
> 교통과 통신 수단의 발달에 따라 국경을 넘나드는 자본과
> 노동의 이동이 가속화되었다.　결과

⑬ **과정** : 순서대로 어떠한 현상이 일어나게 되었는지 설명하는 방법

> 에어프라이어의 전원이 연결되면 이 열선에서 열이 발생하고,
> 　　　　　　　①　　　　　　　　　　　　②
> 발생한 열은 에어프라이어 내부의 공기를 데운다. 이후
> 열선의 위쪽에 위치한 팬이 빠른 속도로 회전하여, 열선이
> 　　　　　　　③
> 뜨겁게 만든 공기를 에어프라이어 안에서 빠르게 순환시킨다.
> 　　　　　　　　④
> 　⑤　　　　　　①→②→③→④→⑤의 과정

⑭ **나열** : 하나의 주제에 대해 비슷한 대상을 늘어 놓는 방법

> 식물이 물을 뿌리에서 흡수하여 잎까지 보내는 데는 뿌리압,
> 모세관 현상, 증산 작용으로 생긴 힘이 복합적으로 작용한다.
> 식물이 뿌리에서부터 잎까지 물을 끌어올리는 데 작용하는 힘을 나열함.

⑮ **절충**
서로 다른 관점이나 이론을 제시한 후, 이들을 종합하여
새로운 내용을 제시하는 방법

> 　　　　　　서로 다른 관점
> 최근 노동 양식에 주목한 생산학파와 소비 양식에 주목한
> 소비학파의 입장을 종합하려는 연구가 진행되고 있다.
> 　　　　　　새로운 관점

⑯ **묘사** : 어떤 대상 등을 그림 그리듯이 표현하는 방법

⑰ **주장 – 근거(이유)**
어떠한 문제, 현상에 대한 주장과 그렇게 생각하는
까닭(근거/이유)를 제시하는 방법

> 　주장
> 우리처럼 뉴스를 보는 사람들도 뉴스를 비판적으로 받아들이려
> 노력해야 한다. 동영상 재생 플랫폼과 검색 누리집 측에서
> 기울이는 노력만으로는 가짜 뉴스가 유포되는 것을 막을 수
> 없기 때문이다.　근거

⑱ **문제 – 해결**
문제 상황을 제시한 후 이에 대한 해결 방법을 제시하는 방법

> [ ] : 문제 상황
> [최근 전 세계는 지구 온난화로 인해 폭염, 폭설, 태풍, 산불
> 등의 이상 기후로 몸살을 앓고 있다.] 이를 해결하기 위해서는
> 탄소 배출 자체를 줄여야 한다.
> 　해결 방안

⑲ **질문 – 답변**
화제에 대해 질문을 던진 후, 이에 대해 답을 하는 방법

> 　질문
> 이러한 현상이 발생하는 까닭은 무엇일까? 이 현상은 달의
> 공전 궤도가 타원 궤도라는 점과 관련이 있다.
> 　답변

⑳ **시간의 흐름** : 시간의 흐름에 따른 대상의 변화를 설명하는 방법

> 　　　　　　　대상
> 이후 9~10세기경 서양에서 악보가 생겨났고,
> 10세기경에 가로로 된 줄, 즉 보표를 활용하여 악보를
> 그리기 시작했다. 12세기경에는 4줄짜리 보표를 사용하여
> 악보를 그렸고, 13세기에 이르러 지금처럼 5줄짜리 보표를
> 활용하여 악보를 그리기 시작했다.

STEP Ⅳ

[학교 시험 대비]
실력 향상 TEST

앞에서 학습한 내용을 바탕으로 실전 감각을 익히면, 모든 과목 성적이 쑥쑥 오릅니다.

[01~05] 다음 글을 읽고, 물음에 답하시오.

최근에 문신을 개성을 나타내는 자아 표현의 수단이자 하나의 예술로 보는 시각이 늘어나고 있다. 이와 같은 인식이 우리 사회에 퍼짐에 따라 자신의 몸에 문신을 새기는 사람들도 점차 늘어나고 있다. 반면 이미 자신의 몸에 새긴 문신을 다시 지우려고 하는 사람들도 늘어나고 있다.

하지만 문신을 지우는 것은 문신을 새기는 것보다 간단하지 않다. 문신을 새길 때는 1회, 혹은 2회 정도의 시술을 ㉠받으면 되지만 문신을 지우기 위해서는 적게는 5회에서 많게는 수십 회 이상의 시술을 받아야 한다. 그렇다면 문신을 새기는 것보다 문신을 지우는 것이 더 어려운 이유는 무엇일까? 그것은 우리 몸에 문신을 새기는 원리와 우리 몸의 문신을 지우는 원리를 살펴보면 쉽게 파악할 수 있다.

문신은 바늘을 이용해 피부 조직층인 진피에 잉크를 넣어 그림이나 글씨 등을 새기는 행위이다. 진피에는 상처가 난 곳으로 들어온 병원균을 잡아먹는 면역 세포인 대식 세포가 있는데, 이 대식 세포는 진피 속에 들어온 잉크를 병원균으로 인식해 문신을 새길 때 우리 몸에 들어온 잉크를 잡아먹고 잉크의 색으로 염색된다. 염색된 대식 세포는 수명을 다해 죽을 때 자신이 잡아먹은 잉크를 뱉어내지만, 죽은 대식 세포 근처에 있던 다른 대식 세포가 그 잉크를 다시 먹고, 죽은 대식 세포의 자리를 대체하게 된다. 이러한 대식 세포의 특성 때문에 한번 진피에 들어온 잉크는 몸 밖으로 나가지 못하고 피부에 계속 남게 되어 문신이 유지된다.

문신을 지우는 것이 어려운 이유도 이러한 대식 세포의 특성과 관련이 있다. 문신을 지우기 위해서는 대식 세포가 먹은 잉크를 몸 밖으로 내보내야 한다. 이를 위해 병원에서는 레이저를 이용해 진피에 있는 잉크를 잘게 쪼갠다. 그러나 이렇게 쪼개진 잉크 입자를 주변의 다른 대식 세포가 받아먹기 때문에 진피에 들어온 잉크를 모두 몸 밖으로 내보내기란 쉽지 않다. 이러한 이유 때문에 한 번이 아니라 ㉯여러 차례 레이저 시술을 받더라도 문신을 완벽하게 지우기 어렵다.

대식 세포의 특성으로 인해 한번 피부에 새긴 문신은 쉽게 사라지지 않으며 나중에 지우더라도 그 흔적이 남아 본래의 상태로 돌아가기는 매우 어렵다. 멋과 개성을 위해 우리 몸에 문신을 새기는 데 걸리는 시간은 짧지만, 그것을 지우는 데 걸리는 시간은 매우 길다. 그만큼 문신을 지우는 과정에는 많은 고통과 비용이 따르게 된다. 그러므로 몸에 문신을 새기기 전에는 자신이 문신을 새겨야 하는 이유 등에 대해 신중하게 생각해 보아야 한다.

01

윗글의 내용으로 알맞지 <u>않은</u> 것은?

① 문신을 예술이라고 보는 사람들이 있다.
② 대식 세포는 상처가 난 곳의 병원균을 염색시킨다.
③ 우리 몸속에 들어온 병원균은 대식 세포가 처리한다.
④ 문신을 새길 때보다 지울 때 더 많은 시술을 받아야 한다.
⑤ 레이저를 활용하면 대식 세포가 먹은 잉크를 잘게 쪼갤 수 있다.

02

문신을 새긴 후 이것이 유지되는 과정을 <u>잘못</u> 나타낸 것은?

| 진피로 잉크가 들어옴. | ① |

↓

| 대식 세포가 잉크를 잡아먹음. | ② |

↓

| 대식 세포가 잉크 색으로 염색됨. | ③ |

↓

| 대식 세포가 죽으면서 잉크를 뱉어 냄. | ④ |

↓

| 대식 세포가 뱉어낸 잉크가 몸 밖으로 빠져나감. | ⑤ |

03

글쓴이의 주장으로 가장 알맞은 것은?

① 문신을 자아 표현의 수단으로 받아들여야 한다.
② 레이저를 활용하여 문신을 완벽히 지워야 한다.
③ 문신을 활용하여 자신의 멋과 개성을 표현해야 한다.
④ 문신을 지우는 과정에 따르는 고통과 비용을 최대한 줄여야 한다.
⑤ 문신을 새기면 지우기 어려우므로 문신을 새기기 전에 깊이 생각해 보아야 한다.

04

각 문장의 밑줄 친 부분이 ㉠과 같은 의미로 쓰인 것은?

① 오늘은 손님을 그만 <u>받자</u>.
② 너는 파란색 옷이 잘 <u>받는구나</u>!
③ 자동차가 가로등을 <u>받고</u> 부서졌다.
④ 배가 아파서 의사 선생님께 진료를 <u>받았다</u>.
⑤ 할아버지께서는 빗물을 양동이에 <u>받으라고</u> 하셨다.

05 서술형

㉯의 이유를 〈조건〉에 맞게 쓰시오.

> ─── 〈조건〉 ───
> 1. '대식 세포'라는 말을 활용할 것
> 2. '~ 때문이다.' 형식의 한 문장으로 쓸 것

_____

_____

_____

_____

DAY
13

─────────────────── **어휘 풀이**

- **자아**: 자기 자신에 대한 의식이나 관념
- **수단**: 어떤 목적을 이루기 위한 방법. 또는 그 도구
- **인식**: 사물을 분별하고 판단하여 앎.　　• **새기다**: 글씨나 형상을 파다.
- **시술**: 병이나 상처를 고치는 기술 또는 의학에 관련되는 기술을 베풂. 또는 그런 일
- **조직**: 동일한 기능과 구조를 가진 세포의 집단
- **진피**: 표피와 함께 피부를 형성하며, 모세 혈관과 신경이 들어와 있다.
- **면역**: 몸속에 들어온 병원 미생물에 대항하거나 병원 미생물을 죽여서 다음에는 그 병에 걸리지 않도록 된 상태. 또는 그런 작용
- **수명**: 생물이 살아 있는 연한 ≒ 수
- **대체하다**: 다른 것으로 대신하다.
- **특성**: 일정한 사물에만 있는 특수한 성질 ≒ 특이성
- **유지되다**: 어떤 상태나 상황이 그대로 보존되거나 변함없이 계속되어 지탱되다.
- **흔적**: 어떤 현상이나 실체가 없어졌거나 지나간 뒤에 남은 자국이나 자취
- **신중하다**: 매우 조심스럽다.

최근 몇 년간 사람들 사이에서 '자존감'에 대한 관심이 뜨겁다. 서점에서는 자존감에 대해 다룬 책들이 날마다 쏟아져 나오고 있고, 각종 동영상 플랫폼에서도 자존감과 관련된 강연 영상들을 쉽게 찾아볼 수 있다. ㉮자존감을 높이기 위해서는 어떻게 해야 할까?

자존감이란 자기 스스로 자신을 어떻게 ⓐ인식하고 받아들이는지에 대한 개념으로, 자신에 대한 신뢰와 존경을 의미한다. 어린 시절부터 형성되는 자존감은 가정 환경, 문화적 배경 등 많은 ⓑ요인의 영향을 받게 된다. 그중에서도 자존감 형성에 가장 큰 영향을 미치는 것이 바로 다른 사람들과의 관계 속에서 그들로부터 받는 피드백이다. 다른 사람들로부터 칭찬이나 인정 등 긍정적인 평가를 충분히 받은 사람은 높은 자존감을 ⓒ형성하지만, 외면을 당하는 등 부정적인 평가를 많이 받은 사람은 낮은 자존감을 형성한다.

㉠자존감이 높은 사람들은 자신의 가치를 높게 평가하고 자신에게 긍정적인 태도를 보인다. 이들은 자신을 존중하는 만큼 다른 사람들도 존중하므로 다른 사람들과 건강한 인간관계를 이루며, 도전적인 목표를 세우고 그 목표를 이루기 위해 적극적으로 노력한다. 반면, ㉡자존감이 낮은 사람들은 자신의 가치를 낮게 평가하고 자신에게 부정적인 태도를 보인다. 이들은 다른 사람들의 반응을 ⓓ비관적으로 받아들이므로 다른 사람들과 관계를 맺기 어려워하기도 하고, 실패를 두려워하며 모험을 하는 일이 적다.

중요한 것은 자존감을 형성하는 과정이 반복된다는 것이다. 다른 사람에게 긍정적인 피드백을 많이 받은 사람은 자존감이 높아지며, 높은 자존감을 바탕으로 다른 사람들과의 소통에도 적극적으로 ⓔ임하게 된다. 그래서 자존감이 높은 사람들은 다른 사람들로부터 다시 긍정적 피드백을 받을 확률이 높아지고, 이는 또 높은 자존감으로 이어진다. 마찬가지로 부정적 피드백을 많이 받아 자존감이 낮은 사람은 다른 사람들과의 소통에 소극적으로 임하게 된다. 그 결과 다른 사람들로부터 또다시 부정적 피드백을 받게 되어 원래의 낮은 자존감이 더욱 굳어지게 된다.

이와 같은 점들을 고려할 때 자존감을 높이는 방법은 다른 사람들과 긍정적인 피드백을 주고받으면서 적극적으로 소통하는 것이라고 할 수 있다. 긍정적 피드백을 주는 사람과의 관계에 집중하고, 나 또한 다른 사람에게 긍정적 피드백을 많이 주기 위해 노력하는 것이다. 다른 사람들과의 관계 속에서 자신의 소통 방식을 돌아볼 때, 높은 자존감을 형성할 수 있을 것이다.

06

〈보기〉 중 윗글에 대한 설명으로 알맞은 것을 <u>모두</u> 고른 것은?

─〈보기〉─

ㄱ. 질문과 답변의 형식으로 내용을 전개하고 있다.
ㄴ. 자존감을 형성할 때 영향을 미치는 요인들을 나열하고 있다.
ㄷ. 자존감이 높은 사람들과 낮은 사람들의 특성을 비교하고 있다.
ㄹ. 일상생활에서 자주 볼 수 있는 대상에 빗대어 자존감에 대해 설명하고 있다.

① ㄱ, ㄴ   ② ㄱ, ㄷ   ③ ㄱ, ㄴ, ㄷ
④ ㄱ, ㄴ, ㄹ   ⑤ ㄴ, ㄷ, ㄹ

07

윗글의 내용으로 알맞지 <u>않은</u> 것은?

① 많은 사람들이 자존감에 관심을 갖고 있다.
② 자존감은 문화적 배경의 영향을 받아 어린 시절부터 형성된다.
③ 자존감 형성에 가장 큰 영향을 미치는 요소는 가정 환경이다.
④ 자존감이란 자기 자신을 어떻게 인식하고 받아들이는지와 관련된다.
⑤ 자존감을 높이려면 다른 사람들과 긍정적인 피드백을 주고받아야 한다.

08

㉠, ㉡에 대해 이해한 내용으로 알맞지 <u>않은</u> 것은?

① ㉠은 어떤 것을 이루기 위해 적극적으로 노력한다.
② ㉡은 자신을 신뢰하지 않거나 존경하지 않는 등 자신에게 부정적인 태도를 갖고 있다.
③ ㉠은 ㉡과 달리 건강한 인간관계를 이룬다.
④ ㉠은 ㉡과 달리 자신의 가치를 높게 평가한다.
⑤ ㉠과 ㉡은 모두 자신의 가치를 객관적으로 평가한다.

09

ⓐ~ⓔ의 사전적 의미로 알맞지 <u>않은</u> 것은?

① ⓐ: 사물을 분별하고 판단하여 알다.
② ⓑ: 사물이나 사건이 성립되는 까닭. 또는 조건이 되는 요소
③ ⓒ: 어떤 형상을 이루다.
④ ⓓ: 현상이나 사물의 옳고 그름을 판단하여 밝히거나 잘못된 점을 지적하는 것
⑤ ⓔ: 어떤 사태나 일을 대하다.

10 [서술형]

글쓴이가 ㉮와 같은 질문을 하는 사람에게 무엇이라고 답할지 〈조건〉에 맞게 쓰시오.

─〈조건〉─

1. 윗글에서 찾아 쓸 것
2. '~야 한다.' 형식의 한 문장으로 쓸 것

_____

_____

_____

_____

─────────────────────────── 어휘 풀이

• **다루다**: 어떤 것을 소재나 대상으로 삼다.
• **쏟아지다**: 어떤 일이나 대상, 현상이 한꺼번에 많이 생기다.
• **받아들이다**: 어떤 사실 따위를 인정하고 용납하거나 이해하고 수용하다.
• **개념**: 어떤 사물이나 현상에 대한 일반적인 지식
• **신뢰**: 굳게 믿고 의지함.   • **형성되다**: 어떤 형상이 이루어지다.
• **영향**: 어떤 사물의 효과나 작용이 다른 것에 미치는 일
• **피드백**: 진행된 행동이나 반응의 결과를 본인에게 알려 주는 일
• **존중하다**: 높이어 귀중하게 대하다.
• **반복되다**: 같은 일이 되풀이되다.
• **굳어지다**: 흔들리거나 바뀌지 아니할 만큼 힘이나 뜻이 강하게 되다.
• **돌아보다**: 지난 일을 다시 생각하여 보다.
• **전개하다**: 내용을 진전시켜 펴 나가다.
• **나열하다**: 죽 벌여 놓다.
• **빗대다**: 곧바로 말하지 아니하고 빙 둘러서 말하다.
• **그르다**: 어떤 일이 사리에 맞지 아니한 면이 있다.
• **지적하다**: 허물 따위를 드러내어 폭로하다.

▶ 정답: 문제편 **186**쪽

[01~04] 〈보기〉에서 알맞은 말을 골라 쓰시오.

〈보기〉
신뢰   영향   특성   흔적

01 약속을 어기거나 자신이 한 말을 지키지 않으면 그 사람에게 [ ][ ]을/를 가지기 어렵다.

02 이 도시의 가장 큰 [ ][ ]은/는 도시 한 가운데를 가로지르는 큰 강이다.

03 방학을 맞이하여 혼자 다녀온 여행은 나의 유년 시절에 가장 큰 [ ][ ]을/를 남긴 경험이 되었다.

04 나는 이 책에 담긴 글쓴이의 생각에 많은 [ ][ ]을/를 받았다.

[05~08] 제시된 글자를 조합하여 빈칸에 들어가기에 알맞은 단어를 만드시오.

수	단	풍	자
선	아	송	명
기	조	나	무
직	주	박	괴

05 궁지에 몰린 적들이 다급하게 내세운 최후의 [ ][ ]은/는 우리의 보급로를 끊겠다고 협박하는 것이었다.

06 청소년기는 [ ][ ]이/가 형성되는 중요한 시기이다.

07 그는 이 사고로 인해 근육 [ ][ ]이/가 손상되었다는 판정을 받았다.

08 우리 동네 꽃집에서는 식물의 [ ][ ][ ]을/를 연장하는 데 도움이 되는 보조제를 판매하고 있다고 한다.

[09~12] 주어진 초성과 뜻풀이를 바탕으로 빈칸에 들어가기에 알맞은 단어를 문맥에 맞게 쓰시오.

09 ㄷㅇㅂㄷ: 지난 일을 다시 생각하여 보다.
➡ 12월에는 보통 지난 한 해를 [ ][ ][ ][ ] 내년의 계획을 세우곤 한다.

10 ㄱㅇㅈㄷ: 흔들리거나 바뀌지 아니할 만큼 힘이나 뜻이 강하게 되다.
➡ 아픈 동생을 돌보다가 내 꿈이 의사가 되는 것으로 [ ][ ][ ] 나는 지금도 그 꿈을 이루기 위해 노력하고 있다.

11 ㅇㅈㄷㄷ: 어떤 상태나 상황이 그대로 보존되거나 변함없이 계속되어 지탱되다.
➡ 오래간만에 찾아 간 초등학교는 변한 것이 별로 없이 [ ][ ][ ]고 있었다.

12 ㄴㅇㅎㄷ: 죽 벌여 놓다.
➡ 영화제에서 큰 상을 받은 배우 ○○○씨는 수상 소감 도중 자신에게 도움을 준 사람들의 이름을 [ ][ ][ ]며 눈물을 흘렸다.

[13~18] 제시된 초성을 참고하여 밑줄 친 부분과 같은 뜻이 되도록 빈칸을 채우시오.

13 최근 전 세계적으로 유행하고 있는 전염병에 걸렸던 수진이는 몸속에 들어온 병원 미생물에 대항하여 <u>다음에는 그 병에 걸리지 않도록 하는 능력</u>이 매우 약해졌다.

(ㅁㅇ ➡   )

14 A 회사 측은 오랜 기간 사용하여 노후화된 기계를 다른 것으로 <u>대신하기</u> 위해 새로운 기계를 알아보고 있다고 설명했다.

(ㄷㅊ 하기 ➡   )

15 한 번 뿌리면 돌이킬 수 없다는 생각이 든 수진이는 <u>매우 조심스러운</u> 손길로 접시 위에 설탕을 뿌렸다.

(ㅅㅈ한 ➡   )

16 요즘 드라마에서 <u>소재나 대상으로 삼는</u> 내용은 너무나도 자극적이어서 사람들에게 좋지 않은 영향을 미칠까봐 걱정이 된다.

(ㄷㄹ는 ➡   )

17 우리 아버지께서는 내가 처음 길고양이를 데려왔을 때 몹시 당황하셨지만 지금은 <u>인정하고 용납하셔서</u> 고양이를 몹시 귀여워하신다.

(ㅂㅇ들이셔서 ➡   )

18 우리반 담임 선생님께서는 우리 반 학생들의 의견을 <u>높이어 귀중하게</u> 대해 주신다.

(ㅈㅈ해 ➡   )

[19~22] 〈보기〉의 단어를 활용하여 다음 단어의 뜻풀이를 완성하시오.

〈보기〉

결과   피부   의학   글씨

19 피드백

➡ 진행된 행동이나 반응의 [ ][ ]을/를 본인에게 알려 주는 일

20 진피

➡ 표피와 함께 [ ][ ]을/를 형성하며, 모세 혈관과 신경이 들어와 있다.

21 새기다

➡ [ ][ ](이)나 형상을 파다.

22 시술

➡ 병이나 상처를 고치는 기술 또는 [ ][ ]에 관련되는 기술을 베풂, 또는 그런 일

DAY
13

[23~24] 제시된 초성을 참고하여 뜻풀이에 해당하는 단어를 쓰시오.

23 같은 일이 되풀이되다.

(ㅂㅂ되다 ➡   )

24 어떤 일이나 대상, 현상이 한꺼번에 많이 생기다.

(ㅆㅇㅈㄷ ➡   )

[01~05] 다음 글을 읽고, 물음에 답하시오.

수현이는 얼마 전 같은 반 친구인 민서와 말다툼을 했다. 민서가 수현이와 대화를 하다가 '너는 나와 생각이 틀려!'라고 말했는데, 수현이가 민서의 말을 '너는 나와 생각이 달라!'로 고쳐야 한다고 주장했기 때문이다. 민서와 수현이 중 누구의 말이 정답일까?

결론부터 말하자면 수현이의 말이 정답이다. 표준국어대사전에 따르면, '틀리다'와 '다르다'는 서로 다른 의미의 단어이다.

틀리다	다르다
「1」셈이나 사실 따위가 그르게 되거나 어긋나다. 「2」바라거나 하려는 일이 순조롭게 되지 못하다. 「3」마음이나 행동 따위가 올바르지 못하고 비뚤어지다.	「1」비교가 되는 두 대상이 서로 같지 아니하다. 「2」보통의 것보다 두드러진 데가 있다.

"수학 문제를 푸는 과정에서 계산이 잘못되어 답이 틀렸다."라는 문장의 '틀렸다'는 「1」의 의미로 사용된 것이다. 또 "오늘 이 일을 마치기는 틀린 것 같다."라는 문장의 '틀린'은 「2」의 의미로 사용된 것이다. "저 사람은 재능이 출중하지만 성격이 틀렸어."라는 문장의 '틀렸어'는 「3」의 의미로 사용된 것이다. 한편 "이 작품과 저 작품은 관객에게 주는 느낌이 서로 다르다."라는 문장의 '다르다'는 「1」의 의미로 사용된 것이다. 또 "문을 이렇게 잘 고치다니, 역시 기술자는 달라."의 '달라'는 「2」의 의미로 사용된 것이다. 이처럼 '틀리다'와 '다르다'는 각각 다른 의미로 쓰인다.

앞의 사례 속 민서처럼 단어의 의미를 명확히 구분하여 사용해야 하는 이유는 무엇일까? 단어의 의미를 명확히 구분하지 않고 잘못 사용하게 되면 의사소통이 원활하게 이루어지지 않기 때문이다. 의사소통이 원활하게 이루어지지 않으면 의사소통을 하는 사람 간에 오해와 갈등이 ㉠생길 수도 있다.

그렇다면 어떻게 해야 단어의 뜻을 바로 알고 상황에 알맞게 사용할 수 있을까? 방법은 간단하다. 헷갈리는 단어의 사전적 의미를 기억해 두고, 상황이나 문맥을 고려해 단어를 활용하면 된다. '틀리다'나 '다르다'가 쓰인 문장에서 '틀리다'와 '다르다'를 번갈아 넣어보며 의미가 통하는지 판단해 보자. 이것이 어렵다면 '틀리다' 대신 '틀리다'의 반대말인 '맞다'를, '다르다' 대신 '다르다'의 반대말인 '같다'를 넣어보는 것도 좋다. '틀리다'를 '맞다'로, '다르다'를 '같다'로 바꾸었을 때 문맥이 자연스럽게 이어진다면 그 단어는 정확한 의미로 쓰인 것이다.

'틀리다'와 '다르다'처럼 사람들이 헷갈려 하는 단어들은 생각보다 많다. 우리 모두 다른 사람과 원활한 의사소통을 하기 위해 '틀리다'와 '다르다' 같이 헷갈리는 단어들의 정확한 의미를 알아 두고, 상황에 맞게 이를 사용하도록 노력하자.

01

윗글의 내용으로 알맞지 <u>않은</u> 것은?

① '다르다'의 반대말은 '같다'이고 '틀리다'의 반대말은 '맞다'이다.

② '다르다'는 '보통의 것보다 두드러진 데가 있다.'라는 의미도 가지고 있다.

③ '틀리다'는 '바라거나 하려는 일이 순조롭게 되지 못하다.'라는 의미도 가지고 있다.

④ '다르다'는 '마음이나 행동 따위가 올바르지 못하고 비뚤어지다.'라는 뜻도 가지고 있다.

⑤ 민서처럼 '틀리다'와 '다르다'의 의미를 구분하지 않고 사용하면 다른 사람과 의사소통이 원활하지 않을 것이다.

02

윗글을 본 사람이 <보기>에 대해 반응한 것으로 가장 알맞은 것은?

> ─── 〈보기〉 ───
>
> 최근 한 신문기사에서 금요일에서 일요일까지의 휴일을 '사흘 간의 휴일'로 표현한 것이 큰 논란이 되었다. 일부 누리꾼들이 "사흘이 아니고 삼 일 아니냐"라고 댓글을 달았기 때문이다. 이를 본 다른 누리꾼들은 '사흘'은 '삼 일'과 같은 뜻이지 '사 일'이 아니라고 반박하는 내용의 댓글을 달기 시작했다.

① 어렵고 헷갈리는 단어보다는 쉬운 단어를 써야지.

② 어휘력을 기르기 위해 평소에 독서를 많이 하는 습관을 갖춰야겠군.

③ 다른 사람과 의사소통을 원활하게 하려면 정확한 의미로 단어를 사용해야겠군.

④ '사흘'과 '삼 일'을 잘못 사용하여 피해가 발생한 일은 없는지 조사해 보아야겠군.

⑤ '사흘'과 '삼 일'처럼 헷갈리는 단어를 사용하면 의사소통이 원활하게 이루어지지 않을 수 있으므로 헷갈리는 단어를 사용하지 말아야겠어.

03

다음 중 밑줄 친 단어의 쓰임이 알맞지 <u>않은</u> 것은?

① 역시 전문가의 솜씨는 <u>달라</u>.

② 오늘 숙제를 마치기는 <u>틀렸다</u>.

③ 언니와 나는 성격이 매우 <u>다르다</u>.

④ 나이가 드니까 몸이 예전과 <u>틀리다</u>.

⑤ 맞춤법을 자주 <u>틀리면</u> 의사소통이 어렵다.

04

각 문장의 밑줄 친 부분이 ㉠과 같은 의미로 쓰인 것은?

① 그녀는 이국적으로 <u>생겼다</u>.

② 나에게 공짜로 집이 <u>생겼다</u>.

③ 몰래 한 일이 발각되게 <u>생겼다</u>.

④ 역 주변에 큰 백화점이 <u>생겼다</u>.

⑤ 진행 중인 계획에 문제가 <u>생겼다</u>.

05 [서술형]

다른 사람과 원활하게 의사소통을 하는 방법을 <조건>에 맞게 쓰시오.

> ─── 〈조건〉 ───
>
> 1. '상황', '문맥'이라는 단어를 활용할 것
> 2. '다른 사람과 원활하게 의사소통을 하려면 ~ (해)야 한다.' 형식의 한 문장으로 쓸 것

DAY
14

─────────────── 어휘 풀이

- **주장하다**: 자기의 의견이나 주의를 굳게 내세우다.
- **어긋나다**: 기대에 맞지 아니하거나 일정한 기준에서 벗어나다.
- **두드러지다**: 겉으로 뚜렷하게 드러나다.
- **순조롭다**: 일 따위가 아무 탈이나 말썽 없이 예정대로 잘되어 가는 상태에 있다.
- **출중하다**: 여러 사람 가운데서 특별히 두드러지다.
- **관객**: 운동 경기, 공연, 영화 따위를 보거나 듣는 사람
- **사례**: 어떤 일이 전에 실제로 일어난 예
- **명확히**: 명백하고 확실하게
- **문맥**: 글월에 표현된 의미의 앞뒤 연결
- **판단하다**: 사물을 인식하여 논리나 기준 등에 따라 판정을 내리다.
- **논란**: 여럿이 서로 다른 주장을 내며 다툼.
- **반박하다**: 어떤 의견, 주장, 논설 따위에 반대하여 말하다.
- **쓰임**: 돈이나 물건 따위가 실제로 사용되는 곳. 또는 그 용도
- **맞춤법**: 어떤 문자로써 한 언어를 표기하는 규칙. 또는 단어별로 굳어진 표기 관습
- **이국적**: 자기 나라가 아닌 다른 나라에 특징적인 것
- **발각되다**: 숨기던 것이 드러나다.

2023년, 서울 시내 한복판에 얼룩말이 나타났다. 모형이나 인형이 아니라 진짜 살아있는 얼룩말이 길거리에 나타난 것이다. '세로'라는 이름을 가진 이 얼룩말은 인근 동물원에서 탈출해 거리를 활보하다가 3시간 만에 다시 동물원으로 돌아갔다.

세로가 동물원을 탈출한 이유는 무엇일까? 관련자에 따르면 세로는 굉장히 온순했는데, 세로의 부모가 연달아 세상을 떠나며 세로의 성격이 변하기 시작했다고 한다. 그러다가 옆 우리의 캥거루와 싸움을 벌이기도 했다고 한다. 이런 상황들이 복합적으로 작용해 세로에게 큰 스트레스를 주었고, 스트레스를 견디지 못한 세로는 동물원을 뛰쳐나오게 된 것이다.

세로의 탈출 소동 후, 많은 사람들이 세로가 동물원을 탈출한 이유가 동물원의 환경이 열악한 것뿐만 아니라, 동물원에서 시설을 제대로 관리하지 않았기 때문이라고 비판했다. 또한 이 사건 이후 시행된 한 설문 조사에서는 전체 응답자의 74%가 동물원에서 동물을 사육하는 방식이 바뀌어야 한다고 응답했다. 또 현재 운영되고 있는 동물원의 문제점으로 동물의 특성을 고려하지 않은 사육 환경, 동물을 배려하지 않는 관람객을 제어하지 않는 것 등을 꼽았다. 어떤 동물학 교수는 "동물마다 살기에 적절한 온도와 습도가 있는데, 국내 동물원은 그러한 기본 조건도 제대로 맞추지 않는 곳이 많다."라고 지적하기도 했다.

동물원은 사람들이 다양한 동물을 관람할 수 있도록 일정한 시설을 갖추어 놓은 인위적인 장소이다. 자연에서 살아가던 동물들이 자신의 특성에 맞지 않는 인위적인 환경인 동물원에서 살다 보니 그만큼 스트레스를 많이 받게 된다. 얼룩말 '세로'도 원래는 넓은 초원을 뛰어다니고 마음껏 풀을 뜯어 먹었어야 했지만 동물원의 좁은 우리에 갇혀 주어진 사료만 먹는 환경에서 살아가면서 스트레스를 받았고, 그 결과 동물원을 탈출한 것이다.

그렇다면 이와 같은 문제를 없애기 위해 동물원을 없애야 할까? ㉠그럴 수는 없다. 동물원에 살던 동물들이 자연으로 돌아가더라도, 자연에 적응하여 살아남기는 어려울 수 있기 때문이다. 최근 일부 동물원에서는 동물원의 환경을 동물들의 실제 서식지와 비슷하게 조성함으로써 동물의 스트레스를 줄이려고 노력하고 있다고 한다. 하지만 일부 동물원의 노력만으로는 모든 문제가 해결되지 않는다. 제2의 세로가 나오지 않도록 우리 모두가 동물원에 관심을 가지고 동물원의 환경을 개선하기 위해 노력해야 한다.

06

윗글에 대한 설명으로 알맞지 않은 것은?

① 동물원들의 문제점을 구체적으로 나열했다.
② 전문가의 말을 인용해 국내 동물원의 환경을 비판했다.
③ 설문 조사 결과를 인용하여 동물원에 대한 사람들의 생각을 소개했다.
④ 동물원과 자연에서의 동물의 삶을 비교한 후, 동물원의 중요성을 강조했다.
⑤ 동물원의 동물 사육 환경을 개선하기 위해 모두가 노력해야 한다고 주장했다.

07

윗글의 내용으로 가장 알맞은 것은?

① 동물원은 사람들이 만들어 놓은 장소이다.
② '세로'는 탈출한 다음 날이 되어서야 동물원으로 돌아갈 수 있었다.
③ '세로'는 태어날 때부터 예민한 성격으로, 다른 동물과 자주 싸웠다.
④ 사람들은 '세로'의 탈출 소동을 원만하게 수습한 동물원을 칭찬했다.
⑤ 모든 동물원은 각 동물의 특성에 따라 알맞은 온도와 습도를 맞추고 있다.

08

윗글에서 <보기>가 들어갈 위치로 가장 알맞은 것은?

―― <보기> ――

　세로가 동물원을 탈출할 수 있었던 또 다른 이유는 동물원의 관리 부실에 있다. 세로는 울타리를 부수고 동물원을 탈출했는데, 만약 동물원에서 시설을 제대로 관리했었다면 이러한 일은 일어나지 않았을 것이다. 포천의 늑대 '아리'와 대전의 퓨마 '뽀롱이'도 사육사가 우리의 문을 제대로 잠그지 않아 동물원을 탈출한 적이 있었다.

① 1문단의 뒤　　　　② 2문단의 뒤
③ 3문단의 뒤　　　　④ 4문단의 뒤
⑤ 5문단의 뒤

09

3문단을 뒷받침하기 위해 추가할 자료로 알맞지 <u>않은</u> 것은?

ⓐ "국내 동물원, 동물이 살기에 너무 열악"
　　　　　　　　　　　　－《×× 신문》

ⓑ "탈출 소동을 일으킨 얼룩말이 있을 곳은 초원"
　　　　　　　　　　　　－《○○ 뉴스》

ⓒ 관람객이 던진 '신발' 먹고 죽은 동물원 '한국호랑이'
　　　　　　　　　　　　－《△△ 신문》

ⓓ "동물원 코끼리, 독방에 갇힌 사람처럼 스트레스 극심"
　　　　　　　　　　　　－《□□ 뉴스》

ⓔ ▽▽ 동물원, "멸종 위기종들이 살아가는 자연과 유사하게 동물원 환경 개선해"
　　　　　　　　　　　　－《◇◇ 뉴스》

① ⓐ　　　　② ⓑ　　　　③ ⓒ
④ ⓓ　　　　⑤ ⓔ

10 서술형

글쓴이가 ㉮와 같이 이야기한 이유를 조건에 맞게 쓰시오.

―― <조건> ――

1. 5문단에서 내용을 찾아 쓸 것
2. '동물원에 살던 동물들이 ~ 때문이다.' 형식의 한 문장으로 쓸 것

_____

_____

_____

_____

―― 어휘 풀이

- **시내**: 도시의 안. 또는 시의 구역 안
- **모형**: 실물을 모방하여 만든 물건
- **인근**: 이웃한 가까운 곳
- **탈출하다**: 어떤 상황이나 구속 따위에서 빠져나오다.
- **활보하다**: 힘차고 당당하게 행동하거나 제멋대로 마구 행동하다.
- **온순하다**: 성질이나 마음씨가 온화하고 양순하다.
- **우리**: 짐승을 가두어 기르는 곳
- **견디다**: 사람이나 생물이 어려운 환경에 굴복하거나 죽지 않고 계속해서 버티면서 살아 나가는 상태가 되다.
- **소동**: 사람들이 놀라거나 흥분하여 시끄럽게 법석거리고 떠들어 대는 일
- **열악하다**: 품질이나 능력, 시설 따위가 매우 떨어지고 나쁘다.
- **지적하다**: 허물 따위를 드러내어 폭로하다.
- **인위적**: 자연의 힘이 아닌 사람의 힘으로 이루어지는 것
- **주어지다**: 일, 환경, 조건 따위가 갖추어지거나 제시되다.
- **서식지**: 생물 따위가 일정한 곳에 자리를 잡고 사는 곳
- **조성하다**: 무엇을 만들어서 이루다.
- **개선하다**: 잘못된 것이나 부족한 것, 나쁜 것 따위를 고쳐 더 좋게 만들다.
- **원만하다**: 일의 진행이 순조롭다.
- **수습하다**: 어수선한 사태를 거두어 바로잡다.
- **유사하다**: 서로 비슷하다.

▶ 정답: 문제편 186쪽

[01~05] 제시된 초성을 참고하여 뜻풀이에 해당하는 단어를 쓰시오.

01 일 따위가 아무 탈이나 말썽 없이 예정대로 잘되어 가는 상태에 있다.

(ㅅㅈㄹㄷ ➡   )

02 어떤 문자로써 한 언어를 표기하는 규칙. 또는 단어별로 굳어진 표기 관습

(ㅁㅊㅂ ➡   )

03 사람이나 생물이 어려운 환경에 굴복하거나 죽지 않고 계속해서 버티면서 살아 나가는 상태가 되다.

(ㄱㄷㄷ ➡   )

04 어떤 상황이나 구속 따위에서 빠져나오다.

(ㅌㅊㅎㄷ ➡   )

05 힘차고 당당하게 행동하거나 제멋대로 마구 행동하다.

(ㅎㅂㅎㄷ ➡   )

[06~09] 주어진 초성과 뜻풀이를 바탕으로 빈칸에 들어가기에 알맞은 단어를 문맥에 맞게 쓰시오.

06 ㅊㅈ하다: 여러 사람 가운데서 특별히 두드러지다
➡ 어린 시절부터 또래 학생들에게는 보기 힘든 성실함을 갖추고 있던 윤택이는 [ ][ ][ ] 실력을 바탕으로 세계적인 투수가 되었다.

07 ㅇㄱㅈ: 자기 나라가 아닌 다른 나라에 특징적인 것
➡ 보통 특정한 나라의 음식을 파는 식당들의 내부 모습은 [ ][ ][ ](이)다.

08 ㅈㅅ하다: 무엇을 만들어서 이루다.
➡ 우리 고장에서는 지난 해 큰 규모의 산불로 폐허가 되어 버린 뒷산에 거대한 규모의 산림공원을 [ ][ ][ ] 예정이다.

09 ㄱㅅ하다: 잘못된 것이나 부족한 것, 나쁜 것 따위를 고쳐 더 좋게 만들다.
➡ 전자 제품은 나중에 나오는 모델일수록 이전 버전 기기의 단점을 [ ][ ][ ][ ] 더 좋은 기능을 갖추는 것이 보통이다.

[10~13] 제시된 글자를 조합하여 빈칸에 들어가기에 알맞은 단어를 만드시오.

소	례	반	형
독	박	동	풍
사	내	시	모

10 최 박사는 구체적인 [ ][ ]을/를 들어 자신이 가정한 이론을 설명하였으나, 이를 믿지 않으려는 사람들 때문에 골머리를 앓고 있다.

11 전문가 A 씨는 자신들이 친환경 기업이라고 주장하는 B 기업을 [ ][ ]하기 위해 B 기업이 환경을 오염시키는 물질을 만들고 있다는 증거를 모으고 있다.

12 [ ][ ] 한복판에 멧돼지가 나타나 하루종일 혼란스러웠다.

13 바쁜 아침 동생과 나의 겉옷이 바뀌어 현관 앞에서 작은 [ ][ ]이/가 있었다.

[14~16] <보기>에서 알맞은 말을 골라 쓰시오.

<보기>

관객   서식   논란

14 지난해 학계를 떠들썩하게 만들었던 그 새의
☐☐지는 놀랍게도 우리 동네 뒷산 근처였다.

15 지난 주말, 나와 민선이가 본 그 영화는 올해
세 번째로 천 만 ☐☐을/를 돌파한 영화가
되었다.

16 UFO가 실제로 존재하는지 존재하지 않는지에 대한
☐☐은/는 해가 거듭될수록 사람들 사이에서
거세지고 있다.

[17~19] 빈칸에 알맞은 단어를 고르시오.

17 이번에 A 동물원에서 구출된 호랑이는
(우리 / 우뢰)에 갇힌 채 한 발자국도 움직이기
어려운 상태였다고 한다.

18 최 선생님께서는 우리 반의 많은 학생들 가운데서
나의 실수를 (나열하여 / 지적하여) 본보기를
보이셨다.

19 여름 내내 바닷가에서 물놀이를 하여 피부가 검게
탄 재경이는 우리 반 학생들 사이에 섞여 있어도
(두드러지게 / 평범하게) 표가 난다.

[20~23] 밑줄 친 단어의 뜻을 <보기>에서 찾아 그 기호를 쓰시오.

<보기>

㉠ 기대에 맞지 아니하거나 일정한 기준에서 벗어나다.
㉡ 돈이나 물건 따위가 실제로 사용되는 곳. 또는 그 용도
㉢ 사물을 인식하여 논리나 기준 등에 따라 판정을 내리다.
㉣ 성질이나 마음씨가 온화하고 양순하다.

20 창고에서 발견된 물건의 쓰임을 아는 사람이 아무도
없었다.

(   )

21 오늘 민수와 공원 앞에서 만나기로 했는데, 길이
어긋났는지 민수와 만나지 못했다.

(   )

22 김 선생님께서는 그 일이 빠른 시일 내에 해결될
것이라고 판단하셨지만, 결국 그것은 틀린 것으로
밝혀졌다.

(   )

23 온순한 성격을 가지고 있던 얼룩말은 부모의
죽음이라는 큰 어려움을 겪은 후 성격이 거칠게
바뀌었다.

(   )

DAY
14

[24~26] 다음 단어의 사전적 의미를 찾아 바르게 연결하시오.

24 원만하다 •   • ㉠ 숨기던 것이 드러나다.

25 수습하다 •   • ㉡ 일의 진행이 순조롭다.

26 발각되다 •   • ㉢ 어수선한 사태를 거두어
바로잡다.

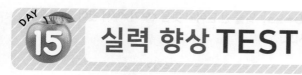

[01~05] 다음 글을 읽고, 물음에 답하시오.

요즘 새로 시작한 TV 예능 프로그램에 푹 빠져 있는 수현이는 자야 하는 시간에도 잠을 자지 않고 그 프로그램을 계속 보다가 아버지께 크게 혼나고 말았다. 수현이는 인간이 잠을 자야만 하는 이유가 궁금해졌다. ㉠인간은 잠을 자지 않고 살 수는 없는 것일까?

인간은 잠을 자지 않고는 살 수 없다. 하지만 사람들은 이 사실을 외면하고 자는 시간을 줄이다가 결국 건강을 해치곤 한다. 한국의 청소년들은 밤늦게까지 밀린 숙제나 공부를 하며 잘 시간을 미루는 일이 많다. 또 일부 청소년들은 특별히 할 일이 없어도 컴퓨터 게임 등을 하느라 늦은 시간까지 잠을 자지 않는다. 최근 우리 사회 청소년들의 잠의 양과 질은 급속도로 나빠지고 있으며, 이것은 사회적 문제라고까지 여겨지고 있다.

인간은 잠을 자는 동안 하루의 피로를 풀고 몸의 긴장을 낮추어 지친 몸 상태를 회복한다. 자는 동안 몸에서는 성장 호르몬이 활발하게 분비되는데, 이 호르몬은 청소년들의 성장을 돕고, 기억력이나 정신 건강에도 도움을 준다. 반대로 잠이 계속 부족하면 우리 몸에서는 스트레스 호르몬인 코르티솔이 분비된다. 잠을 제대로 자지 못한 다음 날 아침에 일어날 때부터 짜증이 나고, 온종일 피곤한 것도 이러한 이유 때문이다. 잠을 충분히 자지 못하여 피로가 쌓여 있는 우리의 몸은 코르티솔이 분비됨에 따라 큰 스트레스를 느끼는 상태가 된다. 그래서 잠을 충분히 자지 못하는 상태가 계속되면 체력과 면역력이 떨어져 갈수록 피곤해지는 것은 물론, 불안과 우울함을 느낄 가능성이 높아진다.

㉡그렇다면 잠을 잘 자려면 어떻게 해야 할까? 첫째, 잠들기 좋은 환경을 만들어야 한다. 잠을 자기 전에 불을 완전히 끄고 침실의 온도를 불편하지 않게 맞추어 몸이 편안한 상태로 잠들 수 있게 해야 한다. 둘째, 잠들기 전 1시간 정도는 스마트폰 등의 전자 기기를 사용하지 말아야 한다. 전자 기기는 뇌를 빠르게 자극하여 뇌를 쉬지 못하게 하고, 전자 기기에서 나오는 빛은 수면 호르몬이 나오는 것을 막아 우리가 깊이 잠들기 어렵게 만든다. 마지막으로 규칙적인 생활을 하는 것이 가장 중요하다. 정해진 시간에 자고 정해진 시간에 일어나야 우리의 몸은 혼란을 느끼지 않는다.

잠을 충분히 자지 못하면 우리의 몸은 심장병, 비만, 고혈압 등의 위험에 노출되고, 심지어 죽음에 이를 수도 있다고 한다. 인간이 잠을 자지 않고는 살 수 없다는 말은 과장이 아닌 셈이다. 늦은 밤의 ㉮짧은 재미보다는 앞으로의 오랜 건강이 더욱 중요하다는 점을 기억하고 항상 잘 자기 위해 노력해 보자.

01

윗글에 대한 설명으로 알맞지 <u>않은</u> 것은?

① 문제 해결 방안을 구체적으로 제시하고 있다.
② 전문적인 용어를 사용해 신뢰성을 높이고 있다.
③ 현실에서 찾을 수 있는 사회적 문제를 소개하고 있다.
④ 우리 주변에서 흔히 볼 수 있는 사례를 보여 주고 있다.
⑤ 비유적인 표현을 활용하여 글쓴이의 주장을 뒷받침하고 있다.

02

윗글의 내용으로 알맞지 <u>않은</u> 것은?

① 인간은 잠을 꼭 자야 한다.
② 잠을 자지 못하면 코르티솔이 분비된다.
③ 잠이 부족하면 우울증이 생길 수도 있다.
④ 침실의 온도가 높아야 잠을 잘 잘 수 있다.
⑤ 정해진 시간에 자고 일어나는 것이 가장 중요하다.

03

㉠과 ㉡의 공통점으로 가장 알맞은 것은?

① 글쓴이의 주장을 뒷받침하고 있다.
② 구체적인 실험 결과를 설명하고 있다.
③ 전문가의 말을 빌려 답변을 하고 있다.
④ 구체적인 예를 들어 읽는 사람의 관심을 끌고 있다.
⑤ 질문의 형식을 통해 다음에 이어질 내용을 안내하고 있다.

04

윗글을 읽은 후의 반응으로 알맞지 <u>않은</u> 것은?

① 슬아: 깊은 잠을 자지 못하면 심장병에 걸릴 수 있어.
② 수연: 뇌를 빠르게 자극하는 전자 기기를 사용하면 잠을 잘 잘 수 있어.
③ 민지: 자기 전에 전자 기기를 사용하면 수면 호르몬이 제대로 나오지 않을 수 있구나.
④ 호겸: 우리 몸을 혼란스럽게 하지 않으려면 정해진 시간에 자고 정해진 시간에 일어나야 해.
⑤ 산청: 잠을 제대로 자지 못하면 우리 몸속에서 코르티솔이 분비되어 온종일 짜증을 느낄 수도 있어.

05 [서술형]

글쓴이의 주장을 <조건>에 맞게 쓰시오.

> ─── <조건> ───
> 1. ㉮의 구체적인 내용을 포함하여 쓸 것
> 2. '~(하)지 말고, ~ (하)자.' 형식의 한 문장으로 쓸 것

_____

_____

_____

_____

─────────────── 어휘 풀이

- **외면하다**: 어떤 사상이나 이론, 현실, 사실, 진리 따위를 인정하지 않고 도외시하다.
- **해치다**: 사람의 마음이나 몸에 해를 입히다.
- **미루다**: 정한 시간이나 기일을 나중으로 넘기거나 늘이다.
- **급속도**: 매우 빠른 속도
- **긴장**: 마음을 조이고 정신을 바짝 차림.
- **분비되다**: 샘세포의 작용에 의하여 만들어진 액즙이 배출관으로 보내지다. 외분비가 되는 일과 내분비가 되는 일이 있다.
- **면역력**: 외부에서 들어온 병원균에 저항하는 힘
- **자극하다**: 외부에서 작용을 주어 감각이나 마음에 반응이 일어나게 하다.
- **막다**: 어떤 현상이 일어나지 못하게 하다.
- **혼란**: 뒤죽박죽이 되어 어지럽고 질서가 없음.
- **노출되다**: 겉으로 드러나다.
- **과장**: 사실보다 지나치게 불려서 나타냄.
- **셈**: 어떤 형편이나 결과를 나타내는 말
- **신뢰성**: 굳게 믿고 의지할 수 있는 성질
- **뒷받침하다**: 뒤에서 지지하고 도와주다.

⊙'사촌이 땅을 사면 배가 아프다.'는 인간이 느끼는 수많은 감정 중 '질투'와 관련된 옛 속담이다. 사촌이 땅을 사서 배가 아픈 일은 생각보다 흔하다. 동생이 먹는 빵이 내 것보다 크면 심술이 나기도 하고, 친구가 나보다 달리기를 잘하면 분한 마음이 들기도 한다. 이러한 상황에서 우리가 느끼는 감정들은 모두 질투의 일종이다. 그렇다면 우리는 왜 질투를 느끼는 것일까? 다른 사람과 나를 비교해, 다른 사람이 가진 것에 비해 내가 가진 것이 부족하다는 생각이 들면 질투를 느끼게 된다.

질투를 느끼는 것은 꼭 나쁜 것은 아니다. 건강한 질투는 나의 발전에 도움을 주는 자극이 될 수도 있기 때문이다. 체육 시간에 친구가 나보다 달리기를 잘한다고 생각해 보자. 친구가 부러운 내가 친구보다 더 달리기를 잘하고 싶은 생각에 달리기 연습을 하면 어떻게 될까? 친구와 나의 달리기 실력을 비교함으로써 생겨난 질투를 동기로 삼아 열심히 노력한다면 나의 달리기 실력이 크게 발전할 수도 있다.

하지만 질투가 긍정적인 영향만 주는 것은 아니다. 내가 친구와 나의 달리기 실력을 비교하여 나의 능력을 비하하거나, 친구를 미워하게 될 수도 있기 때문이다. 부족한 부분을 보완하여 발전하고 싶은 마음보다 내가 가진 부족함에만 집착하게 되면, 자존감은 낮아지고 분노와 불안 등의 감정을 느끼게 될 수 있다. 이처럼 건강하지 못한 질투는 우리에게 좋지 않은 영향을 미칠 수도 있다.

그렇다면 건강한 질투를 하기 위해서는 어떻게 해야 할까? 질투라는 감정을 느낀 원인을 정확하게 이해하고 적절하게 대처하려고 노력해야 한다. 이를 위해서는 다른 사람과 자신을 과도하게 비교하지 말아야 한다. 나와 상대방의 개성은 무시하고 상대방이 잘하는 것에만 집중하여 나와 상대방을 비교해서는 안 된다. 나에게는 나만의 가치가 있다는 점을 이해하고 나의 장점에 주목해야 한다.

건강한 질투를 하려면 스트레스를 해소하고자 노력해야 한다. 스트레스를 많이 받은 상황에서 타인과 나를 비교하다 보면 질투를 지나치게 느낄 수 있다. 충분히 휴식하고 적당한 운동을 하면 스트레스가 줄어들어 마음에 여유가 생기므로, 지나치게 질투를 느끼기보다는 건강한 자기 발전에 집중할 수 있다.

감정은 자연스럽게 생기는 것이기 때문에 질투가 무조건 나쁜 것이라고 생각할 필요는 없다. 하지만 질투라는 감정이 나를 괴롭힌다면 그것은 문제가 된다. 질투를 나의 힘으로 만들 수 있도록 내 감정을 잘 이해하고 현명하게 대응하도록 노력해야 한다.

06

윗글에 대한 설명으로 가장 알맞은 것은?

① 구체적인 사례를 들고 있다.
② 질투에 대한 편견들을 이야기하고 있다.
③ 질투에 대한 전문가의 견해를 제시하고 있다.
④ 질투를 느끼지 말아야 하는 이유를 설명하고 있다.
⑤ 질투와 다른 감정의 차이점을 찾아서 분석하고 있다.

07

윗글의 내용으로 알맞지 <u>않은</u> 것은?

① 질투는 자연스러운 감정 중 하나이다.
② 질투는 다른 사람과의 비교 때문에 발생한다.
③ 모든 질투가 부정적인 영향을 미치는 것은 아니다.
④ 충분히 휴식하고 적당한 운동을 한다면 질투를 느끼지 않을 수 있다.
⑤ 나에게는 나만의 가치가 있다는 점을 이해하고 나의 장점에 주목하면 건강한 질투를 할 수 있다.

08

윗글을 읽고 〈보기〉를 이해한 내용으로 가장 알맞은 것은?

> ─── 〈보기〉 ───
> 우리가 좋아하는 사람이 다른 사람에게 관심을 보이면 불안하거나 화나는 감정을 느끼게 되는 것처럼 질투는 누군가를 좋아하는 마음과도 큰 관련이 있다. 이때의 질투도 지나치면 상대방에게 심하게 집착하거나 간섭하는 등 좋지 않은 형태로 나타날 수 있고, 이로 인해 상대방과 멀어지게 될 수도 있다.

① 지나친 질투는 인간 관계에 좋지 않은 영향을 미칠 수 있다.
② 상대방에게 심하게 집착하는 것은 질투로 인한 것이 아니다.
③ 질투는 누군가를 좋아하는 마음 때문에 생겨나는 것이 아니다.
④ 누군가를 좋아하는 마음 때문에 느끼는 질투가 더 나쁜 영향을 미친다.
⑤ 질투라는 감정이 '나'가 아니라 내가 좋아하는 상대방을 괴롭힌다면 그것은 문제가 되지 않는다.

09

㉠으로 설명할 수 있는 사례는?

① 흥부가 부자가 된 것을 알고 샘이 난 놀부
② 아버지를 돌보기 위해 매일 일을 하는 심청
③ 자신의 부탁을 거절하는 몽룡에게 화를 내는 춘향
④ 해야 할 일은 하지 않고 매일 함께 놀기만 하는 견우와 직녀
⑤ 거북이와 달리기 시합을 하면 반드시 자신이 이길 수 있다고 생각하는 토끼

10 [서술형]

건강한 질투를 하는 방법을 〈조건〉에 맞게 쓰시오.

> ─── 〈조건〉 ───
> 1. 윗글에서 이야기한 내용 중 한 가지만 쓸 것
> 2. '건강한 질투를 하려면 ~야 한다.' 형식의 한 문장으로 쓸 것

_____

_____

_____

─────────────── 어휘 풀이

- **질투**: 다른 사람이 잘되거나 좋은 처지에 있는 것 따위를 공연히 미워하고 깎아내리려 함.
- **속담**: 예로부터 민간에 전하여 오는 쉬운 격언이나 잠언
- **심술**: 온당하지 아니하게 고집을 부리는 마음
- **분하다**: 될 듯한 일이 되지 않아 섭섭하고 아깝다.
- **일종**: 한 종류. 또는 한 가지
- **동기**: 어떤 일이나 행동을 일으키게 하는 계기
- **비하하다**: 업신여겨 낮추다.
- **보완하다**: 모자라거나 부족한 것을 보충하여 완전하게 하다.
- **집착하다**: 어떤 것에 늘 마음이 쏠려 잊지 못하고 매달리다.
- **적절하다**: 꼭 알맞다.
- **대처하다**: 어떤 정세나 사건에 대하여 알맞은 조치를 취하다.
- **과도하다**: 정도에 지나치다.
- **개성**: 다른 사람이나 개체와 구별되는 고유의 특성
- **무시하다**: 사물의 존재 의의나 가치를 알아주지 아니하다.
- **해소하다**: 어려운 일이나 문제가 되는 상태를 해결하여 없애 버리다.
- **현명하다**: 어질고 슬기로워 사리에 밝다.
- **편견**: 공정하지 못하고 한쪽으로 치우친 생각
- **간섭하다**: 직접 관계가 없는 남의 일에 부당하게 참견하다.

▶ 정답: 문제편 **186**쪽

[01~05] 제시된 초성을 참고하여 뜻풀이에 해당하는 단어를 쓰시오.

01 샘세포의 작용에 의하여 만들어진 액즙이 배출관으로 보내지다. 외분비가 되는 일과 내분비가 되는 일이 있다.

(ㅂㅂ되다 ➡   )

02 다른 사람이 잘되거나 좋은 처지에 있는 것 따위를 공연히 미워하고 깎아내리려 함.

(ㅈㅌ ➡   )

03 외부에서 작용을 주어 감각이나 마음에 반응이 일어나게 하다.

(ㅈㄱ하다 ➡   )

04 겉으로 드러나다.

(ㄴㅊ되다 ➡   )

05 될 듯한 일이 되지 않아 섭섭하고 아깝다.

(ㅂ하다 ➡   )

[06~09] 주어진 초성과 뜻풀이를 바탕으로 빈칸에 들어가기에 알맞은 단어를 문맥에 맞게 쓰시오.

06 ㅁㄹㄷ: 정한 시간이나 기일을 나중으로 넘기거나 늘이다.
➡ 마감일까지 보고서 작성이 끝나지 않아 제출을 ☐☐☐☐ 결정했다.

07 ㄱㅈ: 사실보다 지나치게 불려서 나타냄.
➡ 이 제품의 광고는 ☐☐ 광고라고 사람들 사이에서 소문이 났다.

08 ㅈㅊ: 어떤 것에 늘 마음이 쏠려 잊지 못하고 매달림.
➡ 수진이는 어린 시절부터 가지고 다니는 토끼 인형에 더이상 ☐☐ 하지 않기로 결정했다.

09 ㄱㅅ: 다른 사람이나 개체와 구별되는 고유의 특성
➡ 요즘 사람들은 자신만의 ☐☐ 을/를 표현하기 위해 다양한 장신구를 하기도 하고, 튀는 색의 옷을 입기도 한다.

[10~13] 〈보기〉에서 알맞은 말을 골라 쓰시오.

┌──────── 〈보기〉 ────────┐
대처   신뢰   혼란   긴장
└────────────────────────┘

10 요즘 뉴스에 자주 나오는 강력 범죄들은 우리 사회가 빠져있는 ☐☐ 을/를 보여 주는 것 같다.

11 최근 국제 사회에서는 환경오염을 일으키는 물질을 배출하는 기업에 강력히 ☐☐ 할 것을 세계 각국에 요청하고 있다.

12 우리 큰어머니께서는 우리 도민에게 ☐☐성을 확보한 도의원이시다.

13 학술 발표회에서 초전도체에 대해 내가 발표할 차례가 다가오자 나는 ☐☐이/가 되어 손에 땀이 나기 시작했다.

[14~17] 다음 밑줄 친 단어의 뜻을 〈보기〉에서 찾아 그 기호를 쓰시오.

---- 〈보기〉 ----
㉠ 뒤에서 지지하고 도와주다.
㉡ 공정하지 못하고 한쪽으로 치우친 생각
㉢ 사물의 존재 의의나 가치를 알아주지 아니하다.
㉣ 어떤 현상이 일어나지 못하게 하다.

14 장마가 길어짐에 따라 물난리를 <u>막기</u> 위해 지방자치단체를 비롯한 많은 사람들의 노력이 계속되고 있다.

( )

15 네가 어떠한 주장을 펼치려고 할 때에는 적절한 근거를 들어 이를 <u>뒷받침하여야</u> 한다.

( )

16 월드컵 조별 예선에서 최약체로 평가되어 다른 축구 팬들이 <u>무시하던</u> 그 나라는 첫 경기를 승리로 장식하며 전 세계를 깜짝 놀라게 하였다.

( )

17 어떠한 색에 대한 <u>편견</u> 때문인지 요즘 유기 동물 보호소에 특정한 색을 가진 유기 동물들이 많이 들어오고 있다.

( )

[18~19] 다음 중 알맞은 단어를 고르시오.

18 '세 살 적 버릇이 여든까지 간다'와 같은 (속담 / 전설)은 예로부터 민간에 전하여 오는 말이다.

19 날씨가 더워지자마자 우리 동네를 관통하는 하천 근처에 각종 벌레들이 (급속도로 / 천천히) 많아지고 있다.

[20~22] 제시된 초성을 참고하여 밑줄 친 부분과 같은 뜻이 되도록 쓰시오.

20 오랫동안 고민하던 문제를 <u>해결하여 없애 버린</u> 오늘 밤은 잠을 푹 잘 수 있을 것 같다.

(ㅎㅅ해 ➡)

21 최 선생님께서 내게 해주신 친구 관계에 대한 <u>어질고 슬기로운</u> 조언은 앞으로 친구를 사귐에 있어 내가 해야 할 행동을 명확하게 해 주었다.

(ㅎㅁ한 ➡)

22 나는 반 대항 체육 대회에서 축구를 할 때 자책골을 넣은 친구에게 두 명이 퇴장당한 상황에서 그 정도면 잘한 <u>형편이나 결과</u>라고 말해 주었다.

(ㅅ ➡)

[23~25] 다음 단어의 사전적 의미를 찾아 바르게 연결하시오.

23 간섭하다 •   • ㉠ 업신여겨 낮추다.

24 비하하다 •   • ㉡ 정도에 지나치다.

25 과도하다 •   • ㉢ 직접 관계가 없는 남의 일에 부당하게 참견하다.

DAY
15

[01~05] 다음 글을 읽고, 물음에 답하시오.

자율 주행 자동차가 사고를 내면 그 법적 책임은 누가 ㉠겨야 할까? 일반적으로 자동차 사고가 났을 때 그 법적 책임은 자동차를 운전하는 사람, 즉 운전자가 지게 되어 있다. 그러나 자율 주행 자동차를 운행하다 사고가 난 경우에는 자동차에 적용된 자율 주행 기술에 따라 '운전자'라는 개념 자체가 달라질 수 있어 문제가 된다. 자율 주행 기술을 자동화 수준에 따라 레벨 0부터 5까지, 총 6단계로 분류한 '자율 주행 기술 단계'를 중심으로 운전자의 개념을 살펴보자.

먼저, 레벨 2 이하는 자율 주행 시스템이 단순히 운전자의 운전을 부분적으로 지원하는 단계이다. 이때 사람은 운전대에서 손을 떼면 안 되고 계속해서 앞을 보면서 운전해야 한다. 레벨 2 이하에서 자율 주행 시스템은 사람을 보조하는 기능을 할 뿐 운전의 궁극적인 책임은 사람에게 있으므로 운전자는 말 그대로 운전대를 잡은 사람이 된다.

다음으로, 레벨 3은 제한된 조건에서 자율 주행 시스템의 책임 아래 자동차가 스스로 주행하는 단계이다. 이때 사람은 운전대에서 손을 떼도 되고, 계속해서 앞을 보고 있을 의무도 없다. 다만 비상 상황이 발생하여 자율 주행 시스템이 요청한다면 사람이 직접 운전을 해야 한다. 이러한 이유 때문에 레벨 3에서 운전자를 누구로 볼 것인지에 대한 견해가 팽팽히 갈린다. 자율 주행 시스템의 책임 아래 자동차가 주행했으므로 운전자는 자율 주행 시스템이라는 견해가 있는가 하면 비상 상황이 발생하면 운전을 해야 하는 의무는 여전히 사람에게 있으므로 운전대를 잡은 사람이 운전자라는 견해도 있다.

마지막으로, 레벨 4 이상은 사람 없이 자율 주행 시스템만으로 자동차가 스스로 주행하는 단계이다. 이 경우 비상 상황이 발생하더라도 자동차가 스스로 대처할 수 있으므로 사람은 운전대를 잡을 필요가 없다. 그러므로 레벨 4 이상의 경우에 운전자의 개념은 기존과 전혀 달라질 수 있다. 자동차가 주행하는 과정 전체에서 사람이 개입하지 않아도 되기 때문에 운전대를 잡은 사람이 운전자라고 주장하기는 어려워지기 때문이다.

이처럼 자율 주행 기술 단계에 따라 운전자는 '운전대를 잡은 사람'이 될 수도, '자율 주행 시스템'이 될 수도 있다. 그렇다면 다시 처음의 질문으로 돌아가 보자. ㉯자율 주행 자동차가 사고를 내면 그 법적 책임은 누가 져야 할까? 이 질문은 자율 주행의 시대를 맞이할 우리가 풀어야 하는 과제로 여전히 남아 있다.

01

윗글에 대한 설명으로 가장 알맞은 것은?

① 질문을 통해 읽는 사람에게 생각할 거리를
제공하고 있다.
② 전문가의 의견을 인용하여 읽는 사람의 이해를
돕고 있다.
③ 중심 화제의 문제점을 제시하고, 이를 해결할
방안을 제안하고 있다.
④ 중심 화제를 둘러싼 찬성과 반대의 의견을
제시하고, 이를 절충하고 있다.
⑤ 중심 화제가 발전해 온 과정을 제시하고, 이후에
나타날 문제점을 예상하고 있다.

02

윗글의 내용으로 알맞지 않은 것은?

① 자동화 수준에 따라 자율 주행 기술은 총 6단계로
나뉜다.
② 자동차 사고가 나면 법적 책임을 지는 사람은
운전자이다.
③ 자율 주행 기술 단계 중 레벨 3이 적용된 자동차의
운전자는 자율 주행 시스템이다.
④ 자율 주행 기술 단계가 달라지면 자율 주행
자동차의 운전자 개념이 달라질 수 있다.
⑤ 자율 주행 자동차가 사고를 낼 경우 법적 책임에
관한 문제는 우리 사회가 풀어야 할 과제로 남아
있다.

03

'자율 주행 기술 단계'에 대한 설명으로 알맞지 않은 것은?

① 레벨 2가 적용된 자동차의 경우 주행 과정에서
사람이 직접 운전을 해야 한다.
② 레벨 3이 적용된 자동차의 경우 자동차가 스스로
주행할 수 있다.
③ 레벨 3이 적용된 자동차의 경우 자율 주행
시스템이 사람의 개입을 요구할 수 있다.
④ 레벨 3이 적용된 자동차의 경우 자율 주행
시스템이 비상 상황에 스스로 대처할 수 있다.
⑤ 레벨 4가 적용된 자동차의 경우 비상 상황이라고
할지라도 사람은 운전하지 않아도 된다.

04

각 문장의 밑줄 친 부분이 ⊙과 같은 의미로 쓰인 것은?

① 가을이 되자 낙엽이 <u>졌다</u>.
② 네가 한 말에 책임을 <u>져라</u>.
③ 오래 앉아 있었더니 바지에 주름이 <u>졌다</u>.
④ 혁진이는 태권도 시합에 <u>져서</u> 기분이 좋지 않다.
⑤ 구급차가 달려왔지만 환자는 이미 숨이 <u>져</u> 있었다.

05 [서술형]

㉮에 대한 답변을 〈조건〉에 맞게 쓰시오.

───── 〈조건〉 ─────
1. 레벨 1의 경우를 가정할 것
2. 운전자를 누구로 보아야 하는지를 포함할 것

_____

_____

_____

_____

_____

───────────────────────────── 어휘 풀이

- **자율** : 남의 지배나 구속을 받지 아니하고 자기 스스로의 원칙에 따라 어떤
일을 하는 일. 또는 자기 스스로 자신을 통제하여 절제하는 일
- **법적** : 법에 따른 것
- **운행하다** : 차량 따위를 운용하다.
- **적용되다** : 알맞게 이용되거나 맞추어져 쓰이다.
- **자체** : 다른 것을 제외한 사물 본래의 몸체. 또는 바로 그 본래의 바탕
- **단순히** : 복잡하지 않고 간단하게
- **지원하다** : 지지하여 돕다.
- **보조하다** : 노력이나 행동으로 남을 도와주다.
- **궁극적** : 더할 나위 없는 지경에 도달하는 것
- **제한되다** : 일정한 한도가 정하여지거나 그 한도가 초과되지 못하게
막히다.
- **요청하다** : 필요한 어떤 일이나 행동을 청하다.
- **견해** : 어떤 사물이나 현상에 대한 자기의 의견이나 생각
- **갈리다** : 쪼개지거나 나뉘어져 따로따로 되다.
- **기존** : 이미 존재함.
- **개입하다** : 자신과 직접적인 관계가 없는 일에 끼어들다.
- **절충하다** : 서로 다른 사물이나 의견, 관점 따위를 알맞게 조절하여 서로 잘
어울리게 하다

벽면에 회색 박스 테이프로 붙여놓은 바나나 하나가 약 1억 5천만 원짜리 미술 작품이라고 하면 믿을 수 있겠는가? 미국의 예술가인 마우리치오 카텔란이 세계적인 예술 박람회인 아트 바젤에서 바나나에 ㉮⟨코미디언⟩이라는 제목을 붙이고 12만 달러에 이를 판매해 큰 논란이 되었다. 이 사건은 사람들에게 '미술은 무엇인가?'라는 근본적인 질문을 하게 했다. 우리는 벽에 붙여놓은 바나나를 미술 작품이라고 볼 수 있을까?

현대 미술의 시작에 대해 이야기하기 위해서는 사진기가 발명된 시점으로 거슬러 올라가야 한다. 사진기가 발명되기 전까지 미술 작품들은 대상을 그대로 모방하는 것에 초점을 맞추어 만들어졌다. 그러나 사진기가 발명되어 이러한 모방의 역할을 대신하게 되자, 미술가들은 사진과 미술의 차이에 대해 고민하며 작품을 통해 자신의 마음을 표현하는 데에 집중하기 시작했다. 거친 붓 터치로 자신의 정신적 불안을 표현했던 빈센트 반 고흐와 자신이 대상을 바라보는 다양한 각도를 하나의 그림에 담고자 했던 폴 세잔이 바로 그러한 변화를 잘 보여 준다.

이와 같은 미술계의 변화는 작품에 구체적인 대상 자체가 없는 추상 회화를 만들어냈다. 추상 회화는 미술가의 감정 표현 여부에 따라 신조형주의와 추상표현주의로 나눌 수 있다. 먼저, 신조형주의는 작품에서 미술가의 감정을 최대한 뺀 것으로, 꼿꼿한 직선과 단순한 색만을 이용해 순수한 아름다움을 나타내고자 했던 ㉠피에트 몬드리안이 대표적이다. 그에 반해, 추상표현주의는 작품에 미술가의 감정을 자유롭게 표현하는 것으로, 부드러운 곡선과 강렬한 색채를 통해 자신의 감정을 전하고자 했던 ㉡바실리 칸딘스키가 대표적이다.

현재는 작품에서 구체적인 대상을 없애는 데에서 더 나아가 미술가가 작품을 직접 만들지 않는 오브제 미술까지 등장했다. 오브제 미술이란 미술가가 기존에 존재하는 일상의 사물을 가져와 자신만의 새로운 의미를 부여하는 것을 말한다. 펠릭스 곤잘레스 토레스의 ⟨무제-Perfect lovers⟩가 이러한 오브제 미술의 대표적 예이다. 그는 벽시계라는 일상의 사물을 통해 시간이 지날수록 점점 멀어지는 사랑을 표현했다.

이제 미술이란 더 이상 미술가가 무언가를 그리거나 조각하는 것에 한정되지 않는다. 단지 미술가가 무언가를 선택하고, 어떠한 가치를 드러내는 것만으로도 미술 작품이 될 수 있다. 만약 우리가 마우리치오 카텔란이 벽에 붙인 바나나에 ⟨코미디언⟩이라는 제목을 붙임으로써 우리에게 전하고자 한 메시지가 무엇인지 고민했다면, 그것은 이미 미술 작품이다.

06

윗글에 대한 설명으로 알맞지 <u>않은</u> 것은?

① 추상 회화를 두 가지 흐름으로 나누어 설명하고 있다.
② 현대 미술의 역사적 변화 과정을 차례대로 나열하고 있다.
③ 전문가의 의견을 인용하여 현대 미술의 특성을 설명하고 있다.
④ 현대 미술의 변화 과정을 설명하면서 대표적인 작가와 작품을 소개하고 있다.
⑤ 질문과 답변의 형식으로 무엇을 미술 작품으로 볼 수 있는지에 대해 이야기하고 있다.

07

윗글의 내용으로 알맞지 <u>않은</u> 것은?

① 현대 미술은 추상 회화에서 오브제 미술로 발전하였다.
② 현대 미술은 사진기의 발명과는 상관 없이 발전하였다.
③ 사진기가 발명되자 미술가는 대상을 모방하는 역할에서 벗어나게 되었다.
④ 〈코미디언〉은 사람들이 미술 작품이 무엇인지에 대해 고민하게 했다.
⑤ 빈센트 반 고흐와 폴 세잔은 작품을 통해 자신들의 마음을 표현하는 데에 집중했다.

08

㉠, ㉡에 대해 이해한 것으로 알맞지 <u>않은</u> 것은?

① ㉠은 ㉡과 달리 작품을 직선과 단순한 색으로 구성했다.
② ㉡은 ㉠과 달리 자신의 내면을 강렬한 색채로 자유롭게 표현했다.
③ ㉠과 ㉡은 모두 대상을 그대로 모방하는 것에서 더 나아갔다.
④ ㉠과 ㉡은 모두 작품을 통해 자신의 마음을 표현하는 데에 집중했다.
⑤ ㉠과 ㉡은 모두 무언가를 그리거나 조각하여 작품을 직접 만들었다.

09

윗글을 읽은 후 〈무제-Perfect lovers〉에 대해 반응한 것으로 알맞지 <u>않은</u> 것은?

① 마우리치오 카텔란의 〈코미디언〉과 같은 오브제 미술이군.
② 펠릭스 곤잘레스 토레스는 벽시계를 직접 만들지 않았겠군.
③ 사진기가 발명되기 이전에는 이와 같은 작품이 만들어지지 않았겠군.
④ 펠릭스 곤잘레스 토레스는 벽시계를 활용함으로써 자신의 감정을 최대한 빼려고 했겠군.
⑤ 펠릭스 곤잘레스 토레스는 벽시계에 시간이 지날수록 점점 멀어지는 사랑이라는 의미를 부여했군.

10 [서술형]

㉮를 미술 작품으로 볼 수 있는지 없는지를 쓰고, 그 이유를 〈조건〉에 맞게 쓰시오.

> ─────〈조건〉─────
> 1. 이유는 한 가지만 제시할 것
> 2. 이유는 '~때문이다.' 형식의 문장으로 쓸 것

_____

_____

_____

어휘 풀이

- **거스르다**: 일이 돌아가는 상황이나 흐름과 반대되거나 어긋나는 태도를 취하다.
- **모방하다**: 다른 것을 본뜨거나 본받다.
- **대신하다**: 어떤 대상의 자리나 구실을 바꾸어서 새로 맡다.
- **집중하다**: 한 가지 일에 모든 힘을 쏟아붓다.
- **불안**: 특정한 대상이 없이 막연히 나타나는 불쾌한 정서적 상태. 안도감이나 확신이 상실된 심리 상태이다.
- **구체적**: 사물이 직접 경험하거나 지각할 수 있도록 일정한 형태와 성질을 갖추고 있는 것
- **대상**: 어떤 일의 상대 또는 목표나 목적이 되는 것
- **여부**: 그러함과 그러하지 아니함.
- **최대한**: 일정한 조건에서 가능한 한 가장 많이
- **꼿꼿하다**: 휘거나 구부러지지 아니하고 단단하다.
- **단순하다**: 복잡하지 않고 간단하다.
- **대표적**: 어떤 분야나 집단에서 무엇을 대표할 만큼 전형적이거나 특징적인 것
- **강렬하다**: 강하고 세차다.
- **부여하다**: 사람에게 권리·명예·임무 따위를 지니도록 해 주거나, 사물이나 일에 가치·의의 따위를 붙여 주다.

▶ 정답: 문제편 186쪽

[01~04] 제시된 초성과 뜻풀이를 바탕으로 빈칸에 들어가기에 알맞은 단어를 문맥에 맞게 쓰시오.

01 ㄱㄱㅈ: 더할 나위 없는 지경에 도달하는 것
➡ 그가 도달하고자 하는 ☐☐☐ 목표는 인공 지능과 관련된 분야에서 전 세계적으로 인정을 받는 것이다.

02 ㄷㅅㅎㄷ: 복잡하지 않고 간단하다.
➡ 구절판과 비슷해 보이는 이 요리는 만들기 복잡해 보이지만 사실 만드는 방법은 의외로 ☐☐하다.

03 ㄷㅅ: 어떤 일의 상대 또는 목표나 목적이 되는 것
➡ 신문 기사에 따르면 아동 수당을 받을 수 있는 지원 ☐☐은/는 만 8세 미만의 자녀를 가진 사람이라고 한다.

04 ㅈㅇㅎㄷ: 지지하여 돕다.
➡ 그 나라의 딱한 사정을 들은 주변 나라에서는 그 나라를 ☐☐하기로 결정했다.

[05~08] 밑줄 친 단어의 뜻을 〈보기〉에서 찾아 그 기호를 쓰시오.

─── 〈보기〉 ───
㉠ 한 가지 일에 모든 힘을 쏟아붓다.
㉡ 강하고 세차다.
㉢ 다른 것을 제외한 사물 본래의 몸체. 또는 바로 그 본래의 바탕
㉣ 이미 존재함.

05 강아지는 자신의 몸 그 <u>자체</u>의 무게도 이기지 못하고 앞으로 넘어지고 말았다.
( )

06 그는 <u>기존</u>의 질서를 무너뜨릴 새로운 이론을 정립해야 한다면서 모두에게 새로운 아이디어를 떠올리라고 강조했다.
( )

07 소한이는 읽고 있는 책에 <u>집중한</u> 나머지 옆에서 부르는 다른 친구의 목소리도 듣지 못하고 있었다.
( )

08 이번 산불을 목격한 사람들의 말에 따르면 들에서 시작된 불길은 <u>강렬하게</u> 타올라 순식간에 숲을 집어삼켰다고 한다.
( )

[09~12] 제시된 초성을 참고하여 뜻풀이에 해당하는 단어를 쓰시오.

09 휘거나 구부러지지 아니하고 단단하다.
(ㄲㄲ하다 ➡)

10 쪼개지거나 나뉘어져 따로따로 되다.
(ㄱ리다 ➡)

11 노력이나 행동으로 남을 도와주다.
(ㅂㅈ하다 ➡)

12 알맞게 이용되거나 맞추어져 쓰이다.
(ㅈㅇ되다 ➡)

[13~16] 제시된 글자를 조합하여 빈칸에 들어가기에 알맞은 단어를 만드시오.

닥	개	자	입
율	안	여	바
불	소	부	다

13 기술이 발달함에 따라 자동차를 운전하는 사람이 없이도 스스로 운전하는 차량인 ☐☐ 주행 차량이 점차 늘어날 것이라고 한다.

14 바닷길의 이용을 둘러싸고 A 국가와 B 국가의 싸움이 일어나자 이를 해결하기 위해 국제 기구에서 ☐☐ 하기로 했다.

15 민지는 자격증 시험에 합격하지 못할까 봐 몹시 ☐☐ 에 떨었지만 최선을 다해 공부한 덕분에 다행히 자격증 시험에 합격하게 되었다.

16 그에게 가서 화를 내기에 앞서 그가 그런 말을 했는지 사실 ☐☐ 를 확인해 보는 것이 좋겠어.

[17~18] <보기>에서 알맞은 말을 골라 쓰시오.

┌─────────── <보기> ───────────┐
│ 견해   견문   대표적   소극적 │
└──────────────────────────────┘

17 올챙이 국수는 홍천의 ☐☐☐ 인 특산물인 옥수수로 만든 것이다.

18 환경 오염으로 인해 발생하는 우리나라의 여러 문제를 해결하려면 다양한 전문가의 ☐☐ 을/를 들어야 한다.

[19~21] 다음 중 알맞은 단어를 고르시오.

19 학교가 끝나자마자 (최대 / 최소)한 빨리 버스 정류장으로 달려가야만 집으로 가는 버스의 시간을 맞출 수 있다.

20 나는 이번 주에 가는 체험 학습이 우리 반 친구들과 함께하는 마지막 체험 학습이라는 생각에 특별한 의미를 (부여 / 기여)하고 있었다.

21 A 지역과 B 지역 사이에는 이미 버스가 (서행 / 운행) 중이지만, A 지역과 B 지역을 오가는 사람들은 교통 체증을 문제로 들어 해당 지역을 오가는 지하철을 개통해야 한다고 주장하고 있다.

[22~25] <보기>의 단어를 활용하여 다음 단어의 뜻풀이를 완성하시오.

┌─────────── <보기> ───────────┐
│ 본   초과   행동   흐름 │
└──────────────────────────────┘

22 제한되다
➡ 일정한 한도가 정하여지거나 그 한도가 ☐☐ 되지 못하게 막히다.

23 요청하다
➡ 필요한 어떤 일이나 ☐☐ 을/를 청하다.

24 거스르다
➡ 일이 돌아가는 상황이나 ☐☐ 와/과 반대되거나 어긋나는 태도를 취하다.

25 모방하다
➡ 다른 것을 ☐ 뜨거나 본받다.

[01~05] 다음 글을 읽고, 물음에 답하시오.

　　우리 주변에는 과자, 라면, 음료수 등 가공식품이 많다. 이러한 가공식품 포장지에는 음식을 섭취하는 사람이라면 주목해야만 하는 다양한 정보가 제시되어 있다.

　　우리나라에서 유통되는 가공식품은 포장지에 최소 13개 이상의 정보를 의무적으로 표기해야 한다. 가공식품의 포장지에 표기해야만 하는 정보를 식품 표시 사항이라고 하는데, 식품 표시 사항에는 상표명, 상품명, 원재료명 및 내용량, 영양 성분, 보관 방법 및 취급 방법, 제조일자 및 유통 기한 등이 있다. 소비자들 가운데 상당수는 가공 식품 포장지의 이와 같은 정보들을 확인하지 않는다. 하지만 식품 표시 사항을 보지 않고 가공식품을 구매하여 섭취하는 것은 때로는 위험한 선택일 수 있다.

　　우리가 가공식품 포장지의 식품 표시 사항을 확인해야 하는 이유는 첫째, 영양 정보를 확인함으로써 우리가 먹은 음식의 성분을 파악할 수 있기 때문이다. 보통 1개의 표로 제시되는 영양 정보에는 해당 가공식품의 총 열량을 비롯해, 이 식품이 단백질, 지방, 탄수화물, 콜레스테롤, 나트륨 등을 얼마나 포함하고 있는지 등이 제시되어 있다. 영양 정보를 확인하면 내가 섭취해야 하는 영양소의 총량 가운데 어느 정도를 이 가공식품을 통해 섭취하고 있는지를 알 수 있고, 이를 바탕으로 부족하게 섭취하고 있는 영양소는 무엇인지 확인할 수 있어 영양소를 골고루 섭취하고자 할 때 도움이 된다.

　　둘째, 원료명을 통해 가공식품에 사용된 재료가 무엇인지, 원산지는 어디이고 어떠한 식품 첨가물이 들어 있는지 확인할 수 있기 때문이다. 식품의 원재료 등을 확인하는 것은 알레르기 등이 있어 음식을 ㉠가려 먹어야 하는 사람들에게는 매우 중요한 정보이다. 알레르기를 유발하는 성분이 포함되어 있는 경우 섭취하는 것을 피해야 하기 때문이다.

　　셋째, 제조 일자와 유통 기한, 소비 기한 등을 확인함으로써 해당 식품이 상하지는 않았는지, 식품을 섭취해도 되는지 등을 판단할 수 있기 때문이다. 특히, 유제품과 같은 음식은 유통 기한과 소비 기한을 지켜서 섭취해야 한다. 유통 기한과 소비 기한이 지난 유제품을 먹을 경우, 식중독, 장염 등 다양한 질병에 걸릴 수 있기 때문이다.

　　이와 같은 이유 때문에 가공식품을 섭취하기 전에는 포장지에 표기되어 있는 식품 표시 사항을 꼼꼼히 확인해야 한다. ㉮식품 표시 사항을 꼼꼼하게 확인하는 습관을 들이면 좀 더 안전하게 음식을 섭취할 수 있게 될 것이다.

01

윗글에 대한 설명으로 가장 알맞은 것은?

① 중심 화제의 단점을 설명하고 있다.
② 여러 의견을 절충하여 대안을 제시하고 있다.
③ 주장을 뒷받침하기 위해 근거를 나열하고 있다.
④ 중심 화제를 둘러싼 다양한 관점을 제시하고 있다.
⑤ 질문을 하고 답변을 하는 방식으로 읽는 사람의 흥미를 끌고 있다.

02

윗글의 내용으로 알맞지 않은 것은?

① 소비 기한이 지난 유제품을 먹으면 식중독에 걸릴 수도 있다.
② 식품 표시 사항을 확인하면 음식을 안전하게 섭취할 수 있다.
③ 많은 사람들이 식품 표시 사항을 보지 않고 가공식품을 구매한다.
④ 대부분의 음료수 포장지에는 식품 표시 사항이 표기되어 있지 않다.
⑤ 원료명을 통해 가공식품에 들어 있는 식품 첨가물의 종류를 확인할 수 있다.

03

윗글을 읽은 후 〈보기〉의 A와 B에게 할 말로 가장 알맞은 것은?

> ── 〈보기〉 ──
> • A는 평소 복숭아에 알레르기 반응을 보인다.
> • B는 최근 장염에 걸렸다.

① A에게: 라면을 먹기 전에 봉지에 표기되어 있는 원료명을 확인하여 원재료의 원산지를 확인해 봐.
② A에게: 과자를 먹기 전에 봉지에 표기되어 있는 제조 일자를 확인하면 알레르기 반응이 일어나지 않을 거야.
③ A에게: 음료수를 마시기 전에 봉지에 표기되어 있는 식품 표시 사항에서 복숭아가 포함되어 있는지 확인해 봐.
④ B에게: 앞으로 음료수를 마실 때 총 열량을 확인하면 장염에 걸리지 않게 될 거야.
⑤ B에게: 라면에 식품 첨가물이 들어 있지는 않은지 확인하지 않아서 장염이 걸린 거야.

04

각 문장의 밑줄 친 부분이 ㉠과 같은 의미로 쓰인 것은?

① 나는 낯을 <u>가리는</u> 편이야.
② 이번 판으로 승패를 <u>가려</u> 보자.
③ 우리집 강아지는 대소변을 잘 <u>가려</u>.
④ 이 자리에서 너와 나의 잘잘못을 <u>가리자</u>.
⑤ <u>가리는</u> 것 없이 잘 먹으니 보기가 좋구나.

05 [서술형]

㉮의 근거를 〈조건〉에 맞게 쓰시오.

> ── 〈조건〉 ──
> 1. 근거는 한 가지만 제시할 것
> 2. '~때문이다.' 형식의 한 문장으로 쓸 것

_____

_____

_____

_____

─────────────────────── **어휘 풀이**

• **가공식품**: 농산물, 축산물, 수산물 따위를 인공적으로 처리하여 만든 식품. 보존과 조리가 간편하다.
• **포장지**: 물건을 싸거나 꾸리는 데 쓰는 종이
• **섭취하다**: 생물체가 양분 따위를 몸속에 빨아들이다.
• **주목하다**: 관심을 가지고 주의 깊게 살피다.
• **유통되다**: 상품 따위가 생산자에서 소비자, 수요자에 도달하기까지 여러 단계에서 교환되고 분배되다.
• **의무적**: 마음이 어떻든 상관없이 해야만 하는 것
• **표기하다**: 적어서 나타내다.
• **취급**: 물건을 사용하거나 소재나 대상으로 삼음.
• **상당수**: 어지간히 많은 수
• **파악하다**: 어떤 대상의 내용이나 본질을 확실하게 이해하여 알다.
• **제시되다**: 어떠한 의사가 말이나 글로 나타내어져 보이다.
• **포함하다**: 어떤 사물이나 현상 가운데 함께 들어가게 하거나 함께 넣다.
• **첨가물**: 식품 따위를 만들 때 보태어 넣는 것
• **기한**: 미리 한정하여 놓은 시기
• **들이다**: 버릇이나 습관을 몸에 배게 하다.

최근 인터넷 누리집을 비롯해 SNS에서 많은 사람들이 백두산이 폭발할 가능성에 대해 이야기하고 있다. 몇몇 사람들은 조만간 백두산이 폭발하여 우리나라에 큰 재난을 가져올 것이라고 이야기한다. 정말로 백두산이 폭발하는 것일까? 백두산이 폭발하면 우리는 어떻게 되는 걸까?

백두산이 조만간 폭발한다고 주장하는 사람들이 드는 첫 번째 근거는 백두산의 폭발 주기이다. 기록에 따르면 백두산은 946년에 대폭발을 한 이후 1,000년 동안 100년에 최소 한 번 이상 크고 작은 폭발을 일으켜 왔다고 한다. 백두산이 100년에 한 번씩 폭발한다는 ㉮'백두산 폭발 100년 주기설'을 믿는 사람들은 백두산의 마지막 폭발 기록이 1925년이므로 다음 폭발은 2025년 전후일 가능성이 크다고 본다.

백두산이 폭발한다고 주장하는 사람들이 드는 두 번째 근거는 백두산이 보이고 있는 폭발 전조 증상이다. 화산이 폭발한다는 것은 땅속에 있던 마그마가 땅 위로 올라오는 현상이다. 마그마가 땅 위로 올라올 때는 지진이 일어나기도 하고, 온천수의 온도가 상승하거나 화산 가스가 누출되기도 한다. 이를 화산 폭발의 전조 증상이라고 하는데, 백두산에서는 이미 이러한 증상이 나타나고 있다. 지난 2002년부터 2005년까지 백두산 천지의 지하에서 ㉠화산성 지진이 약 8천 회 이상 있었고, 백두산 온천수의 온도도 섭씨 83도까지 올랐으며, 화산 가스가 새어 나와 백두산 정상의 나무들이 말라 죽기도 했다.

그렇다면 정말 백두산은 곧 폭발하는 것일까? 먼저, 백두산의 폭발 주기와 관련하여 많은 주목을 받는 백두산 폭발 100년 주기설은 어디까지나 가설일 뿐 백두산이 정확히 100년에 한 번씩 폭발한다는 과학적 근거는 없다. 자연 현상은 더하기와 빼기를 하듯 오차 없이 일어나는 것이 아니다. 오랫동안 관측한 데이터를 바탕으로 아주 조심스럽게 예상해 볼 수 있을 뿐이다. 특히, 1925년에 백두산이 폭발했다는 기록 자체도 정확하지 않다. 해당 기록은 현재 북한에만 남아 있어 정확하게 확인하기 어렵기 때문이다. 현재까지 공식적으로 인정되는 백두산의 마지막 폭발은 1903년 백두산 천지에서 일어난 소규모 폭발이며, 이는 이미 120여 년 전의 일이다.

다음으로, 백두산의 폭발 전조 증상으로 여겨지던 여러 현상도 최근 사그라들었다. 2021년 6월까지 백두산에서 화산성 지진은 평균보다 자주 있었으나, 그 이후 화산성 지진은 평균 정도로 일어나고 있다. 온천수 온도도 안정적으로 돌아왔고, 화산 가스도 이전과 비슷한 수준으로만 새어 나오고 있다. 무엇보다 이러한 현상들은 백두산의 마그마 활동을 간접적으로 보여 주는 것일 뿐, 이를 통해 백두산이 언제 폭발할지를 정확히 예측하기는 어렵다.

이처럼 백두산이 당장 폭발할 가능성은 크지 않다. 하지만 대부분의 전문가들이 언젠가 백두산이 폭발할 것이라는 데에는 동의하고 있다. 화산 폭발은 여러 가지 요인에 의해 발생하는 복잡한 현상이므로 백두산 폭발의 정확한 시기를 예측할 수는 없지만 ㉯백두산이 언제 폭발하더라도 조금도 이상하지 않다는 것이 전문가들의 의견이다. 왜냐하면 백두산은 지금도 뚜렷하게 화산 활동을 계속하고 있는 활화산이기 때문이다.

06

윗글에 대한 설명으로 가장 알맞은 것은?

① 중심 화제의 유형을 분류하고 있다.
② 중심 화제에 대한 다양한 학설을 검토하고 있다.
③ 중심 화제와 관련된 구체적인 현상들을 나열하고 있다.
④ 중심 화제와 관련된 참고 자료의 내용을 인용하고 있다.
⑤ 중심 화제에 대한 전문가들의 견해 차이를 분석하고 있다.

07

윗글의 내용으로 알맞지 <u>않은</u> 것은?

① 백두산 온천수의 온도는 현재 섭씨 83도보다 낮다.
② 화산 가스가 나온다는 것은 화산이 폭발한다는 의미일 수도 있다.
③ 전문가들이라도 백두산이 폭발하는 정확한 시기를 예측할 수 없다.
④ 여러 가지 요인을 동시에 고려하면 백두산 폭발 시기를 정확히 예측할 수 있다.
⑤ 오랫동안 관측한 데이터를 통해 자연 현상을 예측했을지라도 오차가 있을 수 있다.

08

〈보기〉 중 ㉮에 대한 설명으로 알맞지 <u>않은</u> 것을 <u>모두</u> 고른 것은?

〈보기〉

ㄱ. 백두산이 100년에 한 번씩 폭발한다는 가설이다.
ㄴ. 백두산이 2025년에 폭발한다고 주장하는 사람들이 근거로 삼는다.
ㄷ. 공식적으로 인정되는 마지막 폭발 기록을 고려하면 2025년에 백두산이 폭발할 것이다.
---

① ㄱ   ② ㄴ   ③ ㄷ
④ ㄱ, ㄴ   ⑤ ㄱ, ㄴ, ㄷ

09

㉠에 대한 반응으로 알맞지 <u>않은</u> 것은?

① 마그마의 움직임이 활발해졌음을 의미하는군.
② 온천수의 온도 상승과 함께 일어날 수도 있겠군.
③ 백두산 폭발의 가능성을 알려주는 신호로 볼 수도 있겠군.
④ 이것을 통해 백두산 폭발의 정확한 시기를 예측하는 것은 매우 어렵겠군.
⑤ 2022년 6월 이후에는 발생하지 않았으므로 백두산이 당장 폭발할 가능성은 크지 않겠군.

10 [서술형]

㉯의 근거를 〈조건〉에 맞게 쓰시오.

〈조건〉

1. 근거는 한 가지만 제시할 것
2. '~때문이다.' 형식의 한 문장으로 쓸 것

_____

_____

_____

———————————————————— 어휘 풀이

- **최근**: 얼마 되지 않은 지나간 날부터 현재 또는 바로 직전까지의 기간
- **폭발하다**: 불이 일어나며 갑작스럽게 터지다.
- **가능성**: 앞으로 실현될 수 있는 성질이나 정도
- **조만간**: 앞으로 곧   • **재난**: 뜻밖에 일어난 재앙과 고난
- **재난**: 뜻밖에 일어난 재앙과 고난
- **일으키다**: 물리적이거나 자연적인 현상을 만들어 내다.
- **전조**: 어떤 일이 생길 기미
- **마그마**: 땅속 깊은 곳에서 암석이 지열(地熱)로 녹아 반액체로 된 물질. 이것이 식어서 굳어져 생긴 것이 화성암이고, 지상(地上)으로 분출하여 형성된 것이 화산이다.
- **상승하다**: 낮은 데서 위로 올라가다.
- **누출되다**: 액체나 기체 따위가 밖으로 새어 나오다.
- **주목**: 관심을 가지고 주의 깊게 살핌. 또는 그 시선
- **관측하다**: 육안이나 기계로 자연 현상 특히 천체나 기상의 상태, 추이, 변화 따위를 관찰하여 측정하다.
- **공식적**: 국가적으로 규정되었거나 사회적으로 인정된 것
- **인정되다**: 확실히 그렇다고 여겨지다.
- **사그라들다**: 삭아서 없어져 가다.
- **간접적**: 중간에 매개가 되는 사람이나 사물 따위를 통하여 연결되는 것
- **동의하다**: 의사나 의견을 같이하다.

[01~04] 〈보기〉의 단어를 활용하여 다음 단어의 뜻풀이를 완성하시오.

─〈보기〉─
측정   불   위   아래   글

01 폭발하다

➡ ☐이/가 일어나며 갑작스럽게 터지다.

02 상승하다

➡ 낮은 데서 ☐(으)로 올라가다.

03 관측하다

➡ 육안이나 기계로 자연 현상 특히 천체나 기상의
상태, 추이, 변화 따위를 관찰하여
☐☐하다.

04 제시되다

➡ 어떠한 의사가 말이나 ☐(으)로 나타내어져
보이다.

[05~07] 〈보기〉에서 알맞은 말을 골라 쓰시오.

─〈보기〉─
취급   위급   가건물
첨가물   포장지   신문지

05 오늘이 생일인 친구에게 줄 선물을 포장하기 위해
문구점에 가서 케이크 무늬의 ☐☐☐을/를
샀다.

06 그 상자에는 ☐☐ 주의라는 글씨가 크게 쓰여
있었다.

07 식품 포장지에는 그 식품의 영양 정보를 비롯해
식품에 들어 있는 ☐☐☐에 대한 정보가
적혀 있다.

[08~10] 제시된 초성을 참고하여 밑줄 친 부분과 같은 뜻이
되도록 빈칸을 채우시오.

08 ○○지역의 산불 때문에 삶의 터전을 잃은
사람들은 그 산불이 자신들 인생에서의 뜻밖의
재앙과 고난이라고 생각했다.

(ㅈㄴ ➡   )

09 자, 지금부터 제가 말씀드리는 내용을 공책에
적어서 나타내 주세요.

(ㅍㄱ해 ➡   )

10 나는 앞으로 곧 그녀를 만나서 그 사건에 대한
담판을 짓기로 했다.

(ㅈㅁㄱ ➡   )

[11~13] 제시된 글자를 조합하여 빈칸에 들어가기에 알맞은
단어를 만드시오.

기	복	공	고
적	가	도	한
세	품	식	부

11 내가 지난달에 산 이 바지는 교환 ☐☐이/가
지나 사이즈가 맞지 않는데도 바꿀 수가 없다.

12 기상청에서는 오늘 창밖에 내린 하얀 눈이
☐☐적인 첫눈이라고 발표했다.

13 바쁜 현대 사회에서는 조리하기 쉬운 햄이나 치즈와
같은 ☐☐☐☐을/를 먹는 사람들이
늘어나고 있다.

[14~17] 제시된 초성과 뜻풀이를 바탕으로 빈칸에 들어가기에 알맞은 단어를 문맥에 맞게 쓰시오.

14 ㅇㅈ되다: 확실히 그렇다고 여겨지다.
➡ 비타민과 같은 각종 영양소를 포함하고 있는 산나물은 건강에 좋다고 ☐☐ 되고 있다.

15 ㅅㄱㄹ들다: 삭아서 없어져 가다.
➡ 밤새 타올랐던 모닥불은 새벽이 가까워오자 서서히 ☐☐☐ 들었다.

16 ㅇㅌ되다: 상품 따위가 생산자에서 소비자, 수요자에 도달하기까지 여러 단계에서 교환되고 분배되다.
➡ 과수원의 나무에서 딴 사과가 우리의 식탁에 오르기까지, 사과가 ☐☐ 되는 과정을 살펴보는 것은 몹시 흥미로웠다.

17 ㅈㅁ하다: 관심을 가지고 주의 깊게 살피다.
➡ ○○시는 도시의 골목길을 아름답게 가꾸는 사업을 하기 위해 오랫동안 아무도 돌보지 않았던 골목길 주변의 건물에 ☐☐ 하였다.

[18~20] 단어의 사전적 의미를 찾아 바르게 연결하시오.

18 의무적 ·
· ㉠ 어지간히 많은 수

19 일으키다 ·
· ㉡ 마음이 어떻든 상관없이 해야만 하는 것

20 상당수 ·
· ㉢ 물리적이거나 자연적인 현상을 만들어 내다.

[21~23] 각 문장의 밑줄 친 단어의 뜻을 <보기>에서 찾아 그 기호를 쓰시오.

─── <보기> ───
㉠ 어떤 사물이나 현상 가운데 함께 들어가게 하거나 함께 넣다.
㉡ 버릇이나 습관을 몸에 배게 하다.
㉢ 어떤 대상의 내용이나 본질을 확실하게 이해하여 알다.

21 김 수사관은 내일 진행될 현장 조사를 위하여 창고에 어떠한 물품들이 있는지를 확실하게 파악했다.
( )

22 우리 가족은 할머니를 포함하여 모두 여섯 명이다.
( )

23 친구네 집 강아지는 실외 배변을 하도록 버릇을 들여서 화장실에 가고 싶으면 밖으로 나가자고 현관문을 발로 긁는다.
( )

[24~26] <보기>의 단어를 활용하여 다음 단어의 뜻풀이를 완성하시오.

─── <보기> ───
사견   의견   속   밖

24 누출되다
➡ 액체나 기체 따위가 ☐ 으로 새어 나오다.

25 동의하다
➡ 의사나 ☐☐ 을/를 같이하다.

26 섭취하다
➡ 생물체가 양분 따위를 몸 ☐ 에 빨아들이다.

[01~05] 다음 글을 읽고, 물음에 답하시오.

우리가 곡을 연주할 때 악기 말고도 꼭 챙기는 것이 있다. 바로 악보이다. 악보는 음악의 곡조를 일정한 기호로 기록한 것으로, 가로로 그려진 5개의 줄 위로 다양한 기호가 표시되어 있는 형태이다. 작곡가들은 각 줄과 공간에 다양한 기호를 그림으로써 사람들에게 자신이 이야기하고 싶은 바를 전달한다.

악보를 처음 그린 사람은 고대 그리스인이라고 전해진다. 고대 그리스인들은 합창단과 하프 연주자, 관악기 연주자들을 위해 알파벳을 활용하여 곡조를 표현했다. 이후 9~10세기경 서양에서 악보가 생겨났고, 10세기경에 가로로 된 줄, 즉 보표를 활용하여 악보를 그리기 시작했다. 12세기경에는 4줄짜리 보표를 사용하여 악보를 그렸고, 13세기에 이르러 지금처럼 5줄짜리 보표를 활용하여 악보를 그리기 시작했다.

그렇다면 악보에 사용하는 기호에는 어떤 것이 있을까? 먼저 ㉠'음표'는 음을 높거나 낮게, 혹은 길거나 짧게 연주하라는 기호이다. 음표의 위치는 음표의 높낮이를 나타낸다. 그리고 음표의 모양은 음의 길이를 나타내는데, 온음표, 2분음표, 4분음표, 8분음표, 16분음표 등이 있다. ㉡'음자리표'는 절대적인 음높이를 나타내기 위해 오선 악보의 맨 앞에 적은 표로, 높은음자리표, 낮은음자리표, 가온음자리표가 있다. 음자리표에 따라 '도, 레, 미, 파, 솔, 라, 시'라는 '계이름'이 정해진다.

온음표	2분음표	4분음표	8분음표	16분음표
o	♩	♩	♪	♪

높은음자리표	낮은음자리표	가온음자리표
𝄞	𝄢	𝄡

또 ㉢'쉼표'는 연주할 때 쉬어야 할 시간을 나타내는 기호로, 쉼의 길이에 따라 온쉼표, 2분쉼표, 4분쉼표, 8분쉼표, 16분쉼표 등이 있다. ㉣'도돌이표'는 악곡의 전체 또는 한 부분을 되풀이하여 연주할 것을 지시하는 역할을 하고, ㉤'끝세로줄'은 연주를 여기서 마치라고 지시하는 역할을 한다. 그리고 '덧줄'은 오선 악보에 표현할 수 없는, 더 높거나 낮은 음을 그릴 때 이용한다.

온쉼표	2분쉼표	4분쉼표	8분쉼표	16분쉼표
▬	▬	𝄽	𝄾	𝄿

도돌이표	끝세로줄	덧줄
𝄇	𝄂	

곡의 연주나 발표, 보존, 학습 등을 목적으로 일정한 약속이나 규칙에 따라 기호를 활용하여 악곡을 기록하는 방법을 기보법이라고 한다. 작곡가가 아무리 기보법을 잘 사용해도 자신이 표현하고자 하는 모든 음악적 요소를 악보에 그려 넣을 수는 없다. ㉥그래서 같은 악보를 보고 연주를 하더라도 연주하는 사람에 따라서 음악의 분위기가 달라진다.

음악 수업 시간에 배운 악보 ㉦읽는 법을 떠올리며 유명한 작곡가가 그린 악보를 읽어 보자. 악보에 그려진 기호가 의미하는 바를 생각하며 악보를 읽다 보면 활자로만 표시되어 있던 악보가 어느새 음악으로 와닿는 것을 느낄 수 있을 것이다.

01

윗글을 읽고 답할 수 <u>없는</u> 질문은?

① 악보의 단점은 무엇일까?

② 기보법은 무엇을 의미할까?

③ 음자리표의 종류에는 무엇이 있을까?

④ 악보를 처음 그린 사람은 어느 나라 사람일까?

⑤ 음표의 모양과 위치가 의미하는 바는 무엇일까?

02

㉠~㉤에 대한 설명으로 알맞지 <u>않은</u> 것은?

① 온음표와 4분음표는 ㉠에 해당한다.

② 계이름은 ㉡과 관련이 있다.

③ ㉢은 연주할 때 쉬어야 할 시간을 나타내는 역할을 한다.

④ 악곡의 전체 또는 한 부분을 되풀이하여 연주할 것을 지시할 때는 ㉣을 사용한다.

⑤ ㉤은 오선 악보에 표현할 수 없는, 더 높거나 낮은 음들을 그릴 때 이용한다.

03

윗글을 읽은 후의 반응으로 알맞지 <u>않은</u> 것은?

① 악보를 처음 그린 사람들은 알파벳을 활용했구나.

② 음악의 곡조를 일정한 기호로 기록한 것을 악보라고 하는군.

③ 내가 13세기 사람이었다면 5줄짜리 보표를 활용하여 악보를 그렸겠구나.

④ 나와 내 친구가 같은 악보를 보고 연주를 하더라도 음악의 분위기는 달라질 수 있겠어.

⑤ 기보법을 사용하면 내가 전달하고자 하는 모든 음악적 요소를 악보에 그려 넣을 수 있구나.

04

각 문장의 밑줄 친 부분이 ㉥과 같은 의미로 쓰인 것은?

① 그는 아침마다 신문을 <u>읽는다.</u>

② 그 아이는 동화책을 매우 크게 <u>읽었다.</u>

③ 친구가 보낸 편지를 <u>읽고</u> 눈물이 흘렀다.

④ 사회의 변화를 <u>읽을</u> 줄 아는 능력을 길러야 한다.

⑤ 화가가 그림을 그리는 법을 <u>읽어</u> 나가면 작품을 더 깊게 감상할 수 있다.

05 서술형

㉮의 이유를 <조건>에 맞게 쓰시오.

── <조건> ──
1. 근거는 한 가지만 제시할 것
2. '~때문이다.' 형식의 한 문장으로 쓸 것

_____

_____

_____

_____

─────────────────── 어휘 풀이

- **연주하다**: 악기를 다루어 곡을 표현하거나 들려주다.
- **챙기다**: 필요한 물건을 찾아서 갖추어 놓거나 무엇을 빠뜨리지 않았는지 살피다.
- **일정하다**: 전체적으로 흐름이나 절차가 규칙적이다.
- **표시되다**: 표가 되어 외부에 드러나 보이다.
- **활용하다**: 충분히 잘 이용하다.
- **생겨나다**: 없던 것이 있게 되다.
- **이르다**: 어떤 장소나 시간에 닿다.
- **절대적**: 비교하거나 상대될 만한 것이 없는 것
- **되풀이하다**: 같은 말이나 일을 자꾸 하다. 또는 같은 사태를 자꾸 일으키다.
- **지시하다**: 일러서 시키다.
- **마치다**: 어떤 일이나 과정, 절차 따위가 끝나다. 또는 그렇게 하다.
- **요소**: 사물의 성립이나 효력 발생 따위에 꼭 필요한 성분. 또는 근본 조건
- **떠올리다**: 기억을 되살려 내거나 잘 구상되지 않던 생각을 나게 하다.
- **와닿다**: 어떤 사실이나 경험 따위가 실감이 되다.
- **해당하다**: 어떤 범위나 조건 따위에 바로 들어맞다.

[06~10] 다음 글을 읽고, 물음에 답하시오.

우리가 노란색을 보면 메신저 애플리케이션을 떠올리고 자주 사용하는 인터넷 검색 누리집을 '초록창'이라고 부르는 이유는 무엇일까? 우리가 노란색을 보면 메신저 애플리케이션을 떠올리고 초록색을 보면 인터넷 검색 누리집을 떠올리는 것처럼 특정한 색상을 보았을 때 어떤 기업이나 상품이 떠오르는 현상은 '컬러 마케팅'과 관련이 있다.

컬러 마케팅이란 색상을 활용하여 소비자의 구매 욕구를 ㉠자극하는 마케팅 기법이다. 컬러 마케팅을 주장하는 사람들은 각각의 색상마다 고유한 파장과 진동수가 있으며, 각 색상의 파장과 진동은 그 색을 보는 사람으로 하여금 편안함, 따뜻함, 식욕 등을 느끼게 한다고 본다. 그리고 이러한 반응이 구매 욕구로 이어진다고 여긴다. 실제로 미국에서 진행한 어느 연구에 따르면 사람의 오감 중에서 시각이 어떤 상품의 구매를 결정하는 데 가장 큰 영향을 미친다고 한다. 사람이 상품을 ㉡인식하고 그 상품을 살지 말지 결정할 때, 그 상품이 눈에 어떻게 보이는지가 가장 큰 영향을 미친다는 것이다.

그렇다면 컬러 마케팅을 시도하는 기업들은 어떤 색상을 사용할까? 대표적으로 사용하는 색상에는 빨간색, 파란색, 초록색이 있다. 먼저, 감성을 자극하고 열정을 드러내는 강렬한 색인 빨간색은 흥분과 열정을 ㉢강조하고자 하는 스포츠 의류나 패션 의류에서 많이 활용한다. 또한 빨간색은 입맛을 돋우는 역할을 하기 때문에 음식점의 간판이나 음식을 홍보하는 광고지에도 많이 쓰인다.

다음으로, 파란색은 신뢰와 안정, 젊음의 이미지를 가진 색이다. 신뢰와 안정, 젊음 등은 대부분의 기업이 ㉣지향하는 것이기도 하다. 그래서 많은 기업들은 자신들의 기업을 상징하는 로고에 파란색을 많이 사용한다. 또한 파란색은 시원한 느낌을 주므로, 여름을 겨냥하여 출시된 상품이나 빙과류의 포장에도 자주 쓰인다.

마지막으로, 초록색은 깨끗하고 순수한 자연을 떠오르게 한다. 그래서 신선한 식료품을 판매하는 기업 등에서 초록색을 많이 활용한다. 또한 제품이 친환경적이거나 건강에 좋다는 것을 강조하고 싶은 기업에서도 초록색을 자주 사용한다.

컬러 마케팅은 단순히 보기 좋은 색상을 고르는 기법이 아니다. 기업이나 상품을 ㉤대표할 수 있는 색상을 활용하여 소비자의 눈길을 끌고, 이를 바탕으로 기업이나 상품을 소비자에게 각인시키는 하나의 전략이다. 상품을 구매할 때 상품의 포장지나 기업의 로고에 사용된 색상도 살펴보자. 그 상품과 기업의 특징을 더 잘 이해할 수 있을 것이다.

06

윗글에 대한 설명으로 가장 알맞은 것은?

① 컬러 마케팅이 성공하는 조건을 제시했다.
② 컬러 마케팅과 관련된 연구 결과를 소개했다.
③ 컬러 마케팅이 성공한 사례와 실패한 사례를 비교했다.
④ 컬러 마케팅의 사례를 들어 컬러 마케팅의 문제점을 지적했다.
⑤ 컬러 마케팅에 자주 사용하는 색 중 초록색이 가장 유용하다고 주장했다.

07

윗글의 내용으로 알맞지 않은 것은?

① 파란색은 감성을 자극하고 열정을 드러내기 위한 상품에 많이 활용된다.
② 상품의 포장지에 사용된 색상을 보면 상품의 특징을 이해하는 데 도움이 된다.
③ 컬러 마케팅을 주장하는 사람들은 색채에 대한 반응이 구매 욕구로 이어진다고 볼 것이다.
④ 컬러 마케팅을 주장하는 사람들은 초록색과 파란색의 파장과 진동수가 다르다고 볼 것이다.
⑤ 사람의 오감 중 상품을 인식하고 구매를 결정하는 데 가장 큰 영향을 미치는 감각은 시각이다.

08

윗글을 읽은 사람이 〈보기〉를 읽고 반응한 것으로 알맞지 않은 것은?

---〈보기〉---

A 기업은 초록색 케첩을 만들었다. 하지만 사람들로 하여금 초록색은 상한 음식을 떠오르게 하였고, 그 결과 소비자들은 초록색 케첩을 구매하지 않았다. 한편, 온라인으로 쌈채소를 판매하는 B 기업은 기업의 누리집을 비롯해 각종 포장지에 초록색을 적극적으로 활용하였다. 그 결과 사람들은 초록색을 보면 B 기업을 떠올리게 되었고, B 기업이 판매하는 쌈채소의 인기도 높아졌다.

① A 기업은 상한 음식을 떠올리게 하는 초록색보다는 입맛을 자극하는 빨간색을 활용하는 것이 좋겠어.

② A 기업처럼 상품의 특성에 어울리지 않는 색상을 마케팅에 활용하면 상품 판매에 부정적인 영향을 줄 수도 있겠어.

③ 초록색을 본 사람들이 B 기업을 떠올리게 된 것은 컬러 마케팅과 관련이 있어.

④ B 기업은 신선한 식료품을 판다는 것을 강조하고 싶었기 때문에 초록색을 활용했을 거야.

⑤ A 기업과 B 기업을 비교해 보니, 식료품을 홍보하고자 할 때는 초록색만 활용해야 소비자의 구매 욕구를 높일 수 있겠어.

09

㉠~㉤의 사전적 의미로 알맞지 않은 것은?

① ㉠: 외부에서 작용을 주어 감각이나 마음에 반응이 일어나게 하다.

② ㉡: 사물을 분별하고 판단하여 알다.

③ ㉢: 어떤 부분을 특별히 강하게 주장하거나 두드러지게 하다.

④ ㉣: 더 높은 단계로 오르기 위하여 어떠한 것을 하지 아니하다.

⑤ ㉤: 전체의 상태나 성질을 어느 하나로 잘 나타내다.

10 [서술형]

컬러 마케팅의 효과를 〈조건〉에 맞게 쓰시오.

---〈조건〉---

1. 6문단에서 찾아 쓸 것
2. '컬러 마케팅은 ~ 효과가 있다.' 형식의 한 문장으로 쓸 것

_____

_____

_____

_____

== 어휘 풀이 ==

• **떠올리다**: 기억을 되살려 내거나 잘 구상되지 않던 생각을 나게 하다.

• **자주**: 같은 일을 잇따라 잦게

• **욕구**: 무엇을 얻거나 무슨 일을 하고자 바라는 일

• **기법**: 기교와 방법을 아울러 이르는 말

• **고유하다**: 본래부터 가지고 있어 특유하다.

• **여기다**: 마음속으로 그러하다고 인정하거나 생각하다.

• **미치다**: 영향이나 작용 따위가 대상에 가하여지다. 또는 그것을 가하다.

• **결정하다**: 행동이나 태도를 분명하게 정하다.

• **시도하다**: 어떤 것을 이루어 보려고 계획하거나 행동하다.

• **드러내다**: 가려 있거나 보이지 않던 것을 보이게 하다.

• **상징하다**: 추상적인 개념이나 사물을 구체적인 사물로 나타내다.

• **겨냥하다**: 목표물을 겨누다.

• **출시되다**: 상품이 시중에 나오다.

• **각인**: 머릿속에 새겨 넣듯 깊이 기억됨. 또는 그 기억

• **유용하다**: 쓸모가 있다.

[11~15] 다음 글을 읽고, 물음에 답하시오.

㉠'반려 식물'이라는 말을 들어본 적이 있는가? 우리에게 '반려동물'이라는 말은 익숙하지만, '반려 식물'은 그렇지 않다. 하지만 이제는 ㉡반려 식물의 시대이다. 반려동물이 그러하듯 가족의 한 구성원처럼 가까이에서 같이 생활하는 식물이 바로 반려 식물이다. 반려 식물과 함께하는 사람들은 반려 식물을 아끼고, 돌보고, 반려 식물이 성장하는 과정을 지켜보며 안정감과 행복을 느낀다고 말한다.

반려 식물을 키우는 사람이 늘어남에 따라 최근에는 식물들을 전문적으로 치료해주는 식물 병원까지 생겼다. 식물 병원에서는 시들거나 벌레 먹은 식물들의 문제를 해결해 주고, 잘 자라지 않는 식물들을 키우는 방법을 알려주기도 한다. 2023년에는 서울시에서 전용 치료실과 입원실을 갖춘 반려 식물 병원을 개원하기도 했다. 이처럼 전문적인 식물 병원이 생겨난 것은 식물을 '반려'로 소중히 대하고 잘 길러내고자 하는 사람들의 열정이 만든 현상으로 볼 수 있다.

그렇다면 사람들이 반려 식물을 키우는 이유는 무엇일까? 반려 식물을 키우는 사람들은 반려 식물이 호흡을 하는 과정에서 공기를 정화해 주고, 반려 식물을 키우는 공간이 밝고 건강한 분위기로 바뀌기 때문이라고 이야기한다. 그리고 자신들이 열심히 키우는 반려 식물이 잘 자라면 큰 보람과 기쁨을 느낄 수 있어 스트레스도 줄어든다고 말한다.

하지만 식물에 대해 모르는 사람이 반려 식물을 키우기는 어렵다. 식물에 따라 키우는 방법이 각양각색이기 때문이다. 햇빛을 많이 받아야 하는 식물이 있는가 하면, 햇빛을 피해 그늘에서만 키워야 하는 식물도 있다. 또 식물에 따라 주어야 하는 물의 양도 다르다. 어떤 식물은 물을 자주 주어야 하지만, 어떤 식물은 물을 자주 주면 죽을 수도 있다. 그러므로 반려 식물을 잘 키우려면 키우려고 하는 식물의 특성을 먼저 파악한 후, 식물이 잘 자랄 수 있도록 각 식물의 특성에 맞추어 적절한 환경을 조성해 주어야만 한다.

먹기 위해서, 혹은 단순히 한쪽에 두고 감상하기 위해서 식물을 키웠던 과거와 달리 요즘에는 교감의 대상으로 식물을 키운다. '반려 식물'이라는 표현도 그래서 탄생한 것이다. 삶에 위로와 안정감을 주고, 즐거움과 보람, 행복을 주는 반려 식물은 앞으로도 많은 사람과 함께할 것이다. 일상생활에서 교감의 대상이 필요하다면 반려 식물을 키워보는 것은 어떨까?

11

윗글을 읽고 답할 수 있는 질문은?

① 반려 식물이 시드는 이유는 무엇일까?
② 반려 식물 병원을 개원한 곳은 어디일까?
③ 반려동물이 인기를 끌었던 이유는 무엇일까?
④ 햇빛을 지속적으로 받아야 하는 식물은 무엇일까?
⑤ 반려 식물에 대한 정보가 많아진 이유는 무엇일까?

12

글쓴이가 윗글을 쓴 이유로 가장 알맞은 것은?

① 반려 식물을 죽이지 말자고 주장하기 위해서
② 반려 식물의 의미를 바꾸자고 주장하기 위해서
③ 반려 식물이 인기를 얻은 이유를 분석하기 위해서
④ 반려 식물을 모든 사람이 키워야 한다고 주장하기
   위해서
⑤ 반려 식물의 개념을 설명하고 반려 식물에 대한
   자신의 생각을 드러내기 위해서

13

윗글을 읽은 후의 반응으로 가장 알맞은 것은?

① 반려 식물을 잘 키우는 방법을 안내하고 있어.
② 반려 식물을 키우는 것에 대한 다양한 입장을
   소개했어.
③ 반려 식물에 대한 글쓴이의 경험을 제시해서 읽는
   사람의 공감을 유도했어.
④ 반려 식물에 대한 신문 기사를 인용해서 신뢰성을
   갖추고 있어.
⑤ 반려 식물을 판매하는 사람들의 반응을 소개해서
   흥미를 끌고 있어.

14

㉠과 거리가 먼 사람은?

① 쌈을 싸 먹기 위해 상추를 키운 하연
② 식물에게 물을 주며 말을 건네는 진실
③ 식물을 키우며 안정감과 행복을 느낀 슬아
④ 시든 식물을 살리기 위해 반려 식물 병원에 간 은현
⑤ 식물을 키우면서 스트레스가 사라지는 것을 느낀
   은미

15 서술형

**윗글의 ㉤와 같은 표현이 등장한 까닭이 무엇인지
〈조건〉에 맞게 쓰시오.**

> ── 〈조건〉 ──
> 1. 식물에 대한 과거의 인식과 현재의 인식을 비교할 것
> 2. '과거에는 ~ 지만, 요즘에는 ~ 때문에 반려
>   식물이라는 표현이 등장하였다.' 형식의 한
>   문장으로 쓸 것

_____

_____

_____

──────────────────────── 어휘 풀이

- **반려**: 짝이 되는 동무
- **익숙하다**: 어떤 대상을 자주 보거나 겪어서 처음 대하지 않는 느낌이 드는
  상태에 있다.
- **구성원**: 어떤 조직이나 단체를 이루고 있는 사람
- **돌보다**: 관심을 가지고 보살피다.
- **전문적**: 어떤 분야에 상당한 지식과 경험을 가지고 그 일을 잘하는 것
- **시들다**: 꽃이나 풀 따위가 말라 생기가 없어지다.
- **개원하다**: 병원이나 학원 따위와 같이 '원(院)' 자로 끝나는 기관이 세워져
  처음으로 일이 시작되거나 그 기관의 하루 업무가 시작되다. 또는 그렇게 하다.
- **현상**: 나타나 보이는 현재의 상태
- **정화하다**: 불순하거나 더러운 것을 깨끗하게 하다.
- **보람**: 어떤 일을 한 뒤에 얻어지는 좋은 결과나 만족감. 또는
  자랑스러움이나 자부심을 갖게 해 주는 일의 가치
- **조성하다**: 분위기나 정세 따위를 만들다.
- **교감**: 서로 접촉하여 따라 움직이는 느낌
- **안정감**: 육체적 또는 정신적으로 편안하고 고요한 느낌
- **지속적**: 어떤 상태가 오래 계속되는 것
- **분석하다**: 얽혀 있거나 복잡한 것을 풀어서 개별적인 요소나 성질로
  나누다.

[01~03] 〈보기〉에서 알맞은 말을 골라 쓰시오.

― 〈보기〉 ―
각인   욕구   보람

01 추위나 더위를 벗어나 안전한 곳에 머무르고 싶은 것은 인간의 기본적인 ☐☐ 가운데 하나이다.

02 몹시 더웠던 날 국어 선생님께서 건네주셨던 얼음물은 선생님과 관련된 특별한 추억으로 내 머릿속에 ☐☐되었다.

03 봉사활동 후에 느끼는 ☐☐은/는 나에게 있어 그 무엇과도 바꿀 수 없는 가치이다.

[04~07] 제시된 글자를 조합하여 빈칸에 들어가기에 알맞은 단어를 만드시오.

| 감 | 날 | 안 | 기 | 교 | 호 |
| 반 | 정 | 법 | 감 | 려 | 앗 |

04 반려동물과 함께하는 대부분의 사람들은 반려동물과 ☐☐을/를 하고 있다는 느낌을 받는다고 한다.

05 아침에 일어나서부터 잠이 드는 순간까지 정해진 시간에 맞춰 일과를 보내는 것은 나에게 ☐☐☐을/를 준다.

06 외삼촌께서는 외숙모를 인생의 ☐☐(으)로 맞이한 것이 지금까지 살아오면서 가장 잘한 일이라고 하신다.

07 그녀는 기존의 자신이 그림을 그렸던 것과는 다른 ☐☐(으)로 그린 새 작품에 대한 주변 반응이 영 좋지 않자 큰 실망감을 느꼈다.

[08~10] 제시된 초성을 참고하여 뜻풀이에 해당하는 단어를 쓰시오.

08 필요한 물건을 찾아서 갖추어 놓거나 무엇을 빠뜨리지 않았는지 살피다.

(ㅊㄱㄷ ➡   )

09 어떤 범위나 조건 따위에 바로 들어맞다.

(ㅎㄷ하다 ➡   )

10 병원이나 학원 따위와 같이 '원(院)' 자로 끝나는 기관이 세워져 처음으로 일이 시작되거나 그 기관의 하루 업무가 시작되다. 또는 그렇게 하다.

(ㄱㅇ하다 ➡   )

[11~13] 제시된 초성과 뜻풀이를 바탕으로 빈칸에 들어가기에 알맞은 단어를 문맥에 맞게 쓰시오.

11 ㅈㅅ하다: 분위기나 정세 따위를 만들다.
➡ 모두 함께 떡볶이를 먹으러 가자는 여론을 ☐☐하였다.

12 ㅅㅈ하다: 추상적인 개념이나 사물을 구체적인 사물로 나타내다.
➡ 저기 세워져 있는 동상은 전쟁이 끝난 후 세워진 것으로, 이 공원이 여러 사람들 사이에서 만남의 장소였음을 ☐☐하고 있다.

13 ㅇㅈ하다: 전체적으로 흐름이나 절차가 규칙적이다.
➡ 북이나 드럼과 같은 리듬과 관련이 있는 악기를 연주할 때에는 ☐☐한 박자를 지키는 것이 중요하다.

[14~18] 〈보기〉의 단어를 활용하여 다음 단어의 뜻풀이를 완성하시오.

┌─────────── 〈보기〉 ───────────┐
비교   더러운   복잡한   상품   본래
└──────────────────────────────┘

14 고유하다
➡ [　][　]부터 가지고 있어 특유하다.

15 정화하다
➡ 불순하거나 [　][　][　] 것을 깨끗하게 하다.

16 분석하다
➡ 얽혀 있거나 [　][　][　] 것을 풀어서 개별적인 요소나 성질로 나누다.

17 절대적
➡ [　][　]하거나 상대될 만한 것이 없는 것

18 출시되다
➡ [　][　]이/가 시중에 나오다.

[19~21] 빈칸에 알맞은 단어를 고르시오.

19 지난 여름 방학에 온 가족이 함께 떠났던 여행의 기억을 (떠올리면 / 떠들석거리면) 밤에 들려왔던 풀벌레 소리가 들리는 것 같다.

20 곱셈을 가장 나중에 해야 하는 것을 자꾸 잊어서 나는 지금 같은 실수를 세 번째 (되풀이하고 / 잊고) 있다.

21 어젯밤부터 계속된 강추위가 이불 속에 있는 내 발끝까지 (지나친 / 미치는) 기분이 든다.

[22~25] 다음 밑줄 친 단어의 뜻을 〈보기〉에서 찾아 그 기호를 쓰시오.

┌─────────────── 〈보기〉 ───────────────┐
㉠ 어떤 조직이나 단체를 이루고 있는 사람
㉡ 나타나 보이는 현재의 상태
㉢ 같은 일을 잇따라 잦게
㉣ 사물의 성립이나 효력 발생 따위에 꼭 필요한 성분. 또는 근본 조건
└──────────────────────────────────────┘

22 일주일에 네 번씩 분식집에 들렀더니 분식집 주인 아주머니가 너무 <u>자주</u> 오는 것 아니냐고 하셨다.
(　　　)

23 색의 3<u>요소</u>는 색상, 명도, 채도이다.
(　　　)

24 모임의 <u>구성원</u>이 전원 참석한 것은 이번이 처음이다.
(　　　)

25 최 선생님께서는 이유 없이 오류가 발생하는 <u>현상</u>을 극복하기 위해 노력하셨다.
(　　　)

DAY
18

[01~05] 다음 글을 읽고, 물음에 답하시오.

최근 전 세계는 폭염, 폭설, 태풍, 산불 등의 ㉠이상 기후로 몸살을 앓고 있다. 이는 모두 환경 오염으로 인해 지구의 온도가 높아지는 현상, 즉 지구 온난화 때문이다. 전문가들의 예측에 따르면 우리가 살고 있는 지구의 온도가 2℃ 이상 높아지면 폭염, 폭설 등 우리가 감당할 수 없는 ㉡자연재해가 발생한다고 한다. 하지만 지구의 온도 상승을 1.5℃로 제한할 경우 그러한 위험이 ㉢대폭 감소한다고 한다. 그래서 전 세계적으로 지구의 온도 상승을 1.5℃ 안쪽으로 억제하고자 ㉮2050년까지 탄소 중립 사회로 전환하겠다는 목표를 세우고 이를 위해 노력하고 있다.

'탄소 중립'이란, 탄소 배출 자체를 줄이고, 탄소를 배출하는 만큼 탄소를 없애 탄소 순 배출량을 0으로 만드는 것을 말한다. 지구의 온도를 높이는 가장 큰 원인은 온실가스인데, 이 온실가스의 대부분을 차지하는 것이 바로 탄소 관련 물질이다. 개인이나 기업이 탄소의 배출을 줄이고, 탄소를 ㉣배출한 만큼 흡수하여 공기 중의 탄소 총량이 늘어나지 않게 하는 것이 바로 이 탄소 중립의 핵심이다.

그렇다면 어떻게 하면 탄소 중립을 실천할 수 있을까? 우리 같은 개인이 탄소 중립을 위해 할 수 있는 일은 친환경 활동에 ㉤참여하는 것이다. 종이 영수증 대신 휴대 전화 메시지를 통해 전자 영수증을 받는다거나, 일회용 컵을 사용하는 대신 텀블러와 다회용 컵을 사용하는 것 등도 모두 친환경 활동에 해당한다. 또한 음식점에서 음식을 구매할 때 다회용기를 활용하거나, 마트에서 플라스틱에 포장된 샴푸 등을 구매하는 대신에 친환경 상품을 판매하는 매장에 방문하여 원하는 만큼의 샴푸 등을 구매하고, 집에서 사용하는 다회용기에 담아 오는 것도 친환경 활동이다.

국가나 기업이 탄소 중립을 위해 할 수 있는 일도 많다. 국가나 기업에서 탄소를 배출하는 양만큼의 숲을 만들어 산소를 공급하거나, 에너지를 생산하기 위해 화석 연료를 태워 탄소를 배출하는 대신에 태양열 에너지나 풍력 에너지 등의 재생 에너지를 활용하는 것도 탄소 중립을 위한 일이다. 또 탄소 배출량을 돈으로 환산하여 시장에서 거래할 수 있도록 한 탄소 배출권을 구매하여 그만큼만 탄소를 배출하는 것도 하나의 방법이다.

개인이나 기업만 탄소 중립을 실천하고자 애를 쓴다고 탄소 중립을 할 수 있는 것이 아니다. 개인과 기업, 국가를 넘어서 전 세계가 탄소 중립을 함께 실천할 때 더 큰 효과를 기대할 수 있다. 우리의 미래를 위해 탄소 중립에 관심을 갖고 이를 실천해 보자.

01

윗글에 대한 설명으로 알맞지 않은 것은?

① 이상 기후 현상을 나열하고 있다.

② 이상 기후 현상의 원인을 밝히고 있다.

③ 탄소 중립의 개념과 핵심 내용을 이야기하고 있다.

④ 탄소 중립을 실천하는 방법을 구체적으로 설명하고 있다.

⑤ 탄소 중립에 관심을 갖고 실천하자고 주장하기 위해 통계 자료를 인용하고 있다.

02

윗글의 내용으로 가장 알맞은 것은?

① 탄소 중립은 지구 온난화의 주된 원인이다.

② 국가 차원에서 탄소 배출을 막는 것을 탄소 중립이라고 한다.

③ 일회용품을 쓰지 않으면 탄소 순 배출량을 0으로 만들 수 있다.

④ 개인이나 기업만 탄소 중립을 실천하면 탄소 중립은 이루어진다.

⑤ 지구의 온도가 1.5℃만 상승해도 자연재해가 발생할 위험이 있다.

03

다음 중 탄소 중립을 실천하지 않은 사람은?

① 국어 시간에 지구 온난화 문제에 대해 글을 쓴 '다정'

② 카페에서 일회용 컵 대신 텀블러에 우유를 담아 달라고 한 '나영'

③ 떡볶이 집에 가서 다회용기에 떡볶이를 포장해 달라고 요청한 '라미'

④ 편의점에서 초코 우유와 바나나를 산 후 휴대 전화로 전자 영수증을 받은 '마루'

⑤ 친환경 상품 판매 매장에 가서 집에서 사용하는 용기에 바디워시를 담아 온 '가을'

04

㉠~㉤의 사전적 의미로 알맞지 않은 것은?

① ㉠: 기온이나 강수량 따위가 정상적인 상태를 벗어난 상태

② ㉡: 태풍, 가뭄, 홍수, 지진, 화산 폭발, 해일 따위의 피할 수 없는 자연 현상으로 인하여 일어나는 피해

③ ㉢: 썩 많이

④ ㉣: 안에서 밖으로 밀어 내보내다.

⑤ ㉤: 모임이나 회의 따위의 자리에 끼어들어 관계하다.

05 서술형

㉮의 이유를 〈조건〉에 맞게 쓰시오.

> ─── 〈조건〉 ───
> 1. 윗글에서 이유를 찾아 쓸 것
> 2. '~ 때문이다.' 형식의 한 문장으로 쓸 것

_____

_____

_____

_____

─────────────── 어휘 풀이

- **앓다**: 병에 걸려 고통을 겪다.
- **감당하다**: 일 따위를 맡아서 능히 해내다.
- **억제하다**: 정도나 한도를 넘어서 나아가려는 것을 억눌러 그치게 하다.
- **중립**: 어느 편에도 치우치지 않고 중간적인 입장에 섬. 또는 그런 입장
- **전환하다**: 다른 방향이나 상태로 바꾸다.
- **세우다**: 계획, 방안 따위를 정하거나 짜다.
- **핵심**: 사물의 가장 중심이 되는 부분
- **실천하다**: 생각한 바를 실제로 행하다.
- **대신**: 어떤 대상의 자리나 구실을 바꾸어서 새로 맡음. 또는 그렇게 새로 맡은 대상
- **해당하다**: 어떤 범위나 조건 따위에 바로 들어맞다.
- **방문하다**: 어떤 사람이나 장소를 찾아가서 만나거나 보다.
- **공급하다**: 요구나 필요에 따라 물품 따위를 제공하다.
- **환산하다**: 어떤 단위나 척도로 된 것을 다른 단위나 척도로 고쳐서 헤아리다.
- **예측**: 미리 헤아려 짐작함.

열심히 모은 용돈을 저축하려고 은행에 간 민정이는 은행원이 적금과 예금 중 무엇에 가입할 것이냐고 묻자 굉장히 당황스러웠다. 적금과 예금의 차이점을 몰라 자신이 저축하고 싶은 상품이 무엇인지 알 수 없었기 때문이다. 민정이처럼 저축을 하고자 할 때 적금과 예금 중 무엇에 가입할지 결정하려면 먼저 적금과 예금은 무엇인지, 둘의 차이점이 무엇인지를 알아야 한다.

먼저 적금은 보통 일정한 금액을 일정한 기간 동안 꾸준히 저축하는 방식의 상품이다. 적금에는 매달 정해진 금액을 정해진 날짜에 저축하는 정기 적금과 금액과 날짜를 정해 두지 않고 매달 원하는 만큼만 저축하는 자유적립식 적금이 있다. 매달 10일에 용돈에서 2만 원씩 떼어 저축하는 것은 정기 적금이고, 아무 때나 용돈이 남는 만큼 저축하는 것은 자유적립식 적금이다. 적금은 우리가 바람직한 저축 습관을 기르는 데 도움이 된다. 매달 돈을 저축해야 하므로 용돈을 어디에 얼마나 쓸지 미리 계획해야 하기 때문이다. 따라서 적금은 가입하는 시점에는 많은 돈이 없어도 앞으로 차곡차곡 저축하여 돈을 모으고자 하는 사람에게 적합하다.

한편 예금은 적금과 달리 일정한 금액을 한 번에 저축하는 방식의 상품이다. 예금에는 입금과 출금이 자유로운 보통 예금과 정해둔 기한까지 입금하거나 출금하지 못하는 정기 예금이 있다. 정기 예금은 가지고 있는 돈을 일정 기간 동안 안전하게, 이자까지 받으며 보관할 수 있다는 장점이 있다. 그래서 정기 예금은 이미 가지고 있는 돈을 쓰지 않고 보관해 두고자 하는 사람에게 적합하다.

일반적으로 적금과 정기 예금은 저축하기로 미리 약속한 기한인 만기가 되기 전에는 저축한 돈을 사용하기 어렵다는 단점이 있다. 만기가 되지 않았는데 급하게 돈이 필요하다면 적금이나 정기 예금을 해지해야만 그동안 저축해 두었던 돈을 사용할 수 있다. 그러나 적금이나 정기 예금을 중간에 해지하면 처음 가입할 때 예상한 이자보다 적은 금액의 이자만 받게 된다. ㉮따라서 적금이나 정기 예금에 가입할 때는 만기까지 상품을 유지할 수 있는지 고민해 보고, 자신의 형편에 ㉠맞는 금액과 기간으로 가입해야 한다.

적금과 예금은 모두 사람들이 돈을 모으고 보관할 수 있도록 도와준다는 공통점이 있다. 자신의 상황에 맞게 적금과 예금을 적절히 활용한다면 앞으로 받을 용돈을 잘 모으고, 더 나아가 그 용돈을 불릴 수 있을 것이다.

06

윗글에 대한 설명으로 가장 알맞은 것은?

① 적금과 예금의 개념을 설명했다.

② 적금과 예금의 위험성을 분석했다.

③ 예금이 적금보다 우수한 점을 강조했다.

④ 바람직한 저축 습관을 길러야 한다고 주장했다.

⑤ 적금과 예금의 장점과 단점을 이야기한 후 새로운 대안을 제시했다.

07

윗글의 내용으로 가장 알맞은 것은?

① 보통 예금은 입금과 출금에 제한이 있다.

② 정기 적금은 매달 입금하는 금액이 달라진다.

③ 만기 전에 정기 적금을 해지해도 이자를 받을 수 있다.

④ 정기 예금은 만기가 되기 전에도 입금과 출금이 자유롭다.

⑤ 자유적립식 적금은 매달 입금해야 하는 금액이 정해져 있다.

08

윗글을 읽은 사람이 〈보기〉에 대해 한 반응으로 알맞지 않은 것은?

> ─〈보기〉─
> 하은이는 작년에 모은 용돈을 다 써버리기 전에 은행에 맡겨두려 한다. 지민이는 지금은 모아둔 용돈이 없지만, 앞으로 받을 용돈을 매월 조금씩 저축하고 싶어 한다.

① 지민이는 적금에 가입하는 것이 좋다.

② 하은이는 정기 예금에 가입하는 것이 좋다.

③ 하은이와 지민이는 모두 예금과 적금이 무엇인지부터 자세히 알아야 한다.

④ 하은이와 지민이는 모두 만기까지 상품을 해지하지 않을 수 있는지도 고민해야 한다.

⑤ 하은이와 지민이가 어떤 상품에 가입하든 만기까지 상품을 유지하지 못해도 처음에 예상한 만큼 이자를 받을 수 있다.

09

각 문장의 밑줄 친 부분이 ㉠과 같은 의미로 쓰인 것은?

① 선생님은 항상 <u>맞는</u> 말씀만 하신다.

② 음식 맛이 내 입에 <u>맞아서</u> 기분이 좋다.

③ 상황에 <u>맞게</u> 말하는 것은 매우 중요하다.

④ 곰곰이 생각해 보니 네 말이 <u>맞는</u> 것 같다.

⑤ 옷의 디자인은 마음에 드는데 치수가 <u>맞지</u> 않아서 아쉽다.

10 [서술형]

㉮의 이유를 〈조건〉에 따라 쓰시오.

> ─〈조건〉─
> 1. '적금', '정기 예금'이라는 단어를 활용할 것
> 2. '～ 때문이다.' 형식의 한 문장으로 쓸 것

_____

_____

_____

_____

─────────────────── **어휘 풀이**

- **가입하다** : 조직이나 단체 따위에 들어가거나, 서비스를 제공하는 상품 따위를 신청하다.
- **당황스럽다** : 놀라거나 다급하여 어찌할 바를 몰라 하는 데가 있다.
- **꾸준히** : 한결같이 부지런하고 끈기가 있는 태도로
- **떼다** : 전체에서 한 부분을 덜어 내다.
- **바람직하다** : 바랄 만한 가치가 있다.
- **보관하다** : 물건을 맡아서 간직하고 관리하다.
- **만기** : 미리 정한 기한이 다 참. 또는 그 기한
- **예상하다** : 어떤 일을 직접 당하기 전에 미리 생각하여 두다.
- **유지하다** : 어떤 상태나 상황을 그대로 보존하거나 변함없이 계속하여 지탱하다.
- **형편** : 살림살이의 형세
- **불리다** : 분량이나 수효를 많아지게 하다.
- **위험성** : 위험하거나 그렇게 될 가능성이 있는 성질
- **습관** : 어떤 행위를 오랫동안 되풀이하는 과정에서 저절로 익혀진 행동 방식
- **대안** : 어떤 안(案)을 대신하는 안   • **치수** : 길이에 대한 몇 자 몇 치의 셈

요즘 강정, 과편, 다식, 엿강정, 약과 등 우리나라의 전통 디저트가 사람들 사이에서 큰 인기를 얻고 있다. 이 가운데 사람들 사이에서 최근에 가장 인기를 끈 디저트는 '약과'이다.

약과(藥果)의 의미는 약과라는 이름을 살펴보면 알 수 있다. 약과는 한약재를 사용해 만들기도 하고, 우리말에서 꿀을 약이라 부르기에 '약 약(藥)' 자를 쓴다. 또, 약과가 과일을 본떠 만든 것이기 때문에 '과일 과(果)' 자를 쓴다. 과일 모양이었던 약과가 제사상에 오르게 되면서 그릇에 쌓아 올리기 편한 평평한 모양으로 변해 오늘날에 이른 것이다. 즉 약과란, 한약재와 꿀을 사용해 과일을 본떠 만든 것이라고 할 수 있다.

약과의 유래는 정확히 밝혀진 바가 없지만, 고려 시대부터 이미 존재하였다는 기록이 남아 있다. 당시에는 선비들이 서로 한약재를 선물로 주고받았는데, 선물로 주고받은 한약재를 좀 더 오래 간직하기 위해 약과로 만들었다고 한다. 고려 시대 때 많은 사람들이 불교를 믿었는데, 불공을 드릴 때도 약과를 중요하게 사용했다고 한다.

이렇듯 긴 역사를 가진 약과는 요즘에는 흔히 볼 수 있지만, 예전에는 잔칫날이나 제삿날 아니면 먹지 못하는 귀한 것이었다. 밀가루가 쌀가루보다 귀했던 고려 시대와 조선 시대에는 밀가루에 참기름과 꿀을 넣어 만든 약과가 매우 ㉠사치스러운 음식이었기 때문이다. ㉮《고려사》*에 따르면 고려의 명종 22년, 공민왕 2년에는 아예 약과를 만들어 먹지 못하게 형법으로 금했다고 한다. 또 ㉯조선 시대의 정조는 '민간인이 결혼식이나 장례식 때 약과 등의 유밀과를 사용하면 곤장 80대에 처한다.'라는 법령을 만들어 시행하기도 했다. 조선 시대에는 결혼식을 할 때 약과를 만들어 먹으면 곤장 80대를 ⓐ맞아야 했던 것이다. 이와 같은 역사적 기록은 당시 사람들이 약과를 그만큼 사치스러운 음식으로 여겼다는 것을 드러낸다.

시간이 흘러 약재를 사용한 음식이 흔해지고 참기름과 꿀도 구하기 쉬워지자 약과를 사치스러운 음식으로 보는 시선이 잦아들었다. 기록에 따르면 조선 후기에는 약재를 사용한 약과가 ㉡건강식으로 인정받게 되면서 사람들이 많이 먹게 되었다고 한다. 최근에는 전통적인 재료를 사용하여 만든 약과뿐만 아니라, 마카롱과 같은 서양의 디저트와 약과를 결합한 현대식 약과도 우리 주변에서 많이 접할 수 있게 되었다. 이 덕분에 약과는 더 이상 옛것이 아니라, 사람들이 많이 찾는 간식이 되었다.

다가오는 명절에는 약과를 비롯한 우리나라 전통 디저트를 먹으며 그 유래와 역사에 대해 생각해보자. 역사와 전통이 있는 우리의 맛을 더욱 깊이 있게 즐길 수 있을 것이다.

＊《고려사》: 고려 시대의 역사를 다룬 책

11

윗글의 내용으로 가장 알맞은 것은?

① 약과는 현대에 흔하지 않은 간식거리이다.

② 약과는 유교, 도교와 관련이 있는 음식이다.

③ 약과는 옛날에는 임금님만 먹었던 음식이다.

④ 조선 시대의 선비들은 서로 한약재를 선물로 주고 받았다.

⑤ 약과에 약과라는 이름이 붙은 이유는 한약재를 사용해 만들었기 때문이다.

12

약과에 대한 인식이 ㉠에서 ㉡으로 변한 이유는?

① 제사상에 반드시 올라야 하는 음식이 되었기 때문이다.

② 불교에서 불공을 드릴 때 중요하게 사용하게 되었기 때문이다.

③ 한약재를 좀 더 오래 간직하고자 약과를 만들게 되었기 때문이다.

④ 결혼식이나 장례식에 약과를 사용하는 것이 법으로 허용되었기 때문이다.

⑤ 약재를 사용한 음식이 흔해지고 참기름과 꿀을 구하기 쉬워졌기 때문이다.

13

<보기>는 윗글을 읽은 학생이 보인 반응이다. 이를 알맞게 평가한 것은?

> ── <보기> ──
> 윗글을 읽고 요즘 내가 즐겨 먹는 약과에 대해 많이 알 수 있었어. 제사를 지낼 때 매번 상에 약과가 올라와 있어 왜 그런지 궁금했었는데, 원래 약과가 과일을 본떠 만들어서 '과일 과(果)'자를 쓰고, 제사상에 놓이기 위해 모양도 변했다는 것을 알게 되었어.

① 글에서 이야기하지 않은 내용은 없는지 생각하고 있다.

② 글의 내용이 사실인지 글쓴이의 의견인지를 구분하고 있다.

③ 글을 읽고 생겨난 궁금증을 해결하기 위해 계획을 세우고 있다.

④ 글의 내용과 관련된 자신의 경험을 떠올리며 궁금증을 해결하고 있다.

⑤ 글쓴이의 경험이 글쓴이의 주장을 잘 뒷받침하고 있는지 평가하고 있다.

14

다음 중 ⓐ과 반대되는 의미의 말은?

① 묻어야

② 때려야

③ 틀려야

④ 대항해야

⑤ 부합해야

15 [서술형]

㉮와 ㉯의 이유를 <조건>에 맞게 쓰시오.

> ── <조건> ──
> 1. '고려 시대'와 '조선 시대'라는 말을 활용할 것
> 2. '~ 때문이다.' 형식의 한 문장으로 쓸 것

_____

_____

_____

_____

──────────────────────── 어휘 풀이

- **전통**: 어떤 집단이나 공동체에서, 지난 시대에 이미 이루어져 계통을 이루며 전하여 내려오는 사상·관습·행동 따위의 양식
- **디저트**: 양식에서 식사 끝에 나오는 과자나 과일 따위의 음식
- **본뜨다**: 이미 있는 대상을 본으로 삼아 그대로 좇아 만들다.
- **제사상**: 제사를 지낼 때 제물을 벌여 놓는 상
- **쌓다**: 여러 개의 물건을 겹겹이 포개어 얹어 놓다.
- **평평하다**: 바닥이 고르고 판판하다.
- **유래**: 사물이나 일이 생겨남. 또는 그 사물이나 일이 생겨난 바
- **이미**: 다 끝나거나 지난 일을 이를 때 쓰는 말
- **존재하다**: 현실에 실재하다.
- **간직하다**: 물건 따위를 어떤 장소에 잘 간수하여 두다.
- **불공**: 부처 앞에 공양을 드림. 또는 그런 일
- **사치스럽다**: 필요 이상의 돈이나 물건을 쓰거나 분수에 지나친 생활을 하는 데가 있다.
- **금하다**: 어떤 일을 하지 못하게 말리다.
- **잦아들다**: 거칠거나 들뜬 기운이 가라앉아 잠잠해져 가다.
- **옛것**: 오래된, 옛날의 것

[01~05] <보기>의 단어를 활용하여 다음 단어의 뜻풀이를 완성하시오.

┌─────────── <보기> ───────────┐
│ 돈   보존   한도   조건   양식 │
└──────────────────────────────┘

01 억제하다
  ➡ 정도나 [ ][ ]을/를 넘어서 나아가려는 것을 억눌러 그치게 하다.

02 유지하다
  ➡ 어떤 상태나 상황을 그대로 [ ][ ]하거나 변함없이 계속하여 지탱하다.

03 사치스럽다
  ➡ 필요 이상의 [ ](이)나 물건을 쓰거나 분수에 지나친 생활을 하는 데가 있다.

04 전통
  ➡ 어떤 집단이나 공동체에서, 지난 시대에 이미 이루어져 계통을 이루며 전하여 내려오는 사상·관습·행동 따위의 [ ][ ]

05 해당하다
  ➡ 어떤 범위나 [ ][ ] 따위에 바로 들어맞다.

[06~07] 빈칸에 알맞은 단어를 고르시오.

06 오늘 오후에는 물류 창고에 (방한 / 방문)하여 계약서를 쓰기로 했습니다.

07 새해를 맞아 (꾸준히 / 드물게) 운동을 하였더니 체력이 좋아지고 생활에 활력이 생기는 것이 느껴졌다.

[08~11] 제시된 초성과 뜻풀이를 바탕으로 빈칸에 들어가기에 알맞은 단어를 문맥에 맞게 쓰시오.

08 ㅂㄹㅈ하다: 바랄 만한 가치가 있다.
  ➡ 질투를 부정적인 감정이라고만 생각하지 말고 자기 발전의 계기로 삼는 것이 [ ][ ][ ]하다.

09 ㅇㅅ하다: 어떤 일을 직접 당하기 전에 미리 생각하여 두다.
  ➡ 나는 천둥이 크게 친 다음 번개가 올 것을 [ ][ ]했기 때문에 번개가 치는 그 순간에 눈을 질끈 감고 있었다.

10 ㅍㅍ하다: 바닥이 고르고 판판하다
  ➡ 어머니와 등산을 하던 나는 산 정상을 향하던 중 크고 [ ][ ]한 바위를 보고 그 위에 앉아서 쉬기로 결정했다.

11 ㄷㅎㅅㄹㄷ: 놀라거나 다급하여 어찌할 바를 몰라 하는 데가 있다.
  ➡ 수정이가 갑작스럽게 전학을 간다는 말에 나는 몹시 [ ][ ][ ][ ]웠다.

[12~13] 제시된 초성을 참고하여 밑줄 친 말을 대신할 수 있는 단어를 문맥에 맞게 쓰시오.

12 논에 물을 대는 장치가 고장이 나는 바람에 아버지께서는 이 장치를 수리할 수 있는 사람을 찾느라 매우 바쁘시다.
                          (ㄱㄱ하는 ➡   )

13 그 책을 너무 사고 싶었던 나는 다음 달 용돈을 미리 받아 그 책을 사기로 하고, 다음 달 용돈을 받을 때는 책 값을 제하고 받기로 했다.
                          (ㄸ고 ➡   )

[14~17] 제시된 글자를 조합하여 빈칸에 들어가기에 알맞은 단어를 만드시오.

감	이	만	래	유	영
미	당	도	기	로	화

14 나는 이 엄청난 일을 ☐☐ 할 수 있는 사람은 오직 나뿐이라고 생각했다.

15 지난 2년 동안 넣었던 적금의 ☐☐ 이/가 바로 오늘이다.

16 두 선수의 이번 경기는 ☐☐ 없는 라이벌의 대결로 전 세계인의 관심을 모으고 있다.

17 내가 터미널에 도착했을 땐 ☐☐ 집으로 가는 버스가 떠난 후였다.

[18~21] 제시된 초성을 참고하여 뜻풀이에 해당하는 단어를 쓰시오.

18 거칠거나 들뜬 기운이 가라앉아 잠잠해져 가다.
(ㅈㅇㄷㄷ ➡)

19 조직이나 단체 따위에 들어가거나, 서비스를 제공하는 상품 따위를 신청하다.
(ㄱㅇ하다 ➡)

20 어떤 단위나 척도로 된 것을 다른 단위나 척도로 고쳐서 헤아리다.
(ㅎㅅ하다 ➡)

21 어떤 대상의 자리나 구실을 바꾸어서 새로 맡음. 또는 그렇게 새로 맡은 대상
(ㄷㅅ ➡)

[22~24] 다음 밑줄 친 단어의 뜻을 〈보기〉에서 찾아 그 기호를 쓰시오.

> ─〈보기〉─
> ㉠ 이미 있는 대상을 본으로 삼아 그대로 좇아 만들다.
> ㉡ 살림살이의 형세
> ㉢ 물건을 맡아서 간직하고 관리하다.

22 나는 무엇이 들어 있는지도 모르는 꾸러미를 내 친구 대신 맡아 보관해 준 것을 후회하고 있다.
( )

23 자신의 집 형편이 나아질 것이라고 기대하지 않았던 그는 온 가족이 노력한 결과 지금은 먹고 살 만하다고 생각하게 되었다.
( )

24 저 작품은 우리 가족이 웃는 모습을 본떠 만든 것이다.
( )

[25~26] 빈칸에 알맞은 단어를 〈보기〉에서 찾아 문맥에 맞게 쓰시오.

> ─〈보기〉─
> 강직한 간직한 대직한
> 금   허   궁

25 휴가 기간 동안 집에 도둑이 들어 장롱 속에 고이 ☐☐☐ 귀금속이 몽땅 사라져 버렸다.

26 이곳은 관계자 외 출입을 ☐ 합니다.

DAY
19

[01~05] 다음 글을 읽고, 물음에 답하시오.

몇몇 사람들은 ㉠고요한 공간보다는 음악이 흐르는 공간에 익숙하다고 말한다. 그들이 자주 가는 카페, 식당, 가게에서 계속해서 음악이 흐르기 때문이다. 많은 사람들은 상황에 따라 음악을 선택해서 듣기도 한다고 말한다. 공부할 때는 집중을 도와준다는 음악을 찾아 듣기도 하고, 잠이 안 올 때는 자장가처럼 느리고 잔잔한 음악을 틀어놓기도 한다는 것이다. 이처럼 우리는 일상생활에서 음악을 다양하게 활용하고 있다.

일상생활에서 우리가 자주 활용하는 음악은 우리에게 많은 영향을 미친다. 먼저 음악을 들으면 우리의 ⓐ뇌파가 변한다. 속도, 리듬 등 음악의 여러 요소가 우리의 뇌파에 영향을 미치기 때문이다. 빠르고 강한 리듬은 우리의 뇌파를 빠르게 하는데, 이는 우리가 무언가에 집중할 수 있게 한다. 반면 느리고 부드러운 리듬은 우리의 뇌파를 느리게 하여 우리가 편안하게 쉴 수 있게 한다.

또한, 음악을 들으면 우리의 뇌 속에서 도파민이 분비된다. 도파민은 즐거움와 관련된 신호를 전달하는 것으로 알려져 있는 신경 전달 물질이자 호르몬이다. 우리가 음악을 들을 때 즐거움을 느끼는 것도 음악을 들으면 뇌 속에 도파민이 분비되기 때문이다. 도파민이 분비되면 신체의 활력이 높아지고, 기분이 좋아지며, 어떤 일을 하고자 하는 동기가 생겨 집중력 역시 높아진다고 한다.

한편 음악을 들으면 우리는 정서적 안정을 느낄 수도 있다. 우리가 우울할 때 슬픈 음악을 듣거나 슬플 때 즐거운 음악을 들으면서 기분을 전환하려고 노력하는 것도 음악이 우리에게 정서적 안정을 주기 때문이다. 음악을 들으면 우리의 뇌 속에서 코르티솔 분비가 줄어든다고 한다. 코르티솔은 우리가 스트레스를 받을 때 분비되는 호르몬으로, 코르티솔이 적게 분비된다는 것은 그만큼 스트레스를 적게 받는다는 것을 의미한다. 즉, 우리가 음악을 들을 때 몸속에서 코르티솔 분비가 줄어들어 우리는 정서적 안정을 찾을 수 있게 된다.

이처럼 음악은 우리에게 다양한 영향을 준다. 음악이 우리에게 미치는 영향을 생각하며 오늘은 어떤 음악을 들을지 생각해 보자. 음악을 효과적으로 활용하면 우리의 몸과 마음도 효과적으로 통제하고 조절할 수 있을 것이다.

01

윗글의 내용으로 알맞지 **않은** 것은?

① 음악을 들으면 스트레스가 줄어든다.
② 좋아하는 음악을 들으면 활력이 높아진다.
③ 음악의 리듬은 우리의 뇌파에 영향을 준다.
④ 음악은 우리에게 아무런 영향도 미치지 않는다.
⑤ 도파민과 코르티솔은 모두 우리에게 영향을 주는
   호르몬이다.

02

다음 중 음악이 ⓐ에 미치는 영향을 알맞게 표현한 것은?

	리듬 →	뇌파 →	효과
①	빠름	빠름	집중력↑
②	빠름	빠름	집중력↓
③	빠름	느림	집중력↑
④	느림	빠름	집중력↓
⑤	느림	느림	집중력↑

03

윗글을 읽은 사람이 <보기>에 대해 반응한 것으로 알맞지 **않은** 것은?

─── <보기> ───

　음악 치료는 치료적 목표를 이루기 위해 음악을 이용하는 치료 방법이다. 음악 치료를 하면 우울감을 줄이고, 스트레스를 조절하는 효과가 있다. 또한 음악 치료는 숙면을 돕고 어떤 일을 하고자 하는 동기를 높이기도 한다.

① 음악 치료는 즐거운 음악만 활용하는 치료
   방법이야.
② 음악 치료를 할 때 동기가 높아진다면 이것은
   도파민이 분비되었기 때문일 거야.
③ 음악 치료를 할 때 스트레스가 줄어든다면 이것은
   코르티솔이 적게 분비된다는 것을 의미할 거야.
④ 음악 치료가 숙면을 돕는다고 했는데, 나 역시 잠이
   안 오는 날 느리고 잔잔한 음악을 듣고 푹 잤던
   경험이 있어.
⑤ 나는 우울할 때 슬픈 음악을 듣고 기분이 나아진
   경험이 있는데, 이것은 음악 치료를 하면 우울감이
   줄어든다는 것과 관련이 있어 보여.

04

다음 중 ㉠과 바꾸어 쓰기에 가장 알맞은 말은?

① 지루한　　　　② 심심한
③ 쓸쓸한　　　　④ 외로운
⑤ 조용한

05　서술형

아래의 학생에게 어떠한 음악을 들으라고 할 것인지 쓰고, 그 이유를 <조건>에 맞게 쓰시오.

┌─────────────────────────────┐
│ 유은: 나는 요즘 집중력이 떨어지는 것 같아. │
│ 　　　집중력을 높이려면 어떤 음악을 듣는 것이 좋을까? │
└─────────────────────────────┘

┌───────── <조건> ─────────┐
│ 1. '리듬'이라는 단어를 포함할 것 │
│ 2. 대화체의 한 문장으로 쓸 것 │
└─────────────────────────────┘

_____

_____

_____

_____

──────────────────────── 어휘 풀이

- **익숙하다**: 어떤 대상을 자주 보거나 겪어서 처음 대하지 않는 느낌이 드는 상태에 있다.
- **상황**: 일이 되어 가는 과정이나 형편
- **잔잔하다**: 소리가 조용하고 나지막하다.
- **다양하다**: 모양, 빛깔, 형태, 양식 따위가 여러 가지로 많다.
- **활력**: 살아 움직이는 힘
- **동기**: 어떤 일이나 행동을 일으키게 하는 계기
- **집중력**: 마음이나 주의를 집중할 수 있는 힘
- **정서적**: 정서를 불러일으키는 것
- **안정**: 육체적 또는 정신적으로 편안하고 고요함.
- **통제하다**: 일정한 방침이나 목적에 따라 행위를 제한하거나 제약하다.
- **조절하다**: 균형이 맞게 바로잡다. 또는 적당하게 맞추어 나가다.
- **아무런**: '전혀 어떠한'의 뜻을 나타내는 말
- **숙면**: 잠이 깊이 듦. 또는 그 잠
- **푹**: 잠이 푸근하게 깊이 들거나 곤한 몸을 매우 흡족하게 쉬는 모양
- **관련**: 둘 이상의 사람, 사물, 현상 따위가 서로 관계를 맺어 매여 있음. 또는 그 관계

조선과 대한민국 중, 어디가 더 살기 좋을까? 오늘날의 대한민국에는 조선 시대에는 없었던 편리한 기술들이 있으므로 대한민국이 더 살기 좋다고 생각하는 사람이 많을 것이다. 하지만 ㉮장애인들은 조선이 더 살기 좋다고 생각할 수도 있다. 조선 시대에는 장애인을 차별하지 않았고, 장애인의 삶을 지원하기 위한 정책도 잘 시행되었기 때문이다.

《조선왕조실록》에 따르면, ⓐ조선 시대 사람들은 장애를 '잔질'이나 '폐질'이라고 불렀다. 잔질은 '몸에 남아 있는 병'을, 폐질은 '고칠 수 없는 병'을 의미한다. 이러한 표현을 통해 조선 시대 사람들은 장애를 단지 질병의 일종으로 인식했다는 것을 알 수 있다. 조선 시대 사람들은 장애인들을 질병이 있는 사람이라고 여겼을 뿐, 그들의 능력이 부족하거나 신체에 결함이 있다고 보지는 않은 것이다. 그래서 조선 시대에는 어떠한 일자리에 장애인을 고용하는 것에도 편견이 없었고, 장애인도 자신의 능력을 발휘하여 고위직 관리로 일할 수 있었다고 한다.

조선의 가장 위대한 임금으로 손꼽히는 세종대왕도 장애를 가지고 있었다. 세종대왕은 35세부터 시력이 나빠지기 시작해 남은 평생을 시각 장애로 고생했다. 그래서 세종대왕은 장애인으로 살아가는 어려움을 잘 이해하고 있었고, 장애인의 삶을 지원하는 정책을 적극적으로 시행했다. 혼자서도 활동할 수 있는 장애인들에게는 일자리를 ㉠마련해 주고, 혼자서 활동할 수 없는 장애인들에게는 생활비를 주는 등 경제적으로 지원해 주었다.

우리나라에서 장애에 대한 인식이 달라지기 시작한 시기는 ⓑ일제 강점기라고 볼 수 있다. 이때는 장애인을 '불구자'라고 불렀다. 일본어에서 비롯된 말인 불구자는 '무언가를 갖추지 못한 사람'을 의미한다. 이 말을 통해 당시 사회에서는 장애인을 신체적, 정신적으로 부족한 사람으로 인식하였음을 알 수 있다. 이러한 편견이 강해지면서 장애인들이 직업을 가지기가 힘들어졌고, 장애인을 지원하는 국가 정책도 제대로 시행되지 않아 장애인들의 삶은 급격히 어려워졌다.

그렇다면 ⓒ오늘날 대한민국을 살아가는 장애인들의 삶은 어떨까? 당장 주위를 살펴보자. 휠체어 경사로가 갖춰지지 않은 건물을 비롯해 시각 장애인들이 이용하기 어려운 무인 기계로만 운영되는 상점들도 흔하게 볼 수 있다. 장애인들이 생활하기에 아주 어려운 환경인 것이다. 게다가 정부의 한 기관에서 조사한 바에 따르면 장애인 가운데 70%는 일을 하고 싶어도 하지 못한다고 한다. 종합하자면 오늘날 대한민국은 장애인들에 대한 배려와 지원이 몹시 부족해 장애인들이 살기 어려운 사회라고 할 수 있다.

장애인도 우리 사회의 구성원이다. 우리 사회의 구성원 모두가 하나가 될 때 비로소 우리 사회는 발전할 수 있다. 그러므로 우리 사회가 장애인과 비장애인이 더불어 살기 좋은 곳이 될 수 있도록 모두가 관심을 가져야 한다.

06

윗글에 대한 설명으로 가장 알맞은 것은?

① 조선 시대에 장애인을 지원했던 정책을 비판했다.
② 장애인을 대하는 우리나라 사람들과 외국인의
   태도를 비교했다.
③ 시대별로 장애와 장애인에 대한 인식이 달라지고
   있음을 설명했다.
④ 장애인이 생활하는 데 도움이 되는 기술을
   개발해야 한다고 주장했다.
⑤ 일제 강점기에 국가적으로 장애인을 지원했던
   정책에 대해 설명했다.

07

ⓐ~ⓒ에 대한 설명으로 알맞지 않은 것은?

① ⓐ: 장애를 고칠 수 없는 병이라고 보기도 했다.
② ⓐ: 능력이 있는 장애인이라면 고위직 관리가 될 수
   있었다.
③ ⓑ: 장애를 질병의 일종으로 보았다.
④ ⓑ: 장애인이 신체적·정신적으로 부족하다고
   여겼다.
⑤ ⓒ: 일하고 싶어 하는 장애인들을 위한 일자리가
   부족하다.

08

**〈보기〉의 ㉯에 대해 세종대왕이 보였을 반응으로 알맞지
않은 것은?**

> ─────〈보기〉─────
> 최근 ㉯ 청각 장애인 택시 기사가 승객과 소통할
> 수 있도록 돕는 애플리케이션이 개발되었다. 그동안
> 택시 회사들은 승객들이 청각 장애인 택시 기사를
> 불편해 한다는 이유로 청각 장애인을 택시 기사로
> 고용하기를 꺼려 왔다. 하지만 이 애플리케이션이
> 개발됨에 따라 청각 장애인 택시 기사는 점점 늘어날
> 것으로 예상된다.

① ㉯에게는 질병이 있을 뿐, ㉯의 능력이 부족하지는
   않아.
② ㉯에게는 생활비를 주어 경제적으로 지원하는 것이
   좋겠어.

③ 혼자 생활할 수 있는 ㉯가 일자리를 가지는 것은
   당연한 일이지.
④ 나도 앞이 잘 보이지 않아서 ㉯의 마음을
   조금이나마 이해할 수 있어.
⑤ ㉯가 나의 백성이었다면 다른 사람들이 ㉯를
   고용할 때 꺼리지 않았을 거야.

09

㉠과 바꾸어 쓸 수 있는 단어로 가장 알맞은 것은?

① 세워   ② 꾸며   ③ 이루어
④ 만들어   ⑤ 일으켜

10 서술형

**글쓴이가 ㉮와 같이 이야기한 이유를 〈조건〉에 맞게
쓰시오.**

> ─────〈조건〉─────
> 1. 한 가지 이상의 이유를 들 것
> 2. '~때문이다.' 형식의 한 문장으로 쓸 것

_____

_____

_____

───────────────── 어휘 풀이

- **차별하다**: 둘 이상의 대상을 각각 등급이나 수준 따위의 차이를 두어서
  구별하다.
- **따르다**: 어떤 경우, 사실이나 기준 따위에 의거하다.
- **단지**: 다른 것이 아니라 오로지
- **여기다**: 마음속으로 그러하다고 인정하거나 생각하다.
- **결함**: 부족하거나 완전하지 못하여 흠이 되는 부분
- **고용하다**: 삯을 주고 사람을 부리다.
- **발휘하다**: 재능, 능력 따위를 떨치어 나타내다.
- **고위직**: 높은 지위의 관직
- **급격히**: 변화의 움직임 따위가 급하고 격렬하게
- **비롯하다**: 여럿 가운데서 앞의 것을 첫째로 삼아 그것을 중심으로 다른
  것도 포함하다.
- **꺼리다**: 사물이나 일 따위가 자신에게 해가 될까 하여 피하거나 싫어하다.

지현이는 어릴 때 즐겨 먹었던 A 과자를 다시 먹고 싶어서 마트에 갔다. 그런데 아무리 찾아도 A 과자는 보이지 않았고, 과자 회사에 알아보니 지금은 A 과자를 만들고 있지 않다고 했다. 그래서 지현이는 SNS를 통해 자신 외에도 A 과자를 그리워하는 사람들을 찾았고, 그 사람들과 함께 과자 회사에 A 과자를 다시 만들어 달라고 요청했다. 이러한 요청에 결국 과자 회사는 A 과자를 다시 만들기로 했다.

'팬슈머(Fansumer)'란 '팬(Fan)'과 '소비자(Consumer)'의 합성어로, 상품이나 브랜드에 애정을 가진 '팬'인 '소비자'를 가리킨다. ㉠위 사례의 지현이가 바로 팬슈머에 해당한다. 팬슈머는 단순히 상품을 소비만 하는 것이 아니라 좋아하는 상품에 대한 의견을 적극적으로 기업에 전달하며 그 상품의 제조, 홍보 등 다양한 과정에 참여한다. 지현이의 요청을 받은 과자 회사가 A 과자를 다시 만들기로 한 것처럼 요즘에는 기업에서도 팬슈머의 의견을 적극적으로 받아들이고 있다.

한편 팬슈머처럼 팬덤에서 일어나는 경제적 활동과 그 영향을 연구하는 학문을 '팬덤 경제학'이라고 한다. 여기에서의 '팬덤(Fandom)'은 팬이 모인 집단으로, 특정한 인물이나 분야를 열성적으로 좋아하는 사람들 또는 그러한 문화 현상을 의미한다. 팬덤 경제학에서는 팬덤 내에서 만들어지는 창작물의 경제적 가치와 영향력, 팬덤과 관련된 기업들의 마케팅 전략 등을 분석한다. 팬덤의 영향력이 확대되면서 기업에서도 팬덤 경제학을 바탕으로 기업과 기업에서 만드는 상품의 팬덤을 만들고 활용하기 위해 노력하고 있다.

기업들은 다양한 방식으로 팬덤을 활용한다. 기업이 어떠한 상품을 만든다고 가정해 보자. 본격적으로 상품을 만들기 전에 설문 조사를 통해 팬덤이 원하는 상품이 무엇인지, 어떠한 디자인을 선호하는지 등을 파악함으로써 상품 제작 과정에 팬덤이 참여하도록 ㉠유도하기도 한다. 설문 조사 결과를 바탕으로 기업이 상품을 제작하고 판매하면 팬덤은 자신들이 상품을 만들었다는 즐거움을 느낄 수 있으며, 이러한 즐거움은 팬덤으로 하여금 그 제품을 다시 소비하게 한다. 이외에도 기업들은 제품을 판매하기 전에 팬덤에게 신제품을 먼저 체험하게 하고 제품에 대한 의견을 조사하여 제품을 개선하거나, 신제품 공모전을 진행하여 팬덤의 의견을 반영한 신제품을 만드는 등 다양한 전략을 활용한다.

지현이와 같은 팬슈머들은 보통 상품과 기업에 대한 애정을 갖고 있으며 SNS 등에 자신이 좋아하는 상품이나 기업과 관련된 글을 게시하는 등 자발적으로 활동한다. 이러한 팬슈머의 활동은 상품과 기업을 발전시킨다. 좋아하는 상품이나 기업이 있으며, 그것을 발전시킬 수 있는 아이디어를 갖고 있다면 그 기업에 건의를 해 보자. 기업이 나의 이야기에 귀를 기울여 줄지도 모른다.

11

윗글의 내용으로 알맞지 <u>않은</u> 것은?

① 팬슈머는 기업의 변화와 발전을 방해한다.
② 팬슈머는 제조와 홍보 과정에 자발적으로 참여한다.
③ 기업에서는 자신들이 판매하는 상품의 팬덤을 일부러 만들기도 한다.
④ 팬덤 경제학은 팬덤에서 일어나는 경제적 활동을 연구하는 학문이다.
⑤ A 회사의 〈B〉라는 과자를 좋아하는 사람들의 모임은 팬덤이라고 할 수 있다.

12

윗글을 읽은 후의 반응으로 알맞지 <u>않은</u> 것은?

① ○○출판사에서 교재 체험단을 모집한 것도 팬덤을 활용하기 위한 것이겠구나.
② 내가 좋아하는 ○○출판사의 책을 구매하는 것만으로 팬슈머가 될 수 있구나.
③ 내가 좋아하는 ○○출판사에 미술과 관련된 책을 내 달라고 건의를 해야겠어.
④ 내가 좋아하는 ○○출판사에서 설문 조사를 진행하지는 않는지 확인해 봐야지.
⑤ 내가 좋아하는 ○○출판사에서 출간된 책의 후기를 SNS에 올린다면 나도 팬슈머가 될 수 있겠다.

13

윗글을 참고하여 〈보기〉에 대해 가장 알맞게 설명한 것은?

> ──────〈보기〉──────
> A 회사에서는 평소 A 회사의 제품을 많이 구매한 소비자들을 대상으로 서포터즈를 모집하였다. A 회사는 서포터즈들에게 신제품을 제공하여 다른 사람들보다 먼저 사용하게 해 줄테니 제품 사용 후기를 솔직하게 말해 달라고 했다.

① A 회사는 서포터즈만을 위한 제품을 만들 것이다.
② A 회사의 서포터즈는 A 회사의 제품에 애정이 없을 것이다.
③ A 회사는 서포터즈들에게만 A 회사의 제품을 홍보할 것이다.
④ A 회사는 서포터즈에게 단종된 제품에 대한 의견을 들을 것이다.
⑤ A 회사는 서포터즈들의 의견을 고려하여 신제품을 개선하고자 할 것이다.

14

㉠과 바꾸어 쓰기에 가장 알맞은 말은?

① 막기도   ② 꾸리기도
③ 이끌기도   ④ 갖추기도
⑤ 다그치기도

15 〔서술형〕

㉮와 같이 볼 수 있는 근거가 무엇인지 〈조건〉에 맞게 쓰시오.

> ──────〈조건〉──────
> 1. '팬슈머'의 의미를 활용할 것
> 2. 한 문장으로 쓸 것

_____

_____

_____

_____

──────────────────── **어휘 풀이**

- **아무리**: 정도가 매우 심함을 나타내는 말
- **그리워하다**: 사랑하여 몹시 보고 싶어 하다.
- **요청**: 필요한 어떤 일이나 행동을 청함. 또는 그런 청
- **합성어**: 둘 이상의 실질 형태소가 결합하여 하나의 단어가 된 말. '집안' 따위
- **애정**: 사랑하는 마음
- **해당하다**: 어떤 범위나 조건 따위에 바로 들어맞다.
- **제조**: 공장에서 큰 규모로 물건을 만듦.
- **홍보**: 널리 알림. 또는 그 소식이나 보도
- **분야**: 여러 갈래로 나누어진 범위나 부분
- **열성적**: 열렬한 정성을 들이는 것
- **창작물**: 독창적으로 지어낸 예술 작품
- **가정하다**: 사실이 아니거나 또는 사실인지 아닌지 분명하지 않은 것을 임시로 인정하다.
- **선호하다**: 여럿 가운데서 특별히 가려서 좋아하다.
- **체험하다**: 자기가 몸소 겪다.
- **자발적**: 남이 시키거나 요청하지 아니하여도 자기 스스로 나아가 행하는 것
- **건의**: 개인이나 단체가 의견이나 희망을 내놓음. 또는 그 의견이나 희망
- **방해하다**: 남의 일을 간섭하고 막아 해를 끼치다.

[01~04] 다음 밑줄 친 단어의 뜻을 〈보기〉에서 찾아 그 기호를 쓰시오.

───〈보기〉───
㉠ 필요한 어떤 일이나 행동을 청함. 또는 그런 청
㉡ 소리가 조용하고 나지막하다.
㉢ 어떤 경우, 사실이나 기준 따위에 의거하다.
㉣ 모양, 빛깔, 형태, 양식 따위가 여러 가지로 많다.

01 그녀는 <u>잔잔한</u> 음악이 흐르는 카페에서는 집중하여 무엇을 하기에 좋다고 생각했다.

( )

02 오늘은 마케팅 전문가인 최 ○○씨를 모시고 <u>다양한</u> 마케팅 기법에 대해 이야기를 나누어 보겠습니다.

( )

03 그 판사는 판결을 내리기에 앞서 모든 것은 법에 <u>따라</u> 결정되어야 했다고 이야기했다.

( )

04 태풍으로 인해 폐허가 된 B 지역에서 수재민들을 지원해 달라고 한 <u>요청</u>을 정부는 거절할 수밖에 없었다.

( )

[05~07] 다음 단어의 사전적 의미를 찾아 바르게 연결하시오.

05 합성어 •

• ㉠ 일이 되어가는 과정이나 형편

06 상황 •

• ㉡ 정서를 불러일으키는 것

07 정서적 •

• ㉢ 둘 이상의 실질 형태소가 결합하여 하나의 단어가 된 말. '집안' 따위이다.

[08~11] 〈보기〉의 단어를 활용하여 다음 단어의 뜻풀이를 완성하시오.

───〈보기〉───
임시   제한   물건   인정

08 통제하다

➡ 일정한 방침이나 목적에 따라 행위를 □□ 하거나 제약하다.

09 여기다

➡ 마음속으로 그러하다고 □□ 하거나 생각하다.

10 제조

➡ 공장에서 큰 규모로 □□ 을/를 만듦.

11 가정하다

➡ 사실이 아니거나 또는 사실인지 아닌지 분명하지 않은 것을 □□ (으)로 인정하다.

[12~13] 제시된 글자를 조합하여 빈칸에 들어가기에 알맞은 단어를 만드시오.

자	복	적	공
정	발	도	한
제	건	식	의

12 나는 교문 앞에 쓰레기가 널려 있는 것을 보고 □□□ (으)로 쓰레기를 줍기로 했다.

13 A는 반 전체 학생들을 위해 교실에 들어오기 전에 신발을 꼭 실내화로 갈아 신어달라는 반 친구들의 □□ 을/를 받아들였다.

[14~18] 주어진 초성을 참고하여 뜻풀이에 해당하는 단어를 쓰시오.

14 남의 일을 간섭하고 막아 해를 끼치다.

(ㅂㅎ하다 ➡   )

15 어떤 범위나 조건 따위에 바로 들어맞다.

(ㅎㄷ하다 ➡   )

16 여러 갈래로 나누어진 범위나 부분

(ㅂㅇ ➡   )

17 어떤 대상을 자주 보거나 겪어서 처음 대하지 않는 느낌이 드는 상태에 있다.

(ㅇㅅ하다 ➡   )

18 균형이 맞게 바로잡다. 또는 적당하게 맞추어 나가다.

(ㅈㅈ하다 ➡   )

[19~22] 〈보기〉에서 알맞은 말을 골라 쓰시오.

─────── 〈보기〉 ───────
관련   숙면   고용   차별

19 온종일 물놀이를 해서 그런지 오늘은 밤에
☐☐을/를 취할 수 있을 것 같다.

20 경찰이 조사한 결과에 따르면 적지 않은 사람들이
이 사건과 ☐☐이/가 있다고 한다.

21 조선 시대에는 신분 제도에 따라 적자와 서자를
☐☐하기도 했다.

22 올해부터 각 기업에서는 신입 사원 중에 20%는
장애인을 ☐☐하기로 결정했다.

[23~26] 제시된 초성과 뜻풀이를 바탕으로 빈칸에 들어가기에 알맞은 단어를 문맥에 맞게 쓰시오.

23 ㅂㅎ하다: 재능, 능력 따위를 떨치어 나타내다.
➡ 최 선생님께서는 그녀의 무대를 보고 그녀가
재능을 ☐☐하는 무대는 국내를 넘어서
세계가 될 것이라고 말씀하셨다.

24 ㅂㄹ하다: 여럿 가운데서 앞의 것을 첫째로 삼아
그것을 중심으로 다른 것도 포함하다.
➡ 나에게 있어 최 선생님은 공부를 ☐☐해
다양한 삶의 지혜를 가르쳐 주시는 참된
스승이시다.

25 ㅇㅁㄹ: 정도가 매우 심함을 나타내는 말
➡ 요즘 나의 최대 고민은 ☐☐☐ 열심히
연습을 해도 수영 실력이 좀처럼 늘지 않는다는
것이다.

26 ㅎㅂ: 널리 알림. 또는 그 소식이나 보도
➡ 그 영화는 주연 배우가 직접 ☐☐에 나선
덕분에 관객들 사이에 입소문이 나서 큰 인기를
얻었다.

DAY
20

DAY 01

고상 [高 높을 고 + 尙 오히려 상]**하다**
품위나 몸가짐의 수준이 높고 훌륭하다.
예 **고상한** 말씨를 사용하는 아주머니가 물을 한 컵 주셨다.

거머쥐다
무엇을 완전히 가지거나 마음대로 할 수 있게 되다.
예 그 친구는 뜻하지 않은 행운을 **거머쥐었다**.

극찬 [極 지극할 극 + 讚 기릴 찬]
매우 칭찬함. 또는 그런 칭찬
예 그 연기는 심사위원들의 **극찬**을 받았다.

대개 [大 큰 대 + 槪 대개 개]
일반적인 경우에
예 장마 뒤에는 **대개** 무더위가 찾아온다.

반영 [反 돌이킬 반 + 映 비출 영]**하다**
다른 것에 영향을 받아 어떤 현상을 나타내다.
예 시대상을 **반영한** 법안은 국민들의 환영을 받았다.

일종 [一 하나 일 + 種 종류 종]
한 종류 또는 한 가지
예 개는 포유류의 **일종**이다.

원활 [圓 둥글 원 + 滑 미끄러울 활]**하다**
거침이 없이 잘 나가는 상태에 있다.
예 물건이 **원활하게** 공급되어 판매가 잘 되고 있다.

윤활유 [潤 윤택할 윤 + 滑 미끄러울 활 + 油 기름 유]
기계가 맞닿는 부분의 마찰을 덜기 위하여 쓰는 기름
예 삐걱거리는 소리가 나는 부분에 **윤활유**를 골고루 발랐다.

착지 [着 붙을 착 + 地 땅 지]**하다**
공중에서 땅으로 내리다.
예 종이비행기가 지정된 장소를 벗어나 **착지했다**.

형성 [形 형상 형 + 成 이룰 성]**하다**
어떤 모양이나 상태를 이루다.
예 청소년기는 가치관을 **형성하는** 중요한 시기이다.

DAY 02

귀중 [貴 귀할 귀 + 重 중요할 중]**하다**
귀하고 중요하다.
예 아이는 부부에게 무엇과 바꿀 수 없는 **귀중한** 존재였다.

대체 [代 대신할 대 + 替 바꿀 체]**하다**
다른 것으로 대신하다.
예 자리를 비운 담당자를 다른 사람으로 **대체하였다**.

목재 [木 나무 목 + 材 재목 재]
건축이나 가구 따위에 쓰는, 나무로 된 재료
예 **목재**로 만든 물건은 시간이 지나면 손때가 묻어 더욱 멋스럽다.

보안 [保 보전할 보 + 安 편안할 안]
안전을 유지함.
예 마지막까지 **보안**을 유지해야 한다.

생소 [生 날 생 + 疏 트일 소]**하다**
어떤 대상이 친숙하지 못하고 낯이 설다.
예 해외여행을 가면 **생소한** 풍경에 눈길이 간다.

인식 [認 알 인 + 識 알 식]
사물을 분별하고 판단하여 앎.
예 장애인의 권리에 대한 **인식**이 부족하다.

접목 [椄 접붙일 접 + 木 나무 목]**하다**
둘 이상의 다른 현상 따위를 알맞게 조화하게 하다.
예 두 문화를 **접목하여** 새로운 문화를 창조해 보자.

차별화 [差 어긋날 차 + 別 다를 별 + 化 될 화]**되다**
둘 이상의 대상이 각각 등급이나 수준 따위의 차이가 두어져 구별된 상태가 되다.
예 다른 가게와 **차별화된** 서비스를 제공하는 곳이 인기가 많다.

출입국 [出 날 출 + 入 들 입 + 國 나라 국]
나라 밖으로 나가거나 나라 안으로 들어오는 일
예 그 나라는 **출입국** 절차가 까다롭다.

추출 [抽 뽑을 추 + 出 날 출]**하다**
전체 속에서 어떤 물건, 생각, 요소 따위를 뽑아내다.
예 우리는 그 자료에서 필요한 정보를 **추출했다**.

DAY 03

수축 [收 거둘 수 + 縮 오그라들 축]**되다**
근육 따위가 오그라들다.
예 추운 곳에 가면 근육이 **수축된다**.

부실 [不 아닐 부 + 實 열매 실]**하다**
내용이 실속이 없고 충분하지 못하다.
예 기초 공사가 **부실한** 건물은 위험하다.

부피
넓이와 높이를 가진 물건이 공간에서 차지하는 크기
예 이 물건은 가볍지만 **부피**가 커서 옮기는 것이 어렵다.

붕괴 [崩 무너질 붕 + 壞 무너질 괴]**되다**
무너지고 깨어지게 되다.
예 1994년 10월에는 성수대교가 **붕괴되는** 비극적인 사고가 일어났다.

응어리
가슴속에 쌓여 있는 한이나 불만 따위의 감정
예 껴안고 눈물을 흘리며 가슴에 맺힌 **응어리**를 풀었다.

의문 [疑 의심할 의 + 問 물을 문]
의심스럽게 생각함. 또는 그런 문제나 사실
예 안전에 대한 **의문**을 가져야 한다.

재정 [財 재물 재 + 政 정사 정]
개인, 가계, 기업 따위의 경제 상태
예 요즘 용돈이 떨어져 나의 **재정** 상태가 좋지 않다.

전염 [傳 전할 전 + 染 물들일 염]**되다**
다른 사람의 습관, 분위기, 기분 따위에 영향을 받아 물이 들다.
예 웃음은 **전염되어** 순식간에 사람들이 전부 웃게 되었다.

초과 [超 넘을 초 + 過 지날 과]**하다**
일정한 수나 한도 따위가 넘어가다. 또는 일정한 수나 한도 따위를 넘다.
예 정원을 **초과한** 인원이 탑승하여 경고음이 들렸다.

행위 [行 다닐 행 + 爲 할 위]
사람이 의지를 가지고 하는 짓
예 어른이 되면 자신이 한 **행위**에 책임을 져야 한다.

DAY 04

무례 [無 없을 무 + 禮 예도 례]**하다**
태도나 말에 예의가 없다.
⑩ 그 행동은 몹시 **무례하여** 얼굴이 찌푸려질 정도였다.

분주 [奔 달아날 분 + 走 달릴 주]**하다**
이리저리 바쁘고 수선스럽다.
⑩ 아침이면 우리 집은 더욱 **분주해진다.**

사신 [使 부릴 사 + 臣 신하 신]
임금이나 국가의 명령을 받고 외국에 사절로 가는 신하
⑩ 그는 명나라에 **사신**으로 가 새로운 문물을 배워왔다.

실시간 [實 열매 실 + 時 때 시 + 間 사이 간]
실제 흐르는 시간과 같은 시간
⑩ 외국에서 열리는 경기를 **실시간**으로 보기 위해 늦게까지 깨어 있었다.

유람 [遊 놀 유 + 覽 볼 람]
돌아다니며 구경함.
⑩ 가족이 모두 모여 남해안으로 **유람**을 갔다.

유포 [流 흐를 유 + 布 베 포]**되다**
세상에 널리 퍼지다.
⑩ 비밀리에 **유포된** 소문이 또 다른 소문을 만들어 번져갔다.

의도적 [意 뜻 의 + 圖 그림 도 + 的 과녁 적]
무엇을 하려고 꾀하는 것
⑩ 친구를 향한 **의도적**인 비난이 분명히 있었다.

접근 [接 접할 접 + 近 가까울 근]**하다**
가까이 다가가다.
⑩ 모르는 사람이 **접근하더니** 지하철역으로 가는 방법을 아느냐고 물었다.

제재 [制 억제할 제 + 裁 마를 재]**하다**
일정한 규칙이나 관습의 위반에 대하여 제한하거나 금지하다.
⑩ 자유로운 외출을 **제재하는** 것은 부당하다.

치안 [治 다스릴 치 + 安 편안할 안]
국가 사회의 안녕과 질서를 유지·보전함.
⑩ 우리나라는 밤거리의 **치안**이 좋은 편이다.

DAY 05

갓
이제 막
⑩ 아기가 **갓** 100일이 되었다.

거부감 [拒 막을 거 + 否 아닐 부 + 感 느낄 감]
어떤 것을 받아들이고 싶지 않거나 물리치고 싶은 느낌
⑩ 새로운 것을 보면 **거부감**을 느끼는 것은 인간의 본능이다.

분비 [分 나눌 분 + 泌 샘물 졸졸 흐를 비]**되다**
침이나 호르몬 따위가 세포나 몸 밖으로 배출되다.
⑩ 맛있는 음식을 보자마자 침샘에서 침이 **분비되었다.**

사례 [事 일 사 + 例 법식 례]
어떤 일이 전에 실제로 일어난 예
⑩ 자세한 설명을 위해 구체적 **사례**를 들었다.

사전 [事 일 사 + 前 앞 전]
일이 일어나기 전
⑩ **사전**에 준비를 잘 해 놓으면 어떤 사건이 터지더라도 대응을 잘 할 수 있다.

유지 [維 바 유 + 持 가질 지]
어떤 상태나 상황을 그대로 보존하거나 변함없이 계속하여 지탱함.
⑩ 평화 **유지**를 위한 노력은 계속되어야 한다.

진화 [進 나아갈 진 + 化 될 화]
생물이 생명의 기원 이후부터 점진적으로 변해가는 현상
⑩ 물속에서만 살던 생물이 **진화**를 거쳐 물 밖에서도 살 수 있게 되었다.

처벌 [處 곳 처 + 罰 벌줄 벌]**하다**
국가 등이 제재를 가하다.
⑩ 백성들은 괴롭힌 관리를 **처벌하였다.**

하여금
누구를 시키어
⑩ 동생으로 **하여금** 방의 불을 끄도록 하였다.

해당 [該 갖출 해 + 當 마땅할 당]
무엇에 관계되는 바로 그것
⑩ 궁금한 점이 있을 때는 **해당** 단체에 직접 문의하는 것이 가장 빠른 해결 방법이다.

DAY 06

구사 [驅 몰 구 + 使 부릴 사]**하다**
말, 수사법, 수단 등을 능숙하게 마음대로 쓰다.
⑩ 그녀는 세 가지 언어를 유창하게 **구사한다.**

급격 [急 급할 급 + 激 과격할 격]**하다**
변화의 움직임이 급하고 격렬하다.
⑩ 기술의 **급격한** 발달은 인간의 삶을 바꾸고 있다.

널리
범위가 넓게
⑩ 진실은 세상에 **널리** 알려져야 한다.

맥락 [脈 맥 맥 + 絡 이을 락]
사물 따위가 서로 이어져 있는 관계나 연관
⑩ 그 말을 이해하려면 전체적인 대화의 **맥락**을 살펴 숨은 의미를 찾아야 한다.

발휘 [發 필 발 + 揮 휘두를 휘]**하다**
재능, 능력 등을 떨치어 나타내다.
⑩ 그의 꾸준한 노력은 1년 후부터 진가를 **발휘하였다.**

생소 [生 날 생 + 疏 트일 소]**하다**
어떤 대상이 친숙하지 않고 낯설다.
⑩ **생소한** 곳에서 길을 잃었다.

인용 [引 끌 인 + 用 쓸 용]**하다**
남의 말이나 글을 자기 말이나 글에 끌어 쓰다.
⑩ 다른 사람이 쓴 내용을 **인용할** 때에는 출처를 밝혀야 한다.

처 [處 곳 처]**하다**
어떤 형편이나 처지에 놓이다.
⑩ 덫을 피하지 못해 위기에 **처했다.**

추리 [推 옮길 추 + 理 다스릴 리]
알고 있는 것을 바탕으로 알지 못하는 것을 미루어서 생각함.
⑩ 범인을 맞추기 위해 노력하였지만 나의 **추리**는 완전히 빗나가고 말았다.

표절 [剽 표독할 표 + 竊 훔칠 절]
글, 노래 등을 지을 때 다른 작품의 일부를 몰래 따다 씀.
⑩ 이 노래는 **표절** 의심을 받고 있다.

DAY 07

공개 [公 공변될 공 + 開 열 개]**되다**
어떤 사실이나 사물, 내용 따위가 여러 사람에게 널리 드러나다.
⑩ **공개된** 적 없는 왕의 무덤이 처음으로 개방되었다.

경향 [傾 기울 경 + 向 향할 향]
현상, 사상, 행동 따위가 어떤 방향으로 기울어짐.
⑩ 그 사람은 모든 것을 자기 위주로 생각하는 **경향**이 있다.

단위 [單 홑 단 + 位 자리 위]
하나의 조직 따위를 구성하는 기본적인 한 덩어리
⑩ 연필을 세는 **단위**는 '필'이다.

병행 [竝 아우를 병 + 行 다닐 행]**하다**
둘 이상의 일을 한꺼번에 행하다.
⑩ 공부와 일을 **병행하는** 것은 쉽지 않다.

생동감 [生 날 생 + 動 움직일 동 + 感 느낄 감]
생기 있게 살아 움직이는 듯한 느낌
⑩ 그림 속의 동물들에게서 금방이라도 살아 움직일 것 같은 **생동감**이 느껴졌다.

수치 [數 셀 수 + 値 값 치]
계산하여 얻은 값
⑩ 이 **수치**는 상황이 나아졌음을 보여 준다.

실감 [實 열매 실 + 感 느낄 감]
실제로 체험하는 느낌
⑩ 마침내 이곳에 오다니, 아직 **실감**이 나지 않는다.

용어 [用 쓸 용 + 語 말씀 어]
일정한 분야에서 주로 사용하는 말
⑩ 문학 **용어** 사전은 유용하다.

적정 [適 갈 적 + 正 바를 정]
알맞고 바른 정도
⑩ 실내에서 **적정** 습도를 유지하는 것은 건강에 좋다.

한도 [限 한계 한 + 度 법도 도]
일정한 정도 또는 한정된 정도
⑩ 예산은 정해진 **한도** 내에서 사용해야 한다.

DAY 08

강화 [強 강할 강 + 化 될 화]**하다**
수준이나 정도를 더 높이다.
⑩ 보안 수준을 **강화하여** 컴퓨터를 각종 바이러스로부터 지켜야 한다.

공유 [共 함께 공 + 有 있을 유]**하다**
두 사람 이상이 한 물건을 공동으로 소유하다.
⑩ 마을에 사는 사람들이 그 길을 **공유하고** 있다.

당부 [當 마땅할 당 + 付 줄 부]
말로 단단히 부탁함. 또는 그런 부탁
⑩ 여행을 떠나기 전 부모님의 **당부**를 한참 들어야 했다.

돌리다
기능이나 체제를 작동시키다.
⑩ 녹음기를 **돌려** 녹음을 시작하였다.

들뜨다
마음이나 분위기가 가라앉지 아니하고 조금 흥분되다.
⑩ 현장 체험 학습 전날이라 그런지 기분이 **들떠서** 잠이 오지 않는다.

섭취 [攝 당길 섭 + 取 취할 취]**하다**
생물체가 양분 따위를 몸속에 빨아들이다.
⑩ 5대 영양소를 골고루 **섭취하는** 것이 건강에 좋다.

순환 [循 좇을 순 + 環 고리 환]
주기적으로 자꾸 되풀이하여 돎. 또는 그런 과정
⑩ 공기 **순환**을 위해 창문을 열자.

차이 [差 어그러질 차 + 異 다를 이]
같지 아니하고 다름. 또는 그런 정도나 상태
⑩ 두 사람의 키 **차이**가 점점 줄어들고 있다.

채택 [採 캘 채 + 擇 가릴 택]**하다**
작품, 의견, 제도 따위를 골라서 다루거나 뽑아 쓰다.
⑩ 내가 낸 의견을 **채택해** 줘서 고마워.

추적 [追 좇을 추 + 跡 자취 적]
사물의 자취를 더듬어 감.
⑩ 경찰들은 발신자 **추적**을 통해 보이스 피싱 범죄에 관련된 범죄자들을 잡았다.

DAY 09

관리 [管 피리 관 + 理 다스릴 리]**하다**
사람의 몸이나 동식물 따위를 보살펴 돌보다.
⑩ 겨울철에는 특히 호흡기 건강을 잘 **관리해야** 한다.

냉각 [冷 찰 냉 + 却 물리칠 각]
식어서 차게 됨. 또는 식혀서 차게 함.
⑩ **냉각** 처리된 재료를 차례로 그릇에 담았다.

사육 [飼 먹일 사 + 育 기를 육]
어린 가축이나 짐승이 자라도록 먹이어 기름.
⑩ 이 동네엔 닭 **사육**을 하는 집이 많다.

식수 [食 먹을 식 + 水 물 수]
먹을 용도의 물
⑩ 가뭄이 들어 **식수**마저 부족해졌다.

신선 [新 새로울 신 + 鮮 고울 선]**하다**
채소나 과일, 생선 따위가 싱싱하다.
⑩ 제철에 나는 **신선한** 과일과 채소를 많이 먹어야 한다.

이력 [履 신 이 + 歷 지낼 력]
지금까지 거쳐 온 학업, 직업, 경험 등의 내력
⑩ 그 사람은 나이는 어리지만 지금까지 관련 분야에서 열심히 일해 **이력**이 화려하다.

일반인 [一 하나 일 + 般 옮길 반 + 人 사람 인]
특별한 지위나 신분을 갖지 아니하는 보통의 사람
⑩ 이 날 행사는 **일반인**에게도 공개되었기 때문에 많은 사람들이 참석하였다.

정화 [淨 깨끗할 정 + 化 될 화]**하다**
불순하거나 더러운 것을 깨끗하게 하다.
⑩ 공장에서 나오는 폐수는 깨끗하게 **정화하여** 내보내야 한다.

중력 [重 무거울 중 + 力 힘 력]
지구 위의 물체가 지구로부터 받는 힘
⑩ 사과는 **중력** 때문에 땅으로 떨어진다.

표기 [表 겉 표 + 記 기록할 기]**하다**
적어서 나타내다.
⑩ 나와 친구는 학습 계획표에 날짜를 **표기하고**, 하루 동안 공부한 것을 적기로 하였다.

DAY 10

극복 [克 이길 극 + 服 입을 복]**하다**
악조건이나 고생 따위를 이겨내다.
예 고난을 **극복하고** 행복한 결말을 맞이했다.

두각 [頭 머리 두 + 角 뿔 각]
뛰어난 학식이나 재능을 비유적으로 이르는 말
예 미술 분야에서 **두각**을 드러냈다.

번화가 [繁 많을 번 + 華 빛날 화 + 街 거리 가]
번성하여 화려한 거리
예 **번화가**의 불빛은 밤새 꺼지지 않는다.

수입 [輸 나를 수 + 入 들 입]
다른 나라로부터 상품이나 기술 따위를 국내로 사들임.
예 농산물 **수입**을 반대하는 시위가 이어지고 있다.

수출 [輸 나를 수 + 出 날 출]
국내의 상품이나 기술을 외국으로 팔아 내보냄.
예 이달의 최대 **수출** 품목은 아직 밝혀지지 않았다.

요건 [要 중요할 요 + 件 사건 건]
필요한 조건
예 그 회사에 지원하기 위한 **요건**이 몹시 까다롭다.

유전 [遺 남길 유 + 傳 전할 전]**되다**
물려받아 내려오다. 또는 그렇게 전해지다.
예 우리 가족 대대로 **유전되는** 특징은 큰 손이다.

허점 [虛 빌 허 + 點 점찍을 점]
불충분하거나 허술한 점
예 **허점**을 노린 마지막 공격으로 승리하였다.

활약 [活 살 활 + 躍 뛸 약]**하다**
활발히 활동하다.
예 아버지는 아직 현직에서 **활약하고** 계신다.

후천적 [後 뒤 후 + 天 하늘 천 + 的 과녁 적]
성질, 체질, 질환 따위가 태어난 후에 얻어진 것
예 비염은 **후천적**으로 생긴 질병이다.

DAY 11

감량 [減 덜 감 + 量 헤아릴 량]**하다**
수량이나 무게를 줄이다.
예 건강에 이상이 생겨 몸무게를 **감량해야** 한다.

다양 [多 많을 다 + 樣 모양 양]**하다**
모양, 빛깔, 형태, 양식 따위가 여러 가지로 많다.
예 우리 동네 시장에 있는 토마토는 모양과 색깔이 **다양하여** 굉장히 먹음직스러워 보였다.

서먹하다
낯이 설거나 친하지 아니하여 어색하다.
예 명절이 되어 오랜만에 만난 사촌 동생과 나는 **서먹하여** 한동안 대화가 없었다.

제한 [制 억제할 제 + 限 한계 한]**되다**
일정한 한도가 정하여지다.
예 **제한된** 범위 안에서만 움직일 수 있다.

증세 [症 증세 증 + 勢 기세 세]
병을 앓을 때 나타나는 여러 가지 상태나 모양
예 의사는 환자를 진찰한 후에 **증세**를 종합하여 독감이라는 진단을 내렸다.

출시 [出 날 출 + 市 시장 시]**되다**
상품이 시중에 나오다.
예 현재 **출시된** 상품을 전부 다 살펴보았지만 내가 찾는 제품은 없었다.

편견 [偏 치우칠 편 + 見 볼 견]
공정하지 못하고 한쪽으로 치우친 생각
예 까만 고양이에 대한 **편견**을 버려야 한다.

함량 [含 머금을 함 + 量 헤아릴 량]
물질이 어떤 성분을 포함하고 있는 분량
예 비타민의 **함량**이 높은 것은 아니다.

현명 [賢 어질 현 + 明 밝을 명]**하다**
어질고 슬기로워 사리에 밝다.
예 다시 열심히 공부하기로 한 것은 **현명한** 판단이다.

휩싸이다
어떠한 감정에 마음이 뒤덮이다.
예 갑작스럽게 닥쳐온 불길한 예감에 **휩싸여** 손이 떨리기 시작하였다.

DAY 12

가독성 [可 옳을 가 + 讀 읽을 독 + 性 성품 성]
인쇄물이 얼마나 쉽게 읽히는가 하는 능률의 정도
예 글자 크기가 너무 작으면 **가독성**이 떨어진다.

급정거 [急 급할 급 + 停 머무를 정 + 車 수레 거]**하다**
자동차, 기차 따위가 갑자기 서다.
예 기차가 **급정거하여** 서 있던 사람이 넘어졌다.

분위기 [雰 안개 분 + 圍 둘레 위 + 氣 기운 기]
그 자리나 장면에서 느껴지는 기분
예 결혼식은 즐거운 **분위기**로 진행되었다.

쓸모
쓸 만한 가치
예 훌륭한 재능을 타고나더라도 노력을 하지 않는다면 그 재능은 곧 녹슬어 **쓸모**가 없어질 것이다.

약자 [弱 약할 약 + 者 놈 자]
힘이나 세력이 약한 사람
예 지하철, 버스 등 대중교통 수단에는 교통 **약자**를 위한 배려석이 마련되어 있다.

장식 [裝 꾸밀 장 + 飾 꾸밀 식]**하다**
액세서리 따위로 치장하다.
예 꽃을 가득 가져와 방을 **장식했다.**

주목 [注 물댈 주 + 目 눈 목]**하다**
관심을 가지고 주의 깊게 살피다.
예 선생님의 전달 사항을 **주목하여** 들었다.

지정 [指 가리킬 지 + 定 정할 정]**하다**
가리키어 확실하게 정하다.
예 그 노인은 한 군데의 장소를 **지정하여** 사람들을 그곳으로 모이게 하였다.

파악 [把 잡을 파 + 握 쥘 악]**하다**
어떤 대상의 내용이나 본질을 확실하게 이해하여 알다.
예 지금까지 **파악한** 바에 의하면 그는 범인이 아니다.

혼잡 [混 섞을 혼 + 雜 섞일 잡]**하다**
여럿이 한데 뒤섞이어 어수선하다.
예 갑자기 동물이 나타나 도로가 **혼잡해졌다.**

DAY 13

강연 [講 강론할 강 + 筵 대자리 연]
일정한 주제에 대하여 청중 앞에서 강의 형식으로 말함.
예 해당 주제에 대한 **강연**은 인기가 많아 사람들이 강연장에 가득 차 있다.

과정 [過 지날 과 + 程 단위 정]
일이 되어 가는 경로
예 요리의 **과정**을 살펴보면 흥미로운 것이 많다.

굳어지다
점점 몸에 배어 아주 자리를 잡게 되다.
예 매일 일정한 시간에 일어나다보니 기상 시간이 **굳어졌다.**

본래 [本 근본 본 + 來 올 래]
사물이나 사실이 전하여 내려온 그 처음
예 화장을 지우고 **본래**의 모습으로 되돌아갔다.

비관적 [悲 슬플 비 + 觀 볼 관 + 的 과녁 적]
앞으로의 일이 잘 안될 것이라고 보는 것
예 찌푸린 얼굴을 보고 **비관적**인 생각을 하였다.

새기다
글씨나 형상을 파다.
예 나무 판 위에 잊지 않을 이름을 **새겼다.**

시술 [施 베풀 시 + 術 꾀 술]
의술이나 최면술 따위의 술법을 베풂. 또는 그런 일
예 간단한 **시술**로 예뻐질 수 있다는 광고가 너무 많다.

신뢰 [信 믿을 신 + 賴 힘 입을 뢰]
굳게 믿고 의지함.
예 그는 상대방에게 **신뢰**를 주는 인상을 가졌다.

임 [臨 임할 임]**하다**
어떤 사태나 일을 대하다.
예 승리를 다짐하며 경기에 **임하였다.**

쪼개다
물체나 공간 따위를 둘 이상으로 나누다.
예 쿠키를 반으로 **쪼개어** 나누어 먹었다.

DAY 14

관객 [觀 볼 관 + 客 손님 객]
운동 경기, 공연, 영화 따위를 보거나 듣는 사람
예 이번 공연의 **관객**들은 관람 태도가 아주 훌륭했다.

마치다
어떤 일이나 과정, 절차 따위가 끝나다.
예 학교를 **마치면** 곧장 집으로 오거라.

문맥 [文 글월 문 + 脈 맥 맥]
글월에 표현된 의미의 앞뒤 연결
예 이 단어는 **문맥**에 따라 다양한 의미를 가진다.

소동 [騷 떠들 소 + 動 움직일 동]
사람들이 놀라거나 흥분하여 시끄럽게 법석거리고 떠들어 대는 일
예 화가 난 사람이 가게의 문 앞으로 찾아와 한바탕 **소동**이 일어났다.

열악 [劣 못할 열 + 惡 악할 악]**하다**
품질이나 능력, 시설 따위가 매우 떨어지고 나쁘다.
예 그 학생은 **열악**한 환경에도 불구하고 열심히 노력하여 시험에 합격하였다.

인위적 [人 사람 인 + 爲 할 위 + 的 과녁 적]
자연의 힘이 아닌 사람의 힘으로 이루어지는
예 저 호수는 **인위적**으로 만들어져 유지되고 있다.

탈출 [脫 벗을 탈 + 出 날 출]
어떤 상황이나 구속 따위에서 빠져나옴.
예 강아지는 **탈출**에 성공한 뒤 신이 나서 짖었다.

풀다
모르거나 복잡한 문제 따위를 알아내거나 해결하다.
예 문제를 **풀어** 해답을 찾았다.

한복판
'복판'을 강조하여 이르는 말
예 마당의 **한복판**에 나무가 있다.

헷갈리다
여러 가지가 뒤섞여 갈피를 잡지 못하다.
예 단어의 뜻이 다양할 경우 어떤 상황에서 이 말을 써야 하는지 **헷갈릴** 때가 있다.

DAY 15

급속도 [急 급할 급 + 速 빠를 속 + 度 법도 도]
매우 빠른 속도
예 공짜로 음식을 나눠주기 시작하자 많은 사람이 **급속도**로 모여들었다.

대응 [對 대답할 대 + 應 응할 응]**하다**
어떤 일이나 사태에 맞추어 태도나 행동을 취하다.
예 현실에 유연하게 **대응하는** 태도가 필요하다.

동기 [動 움직일 동 + 機 틀 기]
어떤 일이나 행동을 일으키게 하는 계기
예 운동을 시작한 **동기**는 허리의 통증이다.

밀리다
처리하지 못한 일이나 물건이 쌓이다.
예 숙제가 많이 **밀려** 있어서 주말에 바쁘게 해야 했다.

비하 [卑 낮을 비 + 下 아래 하]**하다**
업신여겨 낮추다.
예 그 책은 특정 직업을 지나치게 **비하하는** 내용을 담고 있어서 사람들에게 비판을 받았다.

심술 [心 마음 심 + 術 꾀 술]
온당하지 아니하게 고집을 부리는 마음
예 괜히 마음이 속상하여 **심술**을 부렸다.

온종일 [終 마칠 종 + 日 날 일]
아침부터 저녁까지 내내
예 찌는 듯한 더운 날씨에 물도 마시지 못한 채 **온종일** 돌아다녔더니 열사병에 걸리고 말았다.

외면 [外 바깥 외 + 面 낯 면]**하다**
어떤 사상이나 이론, 현실, 사실, 진리 따위를 인정하지 않고 도외시하다.
예 나는 단 것이 몸에 나쁘다는 사실을 잠시 **외면한** 채 사탕을 먹었다.

집착 [執 잡을 집 + 着 붙을 착]**하다**
어떤 것에 늘 마음이 쏠려 잊지 못하고 매달리다.
예 지나치게 돈에 **집착하는** 것은 좋지 않다.

혼란 [混 섞을 혼 + 亂 어지러울 란]
뒤죽박죽이 되어 어지럽고 질서가 없음.
예 그 사건은 가치관의 **혼란**을 가져왔다.

DAY 16

거스르다

일이 돌아가는 상황이나 흐름과 반대되거나 어긋나는 태도를 취하다.

예 시간을 **거슬러** 올라가 생각해보면 그 말에는 이미 모순이
가득했다.

궁극적 [窮 다할 궁 + 極 지극할 극 + 的 과녁 적]

더할 나위 없는 지경에 도달하는

예 이 사고의 **궁극적**인 책임은 운전자에게 있다.

꼿꼿하다

휘거나 구부러지지 아니하고 단단하다.

예 허리를 **꼿꼿하게** 세우고 걸어야 한다.

논란 [論 논의할 논 + 難 어려울 난]

여럿이 서로 다른 주장을 내며 다툼.

예 이 글씨가 누구의 것인지를 두고 **논란**이 일어났다.

여부 [與 더불 여 + 否 아닐 부]

그러함과 그러하지 아니함.

예 신청서 제출 **여부**에 따라 참가자가 정해진다.

요청 [要 중요할 요 + 請 청할 청]**하다**

필요한 어떤 일이나 행동을 청하다.

예 식사 중 물수건을 **요청하였다.**

운전자 [運 운전할 운 + 轉 구를 전 + 者 사람 자]

자동차를 운전하는 사람

예 이 차의 **운전자**는 오늘 휴일이다.

운행 [運 운전할 운 + 行 다닐 행]**하다**

차량 따위를 운용하다.

예 내년부터 두 도시를 오가는 고속버스를 **운행한다.**

자율 [自 스스로 자 + 律 법 율]

남의 지배나 구속을 받지 아니하고 자기 스스로의 원칙에 따라 어떤
일을 하는 일

예 오늘부터 독서 활동은 **자율**로 하게 된다.

초점 [焦 그을릴 초 + 點 점찍을 점]

사람들의 관심이나 주의가 집중되는 사물의 중심 부분

예 이번에는 실제 공간과 전시장을 똑같이 만드는 것에 **초점**을
맞추었다.

DAY 17

가리다

음식을 골라서 먹다.

예 알레르기가 있는 경우 해당 음식을 피해 **가려** 먹어야 한다.

기한 [期 기약할 기 + 限 한계 한]

미리 한정하여 놓은 시기

예 숙제 제출 **기한**을 확인해야 한다.

사항 [事 일 사 + 項 목덜미 항]

일의 항목이나 내용

예 등교할 때 주의할 **사항**을 말씀드리겠습니다.

유발 [誘 꾈 유 + 發 필 발]**하다**

어떤 것이 다른 일을 일어나게 하다.

예 친구의 추천은 테니스에 대한 흥미를 **유발하였다.**

전조 [前 앞 전 + 兆 조 조]

어떤 일이 생길 기미

예 피부가 빨갛게 변하는 것은 화상의 **전조**이다.

조만간 [부 일찍 조 + 晩 늦을 만 + 間 사이 간]

앞으로 곧

예 **조만간** 할머니 댁에 갈 예정이다.

주기 [週 돌 주 + 期 기약할 기]

같은 현상이나 특징이 한 번 나타나고부터 다음번 되풀이되기까지의
기간

예 그 봉사자는 독거 노인에게 음식을 배달하는 일을 일주일 **주기**로
반복하고 있다.

취급 [取 취할 취 + 扱 취급할 급]

물건을 사용하거나 소재나 대상으로 삼음.

예 깨지기 쉬운 물건은 **취급**을 주의해야 한다.

포장지 [包 쌀 포 + 裝 꾸밀 장 + 紙 종이 지]

물건을 싸거나 꾸리는 데 쓰는 종이

예 생일 선물을 쌀 **포장지**를 샀다.

폭발 [爆 터질 폭 + 發 필 발]**하다**

불이 일어나며 갑작스럽게 터지다.

예 나와 친구들은 과학 시간에 화산이 **폭발하는** 모형을
만들었다.

DAY 18

경 [頃 밭 넓이 단위 경]

'그 시간 또는 날짜에 가까운 때'의 뜻을 더하는 접미사

예 오후 10시**경** 잠이 들었다.

구성원 [構 얽을 구 + 成 이룰 성 + 員 관원 원]

어떤 조직이나 단체를 이루고 있는 사람

예 우리 가족 **구성원**은 총 다섯 명이다.

돋우다

입맛을 당기게 하다.

예 신 맛은 입맛을 한껏 **돋우었다.**

떠올리다

기억을 되살려 내거나 잘 구상되지 않던 생각을 나게 하다.

예 다른 아이디어를 **떠올려** 발표해 보자.

미치다

영향이나 작용 따위가 대상에 가하여지다.

예 어머니의 말씀은 내가 진로를 결정하는 데 가장 큰 영향을
미쳤다.

반려 [伴 짝 반 + 侶 짝 려]

짝이 되는 동무

예 성실한 인생의 **반려**를 얻었다.

악보 [樂 풍류 악 + 譜 계보 보]

음악의 곡조를 일정한 기호를 써서 기록한 것

예 그 피아니스트는 **악보**를 보지 않고 피아노를 연주할 수 있을
정도로 연습을 많이 하였다.

오감 [五 다섯 오 + 感 느낄 감]

시각, 청각, 후각, 미각, 촉각의 다섯 가지 감각

예 그는 **오감**이 유난히 발달하여 감정을 풍부하게 느낀다.

와닿다

어떤 글이나 말, 음악 따위가 마음에 공감을 일으키게 되다.

예 선생님이 해 주신 말씀이 내 마음에 **와닿았다.**

지향 [志 뜻 지 + 向 향할 향]**하다**

어떤 목표로 뜻이 쏠리어 향하다.

예 기업이 **지향하는** 목표는 고객의 행복이다.

감당 [堪 견딜 감 + 當 마땅할 당]**하다**
능히 견디어 내다.
예 나를 빤히 보는 낯선 사람의 눈길을 **감당하기** 어려워 옆으로 자리를 옮겼다.

공급 [供 이바지할 공 + 給 줄 급]**하다**
요구나 필요에 따라 물품 따위를 제공하다.
예 혈액은 온몸 구석구석에까지 산소와 영양을 **공급한다.**

당황 [唐 당나라 당 + 慌 어렴풋할 황]**스럽다**
놀라거나 다급하여 어찌할 바를 몰라 하는 데가 있다.
예 갑작스럽게 받은 질문은 예상치 못한 내용이어서 나를 몹시 **당황스럽게** 만들었다.

만기 [滿 찰 만 + 期 기약할 기]
미리 정한 기한이 다 참.
예 자동차 보험이 **만기**가 되었다.

바람직하다
바랄 만한 가치가 있다.
예 우리 반은 모두가 서로를 배려하고 존중하는 **바람직한** 모습을 보이도록 하자.

배출 [排 물리칠 배 + 出 날 출]**하다**
안에서 밖으로 밀어 내보내다.
예 정부는 오염 물질을 허가 없이 **배출한** 공장에 대해 과태료를 부과하였다.

본 [本 근본 본]**뜨다**
이미 있는 대상을 본으로 삼아 그대로 좇아 만들다.
예 해를 **본뜬** 무늬를 그려 넣었다.

사치 [奢 사치할 사 + 侈 사치할 치]**스럽다**
필요 이상의 돈이나 물건을 쓰거나 분수에 지나친 생활을 하는 데가 있다.
예 옷차림이 너무 **사치스럽다.**

온난화 [溫 따뜻할 온 + 暖 따뜻할 난 + 化 될 화]
지구의 기온이 높아지는 현상
예 지구 **온난화** 때문에 극지방의 빙하가 녹아 해수면이 높아지고 있다.

예상 [豫 미리 예 + 想 생각 상]**하다**
어떤 일을 직접 당하기 전에 미리 생각하여 두다.
예 태풍의 경로를 **예상하여** 사람들을 대피시켰다.

일정 [一 하나 일 + 定 정할 정]
어떤 것의 크기, 모양, 범위, 시간 따위가 하나로 정하여져 있음.
예 **일정** 금액을 참가비로 내면 됩니다.

재생 [再 다시 재 + 生 날 생]
낡거나 못 쓰게 된 물건을 가공하여 다시 쓰게 함.
예 이 **재생** 화장지는 촉감이 부드럽다.

전환 [轉 구를 전 + 換 바꿀 환]**하다**
다른 방향이나 상태로 바꾸다.
예 집안 분위기를 **전환하기** 위해 조명부터 바꾸었다.

중립 [中 가운데 중 + 立 설 립]
어느 편에도 치우치지 않고 중간적인 입장에 섬. 또는 그런 입장
예 동생과 아빠의 다툼에 나는 **중립**을 지켰다.

흡수 [吸 숨 들이쉴 흡 + 收 거둘 수]**하다**
빨아서 거두어들이다.
예 그릇에서 기름을 **흡수한** 뒤에 설거지를 해야 한다.

가정 [假 거짓 가 + 定 정할 정]**하다**
사실이 아니거나 또는 사실인지 아닌지 분명하지 않은 것을 임시로 인정하다.
예 최악의 상황을 **가정하고** 대책을 세워야 한다.

경사로 [傾 기울 경 + 斜 비낄 사 + 路 길 로]
병원, 전시장, 차고 따위에서 주로 이용하는 경사진 통로
예 **경사로**가 있어야 휠체어가 진입할 수 있다.

고요하다
조용하고 잠잠하다.
예 텅 빈 집은 **고요하고** 어두웠다.

단지 [但 다만 단 + 只 다만 지]
다른 것이 아니라 오로지
예 주머니 속에는 **단지** 동전 하나만 들어 있었다.

마련하다
헤아려서 갖추다.
예 드디어 집을 **마련하여** 기뻤다.

시행 [施 베풀 시 + 行 다닐 행]**되다**
실지로 행해지다.
예 중세 유럽에서는 현재의 시각으로 보았을 때 이상한 정책도 많이 **시행되었다.**

안정 [安 편안할 안 + 靜 고요할 정]
육체적 또는 정신적으로 편안하고 고요함.
예 친구와 대화를 통해 마음의 **안정**을 찾았다.

애정 [愛 사랑 애 + 情 뜻 정]
사랑하는 마음
예 제품을 향한 **애정** 어린 관심에 감사드립니다.

인식 [認 알 인 + 識 알 식]**하다**
사물을 분별하고 판단하여 알다.
예 야간 촬영 기능에는 카메라가 어둠 속에서 사물을 **인식할** 수 있도록 하는 기술이 적용되어 있다.

잔잔하다
소리가 조용하고 나지막하다.
예 음악 소리가 **잔잔하게** 들려 마음이 평화로웠다.

지원 [支 지탱할 지 + 援 도울 원]**하다**
지지하여 돕다.
예 정부에서는 각 지역의 노인들에게 일자리를 **지원하는** 사업을 활발하게 펴고 있다.

집단 [集 모을 집 + 團 둥글 단]
여럿이 모여 이룬 모임
예 개미는 **집단**으로 생활한다.

집중력 [集 모을 집 + 中 가운데 중 + 力 힘 력]
마음이나 주의를 집중할 수 있는 힘
예 내 동생은 마지막 **집중력**이 모자라 숙제를 제시간에 끝내지 못했다며 아쉬워했다.

확대 [廓 넓을 확 + 大 큰 대]**되다**
넓혀져서 크게 되다.
예 천적이 사라져 특정 동물의 영역이 **확대되었다.**

활력 [活 살 활 + 力 힘 력]
살아 움직이는 힘.
예 균형 잡힌 식단과 적절한 운동을 꾸준히 실천하였더니 삶에 **활력**이 넘치는 상태가 되었다.

DAY 01

[지문 분석 특강] ─────────────── 문제편 13쪽

1) 회전 관성   2) 마찰력   3) 과학적 원리
4) 회전 관성   5) 마찰력   6) 과학적 원리
7) 과학적 원리   8) 피겨스케이팅

[문제 풀이 특강] ──────────── 문제편 14~15쪽

04 ① ○　② ○　③ ○　④ ○　⑤ ×
05 ① ×　② ×　③ ×　④ ×　⑤ ○
06 ① ×　② ×　③ ×　④ ×　⑤ ○

문제편 17쪽 [배경지식 논술형 문제]

[예시 답안] 다른 종목의 선수들이 신는 스케이트보다 피겨스케이팅 선수들이 신는 스케이트의 날의 길이는 짧고, 두께는 가장 두껍다. 그리고 날의 앞부분은 톱니 모양으로 되어 있고, 엣지가 있다.
　이렇게 피겨스케이팅 선수들이 신는 스케이트와 다른 종목 선수들이 신는 스케이트에 차이가 나타나는 이유는 피겨스케이팅 선수들이 신는 스케이트는 마찰력을 줄여야 하고, 빙판 위에서 방향을 빠르게 바꾸거나 점프를 뛰고 착지를 할 수 있게 해야 하기 때문이다.

DAY 04

[지문 분석 특강] ─────────────── 문제편 43쪽

1) 가짜 뉴스   2) 비판적   3) 가짜 뉴스

[문제 풀이 특강] ──────────── 문제편 44~45쪽

03 ① ×　② ○　③ ○　④ ○　⑤ ○
04 ㄱ ○　ㄴ ×　ㄷ ×　ㄹ ○
05 ① ×　② ×　③ ×　④ ×　⑤ ○

문제편 47쪽 [배경지식 논술형 문제]

[예시 답안] 뉴스를 비판적으로 보려면 뉴스를 볼 때 뉴스의 내용이 정확한지, 어느 한쪽으로 치우친 내용을 다루고 있지는 않은지를 점검하고, 뉴스의 표현 방식이 적절한지를 판단해야 한다.
　과거에 한 유명 음식점에서 음식을 만드는 과정이 비위생적이라고 보도한 어떠한 뉴스가 있었다. 시간이 지난 후 이 뉴스의 내용이 사실 경쟁 음식점에서 거짓으로 제보한 내용을 그대로 보도한 것이라는 사실이 밝혀졌다. 이를 통해 나는 뉴스가 우리에게 전달하는 바가 100% 정확한 것이 아니라는 것을 알게 되었다. 그렇기 때문에 나는 뉴스를 볼 때 뉴스의 내용이 정확한지, 어느 한쪽으로 치우쳐 있지는 않은지를 판단하는 것은 매우 중요하다고 생각한다.

DAY 08

[지문 분석 특강] ─────────────── 문제편 81쪽

1) 에어프라이어   2) 에어프라이어   3) 에어프라이어

[문제 풀이 특강] ──────────── 문제편 82~83쪽

03 ① ○　② ○　③ ○　④ ×　⑤ ○
04 ① ○　② ○　③ ○　④ ○　⑤ ○
05 ① ×　② ×　③ ×　④ ○　⑤ ○

문제편 85쪽 [배경지식 논술형 문제]

[예시 답안] 에어컨에서 찬 공기가 나오는 곳이 천장에서 가까운 쪽에 있는 이유는 대류 현상을 통해 특정 공간의 공기의 온도를 쉽게 낮출 수 있기 때문이다. 에어컨을 작동하면 에어컨에서 찬 바람이 나오는 쪽의 공기가 차가워진다. 차가운 공기는 따뜻한 공기보다 무겁기 때문에 차가운 공기는 특정 공간의 아래쪽으로 점차 내려온다. 이 차가운 공기가 아래로 내려가면 상대적으로 가벼운 따뜻한 공기는 위로 올라간다. 이 과정이 반복되면 공기가 섞이면서 전체적으로 그 공간의 공기가 시원해지게 된다.

DAY 01 피겨스케이팅의 비밀 ───────── 문제편 16쪽
01 수평　02 고상　03 관성　04 형식　05 수직
06 매끄러운　07 극찬　08 접촉　09 착지　10 원리
11 기품　12 윤활유　13 회전축　14 ㉡　15 ㉠

DAY 01 유행어 사용, 나쁘기만 할까? ───── 문제편 21쪽
01 반영　02 유행　03 원활　04 일종　05 대중적
06 소통　07 대개　08 시대상　09 문화권　10 개념
11 고려

DAY 02 2층으로 된 한옥을 본 적 있나요? ── 문제편 25쪽
01 유일한　02 전형적　03 대표적　04 생소하게
05 주거용　06 목재　07 업무용　08 형태　09 철근
10 이익　11 ○　12 ×

DAY 02 비밀번호를 대체하는 신체 특징 ──── 문제편 29쪽
01 식별　02 고유　03 추출　04 ㉢　05 ㉠　06 ㉡
07 변형　08 변경　09 존재　10 대체

DAY 03 은행이 망하면? ───────────── 문제편 33쪽
01 한도　02 재정　03 의문　04 제도　05 예금　06 대비
07 감독　08 부실　09 도입　10 보존　11 보장

DAY 03 하품을 하는 이유는 무엇일까? ──── 문제편 37쪽
01 공감　02 행위　03 부피　04 이완　05 자극적
06 감정적　07 옮기　08 정도　09 ③　10 ①
11 ④

DAY 04 뉴스에도 가짜가 있다? ────────── 문제편 46쪽
01 협력　02 출처　03 업로드　04 ③
05 ④　06 ①　07 ②　08 수행했다
09 유포되고　10 생산되고　11 ㉡, 차단하　12 ㉢, 제재할
13 ㉠, 접근하

DAY 04 사람들이 여행을 떠나는 이유 ──── 문제편 51쪽
01 ㉠, 무례하　02 ㉢, 주의　03 ㉡, 분주하　04 도난
05 왕복　06 ④　07 ③　08 ②
09 ①　10 해소　11 민간인

DAY 05 갓 태어난 동물들이 귀여운 이유 ── 문제편 55쪽
01 분비　02 전개　03 한정　04 홍보　05 인식
06 진화　07 외양　08 ㉡　09 ㉢　10 ㉠
11 유지　12 공급　13 사례

DAY 05 '노쇼(no-show)'란 무엇인가? ──── 문제편 59쪽
01 예방하려면　02 규정한　03 지불했다　04 ㉢　05 ㉣
06 ㉠　07 ㉡　08 분쟁　09 인식
10 거부감　11 손실　12 위약금　13 보증금

DAY 06 대화형 인공 지능 챗봇 ────────── 문제편 63쪽
01 ㉣　02 ㉢　03 ㉠　04 ㉡　05 ×　06 ○
07 ×　08 ○　09 오류　10 논증　11 논란　12 한계
13 유출　14 추리

DAY 06 공중전화가 뭔데? ───────────── 문제편 67쪽
01 생소했다　02 모색해　03 파괴된　04 유용한　05 세대
06 수단　07 ③　08 ②　09 ①　10 ④
11 ③②①④　12 통계　13 진가

DAY 07 먹어도 살이 찌지 않는 사람들 ──── 문제편 71쪽
01 병행　02 함유　03 해소　04 대사　05 근력　06 ㉢
07 ㉣　08 ㉡　09 ㉠　10 계산하여 얻은 값
11 알맞고 바른 정도

DAY 07　웹툰에 사용되는 다양한 표현 방식 ——— 문제편 75쪽
01 단위	02 용어	03 대사	04 한가하다
05 감상했다	06 삽입하기로	07 ㉢	08 ㉤
09 ㉠	10 실감	11 경계	12 분량

DAY 08　공기로 음식을 튀기는 에어프라이어 ——— 문제편 84쪽
01 섭취	02 공유	03 재현	04 대체	05 표면
06 가열	07 주의	08 소량	09 수분	10 열선
11 순환	12 가정	13 내부	14 차이	

DAY 08　내 마음을 읽는 SNS 광고 ——— 문제편 89쪽
01 누리집	02 사용자	03 침해	04 수익
05 불특정	06 당부	07 강화하다	08 접속하다
09 채택하다	10 불법적	11 선호도	

DAY 09　달걀의 출생 기록 ——— 문제편 93쪽
01 ×	02 ○	03 ○	04 행복	05 밖
06 기름	07 이력	08 난각	09 습성	10 신선하다
11 구매하다				

DAY 09　우주에서 오줌을 싸면? ——— 문제편 97쪽
01 냉각	02 소독	03 정화	04 적용	05 폐수
06 제거	07 처리	08 배관	09 중력	10 물
11 처음	12 떨어지			

DAY 10　색을 구분하지 못하는 화가 ——— 문제편 101쪽
01 극복	02 구분	03 인식	04 ×	05 ×
06 ○	07 ○	08 두각	09 후천적	10 통계
11 색	12 치우친			

DAY 10　버스 정류장 앞에 빵집이 있는 이유 ——— 문제편 105쪽
01 허점	02 수입	03 임대료	04 중점적	05 수출
06 원료	07 요인	08 무작위	09 운영	10 시설
11 상업				

DAY 11　우유 대신 두유? ——— 문제편 109쪽
01 포유동물	02 함량	03 출시되다	04 유당	05 감량하다
06 분해	07 제한	08 다양	09 증세	10 기호

DAY 11　나, 지금 어떤 감정을 느끼는 것일까? ——— 문제편 113쪽
01 파악	02 극복	03 성숙	04 활용
05 서먹	06 불안한	07 다스린	08 휩싸이다
09 편견	10 조치	11 ○	12 ○

DAY 12　그 자리, 비워 두어야 할까? ——— 문제편 117쪽
01 존재	02 양보	03 인용	04 약한	05 자리
06 가리키	07 혼잡	08 마련	09 배려	10 쓸모
11 의의	12 의무			

DAY 12　분위기는 글씨로 전하세요. ——— 문제편 121쪽
01 구분하다	02 시각적	03 분위기	04 전문적
05 ×	06 ○	07 장식	08 배치
09 주목	10 전달	11 구조	12 능률

DAY 13 ——— 문제편 128~129쪽
01 신뢰	02 특성	03 흔적	04 영향
05 수단	06 자아	07 조직	08 수명
09 돌아보고	10 굳어져	11 유지되	12 나열하
13 면역	14 대체	15 신중	16 다루
17 받아	18 존중	19 결과	20 피부
21 글씨	22 의학	23 반복	24 쏟아지다

DAY 14 ——— 문제편 134~135쪽
01 순조롭다	02 맞춤법	03 견디다	04 탈출하다
05 활보하다	06 출중한	07 이국적	08 조성할
09 개선하여	10 사례	11 반박	12 시내
13 소동	14 서식	15 관객	16 논란
17 우리	18 지적하여	19 두드러지게	20 ㉤
21 ㉠	22 ㉢	23 ㉣	24 ㉤
25 ㉢	26 ㉠		

DAY 15 ——— 문제편 140~141쪽
01 분비	02 질투	03 자극	04 노출	05 분
06 미루기로	07 과장	08 집착	09 개성	10 혼란
11 대처	12 신뢰	13 긴장	14 ㉣	15 ㉠
16 ㉢	17 ㉤	18 속담	19 급속도로	20 해소
21 현명	22 셈	23 ㉢	24 ㉠	25 ㉤

DAY 16 ——— 문제편 146~147쪽
01 궁극적	02 단순	03 대상	04 지원	05 ㉢
06 ㉣	07 ㉠	08 ㉤	09 꼿꼿	10 갈
11 보조	12 적용	13 자율	14 개입	15 불안
16 여부	17 대표적	18 견해	19 최대	20 부여
21 운행	22 초과	23 행동	24 흐름	25 본

DAY 17 ——— 문제편 152~153쪽
01 불	02 위	03 측정	04 글	05 포장지
06 취급	07 첨가물	08 재난	09 표기	10 조만간
11 기한	12 공식	13 가공식품	14 인정	15 사고라
16 유통	17 주목	18 ㉤	19 ㉢	20 ㉠
21 ㉢	22 ㉠	23 ㉤	24 밖	25 의견
26 속				

DAY 18 ——— 문제편 160~161쪽
01 욕구	02 각인	03 보람	04 교감
05 안정감	06 반려	07 기법	08 챙기다
09 해당	10 개원	11 조성	12 상징
13 일정	14 본래	15 더러운	16 복잡한
17 비교	18 상품	19 떠올리면	20 되풀이하고
21 미치는	22 ㉢	23 ㉣	24 ㉠
25 ㉤			

DAY 19 ——— 문제편 168~169쪽
01 한도	02 보존	03 돈	04 양식	05 조건
06 방문	07 꾸준히	08 바람직	09 예상	10 평평
11 당황스러	12 공급	13 떼	14 감당	15 만기
16 유래	17 이미	18 잦아들다	19 가입	20 환산
21 대신	22 ㉢	23 ㉤	24 ㉠	25 간직한
26 금				

DAY 20 ——— 문제편 176~177쪽
01 ㉤	02 ㉣	03 ㉢	04 ㉠	05 ㉢
06 ㉠	07 ㉤	08 제한	09 인정	10 물건
11 임시	12 자발적	13 건의	14 방해	15 해당
16 분야	17 익숙	18 조절	19 숙면	20 관련
21 차별	22 고용	23 발휘	24 비롯	25 아무리
26 홍보				

Xi STORY

Xistory stands for extra
intensive story for an
entrance examination for
a university.

중학
국어

비문학
독해 ①

해 설 편

수경출판사

쉬운 개념 이해와 정확한 연산력을 키운다!!

수력충전

 고등 중등 초등

✳ 수력충전이 꼭 필요한 학생들

- 계산력이 약해서 시험에서 실수가 잦은 학생
- 개념 이해가 어려워 자신감이 없는 학생
- 부족한 단원을 빠르게 보충하려는 학생

- 스스로 원리를 터득하기 원하는 학생
- 수학의 전체적인 흐름을 잡기 원하는 학생
- 선행 학습을 하고 싶은 학생

① 쉬운 개념 이해와 다양한 문제의 풀이를 따라가면서 수학의 연산 원리를 이해하는 교재!!

② 매일매일 반복하는 연산학습으로 기본 개념을 자연스럽고 완벽하게 이해하는 교재!!

③ 단원별, 유형별 다양한 문제 접근 방법으로 부족한 부분의 문제를 집중 학습할 수 있는 교재!!

✳ 수력충전 시리즈

초등	초등, 중등	중등	중등	고등

수력충전	**수력충전 개념 총정리**	**수력충전 스타트**	**수력충전**	**수력충전**
초등 수학 1-1, 2 / 초등 수학 2-1, 2 초등 수학 3-1, 2 / 초등 수학 4-1, 2 초등 수학 5-1, 2 / 초등 수학 6-1, 2	중등 수학 개념 총정리 초등 수학 개념 총정리	중등 수학 1 (상), (하) 중등 수학 2 (상), (하) 중등 수학 3 (상), (하)	중등 수학 1 (상), (하) 중등 수학 2 (상), (하) 중등 수학 3 (상), (하)	고등 수학 (상), (하) 수학 I / 수학 II / 확률과 통계 미적분 / 기하

차 례

★ 지문을 완벽히 이해시키는 입체 첨삭 해설

○ 각 문단 핵심어   ◎ 글 전체 핵심어   ▬ 각 문단 중심 문장   ▮ 글 전체 중심 문장

지문 이해 지문의 내용과 문단 간의 관계, 주제 등을 스스로 공부할 수 있도록 정리하였습니다.

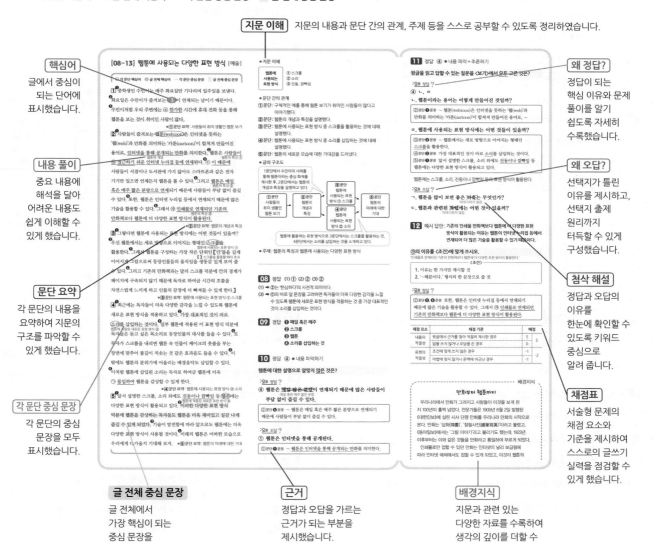

핵심어
글에서 중심이
되는 단어에
표시했습니다.

내용 풀이
중요 내용에
해석을 달아
어려운 내용도
쉽게 이해할 수
있게 했습니다.

문단 요약
각 문단의 내용을
요약하여 지문의
구조를 파악할 수
있게 했습니다.

각 문단 중심 문장
각 문단의 중심
문장을 모두
표시했습니다.

글 전체 중심 문장
글 전체에서
가장 핵심이 되는
중심 문장을
알려 줍니다.

근거
정답과 오답을 가르는
근거가 되는 부분을
제시했습니다.

왜 정답?
정답이 되는
핵심 이유와 문제
풀이를 알기
쉽도록 자세히
수록했습니다.

왜 오답?
선택지가 틀린
이유를 제시하고,
선택지 출제
원리까지
터득할 수 있게
구성했습니다.

첨삭 해설
정답과 오답의
이유를
한눈에 확인할 수
있도록 키워드
중심으로
알려 줍니다.

채점표
서술형 문제의
채점 요소와
기준을 제시하여
스스로의 글쓰기
실력을 점검할 수
있게 했습니다.

배경지식
지문과 관련 있는
다양한 자료를 수록하여
생각의 깊이를 더할 수
있게 했습니다.

[01~07] 피겨스케이팅의 비밀 [예술+과학]

○ 각 문단 핵심어   ◎ 글 전체 핵심어   ─ 각 문단 중심 문장   ▬ 글 전체 중심 문장

① 김연아 선수부터 차준환 선수에 이르기까지, 우리나라의 피겨스케이팅 선수들의 연기는 ⓐ 우아하다는 극찬을 받았다. **②** 피겨스케이팅 선수들이 연기하는 기본 기술에는 스텝, 스핀, 점프가 있다. **③** 스텝은 점프와 스핀 사이를 연결해 주는 동작이고, 스핀은 빙판 위에서 여러 자세로 회전하는 동작이다. **④** 점프는 빙판 위에서 ㉠ 도약하여 공중에서 회전한 뒤 다시 빙판으로 착지하는 동작이다. **⑤** 이러한 피겨스케이팅 기본 기술 속에서 ⟨과학적 원리⟩를 찾을 수 있다.
스텝의 개념 / 스핀의 개념 / 점프의 개념 / 스텝, 스핀, 점프
＊**①문단 요약**: 피겨스케이팅의 기본 기술에 숨은 과학적 원리

② 먼저, 피겨스케이팅 선수들이 점프를 할 때 팔을 크게 벌렸다 몸 쪽으로 모으는 이유는 ⟨회전 관성⟩ 때문이다. **②** 회전 관성이란 회전 운동을 하는 물체가 계속해서 회전 운동을 하려고 하는 성질을 의미한다. **③** 회전하는 반지름의 크기가 클수록 회전 관성은 커지고, 회전 관성이 커지는 만큼 회전 속도는 줄어든다. **④** 피겨스케이팅 선수들이 회전을 할 때는, 몸통이 회전축이 되고 뻗은 팔이 회전하는 반지름이 된다. **⑤** 선수들이 점프할 때 팔을 크게 벌렸다 몸 쪽으로 모으면, 회전하는 반지름이 커졌다가 작아지기 때문에 회전 관성은
회전 관성의 개념 / 반지름의 크기↓→회전 관성↓→회전 속도↑→높이↑
줄어들고 회전 속도는 증가하게 되어 더 높게 뛸 수 있다.
＊**②문단 요약**: 과학적 원리 ① 회전 관성과 점프

③ 또한 피겨스케이팅 선수들이 스핀을 할 때 팔을 벌렸다가 가슴 쪽으로 모으는 것과 수평으로 들고 있던 다리를 수직에 가깝게
반지름↓ / 반지름↓
올리는 것은 회전하는 반지름을 줄이기 때문에 회전 속도를 빠르게 만들어 준다. **②** 이처럼 스핀 역시 ⟨회전 관성⟩과 관련이 있는 기본 기술이다.
＊**③문단 요약**: 과학적 원리 ① 회전 관성과 스핀

④ 한편 피겨스케이팅 선수들은 어떻게 얼음 위에서 미끄러지듯 스케이트를 타고 스텝을 할 수 있는 것일까? **②** ⓑ 이것 역시 과학적으로 설명할 수 있다. **③** ⓒ 비밀을 풀 수 있는 열쇠는 바로 얼음과 스케이트 날이 만나는 부분의 ⟨마찰력⟩이다. **④** 마찰력이란 접촉하고 있는 두 물체 사이의 움직임을 방해하는 힘을 통틀어
마찰력의 개념
말하며, 마찰력을 줄임으로써 피겨스케이팅 선수들은 얼음 위에서 물 흐르듯 미끄러지며 스케이트를 탈 수 있다.
＊**④문단 요약**: 과학적 원리 ② 마찰력과 스텝

⑤ 선수들이 스케이트를 타고 얼음 위를 달릴 때 얼음과 스케이트 날이 부딪히면서 열이 발생하는데, 이 열이 닿은 부분의 얼음이 녹아 얇은 물 층이 생긴다. **②** 이렇게 생긴 물은 얼음과 맞닿아 있는
얼음과 스케이트 날이 부딪히면서 발생한 열로 얼음이 녹아 생긴 물
스케이트 날의 ⟨마찰력⟩을 줄여주는 윤활유 역할을 하며, 선수들이 빙판 위를 매끄럽게 움직일 수 있게 해 준다. **③** 국제 경기에서 ㉡ 피겨스케이팅 경기장의 빙판 온도를 영하 2도에서 영상 5도로

정해 놓는 이유도 여기에 있다. **④** 빙판이 너무 꽝꽝 얼지 않도록 막음으로써 얇은 물 층을 형성하기 위해서이다.
＊**⑤문단 요약**: 얼음과 스케이트 날 사이의 마찰력을 줄여주는 물 층

⑥ 이처럼 우아하게만 보이는 피겨스케이팅 경기에는 다양한 ⟨과학적 원리⟩가 숨어 있다. **②** 피겨스케이팅 선수들은 이러한 과학적 원리를 바탕으로 다양한 기술을 연습함으로써 우리에게 아름다운 연기를 선보이는 것이다.
＊**⑥문단 요약**: 피겨스케이팅 경기에 숨은 다양한 과학적 원리

■ **지문 이해**

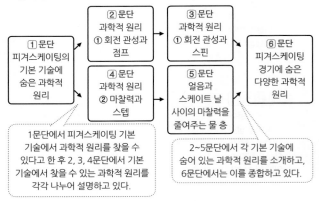

피겨스케이팅의 기본 기술 속 과학적 원리	회전 관성	회전 운동을 하는 물체가 운동을 계속하려고 하는 성질. 점프, 스핀과 관련이 있음.
	마찰력	접촉하고 있는 두 물체 사이의 움직임을 방해하는 힘. 스텝과 관련이 있음.

■ **문단 간의 관계**

①문단 : 피겨스케이팅 기본 기술인 스텝, 스핀, 점프에서 과학적 원리를 찾을 수 있다고 했다.
②문단 : 회전 관성에 대해 설명하고, 점프에서 회전 관성을 어떻게 활용하는지 이야기했다.
③문단 : 스핀 역시 회전 관성과 관련이 있음을 설명했다.
④문단 : 마찰력에 대해 설명하고, 스텝에서 마찰력을 어떻게 활용하는지 이야기했다.
⑤문단 : 얼음과 스케이트 날 사이의 마찰력을 줄여주는 물 층에 대해 설명했다.
⑥문단 : 피겨스케이팅 경기에 다양한 과학적 원리가 숨어 있다고 강조했다.

■ **글의 구조도**

①문단 피겨스케이팅의 기본 기술에 숨은 과학적 원리 → ②문단 과학적 원리 ① 회전 관성과 점프 → ③문단 과학적 원리 ① 회전 관성과 스핀 → ⑥문단 피겨스케이팅 경기에 숨은 다양한 과학적 원리

④문단 과학적 원리 ② 마찰력과 스텝 → ⑤문단 얼음과 스케이트 날 사이의 마찰력을 줄여주는 물 층

1문단에서 피겨스케이팅 기본 기술에서 과학적 원리를 찾을 수 있다고 한 후 2, 3, 4문단에서 기본 기술에서 찾을 수 있는 과학적 원리를 각각 나누어 설명하고 있다.

2~5문단에서 각 기본 기술에 숨어 있는 과학적 원리를 소개하고, 6문단에서는 이를 종합하고 있다.

■ **주제** : 피겨스케이팅의 기본 기술에 숨은 과학적 원리

---

01 정답 (1) ② (2) ① (3) ②

(1) ➡ ㉠은 '활기차다'의 사전적 의미이다.
피겨스케이팅 선수들이 얼음 위에서 미끄러지듯 스케이트를 타고 스텝을 할 수 있는 이유
(3) ⓒ 비밀을 풀 수 있는 열쇠는 바로 얼음과 스케이트 날이 만나는 부분의 '마찰력'이다.

02 정답 **과학적 원리**

03 정답 ③

윗글에서는 피겨스케이팅의 동작에 숨은 과학적 원리로 회전 관성과 마찰력을 소개하고 있다. 그러므로 이러한 내용을 모두 담은 윗글의 전체 중심 문장은 ⑥문단 ❶문장 ③ '이처럼 우아하게만 보이는 피겨스케이팅 경기에는 다양한 과학적 원리가 숨어 있다.'이다.

04 정답 ⑤ ＊내용 파악하기

윗글의 내용으로 알맞지 <u>않은</u> 것은?

＞**왜** 정답 **?**

⑤ 스케이트 날과 얼음 사이의 '마찰력'이 <u>높을수록</u> 얼음 위를
　매끄럽게 움직일 수 있다.
　　　　　　　　　　낮을수록

> 5문단❷문장 이렇게 생긴 물은 얼음과 맞닿아있는 스케이트 날의
> 마찰력을 줄여주는 윤활유 역할을 하며, 선수들이 빙판 위를
> 매끄럽게 움직일 수 있게 해 준다.

＞**왜** 오답 **?**

① 피겨스케이팅의 기본 기술에는 과학적 원리가 숨어 있다.

> 1문단❺문장 이러한 피겨스케이팅 기본 기술 속에서 과학적 원리를
> 찾을 수 있다.

② 피겨스케이팅의 기본 기술 중 점프는 '회전 관성'과 관련이
　있다.

> 2문단❶문장 먼저, 피겨스케이팅 선수들이 점프를 할 때 팔을 크게
> 벌렸다 몸 쪽으로 모으는 이유는 '회전 관성' 때문이다.

③ 피겨스케이팅의 기본 기술 중 스핀은 '회전 관성'과 관련이
　있다.

> 3문단❷문장 이처럼 스핀 역시 회전 관성과 관련이 있는 기본 기술 ~

④ 국제적인 피겨스케이팅 경기에서는 경기장의 빙판 온도를
　정해 놓는다.
　　영하 2도에서 영상 5도

> 5문단❸문장 국제 경기에서 피겨스케이팅 경기장의 빙판 온도를
> 영하 2도에서 영상 5도로 정해 놓는 이유도 ~

05 정답 ⑤ ＊반응의 적절성 파악하기

**다음은 피겨스케이팅의 기본 기술 중 스핀 동작이다. 이에 대한
반응으로 알맞은 것은?** 스핀과 관련 있는 과학적 원리: 회전 관성
　　　　　　　　　　(반지름의 크기 ⬇ → 회전 관성 ⬇ → 회전 속도 ⬆)
　　　　　　　　　　팔을 벌렸다가 가슴 쪽으로 모으는 것, 수평으로 들고
　　　　　　　　　　있던 다리를 수직에 가깝게 올리는 것: 회전 반지름 ⬇

＞**왜** 정답 **?**

⑤ 다리를 높게 들어 올려 회전 속도를 빠르게 하는 동작이야.

> 3문단❶문장 ~ 스핀을 할 때 ~ 다리를 수직에 가깝게 올리는 것은
> 회전하는 반지름을 줄이기 때문에 회전 속도를 빠르게 만들어 준다.

스핀을 할 때 수평으로 들고 있던 다리를 높게 들어올리면 회전 반지름이
작아지고, 회전 속도는 빨라진다.
3문단에서 설명하고 있는 스핀과 관련된 회전 관성에 대해서는 다음과
같이 정리할 수 있다. 반지름의 크기 ↓ → 회전 관성 ↓ → 회전 속도 ↑

＞**왜** 오답 **?**

① 회전 관성이 <s>커지게</s> 하는 동작이야.
　　　　　　작아지게

> 2문단❸문장 회전하는 반지름의 크기가 클수록 회전 관성은 커지고,
> 회전 관성이 커지는 만큼 회전 속도는 줄어든다.

스핀을 할 때 다리를 높이 들어 올리면 회전 반지름이 작아지므로, 회전
관성은 커지는 것이 아니라 작아진다.

② 회전 반지름이 <s>커지게</s> 하는 동작이야.
　　　　　　　　작아지게

　＊근거: 3문단❶문장

③ 몸통을 회전하는 반지름으로 만드는 동작이야.
　　　　　회전축

> 2문단❹문장 피겨스케이팅 선수들이 회전을 할 때는, 몸통이
> 회전축이 되고 뻗은 팔이 회전하는 반지름이 된다.

스핀을 할 때 팔을 몸쪽으로 모으고 다리를 수직으로 올리는 것은 회전
반지름을 줄이므로, 이 동작을 할 때 몸통은 회전하는 반지름이 아니라
회전축이 된다.

④ <s>회전 관성</s>보다는 <s>마찰력</s>과 관련이 있는 동작이야.
　　마찰력　　　　　회전 관성

　＊근거: 3문단❷문장

06 정답 ⑤ ＊어휘의 의미 파악하기

다음 문장의 밑줄 친 부분이 ⓒ과 같은 의미로 쓰인 것은?
　　　　　ⓒ '도약하여' - '몸을 위로 솟구치다.'라는 의미로 쓰임.

＞**왜** 정답·오답 **?**

	밑줄 친 부분의 사전적 의미	같으면 ○ 다르면 ×
① 더 나은 사람으로 <u>도약하기</u> 위해 노력하자.	더 높은 단계로 발전하다.	×
② 우리나라 축구가 세계적 수준으로 <u>도약했다.</u>	더 높은 단계로 발전하다.	×
③ 실패를 한 경험은 성공으로 <u>도약할</u> 수 있는 디딤돌이 될 것이다.	더 높은 단계로 발전하다.	×
④ 올해는 너의 국어 실력이 더욱 <u>도약하는</u> 해가 될 것이라고 생각해.	더 높은 단계로 발전하다.	×
⑤ 우리나라 높이뛰기 선수는 하늘 높이 <u>도약하여</u> 장애물을 뛰어넘었다.	몸을 위로 솟구치다.	○

07 예시 답안: 빙판이 너무 꽝꽝 얼지 않도록 막음으로써 윤활유
　　　　　역할을 하는 얇은 물 층을 형성하여 얼음과 스케이트 날
　　　　　사이의 마찰력을 줄이기 위해서이다.

ⓒ과 같이 하는 이유가 무엇인지 〈조건〉에 맞게 쓰시오.
'피겨스케이팅 경기장의 빙판 온도를 영하 2도에서 영상 5도로 정해 놓는 이유도 여기에 있다.'

─────── 〈조건〉 ───────
1. '마찰력'이라는 말을 포함할 것
2. '~ 위해서이다.' 형식의 한 문장으로 쓸 것

＞**왜** 정답 **?**

> 5문단❹문장 빙판이 너무 꽝꽝 얼지 않도록 막음으로써 얇은
> 물 층을 형성하기 위해서이다.

얼음과 스케이트 날이 부딪힐 때 열이 발생하는데, 이 열 때문에 얼음이
녹아 물을 만들고, 이 물이 스케이트 날과 얼음 사이의 마찰력을 줄여준다.
피겨스케이팅 경기장의 빙판 온도를 영하 2도에서 영상 5도로 정해 놓는
이유도 빙판을 너무 꽝꽝 얼지 않게 하여 스케이트 날과 얼음 사이에 윤활유
역할을 하는 물 층을 만들기 위해서이다.

채점 요소	채점 기준	배점	
내용의 적절성	적절한 근거를 제시한 경우	5	5
	답을 쓰지 않거나 오답을 쓴 경우	0	
표현의 적절성	조건 1을 따르지 않은 경우	-1	-3
	조건 2를 따르지 않은 경우	-1	
	어법에 맞지 않거나 문맥에 어긋난 경우	-1	

[08~14] 유행어 사용, 나쁘기만 할까? [인문]

○ 각 문단 핵심어 ◎ 글 전체 핵심어 ─ 각 문단 중심 문장 ▬ 글 전체 중심 문장

1 지난 2022년 카타르에서 열린 월드컵 이후 우리나라에서는 '중요한 것은 꺾이지 않는 마음'의 줄임말인 (중꺾마)라는 말이 ⓐ <u>유행하였다.</u> 이 말은 뛰어난 게임 능력을 가졌지만 대회에서 우승만은 하지 못했던 한 프로게이머가 중요한 경기를 앞두고 인터뷰에서 한 말이다. 이 인터뷰 후 그가 속한 팀은 세계 최고라고 평가받던 팀을 꺾고 기적처럼 우승하였고, ⓑ <u>그의 이야기와 함께</u> '중꺾마'가 사람들의 입에 오르내리기 시작했다. 2022년 월드컵에서 대한민국의 16강 진출이 확정되었을 때 선수들이 펼쳐 든 태극기에도 이 말이 적혀 있었다. 그 다음부터 이 말은 방송계를 비롯한 다양한 분야에서 널리 활용되었다.

*1문단 요약: 2022 월드컵 이후 유행어가 된 '중꺾마'

2 '중꺾마'와 같은 (유행어)는 <u>어느 한 시기에 널리 쓰이다가 안 쓰이게 되는 새로운 말의 일종이다.</u> 유행어는 당시의 사회 분위기를 ㉠ <u>담아</u> 만들어진다. ㉡ <u>그래서 유행어는 '시대의 거울'이라고 불리기도 한다.</u> 2002년 월드컵 때의 유행어인 '꿈은 이루어진다'가 꿈을 가지고 노력하면 언젠간 꿈을 이룰 수 있다고 믿는 당시 분위기를 담고 있다면, 2022년 월드컵 때의 '중꺾마'는 승패를 떠나 그 과정에서 최선을 다하는 것이 중요하다고 생각하는 2020년대의 시대상을 반영한 것이라고 볼 수 있다.

*2문단 요약: 유행어의 개념과 특징

3 그렇다면 유행어를 사용하는 것에 대해 사람들은 어떻게 생각할까? 유행어를 사용하는 것을 (부정적)으로 보는 사람들은 다음과 같은 이유를 든다. [첫 번째로 유행어는 대개 짧은 시간 동안 인기를 끌고 사라지기 때문에 유행어를 사용하여 다른 사람들과 지속적으로 소통하기에는 적절하지 않다는 것이다. 두 번째로는 유행어는 대개 특정 연령층이나 문화권에서만 인기가 있기 때문에 유행어를 사용하면 다른 연령층이나 문화권에서는 그 유행어를 이해하지 못할 수 있다는 것이다.]

*3문단 요약: 유행어 사용을 부정적으로 보는 사람들의 견해

4 반면 유행어를 사용하는 것을 (긍정적)으로 보는 사람들은 다음과 같은 이유를 든다. [첫 번째로 유행어는 대중적으로 사용되기 때문에 유행어를 사용하면 이 말을 <u>사용하는 사람들 간의 의사소통이 원활해진다</u>는 것이다. 또 새로운 유행어는 새로운 개념과 아이디어를 표현하기에 편리하다고 본다.]

*4문단 요약: 유행어 사용을 긍정적으로 보는 사람들의 견해

5 (유행어)를 사용하는 것은 무조건 나쁘거나, 무조건 좋다고 할 수는 없다. 유행어를 대화가 이루어지는 때와 장소, 같이 대화하는 사람에 맞지 않게 사용한다면 의사소통을 어렵게 할 수 있지만, ⓒ <u>적절하게만 사용한다면 이것은 문제가 되지 않기 때문이다.</u> <u>그러므로 유행어를 사용할 때는 대화하는 상황과 상대방을 고려하는 태도를 가져야 한다.</u>

*5문단 요약: 유행어를 사용할 때 가져야 하는 태도

■ **지문 이해**

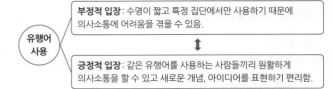

부정적 입장: 수명이 짧고 특정 집단에서만 사용하기 때문에 의사소통에 어려움을 겪을 수 있음.

긍정적 입장: 같은 유행어를 사용하는 사람들끼리 원활하게 의사소통을 할 수 있고 새로운 개념, 아이디어를 표현하기 편리함.

➡ 유행어를 사용할 때에는 대화하는 상황과 상대방을 고려하는 태도를 가져야 함.

■ **문단 간의 관계**

1문단: 2022 월드컵 이후 유행어가 된 '중꺾마'라는 말을 소개했다.
2문단: 유행어의 개념을 설명하고, 유행어가 '시대의 거울'이라 불리는 이유를 예를 들어 설명했다.
3문단: 유행어 사용을 부정적으로 보는 사람들의 견해를 제시했다.
4문단: 유행어 사용을 긍정적으로 보는 사람들의 견해를 제시했다.
5문단: 유행어를 사용할 때 상황과 상대방을 고려하는 태도를 가져야 한다고 주장했다.

■ **글의 구조도**

2문단에서 유행어의 개념과 특징을 설명한 후, 3, 4문단에서는 유행어 사용에 대한 사람들의 견해를 나누어 제시했다.

3, 4문단에서 제시한 유행어 사용에 대한 사람들의 견해를 바탕으로 5문단에서는 우리가 유행어를 사용할 때 가져야 할 태도를 종합하여 제시했다.

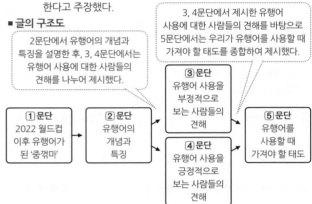

■ **주제**: 유행어를 사용할 때 가져야 할 태도

---

08 정답 (1) ② (2) ① (3) ②

(1) ➡ ①은 '이민하다'의 사전적 의미이다.

(3) ⓒ 적절하게만 사용한다면 이것은 문제가 되지 않기 때문이다.
유행어를 사용하는 것
➡ 대화가 이루어지는 때와 장소, 같이 대화하는 사람에 맞게 유행어를 사용하면 유행어를 사용해도 의사소통이 어려워지지 않는다.

09 정답 유행어

10 정답 ③

윗글에서는 유행어의 개념을 소개하고, 유행어 사용을 긍정적으로 보는 사람들의 견해와 부정적으로 보는 사람들의 견해를 제시했다. 그러면서 유행어를 대화가 이루어지는 때, 장소, 같이 대화하는 사람에 맞게 사용하는 태도를 가져야 한다고 주장했다.

따라서 윗글의 전체 중심 문장은 **5**문단 **3**문장 그러므로 '유행어를 사용할 때는 대화하는 상황과 상대방을 고려하는 태도를 가져야 한다.'이다.

11 정답 ④ * 내용 전개 방식 파악하기

윗글에 대한 설명으로 가장 알맞은 것은?

>왜 정답 ?

④ 유행어 사용에 대한 상반된 견해를 소개하고, 적절하게
3, 4문단
유행어를 사용하자고 주장하고 있다.
5문단

3문단에서 유행어를 사용하는 것을 부정적으로 보는 사람들의 견해를 소개했다. 4문단에서 유행어를 사용하는 것을 긍정적으로 보는 사람들의 견해를 소개했다. 이를 바탕으로 5문단에서 유행어를 사용할 때는 대화하는 상황과 상대방을 고려하는 태도를 가져야 한다고 주장했다.

> **왜 오답?**

① **유행어를 사용하는 것이 무조건 ~~나쁘다고~~ 주장하고 있다.**
　　　　　　　　　　　　　나쁘다고 할 수 없음.

> ⑤문단 ❶문장　유행어를 사용하는 것을 <u>무조건 나쁘거나, 무조건</u>
> <u>좋다고 할 수는 없다.</u>

② **유행어를 사용하면 의사소통에 긍정적 영향을 미친다고**
　　~~주장~~하고 있다.
　　유행어를 사용하는 것을 긍정적으로 보는 사람들의 주장임.

> ④문단 ❷문장　~ 유행어는 대중적으로 사용되기 때문에 유행어를
> 사용하면 이 말을 사용하는 사람들 간의 의사소통이 원활해진다는
> 것이다.

③ **구체적인 예를 들어 유행어를 많은 사람들이 사용하지**
　　　　　　　　　　　　　　　　　1, 2문단
　　~~않고~~ 있다고 주장하고 있다.
　　유행어는 많은 사람들 사이에서 쓰임.
　　＊ 근거: ①, ②문단
　　1, 2문단에서는 '중꺾마'라는 말이 유행어가 된 과정을 설명하고
　　있고, 2문단에서는 2002년과 2022년 월드컵 때의 유행어를 소개하고
　　있다. 그러나 글쓴이가 사람들이 유행어를 많이 사용하지 않는다고
　　주장하지는 않았다.

⑤ **유행어는 당시의 사회 분위기를 담아 만들어진다는 것을**
　　근거로 유행어가 '시대의 거울'이라 ~~주장~~하고 있다.

> ②문단 ❷.❸문장　유행어는 당시의 사회 분위기를 담아 만들어진다.
> 그래서 유행어는 '시대의 거울'이라고 불리기도 한다.

유행어가 시대의 거울이라고 불린다는 것은 글쓴이의 주장이 아니다.

---

12 정답 ④　＊내용 파악하기

윗글의 내용으로 알맞지 <u>않은</u> 것은?

> **왜 정답?**

④ **유행어를 사용하면 ~~모든~~ 사람들과 의사소통을 원활하게 할**
　　　　　　　　　　　그 말을 사용하는
　　수 있다.

> ③문단 ❹문장　~ 유행어는 대개 특정 연령층이나 문화권에서만
> 인기가 있기 때문에 유행어를 사용하면 <u>다른 연령층이나</u>
> <u>문화권에서는 그 유행어를 이해하지 못할 수 있다는 것이다.</u>
> ④문단 ❷문장　유행어를 사용하면 <u>이 말을 사용하는</u> 사람들 간의
> 의사소통이 원활해진다는 것이다.

유행어는 그 말을 사용하는 사람들 사이에서의 의사소통만 원활하게 할
뿐이다. 그 유행어를 사용하지 않는 다른 연령층, 문화권의 사람들은 그
유행어를 이해하지 못할 수 있으므로, 의사소통을 원활하게 할 수 없다.

> **왜 오답?**

① **유행어의 수명은 짧은 편이다.**

> ③문단 ❸문장　첫 번째로 유행어는 대개 짧은 시간 동안 인기를 끌고
> 사라지기 때문에 ~

② **2022 월드컵 이후 '중꺾마'라는 말이 유행했다.**

> ①문단 ❶문장　지난 2022년 카타르에서 열린 월드컵 이후
> 우리나라에서는 '중요한 것은 꺾이지 않는 마음'의 줄임말인
> <u>'중꺾마'라는 말이 유행하였다.</u>

---

③ **새로운 개념과 아이디어는 새로운 유행어로 표현할 수**
　　있다.

> ④문단 ❸문장　또 새로운 유행어는 새로운 개념과 아이디어를
> 표현하기에 편리하다고 본다.

⑤ **유행어는 어느 한 시기에 널리 쓰이다가 안 쓰이게 되는**
　　새로운 말이다.

> ②문단 ❶문장　'중꺾마'와 같은 <u>유행어는 어느 한 시기에 널리</u>
> <u>쓰이다가 안 쓰이게 되는 새로운 말의 일종이다.</u>

---

13 정답 ①　＊어휘의 의미 파악하기

다음 문장의 밑줄 친 부분이 ㉠과 같은 의미로 쓰인 것은?
　㉠ '담아' - '어떤 내용이나 사상을 속에 포함하거나 반영하다.'라는 의미로 쓰임.

> **왜 정답・오답?**

	밑줄 친 부분의 사전적 의미	같으면 ○ 다르면 ×
① 이것은 내 마음을 <u>담은</u> 편지입니다.	어떤 내용이나 사상을 속에 포함하거나 반영하다.	○
② 오늘은 빈 물통에 물을 가득 <u>담아라.</u>	어떤 물건을 그릇 따위에 넣다.	×
③ 이 커다란 바구니에 과일을 <u>담아</u> 가자.	어떤 물건을 그릇 따위에 넣다.	×
④ 영식이는 화분에 흙을 <u>담고</u> 씨앗을 뿌렸다.	어떤 물건을 그릇 따위에 넣다.	×
⑤ 이 주머니에는 중요한 물건을 <u>담을</u> 수 있도록 단추가 달려 있다.	어떤 물건을 그릇 따위에 넣다.	×

---

14 예시 답안: 유행어는 당시의 사회 분위기를 담아 만들어지기
　　　　　　　　때문이다.

㉡의 이유를 〈조건〉에 맞게 쓰시오.
　'그래서 유행어는 '시대의 거울'이라고 불리기도 한다.'

┌─────〈조건〉─────┐
　1. 윗글에서 근거를 찾아 쓸 것
　2. '~기 때문이다.' 형식의 한 문장으로 쓸 것
└──────────────────┘

> **왜 정답?**

> ②문단 ❷문장　유행어는 당시의 사회 분위기를 담아 만들어진다.

　㉡의 바로 앞부분에서 유행어는 당시의 사회 분위기를 담아 만들어진다고
했다. 또 ㉡의 바로 뒷부분에서 2022년 월드컵 때의 유행어와 2022년
월드컵 때의 유행어가 당시의 분위기나 시대상을 반영했다고 했다.
　이를 모두 고려하여 ㉡의 앞부분에서 ㉡의 이유를 찾아 쓰면 '유행어는
당시의 사회 분위기를 담아 만들어지기 때문이다.'라고 정리할 수 있다.

채점 요소	채점 기준	배점	
내용의 적절성	윗글에서 근거를 찾아 적절히 제시한 경우 (조건 1)	5	5
	답을 쓰지 않거나 오답을 쓴 경우	0	
표현의 적절성	조건 2를 따르지 않은 경우	-1	-2
	어법에 맞지 않거나 문맥에 어긋난 경우	-1	

▶ 문제편 22쪽

[01~07] 2층으로 된 한옥을 본 적 있나요? [예술]

○ 각 문단 핵심어　◎ 글 전체 핵심어　— 각 문단 중심 문장　■ 글 전체 중심 문장

1 우리나라 전통 가옥인 한옥에 대해 관심이 많은 민주는 한옥 마을을 자주 찾는다. **2** 한옥 마을에 갈 때마다 민주는 ㉮ 우리가 사는 아파트나 주택은 여러 층으로 짓는데, 한옥은 왜 단층으로 지었는지 궁금해졌다. 민주는 지난 주말 서울의 인사동에 갔다가 기와지붕과 나무 기둥이 있는 전형적인 한옥의 모습을 ㉠ 갖춘 2층 한옥을 보았다. **4** 민주는 태어나서 처음 본 2층 한옥이 생소하게 느껴졌는데, 어머니의 말씀에 따르면 2층 한옥은 과거에도 있었다고 한다.
*1문단 요약 : 생소하게 느껴지는 2층 한옥

2 **1** 우리 주변에서 가장 대표적으로 볼 수 있는 2층 한옥은 덕수궁의 석어당이다. **2** 덕수궁의 ⓐ 유일한 2층 건물인 석어당은 임진왜란 후 선조가 다시 한양으로 돌아와서 죽기 직전까지 머물렀던 곳이다. **3** ⓑ 이 외에도 여러 기록에 따르면 2층으로 된 한옥은 꽤 오래 전부터 존재했다고 전해진다. **4** 고려 시대에도 2층 한옥이 있었고, 조선 시대에는 궁궐의 문루가 2층으로 되어 있었다고 한다. **5** 1800년대 후반부터 1900년대 초반에도 2층 한옥은 서울 곳곳에서 찾아볼 수 있었는데, 이후 한옥 자체를 짓지 않게 되는 바람에 2층 한옥은 우리 주변에서 자주 볼 수 없게 되었다.
우리 주변에서 2층 한옥을 볼 수 없게 된 이유
*2문단 요약 : 2층 한옥의 역사

3 **1** 그렇다면 2층으로 된 한옥은 어떠한 구조였을까? 기록에 따르면 [2층 한옥의 1층은 돌담으로 된 기초 위에 주요 뼈대를 목재로 짜
[ ] 2층 한옥의 구조
맞춘 형태이고, 2층은 바닥에 목재를 깔고 그 위에 다시 벽을 쌓아 올린 형태]였다고 한다. **3** 이렇게 지어진 2층 한옥은 사람이 사는 주거용으로는 사용하기 어려웠다. **4** 우리나라의 경우 온돌로 난방을 했는데, 2층에는 난방을 하기 어려웠기 때문이다. **5** ⓒ 이러한 어려움
2층 한옥의 한계: 주거용으로 사용되지 못한 이유
탓에 2층 한옥은 대부분 업무용으로 사용되었고, 널리 퍼지지 못했다.
*3문단 요약 : 2층 한옥의 구조와 한계

4 **1** 하지만 최근 들어 단층 한옥이 아니라 2층 한옥을 짓는 일이 늘어나고 있다. **2** 2층 한옥이 가진 난방이 어렵다는 단점을 현대의 기술로 극복했기 때문이다. **3** [한옥 구조에 현대의 건물을 지을 때 많이
[ ] 최근 2층 한옥을 짓는 사람이 늘어난 이유
사용하는 철근 콘크리트 구조를 접목하여 2층에도 난방 시설을 갖출 수 있게 됨]에 따라 2층 한옥을 짓는 사람들이 점차 늘어나고 있다.
*4문단 요약 : 한계를 극복한 2층 한옥

5 **1** 시대가 변화함에 따라 한옥은 단층에서 2층 이상의 복층으로의 변화뿐만 아니라 그 구조나 용도에 있어서도 다양한 변화를 겪고 있다. **2** 우리가 우리의 전통 가옥인 한옥의 변신을 관심 있게
글쓴이의 권유
지켜보고 하나의 주거 양식으로 받아들일 때, 한옥은 더 이상 과거에 머무르지 않고 현재와 미래로 이어질 수 있을 것이다.
*5문단 요약 : 한옥에 대한 관심 권유

■ 지문 이해

➡ 최근 : 철근 콘크리트 구조와 한옥 구조를 접목하여 2층에 난방 시설을 갖춤.

■ 문단 간의 관계
1 문단 : 민주의 사례를 통해 2층 한옥에 대한 읽는 사람의 관심을 끌고 있다.
2 문단 : 고려 시대에도 존재했던 2층 한옥을 자주 볼 수 없게 된 이유를 설명하고 있다.
3 문단 : 2층 한옥의 구조와 2층에 난방을 할 수 없다는 한계를 설명했다.
4 문단 : 한옥에 철근 콘크리트 구조를 접목함으로써 2층 한옥의 한계를 극복했음을 설명했다.
5 문단 : 한옥에 대해 관심을 가질 것을 권하면서 글을 마무리하고 있다.

■ 글의 구조도

| **1**문단 생소하게 느껴지는 2층 한옥 | → | **2**문단 2층 한옥의 역사 | → | **3**문단 2층 한옥의 구조와 한계 | → | **4**문단 한계를 극복한 2층 한옥 | → | **5**문단 한옥에 대한 관심 권유 |

➡ 글의 순서대로 구조도를 그릴 수 있다.

■ 주제 : 2층 한옥의 구조와 특징

---

01 정답 (1) ② (2) ① (3) ①

(1) ➡ ①은 '유리하다'의 사전적 의미이다.
우리나라에서는 온돌로 난방을 하기 때문에 2층에서 난방을 하기 어렵다.
(3) ⓒ 이러한 어려움 탓에 2층 한옥은 대부분 업무용으로 사용되었고, 널리 퍼지지 못했다.
➡ 2층 한옥이 업무용으로 사용되고 널리 퍼지지 못한 이유는 2층 한옥의 특성상 2층에는 난방을 하기 어려웠기 때문이다.

02 정답 2층 한옥

03 정답 ⑤

윗글의 글쓴이는 2층 한옥에 대해 설명하면서 읽는 사람에게 우리의 전통 가옥인 한옥의 변신에 관심을 가질 것을 권하고 있다.
이러한 내용을 고려할 때 윗글의 전체 중심 문장은 **5** 문단 **2** 문장
5 '우리가 우리의 전통 가옥인 한옥의 변신을 관심 있게 지켜보고 하나의 주거 양식으로 받아들일 때, 한옥은 더 이상 과거에 머무르지 않고 현재와 미래로 이어질 수 있을 것이다.'이다.

04 정답 ⑤ *내용 파악하기

윗글의 내용으로 알맞지 않은 것은?

〉왜 정답?

⑤ 2층 한옥의 2층은 ~~돌담으로 된 기조~~ 위에 벽을 쌓아 올린 구조로 되어 있다.
바닥에 깐 목재

> **3**문단 **2**문장 기록에 따르면 2층 한옥의 ~ 2층은 바닥에 목재를 깔고 그 위에 다시 벽을 쌓아 올린 형태였다고 한다.

2층 한옥의 1층이 돌담으로 된 기초 위에 주요 뼈대를 목재로 짜 맞춘 형태이다. 2층은 바닥에 목재를 깔고 그 위에 벽을 쌓아 올린 구조이다.

〉왜 오답?

① 서울 인사동에는 2층 한옥이 있다.

> **1**문단 **3**문장 민주는 지난 주말 서울의 인사동에 갔다가 ~ 2층 한옥을 보았다.

② 2층 한옥은 서울 곳곳에서 찾아볼 수 있었다.

> ②문단 ❺문장 1800년대 후반부터 1900년대 초반에도 2층 한옥은 서울 곳곳에서 찾아볼 수 있었는데, ~

③ 2층 한옥은 주거 용도로는 많이 사용되지 않았다.

> ③문단 ❸문장 이렇게 지어진 2층 한옥은 사람이 사는 주거용으로는 사용하기 어려웠다.

④ 기와지붕과 나무 기둥은 전형적인 한옥의 모습이다.

> ①문단 ❸문장 ~ 기와지붕과 나무 기둥이 있는 전형적인 한옥의 모습을 ~

05 정답 ③ ＊반응의 적절성 평가하기

다음 건물을 본 학생의 반응으로 알맞지 않은 것은?

▲ 덕수궁 석어당
└2층 한옥

>**왜** 정답 ?

③ 우리 주변에서 가장 흔하게 볼 수 <s>있는</s> 형태의 한옥이야.
(없는)

> ②문단 ❺문장 ~ 한옥 자체를 짓지 않게 되는 바람에 2층 한옥은 우리 주변에서 자주 볼 수 없게 되었다 .

>**왜** 오답 ?

① 조선 시대의 왕이 머물렀던 곳이구나.
(선조)

> ②문단 ❷문장 덕수궁의 유일한 2층 건물인 석어당은 임진왜란 후 선조가 다시 한양으로 돌아와서 죽기 직전까지 머물렀던 곳이다.

② 1층은 돌담으로 기초를 만들었을 거야.

> ③문단 ❷문장 ~ 2층 한옥의 1층은 돌담으로 된 기초 위에 주요 뼈대를 목재로 짜 맞춘 형태이고, ~

④ 2층은 난방이 어려워 대부분 업무용으로 활용되었을 거야.

> ③문단 ❹, ❺문장 ~ 2층에는 난방을 하기 어려웠기 때문이다. 이러한 어려움 탓에 2층 한옥은 대부분 업무용으로 사용되었고, ~

⑤ 고려 시대에도 <u>이와 같은 형태</u>의 한옥을 볼 수 있었을 거야.
(2층 한옥)

> ②문단 ❹문장 고려 시대에도 2층 한옥이 있었고, ~

06 정답 ④ ＊어휘의 의미 파악하기

각 문장의 밑줄 친 부분이 ㉠과 같은 의미로 쓰인 것은?

㉠ '갖춘' - '있어야 할 것을 가지거나 차리다.'라는 의미로 쓰임.

>**왜** 정답·오답 ?

	밑줄 친 부분의 사전적 의미	같으면 ○ 다르면 ×
① 한복을 차려 입고 예를 갖추어라.	지켜야 할 도리나 절차를 따르다.	×
② 미선이는 배울 자세를 갖추고 있다.	필요한 자세나 태도 따위를 취하다.	×
③ 할머님께서는 위엄을 갖추고 계셨다.	필요한 자세나 태도 따위를 취하다.	×
④ 이 공장은 최신식 기계를 갖추고 있다.	있어야 할 것을 가지거나 차리다.	○
⑤ 조선 시대에 왕을 만나려면 복잡한 절차를 갖추어야 했다.	지켜야 할 도리나 절차를 따르다.	×

07 예시 답안: 옛날부터 우리나라에서는 온돌로 난방을 했는데, 2층 한옥의 2층은 구조적 특성상 난방을 하기 어려웠기 때문에 한옥을 단층으로 많이 지을 수밖에 없었다.

㉮의 이유를 〈조건〉에 맞게 쓰시오.

'우리가 사는 아파트나 주택은 여러 층으로 짓는데, 한옥은 왜 단층으로 지었는지'

─────〈조건〉─────
1. 우리나라의 난방 방식에 대한 내용을 포함할 것
2. 한 문장으로 쓸 것

>**왜** 정답 ?

> ③문단 ❹문장 우리나라의 경우 온돌로 난방을 했는데, 2층에는 난방을 하기 어려웠기 때문이다.

  3문단에서 예로부터 우리나라에서는 온돌로 난방을 했고, 2층 한옥의 2층에는 난방을 하기 어려웠기 때문에 2층 한옥이 널리 퍼지지 못했다고 했다.

채점 요소	채점 기준	배점	
내용의 적절성	윗글에서 근거를 찾아 적절히 제시한 경우 (조건 1)	5	5
	답을 쓰지 않거나 오답을 쓴 경우	0	
표현의 적절성	조건 2에 맞게 쓰지 않은 경우	-1	-2
	어법에 맞지 않거나 문맥에 어긋난 경우	-1	

[08~14] 비밀번호를 대체하는 신체 특징 [과학·기술]

○ 각 문단 핵심어 ◎ 글 전체 핵심어 ─ 각 문단 중심 문장 ══ 글 전체 중심 문장

1 현대 사회를 살아가는 우리에게 ⟨비밀번호⟩는 너무나 익숙한 존재이다. **2** 사람들은 글자, 숫자, 특수 문자까지 사용하여 자신만의 비밀번호를 만들고 그 비밀번호를 통해 자신의 개인 정보를 보호하려고 한다.
_{사람들이 비밀번호를 사용하는 이유} **3** 하지만 비밀번호가 나의 개인 정보를 완벽하게 지켜줄 수 있을까?
_{비밀번호의 안전성에 대한 의문}
* **1문단 요약**: 비밀번호의 안전성에 대한 의문

2 최근 여러 누리집에서 해킹 등으로 인해 개인정보가 ⓐ 유출되는 사건이 연이어 발생하면서 과연 비밀번호가 개인 정보를 완벽하게 보호할 수 있는지에 대해 의문을 품는 사람들이 많아졌다. **2** 누리집의 비밀번호는 해커들의 간단한 공격에도 쉽게 유출될 수 있기 때문이다. **3** ⓑ 비밀번호가 가진 이러한 문제 때문에 최근 많은 기업이 비밀번호를 대체할 새로운 기술들을 개발하고 있다. **4** 이 가운데 특히 관심을 받는 것이 ⟨생체 인식 기술⟩이다.
* **2문단 요약**: 비밀번호를 대체할 생체 인식 기술

3 ⟨생체 인식 기술⟩이란 사람의 신체적, 행동적 특성을 미리
_{생체 인식 기술의 개념} 추출하여 두고, 이후에 그 사람이 맞는지를 비교하여 확인하는 기술을 말한다. **2** 비밀번호를 대체하는 생체 인식 기술의 대표적인 예로는 지문 인식 기술, 안면 인식 기술, 홍채 인식 기술 등이 있다.
_{생체 인식 기술의 대표적인 예}
* **3문단 요약**: 생체 인식 기술의 개념과 종류

4 먼저 ⟨지문 인식 기술⟩은 사람의 지문을 전자적으로 읽어 미리
_{지문 인식 기술의 개념} 입력된 지문 데이터와 비교해 본인이 맞는지를 확인하는 기술이다. **2** 지문 인식 기술은 우리가 자주 사용하는 스마트폰 화면뿐만 아니라, 컴퓨터의 마우스, 터치패드, 도어락 등 손으로 접촉할 수 있는 많은 기계에서 널리 사용된다. **3** 다음으로 ⟨안면 인식 기술⟩은 얼굴형이나, 눈매, 코 모양 등 타인과 차별화되는 얼굴의 고유한 특징을
_{안면 인식 기술의 개념} 기준으로 사람들의 얼굴을 비교하여 분석함으로써 본인이 맞는지를 확인하는 기술이다. **4** ⓒ 이 기술은 지문 인식 기술 다음으로 널리
_{안면 인식 기술} 사용되는데, 공항의 출입국 심사, 건물 출입 관리 등에서 많이 활용된다. **5** 마지막으로 ⟨홍채 인식 기술⟩은 사람마다 고유한 특성을 가진 안구의 홍채 정보를 이용해 사람을 인식하는 기술이다. **6** 홍채
_{홍채 인식 기술의 개념} 인식 기술을 사용하면 굳이 기계에 접촉하지 않고도 개인을 식별할 수 있으며, 안경이나 렌즈를 착용해도 개인을 식별하는 정확도가 매우 높다는 특징이 있다. * **4문단 요약**: 각 생체 인식 기술의 개념과 특징

5 개개인이 지닌 고유한 특성을 활용하는 ⟨생체 인식 기술⟩은 비밀번호를 기억하고 입력하지 않아도 개인을 식별해 주기 때문에 ㉠ 편리하면서도 보안 수준이 높다는 장점이 있다. **2** 하지만 이러한
_{생체 인식 기술의 장점} 생체 인식 기술 역시 문제를 가지고 있다. **3** 비밀번호는 유출되었을 경우 언제든지 변경할 수 있지만 생체 정보는 개인이 가지고 있는
_{생체 인식 기술의 문제점}
__㉮__ 이 정보가 유출될 경우 심각한 피해로 이어질 수 있기 때문이다. **4** 따라서 다양한 생체 인식 기술을 개발하는 것도 좋지만,
_{글쓴이의 주장} 어떻게 하면 개인의 생체 정보를 더욱 안전하게 활용할 수 있는지에 대해서도 함께 고민해 보아야 한다. * **5문단 요약**: 생체 인식 기술의 장단점과 보완 방안 고민의 필요성

■ 지문 이해

생체 인식 기술
─ 개념: 사람의 신체적, 행동적 특성을 미리 추출하여 두고, 이후에 그 사람이 맞는지를 비교하여 확인하는 기술
─ 종류: 지문 인식 기술, 안면 인식 기술, 홍채 인식 기술

■ 문단 간의 관계

1문단: 비밀번호가 개인 정보를 완벽하게 지켜줄 수 있는지에 대한 의문을 드러냈다.

2문단: 해커들의 공격에 쉽게 유출될 수 있다는 문제를 가진 비밀번호를 대체할 기술로 생체 인식 기술이 주목받고 있음을 이야기했다.

3문단: 생체 인식 기술의 개념을 이야기하고, 대표적인 예를 들었다.

4문단: 지문 인식 기술, 안면 인식 기술, 홍채 인식 기술의 개념과 특징을 각각 설명했다.

5문단: 생체 인식 기술의 장점과 단점을 제시하고 이를 보완하기 위해 고민해 보아야 한다는 글쓴이의 주장을 드러냈다.

■ 글의 구조도

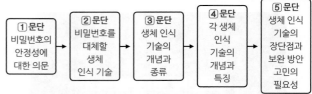

| 1문단
비밀번호의 안정성에 대한 의문 | → | 2문단
비밀번호를 대체할 생체 인식 기술 | → | 3문단
생체 인식 기술의 개념과 종류 | → | 4문단
각 생체 인식 기술의 개념과 특징 | → | 5문단
생체 인식 기술의 장단점과 보완 방안 고민의 필요성 |

⇒ 글의 순서대로 구조도를 그릴 수 있다.

■ 주제: 비밀번호를 대체하는 생체 인식 기술

---

08 정답 (1) ② (2) ② (3) ①

(1) ①은 '구출되다'의 사전적 의미이다.
_{해커들의 간단한 공격에도 쉽게 노출될 수 있는 문제}
(3) ⓑ 비밀번호가 가진 이러한 문제 때문에 최근 많은 기업이 비밀번호를 대체할 새로운 기술들을 개발하고 있다.

09 정답 생체 인식

10 정답 ⑤

윗글에서는 비밀번호를 대체하기 위해 기업이 개발하고 있는 기술 가운데 가장 관심을 받는 기술인 생체 인식 기술을 소개하고 있다.
따라서 윗글의 전체 중심 문장은 ③문단 ❶문장
⑤'생체 인식 기술이란 사람의 신체적 행동적 특성을 미리 추출하여 두고, 이후에 그 사람이 맞는지를 비교하여 확인하는 기술을 말한다.'이다.

11 정답 ③ * 내용 전개 방식 파악하기

윗글에 대한 설명으로 가장 알맞은 것은?

>왜 정답?

③ 생체 인식 기술의 개념을 정의하고 생체 인식 기술의
_{지문 인식 기술, 안면 인식 기술, 홍채 인식 기술}
종류를 이야기하고 있다.

> ③문단 생체 인식 기술이란 사람의 신체적, 행동적 특성을 미리 추출하여 두고, 이후에 그 사람이 맞는지를 비교하여 확인하는 기술을 말한다. 비밀번호를 대체하는 생체 인식 기술의 대표적인 예로는 지문 인식 기술, 안면 인식 기술, 홍채 인식 기술 등이 있다.

3문단에서 생체 인식 기술의 개념을 정의한 후, 지문 인식 기술, 안면 인식 기술, 홍채 인식 기술을 생체 인식 기술의 대표적 종류로 제시하고 있다.

> **왜** 오답 ?

① 생체 인식 기술이 발전한 ~~과정~~을 시간 순서대로 설명하고
　　　　　　　　　　　　이야기하지 않음.
　있다.

② 생체 인식 기술의 문제점을 지적하고 새로운 기술을
　~~개발하자고~~ 권하고 있다.
　이야기하지 않음.

　＊근거:⑤문단 ❸, ❹문장

　　윗글에서는 새로운 기술을 개발하자고 권하고 있지 않다. 5문단에서
　생체 정보가 유출될 경우 심각한 피해로 이어질 수 있다면서 개인의
　생체 정보를 안전하게 활용할 수 있는 방안을 함께 고민해야 한다고
　했을 뿐이다.

④ 비밀번호 대신 생체 인식 기술을 활용하는 것에 대한
　~~찬성과 반대의 입장을 이야기하고 있다.~~
　이야기하지 않음.

　　윗글에서는 생체 인식 기술의 개념과 종류, 특징, 장단점 등에 대해
　이야기했을 뿐, 이 기술을 활용하는 것에 대한 찬성과 반대 입장의
　견해를 제시하지는 않았다.

⑤ 생체 인식 기술들의 차이를 언급하며 ~~가장 우수한~~ 생체
　인식 기술이 무엇인지 밝히고 있다.
　　　　　　　　　　　이야기하지 않음.

　　3문단에서 생체 인식 기술에 지문 인식 기술, 안면 인식 기술,
　홍채 인식 기술이 있다고 했고 4문단에서 각 기술의 개념과 특징을
　소개하고 있을 뿐, 가장 우수한 생체 인식 기술이 무엇인지에 대해서는
　이야기하지 않았다.

12 정답 ④ ＊내용 파악＋추론하기

㉮에 들어갈 말로 가장 알맞은 것은?

> **왜** 정답 ?

④ 신체의 고유한 특징이기 때문에 마음대로 변경할 수 없어

> ⑤문단 ❶, ❸문장 개개인이 지닌 고유의 특성을 활용하는 생체 인식
> 기술은 ～ 비밀번호는 유출되었을 경우 언제든지 변경할 수 있지만
> 생체 정보는 개인이 가지고 있는 _____㉮ 이 정보가 유출될 경우
> 심각한 피해로 이어질 수 있기 때문이다.

　　㉮가 있는 문장의 앞 부분에서는 비밀번호에 대해 말하고 있고, ㉮ 다음
　부분에서는 생체 정보에 대해 말하고 있다.
　　비밀번호는 유출되었을 경우 언제든지 변경할 수 있다고 했으므로, ㉮에는
　생체 정보는 비밀번호와 달리 변경하기 어렵다는 내용이 들어가야 한다.

> **왜** 오답 ?

① 비밀번호를 ~~변형한 것~~이므로
　　생체 인식 기술은 비밀번호를 변형한 것이 아님.

② 신체의 고유한 특징이기 때문에 보안 수준이 ~~높아~~
　　　　　　　　　　　　　　　　　　관련 없음.
　＊근거:⑤문단 ❶문장

　　생체 정보는 개인이 가지고 있는 신체의 고유한 특징이기는 하다.
　　하지만 보안 수준이 높다는 것과 유출될 경우 심각한 피해로
　이어진다는 것은 문맥을 고려할 때 어우러지지 않는다.

③ 신체의 고유한 특징이라 어떤 보상도 ~~받을 수 없어~~
　　　　　　　　　　　　　　　알 수 없음.

　　윗글에서 생체 정보가 유출되었을 때 어떠한 보상을 받을 수 있는지에
　대해서 이야기한 부분을 찾을 수 없다.

⑤ 신체의 고유한 특징이지만 다른 생체 정보로 손쉽게 바꿀
　수 ~~있어~~
　쉽게 바꿀 수 있는 것은 비밀번호의 특징임.

　　㉮의 바로 앞 부분에서 언제든지 변경할 수 있다고 한 것은 생체
　정보가 아니라 비밀번호이다. 생체 정보는 신체의 고유한 특징이기
　때문에 마음대로 변경할 수 없다.

13 정답 ③ ＊사자성어 적용하기

㉠의 상황을 표현하기에 알맞은 한자 성어는?
'편리하면서도 보안 수준이 높다는 장점이 있다.'

> **왜** 정답 ?

③ 일거양득(一擧兩得)

　　생체 인식 기술을 사용하면 편리하다는 장점과 보안 수준이 높다는
　장점, 즉 두 가지의 장점이 있다.
　　따라서 ㉠의 상황은 한 가지의 일로 두 가지의 이익을 얻는다는 뜻의
　한자성어인 '일거양득(一擧兩得)'으로 표현할 수 있다.

> **왜** 오답 ?

① 과유불급(過猶不及)
　도를 지나침은 미치지 못함과 같음.

② 다다익선(多多益善)
　많으면 많을수록 더욱 좋음.

④ 일취월장(日就月將)
　나날이 다달이 자라거나 발전함.

⑤ 조삼모사(朝三暮四)
　간사한 꾀로 남을 속여 희롱함을 이르는 말

　　'조삼모사(朝三暮四)'는 중국 송나라의 저공(狙公)의 고사로, 먹이를
　아침에 세 개, 저녁에 네 개씩 주겠다는 말에는 원숭이들이 적다고 화를
　내더니 아침에 네 개, 저녁에 세 개씩 주겠다는 말에는 좋아하였다는
　데서 유래한 한자성어이다. 이것은 눈앞에 보이는 차이만 알고 결과가
　같은 것을 모르는 어리석은 상황을 비유할 때 많이 사용한다.

14 예시 답안: 생체 인식 기술의 장점은 비밀번호를 입력하지 않아도
　　　　　　　개인을 식별해 주기 때문에 편리하면서도 보안 수준이
　　　　　　　높다는 것이고, 단점은 개인이 가지고 있는 고유의
　　　　　　　특성을 활용하는 것이기 때문에 유출될 경우 심각한
　　　　　　　피해로 이어질 수 있다는 것이다.

생체 인식 기술의 장점과 단점을 〈조건〉에 맞게 쓰시오

> ―――――――〈조건〉―――――――
> 1. '식별'이라는 말을 포함할 것
> 2. '생체 인식 기술의 장점은 ～ (이)고, 단점은 ～ (이)다.' 형식의
> 　한 문장으로 쓸 것

> **왜** 정답 ?

> ⑤문단 ❶~❸문장 개개인이 지닌 고유의 특성을 활용하는 생체 인식
> 기술은 비밀번호를 기억하고 입력하지 않아도 개인을 식별해 주기
> 때문에 편리하면서도 보안 수준이 높다는 장점이 있다. ～
> 비밀번호는 유출되었을 경우 언제든지 변경할 수 있지만 생체
> 정보는 ～ 유출될 경우 심각한 피해로 이어질 수 있기 때문이다.

　　생체 정보는 개인이 가진 고유의 특성을 활용하는 것이기 때문에
　비밀번호를 입력하지 않아도 개인을 식별해 준다는 장점이 있다.
　　하지만 쉽게 바꿀 수 있는 비밀번호와 달리 생체 정보는 개인이 가진
　고유한 특성을 활용하는 것이기 때문에 유출되었을 경우, 심각한 피해로
　이어질 수 있다는 단점이 있다.

채점 요소	채점 기준		배점
내용의 적절성	윗글에서 근거를 찾아 적절히 제시한 경우	5	5
	답을 쓰지 않거나 오답을 쓴 경우	0	
표현의 적절성	조건 1에 맞게 쓰지 않은 경우	-1	-3
	조건 2에 맞게 쓰지 않은 경우	-1	
	어법에 맞지 않거나 문맥에 어긋난 경우	-1	

[01~07] 은행이 망하면? [사회]

○ 각 문단 핵심어 ◎ 글 전체 핵심어 ━ 각 문단 중심 문장 ▨ 글 전체 중심 문장

1 ❶대부분의 사람들에게는 어린 시절 돼지 저금통에 용돈을 모은 경험이 한 번쯤 있을 것이다. ❷사람들은 돼지 저금통을 넘어 (은행)에 자신의 돈을 맡긴다. ❸은행에 돈을 넣어 두면 자신의 돈이 안전할
<u>사람들이 은행에 돈을 맡기는 이유</u>
것이라고 생각하기 때문이다.
*❶문단 요약: 사람들이 은행에 돈을 맡기는 이유

2 ❶최근 미국의 한 은행이 ⓐ 파산하는 일이 벌어졌다. ❷이 은행의 재정이 부실하다는 잘못된 소문이 SNS를 통해 사람들 사이에서 퍼져나가면서 약 40년의 역사를 가진 이 은행은 36시간 만에 붕괴되고 말았다. ❸이 은행에 돈을 저축하고 있던 사람들이 휴대 전화 등을 이용해 해당 은행의 애플리케이션에 접속하여 본인들의 돈을 모두 출금했기 때문이다. ❹ⓑ 이 사건 이후 우리나라 사람들 역시 우리나라의 은행에 돈을 맡겨도 괜찮은 것인지에 대해 (의문을) 품기 시작했다. ❺은행이 망하면 어떻게 될까? 내가 맡겨둔 돈은
돌려받을 수 있을까?
질문↓
*❷문단 요약: 은행이 망한 구체적 사례와 이후 생겨난 의문

3 ❶【결론부터 말하면, 은행이 망해도 내가 맡겨둔 돈은 일정한 한도
【 】: 답변
내에서 돌려받을 수 있다.】 ❷우리나라에서는 1993년에 은행이 망할 경우를 대비하여 (예금자 보호 제도)를 도입하기로 하였고, 1997년 1월에 예금자 보호법이 시행됨에 따라 예금자들은 은행이 파산해도 예금액을 지급받을 수 있게 되었다. ❸예금자 보호 제도란 【은행이 망해서 예금자의 돈을 돌려주지 못하게 된 경우에 예금보험공사에서
【 】: 예금자 보호 제도의 개념
일정 금액 한도 내에서 예금자에게 예금액을 돌려주는 제도】를
말한다.
*❸문단 요약: 예금자 보호 제도의 개념

4 ❶2023년을 기준으로 우리나라에서는 은행이 망했을 때 이 제도에 따라 인당 최고 5,000만 원까지 예금액을 보호받을 수 있다. ❷다시
<u>우리나라의 예금자 보호 제도에 따른 보호 금액</u>
말해 우리나라의 은행에 어떤 개인이 2022년에 5,100만 원을 맡긴 후 그 은행이 2023년에 망했다면, 이 개인은 보호 금액에 해당하는 5,000만 원은 돌려받게 되지만 5,000만 원을 초과하는 금액인 100만 원은 돌려받지 못할 수도 있다. ❸이러한 (예금자 보호 제도)는 우리나라뿐만 아니라 대부분의 국가에서 시행하고 있다.
*❹문단 요약: 예금자 보호 제도의 구체적 내용

5 ❶그렇다면 내가 은행에 맡긴 돈을 온전히 보호받으려면 어떻게 해야 할까? ❷여러 은행에 (예금자 보호 제도)에서 보장하는 금액 만큼씩만 나눠서 돈을 맡기면 된다. ❸예금자 보호 제도는 모든 은행에 각각 적용되기 때문이다.
*❺문단 요약: 은행에 맡긴 돈을 온전히 보호받는 방법

6 ❶은행은 국민들의 돼지 저금통이다. ❷하지만 안타깝게도 이 사회에 완벽하게 안전한 돼지 저금통은 존재하지 않는다. ❸그러므로 은행은 예금자들의 돈을 안전하게 맡아줄 수 있도록 여러 방법을 마련해야
<u>안전한 은행을 위한 은행의 역할</u>
하고, 국가는 은행의 ⓒ 이러한 행동들을 잘 관리하고 감독해야
<u>안전한 은행을 위한 국가의 역할</u>

한다. ❹또한 우리는 은행에 돈을 맡기기 전에 신뢰할 수 있는
<u>돈을 지키기 위해 우리의 노력이 필요함.</u>
은행인지를 꼼꼼하게 알아보는 등 우리의 돈을 스스로 지킬 수 있도록 노력해야 한다.
*❻문단 요약: 안전한 은행을 위한 은행, 국가, 우리의 역할

■ 지문 이해

예금자 보호 제도
– 은행이 망해서 예금자의 돈을 돌려주지 못하게 된 경우에 예금보험공사에서 일정 금액 한도 내에서 예금자에게 예금액을 돌려주는 제도
– 2023년 기준 인당 최고 5,000만 원(1개 은행 당)

■ 문단 간의 관계

1문단: 사람들이 은행에 돈을 맡기는 이유를 이야기했다.
2문단: 은행이 파산한 실제 사례를 제시하고 이 사건 때문에 사람들이 품게 된 은행과 관련된 의문을 이야기했다.
3문단: 예금자 보호 제도의 개념을 설명했다.
4문단: 우리나라에서 시행 중인 예금자 보호 제도의 내용을 구체적으로 소개했다.
5문단: 은행에 맡긴 돈을 온전히 보호받는 방법을 설명했다.
6문단: 안전한 은행을 만들기 위한 은행과 국가의 역할을 제시하고, 우리 역시 꼼꼼하게 알아보아야 한다고 당부하며 글을 마무리했다.

■ 글의 구조도

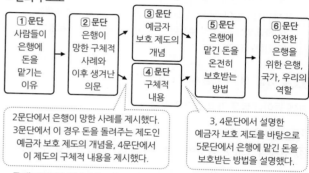

2문단에서 은행이 망한 사례를 제시했다. 3문단에서 이 경우 돈을 돌려주는 제도인 예금자 보호 제도의 개념을, 4문단에서 이 제도의 구체적 내용을 제시했다.

3, 4문단에서 설명한 예금자 보호 제도를 바탕으로 5문단에서 은행에 맡긴 돈을 보호받는 방법을 설명했다.

■ 주제 : 예금자 보호 제도의 개념과 구체적 내용

---

01 정답 **정답** (1) ① (2) ② (3) ①

(1) ➡ ②는 '유지하다'의 사전적 의미이다.
<u>미국의 한 은행이 파산한 사건</u>
(3) ⓑ 이 사건 이후 우리나라 사람들 역시 우리나라의 은행에 돈을 맡겨도 괜찮은 것인지에 대해 의문을 품기 시작했다.

02 정답 **예금자 보호**

03 정답 **예금자 보호 제도란 은행이 망해서 예금자의 돈을 돌려주지 못하게 된 경우에 예금보험공사에서 일정 금액 한도 내에 예금자에게 예금액을 돌려주는 제도를 말한다.**

윗글에서는 은행이 망해도 예금자의 돈을 돌려 주는 제도인 예금자 보호 제도에 대해 설명하고 있다.

04 정답 ⑤ * 내용 전개 방식 파악하기

윗글에 대한 설명으로 알맞지 않은 것은?

>**왜 정답?**

⑤ 우리나라와 다른 나라의 차이를 중심으로 예금자 보호
<u>대부분의 나라에서 예금자 보호 제도를 시행하고 있다고만 함.</u>
제도를 설명하고 있다.

* 근거: **4**문단 ❸문장

글쓴이는 우리나라의 예금자 보호 제도를 설명하면서 대부분의 국가에서 이 제도를 시행하고 있다고 했을 뿐, 다른 나라와 우리나라 예금자 보호 제도의 차이를 말하지는 않았다.

왜 오답?

① 예금자 보호 제도의 개념을 설명하고 있다.

> ③문단 ❸문장 예금자 보호 제도란 은행이 망해서 예금자의 돈을 돌려주지 못하게 된 경우에 예금보험공사에서 일정 금액 한도 내에서 예금자에게 예금액을 돌려주는 제도를 말한다.

② 은행을 친숙한 것에 빗대어 설명하고 있다.
돼지 저금통

> ⑥문단 ❶문장 은행은 국민들의 돼지 저금통이다.

③ 질문과 답변의 형식으로 내용을 전개하고 있다.

> ②문단 ❺,❻문장 은행이 망하면 어떻게 될까? 내가 맡겨둔 돈은 돌려받을 수 있을까? – 질문
>
> ③문단 ❶문장 결론부터 말하면, 은행이 망해도 내가 맡겨둔 돈은 일정한 한도 내에서 돌려받을 수 있다. – 답변
>
> ⑤문단 ❶,❷문장 [그렇다면 내가 은행에 맡긴 돈을 온전히 [ ]: 질문 보호받으려면 어떻게 해야 할까?] 여러 은행에 예금자 보호 제도에서 보장하는 금액 만큼씩만 나눠서 돈을 맡기면 된다. – 답변

④ 구체적 사례를 들어 읽는 사람의 이해를 돕고 있다.
미국의 한 은행이 파산한 사례

＊근거: ②문단

05 정답 ① ＊내용 파악하기

윗글의 내용으로 알맞지 않은 것은?

왜 정답?

① 국가는 완벽하게 안전한 은행을 만들어야 ~~한다.~~
존재하지 않음.

> ⑥문단 ❷문장 하지만 안타깝게도 이 사회에 완벽하게 안전한 ~~돼지 저금통~~은 존재하지 않는다.
> 은행

완벽하게 안전한 은행이 없기 때문에 국가는 은행을 잘 관리하고 감독해야 한다.

왜 오답?

② 우리나라에서는 1997년부터 예금자 보호법이 시행되었다.

> ③문단 ❷문장 우리나라에서는 ~ 1997년 1월에 예금자 보호법이 시행 ~

③ 사람들은 은행이 안전하다고 믿기 때문에 은행에 돈을 맡긴다.

> ①문단 ❷,❸문장 사람들은 ~ 은행에 자신의 돈을 맡긴다. 은행에 돈을 넣어 두면 자신의 돈이 안전할 것이라고 생각하기 때문 ~

④ 은행이 망해도 개인은 예금한 돈을 일정 금액 내에서 돌려받을 수 있다.

> ③문단 ❸문장 예금자 보호 제도란 은행이 망해서 예금자의 돈을 돌려주지 못하게 된 경우에 예금보험공사에서 일정 금액 한도 내에서 예금자에게 예금액을 돌려주는 제도를 말한다.

⑤ 최근 미국에서 한 은행이 파산한 이유는 SNS를 통해 잘못된 소문이 퍼졌기 때문이다.
재정이 부실하다는 소문

> ②문단 ❷문장 이 은행의 재정이 부실하다는 잘못된 소문이 SNS를 통해 사람들 사이에서 퍼져나가면서 약 40년의 역사를 가진 이 은행은 36시간 만에 붕괴되고 말았다.

06 정답 ③ ＊구체적 사례에 적용하기

〈보기〉의 사례 속 김 씨가 예금보험공사로부터 돌려받을 수 있는 총 금액은?

> ─ 〈보기〉 ─
>
> ❶ 대한민국에 사는 김 씨는 2010년에 A 은행에 7,000만 원, B 은행에 4,000만 원을 저축했다. ❷ 그런데 2023년 5월에 A 은행과 B 은행 모두 파산하고 말았다. ❸ 2023년 6월, 김 씨는 자신의 돈을 돌려받기 위해 예금보험공사에 연락했다.
> 한 은행당 최고 5,000만 원까지 돌려받을 수 있음.

왜 정답?

③ 9,000만 원

> ④문단 ❶문장 2023년을 기준으로 우리나라에서는 은행이 망했을 때 이 제도에 따라 인당 최고 5,000만 원까지 예금액을 보호받을 수 있다.
>
> ⑤문단 ❸문장 예금자 보호 제도는 모든 은행에 각각 적용되기 때문이다.

우리나라에서는 은행이 망했을 때 예금자 보호 제도에 따라 한 은행마다 인당 최고 5,000만 원까지 예금액을 보호해 준다.

〈보기〉의 김 씨는 2023년 6월에 예금보험공사에 연락을 했다고 하였으므로, 김 씨가 한 은행당 보호받을 수 있는 예금액의 최고 금액은 5,000만 원이다.

따라서 김 씨는 A 은행의 예금액 7,000만 원 중 5,000만 원을 보호받을 수 있고 B 은행의 예금액 4,000만 원은 전액 보호받을 수 있으므로, 김 씨가 예금보험공사로부터 돌려받을 수 있는 총 금액은 9,000만 원이다.

07 예시 답안: 이 사회에 완벽하게 안전한 은행은 존재하지 않기 때문이다.

우리가 은행에 돈을 맡기기 전에 신뢰할 수 있는 은행인지를 알아보아야 하는 이유를 〈조건〉에 맞게 쓰시오.

> ─ 〈조건〉 ─
>
> 1. '은행'이라는 말을 포함할 것
> 2. '~ 때문이다.' 형식의 한 문장으로 쓸 것

왜 정답?

> ⑥문단 ❷문장 하지만 안타깝게도 이 사회에 완벽하게 안전한 ~~돼지 저금통~~은 존재하지 않는다.
> 은행

윗글의 글쓴이는 6문단에서 이 사회에 완벽하게 안전한 돼지 저금통, 즉 은행은 존재하지 않는다면서 은행에 돈을 맡기기 전에 신뢰할 수 있는 은행인지를 우리 스스로 알아보아야 한다고 했다.

채점 요소	채점 기준	배점	
내용의 적절성	윗글에서 근거를 찾아 적절히 제시한 경우	5	5
	답을 쓰지 않거나 오답을 쓴 경우	0	
표현의 적절성	조건 1에 맞게 쓰지 않은 경우	-1	-3
	조건 2에 맞게 쓰지 않은 경우	-1	
	어법에 맞지 않거나 문맥에 어긋난 경우	-1	

[08~14] 하품을 하는 이유는 무엇일까? [과학·기술]

○ 각 문단 핵심어   ◎ 글 전체 핵심어   — 각 문단 중심 문장   ▨ 글 전체 중심 문장

1 ❶하품이란 우리가 졸리거나 힘들거나 배가 부를 때 저절로 입이
벌어지면서 하는 깊은 숨을 의미한다. ❷전문가들은 우리가 하품을
하는 이유를 크게 생리적* 반응의 결과와 정서적 반응의 결과로
<u>우리가 하품을 하는 이유</u>
설명한다.

　　　***1문단 요약**: 전문가들이 설명하는 우리가 하품을 하는 이유

2 ❶하품을 생리적 반응의 결과로 보는 전문가들은 하품이 뇌를
<u>하품을 하는 이유 ①</u>
식히는 기능을 한다고 설명한다. ❷하품을 할 때 입을 크게 벌렸다
닫는 동작을 하게 되는데, 이때 코 옆의 동굴과 같은 공간인
부비강이 ⓐ <u>팽창</u>한 후 수축된다. ❸이때 부비강을 통해 뇌에 공기가
들어오면서, 뇌의 온도를 낮춰 준다는 것이다. ❹ⓑ <u>또한 이들은</u>
<u>하품을 생리적 반응의 결과로 보는 전문가들</u>
우리가 하품을 할 때 우리 몸속의 먼지나 기타 자극적인 물질을
공기와 함께 몸 밖으로 내보낼 수 있다고 설명한다. ❺마지막으로
우리의 몸이 지나치게 피곤하거나 스트레스를 받을 때 하품을 하면
몸의 긴장을 이완시켜 주는 기능을 한다고 덧붙인다. ❻하품을 함으로써
피로와 스트레스로 긴장되어 있는 몸의 근육이 ㉠ <u>풀어진다</u>는 것이
이들의 설명이다.

　　　***2문단 요약**: 하품을 하는 이유 ① 생리적 반응의 결과

3 ❶반면 일부 전문가들은 우리가 하품을 하는 이유를 생리적 반응의
결과가 아닌 정서적 반응의 결과라고 설명한다. ❷피곤하지 않더라도
곁에 있는 사람이 하품을 하면 자신도 모르게 따라서 하품을 하는
경우가 이것에 해당한다. ❸전문가들은 ⓒ <u>이러한 하품이 '감정 이입'</u>
때문이라고 설명한다. ❹[사람들에게 하품을 하는 사람의 동영상을
보여 주면 그중 50%는 하품을 따라 한다는 연구 결과와 개는
[ ] 하품을 하는 이유가 정서적 반응의 결과임을 뒷받침하는 근거
주인이 하품하는 소리만 들어도 하품을 하기도 한다는 연구 결과]가
<u>하품을 정서적 반응의 결과로 보는 전문가들</u>
이들의 주장을 뒷받침한다.

　　　***3문단 요약**: 하품을 하는 이유 ② 정서적 반응의 결과

4 ❶하품을 정서적 반응의 결과로 설명하는 전문가들은 다음과 같은
경우에 하품이 잘 전염된다고 주장한다. ❷첫째, 하품은 정서적
친밀도가 높은 사람들 사이에서 전염이 잘 된다고 한다. ❸가족이나
<u>하품이 잘 전염되는 경우 ①</u>
친구처럼 감정적으로 가까운 사람들이 하품을 할 때, 그 하품이
전염될 가능성이 크다는 것이다. ❹둘째, 하품은 공감 능력이 높은
사람들 사이에서 전염이 잘 된다고 한다. ❺감정 이입은 공감 능력과
<u>하품이 잘 전염되는 경우 ②</u>
관련이 있으므로 공감 능력이 높은 사람은 다른 사람이 하품하는
모습을 보고 하품을 할 가능성이 크다는 것이다.

　　　***4문단 요약**: 하품이 잘 전염되는 경우

5 ❶우리는 생리적 반응 또는 정서적 반응의 결과로 하루에도 몇
번씩 하품을 하게 된다. ❷하품을 할 때 내가 하품을 하는 이유가
생리적 반응의 결과인지, 아니면 정서적 반응의 결과인지 생각해
보자. ❸단순한 행위가 특별한 의미로 다가올지도 모른다.
<u>우리가 하품을 하는 것</u>

　　　***5문단 요약**: 하품을 하는 이유를 생각해 볼 것을 권함.

*생리적: 신체의 조직이나 기능에 관련되는

■ 지문 이해

하품을
하는 이유
　– 생리적 반응의 결과
　　① 뇌를 식힘. ② 몸속 이물질을 내보냄. ③ 긴장을 이완시켜 줌.
　– 정서적 반응의 결과: 감정 이입으로 인한 전염

■ 문단 간의 관계

1문단: 전문가들이 하품을 하는 이유를 생리적·정서적 반응의 결과로
　　　　 설명한다고 했다.

2문단: 하품을 생리적 반응의 결과로 설명하는 전문가들의 견해를
　　　　 설명했다.

3문단: 하품을 정서적 반응의 결과로 설명하는 전문가들의 견해를
　　　　 설명했다.

4문단: 하품을 정서적 반응의 결과로 보는 전문가들이 설명하는 하품이
　　　　 잘 전염되는 경우를 제시했다.

5문단: 하품을 할 때 하품을 하는 이유를 생각해 볼 것을 권했다.

■ 글의 구조도

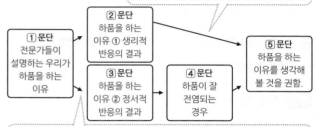

　　　2~4문단을 바탕으로 5문단에서는 우리가
　　　하품을 하는 이유가 생리적·정서적 반응의 결과
　　　중 무엇에 해당하는 것인지 생각해 보자고 했다.

1문단에서 전문가들이 우리가 하품을 하는 이유를 생리적·정서적 반응의
결과로 설명한다고 한 후 2, 3문단에서 각각을 나누어 설명하고 있다.

■ 주제: 우리가 하품을 하는 이유

---

08 정답 (1) ① (2) ① (3) ①

(1) ➡ ②는 '축소하다'의 사전적 의미이다.
　　　<u>하품을 하는 이유를 생리적 반응의 결과로 보는 전문가들</u>
(3) ⓑ 이들은 우리가 하품을 할 때 우리 몸속의 먼지나 기타 자극적인
　　　물질을 공기와 함께 몸 밖으로 내보낼 수 있다고 설명한다.

09 정답 하품

10 정답 전문가들은 우리가 하품을 하는 이유를 크게 생리적 반응의
　　　　　　 결과와 정서적 반응의 결과로 설명한다.

　윗글에서는 전문가들이 우리가 하품을 하는 이유를 생리적 반응의 결과와
정서적 반응의 결과로 설명한다고 이야기하고, 각 전문가들의 견해를
나열하고 있다.

11 정답 ① * 내용 파악하기

윗글의 내용으로 알맞지 <u>않은</u> 것은?

>왜 정답 ?

① 하품을 하면 근육이 ~~수축된다.~~
　　　　　　　　　　　풀어짐.

┌───┐
│ 2문단 ❻문장 하품을 함으로써 피로와 스트레스로 긴장되어 있는 │
│ 몸의 근육이 풀어진다는 것이 이들의 설명이다. │
└───┘

>왜 오답 ?

② 하품을 하면 몸의 긴장이 풀어진다.

┌───┐
│ 2문단 ❺문장 ~ 우리의 몸이 지나치게 피곤하거나 스트레스를 받을 │
│ 때 하품을 하면 몸의 긴장을 이완시켜 주는 기능을 한다고 덧붙인다. │
└───┘

③ 하품을 하면 몸 안의 공기를 내보낼 수 있다.

> ②단❹문장 ~ 우리가 하품을 할 때 우리 몸속의 먼지나 기타 자극적인 물질을 공기와 함께 몸 밖으로 내보낼 수 있다고 설명한다.

④ 하품을 하면 부비강이 팽창되었다가 수축된다.

> ②단❷문장 하품을 할 때 입을 크게 벌렸다 닫는 동작을 하게 되는데, 이때 코 옆의 동굴과 같은 공간인 부비강이 팽창한 후 수축된다.

⑤ 뇌를 식히려면 하품을 자주 하는 것이 도움이 된다.

> ②단❷, ❸문장 하품을 할 때 ~ 부비강을 통해 뇌에 공기가 들어오면서, 뇌의 온도를 낮춰 준다는 것이다.

12 정답 ⑤ *내용 파악+추론하기

다음 사진을 본 반응으로 알맞은 것을 〈보기〉에서 모두 고르면?

▲ 흰색 옷을 입은 사람이 하품을 하자
양옆의 사람이 따라서 하품을 한 상황임.

> **왜 정답?**

⑤ ㄱ, ㄷ, ㄹ

ㄱ. 사진 속 세 사람의 정서적 친밀도는 높을 거야.

> ④단❷문장 첫째, 하품은 정서적 친밀도가 높은 사람들 사이에서 전염이 잘 된다고 한다.

ㄷ. 흰 옷을 입은 사람의 옆에 있는 사람들은 공감 능력이 높을 거야.

> ④단❹, ❺문장 둘째, 하품은 공감 능력이 높은 사람들 사이에서 전염이 잘 된다고 한다. 감정 이입은 공감 능력과 관련이 있으므로 공감 능력이 높은 사람은 다른 사람이 하품하는 모습을 보고 하품을 할 가능성이 크다는 것이다.

ㄹ. 일부 전문가들은 이 사람들을 보고 하품이 정서적 반응의
(다른 사람이 하품을 하는 것을 보고 따라서 하품을 함.)
결과라고 설명할 거야.
* 근거 : ③문단

> 일부 전문가들은 피곤하지 않더라도 곁에 있는 사람이 하품을 하면 자신도 모르게 따라서 하품을 하는 경우를 정서적 반응의 결과라고 설명한다.

> **왜 오답?**

ㄴ. 이 사람들이 하품을 한 것은 ~~생리적~~ 반응의 결과야.
(정서적)

> ③문단❶, ❷문장 반면 일부 전문가들은 우리가 하품을 하는 이유를 생리적 반응의 결과가 아닌 정서적 반응의 결과라고 설명한다. 피곤하지 않더라도 곁에 있는 사람이 하품을 하면 자신도 모르게 따라서 하품을 하는 경우가 이것에 해당한다.

사진 속 사람들 가운데 흰색 옷을 입은 사람이 하품을 따라 하자 나머지 두 사람이 하품을 따라서 한 것은 정서적 반응의 결과이다.

13 정답 ⑤ *어휘의 의미 파악하기

다음 문장의 밑줄 친 부분이 ㉠과 같은 의미로 쓰인 것은?

㉠'풀어진다는' - '뭉친 것이나 단단한 것 따위가 엉길 힘이 없이 느슨하게 되다.'라는 의미로 쓰임.

> **왜 정답·오답?**

	밑줄 친 부분의 사전적 의미	같으면 ○ 다르면 ×
① 날씨가 풀어져서 밖에 나가 놀 수 있겠다.	추위가 누그러지다.	×
② 시험공부를 하다 졸린 민정이의 눈이 풀어졌다.	눈동자가 초점이 없이 흐리멍덩해지다.	×
③ 친구와 솔직하게 대화하고 나니 마음속 응어리가 풀어졌다.	일어난 감정 따위가 누그러지다.	×
④ 동생이 달리기 시합을 하는데 신발 끈이 풀어져 넘어질 뻔했다.	묶이거나 얽힌 것이 그렇지 아니한 상태로 되다.	×
⑤ 어머니께 안마를 해 드렸더니 어머니께서 뭉친 근육이 풀어졌다고 하셨다.	뭉친 것이나 단단한 것 따위가 엉길 힘이 없이 느슨하게 되다.	○

14 예시 답안: 하품은 정서적 친밀도가 높을수록, 공감 능력이 높을수록 잘 전염된다.

하품이 잘 전염되는 경우를 〈조건〉에 맞게 쓰시오.

> ───〈조건〉───
> 1. 윗글에서 2가지를 찾아 쓸 것
> 2. 한 문장으로 쓸 것

> **왜 정답?**

> ④문단❷문장 첫째, 하품은 정서적 친밀도가 높은 사람들 사이에서 전염이 잘 된다고 한다.
> ④문단❹문장 둘째, 하품은 공감 능력이 높은 사람들 사이에서 전염이 잘 된다고 한다.

하품을 정서적 반응의 결과로 설명하는 전문가들은 하품이 감정 이입의 결과로 사람들 사이에서 전염된다고 보았다. 이들은 정서적 친밀도가 높은 사람들 사이에서, 공감 능력이 높은 사람들 사이에서 하품이 잘 전염된다고 주장했다.

채점 요소	채점 기준	배점	
내용의 적절성	윗글에서 근거를 찾아 적절히 제시한 경우	5	5
	답을 쓰지 않거나 오답을 쓴 경우	0	
표현의 적절성	조건 1에 맞게 쓰지 않은 경우	-1	-3
	조건 2에 맞게 쓰지 않은 경우	-1	
	어법에 맞지 않거나 문맥에 어긋난 경우	-1	

[01~06] 뉴스에도 가짜가 있다? [사회]

○ 각 문단 핵심어　◎ 글 전체 핵심어　━ 각 문단 중심 문장　■ 글 전체 중심 문장

❶ 중학생인 수현이는 오늘 아침 인터넷 뉴스를 보다가 깜짝 놀랐다. ❷ 수현이가 좋아하는 아이돌 가수 A 씨가 지난밤 교통사고를 당해 크게 다쳤다는 내용이 ⓐ 속보로 실려 있었기 때문이다. ❸ 수현이는 다른 뉴스들을 찾아보고 나서야 아침에 자신이 본 뉴스가 가짜라는 것을 알게 되었다.
　　　　　가짜 뉴스의 사례

*1문단 요약: 가짜 뉴스의 구체적 사례

2 ❶ 위의 사례에서 수현이가 본 것은 가짜 뉴스이다. ❷ 가짜 뉴스란 【정치·경제적 이익을 위해 의도적으로 언론 보도의 형식을 하고 유포된 거짓 정보】를 말한다. 【언론사의 오보, 디지털 미디어
　【 】가짜 뉴스의 개념
플랫폼*에서의 거짓 정보가 담긴 동영상】까지 가짜 뉴스의 유형은
　　　　　【 】가짜 뉴스의 유형
다양하다. ❹ 보통 가짜 뉴스의 제목은 '속보', '단독'을 붙여 실제 뉴스 형식과 비슷하게 하는데, ⓑ 이러한 이유 때문에 가짜 뉴스의
　　가짜 뉴스의 특징　　　　가짜 뉴스의 제목이 뉴스 형식과 비슷하다는 이유
제목을 본 사람들이 거짓된 정보를 사실로 받아들이는 문제가 생긴다.

*2문단 요약: 가짜 뉴스의 개념과 특징

3 ❶ 그렇다면 가짜 뉴스가 유포되는 이유는 무엇일까? 첫째, 가짜
　　　　　질문을 통해 앞으로 이어질 내용을 제시함.
뉴스가 유포되는 플랫폼에 누구나 쉽게 접근할 수 있기 때문이다.
　　　　가짜 뉴스가 유포되는 이유 ①
❸ 사람들은 휴대 전화 등을 통해 장소나 시간과 상관없이 인터넷 매체를 손쉽게 사용할 수 있다. ❹ 그래서 인터넷상에 떠도는 가짜 뉴스를 쉽게 접하게 된다. ❺ 둘째, 가짜 뉴스인지 아닌지를 확인하는 것이 현실적으로 한계가 있기 때문이다. ❻ 세계적으로 인기 있는
　　　　　　　　　　가짜 뉴스가 유포되는 이유 ②
동영상 플랫폼이나 검색 누리집에는 수많은 영상이나 기사들이 실시간으로 생산되고 업로드되고 있다. ❼ 이러한 상황에서 영상과
　　　　　　　　　수많은 뉴스들이 실시간으로 생산되고 업로드되는 상황
기사를 제공하는 플랫폼 측에서 올라오는 모든 뉴스의 내용을 확인하는 것은 현실적으로 어렵다. ❽ 셋째, 가짜 뉴스는 돈이 되기
　　　　　　　　　　　가짜 뉴스가 유포되는 이유 ③
때문이다. ❾ 많은 사람이 조회하는 뉴스일수록 높은 금액의 광고가 따라온다. ❿ 가짜 뉴스를 만드는 사람들은 광고를 통해 큰 이익을 얻기 위해 사실 여부와 상관없이 자극적인 제목과 내용의 가짜 뉴스를 만들고, 많은 사람들의 조회를 유도한다.

*3문단 요약: 가짜 뉴스가 유포되는 3가지 이유

4 ❶ 현재 가짜 뉴스를 막기 위해 일부 동영상 재생 플랫폼과 검색 누리집 측에서는 【인공 지능 기술을 활용하여 가짜 뉴스를 파악하고
　　　　　　　【 】가짜 뉴스를 막기 위한 동영상 재생 플랫폼과 검색 누리집의 노력
해당 뉴스를 삭제하거나 광고 수익을 차단하는 등의 노력을 하고 있다. ❷ 또한, 사실 확인을 전문적으로 수행하는 기관과의 협력을 통해 가짜 뉴스를 제재하고 있다.】

*4문단 요약: 가짜 뉴스를 막기 위한 노력 ① 플랫폼·검색 누리집

5 ⓒ 하지만 이러한 노력만으로는 가짜 뉴스를 모두 없앨 수 없다. ❷ 우리처럼 뉴스를 보는 사람들도 뉴스를 비판적으로 받아들이려 노력
　　　　　　　　　　　　　글쓴이의 주장
해야 한다. ❸ 자신이 접한 정보를 무조건 사실이라고 믿지 말고 혹시

진실로 보이게끔 만들어진 정보가 아닌지 의심해 보는 자세를 가져야 한다. ❹ 또 자신이 접한 정보의 출처가 정확하고 믿을 수 있는지, 어느 한쪽의 정보만 다루고 있지는 않은지 등 뉴스의 내용을 비판적으로 대하고 받아들이려 노력해야 한다.

*5문단 요약: 가짜 뉴스를 막기 위한 노력 ② 뉴스를 보는 사람들

* 플랫폼: 정보 시스템 환경을 만들고 열어 둠으로써 누구나 다양하고 많은 정보를 쉽게 활용할 수 있도록 제공하는 서비스

■ 지문 이해

가짜 뉴스	- 유포되는 이유

- 유포되는 이유
① 누구나 접근할 수 있는 플랫폼에 내용이 게시됨.
② 가짜 뉴스인지 아닌지 확인하는 것에 한계가 있음.
③ 이익을 얻기 위해 사람들이 가짜뉴스를 만듦.
- 막기 위한 노력
① 플랫폼·검색 누리집: 가짜 뉴스 파악 → 해당 뉴스 삭제, 광고 수익 차단, 전문 기관과의 협력
② 뉴스를 보는 사람들: 정보를 비판적으로 수용하는 태도를 갖춰야 함.

■ 문단 간의 관계
1문단: 가짜 뉴스를 접하는 구체적 사례를 제시했다.
2문단: 구체적 사례를 바탕으로 가짜 뉴스의 개념 및 특징을 설명했다.
3문단: 가짜 뉴스가 유포되는 3가지 이유를 제시했다.
4문단: 가짜 뉴스를 막기 위한 플랫폼과 검색 누리집 측의 노력을 제시했다.
5문단: 뉴스를 보는 사람들이 비판적인 시각에서 정보를 받아들여야 한다고 주장했다.

■ 글의 구조도

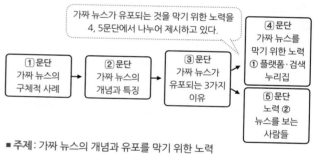

가짜 뉴스가 유포되는 것을 막기 위한 노력을 4, 5문단에서 나누어 제시하고 있다.

①문단 가짜 뉴스의 구체적 사례 → ②문단 가짜 뉴스의 개념과 특징 → ③문단 가짜 뉴스가 유포되는 3가지 이유 → ④문단 가짜 뉴스를 막기 위한 노력 ① 플랫폼·검색 누리집 / ⑤문단 노력 ② 뉴스를 보는 사람들

■ 주제: 가짜 뉴스의 개념과 유포를 막기 위한 노력

01 정답 (1) ① (2) ② (3) ①
(1) ①은 속보(速報, 빠를 속 알릴 보)의 사전적 의미이다.
(3) ⓒ 하지만 이러한 노력만으로는 가짜 뉴스를 모두 없앨 수 없다.
　　　가짜 뉴스를 막기 위해 동영상 재생 플랫폼과 검색 누리집에서 기울이는 노력

02 정답 ❶ 가짜 뉴스
❷ 제목
❸ 가짜 뉴스의 개념
❹ 뉴스를 보는 사람들도

03 정답 ① * 내용 파악하기

윗글의 내용으로 알맞지 않은 것은?

? 왜 정답 ?

① 사람들은 가짜 뉴스에 쉽게 접근할 수 없다.
　　　　　　　　　　　　　　　있다.

③문단 ❷, ❸ 문장 ~ 가짜 뉴스가 유포되는 플랫폼에 누구나 쉽게 접근할 수 있기 때문 ~ 사람들은 ~ 인터넷 매체를 손쉽게 사용 ~

> **왜 오답?**

② 사람들은 가짜 뉴스의 자극적인 제목에 이끌려 가짜 뉴스를 조회하게 된다.

> ③문단 ⑩문장 가짜 뉴스를 만드는 사람들은 ~ 자극적인 제목과 내용의 가짜 뉴스를 만들고, 많은 사람들의 조회를 유도한다.

③ 가짜 뉴스의 제목을 본 사람들은 거짓된 정보를 사실로 받아들이는 경우가 많다.

> ②문단 ❹문장 ~ 가짜 뉴스의 제목을 본 사람들이 거짓된 정보를 사실로 받아들이는 문제가 생긴다.

④ 가짜 뉴스는 누군가의 이익을 위해 의도적으로 뉴스 형식을 하고 퍼트려진 거짓 정보이다.

> ②문단 ❷문장 가짜 뉴스란 정치·경제적 이익을 위해 의도적으로 언론 보도의 형식을 하고 유포된 거짓 정보를 말한다.

⑤ 우리는 뉴스를 볼 때 해당 내용이 어느 한쪽의 정보만 다루고 있지는 않은지 생각해 보아야 한다.

> ⑤문단 ❹문장 ~ 어느 한쪽의 정보만 다루고 있지는 않은지 등 뉴스의 내용을 비판적으로 대하고 받아들이려 노력해야 한다.

04 정답 ② ＊내용 파악＋추론하기

윗글을 읽고 해결할 수 있는 질문만을 <u>모두</u> 고른 것은?

> **왜 정답?**

② ㄱ, ㄹ

ㄱ. 가짜 뉴스의 유형에는 무엇이 있을까?

> ②문단 ❸문장 언론사의 오보, 디지털 미디어 플랫폼에서의 거짓 정보가 담긴 동영상까지 가짜 뉴스의 유형은 다양하다.

ㄹ. 인공 지능 기술을 활용하여 가짜 뉴스 유포를 막을 수 있을까?

> ④문단 ❶문장 ~ 일부 동영상 재생 플랫폼과 검색 누리집 측에서는 인공 지능 기술을 활용하여 가짜 뉴스를 파악하고 해당 영상을 삭제하거나 광고 수익을 차단하는 등 ~

> **왜 오답?**

ㄴ. 가짜 뉴스를 유포하면 <u>얼마나 많은 돈을 벌 수 있을까?</u>
알 수 없음.

> ③문단 ❽~⑩문장 셋째, 가짜 뉴스는 돈이 되기 때문이다. 많은 사람이 조회하는 뉴스일수록 높은 금액의 광고가 따라온다. 가짜 뉴스를 만드는 사람들은 광고를 통해 큰 이익을 얻기 위해 사실 여부와 상관없이 자극적인 제목과 내용의 가짜 뉴스를 만들고, 많은 사람들의 조회를 유도한다.

3문단에서 많은 사람들이 조회하는 뉴스일수록 높은 금액의 광고가 따라온다고만 했을 뿐, 가짜 뉴스를 만들어 유포하면 얼마나 많은 돈을 벌 수 있는지에 대해서는 이야기하지 않았다.

ㄷ. 가짜 뉴스를 모두 없애는 <u>가장 확실한 방법은 무엇일까?</u>
이야기하지 않음.

> 4문단에서 가짜 뉴스를 막기 위한 노력 가운데 플랫폼과 검색 누리집의 노력에 대해 설명하고 5문단에서 이러한 노력만으로는 가짜 뉴스를 모두 없앨 수 없다고 했다.

05 정답 ⑤ ＊내용 파악＋추론하기

글쓴이가 윗글을 쓴 목적으로 가장 알맞은 것은?

> **왜 정답?**

⑤ 가짜 뉴스가 유포되는 이유를 설명하고, 사람들에게 비판적으로 정보를 받아들이는 태도를 지니라고 당부하기 위해서

> 글쓴이는 3문단에서 가짜 뉴스가 유포되는 이유를 구체적으로 설명하고, 5문단에서 사람들이 자신이 본 정보를 비판적으로 받아들이려 노력해야 한다고 주장했다.

> **왜 오답?**

① 가짜 뉴스의 <u>문제점만을</u> 강조하기 위해서

> 글쓴이는 5문단에서 가짜 뉴스를 받아들이는 사람들도 정보를 비판적으로 대하고 받아들여야 한다고 강조했다.

② 가짜 뉴스의 개념과 특징을 소개하기 위해서

> 2문단에서 가짜 뉴스의 개념과 특징을 소개하고 있지만, 이는 글쓴이가 글을 쓴 목적이라고 볼 수는 없다.

③ 가짜 뉴스와 관련된 <u>여러 가지</u> 사례를 알려주기 위해서
1가지

> 1문단에서 가짜 뉴스와 관련하여 수현이의 사례를 제시하고 있을 뿐, 여러 사례를 제시하지는 않았다. 이것은 읽는 사람의 흥미를 끌기 위한 것일 뿐, 글쓴이가 글을 쓴 목적이라고 할 수는 없다.

④ 가짜 뉴스를 줄이기 위해 관련 기업에서 많이 노력하고 있음을 <u>알려주기</u> 위해서
가짜 뉴스를 막기 위해 받아들이는 사람도 노력해야 한다고 주장함.

> 글쓴이는 4문단에서 가짜 뉴스를 막기 위해 일부 동영상 재생 플랫폼과 검색 누리집 측에서 하고 있는 노력을 소개하고, 5문단에서 이러한 노력만으로는 가짜 뉴스를 모두 없앨 수 없다면서 뉴스를 보는 사람에게 뉴스의 내용을 비판적으로 받아들이라고 당부하고 있다.
> 따라서 글쓴이가 가짜 뉴스를 줄이기 위한 기업 측의 노력만을 알리기 위해 윗글을 썼다고 보기는 어렵다.

06 예시 답안: 뉴스를 볼 때는 가짜 뉴스는 아닌지 비판적으로 받아들이려 노력해야 한다.

뉴스를 볼 때의 알맞은 자세를 <조건>에 맞게 쓰시오.

―――― <조건> ――――
1. '가짜 뉴스'라는 말을 활용할 것
2. '뉴스를 볼 때는 ~ 한다.' 형식의 한 문장으로 쓸 것

> **왜 정답?**

> ⑤문단 ❷~❹문장 우리처럼 뉴스를 보는 사람들도 뉴스를 비판적으로 받아들이려 노력해야 한다. 자신이 접한 정보를 무조건 사실이라고 믿지 말고 혹시 진실로 보이게끔 만들어진 정보가 아닌지 의심해 보는 자세를 가져야 한다. 또 자신이 접한 정보의 출처가 정확하고 믿을 수 있는지, 어느 한쪽의 정보만 다루고 있지는 않은지 등 뉴스의 내용을 비판적으로 대하고 받아들이려 노력해야 한다.

채점 요소	채점 기준	배점	
내용의 적절성	윗글에서 근거를 찾아 적절히 제시한 경우	5	5
	답을 쓰지 않거나 오답을 쓴 경우	0	
표현의 적절성	조건 1에 맞게 쓰지 않은 경우	-1	-3
	조건 2에 맞게 쓰지 않은 경우	-1	
	어법에 맞지 않거나 문맥에 어긋난 경우	-1	

[07~12] 사람들이 여행을 떠나는 이유 [인문]

○ 각 문단 핵심어 ◎ 글 전체 핵심어 ─ 각 문단 중심 문장 ━ 글 전체 중심 문장

1 하율이는 곧 다가오는 가족 여행을 준비하느라 분주하다. 온 가족과 함께 어느 지역으로 여행을 가서 무엇을 하며 어떻게 시간을 보낼지에 대해 설레는 마음으로 계획을 세우고 있다.

*1문단 요약: 학생이 즐겁게 여행을 계획한 사례

2 여행은 일이나 유람을 목적으로 국내의 다른 고장이나 외국에 가는 일을 의미한다. 하율이 같은 요즘 사람뿐만 아니라 우리 조상들도 여행 떠나기를 즐겼다. [조선 후기의 실학자 겸 소설가였던 박지원은 중국 청나라에 가는 사신을 따라 외국으로 여행을 떠나서 ⓐ 견문을 넓히고 아름다운 경치를 즐긴 경험을 《열하일기》에 담아내기도 했다.]

*2문단 요약: 여행의 개념과 조상들도 즐긴 여행

3 박지원부터 하율이에 이르기까지 많은 사람들이 여행을 떠나는 것을 좋아하는 이유는 무엇일까? [첫째, 일상생활에서 벗어날 수 있기 때문에 공부 등을 하면서 쌓인 스트레스가 해소되고, 휴식을 취할 수 있기 때문이다. 둘째, 다른 고장, 혹은 다른 나라의 다양한 문화와 역사 등을 체험하며 많은 것들을 보고 배울 수 있기 때문이다. 셋째, 혼자가 아닌 여러 사람과 함께 여행을 떠난 경우, 함께 시간을 보내는 과정에서 서로 친밀해지고 서로를 더 잘 이해할 수 있기 때문이다. 넷째, 혼자서 여행을 떠난 경우, 여행을 통해 자기 자신에게 더욱 집중함으로써 삶의 의미에 대해 깊이 생각해 보고, 인생에 대한 새로운 방향을 발견할 수 있기 때문]이다.

*3문단 요약: 사람들이 여행 떠나기를 좋아하는 이유

4 그렇다면 여행을 떠날 때 주의해야 할 점은 무엇일까? 첫째, 해당 지역의 치안 상황을 파악하고 개인 물품을 도난을 당하지 않도록 주의해야 한다. 귀중한 물건은 항상 몸에 지니거나, 가방에 넣고 가방을 꼭 들고 다니는 것이 좋다. 둘째, 각각의 지역, 나라마다 문화가 다를 수 있으므로 ㉠ 해당 지역의 문화를 미리 알아두는 것이 좋다. [생각보다 많은 나라에서는 왼손을 깨끗하지 않다고 여긴다. 만약 ⓑ 그 나라에 방문하여 누군가에게 왼손을 사용해서 음식을 건넨다면 그 나라 사람들은 그 행동을 아주 무례한 것이라고 여길 수도 있다.] ㉢ 이러한 점을 미리 알아 두면 다른 사람에게 무례하지 않게 행동할 수 있다.

*4문단 요약: 여행을 떠날 때 주의해야 할 점

5 지난 2022년에는 우주 비행사 없이 민간인들끼리 우주 정거장으로 왕복 10일 간 여행을 갔다 왔다고 한다. 기술 등의 발달로 오늘날에는 여행을 갈 수 있는 곳이 국내, 해외를 넘어 머나먼 우주까지 확대되고 있는 것이다. 자유롭게 우주 여행을 떠나는 미래를 상상하며, 이번 주말에는 어디로 여행을 갈지 즐거운 마음으로 계획을 세워 보는 것은 어떨까?

*5문단 요약: 여행 계획을 세워 볼 것을 권함.

■ 지문 이해

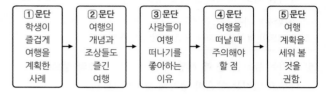

① 스트레스를 해소하고 휴식을 취할 수 있음.
② 다양한 문화와 역사 등을 체험하며 많은 것을 보고 배울 수 있음.
③ 함께 하는 여행: 서로에 대한 친밀감과 이해도가 높아짐.
④ 혼자 하는 여행: 삶의 의미에 대해 깊이 생각해 보고, 자신의 인생에 대한 새로운 방향을 발견할 수 있음.

■ 문단 간의 관계
1문단: 즐겁게 여행 계획을 세운 하율이의 사례를 제시했다.
2문단: 여행의 개념을 소개하고, 박지원의 사례를 통해 우리 조상들도 여행을 즐겼다고 설명했다.
3문단: 사람들이 여행을 좋아하는 이유 4가지를 설명하였다.
4문단: 여행을 떠날 때 주의해야 할 점을 설명하였다.
5문단: 여행 계획을 세울 것을 권하면서 글을 마무리했다.

■ 글의 구조도

| 1문단 학생이 즐겁게 여행을 계획한 사례 | → | 2문단 여행의 개념과 조상들도 즐긴 여행 | → | 3문단 사람들이 여행 떠나기를 좋아하는 이유 | → | 4문단 여행을 떠날 때 주의해야 할 점 | → | 5문단 여행 계획을 세워 볼 것을 권함. |

➡ 글의 순서대로 구조도를 그릴 수 있다.

■ 주제: 사람들이 여행 떠나기를 좋아하는 이유

━━━━━━━━━━━━━━━━━━━

07 정답 (1) ② (2) ② (3) ②

(1) ➡ ①은 '견학'의 사전적 의미이다.
어떤 나라에서 왼손을 깨끗하지 않다고 여기는 점
(3) ⓒ 이러한 점을 미리 알아두면 다른 사람에게 무례하지 않게 행동할 수 있다.
➡ ⓒ의 바로 앞부분에서 왼손을 깨끗하지 않다고 생각하는 나라에서 왼손을 사용해서 음식을 건네는 것이 무례한 것이라고 설명하고 있다.

08 정답 ❶ 가족 여행 ❷ 여행
❸ 여행 떠나기를 좋아하는 이유
❹ 우리 조상들도

09 정답 ④ * 내용 전개 방식 파악하기

윗글에 대한 설명으로 알맞지 않은 것은?

⟩왜 정답?
④ 유명한 사람의 말을 인용하여 읽는 사람의 이해를 돕고 있다.
인용하지 않음.
윗글에서 다른 사람의 말을 인용한 부분을 찾을 수 없다.

⟩왜 오답?
① 중심 화제와 관련된 구체적인 내용을 나열하고 있다.
사람들이 여행 떠나기를 좋아하는 이유, 여행을 떠날 때 주의해야 할 점
*근거: 3, 4문단
3문단에서는 사람들이 여행 떠나기를 좋아하는 이유 4가지를 나열하고 있고, 4문단에서는 여행을 떠날 때 주의해야 할 점 2가지를 나열하고 있다.

② 질문을 하고 답을 하는 형식으로 내용을 전개하고 있다.
*근거: 3, 4문단
3문단에서 '~ 많은 사람들이 여행을 떠나는 것을 좋아하는 이유는 무엇일까?'라고 질문한 후, 네 가지 그 이유를 밝히고 있다.
4문단에서는 '~ 여행을 떠날 때 주의해야 할 점은 무엇일까?'라고 질문한 후 여행을 떠날 때 주의할 점 두 가지를 제시하였다.

③ 학생의 사례를 제시하여 읽는 사람의 흥미를 끌고 있다.

＊근거: ①문단

　1문단에서 가족 여행을 준비하는 하율이의 사례를 제시하고 있다.

⑤ 유명한 사람의 사례를 제시하여 읽는 사람의 흥미를 끌고
　　박지원
　있다.

> ②문단 ❸문장 조선 후기의 실학자 겸 소설가였던 박지원은 중국
> 청나라에 가는 사신을 따라 외국으로 여행을 떠나서 견문을 넓히고
> 아름다운 경치를 즐긴 경험을 《열하일기》에 담아내기도 했다.

　2문단에서 유명한 사람인 박지원의 사례를 제시하여 우리 조상들도
여행을 떠나는 것을 즐겼다고 이야기하고 있다.

---

10 정답 ③ ＊내용 파악하기

윗글의 내용으로 알맞지 않은 것은?

> 왜 정답 ?

③ 여행은 일이나 유람을 목적으로 외국에만 가는 일을
　　　　　　　　　　　　　　　국내의 다른 고장이나 우주에 가는 것도 여행임.
　의미한다.

> ②문단 ❶문장 여행은 일이나 유람을 목적으로 국내의 다른 고장이나
> 외국에 가는 일을 의미한다.
> ⑤문단 ❷문장 ～ 오늘날에는 여행을 갈 수 있는 곳이 국내, 해외를
> 넘어 머나먼 우주까지 확대되고 있는 것이다.

> 왜 오답 ?

① 박지원은 다른 사람들과 함께 여행을 떠났다.
　　　　　　사신과 함께

> ②문단 ❸문장 ～ 박지원은 중국 청나라에 가는 사신을 따라 외국으로
> 여행을 떠나서 ～

② 기술의 발달로 오늘날에는 우주까지 여행을 갈 수 있다.

> ⑤문단 ❷문장 기술 등의 발달로 오늘날에는 여행을 갈 수 있는 곳이
> 국내, 해외를 넘어 머나먼 우주까지 확대되고 있는 것이다.

④ 《열하일기》에는 우리 조상들이 여행을 즐긴 경험이 녹아
　　　　　　　　　　박지원
　있다.

> ②문단 ❷, ❸문장 하율이 같은 요즘 사람뿐만 아니라 우리 조상들도
> 여행 떠나기를 즐겼다. 조선 후기의 실학자 겸 소설가였던 박지원은
> ～ 외국으로 여행을 떠나서 ～ 즐긴 경험을 《열하일기》에 담아내기도
> 했다.

⑤ 여행을 할 때 중요한 물건을 몸에 지니면 물품을
　도난당하지 않는 데 도움이 된다.

> ④문단 ❷, ❸문장 ～ 개인 물품을 도난을 당하지 않도록 주의해야
> 한다. 귀중한 물건은 항상 몸에 지니거나, ～

---

11 정답 ③ ＊내용 파악＋추론하기

윗글을 읽고 해결할 수 있는 질문을 모두 고른 것은?

> 왜 정답 ?

③ ㄴ, ㄷ

ㄴ. 혼자 여행하면 어떤 점이 좋을까?

> ③문단 ❺문장 혼자서 여행을 떠난 경우, 여행을 통해 자기 자신에게
> 더욱 집중함으로써 삶의 의미에 대해 깊이 생각해 보고, 자신의
> 　　　　　　　　　　　　　혼자 여행을 떠나면 좋은 점
> 인생에 대한 새로운 방향을 발견할 수 있기 때문이다.

ㄷ. 외국으로 여행을 떠날 때 어떤 점에 유의해야 할까?

> ④문단 ❷, ❹문장 첫째, 해당 지역의 치안 상황을 파악하고 개인
> 　　　　　　　　　　　여행을 떠날 때 유의해야 할 점 ①
> 물품을 도난당하지 않도록 주의해야 한다. ～ 둘째, 각각의 지역,
> 나라마다 문화가 다를 수 있으므로 해당 지역의 문화를 미리
> 알아두는 것이 좋다.　　　　여행을 떠날 때 유의해야 할 점 ②

> 왜 오답 ?

ㄱ. 여행의 단점은 무엇일까?
　　　　　이야기하지 않음.

ㄹ. 아직 많은 사람들이 우주 여행을 갈 수 없는 이유는
　　　　　　　　　　　　　　　　　　　이야기하지 않음.
　무엇일까?

> ⑤문단 ❶문장 지난 2022년에는 우주 비행사 없이 민간인들끼리만
> 우주 정거장으로 왕복 10일 간 여행을 갔다 왔다고 한다.

　5문단에서 2022년에 민간인들이 우주 여행을 다녀왔다고 했을 뿐, 많은
사람들이 우주 여행을 갈 수 없는 이유에 대해 이야기하지는 않았다.

---

12 예시 답안: 해당 지역의 문화를 미리 알아두면 상대방에게
　　　　　　　무례하지 않게 행동할 수 있기 때문이다.

㉠의 이유를 〈조건〉에 맞게 쓰시오.
'해당 지역의 문화를 미리 알아두는 것이 좋다.'

──────── 〈조건〉 ────────
　1. 윗글에서 근거를 찾아 쓸 것
　2. '해당 지역의 문화를 미리 알아두면 ～ 수 있기 때문이다.' 형식의
　　한 문장으로 쓸 것

> 왜 정답 ?

> ④문단 ❹～❼문장 둘째, 각각의 지역, 나라마다 문화가 다를 수
> 있으므로 ㉠ 해당 지역의 문화를 미리 알아두는 것이 좋다. 생각보다
> 많은 나라에서는 왼손을 깨끗하지 않다고 여긴다. 만약 그 나라에
> 방문하여 누군가에게 왼손을 사용해서 음식을 건넨다면 그 나라
> 사람들은 그 행동을 아주 무례한 행위라고 여길 수 있다.
> 이러한 점을 미리 알아 두면 다른 사람에게 무례하지 않게 행동할 수
> 있다.

　4문단에서 해당 지역의 문화를 미리 알아두면 그 문화에서 살고 있는 다른
사람들에게 무례하지 않게 행동할 수 있다고 하였다.

채점 요소	채점 기준	배점	
내용의 적절성	윗글에서 근거를 찾아 적절히 제시한 경우 (조건 1)	5	5
	답을 쓰지 않거나 오답을 쓴 경우	0	
표현의 적절성	조건 2에 맞게 쓰지 않은 경우	-1	-2
	어법에 맞지 않거나 문맥에 어긋난 경우	-1	

DAY 05

▶ 문제편 52쪽

[01~06] 갓 태어난 동물들이 귀여운 이유 [과학·기술]

○ 각 문단 핵심어　◎ 글 전체 핵심어　— 각 문단 중심 문장　▨ 글 전체 중심 문장

1 ㉮ 사람들이 어린아이나 강아지, 새끼 고양이 등을 보며 귀엽다고 느끼는 이유는 무엇일까? 이 질문에 대해 콘라드 로렌츠(Konrad Lorenz)를 비롯한 진화학자*들은 ⓐ 성체의 도움이 필요한 포유류의 새끼들에게 공통적으로 나타나는 특징인 베이비 스키마(baby schema) 때문이라고 설명한다. 갓 태어난 동물들은 살아남기 위해 귀여운 모습을 갖게 되었고, 이것이 다른 존재로 하여금 갓 태어난 동물들을 돌보고 싶어 하게 만든다는 것이다. 갓 태어난 동물들의 귀여운 모습은 이들이 성체가 될 때까지 살아남는 데 도움이 된다는 것이 이들의 설명이다.
*1 문단 요약: 사람들이 어린 동물을 귀엽다고 느끼는 이유에 대한 진화학자들의 설명

2 인간도 그렇지만, 갓 태어난 동물들의 대부분은 성체에 비해 약하게 태어나며, 자라면서 성체가 가진 신체적 기능 등을 점차 갖추게 된다. 그러므로 새끼 동물들은 ⓑ 어느 시기까지는 먹이 공급과 체온 유지 등에 있어 다른 존재들의 도움을 받아야 한다. 이때 도움이 되는 것이 바로 새끼 동물들이 가진 '베이비 스키마'이다. 새끼 동물들은 대체로 어른이 된 동물들, 즉 성체보다
베이비 스키마에 해당하는 외양적 특징
작고 통통한 몸집과 부드러운 털, 동그란 얼굴, 큰 눈, 넓은 이마, 토실한 뺨 등을 갖고 있다. 베이비 스키마는 인간을 비롯한 새끼
베이비 스키마의 개념
동물들이 가진 이러한 외양적 특징을 가리킨다. *2 문단 요약: 베이비 스키마의 개념

3 인간이 새끼 동물들을 보고 귀엽다는 감정을 느낄 때는
인간이 베이비 스키마를 인식할 때
베이비 스키마를 인식할 때이다. ⓒ 이때 인간의 두뇌에서는 도파민 이라는 호르몬이 분비된다. 우리의 뇌 속에서 도파민이 분비되면 우리는 행복을 느끼게 된다. 이러한 이유 때문에 인간은 새끼 동물들을 보고 귀엽다고 느끼고, 돌보고 싶다는 감정을 갖게 된다. 요약하자면 인간은 새끼 동물들의 귀여운 모습인 베이비 스키마 때문에 새끼 동물들을 보면 사랑스럽고, 보호해 주고 싶다는 느낌을 받게 되는 것이다. *3 문단 요약: 인간의 도파민 분비를 유도하는 베이비 스키마

4 우리가 베이비 스키마를 느끼는 대상은 어린아이나 새끼 동물들에 한정되지는 않는다. 우리가 귀엽다고 느끼는 캐릭터들에게서도 넓은 이마, 큰 눈, 토실한 뺨 등의 베이비 스키마를 찾아볼 수 있다. [여러 기업에서는 베이비 스키마를
[ ] 기업에서 베이비 스키마를 활용하는 예
이용해 사람들이 귀엽게 느낄 수 있는 캐릭터를 개발하고, 캐릭터를 활용해 기업의 상품을 홍보하거나 캐릭터 자체와 관련된 물품을 판매하기도 한다.] 이는 베이비 스키마가 우리에게 많은 영향을 ㉠ 미친다는 것을 보여 주는 예이기도 하다. *4 문단 요약: 기업에서도 활용하는 베이비 스키마

5 이번 주말에는 우리가 귀여워하는 강아지, 고양이, 캐릭터 등에서 베이비 스키마를 찾아 보자. 내가 왜 어린아이나 강아지,

새끼 고양이 등을 보며 귀엽다고 느꼈는지를 발견할 수 있을 것이다. *5 문단 요약: 우리 주변에서 베이비 스키마를 찾아 보자는 권유

* 진화학자: 생물이 생명의 기원 이후부터 점차 변해 가는 현상을 연구하는 학자

■ 지문 이해

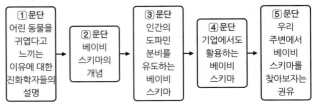

베이비 스키마
- 개념: 인간을 비롯한 새끼 동물들이 가진 외양적 특징
- 기능: 인간의 도파민 분비를 유도함.

■ 문단 간의 관계

1 문단: 사람들이 어린 동물을 귀엽다고 느끼는 이유에 대한 진화학자들의 설명을 제시했다.
2 문단: 베이비 스키마의 개념을 설명했다.
3 문단: 인간이 베이비 스키마를 인식하면 뇌 속에서 도파민이 분비 되고, 이것이 인간으로 하여금 갓 태어난 동물을 돌보고 싶다는 감정을 느끼게 한다고 설명했다.
4 문단: 기업에서 베이비 스키마를 이용하는 예를 설명했다.
5 문단: 우리가 귀여워하는 다양한 것들에서 베이비 스키마를 찾아보자고 권하며 글을 마무리했다.

■ 글의 구조도

1 문단		2 문단		3 문단		4 문단		5 문단
어린 동물을 귀엽다고 느끼는 이유에 대한 진화학자들의 설명	→	베이비 스키마의 개념	→	인간의 도파민 분비를 유도하는 베이비 스키마	→	기업에서도 활용하는 베이비 스키마	→	우리 주변에서 베이비 스키마를 찾아보자는 권유

➡ 글의 순서대로 구조도를 그릴 수 있다.

■ 주제: 베이비 스키마의 개념과 활용

---

01 정답 (1) ② (2) ① (3) ①

(1) ①은 '상체'의 사전적 의미이다.
(3) ⓒ 이때 인간의 두뇌에서는 도파민이라는 호르몬이 분비된다.
인간이 새끼 동물들을 보고 베이비 스키마를 느낄 때

02 정답 **1** 베이비 스키마
2 외양적 특징
3 진화학자들
4 베이비 스키마의 개념과 특징

03 정답 ③ * 내용 전개 방식 파악하기

윗글에 대한 설명으로 알맞지 않은 것은?

﹥왜 정답 ?
③ ~~찬성 측과 반대 측의 의견을 제시하고 있다.~~
이야기하지 않음.
윗글에서는 베이비 스키마에 대해 설명하고 있을 뿐이다. 베이비 스키마에 대한 찬성 측과 반대 측의 의견은 제시하지 않았다.

﹥왜 오답 ?
① 전문가의 견해를 제시하고 있다.
콘라드 로렌츠

> 1 문단 **2** 문장 이 질문에 대해 콘라드 로렌츠(Konrad Lorenz)를 비롯한 진화학자들은 ~

② 중심 화제의 개념을 제시하고 있다.
베이비 스키마

②문단❺문장 베이비 스키마는 인간을 비롯한 새끼 동물들이 가진 이러한 외양적 특징을 가리킨다.

④ 질문과 답변의 형식으로 내용을 전개하고 있다.

①문단❶, ❷문장 사람들이 어린아이나 강아지, 새끼 고양이 등을 보며 귀엽다고 느끼는 이유는 무엇일까? 이 질문에 대해 콘라드 로렌츠(Konrad Lorenz)를 비롯한 진화학자들은 성체의 도움이 필요한 포유류의 새끼들에게 공통적으로 나타나는 특징인 '베이비 스키마(baby schema)' 때문이라고 설명한다.

⑤ 중심 화제와 관련된 구체적 사례를 들어 읽는 사람의
베이비 스키마
   이해를 돕고 있다.

④문단❷, ❸문장 우리가 귀엽다고 느끼는 캐릭터들에게서도 넓은 이마, 큰 눈, 토실한 뺨 등의 베이비 스키마를 찾아볼 수 있다. 여러 기업에서는 베이비 스키마를 이용해 사람들이 귀엽게 느낄 수 있는 캐릭터를 개발하고, 캐릭터를 활용해 기업의 상품을 홍보하거나 캐릭터 자체와 관련된 물품을 판매하기도 한다.

4문단에서 중심 화제인 베이비 스키마를 활용하여 기업이 캐릭터를 개발하고, 이를 활용하는 예를 제시하고 있다.

04 정답 ④ * 내용 파악하기

윗글의 내용으로 가장 알맞은 것은?

〉왜 정답?

④ 기업에서 귀여운 캐릭터를 개발할 때는 베이비 스키마를 활용한다.

④문단❸문장 여러 기업에서는 베이비 스키마를 이용해 사람들이 귀엽게 느낄 수 있는 캐릭터를 개발하고, ~

〉왜 오답?

① 사람을 본 동물들의 뇌에서는 도파민이 나온다.
새끼 동물들을 본 사람들

③문단❶, ❷문장 인간이 새끼 동물들을 보고 귀엽다는 감정을 느낄 때는 베이비 스키마를 인식할 때이다. 이때 인간의 두뇌에서는 도파민이라는 호르몬이 분비된다.

② 동물들의 새끼는 먹이를 스스로 찾아 먹을 수 있었다.
없다

②문단❷문장 ~ 새끼 동물들은 어느 시기까지는 먹이 공급과 체온 유지 등에 있어 다른 존재들의 도움을 받아야 한다.

③ 성체는 대체로 부드럽고 동그란 느낌의 외양적 특징을
새끼 동물들
   갖고 있다.

②문단❹문장 새끼 동물들은 대체로 어른이 된 동물들, 즉 성체보다 작고 통통한 몸집과 부드러운 털, 동그란 얼굴, 큰 눈, 넓은 이마, 토실한 뺨 등을 갖고 있다.

⑤ 대부분의 새끼 동물들은 태어나면서부터 성체가 가진
   신체적 기능을 갖추고 있다.
   갖추지 못하여 다른 존재들의 도움을 받아야 함.

②문단❶문장 인간도 그렇지만, 갓 태어난 동물들의 대부분은 성체에 비해 약하게 태어나며, 자라면서 성체가 가진 신체적 기능 등을 점차 갖추게 된다.

05 정답 ② * 어휘의 의미 파악하기

〈보기〉에서 ㉠과 바꾸어 쓰기에 알맞은 말을 모두 고른 것은?
㉠ '미친다'- '(영향이나 작용 따위를) 대상에 가하다.'라는 의미로 쓰임.

〉왜 정답?

② ㄱ, ㄴ

ㄱ. 준다   ㄴ. 끼친다

㉠'미친다'는 문맥을 고려하면 사람들에게 영향을 가한다는 의미로 사용되었다.
ㄱ. '준다'의 기본형 '주다'의 사전적 의미는 '남에게 어떤 일이나 감정을 겪게 하거나 느끼게 하다.'이고, ㄴ. '끼친다'의 기본형 '끼치다'의 사전적 의미는 '영향, 해, 은혜 따위를 당하거나 입게 하다.'이다.
따라서 ㉠'미친다'와 ㄱ. '준다', ㄴ. '끼친다'를 바꾸어 쓸 수 있다.

〉왜 오답?

ㄷ. 받는다

ㄷ. '받는다'의 기본형 '받다'의 사전적 의미는 '다른 사람이나 대상이 가하는 행동, 심리적인 작용 따위를 당하거나 입다.'이다.
베이비 스키마가 우리에게 영향을 미친다는 것은 베이비 스키마가 인간에게 영향을 가한다는 의미이지 인간이 베이비 스키마에 영향을 가한다는 의미가 아니므로 ㄷ. '받는다'는 ㉠'미친다'와 바꾸어 쓸 수 없다.

06 예시 답안: 사람들이 어린아이와 새끼 동물들을 보며 귀엽다고 느끼는 이유는 동물들이 가진 베이비 스키마를 인식하면 사람들의 두뇌에서 도파민이 분비되기 때문이다.

㉮의 이유를 〈조건〉에 맞게 쓰시오.
'사람들이 어린아이나 강아지, 새끼 고양이 등을 보며 귀엽다고 느끼는 이유는 무엇일까?'

─── 〈조건〉 ───
1. '도파민'이라는 말을 포함할 것
2. '~ 때문이다.' 형식의 한 문장으로 쓸 것

〉왜 정답?

①문단❷문장 ~ 콘라드 로렌츠(Konrad Lorenz)를 비롯한 진화학자들은 성체의 도움이 필요한 포유류의 새끼들에게 공통적으로 나타나는 특징인 '베이비 스키마(baby schema)' 때문이라고 설명한다.
③문단❶, ❷, ❹문장 인간이 새끼 동물들을 보고 귀엽다는 감정을 느낄 때는 베이비 스키마를 인식할 때이다. 이때 인간의 두뇌에서는 도파민이라는 호르몬이 분비된다. ~ 이러한 이유 때문에 인간은 새끼 동물들을 보고 귀엽다고 느끼고, 돌보고 싶다는 감정을 갖게 된다.

사람들이 새끼 동물들을 보고 베이비 스키마를 인식하면 뇌에서 도파민이 분비되고, 이는 인간을 행복하게 만든다. 이러한 이유 때문에 인간은 새끼 동물들을 보고 귀엽다고 느끼게 되는 것이다.

채점 요소	채점 기준	배점	
내용의 적절성	윗글에서 근거를 찾아 적절히 제시한 경우	5	5
	답을 쓰지 않거나 오답을 쓴 경우	0	
표현의 적절성	조건 1에 맞게 쓰지 않은 경우	-1	-3
	조건 2에 맞게 쓰지 않은 경우	-1	
	어법에 맞지 않거나 문맥에 어긋난 경우	-1	

[07~12] '노쇼(no-show)'란 무엇인가? [사회]

○ 각 문단 핵심어   ◎ 글 전체 핵심어   ─ 각 문단 중심 문장   ▬ 글 전체 중심 문장

1 ❶A는 토요일 오후 2시에 친구 2명과 함께 B 음식점에 가겠다고 예약을 해 두었다. ❷그런데 막상 토요일이 되자 A는 집밖에 나가는 것이 귀찮아졌다. ❸그래서 A는 B 음식점에 못 간다는 연락도 남기지 않고 집에서 쉬기로 결정했다.   *①문단 요약: 노쇼의 구체적 사례

2 ❶위의 사례 속 A의 ⓐ 행위처럼 [정해진 날짜에 오기로 한 사람이 【 】노쇼의 개념 사전에 취소한다는 연락 없이 예약 장소에 나타나지 않는 행위]를 노쇼(no-show)또는 예약 부도(豫約 不渡)라고 한다. ❷원래 이 말은 항공 회사의 업무 용어였으나, 1990년대 이후 음식점, 미용실, 호텔 등 예약이 필요한 다른 서비스 업계에서도 널리 쓰이게 되었다.   *②문단 요약: 노쇼의 개념

3 ❶노쇼를 하면 안 되는 이유는 노쇼가 다른 사람들에게 피해를 노쇼 주는 행위이기 때문이다. ❷위의 사례 속 B 음식점에서는 A와 A의 친구들을 위해 토요일 오후 2시에 자리를 비워 두고, 기본 음식을 준비해 두었을 것이다. ❸그러나 A와 A의 친구들이 예약한 당일에 B 음식점에 나타나지 않음으로써 음식점 주인은 미리 준비한 피해를 입은 사람 ① 음식을 활용하지 못하게 되었다. ❹게다가 해당 시간에 B 음식점에 방문하고 싶었으나 A가 이미 예약을 했기 때문에 방문하지 못한 다른 손님들도 A가 미리 예약을 취소했다면 그 시간에 A 대신 B 피해를 입은 사람 ② 음식점을 이용할 수 있었을 것이다. ❺ⓑ 그러나 A가 취소를 하지 않음에 따라 그 시간에 B 음식점을 이용할 수 없어 이 사람들도 피해를 입게 되었다.   *③문단 요약: 노쇼를 하면 안 되는 이유

4 ❶그렇다면 ⓒ 이와 같은 행위를 법적으로 처벌할 방법은 없는 노쇼 것일까? ❷2018년에 공정거래위원회는 소비자 분쟁 해결 기준을 통해 노쇼 문제를 해결하기 위한 방안으로 노쇼 위약금* 개정안을 마련하였다. ❸요즘 일부 식당의 경우, 예약을 할 때 소비자에게 예약 보증금을 내게 한다. ❹이 개정안에 따르면 소비자가 노쇼를 할 경우 소비자가 지불한 예약 보증금을 피해 업체에 위약금으로 지급하게 된다. ❺이 개정안에서는 소비자가 예약 시간 1시간 이전에 예약을 취소하는 경우에는 예약 보증금을 돌려받을 수 있게 규정했다. ❻그러나 소비자들 중에는 예약 보증금을 받는 제도에 거부감을 느끼는 경우가 많아서 예약 보증금을 받지 않고 있는 업체가 많다. ❼또 이러한 규정이 있어도 이를 실질적으로 적용하기에는 많은 논란이 있어 여전히 우리 사회에는 노쇼가 많은 상황이다.   *④문단 요약: 노쇼를 법적으로 처벌하는 방법

5 ❶그러므로 노쇼를 예방하기 위해서는 무엇보다 ㉮ ❷우리가 하는 노쇼로 인해 관련된 사람들이 경제적, 정신적 피해를 입는다는 글쓴이의 주장 점을 알고, 개개인이 예약을 지켜야 한다는 책임감을 느낀다면 우리 사회에서 노쇼는 사라지고 좀 더 성숙한 예약 문화가 만들어질 것이다.   *⑤문단 요약: 성숙한 예약 문화를 만들어 나가자는 권유

* 위약금: 약속을 할 때 약속을 어기면 약속을 어긴 대가로 지급할 것을 미리 약속한 돈

■ 지문 이해

 노쇼 — 정해진 날짜에 오기로 한 사람이 사전에 취소한다는 연락 없이 예약 장소에 나타나지 않는 행위
➡ 노쇼에 대한 소비자의 의식 개선 필요

■ 문단 간의 관계

①문단: 노쇼와 관련된 구체적 사례를 제시했다.
②문단: 노쇼의 개념을 설명했다.
③문단: 노쇼를 하면 안 되는 이유를 설명했다.
④문단: 노쇼를 법적으로 처벌하는 방법을 소개했다.
⑤문단: 노쇼를 방지하기 위해 소비자들이 지녀야 할 태도를 제시했다.

■ 글의 구조도

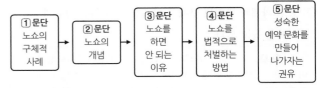

➡ 글의 순서대로 구조도를 그릴 수 있다.

■ 주제: 노쇼의 개념과 글쓴이의 주장

---

07 정답 (1) ① (2) ① (3) ②

(1) ➡ ② 는 '시위'의 사전적 의미이다.

(3) ⓑ 그러나 A가 취소를 하지 않음에 따라 그 시간에 B 음식점을 이용할 수 B 음식점에 방문하지 못함. 없어 이 사람들도 피해를 입게 되었다. B 음식점에 방문하고 싶었던 다른 손님들
➡ A가 B 음식점에 예약을 취소하지 않음에 따라 피해를 입은 사람은 B 음식점 주인과 해당 시간에 B 음식점에 방문하고 싶었으나 방문하지 못한 사람이다. ⓑ에서 '이 사람들'은 해당 시간에 B 음식점에 방문하고 싶었으나 방문하지 못한 사람을 가리킨다.

---

08 정답 ❶ 노쇼
❷ 노쇼가 다른 사람에게 피해를 주는 행위
❸ 노쇼
❹ 노쇼 위약금 개정안

---

09 정답 ① * 내용 파악하기

윗글의 내용으로 알맞지 않은 것은?

> 왜 정답 ?

① 노쇼는 1990년대 이전부터 널리 쓰였던 용어이다.
            이후   쓰이게 된

②문단❷문장 원래 이 말(노쇼)은 항공 회사의 업무 용어였으나, 1990년대 이후 ~ 널리 쓰이게 되었다.

> 왜 오답 ?

② 노쇼가 발생하면 그날 예약하지 못한 다른 손님들도 피해를 본다.

③문단❹, ❺문장 게다가 해당 시간에 B 음식점에 방문하고 싶었으나 A가 이미 예약을 했기 때문에 B 음식점에 방문하지 못한 다른 손님들도 ~ 그 시간에 B 음식점을 이용할 수 없어 이 사람들도 피해를 입게 되었다.

③ A가 B 음식점에 미리 방문하지 못한다고 연락을 했다면
A는 노쇼를 한 것이 아니다.

> ②문단 ❶문장 ~ 정해진 날짜에 오기로 한 사람이 사전에 취소한다는
> 연락 없이 예약 장소에 나타나지 않는 행위를 노쇼(no-show) 또는
> 예약 부도(豫約 不渡)라고 한다.

사전에 취소한다는 연락 없이 예약 장소에 나타나지 않는 행위가 노쇼이므로,
A가 B 음식점에 못 간다고 미리 연락을 했다면 A는 노쇼를 한 것이 아니다.

④ 노쇼가 발생하면 음식점은 미리 준비한 음식을 버려야
하므로 경제적 손실을 보게 된다.

> ③문단 ❸문장 그러나 A와 A의 친구들이 예약한 당일에 B 음식점에
> 나타나지 않음으로써 음식점 주인은 미리 준비한 음식을 활용하지
> 못하게 되었다.

⑤ A가 예약 시간 2시간 전에 B 음식점에 연락을 하여
예약을 취소했다면, A는 B 음식점으로부터 예약 보증금을
돌려받을 수 있다.

> ④문단 ❺문장 이 개정안에서는 소비자가 예약 시간 1시간 이전에
> 예약을 취소하는 경우에는 예약 보증금을 돌려받을 수 있게 규정했다.

10 정답 ② *반응의 적절성 파악하기

다음 중 윗글을 읽은 학생의 반응으로 알맞지 <u>않은</u> 것은?

> 왜 정답?

② 노쇼라는 용어를 다른 나라에서도 사용하는구나.
  알 수 없음.

> ②문단 ❷문장 원래는 이 말은 항공 회사의 업무 용어였으나,
> 1990년대 이후 음식점, 미용실, 호텔 등 예약이 필요한 다른 서비스
> 업계에서도 널리 쓰이게 되었다.

2문단에서 예약이 필요한 다른 서비스 업계에서도 노쇼라는 말이 널리
쓰이게 되었다고 했을 뿐이다.
윗글에서 다른 나라에서 노쇼라는 용어를 사용하는지에 대해 이야기한
부분은 찾을 수 없다.

> 왜 오답?

① 항공 회사에서는 노쇼라는 용어를 사용하는구나.
  예약이 필요한 서비스 업계
  *근거: ②문단 ❷문장
③ 노쇼를 예방하려면 우리부터 책임감을 가져야겠어.

> ⑤문단 그러므로 노쇼를 예방하기 위해서는 ~ 우리가 하는 노쇼로
> 인해 관련된 사람들이 경제적, 정신적 피해를 입는다는 점을 알고,
> 개개인이 예약을 지켜야 한다는 책임감을 느낀다면 ~

④ 2018년에 노쇼를 하는 사람을 법적으로 처벌할 방법이
마련되었군.
  노쇼 위약금 개정안

> ④문단 ❷문장 2018년에 공정거래위원회는 소비자 분쟁 해결 기준을
> 통해 노쇼 문제를 해결하기 위한 방안으로 노쇼 위약금 개정안을
> 마련하였다.

⑤ 노쇼 위약금 개정안에 따르면 노쇼를 할 경우 위약금을
내야 하는군.

> ④문단 ❹문장 이 개정안에 따르면 소비자가 노쇼를 할 경우 소비자가
> 지불한 예약 보증금을 피해 업체에 위약금으로 지급하게 된다.

11 정답 ① *내용 파악 + 추론하기

㉮에 들어갈 내용으로 가장 알맞은 것은?
'그러므로 노쇼를 예방하기 위해서는 무엇보다 ____㉮____.'

> 왜 정답?

① 예약에 대한 소비자의 인식부터 달라져야 한다.

> ⑤문단 그러므로 노쇼를 예방하기 위해서는 무엇보다 (㉮).
> 우리가 하는 노쇼로 인해 관련된 사람들이 경제적, 정신적 피해를
> 입는다는 점을 알고, 개개인이 예약을 지켜야 한다는 책임감을
> 느낀다면 ~ 좀 더 성숙한 예약 문화가 만들어질 것이다.

4문단에서 노쇼를 법적으로 처벌하는 방법으로 노쇼 위약금 개정안이
있다고 했다. 그러나 소비자들이 예약 보증금 제도에 대해 거부감을 느끼는
경우가 많아 이 제도를 실질적으로 적용하기는 어렵다고 했다.
그래서 5문단에서는 노쇼를 예방하려면 무엇보다 소비자가 예약에 대해
책임감을 느껴야 한다고 강조하고 있다.

> 왜 오답?

② 노쇼를 하는 소비자들을 강력하게 ~~처벌해야~~ 한다.
  소비자들이 책임감을 느껴야 한다고 함.

> 글쓴이는 노쇼를 하는 소비자들이 예약을 지켜야 한다는 책임감을
> 가져야 한다고 했을 뿐이다. 노쇼를 하는 소비자들을 강력하게
> 처벌해야 한다고 주장한 것이 아니다.

③ 노쇼를 한 소비자가 내야 할 위약금 액수를 ~~늘려야~~ 한다.
  이야기하지 않음.

> *근거: ④문단 ❷, ❹문장
> 4문단에서 노쇼 위약금 개정안에 대해 설명하면서 노쇼를 한
> 소비자가 피해 업체에 위약금으로 예약 보증금을 내야 한다고 했을 뿐,
> 그 액수를 늘려야 한다고 하지는 않았다.

④ 예약을 잘 지키는 소비자들에게 법적으로 ~~혜택~~을 주어야 한다.
  이야기하지 않음.
⑤ 정부가 노쇼로 피해를 입은 일부 업체에 피해를 ~~보상~~해
주어야 한다.
  이야기하지 않음.

12 예시 답안: 우리 사회에 노쇼가 많은 이유는 소비자들이 예약
보증금을 받는 제도에 거부감을 느끼는 경우가 많아 예약
보증금을 받지 않고 있는 식당이 많기 때문에 노쇼 위약금
개정안을 실질적으로 적용하기 어렵기 때문이다.

우리 사회에 노쇼가 많은 이유를 <조건>에 맞게 쓰시오.

> ──── <조건> ────
> 1. 한 가지 이상의 이유를 쓸 것
> 2. '~때문이다.' 형식의 한 문장으로 쓸 것

> 왜 정답?

> ④문단 ❹, ❻, ❼문장 이 개정안에 따르면 소비자가 노쇼를 할 경우
>   노쇼 위약금 개정안
> 소비자가 지불한 예약 보증금을 피해 업체에 위약금으로 지급하게
> 된다. ~ 그러나 소비자들 중에는 예약 보증금을 받는 제도에
> 거부감을 느끼는 경우가 많아서 예약 보증금을 받지 않고 있는 업체가
> 많다. 또 이러한 규정이 있어도 이를 실질적으로 적용하기에는 많은
> 논란이 있어 여전히 우리 사회에는 노쇼가 많은 상황이다.

채점 요소	채점 기준	배점	
내용의 적절성	윗글에서 근거를 찾아 적절히 제시한 경우 (조건 1)	5	5
	답을 쓰지 않거나 오답을 쓴 경우	0	
표현의 적절성	조건 2에 맞게 쓰지 않은 경우	-1	-2
	어법에 맞지 않거나 문맥에 어긋난 경우	-1	

DAY 06

▶ 문제편 **60쪽**

[01~06] 대화형 인공 지능 챗봇 [과학·기술]

○ 각 문단 핵심어   ◎ 글 전체 핵심어   ─ 각 문단 중심 문장   ─ 글 전체 중심 문장

① 2020년대에 들어 많은 사람들이 공부를 하다가 자신이 잘 모르는 것을 확인할 때 챗GPT와 같은 <u>대화형 인공 지능 챗봇</u>*을 ⓐ 활용한다. **②** 대화형 인공 지능 챗봇(Artificial Intelligence Chat Bot)이란 인간의 지능이 가지는 학습, 추리, 적응, 논증 따위의
<small>대화형 인공 지능 챗봇의 개념</small>
기능을 갖춘 컴퓨터 시스템인 인공 지능을 활용한 것으로, 사용자가 대화창에 텍스트를 입력하면 ⓑ 그에 맞춰 대화를 함께 나누는 서비스를 의미한다.

＊**①문단 요약**: 대화형 인공 지능 챗봇의 개념

② 그렇다면 대화형 인공 지능 챗봇의 <u>특징</u>은 무엇일까? **②** 우선 대화형 인공 지능 챗봇은 사용자가 하는 말의 내용을 이해하고,
<small>대화형 인공 지능 챗봇의 특징 ①</small>
이를 바탕으로 사용자와 자연스럽게 대화를 할 수 있다. **③** 또 대화형 인공 지능 챗봇은 많은 양의 새로운 데이터를 계속해서 학습하기 때문에 사용자와 새롭고 다양한 주제로 대화할 수 있다. **④** 그래서
<small>대화형 인공 지능 챗봇의 특징 ②</small>
학생들이 공부하는 과정에서 자신이 이해하지 못하는 부분이 생기면 대화형 인공 지능 챗봇과 대화를 나누면서 이를 해결할 수
<small>공부를 할 때 학생이 이해하지 못한 부분</small>
있다. **⑤** 또한 대화형 인공 지능 챗봇은 다양한 언어를 구사할 수 있어서 사람들은 이것을 활용하여 영어, 일본어 등 외국어를 공부할
<small>대화형 인공 지능 챗봇의 특징 ③</small>
수도 있다.

＊**②문단 요약**: 대화형 인공 지능 챗봇의 특징

① 이러한 대화형 인공 지능 챗봇에도 <u>한계</u>는 있다. **②** 아직까지 대화형 인공 지능 챗봇은 인간의 감정을 깊이 있게 이해하지 못하고, 이해한 바를 효과적으로 표현할 수 없다. **③** 그래서 대화형 인공 지능 챗봇은 함께 대화를 나누는 [사용자의 의도나 감정 등을
<small>[ ]: 대화형 인공 지능 챗봇의 한계 ①</small>
정확하게 파악하지 못하여 ㉮ 사용자의 마음을 상하게 할 수도 있고, 대화의 맥락과 ㉠ 동떨어지는 이상한 답변을 할 수도 있다.]
④ 또한 대화형 인공 지능 챗봇은 [사용자에게 정확한 내용의 정보나 균형 있는 정보를 제공하지 못할 수도 있다.] 대화형 인공 지능
<small>[ ]: 대화형 인공 지능 챗봇의 한계 ②</small>
챗봇은 자신이 학습한 데이터를 바탕으로 사용자와 대화를 이어 나가기 때문에 데이터에 있던 정보가 확실하지 않거나 한쪽으로 치우쳐 있다면 이러한 일이 발생할 수 있다. **⑥** 또 대화형 인공 지능 챗봇을 이용하다 [개인 정보가 유출되는 등의 피해가 발생할 수
<small>[ ]: 대화형 인공 지능 챗봇의 한계 ③</small>
있다.] 대화형 인공 지능 챗봇은 공짜로 이용할 수 있는 것과 돈을 내고 이용할 수 있는 것이 있는데, 최근 돈을 내고 이용하는 것에서 개인들의 결제 정보가 유출되어 큰 논란이 되기도 했다.

＊**③문단 요약**: 대화형 인공 지능 챗봇의 한계

① 한편 대화형 인공 지능 챗봇을 사용하는 일부 사람들에게도 <u>문제</u>가 있다. **②** 숙제를 할 때 대화형 인공 지능 챗봇을 활용한 후 대화형 인공 지능 챗봇과의 대화 내용을 그대로 숙제로 제출하는

사람들이 있다. **③** ⓒ 대화형 인공 지능 챗봇이 학습한 데이터 또한 누군가가 만들어 낸 지식과 정보이다. **④** 그러므로 ⓓ 대화형 인공 지능 챗봇과의 대화 내용을 그대로 숙제로 내는 것은 표절이며, 이와 같은 행위는 다른 사람의 지식재산권을 침해하는 행위가 될 수도 있다.

＊**④문단 요약**: 대화형 인공 지능 챗봇을 잘못된 방식으로 사용하는 일부 사람들

① 자신이 원하는 정보를 편리하게 얻을 수 있기 때문에 점차 <u>대화형 인공 지능 챗봇</u>을 사용하는 사람들은 늘어날 것이다. **②** 대화형 인공 지능 챗봇의 한계를 극복하면서도 이를 효과적으로 활용할 수
<small>글쓴이의 주장</small>
있는 방안은 무엇이 있는지 모두 함께 생각해 보아야 한다.

＊**⑤문단 요약**: 대화형 인공 지능 챗봇 사용에 대한 전망과 글쓴이의 주장

＊ **챗봇**: 문자 또는 음성으로 대화하는 기능이 있는 컴퓨터 프로그램 또는 인공 지능

■ **지문 이해**

대화형 인공 지능 챗봇

- **특징** ① 사용자와 자연스럽게 대화할 수 있음.
  ② 사용자와 새롭고 다양한 주제로 대화할 수 있음.
  ③ 외국어를 공부하는데 활용할 수 있음.
- **한계** ① 사용자의 의도나 감정 등을 정확하게 파악 ×
  → 사용자의 마음을 상하게 하는 대답, 맥락과는 동떨어진 대답
  ② 사용자에게 정확한 내용의 정보나 균형 있는 정보를 제공하지 못할 수도 있음.
  ③ 개인 정보가 유출될 수 있음.

■ **문단 간의 관계**

①**문단**: 대화형 인공 지능 챗봇의 개념을 설명했다.
②**문단**: 대화형 인공 지능 챗봇의 특징을 설명했다.
③**문단**: 대화형 인공 지능 챗봇의 한계를 설명했다.
④**문단**: 대화형 인공 지능 챗봇을 잘못된 방식으로 사용하는 일부 사람들에 대해 이야기했다.
⑤**문단**: 대화형 인공 지능 챗봇의 한계를 극복하고 효과적으로 활용할 수 있는 방안을 생각해 보아야 한다고 주장했다.

■ **글의 구조도**

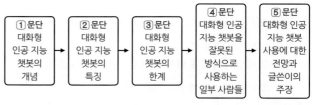

⇒ 글의 순서대로 구조도를 그릴 수 있다.

■ **주제**: 대화형 인공 지능 챗봇의 개념과 특징 및 한계

[01] 정답 (1) ① (2) ① (3) ②

(1) ➡ ②는 '수용하다'의 사전적 의미이다.
(3) ⓒ 대화형 인공 지능 챗봇이 학습한 데이터 또한 <u>누군가가</u> 만들어 낸 지식과 정보이다.
<small>대화형 인공 지능 챗봇이 학습한 데이터의 지식재산권을 가진 사람</small>

[02] 정답 ❶ 대화형 인공 지능 챗봇
❷ 의도나 감정 등을 정확하게 파악하지 못하고
❸ 대화형 인공 지능 챗봇   ❹ 한계

03 정답 ⑤ * 내용 파악하기

윗글의 내용으로 알맞지 <u>않은</u> 것은?

>**왜** 정답 ?

⑤ 대화형 인공 지능 챗봇은 사용자에게 언제나 **정확한**
정보만을 제공한다.
_{부정확한 정보를 제공할 수 있음.}

> ③문단④문장 또한 대화형 인공 지능 챗봇은 사용자에게 정확한
> 내용의 정보나 균형 있는 정보를 제공하지 못할 수도 있다.

>**왜** 오답 ?

① 대화형 인공 지능 챗봇은 다양한 언어를 사용한다.

> ②문단⑤문장 또한 대화형 인공 지능 챗봇은 다양한 언어를 구사할 ~

② 대화형 인공 지능 챗봇은 2020년대에 널리 사용되고 있다.

> ①문단①문장 2020년대에 들어 많은 사람들이 ~ 대화형 인공지능
> 챗봇을 활용한다.

③ 대화형 인공 지능 챗봇은 사용자가 하는 말을 이해할 수
있다.

> ②문단②문장 우선 대화형 인공 지능 챗봇은 사용자가 하는 말의
> 내용을 이해하고, 이를 바탕으로 사용자와 자연스럽게 대화를 할 수
> 있다.

④ 대화형 인공 지능 챗봇은 사용자와 다양한 주제로 대화를
나눌 수 있다.

> ②문단③문장 또 대화형 인공 지능 챗봇은 많은 양의 새로운 데이터를
> 계속해서 학습하기 때문에 사용자와 새롭고 다양한 주제로 대화할
> 수 있다.

04 정답 ② * 내용 파악 + 추론하기
_{'사용자의 마음을 상하게 할 수도 있고'}

대화형 인공 지능 챗봇이 ㉮와 같은 한계를 보이는 이유로 가장
알맞은 것은?

>**왜** 정답 ?

② 대화형 인공 지능 챗봇이 인간의 감정을 깊이 있게
이해하지 못하기 때문이다.

> ③문단②,③문장 아직까지 대화형 인공 지능 챗봇은 인간의 감정을
> 깊이 있게 이해하지 못하고, 이해한 바를 효과적으로 표현할 수 없다.
> 그래서 대화형 인공 지능 챗봇은 함께 대화를 나누는 사용자의 의도나
> 감정 등을 정확하게 파악하지 못하여 ㉮사용자의 마음을 상하게 할
> 수도 있고, ~

대화형 인공 지능 챗봇은 아직까지 인간의 감정을 깊이 있게 이해하지
못하고, 이해한 바를 효과적으로 표현할 수 없기 때문에 사용자의 마음을
상하게 할 수도 있다.

>**왜** 오답 ?

① 대화형 인공 지능 챗봇이 다른 사람의 지식재산권을
_{대화형 인공 지능 챗봇을 사용하는 일부 사람들}
침해하기 때문이다.

* 근거: ④문단

4문단에서 대화형 인공 지능 챗봇과 대화한 내용을 그대로 숙제로
제출하는 일부 사람들이 다른 사람들의 지식재산권을 침해할 수도
있다고 하였으나, 이것은 ㉮와 관련 없다.

③ 대화형 인공 지능 챗봇을 많은 사람들이 이용함에 따라
오류를 일으키기 때문이다.
_{관련 없음.}

④ 대화형 인공 지능 챗봇이 많은 양의 새로운 데이터를
계속해서 **학습하기** 때문이다.
_{관련 없음.}

⑤ 대화형 인공 지능 챗봇이 인간의 감정을 이해하고 이를
효과적으로 표현할 수 **있기** 때문이다.
_{없음.}

05 정답 ② * 어휘의 의미 파악하기

㉠의 사전적 의미로 가장 알맞은 것은?
_{'동떨어지는'}

>**왜** 정답 ?

② 둘 사이에 관련성이 거의 없다.

> ③문단②문장 ~ 대화의 맥락과 ㉠ 동떨어지는 이상한 답변을 할
> 수도 있다.

㉠'동떨어지는'의 기본형 '동떨어지다'의 사전적 의미는 '둘 사이에
관련성이 거의 없다.'라는 의미이다. 윗글에서도 대화의 맥락에서 관련성이
없는 이야기를 한다는 의미로 사용되었다.

>**왜** 오답 ?

① 위에서 아래로 내려지다.
_{'떨어지다'의 사전적 의미임.}

③ 어떤 기준에 꼭 맞아 남거나 모자람이 없다.
_{'맞아떨어지다'의 사전적 의미임.}

④ 성질이나 특성이 기준이 되는 것과 비슷하다.
_{'가깝다'의 사전적 의미임.}

⑤ 서로의 사이가 다정하거나 가깝지 않고 서먹서먹하게 되다.
_{'멀어지다'의 사전적 의미임.}

06 예시 답안: 대화형 인공 지능 챗봇이 학습한 데이터는 누군가가
만들어낸 지식과 정보이므로 대화형 인공 지능 챗봇과
대화한 내용을 그대로 숙제로 내는 것은 다른 사람의
지식재산권을 침해하는 행위이기 때문에 ㉯와 같은
행위를 하면 안 된다.

㉯와 같은 행위를 하면 안 되는 이유를 <조건>에 맞게 쓰시오.
_{'대화형 인공 지능 챗봇과의 대화 내용을 그대로 숙제로 내는 것'}

────── <조건> ──────
1. 근거는 한 가지만 제시할 것
2. '~ ㉯와 같은 행위를 하면 안 된다.' 형식의 한 문장으로 쓸 것

>**왜** 정답 ?

> ④문단③,④문장 대화형 인공 지능 챗봇이 학습한 데이터 또한
> 누군가가 만들어 낸 지식과 정보이다. 그러므로 ㉯ 대화형 인공 지능
> 챗봇과의 대화 내용을 그대로 숙제로 내는 것은 표절이며, 이와 같은
> 행위는 다른 사람의 지식 재산권을 침해하는 행위가 될 수도 있다.

채점 요소	채점 기준	배점	
내용의 적절성	윗글에서 근거를 찾아 적절히 제시한 경우 (조건 1)	5	5
	답을 쓰지 않거나 오답을 쓴 경우	0	
표현의 적절성	조건 2에 맞게 쓰지 않은 경우	-1	-2
	어법에 맞지 않거나 문맥에 어긋난 경우	-1	

DAY
06

[07~12] 공중전화가 뭔데? [인문]

○ 각 문단 핵심어   ◎ 글 전체 핵심어   ― 각 문단 중심 문장   ▨ 글 전체 중심 문장

① 요즘 길거리를 다니다 보면 대부분의 사람들이 가지고 있는
물건이 있다. **②** 바로 (휴대 전화)이다. 전화 통화를 비롯해 문자 메시지
발송, 누리집 접속과 쇼핑까지 많은 사람들이 길에서도 휴대 전화를
이용해 다양한 활동을 한다. **④** 그렇다면 휴대 전화가 ⓐ 보급되기 전에
길에서 갑자기 전화 통화를 해야 하는 상황에 처했을 때 사람들은
어떻게 했을까?
　　　*①문단 요약: 휴대 전화 보급 전 사람들이 어떻게
　　　　　　　　　 전화 통화를 했는지에 대한 의문

② 휴대 전화가 보급되기 전에 대부분의 사람들은 ⓑ 이러한 경우에
　　　　　　　　　　　　　　　　　　사람들이 길에서 갑자기 전화를 해야 하는 경우
(공중전화)를 이용했다. **②** 공중전화는 요즘 세대에게 다소 생소하지만,
1990년대에는 사람들이 이용하기 위해 줄을 서서 차례를 기다릴
만큼 인기 있는 통신 수단이었다. **③** 공중전화는 칸막이로 만들어진
부스에 놓여 있었으며, 공중전화 부스는 지하철역, 버스 터미널 등
　　　　　　　　　　공중전화 부스를 볼 수 있었던 장소
사람이 많이 모이는 공공장소뿐만 아니라, 공원 등 일상 곳곳에서
쉽게 볼 수 있었다.
　　　　　　　*②문단 요약: 휴대 전화 보급 전 사람들이 사용했던 공중전화

① 하지만 우리나라에 휴대 전화가 널리 보급되면서 (공중전화)를
이용하는 사람들은 급격하게 줄어들었다. **②** 우리나라에서 공중전화를
사람들이 공중전화 대신 휴대 전화를 사용하기 때문임.
운영하는 회사에 따르면, 현재 공중전화 한 대당 하루 평균 이용량은
3.6건에 불과하다고 한다. **©** 그래서인지 공중전화 부스도 길거리에서
점점 사라지고 있다.
　　　　　　　*③문단 요약: 휴대 전화의 보급에 따른 공중전화 부스의 감소

①[그렇다면 이제 우리나라에서 (공중전화)는 필요가 없어진 통신
　　　　　　　　　　　　　　[ ]: 질문과 답변의 형식으로 내용을 전개함.
수단일까? 꼭 그렇지는 않다.]**②**[지진이나 태풍 등의 자연재해가
　　　　　　　　　　　　　　[ ]: 공중전화가 유용하게 쓰이는 경우 ①
발생하거나, 불이 나서 통신망이 마비되어] 휴대전화를 이용하기
어려운 경우에 공중전화는 진가를 발휘한다. 휴대 전화는
통신망에서 나오는 무선 전파를 통해 통신하는데, 자연재해 등으로
통신망이 망가진다면 무선 전파가 나오지 않아 휴대 전화를 이용할
수 없다. **⑤** 하지만 공중전화는 지하에 묻힌 통신선을 이용하기 때문에
이 통신선이 파괴되지 않았다면 언제든 이용할 수 있다. **⑥** 이와 같은
경우 외에도 휴대 전화를 분실했거나, 휴대 전화의 전원이 꺼졌을
　　자연재해 등으로 통신망이 마비되었을 경우
　　　　　　　　　　　공중전화가 유용하게 쓰이는 경우 ②
때도 공중전화를 이용해 통화를 할 수 있다. **⑦** 또 [휴대 전화 요금이
부담되는 사람들이나 전파가 약한 일부 지역의 사람들]에게는
　　　　　　[ ]: 공중전화를 유용하게 사용하는 사람들
공중전화가 여전히 유용한 통신 수단이다.
　　　　　　　　　*④문단 요약: 공중전화의 유용성

① 사람들이 (공중전화)를 많이 사용하지 않는다고 해서
㉮ 공중전화와 공중전화 부스를 모두 없앨 수는 없다. **②**[공중전화가
여전히 유용한 통신 수단이기도 하거니와, 전기통신사업법에
　　　　　　　　　[ ]: 공중전화와 공중전화 부스를 없앨 수 없는 이유
공중전화가 국민 생활에 필수인 보편적 통신 서비스로 규정되어 있기
때문]이다. **③** 그래서 공중전화를 운영하는 회사에서는 공기 질 측정기,
배터리 공유 충전소, 휴대 전화 배터리 대여소 등으로 사용하지 않는
　　　　　공중전화 부스를 재활용하는 방안
공중전화 부스를 재활용하기 위한 방안을 모색하고 있다.
　　　　　　　*⑤문단 요약: 공중전화 부스를 재활용하는 방안

■ 지문 이해

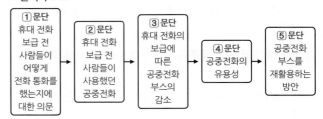

공중전화
부스
　휴대전화 보급 전 : 일상 곳곳에서 쉽게 볼 수 있었음.
　　　　↓ 공중전화 이용률 감소
　오늘날: 공기 질 측정기, 배터리 공유 충전소, 휴대전화 배터리
　대여소 등으로 재활용되고 있음.

■ 문단 간의 관계
①문단: 휴대 전화가 보급되기 이전에 사람들이 길에서 갑자기 전화를
　　　해야 하는 상황에서 어떻게 했을지에 대한 의문을 드러냈다.
②문단: 휴대 전화 보급 전에 사람들이 공중전화를 이용했다고 설명했다.
③문단: 휴대 전화가 보급됨에 따라 공중전화 이용률이 감소하고, 그에
　　　따라 공중전화 부스가 사라지고 있다고 했다.
④문단: 오늘날에도 여전히 공중전화가 유용한 경우를 나열했다.
⑤문단: 공중전화 부스를 재활용하는 방안에 대해 이야기했다.

■ 글의 구조도

| ①문단 휴대 전화 보급 전 사람들이 어떻게 전화 통화를 했는지에 대한 의문 | → | ②문단 휴대 전화 보급 전 사람들이 사용했던 공중전화 | → | ③문단 휴대 전화의 보급에 따른 공중전화 부스의 감소 | → | ④문단 공중전화의 유용성 | → | ⑤문단 공중전화 부스를 재활용하는 방안 |

➡ 글의 순서대로 구조도를 그릴 수 있다.

■ 주제: 공중전화의 유용성과 공중전화 부스의 재활용 방안

─────────────────────────────

07 정답　(1) ②　(2) ①　(3) ②

(1) ➡ ①은 '보충되다'의 사전적 의미이다.

(3) ➡ ©의 앞 부분에서 우리나라에 휴대 전화가 널리 보급되면서 공중전화를
　　이용하는 사람들이 점차 줄어들었다고 했다. 공중전화를 사용하는 사람들이
　　줄어들었기 때문에 공중전화 부스도 길거리에서 점점 사라진 것이다.

08 정답　**❶** 휴대 전화　　　　　　　　**❷** 공중전화 부스
　　　　　❸ 공중전화를 이용했다　　　**❹** 공중전화 이용률

09 정답　① *내용 전개 방식 파악하기

윗글에 대한 설명으로 가장 알맞은 것은?

> **왜 정답 ?**

① 질문과 답변의 형식으로 내용을 전개하고 있다.

①문단 **❹**문장 그렇다면 휴대 전화가 보급되기 전에 길에서 갑자기 전화
통화를 해야 하는 상황에 처했을 때 사람들은 어떻게 했을까? - 질문
②문단 **❶**문장 휴대 전화가 보급되기 전에 대부분의 사람들은 이러한
경우에 공중전화를 이용했다. - 답변
④문단 **❶, ❷**문장 그렇다면 이제 우리나라에서 공중전화는 필요가
없어진 통신 수단일까? 꼭 그렇지는 않다.
　　　　　　　　　　　답변 / 질문

1문단에서 질문을 하고 2문단에서 그에 대한 답을 하는 형식으로 내용을
전개하고 있다.
또 4문단에서도 같은 형식으로 내용을 전개하고 있다.

> **왜 오답 ?**

② 통계 자료를 활용하여 주장을 뒷받침하고 있다.
　　　　　　　　　　활용하지 않음.
③ 다양한 자료를 인용하여 읽는 사람의 이해를 돕고 있다.
　　　　　　　　　　인용하지 않음.
④ 중심 화제를 둘러싼 찬성과 반대의 의견을 소개하고 있다.
　　공중전화, 공중전화 부스　　소개하지 않음.

⑤ 중심 화제의 장점과 ~~단점~~을 바탕으로 ~~대안~~을 모색하고
공중전화, 공중전화 부스 이야기하지 않음.　　　이야기하지 않음.
있다.

*근거: ④문단

　4문단에서 자연재해가 발생하거나 불이 나서 통신망이 마비되었을
때, 휴대 전화를 분실했거나 전원이 꺼졌을 때 여전히 공중전화가
유용하다고 했다. 또 휴대 전화 요금이 부담되는 사람들이나 전파가
약한 일부 지역의 사람들에게도 공중전화가 유용하다고 했다.
　위와 같은 내용들은 중심 화제, 즉 공중전화의 장점이라고 볼 수 있다.
그러나 윗글에서 공중전화나 공중전화 부스의 단점을 이야기한 부분을
찾을 수 없고, 공중전화의 대안을 제시하지도 않았다.

10 정답 ③ *내용 파악하기

윗글을 읽고 답할 수 <u>없는</u> 질문은?

>왜 정답?
③ 우리나라 국민 중 **몇 명**이 휴대 전화를 갖고 있는가?
　　　　　　　알 수 없음.
　1문단에서 길거리를 다니는 사람들의 대부분이 휴대 전화를 갖고
있다고 했지만, 구체적으로 몇 명이나 휴대 전화를 갖고 있는지에
대해서는 이야기하지 않았다.

>왜 오답?
① 예전에 <u>공중전화를 볼 수 있는 장소</u>는 어디였나?
　　　　　　　공공장소, 일상 곳곳

> ②문단 ❸문장 공중전화는 칸막이로 만들어진 부스에 놓여 있었으며,
> 공중전화 부스는 지하철역, 버스 터미널 등 사람이 많이 모이는
> 공공장소뿐만 아니라, 공원 등 일상 곳곳에서 쉽게 볼 수 있었다.

② 오늘날에는 어떠한 경우에 공중전화를 사용하는가?

> ④문단 ❸, ❻, ❼문장 지진이나 태풍 등의 자연재해가 발생하거나,
> 불이 나서 통신망이 마비되어 휴대 전화를 이용하기 어려운 경우에 ~
> 휴대 전화를 분실했거나, 휴대 전화의 전원이 꺼졌을 때도 ~ 휴대
> 전화 요금이 부담되는 사람들이나 전파가 약한 일부 지역의 사람들 ~

④ 휴대 전화와 공중전화는 어떠한 점에서 차이가 있는가?

> ④문단 ❹, ❺문장 휴대 전화는 통신망에서 나오는 무선 전파를 통해
> 통신하는데, 자연재해 등으로 통신망이 망가진다면 무선 전파가
> 나오지 않아 휴대 전화를 이용할 수 없다. 하지만 공중전화는 지하에
> 묻힌 통신선을 이용하기 때문에 이 통신선이 파괴되지 않았다면
> 언제든 이용할 수 있다.

　휴대 전화는 무선 전파를 통해 통신하고, 공중전화는 지하에 묻힌
통신선을 이용해 통신한다.
　또 통신망이 망가지면 휴대 전화는 이용할 수 없지만, 공중전화는
통신선이 파괴되지 않으면 언제든 이용할 수 있다.

⑤ 오늘날 사용하지 않는 공중전화 부스를 활용하는 방안에는
　무엇이 있는가?

> ⑤문단 ❸문장 ~ 공기 질 측정기, 배터리 공유 충전소, 휴대 전화
> 배터리 대여소 등 ~

---

11 정답 ⑤ *반응의 적절성 평가하기

윗글을 읽은 후의 반응으로 알맞지 <u>않은</u> 것은?

>왜 정답?
⑤ **요즘에** 공공장소에 가면 공중전화 부스에 사람들이 줄을
　1990년대
　서 있는 모습을 쉽게 볼 수 있겠어.

> ②문단 ❷문장 공중전화는 ~ 1990년대에는 사람들이 이용하기 위해
> 줄을 서서 차례를 기다릴 만큼 인기 있는 통신 수단이었다.

>왜 오답?
① 공중전화가 놓여 있는 칸막이를 부스라고 하는 구나.

> ②문단 ❸문장 공중전화는 칸막이로 만들어진 부스에 놓여 있었으며, ~

② 휴대 전화 전원이 꺼졌을 때는 공중전화가 대안이 될 수
　있겠어.

> ④문단 ❻문장 ~ 휴대 전화의 전원이 꺼졌을 때도 공중전화를 이용해
> 통화를 할 수 있다.

③ 요즘 대부분의 사람들은 휴대 전화를 활용하여 다양한
　활동을 하는군.

> ①문단 ❸문장 전화 통화를 비롯해 문자 메시지 발송, 누리집 접속과
> 쇼핑까지 많은 사람들이 길에서도 휴대 전화를 이용해 다양한
> 활동을 한다.

④ 공중전화를 유용하게 사용하는 사람들이 많은 지역에서는
　무선 전파가 약할 거야.

> ④문단 ❼문장 ~ 전파가 약한 일부 지역의 사람들에게는 공중전화가
> 여전히 유용한 통신 수단이다.

12 예시 답안: 공중전화는 여전히 유용한 통신 수단이고,
　　　　　　 전기통신사업법에 따르면 공중전화가 국민 생활에
　　　　　　 필수인 보편적 통신 서비스로 규정되어 있기 때문이다.

㉮의 이유를 〈조건〉에 맞게 쓰시오.
'공중전화와 공중전화 부스를 모두 없앨 수는 없다.'

─── 〈조건〉 ───
1. 윗글에서 근거를 1개 이상 찾아 쓸 것
2. '~ 때문이다.' 형식의 한 문장으로 쓸 것

>왜 정답?

> ⑤문단 ❶, ❷문장 사람들이 공중전화를 많이 사용하지 않는다고 해서
> ㉮ 공중전화와 공중전화 부스를 모두 없앨 수는 없다. 공중전화가
> 여전히 유용한 통신 수단이기도 하거니와, 전기통신사업법에
> 공중전화가 국민 생활에 필수인 보편적 통신 서비스로 규정되어
> 있기 때문이다.

㉮의 바로 뒷부분에서 공중전화와 공중전화 부스를 모두 없앨 수 없는
이유로 공중전화가 여전히 유용한 통신 수단인 것과 전기통신사업법에
국민 생활에 필수인 보편적 통신 서비스로 규정되어 있다는 것을 들었다.

채점 요소	채점 기준		배점
내용의 적절성	윗글에서 근거를 찾아 적절히 제시한 경우 (조건 1)	5	5
	답을 쓰지 않거나 오답을 쓴 경우	0	
표현의 적절성	조건 2에 맞게 쓰지 않은 경우	-1	-2
	어법에 맞지 않거나 문맥에 어긋난 경우	-1	

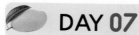

DAY 07

▶ 문제편 68쪽

[01~07] 먹어도 살이 찌지 않는 사람들 [과학·기술]

○ 각 문단 핵심어 ◎ 글 전체 핵심어 ─ 각 문단 중심 문장 ▨ 글 전체 중심 문장

1 **❶**조금만 음식을 먹어도 살이 찌는 사람들이 있다. 반면, 아무리 ⓐ 과식해도 ▨살이 찌지 않는 사람들이 있다. **❸**이들은 먹는 양에 비해
────────
과식을 해도 살이 찌지 않는 사람들
살이 찌지 않고 오히려 적당히 먹는 사람들보다 날씬한 경우도
있다. **❹**이 사람들이 음식을 ㉠ 지나치게 먹어도 살이 찌지 않는
────────
과식해도 살이 찌지 않는 사람들에 대한 궁금증
이유는 무엇일까?

* **1**문단 요약: 과식을 해도 살이 찌지 않는 사람들에 대한 의문

2 **❶**아무리 음식을 먹어도 살이 찌지 않는 사람들은 ⓑ 대체로
다음과 같은 ○특징이 있다. 첫째, ⓒ 이들은 [대체로 먹은 음식을
────────
과식을 해도 살이 잘 안 찌는 사람들
빠르게 소화하고, 불필요한 에너지를 몸에 저장하지 않는다.]**❸**특히
[ ]: 살이 찌지 않는 사람들의 특징
평소 단백질을 많이 먹거나, 근력 운동을 해서 몸에 근육량이 많다면
몸의 대사가 활발해져 이러한 특성을 가질 확률이 높아진다. **❹**둘째,
이들은 [살이 찌지 않는 유전자를 갖고 있다.]**❺**부모나 조부모로부터
[ ]: 살이 찌지 않는 사람들의 특징 ②
해당 유전자를 물려받아 많은 양의 음식을 양을 먹더라도 살이 찌지
않는 것이다. **❻**셋째, 이들은 대체로 [스트레스를 잘 받지 않는 경향의
────────
[ ]: 살이 찌지 않는 사람들의 특징 ③
사람들일 수 있다.]**❼**스트레스를 많이 받으면 우리의 몸속에서는
스트레스 호르몬인 코르티솔이 분비된다. **❽**코르티솔이 분비되면
우리는 식욕을 느끼게 된다. **❾**또 복부의 지방 세포에는 이 호르몬을
받아들이는 수용체가 많아서 이 호르몬 수치가 높으면 복부
비만으로 이어질 가능성이 높다고 한다. **❿**ⓓ 그래서 스트레스를
많이 받는 사람들은 조금만 먹어도 살이 찌기 쉽다.

* **2**문단 요약: 살이 찌지 않는 사람들의 특징

3 **❶**그렇다면 건강을 지키면서도 적정 체중을 유지하는 방법은
무엇일까? **❷**첫 번째 방법은 규칙적인 식습관을 갖는 것이다. **❸**하루에
────────
건강을 지키면서 적정 체중을 유지하는 방법 ①
세 번, 일정한 양을 골고루 먹되 단백질을 많이 함유한 음식을 먹는
것이 좋다. **❹**두 번째 방법은 운동을 꾸준히 하여 체지방을 태우고
근육량을 늘려나가는 것이다. **❺**몸속 지방을 태우고 근육량을 늘리기
────────
건강을 지키면서 적정 체중을 유지하는 방법 ②
위해서는 유산소 운동과 근력 운동을 적절히 병행하는 것이 좋다.
❻세 번째 방법은 평소에 잠을 충분히 자는 것이다. **❼**잠을 충분히 자지
────────
건강을 지키면서 적정 체중을 유지하는 방법 ③
못하면 우리 몸속 대사 활동이 떨어져 체중이 증가할 수도 있다.
❽마지막으로는 스트레스를 잘 해소하는 것이다. **❾**스트레스를 받으면
────────
건강을 지키면서 적정 체중을 유지하는 방법 ④
코르티솔이 분비되고, 이는 체중 증가로 이어지게 된다. **❿**따라서
㉮ 스트레스를 해소하는 나만의 방법을 찾아 실천하는 것이 좋다.

* **3**문단 요약: 건강을 지키며 적정 체중을 유지하는 방법

4 **❶**살이 찌고 빠지는 것보다 중요한 것은 나 자신의 ◎건강이다.
❷무조건 마르고 싶다고 굶거나, 지나치게 운동을 하는 것은 나의
건강을 해치는 일이다. **❸**규칙적인 식습관을 갖고 꾸준히 운동하며
스트레스를 적절히 해소하여 건강한 몸을 유지하기 위해 노력하자.
────────
글쓴이의 주장

* **4**문단 요약: 건강한 몸을 유지하자는 글쓴이의 주장

■ 지문 이해

건강을 지키면서 적정 체중을 유지하는 방법
① 규칙적인 식습관 갖기
② 꾸준히 운동 하기
③ 잠을 충분히 자기
④ 스트레스를 잘 해소하기

■ 문단 간의 관계
1문단: 과식을 해도 살이 찌지 않는 사람들에 대한 궁금증을 드러냈다.
2문단: 살이 찌지 않는 사람들이 가진 특징을 설명했다.
3문단: 건강을 지키면서 적정 체중을 유지하는 방법을 설명했다.
4문단: 건강한 몸을 유지하자고 주장하며 글을 마무리했다.

■ 글의 구조도

| **1**문단 과식을 해도 살이 찌지 않는 사람들에 대한 의문 | → | **2**문단 살이 찌지 않는 사람들의 특징 | → | **3**문단 건강을 지키며 적정 체중을 유지하는 방법 | → | **4**문단 건강한 몸을 유지하자는 글쓴이의 주장 |

⇒ 글의 순서대로 구조도를 그릴 수 있다.

■ 주제: 건강을 지키면서 적정 체중을 유지하는 방법

────────────────────────

01 정답 (1) ② (2) ① (3) ① (4) ①

(1) ➡ ①은 '소식하다'의 사전적 의미이다.
(2) ➡ '대체로'의 사전적 의미는 '전체로 보아서. 또는 일반적으로'이므로
①과 바꾸어 쓸 수 있다.
(4) ➡ ⓓ의 앞부분을 고려하면 스트레스를 많이 받는 사람들은 코르티솔이
많이 분비되는데, 이것이 분비되면 우리는 식욕을 느끼게 되고 이
호르몬 수치가 높으면 복부 비만으로 이어질 가능성이 높다.

02 정답 **❶** 살이 찌지 않는 사람들
❷ 스트레스를 잘 받지 않는 경향의 사람
❸ 음식을 많이 먹어도 살이 찌지 않는 사람들
❹ 적정 체중을 유지하는 방법

03 정답 ④ * 내용 전개 방식 파악하기

윗글에 대한 설명으로 알맞지 않은 것은?

?오 정답 ?
④ 전문가의 의견을 인용하여 주장을 뒷받침하고 있다.
────────
인용하지 않음.
전문가의 의견을 인용한다는 것은 전문가의 말이나 글을 글에 끌어
쓴다는 의미이다. 윗글에서 전문가의 의견을 인용한 부분은 찾을 수 없다.

?오 오답 ?
① 질문과 답변의 형식으로 내용을 전개하고 있다.

> **1**문단**❹**문장 이 사람들이 음식을 지나치게 먹어도 살이 찌지 않는
> 이유는 무엇일까? - 질문
> **2**문단**❶**문장 아무리 음식을 먹어도 살이 찌지 않는 사람들은 대체로
> 다음과 같은 특징이 있다. - 답변

1문단에서 과식을 해도 살이 찌지 않는 사람들이 살이 찌지 않는 이유에
대한 의문을 드러내고, 2문단에서 이러한 사람들이 가진 특징을 설명하여
의문에 답하고 있다.

② 자신의 주장을 드러내며 글을 마무리하고 있다.

> **4**문단**❸**문장 규칙적인 식습관을 갖고 꾸준히 운동하며 스트레스를
> 적절히 해소하여 건강한 나의 몸을 유지해 보자.

③ 살이 찌지 않는 사람들의 특징을 설명하고 있다.

　＊근거:②**문단**

　2문단에서 살이 찌지 않는 사람들은 대체로 먹은 음식을 빠르게 소화하여 불필요한 에너지를 몸에 저장하지 않고, 살이 찌지 않는 유전자를 갖고 있으며, 스트레스를 잘 받지 않는 경향의 사람들일 수 있다고 했다.

⑤ 건강을 지키면서도 적정 체중을 유지하는 방법을 설명하고 있다.

　＊근거:③**문단**

　3문단에서 건강을 지키면서도 적정 체중을 유지하는 방법으로 규칙적인 식습관 갖기, 꾸준히 운동하기, 잠을 충분히 자기, 스트레스 해소하기를 들었다.

04 정답 ③ **＊내용 파악＋추론하기**

윗글을 읽고 답할 수 있는 질문을 모두 고른 것은?

〉**왜 정답 ?**

③ ㄱ, ㄴ, ㄷ

ㄱ. **스트레스를 해소하지 못하면 어떻게 되는가?**
스트레스를 받음. ➡ 코르티솔이 분비됨. ➡ 체중 증가로 이어짐.

　③**문단**❾**문장** 스트레스를 받으면 코르티솔이 분비되고, 이는 체중 증가로 이어지게 된다.

ㄴ. **스트레스와 관련된 호르몬의 이름은 무엇인가?**
코르티솔

　②**문단**❼**문장** 스트레스를 많이 받으면 우리의 몸속에서는 스트레스 호르몬인 코르티솔이 분비된다.

ㄷ. **몸속 대사 활동을 활발하게 만들기 위해서는 어떻게 해야 하는가?**
잠을 충분히 자면 됨.

　③**문단**❼**문장** 잠을 충분히 자지 못하면 몸속 대사 활동이 떨어져 체중이 증가할 수도 있다.

　잠을 충분히 자지 못하면 대사 활동이 떨어진다고 했으므로 잠을 충분히 자면 대사 활동이 활발해질 것이라고 추측할 수 있다.

〉**왜 오답 ?**

ㄹ. **적정 체중을 유지하기 위해서는 하루에 유산소 운동과 근력 운동을 각각 몇 분씩 해야 하는가?**
알 수 없음.

　③**문단**❺**문장** 몸속 지방을 태우고 근육량을 늘리기 위해서는 유산소 운동과 근력 운동을 적절히 병행하는 것이 좋다.

　3문단에서 건강을 지키면서도 적정 체중을 유지하려면 유산소 운동과 근력 운동을 병행하는 것이 좋다고 했지만, 하루에 각각 몇 분씩 운동해야 하는지에 대해서는 이야기하지 않았다.

05 정답 ① **＊반응의 적절성 파악하기**

윗글을 읽은 후의 반응으로 알맞지 않은 것은?

〉**왜 정답 ?**

① 평소에 잠을 조금만 자면 살이 잘 안 찌는 체질로 바뀔 수 있구나.
체중이 증가할 수 있음.

　③**문단**❼**문장** 잠을 충분히 자지 못하면 몸속 대사 활동이 떨어져 체중이 증가할 수도 있다.

〉**왜 오답 ?**

② 살을 빨리 빼기 위해 굶거나 적게 먹으면 건강을 해칠 수도 있구나.

　④**문단**❷**문장** 무조건 마르고 싶다고 굶거나, 지나치게 운동을 하는 것은 나의 건강을 해치는 일이다.

③ 건강을 지키면서 적정 체중을 유지하려면 평소에 스트레스를 잘 해소해야겠어.

　③**문단**❽**문장** 마지막으로는 스트레스를 잘 해소하는 것이다.

④ 단백질을 함유한 음식을 먹으면서 유산소 운동과 근력 운동을 같이 하면 건강을 지킬 수 있겠어.

　③**문단**❸,❺**문장** ~ 단백질을 많이 함유한 음식을 먹는 것이 좋다. ~ 유산소 운동과 근력 운동을 적절히 병행하는 것이 좋다.

⑤ 과식을 해도 살이 찌지 않는 사람들은 조상으로부터 살이 찌지 않는 유전자를 물려받았을 수도 있겠어.

　②**문단**❹,❺**문장** ~ 이들은 살이 찌지 않는 유전자를 갖고 있다. 부모나 조부모로부터 해당 유전자를 물려받아 많은 양의 음식을 먹더라도 살이 찌지 않는 것이다.

06 정답 ② **＊어휘의 의미 파악하기**

㉠의 사전적 의미로 가장 알맞은 것은?
'지나치게' - '일정한 한도를 넘어 정도가 심하다.'라는 의미로 쓰임.

〉**왜 정답 ?**

② 일정한 한도를 넘어 정도가 심하다.

　문맥을 고려하면 ㉠ '지나치게'의 사전적 의미는 ②가 가장 알맞다.

〉**왜 오답 ?**

① 가리켜 보게 하다. - '지시하다'의 사전적 의미임.

③ 시간이 흘러가서 그 시기에서 벗어나다. - '지나가다'의 사전적 의미임.

④ 어떤 사람이나 사물과 같은 대상물의 주위를 멈추지 않고 오다. - '지나오다'의 사전적 의미임.

⑤ 시간이 오래 걸리거나 같은 상태가 오래 계속되어 따분하고 싫증이 나다. - '지루하다'의 사전적 의미임.

07 예시 답안: 스트레스를 계속 받으면 코르티솔이 분비되어 체중이 증가할 수 있기 때문이다.

㉮의 이유를 〈조건〉에 맞게 쓰시오.
'스트레스를 해소하는 나만의 방법을 찾아 실천하는 것이 좋다.'

<조건>
1. 이유는 한 가지만 제시할 것
2. '~때문이다.' 형식의 한 문장으로 쓸 것

〉**왜 정답 ?**

　③**문단**❾**문장** 스트레스를 받으면 코르티솔이 분비되고, 이는 체중 증가로 이어지게 된다.

채점 요소	채점 기준	배점	
내용의 적절성	윗글에서 근거를 찾아 적절히 제시한 경우 (조건 1)	5	5
	답을 쓰지 않거나 오답을 쓴 경우	0	
표현의 적절성	조건 2에 맞게 쓰지 않은 경우	-1	-2
	어법에 맞지 않거나 문맥에 어긋난 경우	-1	

[08~13] 웹툰에 사용되는 다양한 표현 방식 [예술]

○ 각 문단 핵심어 ◎ 글 전체 핵심어 ─ 각 문단 중심 문장 ▨ 글 전체 중심 문장

❶ 1 중학생인 수민이는 매주 화요일만 기다리며 일주일을 보낸다.
❷ 화요일은 수민이가 즐겨보는 ㉮웹툰㉯이 연재되는 날이기 때문이다.
❸ 수민이처럼 우리 주변에는 ⓐ 한가한 시간에 휴대 전화 등을 통해
웹툰을 보는 것이 취미인 사람이 많다.
　　　　　　　*1문단 요약: 사람들의 취미 생활인 웹툰 보기

❶ 2 사람들이 즐겨보는 ㉮웹툰(webtoon)㉯은 인터넷을 뜻하는
'웹(web)'과 만화를 의미하는 '카툰(cartoon)'이 합쳐져 만들어진
용어로, 인터넷을 통해 공개되는 만화를 의미한다. ❷ 웹툰은 사람들이
　　　　　웹툰의 개념　　　　　　　　　웹툰의 특징 ①
접근하기 쉬운 인터넷 누리집 등에 연재된다. ❸ ⓑ 이 때문에
사람들이 서점이나 도서관에 가지 않아도 스마트폰과 같은 전자
기기만 있으면 언제든지 웹툰을 볼 수 있다. ❹ 그리고 웹툰은 매일
　　　　　　　　　　　　　　　　　　웹툰의 특징 ②
혹은 매주 짧은 분량으로 연재되기 때문에 사람들이 부담 없이 즐길
수 있다. ❺ 또한, 웹툰은 인터넷 누리집 등에서 연재되기 때문에 많은
기술을 활용할 수 있다. ❻ 그래서 ㉠ 인쇄물로 연재되던 기존의
　　　　　　　　　　　　　　　　　　웹툰의 특징 ③
만화책보다 웹툰에 더 다양한 표현 방식이 활용된다.
　　　　　　　　　　*2문단 요약: 웹툰의 개념과 특징

❶ 3 그렇다면 웹툰에 사용되는 표현 방식에는 어떤 것들이 있을까?
❷ 우선 웹툰에서는 세로 방향으로 이어지는 형태인 ㉮스크롤㉯을
　　　　　　　　　　　　　웹툰에 사용되는 표현 방식 ①
활용한다. ❸ 그래서 웹툰을 구성하는 가장 작은 단위인 ['칸'들을 길게
이어지게 그림으로써 등장인물들의 움직임을 생동감 있게 보여 줄　[ ] 스크롤을 활용할 때의 효과
수 있다. ❹ 그리고 기존의 만화책과는 달리 스크롤 덕분에 칸의 경계가
페이지에 구속되지 않기 때문에 독자로 하여금 시간의 흐름을
자연스럽게 느끼게 하고 인물의 감정에 더 빠져들 수 있게 한다.]
　　　　　　　*3문단 요약: 웹툰에 사용되는 표현 방식 ① 스크롤

❶ 4 최근에는 독자들이 더욱 다양한 감각을 느낄 수 있도록 웹툰에
새로운 표현 방식을 적용하고 있다. ⓒ 가장 대표적인 것이 바로
㉮소리㉯를 삽입하는 것이다. ❸ 일부 웹툰에 적용된 이 표현 방식 덕분에
웹툰에 적용된 새로운 표현 방식 ②
독자들은 듣고 싶은 목소리로 등장인물의 대사를 들을 수 있다. ❹ 또
독자가 스크롤을 내리면 웹툰 속 인물이 케이크의 촛불을 부는
장면에 맞추어 불길이 치솟는 것 같은 효과음도 들을 수 있다. ❺ 이
밖에도 웹툰의 분위기에 어울리는 배경음악도 삽입할 수 있다.
❻ 이처럼 웹툰에 삽입된 소리는 독자로 하여금 웹툰에 더욱
㉠ 몰입하여 웹툰을 감상할 수 있게 한다.
　　　　　　　*4문단 요약: 웹툰에 사용되는 표현 방식 ② 소리

❶ 5 앞서 설명한 스크롤, 소리 외에도 진동이나 깜빡임 등 ㉮웹툰㉯에는
　　　　　　　　　　　　　　　웹툰에 적용된 새로운 표현 방식 ③
다양한 표현 방식이 활용되고 있다. ❷ 이러한 다양한 표현 방식
덕분에 웹툰을 감상하는 독자들도 웹툰을 더욱 재미있고 실감 나게
즐길 수 있게 되었다. ❸ 기술이 발전함에 따라 앞으로도 웹툰에는 더욱
다양한 표현 방식이 사용될 것이다. ❹ 미래의 웹툰은 어떠한 모습으로
우리에게 다가올지 기대해 보자.　*5문단 요약: 웹툰의 미래에 대한 기대

■ 지문 이해

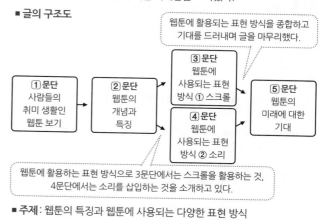

■ 문단 간의 관계

1 문단: 구체적인 예를 통해 웹툰 보기가 취미인 사람들이 많다고
　　　　 이야기했다.
2 문단: 웹툰의 개념과 특징을 설명했다.
3 문단: 웹툰에 사용되는 표현 방식 중 스크롤을 활용하는 것에 대해
　　　　 설명했다.
4 문단: 웹툰에 사용되는 표현 방식 중 소리를 삽입하는 것에 대해
　　　　 설명했다.
5 문단: 웹툰의 미래 모습에 대한 기대감을 드러냈다.

■ 글의 구조도

```
┌──────────┐   ┌──────────┐   ┌──────────┐   ┌──────────┐
│  1 문단   │→ │  2 문단   │→ │  3 문단   │→ │  5 문단   │
│ 사람들의  │   │ 웹툰의    │   │ 웹툰에    │   │ 웹툰의    │
│ 취미 생활인│   │ 개념과    │   │ 사용되는   │   │ 미래에 대한│
│ 웹툰 보기 │   │ 특징      │   │ 표현 방식  │   │ 기대      │
└──────────┘   └──────────┘   │ ① 스크롤  │   └──────────┘
                              └──────────┘
                              ┌──────────┐
                              │  4 문단   │
                              │ 웹툰에    │
                              │ 사용되는   │
                              │ 표현 방식  │
                              │ ② 소리    │
                              └──────────┘
```

웹툰에 활용되는 표현 방식을 종합하고
기대를 드러내며 글을 마무리했다.

웹툰에 활용하는 표현 방식으로 3문단에서는 스크롤을 활용하는 것,
4문단에서는 소리를 삽입하는 것을 소개하고 있다.

■ 주제: 웹툰의 특징과 웹툰에 사용되는 다양한 표현 방식

---

08 정답 (1) ① (2) ② (3) ②

(1) ➡ ②는 '한심하다'의 사전적 의미이다.
(3) ➡ ⓒ의 바로 앞 문장을 고려하면 독자들이 더욱 다양한 감각을 느낄
수 있도록 웹툰에 새로운 표현 방식을 적용하는 것 중 가장 대표적인
것이 소리를 삽입하는 것이다.

09 정답 ❶ 매일 혹은 매주
　　　　　　 ❷ 스크롤
　　　　　　 ❸ 웹툰
　　　　　　 ❹ 소리를 삽입하는 것

10 정답 ④ *내용 파악하기

웹툰에 대한 설명으로 알맞지 않은 것은?

> 왜 정답 ?

④ 웹툰은 매달 많은 분량이 연재되기 때문에 많은 사람들이
　　　　　매일 혹은 매주 짧은 분량
부담 없이 즐길 수 있다.

┌──┐
│ 2문단 ❹문장 ~ 웹툰은 매일 혹은 매주 짧은 분량으로 연재되기 │
│ 때문에 사람들이 부담 없이 즐길 수 있다.   │
└──┘

> 왜 오답 ?

① 웹툰은 인터넷을 통해 공개된다.

┌──┐
│ 2문단 ❶문장 ~ 웹툰은 인터넷을 통해 공개되는 만화를 의미한다. │
└──┘

② 웹툰을 구성하는 가장 작은 단위는 칸이다.

> ③문단 ❸문장 ~ 웹툰을 구성하는 가장 작은 단위인 '칸'들을 ~

③ 웹툰은 칸의 경계가 페이지에 구속되지 않는다.

> ③문단 ❹문장 ~ 스크롤 덕분에 칸의 경계가 페이지에 구속되지 않기 때문에 ~

⑤ 웹툰은 인터넷이 연결되는 전자 기기를 가지고 있다면 언제든지 쉽게 볼 수 있다.

> ②문단 ❸문장 ~ 사람들이 서점이나 도서관에 가지 않아도 스마트폰과 같은 전자 기기만 있으면 언제든지 웹툰을 볼 수 있다.

11 정답 ④ * 내용 파악+추론하기

윗글을 읽고 답할 수 있는 질문을 〈보기〉에서 모두 고른 것은?

> **오내 정답?**

④ ㄴ, ㄹ

ㄴ. 웹툰이라는 용어는 어떻게 만들어진 것일까?

> ②문단 ❶문장 ~ 웹툰(webtoon)은 인터넷을 뜻하는 '웹(web)'과 만화를 의미하는 '카툰(cartoon)'이 합쳐져 만들어진 용어로, ~

ㄹ. 웹툰에 사용되는 표현 방식에는 어떤 것들이 있을까?

> ③문단 ❷문장 ~ 웹툰에서는 세로 방향으로 이어지는 형태인 스크롤을 활용한다.
> ④문단 ❷문장 가장 대표적인 것이 바로 소리를 삽입하는 것이다.
> ⑤문단 ❶문장 앞서 설명한 스크롤, 소리 외에도 진동이나 깜빡임 등 웹툰에는 다양한 표현 방식이 활용되고 있다.

웹툰에는 스크롤, 소리, 진동이나 깜빡임 등의 표현 방식이 활용된다.

> **오내 오답?**

ㄱ. 웹툰을 많이 보면 좋은 <del>이유</del>는 무엇인가?
이야기하지 않음.

ㄷ. 웹툰과 관련된 <del>직업</del>에는 어떤 것이 있을까?
이야기하지 않음.

12 정답 ① * 어휘의 의미 파악하기

다음 중 ㉠과 바꾸어 쓰기에 알맞은 것은?
㉠ '몰입하여' - '깊이 파고들거나 빠지다.'라는 의미로 쓰임.

> **오내 정답?**

① 빠져서

㉠ '몰입하여'의 기본형은 '몰입하다'로, 문맥을 고려하면 '깊이 파고들거나 빠지다.'라는 의미로 쓰였다.
그러므로 ㉠ '몰입하여'는 '빠져서'와 바꾸어 쓸 수 있다.

> **오내 오답?**

② 억지로 ③ 가볍게 ④ 강제로 ⑤ 재미없게

문맥을 고려하면 ㉠ '몰입하여'는 웹툰에 소리를 삽입하면 독자들이 웹툰에 깊이 빠져들어 감상할 때 도움이 된다는 의미로 쓰였음을 알 수 있다.
따라서 ②, ③, ④, ⑤는 '몰입하여'와 바꾸어 쓰기에 알맞지 않다.

13 예시 답안: 기존의 인쇄물 만화책보다 웹툰에 더 다양한 표현 방식이 활용되는 이유는 웹툰이 인터넷 누리집 등에서 연재되어 더 많은 기술을 활용할 수 있기 때문이다.

㉮의 이유를 〈조건〉에 맞게 쓰시오.
'인쇄물로 연재되던 기존의 만화책보다 웹툰에 더 다양한 표현 방식이 활용된다.'

─ 〈조건〉 ─
1. 이유는 한 가지만 제시할 것
2. '~때문이다.' 형식의 한 문장으로 쓸 것

> **오내 정답?**

> ②문단 ❺, ❻문장 또한, 웹툰은 인터넷 누리집 등에서 연재되기 때문에 많은 기술을 활용할 수 있다. 그래서 ㉮ 인쇄물로 연재되던 기존의 만화책보다 웹툰에 더 다양한 표현 방식이 활용된다.

채점 요소	채점 기준	배점	
내용의 적절성	윗글에서 근거를 찾아 적절히 제시한 경우	5	5
	답을 쓰지 않거나 오답을 쓴 경우	0	
표현의 적절성	조건에 맞게 쓰지 않은 경우	-1	-2
	어법에 맞지 않거나 문맥에 어긋난 경우	-1	

DAY 07

─ 배경지식

만화부터 웹툰까지

우리나라에서 만화가 그려지고 사람들이 이것을 보게 된 지 100년이 훌쩍 넘었다. 전문가들은 1909년 6월 2일 발행된 《대한민보》에 실린 시사 단평 만화를 우리나라 만화의 시작으로 본다. 만화는 '삽화(揷畵)', '철필사진(鐵筆寫眞)'이라고 불렸고, 《동아일보》에서는 '그림 이야기'라고 불리기도 했는데, 1923년 이후부터는 이와 같은 것들을 만화라고 통일하여 부르게 되었다.

인쇄물로만 접할 수 있던 만화는 인터넷이 널리 보급됨에 따라 인터넷 매체에서도 접할 수 있게 되었고, 이것이 웹툰의 시작이 되었다. 우리나라에서 웹툰을 가장 먼저 그리고 연재를 시작한 사람이 누군지는 정확히 알 수 없지만, 2000년 8월 16일 《한겨레 신문》에 '웹툰'이라는 말이 처음 등장했다. '천리안'이라는 누리집에서 오픈한 인터넷 만화 서비스의 이름이 '웹툰'이었기 때문이다.

2003년에는 인터넷 검색 누리집을 운영하는 회사인 D사에서 《만화 속 세상》이라는 코너를 개설하였다. 이후 대형 인터넷 검색 누리집에서 웹툰을 본격적으로 서비스하기 시작함에 따라 웹툰이 사람들 사이에 더욱 널리 알려지게 되었다.

우리나라 웹툰이 사람들 사이에서 인기를 끌게 되면서 웹툰을 드라마나 영화로 제작하거나 웹툰 그 자체를 해외에 수출하는 사례도 늘어나고 있다. 웹툰이 현재의 성공에 안주하지 않고 다양한 내용의 콘텐츠로 발돋움한다면, 우리나라 웹툰의 인기는 오랫동안 지속될 것이다.

[01~06] 공기로 음식을 튀기는 에어프라이어

[과학·기술]

○ 각 문단 핵심어   ◎ 글 전체 핵심어   ― 각 문단 중심 문장   ▢ 글 전체 중심 문장

1 요즘 에어프라이어(AirFryer)를 사용하는 가정이 늘어나고 있다. **2** 사람들은 냉동식품을 에어프라이어에 어떻게 ⓐ 조리했을 때 가장 맛있는지, 에어프라이어로 과자를 몇 도에 몇 분 돌리면 갓 나온 과자처럼 먹을 수 있는지 등의 정보를 활발하게 공유하기도 한다. **3** 에어프라이어는 단어 그대로, '공기로(air) 음식을 튀기는(fry)' 방식의 가전제품이다. *에어프라이어의 개념* **4** 건강에 대한 관심이 높아진 요즘, 기름을 사용하지 않고도 음식을 조리할 수 있다는 점에서 에어프라이어는 사람들 사이에서 많은 인기를 ㉠ 끌고 있다.

***1**문단 요약: 에어프라이어의 개념

2 1 에어프라이어는 어떻게 기름 없이 음식을 조리할 수 있을까? **2** [에어프라이어의 안쪽을 보면 모기향처럼 생긴 열선이 있다. **3** [ ]: 에어프라이어의 내부 구조와 음식을 조리하는 원리 에어프라이어의 전원이 연결되면 이 열선에서 열이 발생하고, 발생한 열은 에어프라이어 내부의 공기를 데운다. **4** 이후 열선의 위쪽에 위치한 팬이 빠른 속도로 회전하여, 열선이 뜨겁게 만든 공기를 에어프라이어 안에서 빠르게 순환시킨다. **5** 이렇게 뜨거운 공기를 통해 전달된 열은 음식물의 겉면으로 이동하여 음식물을 ⓑ 가열한다. **6** 뜨거운 공기가 음식물을 가열하는 과정에서 수분이 발생하는데, 발생한 수분은 필터를 통해 제거된다.] **7** 그 결과 음식은 더욱 바삭해진다.

***2**문단 요약: 에어프라이어로 음식을 조리하는 원리

3 1 그렇다면 에어프라이어로 조리한 음식은 기름으로 튀긴 음식과 맛이 같을까? ㉢ 아쉽게도 차이는 존재한다. **3** 기름으로 음식을 튀길 때 뜨거운 기름 안에 음식을 넣으면 음식물에 있던 수분이 뜨거운 기름과 만나 수증기가 되어 기름의 표면으로 올라가 공기 중으로 빠져나간다. **4** ⓓ 이 과정에서 재료 자체의 수분량이 줄어들어 음식이 바삭해진다. **5** 그리고 수분이 빠진 자리를 기름이 대신함으로써 고소한 튀김의 맛이 완성된다. **6** 그러나 에어프라이어는 기름을 사용하지 않고 공기로만 음식을 조리하기 때문에 수분이 빠진 자리를 기름이 대체하지 않으므로 고소한 튀김 맛을 재현하기는 어렵다.

***3**문단 요약: 에어프라이어로 조리한 음식과 기름으로 튀긴 음식의 맛의 차이

4 1 하지만 에어프라이어로 음식을 조리하는 것에는 많은 장점이 있다. **2** 일단 [에어프라이어는 기름을 사용하지 않기 때문에 기름을 [ ] 에어프라이어로 음식을 조리하는 것의 장점 사용하여 요리를 할 때보다 조리 후 정돈을 하기 편하고, 조리한 음식을 섭취할 때 열량에 대한 부담도 줄어든다. **3** 또한 오븐보다 크기가 작아 소량의 음식을 조리하기에 간편하고, 주방 공간을 적게 차지하며, 오븐 등에 비해 가격도 저렴한 편]이다. **4** 위와 같은 이유로 ㉡ 많은 가정에서 에어프라이어를 이용하고 있다.

***4**문단 요약: 에어프라이어의 장점

■ 지문 이해

에어프라이어로 음식을 조리하는 원리

> 열선이 뜨거워짐. ➡ 공기를 데움. ➡ 팬이 회전함. ➡ 뜨거운 공기를 순환시킴. ➡ 뜨거운 공기가 음식물을 가열함. ➡ 발생한 수분이 필터를 통해 빠져 나감. ➡ 음식이 바삭해짐.

■ 문단 간의 관계

① **1**문단: 에어프라이어의 개념을 설명했다.
② **2**문단: 에어프라이어의 내부 구조를 바탕으로 에어프라이어를 활용하여 기름 없이 음식을 조리하는 원리를 설명했다.
③ **3**문단: 에어프라이어로 조리한 음식과 기름으로 튀긴 음식의 맛의 차이를 설명했다.
④ **4**문단: 에어프라이어의 장점을 설명하고, 에어프라이어의 장점 때문에 많은 가정에서 에어프라이어를 이용하고 있다고 했다.

■ 글의 구조도

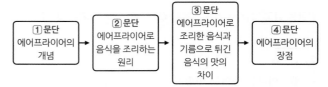

➡ 글의 순서대로 구조도를 그릴 수 있다.

➡ 주제: 에어프라이어로 음식을 조리하는 원리와 장점

---

01 정답 (1) ① (2) ① (3) ② (4) ①

(1) ➡ '조리하다'는 여러 의미를 가지고 있는 다의어로, 문맥을 고려하면 ⓐ는 ①의 의미로 쓰였다.
　　 ②는 '산후에 몸을 잘 조리해야 한다.' 등으로 활용된다.

(4) ➡ ⓒ의 바로 앞문장 '그렇다면 에어프라이어로 조리한 음식은 기름으로 튀긴 음식과 맛이 같을까?'를 고려하면 ⓒ는 에어프라이어로 조리한 음식과 기름으로 튀긴 음식의 맛의 차이가 있다는 의미이다.

02 정답 **1** 에어프라이어 **2** 장점 **3** 원리

　1문단에서 에어프라이어의 개념을 설명한 후 2문단에서 에어프라이어의 내부 구조를 바탕으로 음식을 조리하는 원리를 설명했다.
　3문단에서는 에어프라이어로 조리한 음식과 기름으로 튀긴 음식의 맛의 차이를 설명했다.
　4문단에서는 에어프라이어의 장점 때문에 많은 가정에서 에어프라이어를 이용하고 있다고 했다.
　1~4문단의 내용을 고려할 때 윗글의 주제는 '에어프라이어로 음식을 조리하는 원리와 장점'이다.

03 정답 ④ * 내용 파악하기

윗글의 내용으로 알맞지 <u>않은</u> 것은?

> 왜 정답 ?

④ 기름을 사용하여 튀긴 음식보다 에어프라이어로 조리한 음식이 더 고소하다.
　　　　　　　　더 고소하지 않음.

> ③문단 **6**문장 그러나 에어프라이어는 ~ 고소한 튀김 맛을 재현하기는 어렵다.

> 왜 오답 ?

① 에어프라이어 안쪽에는 열선이 있고 그 위에 팬이 있다.

> ②문단 **2**, **4**문장 에어프라이어의 안쪽을 보면 모기향처럼 생긴 열선이 있다. ~ 이후 열선의 위쪽에 위치한 팬이 ~

② 에어프라이어는 기름으로 음식을 조리하는 가전제품이
공기로 음식을 튀기는 방식임.
아니다.

> ①문단❹문장 ~ 기름을 사용하지 않고도 음식을 조리할 수 있다는
> 점에서 에어프라이어는 사람들 사이에서 많은 인기를 끌고 있다.

③ 에어프라이어로 음식을 조리하면 수분이 제거되어 음식이
바삭해진다.

> ②문단❻,❼문장 뜨거운 공기가 음식물을 가열하는 과정에서 수분이
> 발생하는데, 발생한 수분은 필터를 통해 제거된다. 그 결과 음식은
> 더욱 바삭해진다.

⑤ 에어프라이어가 오븐보다 가격이 저렴하기 때문에 많은
가정에서 에어프라이어를 이용한다.

> ④문단❸,❹문장 ~ 오븐 등에 비해 가격도 저렴한 편이다. 위와 같은
> 이유로 많은 가정에서 에어프라이어를 이용하고 있다.

04 정답 ② ＊구체적 사례에 적용하기

다음은 에어프라이어의 구조를 그림으로 나타낸 것이다. 윗글을
참고하여 A~C에 대해 설명한 것으로 알맞지 **않은** 것은?

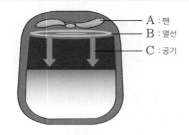

A : 팬
B : 열선
C : 공기

> **오H 정답?**

② B는 <s>팬으로,</s> <s>공기를 순환시키는</s> 역할을 한다.
　　　 열선　　　 열을 내는

> ②문단❷,❸문장 에어프라이어의 안쪽을 보면 모기향처럼 생긴
> 열선이 있다. 에어프라이어의 전원이 연결되면 이 열선에서 열이
> 발생하고, ~

B는 모기향처럼 생겼으므로 팬이 아니라 열선이며, 공기를 순환시키는
역할이 아니라 열을 발생시키는 역할을 한다.

> **오H 오답?**

① A는 팬으로, 빠른 속도로 회전한다.

> ②문단❹문장 이후 열선의 위쪽에 위치한 팬이 빠른 속도로 회전하여, ~

A는 모기향처럼 생긴 열선인 B의 위에 있으므로 팬이며, 빠른 속도로
회전한다.

③ B는 열선으로, 전원이 연결되면 열이 발생한다.

> ②문단❷,❸문장 에어프라이어의 안쪽을 보면 모기향처럼 생긴
> 열선이 있다. 에어프라이어의 전원이 연결되면 이 열선에서 열이
> 발생하고, ~

B는 모기향처럼 생겼으므로 열선이며, 전원이 연결되면 열이 발생한다.

④ C는 공기로, 열선에 의해 뜨거워진다.

> ②문단❸문장 ~ 열선에서 열이 발생하고, 발생한 열은 에어프라이어
> 내부의 공기를 데운다.

C는 열선에 의해 데워진 공기이다.

---

⑤ C는 A에 의해 에어프라이어 안에서 빠르게 순환한다.

> ②문단❹문장 이후 열선의 위쪽에 위치한 팬이 빠른 속도로
> 　　　　　　　　　　　　　　　 B　　　　　　　　 A
> 회전하여, 열선이 뜨겁게 만든 공기를 에어프라이어 안에서 빠르게
> 　　　　　　　　　　　　　　　 C
> 순환시킨다.

C는 공기이고, A는 팬이다. 팬이 빠른 속도로 회전하면 공기는
에어프라이어 안에서 빠르게 순환하게 된다.

05 정답 ⑤ ＊어휘의 의미 파악하기

각 문장의 밑줄 친 부분이 ㉠과 같은 의미로 쓰인 것은?
㉠ '끌고' - '남의 관심 따위를 쏠리게 하다.'라는 의미로 쓰임.

> **오H 정답・오답?**

	밑줄 친 부분의 사전적 의미	같으면 ○ 다르면 ×
① 바지를 끌고 다니지 마.	바닥에 댄 채로 잡아당기다.	×
② 수레를 혼자 끌면 무겁지 않을까?	바퀴 달린 것을 움직이게 하다.	×
③ 시간을 끌지 말고 빨리 일을 하자.	시간이나 일을 늦추거나 미루다.	×
④ 경민이가 수진이의 팔을 끌어 교실로 데려갔다.	목적하는 곳으로 바로 가도록 같이 가면서 따라오게 하다.	×
⑤ 수현이는 박수를 쳐서 사람들의 주의를 끌었다.	남의 관심 따위를 쏠리게 하다.	○

06 예시 답안: 많은 가정에서 에어프라이어를 이용하고 있는 이유는
기름을 사용하지 않아 조리 후 정돈을 하기 편하기
때문이다.

㉡의 이유를 〈조건〉에 맞게 쓰시오.
'많은 가정에서 에어프라이어를 이용하고 있다.'

> ─────── 〈조건〉 ───────
> 1. 한 가지 이유만 쓸 것
> 2. '많은 가정에서 에어프라이어를 이용하고 있는 이유는 ~ 때문이다.'
>   형식의 한 문장으로 쓸 것

> **오H 정답?**

> ④문단❷,❸문장 에어프라이어는 기름을 사용하지 않기 때문에
> 기름을 사용하여 요리를 할 때보다 조리 후 정돈을 하기 편하고,
> 조리한 음식을 섭취할 때 열량에 대한 부담도 줄어든다. 또한
> 오븐보다 크기가 작아 소량의 음식을 조리하기에 간편하고, 주방
> 공간을 적게 차지하며, 오븐 등에 비해 가격도 저렴한 편이다.

4문단에서 에어프라이어의 장점을 소개하고, 이러한 장점 때문에 많은
가정에서 에어프라이어를 사용하고 있다고 했다.

채점 요소	채점 기준	배점	
내용의 적절성	에어프라이어의 장점을 적절히 제시한 경우	5	5
	답을 쓰지 않거나 오답을 쓴 경우	0	
표현의 적절성	조건 1에 맞게 쓰지 않은 경우	-1	-3
	조건 2에 맞게 쓰지 않은 경우	-1	
	어법에 맞지 않거나 문맥에 어긋난 경우	-1	

○ 각 문단 핵심어 ● 글 전체 핵심어 ── 각 문단 중심 문장 ▨ 글 전체 중심 문장

1 새 학기를 맞아 예쁜 운동화를 ⓐ 마련하고 싶었던 찬희는 스마트폰을 활용하여 인터넷 검색 누리집에서 운동화를 검색했다. **2** 평소 관심이 있던 브랜드의 온라인 쇼핑몰 누리집에 방문한 찬희는 여러 개의 운동화 중에서 전체가 흰색으로 된 운동화를 클릭하여 자세히 살펴보았다. **3** 다음 달까지 용돈을 모으면 이 흰색 운동화를 살 수 있을 것 같아 들뜬 기분이 된 찬희는 누리집을 끄고 평소 즐겨 찾는 SNS에 접속한 후 깜짝 놀라고 말았다. **4** SNS의 광고 칸에 방금 찬희가 보았던 ⓑ 그 운동화를 비롯하여 비슷한 스타일의 운동화 광고가 연달아 떠올랐기 때문이다. **5** 어떻게 SNS에 찬희가 갖고 싶어 하던 운동화와 비슷한 운동화 광고들이 나타난 것일까?
_{찬희가 갖고 싶었던 운동화의 광고가 뜬 이유에 대한 의문}

＊①문단 요약: 사용자 추적 광고와 관련된 구체적 사례

2 SNS에서 찬희의 마음을 읽은 듯한 광고가 떠오를 수 있었던 것은 모두 사용자 추적 광고 덕분이다. **2** 사용자 추적 광고란 [광고주가 사용자의 인터넷 이용 기록, 검색 기록 등을 수집하여 그 정보를 _{[ ]: 사용자 추적 광고의 개념} 바탕으로 소비자에게 광고를 제공하는 것]을 말한다. **3** [ⓒ 불특정 다수를 대상으로 제공되는 보통의 광고와는 달리 사용자 추적 광고는 사용자의 선호도, 관심사, 구매력 등을 파악하여 사용자가 _{[ ]: 다른 광고와 사용자 추적 광고의 차이점} 원하는 것을 중심으로 광고한다.] 그래서 광고 상품에 대한 _{사용자 추적 광고의 장점} 사용자의 관심을 더 많이 끌 수 있기 때문에 ⓓ 최근 많은 회사에서 광고를 할 때 이 방식을 채택하고 있다.

＊②문단 요약: 사용자 추적 광고의 개념과 장점

3 그러나 사용자 추적 광고는 개인 정보 보호 측면에서 문제가 있다. **2** 사용자 추적 광고를 하기 위해서는 기업체 등에서 먼저 사용자의 인터넷 이용 기록 등을 수집해야만 한다. **3** 사용자의 인터넷 이용 기록 등을 수집하는 과정에서 사용자 본인의 동의를 받지 못할 수도 있다. **4** 또 사용자 본인의 동의가 있었다고 하더라도 [기업체가 수집한 사용자의 인터넷 기록 등이 유출되면 건강과 같은 민감한 _{[ ]: 사용자 추적 광고의 단점} 개인 정보가 불법적으로 이용될 수 있으며, 이 경우 사용자의 사생활이 크게 침해될 수 있다.]

＊③문단 요약: 사용자 추적 광고의 단점

4 정리하자면 [사용자 추적 광고를 활용하면 소비자는 자신이 _{[ ]: 사용자 추적 광고의 장점과 단점} 선호하는 상품의 정보를 제공받을 수 있고 광고주는 소비자의 관심을 끌어 수익을 높일 수 있다는 장점이 있다. **2** 그러나 사용자의 개인 정보가 유출될 가능성이 있고 그 결과 사용자의 사생활을 침해할 수 있다는 문제점] 역시 존재한다. **3** 사용자 추적 광고의 이러한 문제점을 최소화하기 위해서 기업들은 [사용자가 애플리케이션이나 누리집에 _{[ ]: 사용자 추적 광고의 단점을 극복하기 위해 기업이 해야할 일} 처음 접속할 때 안내창을 띄워 사용자의 동의를 받고, 보안을 강화하는 등] 문제를 방지하기 위해 노력해야 한다. **4** 소비자들 역시 [기업이 동의를 구할 때 자신의 개인 정보가 어떻게 쓰이고 있는지 관심을 _{[ ]: 사용자 추적 광고의 단점을 극복하기 위해 개인이 해야 할 일} ㉠ 가져야 한다.]

＊④문단 요약: 사용자 추적 광고의 단점을 극복하기 위한 노력 당부

■ 지문 이해

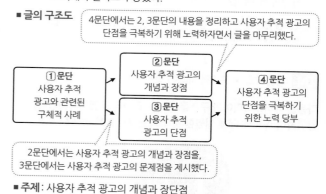

사용자 추적 광고
- 장점 ① 소비자: 자신이 선호하는 상품의 정보를 제공받을 수 있음.
　　② 기업: 소비자의 관심을 끌어 수익을 높일 수 있음.
- 단점: 사용자의 개인 정보가 유출될 수도 있고, 사생활이 침해될 수 있음.

광고주가 사용자의 인터넷 기록 등을 수집하여 그 정보를 바탕으로 소비자에게 광고를 제공하는 것

■ 문단 간의 관계
①문단: 사용자 추적 광고와 관련된 구체적 사례를 이야기했다.
②문단: 사용자 추적 광고의 개념과 장점을 소개했다.
③문단: 사용자 추적 광고의 단점을 소개했다.
④문단: 사용자 추적 광고의 단점을 극복하기 위해 기업과 소비자 모두 노력해야 한다고 주장했다.

■ 글의 구조도

4문단에서는 2, 3문단의 내용을 정리하고 사용자 추적 광고의 단점을 극복하기 위해 노력하자면서 글을 마무리했다.

①문단
사용자 추적 광고와 관련된 구체적 사례 → ②문단 사용자 추적 광고의 개념과 장점 / ③문단 사용자 추적 광고의 단점 → ④문단 사용자 추적 광고의 단점을 극복하기 위한 노력 당부

2문단에서는 사용자 추적 광고의 개념과 장점을, 3문단에서는 사용자 추적 광고의 문제점을 제시했다.

■ 주제: 사용자 추적 광고의 개념과 장단점

---

07 정답 (1) ① (2) ② (3) ② (4) ②

(1) ➡ ②는 '미련하다'의 사전적 의미이다.
(4) ➡ ⓓ가 있는 2문단에서 사용자 추적 광고의 개념과 장점에 대해 설명하고 있다. 따라서 ⓓ는 많은 회사에서 광고를 할 때 이 방식, 즉 사용자 추적 광고를 사용한다는 의미이다.

08 정답 ❶ 사용자 추적 광고　　❷ 개념
　　　　 ❸ 장점　　❹ 사용자 추적 광고

09 정답 ④ ＊ 내용 전개 방식 파악하기

윗글에 대한 설명으로 가장 알맞은 것은?

>왜 정답?

④ 구체적인 사례를 들어 중심 화제에 대한 읽는 사람의 _{찬희의 사례} 흥미를 불러일으키고 있다.

＊ 근거: ①문단
　1문단에서 운동화를 사고 싶었던 찬희가 SNS를 통해 운동화와 관련된 사용자 추적 광고를 본 사례를 소개함으로써 읽는 사람으로 하여금 중심 화제인 사용자 추적 광고에 대한 궁금증을 느끼고 흥미를 가질 수 있도록 했다.

>왜 오답?

① 중심 화제와 관련하여 전문가의 의견을 ~~인용하고~~ 있다. _{인용하지 않음.}

② 시간 순서에 따라 중심 화제가 ~~변화해 온 내용을~~ 소개하고 있다. _{개념, 장단점만 소개함.}

③ 중심 화제의 구체적인 ~~종류를 제시하고~~, 각각의 특징을 설명하고 있다. _{이야기하지 않음.}

⑤ 중심 화제를 사용하는 것을 ~~찬성하는 측과 반대하는 측의~~ 주장을 제시하고 있다. _{장단점만 소개함.}

10 정답 ④ *내용 파악하기

윗글의 내용으로 알맞지 <u>않은</u> 것은?

> **왜** 정답?

④ 사용자 추적 광고는 ~~광고주~~_{사용자}가 제공하는 정보를 바탕으로 소비자에게 광고를 제공한다.

> ②문단 ❷문장 사용자 추적 광고란 광고주가 사용자의 인터넷 이용 기록, 검색 기록 등을 수집하여 그 정보를 바탕으로 소비자에게 광고를 제공하는 것을 말한다.

> **왜** 오답?

① 사용자 추적 광고는 개인 정보와 관련이 있다.

> ③문단 ❶문장 그러나 사용자 추적 광고는 개인 정보 보호 측면에서 문제가 있다.

② 사용자 추적 광고는 불특정 다수를 대상으로 하지 않는다.

> ②문단 ❸문장 불특정 다수를 대상으로 제공되는 보통의 광고와는 달리 사용자 추적 광고는 ~

③ 사용자 추적 광고 때문에 수집한 개인의 민감한 정보가 불법적으로 이용될 수도 있다.

> ③문단 ❹문장 또 사용자 본인의 동의가 있었다고 하더라도 기업체가 수집한 사용자의 인터넷 기록 등이 유출되면 건강과 같은 민감한 개인 정보가 불법적으로 이용될 수 있으며, 이 경우 사용자의 사생활이 크게 침해될 수 있다.

⑤ 사용자 추적 광고를 활용할 때 소비자와 기업 모두가 개인 정보를 보호하기 위해 노력해야 한다.

> ④문단 ❷~❹문장 ~ 사용자의 개인 정보가 유출될 가능성이 있고 그 결과 사용자의 사생활을 침해할 수 있다는 문제점 역시 존재한다. 사용자 추적 광고의 이러한 문제점을 최소화하기 위해서 기업들은 ~ 문제를 방지하기 위해 노력해야 한다. 소비자들 역시 기업이 동의를 구할 때 자신의 개인 정보가 어떻게 쓰이고 있는지 관심을 가져야 한다.

11 정답 ① *어휘의 의미 파악하기

각 문장의 밑줄 친 부분이 ㉠과 같은 의미로 쓰인 것은?

㉠'가져' - '생각, 태도, 사상 따위를 마음에 품다.'라는 의미로 쓰임.
> **왜** 정답 · 오답?

	밑줄 친 부분의 사전적 의미	같으면 ○ 다르면 ×
① 공부에 흥미를 <u>가져</u> 보자.	생각, 태도, 사상 따위를 마음에 품다.	○
② 수지는 많은 자매를 <u>가졌다.</u>	거느리거나 모시거나 두다.	×
③ 오늘 학생회의를 <u>가질</u> 예정이야.	모임을 치르다.	×
④ 민교는 새 공책을 <u>가지고</u> 싶었다.	자기 것으로 하다.	×
⑤ 공을 <u>가지고</u> 놀 때는 주변에 사람이 없는지 살펴야 해.	손이나 몸 따위에 있게 하다.	×

12 예시 답안: 사용자 추적 광고를 제공하기 위해 사용자의 인터넷 이용 기록 등을 수집할 때 개인 정보가 유출될 가능성이 있고 그 결과 사용자의 사생활을 침해할 수 있다는 문제가 있다.

사용자 추적 광고의 문제점을 〈조건〉에 맞게 쓰시오.

─〈조건〉─
1. '개인 정보', '사생활'이라는 표현을 활용할 것
2. '~ 문제가 있다.' 형식의 한 문장으로 쓸 것

> **왜** 정답?

> ③문단 ❷, ❹문장 사용자 추적 광고를 하기 위해서는 기업체 등에서 먼저 사용자의 인터넷 이용 기록 등을 수집해야만 한다. ~ 또 사용자 본인의 동의가 있었다고 하더라도 기업체가 수집한 사용자의 인터넷 기록 등이 유출되면 건강과 같은 민감한 개인 정보가 불법적으로 이용될 수 있으며, 이 경우 사용자의 사생활이 크게 침해될 수 있다.
> ④문단 ❷문장 ~ 사용자의 개인 정보가 유출될 가능성이 있고 그 결과 사용자의 사생활을 침해할 수 있다는 문제점 역시 존재한다.

채점 요소	채점 기준	배점	
내용의 적절성	윗글에서 적절한 문제점을 찾아 쓴 경우	5	5
	답을 쓰지 않거나 오답을 쓴 경우	0	
표현의 적절성	조건 1에 맞게 쓰지 않은 경우	-1	-3
	조건 2에 맞게 쓰지 않은 경우	-1	
	어법에 맞지 않거나 문맥에 어긋난 경우	-1	

------ 배경지식

'쿠키'? 먹는 거 아닌가요?

인터넷 누리집을 돌아다니다 보면 가끔 '쿠키' 설정을 하라고 하는 경우가 있다. 여기에서의 쿠키는 우리가 먹는 쿠키가 아니라 특정한 인터넷 누리집을 방문했을 때 만들어지는 정보를 담은 파일을 가리킨다. 인터넷 누리집은 쿠키를 통해 우리가 방문한 날짜, 비밀번호 따위를 기록하였다가 다음에 우리가 누리집을 다시 방문할 때 이 기록을 되살린다.

우리에게 익숙한 누리집용 쿠키라는 개념을 처음 만든 사람은 루 몬툴리(Lou Montulli)이다. 1994년에 쇼핑몰을 위한 서비스를 개발하던 몬툴리는 쇼핑몰 방문자의 상태를 사용자 컴퓨터에 저장하는 방법을 찾다가 누리집용 쿠키를 개발하게 되었다. 그는 이 쿠키를 통해 누리집에 방문한 사람이 처음 방문한 사람인지 아닌지 확인할 수 있었고, 이후 발전을 거듭하여 누리집에 방문한 사람이 누리집에서 무엇을 클릭했는지 등의 정보를 알 수 있게 되었다.

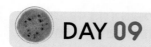

DAY 09

▶ 문제편 **90쪽**

[01~07] 달걀의 출생 기록 [사회]

○ 각 문단 핵심어 ● 글 전체 핵심어 ― 각 문단 중심 문장 ▨ 글 전체 중심 문장

1 우리나라 사람이라면 누구나 자신만의 주민등록번호를 가지고 있다. 우리나라의 달걀도 주민등록번호 같은 것을 갖고 있다. 달걀 껍데기에 표시되어 있는 난각 번호라고 불리는 총 10개의 ⓐ 고유 번호가 바로 ⓑ 그것이다. *1문단 요약: 달걀 껍데기의 난각 번호

2 달걀의 이력 정보를 표시한 난각 번호를 통해 우리는 닭이 언제 어떤 환경에서 달걀을 낳았는지 알 수 있다. 난각 번호의 앞 네 자리는 닭이 달걀을 낳은 날짜, 즉 산란일이다. 그 옆의 가운데 다섯 자리는 그 달걀이 생산된 농장, 즉 생산자의 고유 번호이다. 마지막으로 맨 오른쪽 한 자리는 닭을 키우는 사육 환경을 나타내는 번호이다. *2문단 요약: 난각 번호 각 자리의 의미

3 난각 번호 중 사육 환경은 1부터 4까지의 숫자로 표기하는데, ⓒ 숫자가 낮을수록 닭에게 이로운 사육 환경이다. 사육 환경을 나타내는 숫자가 4라면 이것은 닭이 자라는 장소, 즉 닭장이 A4 용지 한 장 정도 크기라는 의미이다. 숫자 3은 숫자 4보다는 조금 더 넓어지기는 했지만, 여전히 좁은 닭장에 닭들을 가두어 기르는 사육 환경을 가리킨다. 숫자 1과 2는 닭장이 없는 사육 환경으로, 자유롭게 이동할 수 있는 실내에서 닭을 기른다면 숫자 2를, 완전히 자유롭게 실외에 풀어놓고 닭을 기른다면 숫자 1을 표기한다. *3문단 요약: 사육 환경 번호 각각의 의미

4 4번 사육 환경에서 자란 닭이 낳은 달걀보다 1번 사육 환경에서 자란 닭이 낳은 달걀이 더 비싸게 판매된다. 바깥에 풀어 놓고 닭을 기르면 닭장에서 닭을 기를 때보다 닭이 달걀을 덜 낳고, 그러한 환경을 유지하는 관리비가 더 들기 때문이다. ㉮ 최근에는 가격이 비싸더라도 사육 환경 번호를 고려하여 달걀을 구매하는 소비자가 늘어나고 있다. [자유로운 환경에서 건강하게 자란 닭이 낳은 달걀이 우리 몸에 더 좋으리라는 인식과 동물도 행복할 권리가 있다는 동물 복지에 대한 생각이 사람들 사이에 확산]되고 있기 때문이다. [ ]: 사람들이 사육 환경 번호를 고려하여 달걀을 구매하는 이유 *4문단 요약: 사육 환경 번호를 확인하고 달걀을 구매하는 소비자들

5 난각 번호의 사육 환경 번호가 1, 2번인 달걀을 낳은 닭이 반드시 건강한 사육 환경에서 자랐다고 할 수는 없다. 난각 번호는 1번인데, 해당 사육 환경이 동물 복지 인증을 받지 않은 경우도 있기 때문이다. 여기에서 동물 복지 인증이란 [동물이 원래의 습성을 유지하면서 정상적으로 살 수 있도록 관리하며 동물의 복지를 증진하는 축산 농장임을 인증하는 제도]를 말한다. [ ]: 동물 복지 인증의 개념 난각 번호는 식약처에서 관리하지만 동물 복지 인증은 농림축산식품부에서 관리하기 때문에 난각 번호는 1번일지라도 동물 복지 인증을 받지 못한 곳에서 생산된 달걀이 있을 수 있다. 따라서 닭의 복지를 난각 번호와 동물 복지 인증을 관리하는 곳이 다르기 때문임.

고려하여 달걀을 구매하고 싶다면 난각 번호뿐만 아니라, 달걀을 낳은 닭이 살고 있는 농장이 동물 복지 인증을 받았는지 확인해야 한다. *5문단 요약: 난각 번호와 더불어 확인해야 하는 동물 복지 인증

■ 지문 이해: 난각 번호의 맨 오른쪽 한 자리를 통해 알 수 있는 사육 환경

1	2	3	4
실외	자유롭게 이동할 수 있는 실내	4보다는 넓지만 좁은 닭장	A4 용지 한 장 정도 크기의 좁은 닭장
닭장 ✕		닭장 ○	

■ 문단 간의 관계

1문단: 달걀 껍데기에 표시되어 있는 난각 번호를 소개했다.
2문단: 난각 번호의 각 자리를 통해 산란일, 생산자의 고유 번호, 닭의 사육 환경을 알 수 있다고 설명했다.
3문단: 난각 번호 중 닭의 사육 환경 번호 각각의 의미를 소개했다.
4문단: 사육 환경 번호를 확인하고 달걀을 구매하는 소비자들이 늘어난 이유를 설명했다.
5문단: 난각 번호와 더불어 동물 복지 인증을 확인해야 하는 이유를 설명했다.

■ 글의 구조도

| **1**문단 달걀 껍데기의 난각 번호 | → | **2**문단 난각 번호 각 자리의 의미 | → | **3**문단 사육 환경 번호 각각의 의미 | → | **4**문단 사육 환경 번호를 확인하고 달걀을 구매하는 소비자들 | → | **5**문단 난각 번호와 더불어 확인해야 하는 동물 복지 인증 |

➡ 글의 순서대로 구조도를 그릴 수 있다.

■ 주제: 달걀에 대한 정보를 담고 있는 난각 번호

01 정답 (1) ① (2) ① (3) ①

(1) ➡ ⓑ는 '고생'의 사전적 의미이다.
(3) ➡ ⓒ를 포함하고 있는 3문단에서 닭의 사육 환경을 나타내는 숫자가 낮을수록 닭이 자라는 장소가 넓거나 자유롭다고 했다.

02 정답 ❶ 난각 ❷ 사육 환경 ❸ 인증

03 정답 ⑤

윗글에서는 달걀의 난각 번호 각각이 무엇을 의미하는지에 대해 설명하고 있다. 따라서 윗글의 주제는 '달걀에 대한 정보를 담고 있는 난각 번호'이다.

04 정답 ② *내용 파악하기

윗글의 내용으로 알맞지 않은 것은?

>**왜** 정답?
② 동물 복지 인증과 관련이 있는 정부 기관은 절약적이다.
　　　　　　　　　　　　　　　　　　　　　　농림축산식품부

> 5문단 ❹문장 ~ 동물 복지 인증은 농림축산식품부에서 관리하기 ~

>**왜** 오답?
① 동물 복지 인증을 받은 농장에서 생산된 달걀도 있다.

> 5문단 ❺문장 ~ 닭의 복지를 고려하여 달걀을 구매하고 싶다면 ~ 달걀을 낳은 닭이 살고 있는 농장이 동물 복지 인증을 받았는지 확인해야 ~

동물 복지 인증을 받은 농장에서도 달걀이 생산되고, 이를 소비자가 구매할 수도 있다.

③ 난각 번호는 그 달걀이 어떤 환경에서 생산되었는지 알려 준다.

> 2문단 ❶문장 달걀의 이력 정보를 표시한 난각 번호를 통해 우리는 닭이 언제 어떤 환경에서 달걀을 낳았는지 알 수 있다.

④ 달걀 껍데기에는 달걀의 이력을 알 수 있는 고유 번호가 새겨져 있다.
　　　　　　　　　　난각 번호

> ①문단❸문장 달걀 껍데기에 표시되어 있는 '난각 번호'라고 불리는 총 10개의 고유 번호가 바로 그것이다.
> ②문단❶문장 달걀의 이력 정보를 표시한 난각 번호를 통해 ~

⑤ 자유롭게 이동할 수 있는 환경에서 키운 닭이 낳은 달걀은 그렇지
　　　　　사육 환경을 나타내는 숫자 1, 2
않은 환경에서 자란 닭이 낳은 달걀보다 비싸게 판매된다.

> ③문단❹문장 숫자 1과 2는 닭장이 없는 사육 환경으로 ~
> ④문단❶문장 4번 사육 환경에서 자란 닭이 낳은 달걀보다 1번 환경에서 자란 닭이 낳은 달걀이 더 비싸게 판매된다.

05 정답 ⑤ ＊내용 파악하기

'난각 번호'에 대한 설명으로 가장 알맞은 것은?

> **왜** 정답 ?

⑤ 달걀에게 있어 일종의 주민등록번호와 같은 것이다.

> ①문단❶, ❷문장 우리나라 사람이라면 누구나 자신만의 주민등록번호를 가지고 있다. 우리나라의 달걀도 주민등록번호 같은 것을 갖고 있다.

우리나라 사람이 주민등록번호를 가지고 있는 것처럼, 달걀은 각각 고유한 난각 번호를 가지고 있다.

> **왜** 오답 ?

① 9개의 문자로 이루어져 있다.
　　10개

> ①문단❸문장 ~ '난각 번호'라고 불리는 총 10개의 고유 번호 ~

② 달걀 포장지에 표시되어 있다. ＊근거:①문단❸문장
　　　　껍데기

③ 동물 복지 인증을 받았다는 증거이다.
　　　　　　　　　　　　관련 없음.

> ②문단❶문장 달걀의 이력 정보를 표시한 난각 번호를 ~
> ⑤문단❸문장 ~ 동물 복지 인증이란 ~ 동물의 복지를 증진하는 축산 농장임을 인증하는 제도를 말한다.

④ 가운데 네 자리는 산란일과 관련이 있다.
　　앞

> ②문단❷, ❸문장 난각 번호의 앞 네 자리는 닭이 달걀을 낳은 날짜, 즉 산란일이다. 그 옆의 가운데 다섯 자리는 그 달걀이 생산된 농장, ~

06 정답 ④ ＊구체적 사례에 적용하기

〈보기〉에 대해 설명한 것으로 알맞지 않은 것은?

> ──── 〈보기〉 ────
> 　　산란일　　사육 환경　　　　　　산란일　　사육 환경
> Ⓐ 0425AB26E4　　　　　Ⓑ 0417AB12C2
> 　　　　농장 번호　　　　　　　　　　　　농장 번호

> ②문단❷~❹문장 난각 번호의 앞 네 자리는 닭이 달걀을 낳은 날짜, 즉 산란일이다. 그 옆의 가운데 다섯 자리는 그 달걀이 생산된 농장, 즉 생산자의 고유 번호이다. 마지막으로 맨 오른쪽 한 자리는 닭을 키우는 사육 환경을 나타내는 번호이다.

1	2	3	4	5	6	7	8	9	10
──산란일──				──생산자 고유 번호──					사육 환경

> **왜** 정답 ?

④ Ⓑ는 Ⓐ보다 더 신선한 달걀이다.
　　　　　　　　오래된

　　Ⓐ의 산란일은 4월 25일이고, Ⓑ의 산란일은 4월 17일이다.
　　따라서 Ⓑ가 Ⓐ보다 더 오래된 달걀이다.

> **왜** 오답 ?

① Ⓐ는 4월 25일에 낳은 달걀이다.

　　Ⓐ의 난각 번호 중 앞 네 자리 0425는 닭이 달걀을 낳은 날짜, 즉 산란일이다.

② Ⓐ를 낳은 닭은 매우 좁은 닭장 속에서 자랐다.

> ③문단❷문장 사육 환경을 나타내는 숫자가 4라면 이것은 닭이 자라는 장소, 즉 닭장이 A4 용지 한 장 정도의 크기라는 의미이다.

　　Ⓐ에서 사육 환경을 나타내는 숫자는 4이므로, Ⓐ를 낳은 닭은 A4 용지 한 장 정도의 매우 비좁은 크기의 닭장에서 자랐을 것이다.

③ Ⓑ를 낳은 닭은 실내에서 자랐다.

> ③문단❹문장 ~ 자유롭게 이동할 수 있는 실내에서 닭을 기른다면 숫자 2를 ~

　　Ⓑ의 사육 환경을 나타내는 숫자는 2이므로, Ⓑ를 낳은 닭은 실내에서 자랐을 것이다.

⑤ Ⓑ가 Ⓐ보다 소비자에게 더 비싸게 판매된다.

> ④문단❶문장 4번 사육 환경에서 자란 닭이 낳은 달걀보다 1번 사육 환경에서 자란 닭이 낳은 달걀이 더 비싸게 판매된다.

　　Ⓐ를 낳은 닭의 사육 환경을 나타내는 숫자는 4이고 Ⓑ를 낳은 닭의 사육 환경을 나타내는 숫자는 2이므로, 소비자에게 Ⓐ보다 Ⓑ가 더 비싸게 판매될 것이다.

07 예시 답안: 사람들 사이에서 자유로운 환경에서 건강하게 자란 닭의 달걀이 더 우리의 몸에 좋을 것이라는 인식과 동물도 행복할 권리가 있다는 생각이 확산되고 있기 때문이다.

㉠의 이유를 〈조건〉에 맞게 쓰시오.
　'최근에는 가격이 비싸더라도 사육 환경 번호를 고려하여 달걀을 구매하는 소비자가 늘어나고 있다.'

> ──── 〈조건〉 ────
> 1. 사람들이 가진 두 가지 인식과 관련하여 쓸 것
> 2. '~ 때문이다.' 형식의 한 문장으로 쓸 것

> **왜** 정답 ?

> ④문단❸, ❹문장 ㉠ 최근에는 가격이 비싸더라도 사육 환경 번호를 고려하여 달걀을 구매하는 소비자가 늘어나고 있다. 자유로운 환경에서 건강하게 자란 닭이 낳은 달걀이 우리 몸에 더 좋으리라는 인식과 동물도 행복할 권리가 있다는 동물 복지에 대한 생각이 사람들 사이에 확산되고 있기 때문이다.

4문단에서 사람들이 난각 번호 중 사육 환경 번호를 고려하여 달걀을 구매하는 이유는 건강하게 자란 닭의 달걀이 우리 몸에 더 좋으리라는 인식과 동물도 행복할 권리가 있다는 동물 복지에 대한 생각이 사람들 사이에서 퍼지고 있기 때문이라고 했다.

채점 요소	채점 기준	배점	
내용의 적절성	조건 1에 맞게 ㉠의 이유를 쓴 경우	5	5
	답을 쓰지 않거나 오답을 쓴 경우	0	
표현의 적절성	조건 2에 맞게 쓰지 않은 경우	-1	-2
	어법에 맞지 않거나 문맥에 어긋난 경우	-1	

[08~13] 우주에서 오줌을 싸면? [과학·기술]

○ 각 문단 핵심어　◎ 글 전체 핵심어　— 각 문단 중심 문장　▨ 글 전체 중심 문장

① 찬성이는 최근 우리나라의 한 연예인이 일반인 최초로 달 여행을 ⓐ 시도하는 등 조만간 많은 사람들이 우주여행을 갈 수 있을 것으로 ㉠ 보인다는 신문 기사를 보았다. **②** 초등학생 시절 우주에는 중력이 없기 때문에 우주에 가면 사람도 둥둥 떠다니고, 물을 쏟아도 물이 바닥을 적시지 않고 비누 거품처럼 방울방울 떠다닌다는 선생님의 말씀을 들은 이후 찬성이의 꿈은 우주에 가는 것이었다. **③** 드디어 우주 여행을 가는 시대가 되었다는 생각에 가슴이 벅차오른 찬성이에게 한 가지 궁금증이 생겼다. **④** ㉮ 중력이 없는 우주에서는 오줌을 어떻게 처리할까?

*①문단 요약: 우주에서 오줌을 처리하는 방법에 대한 궁금증

②① 우주에서는 우주인의 오줌을 깨끗하게 정화하여 재활용한다.
우주에서 오줌을 처리하는 방법
② 우주선의 화장실에는 양변기와 1m 정도 길이의 호스가 있다. **③** 우주인이 오줌을 누면 양변기나 호스가 진공청소기처럼 이를 ⓑ 빨아들인다. **④** 빨아들인 오줌은 우주선 내부의 배관을 통해 폐수 탱크에 모이고, 폐수 탱크에 모인 오줌은 여러 단계를 거쳐 정화된다.

*②문단 요약: 우주에서 오줌을 처리하는 방법

③① 우주에서 오줌을 정화하는 방법은 다음과 같다. **②** [오줌을 정화하는 첫 번째 단계는 오줌을 원심 분리기에 넣는 것이다. **③** 원심
[ ] 우주에서 오줌을 정화하는 과정
분리기란 물질을 빠르게 회전시켜 섞여 있는 물질을 분리하는
원심 분리기의 개념
기계를 뜻하는데, 원심 분리기에 들어간 오줌은 물과 불순물로 **④** 분리된다. 이후 원심 분리기에 열을 가하면 불순물이 제거된 오줌이 수증기로 변한다. **⑤** 이 수증기를 차갑게 식혀 액체로 변화, 즉 냉각시키고, ㉢ 이렇게 만들어진 액체는 필터 등을 통해 깨끗이 소독된다. **⑥** 소독된 액체를 131도에서 팔팔 끓여 세균을 제거하면 오줌 정화 작업은 마무리된다.]

*③문단 요약: 우주에서 오줌을 정화하는 과정

④① 정화 작업을 거친 오줌은 우주인의 식수로 활용된다. **②** 지구에서와 달리 물을 구할 수 있는 방법이 없는 우주에서는 물이 굉장히 소중하다. **③** ⓓ 그래서 우주에서 살아가기 위해서 우주인들은 오줌을
우주에서 오줌을 정화하여 식수로 활용하는 이유
정화하여 식수로 사용하는 것이다. **④** 오줌을 다시 마신다는 생각 때문에 많은 사람들이 오줌을 정화한 물을 마시는 것에 거부감을 느낄 수도 있지만, 여러 단계의 정화 작업을 거친 오줌은 가정에서 마시는 물보다 더 깨끗하다고 한다.

*④문단 요약: 우주에서 정화된 오줌을 식수로 활용하는 이유

⑤① 우주선에는 오줌을 정화하는 기술 외에도 다양한 기술이 적용되어 있다. **②** 우주 여행을 꿈꾸고 있다면 우주선에 숨어 있는
글쓴이의 권유
다양한 기술에 관심을 가져보자. 내가 개발한 기술이 우주선에 적용되어 우리가 우주에 가는 날이 앞당겨질지도 모른다.

*⑤문단 요약: 우주선에 숨어 있는 기술에 관심을 가질 것을 권함.

■ 지문 이해
우주선에서 오줌을 정화하는 과정

> 우주인이 화장실에서 오줌을 눔. ➡ 양변기나 호스가 우주인의 오줌을 빨아들임. ➡ 빨아들인 오줌이 폐수 탱크에 모임. ➡ 폐수 탱크에 모인 오줌이 원심 분리기로 이동함. ➡ 원심 분리기에서 오줌을 물과 불순물로 분리함. ➡ 불순물이 분리된 오줌은 가열되어 수증기가 되었다가 다시 액체가 됨. ➡ 액체가 된 오줌을 필터를 통해 소독한 후 131도에서 가열하여 세균을 제거함.

■ 문단 간의 관계
①문단: 우주에서 오줌을 처리하는 방법에 대한 궁금증을 드러냈다.
②문단: 우주에서 오줌을 처리하는 방법을 설명했다.
③문단: 우주에서 오줌을 정화하는 과정을 차례대로 설명했다.
④문단: 우주에서 정화된 오줌을 식수로 활용하는 이유를 설명했다.
⑤문단: 오줌을 정화하는 기술 외에도 우주선에 숨어 있는 기술에 관심을 가지자고 권하며 글을 마무리했다.

■ 글의 구조도

➡ 글의 순서대로 구조도를 그릴 수 있다.

■ 주제: 우주에서 오줌을 처리하는 방법

---

08 정답 (1) ① (2) ② (3) ② (4) ①

(1) ➡ ②는 '유도하다'의 사전적 의미이다.

(2) ➡ '빨아들인다'의 기본형 '빨아들이다'의 사전적 의미는 '수분, 양분, 기체 따위를 끌어들이거나 흡수하다.'이므로, '빨아들인다'는 '흡수한다'와 바꾸어 쓸 수 있다.

(4) ➡ ⓓ의 바로 앞 문장에서 물을 구할 수 있는 방법이 없는 우주에서는 물이 굉장히 소중하다고 했다.

09 정답 **❶** 정화하는　**❷** 식수로
　　　　　　　❸ 우주에서 오줌을

10 정답 **⑤** *내용 파악하기

윗글의 내용으로 알맞지 않은 것은?

> **왜** 정답 ?

⑤ 우주선의 화장실에서 오줌을 누면 오줌이 비누 거품처럼 방울방울 떠다닐 것이다.
　　　　　　　　　　　　　　　 떠다니지 않음.

> ②문단❸문장 우주인이 오줌을 누면 양변기나 호스가 진공 청소기처럼 이를 빨아들인다.

우주인이 화장실에서 오줌을 누면 그 오줌을 양변기나 호스가 빨아들이기 때문에 오줌은 방울방울 떠다니지 않을 것이다.

> **왜** 오답 ?

① 우주에서는 오줌을 정화하여 식수로 마신다.

> ④문단❶문장 정화 작업을 거친 오줌은 우주인의 식수로 활용된다.

② 중력이 없는 곳에서는 사람이 둥둥 떠다닌다.
　　　　　 우주

> ①문단❷문장 ~ 우주에는 중력이 없기 때문에 우주에 가면 사람도 둥둥 떠다니고, ~

③ 우주에서 물을 쏟으면 물이 방울방울 떠다닌다.

> ① 문단 ❷ 문장 ~ 우주에는 중력이 없기 때문에 ~ 물을 쏟아도 물이 바닥을 적시지 않고 비누 거품처럼 방울방울 떠다닌다는 ~

④ 지구에서 물을 구하는 것은 우주에서 물을 구하는 것보다 쉽다.

> ④ 문단 ❷ 문장 지구에서와 달리 물을 구할 수 있는 방법이 없는 우주에서는 물이 굉장히 소중하다.

우주에서는 물을 구할 수 없으므로, 지구에서 물을 구하는 것은 우주에서 물을 구하기보다 쉬울 것이다.

11 정답 ③ ＊내용 파악＋추론하기

윗글을 참고할 때 〈보기〉에 대한 설명으로 알맞지 <u>않은</u> 것은?

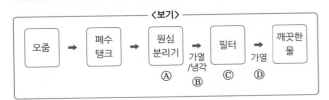

─〈보기〉─

오줌 → 폐수 탱크 → 원심 분리기 Ⓐ＝가열/냉각Ⓑ → 필터Ⓒ → 가열Ⓓ → 깨끗한 물

> 오H 정답?

③ Ⓑ에서 오줌은 <u>액체로 변했다가 수증기</u>가 된다.

수증기 ➡ 액체

> ③ 문단 ❹, ❺ 문장 ~ 원심 분리기에 열을 가하면 불순물이 제거된 오줌이 수증기로 변한다. 이 수증기를 차갑게 식혀 액체로 변화, 즉 냉각시키고, ~

Ⓑ는 원심 분리기에서 물과 불순물로 분리된 오줌에 열을 가하고 그것을 식히는 단계이다. 이 단계에서는 불순물이 분리되어 물만 남은 오줌을 가열하여 수증기로 만들었다가 그것을 식혀 액체로 변화시킨다.

> 오H 오답?

① 〈보기〉는 우주선에서 오줌이 정화되는 과정을 나타낸 것이다.
> ＊근거: ②, ③문단
> 2문단에서 우주인이 오줌을 누면 양변기나 호스가 이를 빨아들이고, 이것을 폐수 탱크에 모아 여러 단계를 거쳐 정화한다고 설명했다.
> 또 3문단에서 폐수 탱크에 모인 오줌을 정화하는 과정을 설명했다.
> 〈보기〉는 2, 3문단에서 설명한 우주선에서 오줌이 정화되는 과정을 나타낸 것이다.

② Ⓐ에서 오줌은 빠르게 회전하면서 불순물과 물로 분리된다.

> ③ 문단 ❸ 문장 원심 분리기란 물질을 빠르게 회전시켜 섞여 있는 물질을 분리하는 기계를 뜻하는데, 원심 분리기에 들어간 오줌은 물과 불순물로 분리된다.

④ Ⓒ에서 액체는 소독되는 과정을 거친다.

> ③ 문단 ❺ 문장 ~ 이렇게 만들어진 액체는 필터 등을 통해 깨끗이 소독된다.

⑤ Ⓓ는 오줌 정화의 마지막 단계이다.

> ③ 문단 ❻ 문장 소독된 액체를 131도에서 팔팔 끓여 세균을 제거하면 오줌 정화 작업은 마무리된다.

12 정답 ③ ＊어휘의 의미 파악하기

각 문장의 밑줄 친 부분이 ㉠과 같은 의미로 쓰인 것은?

> ㉠ '보인다' - '대상의 내용이나 상태가 짐작되다.'라는 의미로 쓰임.

> 오H 정답·오답?

	밑줄 친 부분의 사전적 의미	같으면 ○ 다르면 ×
① 너한테 내 공책을 <u>보여</u>도 될지 모르겠다.	눈으로 대상의 존재나 형태적 특징을 알게 하다.	×
② 골목을 돌아가니 내가 찾던 가게가 <u>보였다</u>.	눈으로 대상의 존재나 형태적 특징을 알게 되다.	×
③ 잘하면 내 계획이 이루어질 것으로 <u>보인다</u>.	대상의 내용이나 상태가 짐작되다.	○
④ 아무리 생각해도 그는 어린아이로만 <u>보인다</u>.	대상이 평가되다.	×
⑤ 내가 어떻게 <u>보이든</u> 내 선택을 바꾸지 않을 것이다.	대상이 평가되다.	×

13 예시 답안: 중력이 없는 우주에서는 오줌을 정화하여 식수로 활용한다.

㉑에 대한 답변을 〈조건〉에 맞게 쓰시오.
> '중력이 없는 우주에서는 오줌을 어떻게 처리할까?'

─〈조건〉─
1. '정화'라는 말을 포함할 것
2. 한 문장으로 쓸 것

> 오H 정답?

> ④ 문단 ❶ 문장 정화 작업을 거친 오줌은 우주인의 식수로 활용된다.

윗글에서는 우주에서는 물을 구할 수 없기 때문에 오줌을 정화하여 식수로 활용한다고 설명했다.

채점 요소	채점 기준	배점	
내용의 적절성	우주에서 오줌을 정화하여 식수로 사용한다는 내용을 포함한 경우	5	5
	답을 쓰지 않거나 오답을 쓴 경우	0	
표현의 적절성	조건 1에 맞게 쓰지 않은 경우	-1	-3
	조건 2에 맞게 쓰지 않은 경우	-1	
	어법에 맞지 않거나 문맥에 어긋난 경우	-1	

DAY 10

▶ 문제편 98쪽

[01~06] 색을 구분하지 못하는 화가 [과학+예술]

○ 각 문단 핵심어 ◎ 글 전체 핵심어 ── 각 문단 중심 문장 ▨ 글 전체 중심 문장

1 유명한 화가 빈센트 반 고흐의 그림은 강렬한 색감, 두껍게 발린 물감, 서정적인 분위기로 인해 많은 사람들의 사랑을 받았다. **❷** 고흐는 자신의 대표작 〈해바라기〉에서처럼 주로 노란색을 ⓐ <u>사용하여</u> 그림을 그렸다. ⓑ <u>이 때문에</u> 고흐를 떠올리면 많은 사람들이 노란색이 함께 떠오른다고 한다. **❹** 그런데 최근 일부 사람들이 고흐가 노란색을 즐겨 사용한 이유가 고흐가 (색맹)이었기 때문이라는 의혹을 제기했다. **❺** 고흐가 마셨던 술이 고흐의 시각에 영향을 미쳐 그를 노란색과 파란색에 민감하게 만들었고, 그 결과 고흐가 노란색을 많이 사용한 그림을 그리게 되었다는 것이다.

*① 문단 요약: 고흐가 색맹이라는 의혹

2 색깔을 인식하는 데 문제가 있는 경우를 (색각 이상)이라고 하고, 색각 이상은 크게 '색맹'과 '색약'으로 나눈다. 색맹이란 【색깔을
[ ] 색맹의 의미
구분하는 감각 세포인 시각 세포에 이상이 있어서 색깔을 구분하지 못하거나, 원래의 색이 아닌 다른 색깔로 잘못 보는 상태 또는 그런 사람】을 의미한다. **❸** 색깔을 구분하는 능력이 부족한 정도가 색맹보다
색약의 의미
가벼울 때는 색약이라고 한다. **❹** 이것들은 대부분 부모로부터
색맹, 색약
유전되는데, 고흐처럼 약물의 부작용이나 질병 등의 후천적인 원인으로 발생하기도 한다.

*② 문단 요약: 색각 이상의 종류와 개념, 발생 원인

3 ⓒ 고흐가 (색맹)이었을 수도 있다는 이야기는 색각 이상자들이 그림을 잘 그리지 못할 것이라는 편견을 깨 준다. **❷** 실제로 색깔을 잘 구분하지 못하더라도 예술계에서 두각을 드러내는 사람들이 있다. **❸** 【세계적인 비디오 아티스트인 고(故) 백남준, 월트 디즈니 사에서
[ ] 색맹이지만 예술계에서 두각을 드러내는 사람들
애니메이터로 일하는 김상진, 사진 작가 킬리안 손베르게】 등은 색맹으로 알려져 있는 사람들이다. **❹** ⓓ <u>이들은</u> 보통 사람들과는 다른 시각으로 세상을 바라보고, 이를 통해 개성 있는 작품을 만들어내고 있다. **❺** 남들과 다른 자신의 특성을 오히려 개성으로 바꾸어 자신의 능력을 ㉠ <u>발휘</u>하고 있는 것이다.

*③ 문단 요약: 색맹이지만 예술계에서 두각을 드러내는 사람들

4 한편 색맹, 색약과 같은 색각 이상자들은 다른 사람과 색깔을 다르게 인식한다는 이유로 주변인으로부터 놀림을 받거나 따돌림을 당해 상처를 입는 경우가 있다고 한다. **❷** 그러나 앞서 살펴본 것처럼 색맹이나 색약은 놀림을 받아야 할 약점이 아니라, 주로 유전적으로 타고나는 일종의 (개성) 특성일 뿐이다. **❸** 따라서 우리는 색맹, 색약과 같은 색각 이상을 극복해야 할 약점으로 여기지 말고, 고흐의 강렬한
색각 이상에 대한 글쓴이의 견해
노란색처럼 자신만의 하나의 개성이라고 인정해 주어야 한다.

*④ 문단 요약: 색각 이상에 대한 글쓴이의 견해

■ 지문 이해

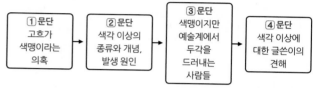

극복해야 할 약점이 아니라 하나의 개성임.

■ 문단 간의 관계
① 문단: 고흐가 색맹이었기 때문에 노란색을 많이 사용하여 그림을 그린 것이라는 의혹이 있다고 했다.
② 문단: 색각 이상을 색맹, 색약으로 나누고 각각의 개념과 색각 이상의 발생 원인을 설명했다.
③ 문단: 색맹이지만 예술계에서 두각을 드러내는 사람들의 구체적 사례를 제시했다.
④ 문단: 색각 이상을 하나의 개성이라고 인정해 주어야 한다는 글쓴이의 견해를 제시하며 글을 마무리했다.

■ 글의 구조도

① 문단 고흐가 색맹이라는 의혹	→	② 문단 색각 이상의 종류와 개념, 발생 원인	→	③ 문단 색맹이지만 예술계에서 두각을 드러내는 사람들	→	④ 문단 색각 이상에 대한 글쓴이의 견해

➡ 글의 순서대로 구조도를 그릴 수 있다.

■ 주제: 개성의 하나인 색각 이상

---

01 정답 (1) ② (2) ② (3) ① (4) ①

(1) ➡ ①은 '수용하다'의 사전적 의미이다.
(4) ➡ ⓒ의 '편견'은 색각 이상자들이 그림을 잘 그리지 못할 것이라는 것을 가리킨다. 고흐가 색맹이었을 수도 있다는 이야기가 편견을 깬다는 것은 색맹과 같은 색각 이상자도 그림을 잘 그릴 수 있다는 의미이다.

02 정답 ❶ 색맹 ❷ 색각 이상 ❸ 개성의

03 정답 ③ * 내용 전개 방식 파악하기

〈보기〉에서 윗글에 대한 설명으로 알맞은 것을 모두 고른 것은?

﹥왜 정답 ?

③ ㄱ, ㄴ, ㄷ

ㄱ. 중심 화제의 종류를 나누어 설명하고 있다.
　　　　색각 이상　　　색맹, 색약

> ② 문단 ❶ 문장 색깔을 인식하는 데 문제가 있는 경우를 '색각 이상'이라고 하고, 색각 이상은 크게 '색맹'과 '색약'으로 나눈다.

ㄴ. 중심 화제와 관련된 구체적인 사례를 들고 있다.
* 근거: ① 문단, ③ 문단
　1문단에서는 색맹이라는 의혹을 받는 고흐의 사례를, 3문단에서는 색맹이지만 개성있는 작품을 만들어내고 있는 백남준, 김상진, 킬리안 손베르게의 사례를 들고 있다.

ㄷ. 중심 화제에 대한 글쓴이의 견해를 드러내고 있다.
　　　　　　　색각 이상을 개성이라고 인정해 주어야 함.

> ④ 문단 ❸ 문장 ~ 우리는 색맹, 색약과 같은 색각 이상을 극복해야 할 약점으로 여기지 말고, 고흐의 강렬한 노란색처럼 자신만의 하나의 개성이라고 인정해 주어야 한다.

> 왜 오답 ?

ㄹ. 글쓴이의 의견을 뒷받침하기 위해 ~~통계 자료와 전문가의~~
　 ~~의견을~~ 활용하고 있다.
　　　　　활용하지 않음.

> ④문단 ❷, ❸문장　그러나 앞서 살펴본 것처럼 색맹이나 색약은 놀림을
> 받아야 할 약점이 아니라, 주로 유전적으로 타고나는 일종의 개성,
> 특성일 뿐이다. 따라서 우리는 색맹, 색약과 같은 색각 이상을
> 극복해야 할 약점으로 여기지 말고 고흐의 강렬한 노란색처럼
> 자신만의 하나의 개성이라고 인정해 주어야 한다.

　글쓴이는 색각 이상을 일종의 개성, 특성일 뿐이라고 여기고 있으며,
우리가 색각 이상을 하나의 개성이라고 인정해 주어야 한다는 의견을
드러내고 있다.
　그러나 이와 같은 자신의 견해를 뒷받침하기 위해 통계 자료를
제시하거나, 전문가의 의견을 인용하지는 않았다.

04　정답　④　＊내용 파악하기

윗글의 내용으로 가장 알맞은 것은?

> 왜 정답 ?

④ 색깔을 구분하는 시각 세포에 이상이 생기면 색을
　 구분하지 못할 수 있다.
　　　　색맹

> ②문단 ❷문장　색맹이란 색깔을 구분하는 감각 세포인 시각 세포에
> 이상이 있어서 색깔을 구분하지 못하거나, ~

> 왜 오답 ?

① 고흐의 그림은 ~~가벼운~~ 물감의 표현이 두드러진다.
　　　　　두꺼운

> ①문단 ❶문장　유명한 화가 빈센트 반 고흐의 그림은 강렬한 색감,
> 두껍게 발린 물감 ~

② 색맹이 있는 사람은 개성 있는 그림을 그리기 ~~어렵다.~~
　　　　　　　　　　　　　　　　　그릴 수 있다.

> ③문단 ❹문장　이들(색맹인 사람들)은 보통 사람들과는 다른 시각으로
> 세상을 바라보고, 이를 통해 개성 있는 작품을 만들어내고 있다.

③ 색맹은 약물의 부작용 등 후천적인 ~~원인으로만~~ 발생한다.
　　　　　　　　　　　　　　유전적 원인＋후천적 원인

> ②문단 ❹문장　이것들(색맹, 색약)은 대부분 부모로부터 유전되는데,
> 고흐처럼 약물의 부작용이나 질병 등의 후천적인 원인으로
> 발생하기도 한다.

⑤ 고흐가 노란색을 많이 사용하여 그림을 그린 이유는
　 노란색을 ~~좋아하기~~ 때문이다.
　　　　색맹이라는 의혹이 있음.

> ①문단 ❹, ❺문장　~ 고흐가 노란색을 즐겨 사용한 이유가 고흐가
> 색맹이었기 때문이라는 의혹을 제기했다. 고흐가 마셨던 술이
> 고흐의 시각에 영향을 미쳐 ~ 노란색을 많이 사용한 그림을 그리게
> 되었다는 것이다.

　일부 사람들은 고흐가 마신 술이 고흐의 시각에 영향을 미쳐 고흐가
색맹이 되었고, 고흐가 색맹이었기 때문에 노란색을 즐겨 사용하게
되었다는 의혹을 제기했다.

05　정답　②　＊어휘의 의미 파악하기

㉠과 바꾸어 쓸 수 없는 말은?
㉠ '발휘하고' - '재능, 능력 따위를 떨치어 나타내다.'라는 의미로 쓰임.

> 왜 정답 ?

② 숨기고 - '감추어 보이지 않게 하다.'라는 의미임.

　　문맥을 고려하면 ㉠ '발휘하고'는 '재능, 능력 따위를 떨치어
나타내다.'라는 의미로 쓰였다.
　　'숨기고'의 기본형 '숨기다'의 사전적 의미는 '감추어 보이지 않게
하다.'라는 의미이므로, 능력을 나타낸다는 문맥을 고려하면
㉠ '발휘하고'를 '숨기고'와 바꾸어 쓸 수 없다.

> 왜 오답 ?

① 떨치고 - '위세나 명성 따위가 널리 알려지다.'라는 의미임.

③ 보이고 - '대상의 존재나 형태적 특징을 알게 하다'라는 의미임.

④ 드러내고 - '알려지지 않은 사실을 보이거나 밝히다.'라는 의미임.

⑤ 나타내고 - '어떤 일의 결과나 징후를 겉으로 드러내다.'라는 의미임.

　　문맥을 고려하면 ㉠ '발휘하고'는 '재능, 능력 따위를 떨치어
나타내다.'라는 의미로 쓰였다.
　　'떨치고'(①), '보이고'(②), '드러내고'(④), '나타내고'(⑤) 모두 능력을
밖으로 내 보인다는 의미이므로 ㉠ '발휘하고'와 바꾸어 쓰기에 알맞다.

06　예시 답안: 색맹, 색약을 극복해야 할 약점으로 여기지 말고
　　　　　　하나의 개성으로 인정해 주어야 한다.

윗글에 나타난 글쓴이의 주장을 〈조건〉에 맞게 쓰시오.

> ──────〈조건〉──────
> 1. '극복', '개성'이라는 단어를 포함할 것
> 2. '~지 말고 ~야 한다.' 형식의 한 문장으로 쓸 것

> 왜 정답 ?

> ④문단 ❸문장　~ 우리는 색맹, 색약과 같은 색각 이상을 극복해야 할
> 약점으로 여기지 말고, 고흐의 강렬한 노란색처럼 자신만의 하나의
> 개성이라고 인정해 주어야 한다.

　글쓴이는 3문단에서 색맹이지만 예술계에서 활약하는 사람들에 대해
이야기했고, 4문단에서 색맹과 색약 같은 색각 이상을 극복 대상이나
약점으로 여기지 말고 개성으로 인정하자는 자신의 견해를 드러내고 있다.

채점 요소	채점 기준	배점	
내용의 적절성	글쓴이의 견해를 잘 파악하여 쓴 경우	5	5
	답을 쓰지 않거나 오답을 쓴 경우	0	
표현의 적절성	조건 1에 맞게 쓰지 않은 경우	-1	-3
	조건 2에 맞게 쓰지 않은 경우	-1	
	어법에 맞지 않거나 문맥에 어긋난 경우	-1	

[07~13] 버스 정류장 앞에 빵집이 있는 이유 [사회]

○ 각 문단 핵심어 ◎ 글 전체 핵심어 ── 각 문단 중심 문장 ▭ 글 전체 중심 문장

1 ❶눈을 감고 집 근처 버스 정류장이나 지하철역을 떠올려 보자. ❷근처에 무엇이 있었는지 기억이 나는가? ❸많은 사람들이 버스 정류장이나 지하철역 근처에서 한 번쯤은 빵집을 보았던 기억을 떠올릴 것이다. ❹그렇다면 버스 정류장과 지하철역 근처에 빵집이 있는 ⓘ이유는 무엇일까?

*1문단 요약: 대중교통 시설 근처에 빵집이 있는 이유에 대한 의문

2 ❶ⓐ 이는 버스 정류장과 지하철역의 근처 지역의 특징과 관련이 있다. [버스나 지하철을 기다리는 사람들은 잠시 ⓑ 그곳에
[ ] 대중교통 시설이 있는 곳 근처의 특징 - 많은 사람이 오감.
머물렀다가 자신이 타야 하는 교통수단이 오면 그것을 타고 버스 정류장이나 지하철역 근처를 떠난다. ❸한 무리의 사람들이 떠나면 뒤이어 다른 사람들이 그 지역을 찾는다.] ❹이렇게 수많은 사람들이 버스 정류장과 지하철역을 오갈 때 근처에 빵집이 있다는 것을 알게 되고, 자신이 탈 교통수단을 기다리다가 빵을 사가기도 한다. ❺ⓒ 이러한 현상 때문에 버스 정류장과 지하철역 근처에 빵집을 열면 빵이 잘 팔린다고 한다. ❻빵집을 운영하는 사람들이 대중교통이 있는 시설 근처에 빵집을 여는 이유가 여기에 있는 것이다.

*2문단 요약: 대중교통 시설 근처에서 빵집을 여는 이유

3 ❶빵집을 운영하는 사람들이 빵집을 열기 위해 대중교통 시설 근처 지역을 선택한 것처럼 사람들이 물건을 사고파는 경제 활동을 하기 위해서 선택하는 장소를 입지라고 한다. ❷입지는 경제 활동의 종류에
입지의 개념   입지의 특성
따라 각각 다르게 결정된다. ❸예를 들어, 상업 시설이나 문화 시설은 많은 사람들이 드나드는 도시의 번화가나 교통이 편리한 곳을, 물건을 만들어야 하는 공장들은 수입과 수출이 편리한 항구나 원료를 쉽게 구할 수 있는 곳을 선택한다. ❹입지를 결정할 때는 자연환경뿐만 아니라, 문화, 교통, 경제 등 다양한 요인을
입지를 결정할 때 고려하는 요인
ⓓ 전반적·종합적으로 고려한다. ❺빵집을 ㉠ 열 때도 단순히 그 지역에 사람이 많이 돌아다니는지만 고려하는 것이 아니라 가게 임대료가 너무 비싸지는 않은지, 그곳을 지나다니는 사람들이 빵을 좋아하는지, 빵을 살 수 있는 능력, 즉 구매력이 있는지 등도 고려해야 한다.

*3문단 요약: 입지의 개념과 입지 결정 시 고려하는 요인

4 ❶우리가 길을 걸을 때 마주하게 되는 여러 가게들을 비롯해 학교, 도서관 등 모든 곳이 여러 가지 요건을 고려해 그곳에 위치하게 된 것이다. ❷버스를 기다릴 때, 도서관에 갈 때 어떤 곳이 어디에 있는지 살펴보고, 그곳에 있는 이유를 생각해 보자. ❸관심을 가지고 여러 장소가 왜 그곳에 있는지 살펴보다 보면, 특정 가게들이 선호하는 입지가 있다는 것을 발견할 수 있을 것이다.

*4문단 요약: 입지에 대한 관심 권유

■ 지문 이해

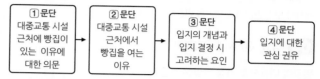

입지 ─ 개념: 사람들이 물건을 사고파는 경제 활동을 하기 위해 선택하는 장소
     ─ 결정 요인: 자연환경, 문화, 교통, 경제 등 ← 전반적·종합적으로 고려

■ 문단 간의 관계
1문단: 대중교통 시설 근처에 빵집이 있는 이유에 대한 의문을 드러냈다.
2문단: 빵집을 운영하는 사람들이 대중교통 시설 근처에서 빵집을 여는 이유를 설명했다.
3문단: 입지의 개념을 설명한 후 입지를 결정할 때 고려하는 요인을 이야기했다.
4문단: 길을 다닐 때 가게 등의 입지에 관심을 기울일 것을 권하며 글을 마무리했다.

■ 글의 구조도

| 1문단 대중교통 시설 근처에 빵집이 있는 이유에 대한 의문 | → | 2문단 대중교통 시설 근처에서 빵집을 여는 이유 | → | 3문단 입지의 개념과 입지 결정 시 고려하는 요인 | → | 4문단 입지에 대한 관심 권유 |

➡ 글의 순서대로 구조도를 그릴 수 있다.

■ 주제: 입지의 개념과 입지를 결정할 때 고려하는 요인

---

07 정답 (1) ② (2) ② (3) ② (4) ①

(1) ➡ ①은 '부분적'의 사전적 의미이다.
(4) ➡ ⓒ의 '이러한 현상'은 ⓒ 바로 앞 문장에서 이야기한 수많은 사람들이 버스 정류장 등을 오가며 대중 교통 수단을 기다리다가 빵을 사가는 것을 가리킨다.

08 정답 ❶ 빵집이 있는 이유 ❷ 입지의 개념

09 정답 ⑤

윗글에서는 버스 정류장이나 지하철역 근처에 있는 빵집을 예로 들어 입지의 개념과 입지를 결정할 때 고려하는 요인에 대해서 설명하고 있다.

10 정답 ③ ＊내용 전개 방식 파악하기

윗글에 대한 설명으로 가장 알맞은 것은?

＞왜 정답 ?
③ 구체적인 사례를 들어 주요 개념을 설명하고 있다.
      빵집   입지

＞왜 오답 ?
① 잘 알려진 사실의 허점을 지적하고 있다.
                        지적하지 않음.
윗글에서는 입지에 대해 설명하고 있을 뿐, 입지의 허점을 지적하고 있지는 않다.

② 사물의 구성 요소를 하나하나 분석하고 있다.
              입지를 결정할 때 고려하는 요소를 제시함.
사물의 구성 요소를 분석한다는 것은 '시계는 시침, 분침, 초침으로 되어 있다.'와 같이 사물인 시계와 시계를 구성하는 각각의 요소를 제시한다는 의미이다.
그러나 윗글에서는 입지와 입지를 결정할 때 고려하는 요인에 대해 설명하고 있을 뿐, 어떤 것의 구성 요소를 분석하고 있지는 않다.

④ 전문가의 의견을 인용하여 주장을 뒷받침하고 있다.
                  인용하지 않음.

⑤ 서로 반대되는 개념의 차이점을 중점적으로 설명하고 있다.
                  입지에 대해서만 설명함.
윗글에서는 입지의 개념을 설명하고 있을 뿐, 입지와 반대되는 다른 개념을 제시하지는 않았다.

11 정답 ⑤ ＊내용 파악하기

윗글의 내용으로 알맞지 <u>않은</u> 것은?

>**왜** 정답 ?

⑤ 길가에 있는 가게들은 ~~무작위로~~ 그 자리에 위치하게 된 것이다.
　　　　　　　여러 조건을 고려하여

> ④문단❶문장 우리가 길을 걸을 때 마주하게 되는 여러 가게들을 비롯해 학교, 도서관 등 모든 곳이 여러 가지 요건을 고려해 그곳에 위치하게 된 것이다.

>**왜** 오답 ?

① 경제 활동의 종류에 따라 입지는 달라진다.

> ③문단❷문장 입지는 경제 활동의 종류에 따라 각각 다르게 결정된다.

② 입지를 결정할 때는 여러 요인을 전체적으로 고려한다.

> ③문단❹문장 입지를 결정할 때는 자연환경뿐만 아니라, 문화, 교통, 경제 등 다양한 요인을 전반적·종합적으로 고려한다.

③ 버스 정류장과 지하철역 근처에는 오가는 사람이 많다.

> ②문단❹문장 이렇게 수많은 사람들이 버스 정류장과 지하철역을 오갈 때 ~

④ 문화 시설은 도시의 번화가나 교통이 편리한 곳에 위치한다.

> ③문단❸문장 예를 들어, 상업 시설이나 문화 시설은 많은 사람들이 드나드는 도시의 번화가나 교통이 편리한 곳을 ~

12 정답 ④ ＊어휘의 의미 파악하기

각 문장의 밑줄 친 부분이 ㉠과 같은 의미로 쓰인 것은?
　　㉠'열' - '사업이나 경영 따위의 운영을 시작하다.'라는 의미로 쓰임.

>**왜** 정답·오답 ?

	밑줄 친 부분의 사전적 의미	같으면 ○ 다르면 ×
① 꽉 닫힌 문을 활짝 <u>열었다</u>.	닫히거나 잠긴 것을 트거나 벗기다.	×
② 이 사물함의 자물쇠를 <u>열어</u> 줘.	닫히거나 잠긴 것을 트거나 벗기다.	×
③ 나는 그 비밀에 대해 입을 <u>열었다</u>.	다른 사람에게 어떤 일에 대하여 터놓거나 이야기를 시작하다.	×
④ 나의 친구가 옆 건물에 가게를 <u>열었다</u>.	사업이나 경영 따위의 운영을 시작하다.	○
⑤ 나는 마음을 <u>열고</u> 친구에게 사과하기로 했어.	자기의 마음을 다른 사람에게 터놓거나 다른 사람의 마음을 받아들이다.	×

13 예시 답안: 버스 정류장과 지하철역 근처에는 수많은 사람들이 오가는데, 이들이 교통수단을 기다리다가 빵을 사가기도 해서 빵이 잘 팔리기 때문이다.

버스 정류장과 지하철역 근처에 빵집을 여는 이유를 <조건>에 맞게 쓰시오.

──── <조건> ────
1. 근거는 한 가지만 제시할 것
2. '～ 때문이다.' 형식의 한 문장으로 쓸 것

>**왜** 정답 ?

> ②문단❹,❺문장 이렇게 수많은 사람들이 버스 정류장과 지하철역을 오갈 때 근처에 빵집이 있다는 것을 알게 되고, 자신이 탈 교통수단을 기다리다가 빵을 사가기도 한다. 이러한 현상 때문에 ~ 빵이 잘 팔린다고 한다.

채점 요소	채점 기준	배점	
내용의 적절성	이유를 적절히 제시한 경우 (조건 1)	5	5
	답을 쓰지 않거나 오답을 쓴 경우	0	
표현의 적절성	조건 2에 맞게 쓰지 않은 경우	-1	-2
	어법에 맞지 않거나 문맥에 어긋난 경우	-1	

DAY
10

──────── 배경지식

우리 마을은 왜 이곳에 있을까?

우리 마을은 왜 이곳에 있을까? 이는 주거 입지 조건, 즉 우리가 사는 집의 입지를 결정하는 조건을 통해 알 수 있다. 주거 입지 조건에는 크게 자연적 입지 조건과 사회·경제적 입지 조건이 있다.

자연적 입지 조건으로는 물, 지형, 기후를 들 수 있다. 이 가운데 가장 중요한 것은 물을 구하기 쉬워야 한다는 것이다. 물은 사람이 살아가는 데 꼭 필요하므로 예로부터 마을은 물을 구하기 쉬운 곳에서 발달해 왔다. 큰 도시는 대부분 평탄한 지형의, 사람이 살기에는 너무 덥거나 추운 곳보다는 기후가 온화한 곳에서 발달해 왔다.

최근에는 자연적 입지 조건보다 사회·경제적 입지 조건이 중요해지고 있다. 대표적인 사회·경제적 입지 조건은 교통이 편리해야 한다는 것이다. 도로와 도로가 만나거나, 배가 다닐 수 있는 하천이나 바닷가, 지하철역이나 기차역이 가까이 있는 등의 교통은 주거 입지를 결정하는 중요한 요소이다. 오늘날에 사람들이 주거지를 결정할 때 그 지역의 치안이 좋은지, 도로에 가로등이나 CCTV 등이 잘 설치되어 있는지 등의 입지 조건도 중요하게 고려한다. 주변에 편의 시설이 있는지, 소음공해가 없는지 등도 사람들이 주거지를 결정하는 데 영향을 미친다.

DAY 11

▶ 문제편 106쪽

[01~06] 우유 대신 두유? [과학+사회]

○ 각 문단 핵심어 　◎ 글 전체 핵심어 　── 각 문단 중심 문장 　▨ 글 전체 중심 문장

1 "우유는 두유로 바꿔 주세요."

요즘 우유가 들어간 음료를 주문할 때 우유 대신 두유와 같은 식물성 음료를 고를 수 있는 카페가 늘어나고 있다. 식물성 음료는 식물성 원료인 콩, 쌀, 귀리, 아몬드, 코코넛 등에서 단백질과 지방을 ⓐ 추출해 우유 맛을 낸 음료를 뜻한다. *①문단 요약: 식물성 음료의 개념

2 그렇다면 사람들이 우유가 아닌 식물성 음료를 선택하는 이유는 무엇일까? 식물성 음료를 선택하는 사람들은 첫 번째 이유로 유당 불내증을 든다. 유당 불내증이 있는 사람은 몸속에 우유에 들어있는 유당을 분해하는 효소인 락테이스가 부족하다. 그래서 유당 불내증이 있는 사람이 우유를 마시면 우유 속 유당이 제대로 몸에 흡수되지 않고, 이 흡수되지 않은 유당이 소화 불량을 일으킨다. 그래서 배에 가스가 차거나 설사를 하는 등의 증세를 보이게 된다. 유당은 포유동물의 젖에만 존재하기 때문에, 유당 불내증이 있는 사람이더라도 식물성 음료는 쉽게 소화시킬 수 있다. 그래서 유당 불내증이 있는 사람이라도 우유 대신 식물성 음료를 마시면 ⓑ 이러한 증상에서 벗어날 수 있다. *②문단 요약: 사람들이 식물성 음료를 선택하는 이유 ① 유당 불내증

3 두 번째 이유로는 환경 보호와 동물 복지를 든다. 우유를 생산하기 위해서는 많은 수의 젖소를 사육해야 하는데, 젖소들이 먹는 사료를 만들 때와 젖소들이 사료 등을 먹고 똥을 쌀 때 많은 탄소가 발생한다. ⓒ 이때 발생하는 탄소가 지구 온난화의 원인이 된다. 또 젖소들은 풀을 뜯어 먹으면서 자유롭게 자라나지 못하고, 제한된 공간에서 사료를 먹으며 오로지 우유를 생산하기 위해 계속해서 임신을 반복해야 한다. ⓓ 이러한 문제 때문에 일부 사람들은 동물의 우유 대신 식물성 음료를 선택한다. *③문단 요약: 사람들이 식물성 음료를 선택하는 이유 ② 환경 보호, 동물 복지

4 세 번째 이유는 건강 관리를 든다. 우유는 칼슘 등 우리의 건강에 좋은 영양소를 많이 포함하고 있지만 콜레스테롤과 지방 함량이 높다. 게다가 우유의 열량은 100ml에 약 67kcal인 반면 두유의 열량은 100ml에 약 46kcal로, 두유보다 우유가 열량이 높다. 그래서 일부 사람들은 몸속 콜레스테롤 수치를 관리하고 체중을 감량하기 위해 우유 대신에 식물성 음료를 선택하기도 한다. 건강 관리의 내용 *④문단 요약: 사람들이 식물성 음료를 선택하는 이유 ③ 건강

5 요즘에는 편의점에만 가도 [콩으로 만든 두유부터 아몬드로 만든 우유, 귀리로 만든 우유에 이르기까지 다양한 식물성 음료를 접할 수 있다.] 다양하게 출시되는 식물성 음료 또한 사람들의 다양한 기호를 고려해 초코맛 등 다양한 맛의 식물성 음료도 출시되고 있다. 간식을 찾고 있다면 내 취향에 맞는 식물성 음료를 마셔 보는 것은 어떨까? 글쓴이의 제안 *⑤문단 요약: 식물성 음료를 마셔 보자는 권유

■ 지문 이해

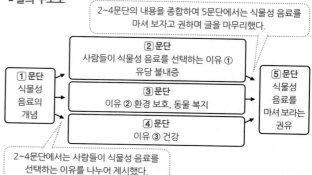

| 사람들이 우유 대신 식물성 음료를 선택하는 이유 | ① 유당 불내증 ② 환경 보호, 동물 복지 ③ 건강 |

■ 문단 간의 관계

①문단: 식물성 음료의 개념을 이야기했다.
②문단: 사람들이 식물성 음료를 선택하는 첫 번째 이유로 유당 불내증을 든다고 했다.
③문단: 사람들이 식물성 음료를 선택하는 두 번째 이유로 환경 보호와 동물 복지를 든다고 했다.
④문단: 사람들이 식물성 음료를 선택하는 세 번째 이유로 건강 관리를 든다고 했다.
⑤문단: 간식으로 식물성 음료를 마셔 보자고 권하며 글을 마무리하고 있다.

■ 글의 구조도

2~4문단의 내용을 종합하여 5문단에서는 식물성 음료를 마셔 보자고 권하며 글을 마무리했다.

①문단 식물성 음료의 개념	→	②문단 사람들이 식물성 음료를 선택하는 이유 ① 유당 불내증	→	⑤문단 식물성 음료를 마셔 보라는 권유
		③문단 이유 ② 환경 보호, 동물 복지	
		④문단 이유 ③ 건강	

2~4문단에서는 사람들이 식물성 음료를 선택하는 이유를 나누어 제시했다.

■ 주제: 사람들이 식물성 음료를 선택하는 이유

01 정답 (1) ① (2) ② (3) ② (4) ①

(1) ➡ ⓐ는 '유출하다'의 사전적 의미이다.
(4) ➡ ⓓ 이러한 문제 때문에 일부 사람들은 동물의 우유 대신 식물성 음료를 선택한다.
젖소들이 우유를 생산하는 과정에서 발생하는 환경 문제와 동물 복지 문제

02 정답 ❶ 식물성 음료 ❷ 사람들이 식물성 음료를 선택하는 이유 ❸ 이유

03 정답 ② ＊내용 전개 방식 파악하기

윗글에 대한 설명으로 가장 알맞은 것은?

〉오 정답？

② 사람들이 식물성 음료를 마시는 이유를 나열하고 있다.
2~4문단
2문단에서는 유당 불내증 때문에, 3문단에서는 환경 보호와 동물 복지를 위해서, 4문단에서는 건강 때문에 사람들이 식물성 음료를 선택한다고 설명하고 있다.

〉오 오답？

① 식물성 음료가 가진 사회적 의의를 제시하고 있다.
이야기하지 않음.

③ 식물성 음료의 단점을 제시하고 보완하는 방법에 대해
이야기하지 않음. 　이야기하지 않음.
이야기하고 있다.

④ 식물성 음료를 둘러싼 사람들의 생각을 다양한 측면에서
이야기하지 않음.
이야기하고 있다.
2, 3, 4문단에서 사람들이 우유 대신 식물성 음료를 선택하는 이유를 설명하고 있을 뿐, 식물성 음료에 대한 사람들의 다양한 생각을 이야기하지는 않았다.

⑤ 식물성 음료가 동물성 우유를 대체하는 과정을 시간
이야기하지 않음.
순서대로 보여 주고 있다.

04 정답 ③ * 내용 파악하기

윗글의 내용으로 알맞지 <u>않은</u> 것은?

>왜 정답?

③ 식물성 음료는 콩, 쌀, 귀리 등에서 ~~탄수화물~~을 추출해서
　　　　　　　　　　　　　　　 단백질, 지방
만든다.

> ①문단 ❸문장 식물성 음료는 식물성 원료인 콩, 쌀, 귀리, 아몬드,
> 코코넛 등에서 단백질과 지방을 추출해 우유 맛을 낸 음료를 뜻한다.

>왜 오답?

① 락테이스는 유당을 분해하는 효소이다.

> ②문단 ❸문장 유당 불내증이 있는 사람은 몸속에 우유에 들어있는
> 유당을 분해하는 효소인 락테이스가 부족하다.

② 유당 불내증이 있는 사람이 우유를 마시면 배에 가스가
찬다.

> ②문단 ❹, ❺문장 그래서 유당 불내증이 있는 사람이 우유를 마시면 ~
> 배에 가스가 차거나 설사를 하는 등의 증세를 보이게 된다.

④ 젖소를 키우는 과정에서 발생한 탄소는 지구 온난화의
원인이 된다.

> ③문단 ❷, ❸문장 우유를 생산하기 위해서는 많은 수의 젖소를
> 사육해야 하는데, ~ 이때 발생하는 탄소가 지구 온난화의 원인이 된다.

⑤ 유당 불내증이 있는 사람이라도 코코넛으로 만든 음료를
　　　　　　　　　　　　　　　　　　 식물성 음료
마시면 소화 불량이 발생하지 않는다.

> ①문단 ❸문장 식물성 음료는 식물성 원료인 ~ 코코넛 등에서
> 단백질과 지방을 추출해 우유 맛을 낸 음료를 뜻한다.
> ②문단 ❻문장 ~ 유당 불내증이 있는 사람이더라도 식물성 음료는
> 쉽게 소화시킬 수 있다.

05 정답 ④ * 반응의 적절성 평가하기

윗글을 읽은 후의 반응으로 알맞지 <u>않은</u> 것은?

>왜 정답?

④ ~~우유~~에 들어있는 락테이스가 우리가 유당을 소화하는 것을
　락테이스는 사람 몸속에 있는 효소임.
~~방해하는구나.~~
락테이스는 유당을 분해하여 소화되게 함.
* 근거: ②문단 ❸문장

>왜 오답?

① 요즘에는 식물성 음료를 쉽게 구매할 수 있어.

> ⑤문단 ❶문장 요즘에는 편의점에만 가도 콩으로 만든 두유부터
> 아몬드로 만든 우유, 귀리로 만든 우유에 이르기까지 다양한 식물성
> 음료를 접할 수 있다.

② 귀리로 만든 음료를 마시면 지구 온난화 방지에 도움이
　 식물성 음료
되겠어.

> ③문단 ❷, ❸문장 우유를 생산하기 위해서는 많은 수의 젖소를
> 사육해야 하는데, ~ 이때 발생하는 탄소가 지구 온난화의 원인이 된다.

우유를 생산하기 위해 젖소를 키우는 과정에서 발생하는 탄소가 지구
온난화의 원인이 된다. 따라서 식물성 음료를 마시면 일반 우유를 마시는 것보다
탄소 배출을 줄일 수 있으므로 지구 온난화를 막는 데 도움이 될 것이다.

③ 음료에 콜레스테롤과 지방이 많이 들어있으면 건강에 좋지
　　　　　　　　　　 우유
않구나.

> ④문단 ❷, ❹문장 우유는 ~ 콜레스테롤과 지방 함량이 높다. ~ 일부
> 사람들은 몸속 콜레스테롤 수치를 관리하고 체중을 감량하기 위해
> 우유 대신에 식물성 음료를 선택하기도 한다.

일부 사람들이 건강을 생각해서 식물성 음료를 마시는 이유는 일반
우유보다 식물성 음료에 콜레스테롤과 지방이 적게 들어 있기 때문이다.

⑤ 이번 주말에는 편의점에 가서 초코우유 대신 귀리로 만든
초코맛 음료를 사서 마실 거야.

> ⑤문단 ❶, ❷문장 요즘에는 편의점에만 가도 ~ 귀리로 만든 우유에
> 이르기까지 다양한 식물성 음료를 접할 수 있다. 또한 사람들의
> 다양한 기호를 고려해 초코맛 등 다양한 맛의 식물성 음료도
> 출시되고 있다.

06 예시 답안: 유당 불내증이 있으면 몸속에 우유 속 유당을
분해하는 효소인 락테이스가 부족해 유당이 들어 있는
우유를 마시면 배가 아프게 된다.
하지만 유당은 포유동물의 젖에만 들어 있기 때문에
유당 불내증이 있는 사람이라도 유당이 들어 있지
않은 식물성 음료를 마시면 배가 아프지 않게 된다.

유당 불내증이 있을 때 우유를 마시면 배가 아픈 이유와 식물성
음료를 마시면 배가 아프지 않은 이유를 〈조건〉에 맞게 쓰시오.

───〈조건〉───

1. '유당 불내증'이라는 말을 포함할 것
2. 두 문장으로 쓸 것

>왜 정답?

> ②문단 ❸~❻문장 유당 불내증이 있는 사람은 몸속에 우유에
> 들어있는 유당을 분해하는 효소인 락테이스가 부족하다. 그래서
> 유당 불내증이 있는 사람이 우유를 마시면 우유 속 유당이 제대로
> 몸에 흡수되지 않고, 이 흡수되지 않은 유당이 소화 불량을
> 일으킨다. 그래서 배에 가스가 차거나 설사를 하는 등의 증세를
> 보이게 된다. 유당은 포유동물의 젖에만 존재하기 때문에, 유당
> 불내증이 있는 사람이더라도 식물성 음료는 쉽게 소화시킬 수 있다.

유당 불내증이 있는 사람은 몸속에 락테이스가 부족하기 때문에 우유를
마시면 우유 속 유당을 소화시킬 수 없어 배가 아프게 된다. 하지만 유당은
포유동물의 젖에만 들어있기 때문에 유당 불내증이 있는 사람이라도
식물성 음료를 마시면 배가 아프지 않게 된다.

채점 요소	채점 기준	배점	
내용의 적절성	윗글에서 이유를 찾아 적절히 제시한 경우	5	5
	답을 쓰지 않거나 오답을 쓴 경우	0	
표현의 적절성	조건 1에 맞게 쓰지 않은 경우	-1	-3
	조건 2에 맞게 쓰지 않은 경우	-1	
	어법에 맞지 않거나 문맥에 어긋난 경우	-1	

[07~13] 나, 지금 어떤 감정을 느끼는 것일까? [인문]

○ 각 문단 핵심어 ◎ 글 전체 핵심어 ― 각 문단 중심 문장 ▨ 글 전체 중심 문장

1️⃣ 민지는 친구와 대화를 한 후 기분이 나빠졌다. ❷ 하지만 민지는 자신이 기분이 나빠진 이유를 알 수 없었다. ❸ 그래서 괜히 친구에게 짜증을 내고 친구가 연락을 해도 모른 척했다. ❹ 그런데 이렇게 ⓐ 대처하고 나니 오히려 민지의 기분은 더 나빠졌고 친구와의 관계는 서먹해졌다. ❺ 우리가 민지라면 이러한 감정을 어떠한 방법으로 현명하게 다스릴 수 있을까?

　　　　*1️⃣문단 요약: 부정적인 감정을 느낀 구체적 사례

2️⃣ 우리는 매 순간 어떤 감정을 느끼고 있지만, 그 감정을 ㉠ 알아차리기란 쉽지 않다. ❷ 내가 지금 느끼고 있는 진짜 감정은 무엇인지, 그 감정을 어떠한 이유 때문에 느끼고 있는지를 말로 잘 설명할 수 있는 사람은 흔치 않을 것이다. ❸ 특히 분노나 슬픔과 같은 부정적인 감정에 휩싸이게 되면 ⓑ 이를 피하고 싶은 마음에 이 감정들을 마주 대하기가 더 어려워진다.
　　[ ] 우리가 감정을 마주 대하기 어려운 이유

　　　　*2️⃣문단 요약: 우리가 감정을 마주 대하기 어려운 이유

3️⃣ 감정을 잘 다스리려면 먼저 자신이 느끼는 감정이 무엇인지 알아야 한다. ❷ 많은 사람들이 기분을 '좋다, 나쁘다'라고만 표현하는 경우가 많은데, 감정을 나타내는 표현에는 여러 가지가 있다. ❸ 부정적인 감정을 나타내는 표현만 살펴보더라도 '속상하다', '서운하다', '답답하다', '창피하다', '겁나다', '불안하다' 등 굉장히 다양하다. ❹ 이러한 표현들을 활용해서 자신이 느끼는 감정에 이름을 붙여 주면 내가 느끼는 감정에 좀 더 가까워질 수 있다.

　　*3️⃣문단 요약: 감정을 다스리는 방법 ① 자신이 느끼는 감정을 알고 이름 붙이기

4️⃣ 다음으로는 ⓒ 그 감정에 점수를 매겨 보아야 한다. ❷ 가만히 눈을 감고 내가 이름 붙인 감정이 무엇인지, 그 정도가 어떠한지 생각해 보자. ❸ '나는 지금 친구에게 서운한 감정을 70점 정도로 느끼고 있구나. ❹ 왜 그런지 생각해 보니, 친구가 나에게 먼저 연락하지 않아서 그런 것 같아.' ❺ 이렇게 생각하는 것만으로 감정을 효과적으로 다스릴 수 있고, 다음에 내가 할 행동을 좀 더 이성적으로 결정할 수 있다.

　　　　*4️⃣문단 요약: 감정을 다스리는 방법 ② 감정에 점수 매기기

5️⃣ 한편 부정적인 감정이 꼭 우리에게 나쁜 영향만 끼치는 것은 아니다. ❷ [내가 성적이 떨어져서 불안함을 느끼는 학생이라고 가정해 보자. ❸ 우선 스스로가 느끼는 부정적인 감정이 자연스러운 상태임을
　　[ ]: 부정적 감정이 우리에게 긍정적인 영향을 미치는 사례
받아들였다면 이를 어떻게 해소할 수 있을지 곰곰이 생각해 볼 것이다. ❹ 이 불안한 감정 덕분에 '나'는 다음에 어떻게 하면 더 좋은 성적을 거둘 수 있을지 고민하게 되고, 이를 바탕으로 더 열심히 공부하여 좋은 성적을 얻기 위해 노력하게 될 것]이다. ❺ 이 사례처럼 부정적인 감정을 편견 없이 받아들이고 이를 극복하고자 노력할 때 우리는 정신적으로나 신체적으로 더 건강해지고 성숙해질 수 있다.
　　　　부정적인 감정을 극복하고자 노력했을 때의 결과
　　　　　*5️⃣문단 요약: 부정적인 감정의 긍정적 영향

6️⃣ 부정적인 감정을 완전히 없애는 것은 사실상 불가능하고, 그럴 필요도 없다. ❷ 다만 자신이 느끼는 감정을 솔직하게 인정하고 그

감정을 잘 다스린다면 우리는 그렇게 하지 못하는 경우보다 더 행복한 삶을 살아갈 수 있게 될 것이다. ❸ 우리는 우리가 느끼는 감정의 주인이다. ❹ 스스로가 느끼는 감정에 관심을 가지고 ⓓ 자신의 마음에게 말을 걸어 보자.

　　　　　*6️⃣문단 요약: 감정에 관심을 갖자고 권함.

■ 지문 이해

부정적인 감정을 현명하게 다스리는 방법
① 감정에 이름 붙이기
② 감정에 점수 매기기
➡ 부정적인 감정을 편견 없이 받아들이고 극복하고자 노력해야 함.

■ 문단 간의 관계
1️⃣문단: 부정적인 감정을 느낀 구체적인 사례를 통해 읽는 사람의 관심을 끌었다.
2️⃣문단: 우리가 감정을 마주 대하기가 어려운 이유를 설명했다.
3️⃣문단: 감정을 다스리는 첫 번째 방법으로 자신이 느끼는 감정이 무엇인지 알고 그 감정에 이름 붙여보기를 제시했다.
4️⃣문단: 감정을 다스리는 두 번째 방법으로 감정에 점수 매겨 보기를 제시했다.
5️⃣문단: 구체적 사례를 통해 부정적 감정이 우리에게 주는 긍정적 영향을 설명했다.
6️⃣문단: 자신의 감정에 관심을 갖기를 권하며 글을 마무리했다.

■ 글의 구조도

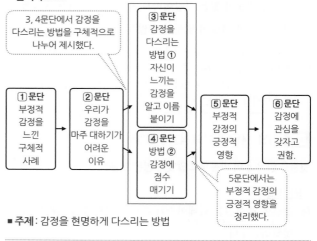

3, 4문단에서 감정을 다스리는 방법을 구체적으로 나누어 제시했다.

5문단에서는 부정적 감정의 긍정적 영향을 정리했다.

■ 주제: 감정을 현명하게 다스리는 방법

---

07 정답 (1) ② (2) ② (3) ①
(1) ➡ ①은 '대치하다'의 사전적 의미이다.
(3) ➡ 감정을 현명하게 다스리기 위한 방법으로 4문단에서는 자신이 느끼고 있는 감정의 정도가 어느 정도인지를 알아야 한다고 했다.

08 정답 ❶ 감정을 다스리는 방법
　　　　❷ 글의 구조도의 파란색 표시 부분 참고

09 정답 ④
　윗글에서는 감정을 현명하게 다스리는 방법으로 자신이 느끼는 감정을 알고 감정에 이름 붙이기, 그 감정에 점수 매기기를 들었다.
　따라서 윗글의 주제로는 '감정을 현명하게 다스리는 방법'이 가장 알맞다.

10 정답 ② * 내용 파악하기

윗글의 내용으로 알맞지 <u>않은</u> 것은?

> **왜** 정답 ?

② 부정적인 감정은 ~~진체적인 반응~~으로도 나타난다.
　　　　　　　　　　이야기하지 않음.

　　5문단에서 부정적인 감정이 꼭 나쁘기만 한 것은 아니라고 설명하고 있을 뿐, 부정적인 감정이 신체적인 반응으로 나타나는 경우에 대해서는 이야기하고 있지 않다.

> **왜** 오답 ?

① 사람들은 부정적인 감정을 피하고 싶어 한다.

> ②문단 ❸문장 특히 분노나 슬픔과 같은 <u>부정적인 감정</u>에 휩싸이게 되면 이를 피하고 싶은 마음에 이 감정들을 마주 대하기가 더 어려워진다.

③ 우리가 느끼는 감정을 표현하는 다양한 말이 있다.

> ③문단 ❷문장 ~ 감정을 나타내는 표현에는 여러 가지가 있다.

④ 부정적인 감정을 극복하고자 노력하면 우리는 성숙한 사람이 될 수 있다.

> ⑤문단 ❺문장 ~ 부정적인 감정을 편견 없이 받아들이고 이를 극복하고자 노력할 때 우리는 ~ 성숙해질 수 있다.

⑤ 많은 사람들이 자신이 느끼고 있는 감정이 무엇인지를 말로 설명하지 못한다.

> ②문단 ❷문장 내가 지금 느끼고 있는 진짜 감정은 무엇인지, 그 감정을 어떠한 이유 때문에 느끼고 있는지를 말로 잘 설명할 수 있는 사람은 흔치 않을 것이다.

11 정답 ③ * 구체적 상황에 적용하기

윗글을 바탕으로 〈보기〉의 '진영'에게 조언할 말로 가장 알맞은 것은?

> ─────── 〈보기〉 ───────
> ❶일주일 뒤 피아노 연주 대회에 나가야 하는 진영이는 피아노를 연습하던 중 같은 부분에서 자꾸 실수를 했다. ❷기분이 상한 진영이는 소리를 꽥 지르고는 연습을 그만두고 엉엉 울어버렸다.
> 　연습이 뜻대로 되지 않아 답답한 상황임.

> **왜** 정답 ?

③ 너의 기분에 이름을 붙여 보고, 네가 그 기분을 어느 정도로
　　　　　　방법 ①　　　　　　　　　　　　　방법 ②
느끼는지 점수를 매겨 봐.

> ③문단 ❶, ❹문장 감정을 잘 다스리려면 먼저 자신이 느끼는 감정이 무엇인지 알아야 한다. ~ 이러한 표현들을 활용해서 자신이 느끼는
　　　　　　　　　　　　　　　　　　　　　　　　　　방법 ①
감정에 이름을 붙여 주면 ~
> ④문단 ❶문장 다음으로는 그 감정에 점수를 매겨 보아야 한다.
　　　　　　　　　　　　　　　　　　　방법 ②

　윗글에서는 감정을 다스리는 방법으로 자신이 느끼고 있는 감정이 무엇인지 알고 이름 붙이기(방법 ①), 그 감정에 점수 매기기(방법 ②)를 제시했다.
　'너의 기분에 이름을 붙여 보고.'에서는 방법 ①을, '네가 그 기분을 어느 정도로 느끼는지 점수를 매겨 봐.'에서는 방법 ②를 적용하고 있다.

> **왜** 오답 ?

① 소리를 지르고 운다고 해서 달라지는 것은 ~~없어.~~
　　　　　　　　　　　　　　　　　　　방법 ①, ②와 관련 없음.

② 너의 부정적인 감정을 잠시 ~~피했다가.~~ 나중에 진정이 되면
　　　　　　　　　　　　　　마주 대해야 함.
점수를 매겨 봐.

> ②문단 ❸문장 ~ 부정적인 감정에 휩싸이게 되면 이를 피하고 싶은 마음에 이 감정들을 마주 대하기가 더 어려워진다.

　윗글에서는 어렵더라도 부정적인 감정을 피하지 말고 마주 대하면서 감정을 다스려야 한다고 했다.

④ 기분이 안 좋다고 해서 그냥 울기만 하는 건 도움이 되지
않아. ~~더 연습해야~~ 실수를 하지 않지.
　　　　방법 ①, ②와 관련 없음.

⑤ 부정적인 기분을 없애는 것은 불가능한 일이므로 ~~일단 울면서~~
엉망진창이 된 기분을 풀어 보자.　　　　방법 ①, ②와 관련 없음.

> ⑥문단 ❶문장 부정적인 감정을 완전히 없애는 것은 사실상 불가능하고, ~

　부정적인 감정을 없애는 것이 불가능한 일이라는 것은 윗글의 내용과 같다. 그러나 일단 울면서 기분을 풀어 보자고 하는 것은 윗글에서 이야기한 감정을 다스리는 방법과 관련이 없다.

12 정답 ② * 어휘의 의미 파악하기

㉠과 바꾸어 쓰기에 가장 알맞은 말은?
㉠ '알아차리기란' - '알고 정신을 차려 깨닫다.'라는 의미로 쓰임.

> **왜** 정답·오답 ?

	사전적 의미	바꿔 쓰기에 알맞으면 ○ 아니면 ×
① 확인하기란	틀림없이 그러한가를 알아보거나 인정하다.	×
② 인식하기란	사물을 분별하고 판단하여 알다.	○
③ 주목하기란	관심을 가지고 주의 깊게 살피다.	×
④ 확정하기란	일을 확실하게 정하다.	×
⑤ 전달하기란	지시, 명령, 물품 따위를 다른 사람이나 기관에 전하여 이르게 하다.	×

13 예시 답안: 자신이 느끼는 감정을 솔직하게 인정하고 그 감정을 잘 다스린다면 우리는 더 행복한 삶을 살아갈 수 있게 될 것이다.

윗글의 내용을 바탕으로 우리가 행복한 삶을 살아갈 수 있는 방법을 〈조건〉에 맞게 쓰시오.

> ─────── 〈조건〉 ───────
> 1. '감정'이라는 말을 포함할 것
> 2. '~ 될 것이다.' 형식의 한 문장으로 쓸 것

> **왜** 정답 ?

> ⑥문단 ❷문장 다만 자신이 느끼는 감정을 솔직하게 인정하고 그 감정을 잘 다스린다면 우리는 그렇게 하지 못하는 경우보다 더 행복한 삶을 살아갈 수 있게 될 것이다.

채점 요소	채점 기준	배점	
내용의 적절성	감정을 다스리는 것에 대해 쓴 경우	5	5
	답을 쓰지 않거나 오답을 쓴 경우	0	
표현의 적절성	조건 1에 맞게 쓰지 않은 경우	-1	-3
	조건 2에 맞게 쓰지 않은 경우	-1	
	어법에 맞지 않거나 문맥에 어긋난 경우	-1	

DAY 12

▶ 문제편 114쪽

[01~07] 그 자리, 비워 두어야 할까? [사회]

○ 각 문단 핵심어　◎ 글 전체 핵심어　— 각 문단 중심 문장　▬ 글 전체 중심 문장

➊⃝1 하선이네 반 학생들은 도덕 수업 시간에 대중교통에 존재하는 임산부 배려석에 대해 토론을 했다. ➋대부분의 학생들이 임산부가 대중교통을 이용할 때 어려움이 있다는 점에는 ㉠ 공감했다. ➌그러나 학생들 사이에서【임산부 배려석을 계속 비워 두어야 한다는 의견과 임산부가 오면 비켜 주면 되기 때문에 잠시 앉아도 된다는 의견】이 ⓐ 상반되었다.　　　[ ]: 임산부 배려석에 대한 상반된 의견
＊①문단 요약: 임산부 배려석에 대한 상반된 의견

➊⃝2 임산부뿐만 아니라 노약자, 장애인을 교통 약자라고 하는데,
↓교통 약자
ⓑ 이들은 대중교통을 이용할 때 많은 불편을 겪는다. ➋균형을 잡기 어려운 노약자나 장애인은 버스가 급정거하거나 회전할 때 넘어지거나, 다칠 수 있다. ➌ⓒ 임산부의 상황도 크게 다르지 않다. ➍배가 불러올수록 서서 균형을 잡기 어려워진다. 초기 임산부의 경우 겉으로는 다른 사람과 크게 달라 보이지 않지만, 태아의 건강을 위해 행동을 ㉡조심해야 하고 오래 서 있는 행동은 삼가야 한다.
＊②문단 요약: 교통 약자가 대중교통을 이용할 때 겪는 불편

➊⃝3 대중교통을 탈 때마다 이러한 불편을 겪어야 하는 교통 약자들을
　　　　　　　　　　　　균형을 잡기 어려운 것
배려하기 위한 좌석이 우리나라에서 공식적으로 처음 ㉢ 등장한 것은 1980년이다. ➋【서울시 지하철에서 먼저 전동차의 오른쪽과 왼쪽
[ ]: 교통 약자 배려석의 역사: 지하철의 노약자석 ➡ 시내버스의 경로석 ➡ 지하철의 임산부 배려석
맨 끝의 좌석 각 3개씩을 '노약자석'으로 지정한 이후, 시내버스에 '경로석'이 마련되었으며, 2013년에 이르러 지하철에 임산부를 위한 배려석이 지정되었다.】
＊③문단 요약: 교통 약자 배려석의 역사

➊⃝4 그렇다면 다시 처음의 토론 내용으로 돌아가 보자. ➋㉮ 교통 약자 배려석은 항상 비워 두어야 하는 것일까? ➌어떤 사람들은 교통 약자 배려석을 비워 두는 것은 법적으로 정해진 의무가 아니므로【교통 약자 배려석을 비워 둘 필요가 없다고 말한다. ➍이들은 출퇴근
[ ]: 교통 약자 배려석을 항상 비워두지 않아도 된다는 사람들의 의견
시간처럼 혼잡한 시간대에 자리를 비워 두는 것은 ㉣ 비효율적이며, 그 자리에 앉을 사람이 있을 때만 그 자리를 양보해 주면 된다】고 주장한다.
＊④문단 요약: 교통 약자 배려석을 항상 비워 두지 않아도 되는 사람들의 의견

➊⃝5 반드시 교통 약자 배려석을 비워 둬야 한다는 생각을 가진 사람들은【이 자리가 비워져 있는 것과 아닌 것의 차이는 크다고 강조한다. ➋】이미 앉아 있는 사람에게 자리를 양보해 달라고 말하는
[ ]: 교통 약자 배려석을 항상 비워두어야 한다는 사람들의 의견
것은 매우 부담스러운 일이라는 것이다. ➌이들은 교통 약자 배려석을 비워 두면 정말 이 자리가 필요한 사람들이 ㉤ 유용하게 사용할 수 있으므로 항상 이 자리를 비워 두어야 한다】고 주장한다.
＊⑤문단 요약: 교통 약자 배려석을 항상 비워 두어야 한다는 사람들의 의견

➊⃝6 그렇다면 여러분은 교통 약자 배려석에 대해 어떠한 생각을 가지고 있는가? ➋서로를 배려하는 마음을 바탕으로 교통 약자
　　　　　　　　　　　　　　　글쓴이의 당부
배려석에 대해 진지하게 생각해 보자.
＊⑥문단 요약: 교통 약자 배려석에 대해 진지하게 생각해 보자는 당부

■ 지문 이해

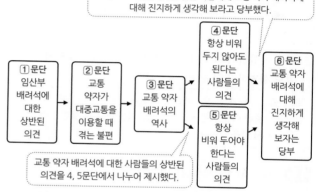

■ 문단 간의 관계
①문단: 도덕 수업 시간에 한 임산부 배려석에 대한 토론 내용을 소개했다.
②문단: 교통 약자가 대중교통에서 느끼는 불편함을 이야기했다.
③문단: 우리나라의 교통 약자 배려석이 만들어진 역사를 설명했다.
④문단: 교통 약자 배려석을 항상 비워 둘 필요가 없다고 주장하는 사람들의 의견을 소개했다.
⑤문단: 교통 약자 배려석을 항상 비워 둬야 한다고 주장하는 사람들의 의견을 소개했다.
⑥문단: 배려하는 마음으로 교통 약자 배려석에 대해 고민해 보자고 당부하며 글을 마무리했다.

■ 글의 구조도

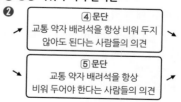

■ 주제: 교통 약자 배려석에 대한 사람들의 상반된 견해

---

01 정답 (1) ① (2) ① (3) ①

(1) ➡ '상반되었다'의 기본형 '상반되다'는 '서로 반대되거나 어긋나게 되다.'라는 의미이므로, '반대되었다'와 바꾸어 쓸 수 있다.

(3) ➡ ⓒ의 바로 앞 문장을 고려하면 ⓒ는 임산부도 노약자와 장애인과 마찬가지로 버스가 급정거하거나 회전할 때 다칠 수 있다는 의미이다.

02 정답 ➊ 항상 비워 두어야 한다는
➋
　④문단
교통 약자 배려석을 항상 비워 두지 않아도 된다는 사람들의 의견
　⑤문단
교통 약자 배려석을 항상 비워 두어야 한다는 사람들의 의견

03 정답 ⑤

1문단에서는 임산부 배려석과 관련된 토론 내용을 이야기했다. 4문단에서는 교통 약자 배려석을 항상 비워 두지 않아도 된다는 사람들의 견해를, 5문단에서는 교통 약자 배려석을 항상 비워 둬야 한다는 사람들의 견해를 소개하고 있다.
이처럼 윗글에서는 교통 약자 배려석을 둘러싼 사람들의 상반된 주장을 다루고 있으므로, 윗글의 주제는 '교통 약자 배려석에 대한 사람들의 상반된 견해'이다.

04 정답 ④ ＊내용 전개 방식 파악하기

윗글에 대한 설명으로 가장 알맞은 것은?

＞왜 정답 ?

④ 중심 화제에 대한 서로 반대되는 의견을 제시하고 있다.
  교통 약자 배려석
    4문단에서는 교통 약자 배려석을 항상 비워 두지 않아도 된다는
  사람들의 견해를, 5문단에서는 교통 약자 배려석을 항상 비워 둬야
  한다는 사람들의 견해를 소개하고 있다.

＞왜 오답 ?

① 중심 화제의 역사적 의의를 설명하고 있다.
                    이야기하지 않음.
    3문단에서 교통 약자 배려석의 역사를 소개하고 있으나 그 의의를
  밝히고 있지는 않다.

② 중심 화제에 대한 전문가의 의견을 인용하고 있다.
                              인용하지 않음.
③ 중심 화제에 대한 구체적 통계 자료를 제시하고 있다.
                              제시하지 않음.
⑤ 두 가지 중심 화제의 차이점을 중심으로 설명하고 있다.
    한 가지
    윗글의 중심 화제는 '교통 약자 배려석' 한 가지이다.

05 정답 ② ＊내용 파악하기

윗글의 내용으로 알맞지 않은 것은?

＞왜 정답 ?

② 모든 사람들은 임산부 배려석을 항상 비워 둬야 한다고
  어떤
  주장한다.

> ④문단❸문장 어떤 사람들은 교통 약자 배려석을 비워 두는 것은
> 법적으로 정해진 의무가 아니므로 교통 약자 배려석을 비워 둘
> 필요가 없다고 말한다.

  임산부 배려석과 같은 교통 약자 배려석을 항상 비워 둘 필요가 없다고
  주장하는 사람도 있다.

＞왜 오답 ?

① 교통 약자 배려석은 버스보다 지하철에 먼저 생겼다.
              경로석   노약자석

> ③문단❷문장 서울시 지하철에서 먼저 전동차의 오른쪽과 왼쪽 맨
> 끝의 좌석 각 3개씩을 '노약자석'으로 지정한 이후 시내버스에
> '경로석'이 마련되었으며, ~

  교통 약자 배려석 가운데 노약자석은 서울시 지하철에서 먼저
  시작되었고, 이후 시내버스에 경로석이 마련되었다.

③ 1980년이 되어서야 우리나라에 교통 약자 배려석이 처음
  생겼다.

> ③문단❶문장 ~ 교통 약자들을 배려하기 위한 좌석이 우리나라에서
> 공식적으로 처음 등장한 것은 1980년이다.

④ 버스가 급정거하거나 회전할 때 균형을 잡기 어려운
                          교통 약자
  사람들이 있다.

> ②문단❶,❷문장 임산부뿐만 아니라 노약자, 장애인을 교통 약자라고
> 하는데, ~ 균형을 잡기 어려운 노약자나 장애인은 버스가
> 급정거하거나 회전할 때 넘어지거나, 다칠 수 있다.

⑤ 교통 약자 배려석은 노약자, 장애인, 임산부 등이 대중
              교통 약자
  교통을 탈 때 느끼는 불편함을 덜어주기 위해 마련된
  것이다.

> ③문단❶문장 대중교통을 탈 때마다 이러한 불편을 겪어야 하는 교통
> 약자들을 배려하기 위한 좌석 ~

06 정답 ④ ＊어휘의 의미 파악하기

㉠~㉤의 사전적 의미로 알맞지 않은 것은?

＞왜 정답 ?

④ ㉣: 들인 노력에 비하여 얻는 결과가 큰 것 -'효율적'의 의미임.
'비효율적'-'들인 노력에 비하여 얻는 결과가 만족스럽지 못한 것'이라는 의미임.

＞왜 오답 ?

① ㉠: 남의 감정, 의견, 주장 따위에 대하여 자기도 그렇다고
  '공감했다'
  느끼다.

② ㉡: 잘못이나 실수가 없도록 말이나 행동에 마음을 쓰다.
  '조심해야'

③ ㉢: 어떤 사건이나 분야에서 새로운 제품이나 현상, 인물
  '등장한'
  등이 세상에 처음으로 나오다.

⑤ ㉤: 쓸모가 있다.
  '유용하게'

07 예시 답안: 교통 약자 배려석을 항상 비워 두지 않아도 된다고
  생각하는 사람들은 교통 약자 배려석을 비워 두는 것은 법적인
  의무가 아니고, 혼잡한 시간대에 그 자리를 비워 두는 것은
  비효율적이며, 그 자리에 앉을 사람이 있을 때만 교통 약자
  배려석을 양보하면 된다고 본다.
  '교통 약자 배려석'

**㉮를 항상 비워 두지 않아도 된다고 생각하는 사람들의 견해를
정리하여 〈조건〉에 맞게 쓰시오.**

┌──────── 〈조건〉 ────────┐
│ 1. '의무'라는 단어를 포함할 것   │
│ 2. 한 문장으로 쓸 것   │
└──────────────────────────┘

＞왜 정답 ?

> ④문단❸,❹문장 어떤 사람들은 교통 약자 배려석을 비워 두는 것은
> 법적으로 정해진 의무가 아니므로 교통 약자 배려석을 비워 둘
> 필요가 없다고 말한다. 이들은 출퇴근 시간처럼 혼잡한 시간대에
> 자리를 비워 두는 것은 비효율적이며, 그 자리에 앉을 사람이 있을
> 때만 그 자리를 양보해 주면 된다고 주장한다.

  4문단에서 교통 약자 배려석을 반드시 비워 둘 필요가 없다고 주장하는
  사람들은 교통 약자 배려석을 비워 두는 것은 법적인 의무가 아니고, 혼잡한
  시간대에 그 자리를 비워 두는 것은 비효율적이며, 그 자리에 앉을 사람이
  있을 때만 그 자리를 양보하면 된다고 주장한다고 했다.

채점 요소	채점 기준		배점
내용의 적절성	윗글에서 교통 약자 배려석을 비워 두지 않아도 된다고 생각하는 사람들의 견해를 적절하게 찾아 쓴 경우	5	5
	답을 쓰지 않거나 오답을 쓴 경우	0	
표현의 적절성	조건 1에 맞지 않은 경우	-1	-3
	조건 2에 맞지 않은 경우	-1	
	어법에 맞지 않거나 문맥에 어긋난 경우	-1	

DAY
12

[08~14] 분위기는 글씨로 전하세요. [예술]

○ 각 문단 핵심어 ◎ 글 전체 핵심어 ― 각 문단 중심 문장 ▬ 글 전체 중심 문장

[1]❶서점에 가서 책 표지를 둘러보면 알록달록한 그림과 색깔 외에도 우리의 눈길을 모으는 것이 있다. ❷바로 글씨이다. ❸전문적인 지식을 담은 책의 표지에는 직선으로 이루어져 딱딱한 느낌을 주는 글씨가, 어린아이들을 위한 동화책의 표지에는 동글동글 귀여운 느낌을 주는 글씨가 표지를 장식하고 있다. ❹책의 표지 외에도 인기 가수의 공연 포스터 속 글씨, 우리가 구매하는 과자 포장지 속의 과자 이름을 ㉠표기한 글씨까지 사람들은 글씨를 ㉡활용하여 자신이 전달하고자 하는 분위기를 드러낸다. ❺이처럼 글씨를 활용하여 시각적으로 분위기를 나타내는 것을 (타이포그래피)라고 한다.
타이포그래피의 개념

＊1문단 요약: 타이포그래피의 개념

[2]❶타이포그래피를 할 때 가장 먼저 ⓐ고려할 것은 (서체와 폰트(Font))이다. ❷보통 서체와 폰트는 ㉢비슷한 의미로 쓰이지만 ⓑ타이포그래피에서는 둘을 구분한다. ❸서체는 '명조체', '고딕체'와 같은 글씨의 모양을 의미하고, 폰트는 글씨의 크기, 혹은 글씨를 굵게 하거나 기울이는 등 서체 안의 특정 스타일을 의미한다.
서체 폰트

＊2문단 요약: 타이포그래피의 고려 요소 ① 서체와 폰트

[3]❶두 번째로 고려할 것은 (계층 구조)이다. ❷한 장면 안에 있는 모든 글씨가 똑같이 중요하지 않다. ❸전달하고자 하는 내용 중 더 중요한 부분은 ㉣강조하여 계층 구조를 나타내면 ㉤이것을 보는 사람들이 무엇이 중요한지를 더 쉽게 파악할 수 있다. ❹예를 들어 영화 포스터에서는 영화의 제목을 가장 크고 두꺼운 글씨로 표기 하거나, 제목의 모양을 ㉥독특하게 디자인하여 눈에 잘 띄는 곳에 배치한다. ❺그리고 영화에 대한 간단한 정보나 홍보 문구는 제목보다 작은 글씨로 배치한다. ❻이러한 계층 구조 덕분에 영화 포스터를 슥 훑기만 해도 우리는 영화에 대한 정보를 쉽게 파악할 수 있다.

＊3문단 요약: 타이포그래피의 고려 요소 ② 계층 구조

[4]❶타이포그래피를 할 때 가장 중요하게 고려해야 할 것은 (가독성)이다. ❷가독성이란 글이 얼마나 쉽게 읽히는가 하는 능률의 정도를 의미한다.
가독성의 개념
❸아름답고 창의적인 것도 좋지만 결국 글자는 사람들에게 읽히기 위한 것이기 때문에, 사람들이 정보를 쉽게
타이포그래피를 할 때 가독성을 고려하는 것이 가장 중요한 이유
파악할 수 있도록 하는 것이 가장 중요하다.

＊4문단 요약: 타이포그래피의 고려 요소 ③ 가독성

[5]❶우리도 일상생활에서 (타이포그래피)를 활용한다. ❷발표를 하기 위해 자료를 만들 때, 사람들이 발표 자료에 주목할 수 있도록 중요한 글자는 더 크고 두껍게 하여 중앙에 배치하는 것도 타이포그래피라고 할 수 있다. ❸앞으로 발표를 하게 된다면 타이포그래피를 할 때 고려해야 할 요소들을 생각하며 발표 자료를 만들어 보자. ❹사람들에게 내가 전달하고자 하는 바를 좀 더
글쓴이의 권유
효과적으로 전달할 수 있을 것이다.

＊5문단 요약: 일상생활에 사용되는 타이포그래피

■ 지문 이해

| 타이포 그래피 | – 개념: 글씨를 활용하여 시각적으로 분위기를 나타내는 것
– 고려할 요소: 서체와 폰트, 계층 구조, 가독성 |

■ 문단 간의 관계

[1]문단: 구체적 사례를 바탕으로 타이포그래피의 개념을 설명했다.
[2]문단: 타이포그래피를 할 때 고려할 요소 중 서체와 폰트에 대해 설명했다.
[3]문단: 타이포그래피를 할 때 고려할 요소 중 계층 구조에 대해 설명했다.
[4]문단: 타이포그래피를 할 때 고려할 요소 중 가독성에 대해 설명했다.
[5]문단: 우리의 생활에서 타이포그래피가 활용된다고 이야기했다.

■ 글의 구조도

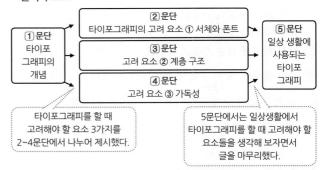

■ 주제: 타이포그래피의 개념과 타이포그래피를 할 때 고려해야 할 요소

---

08 정답 (1) ① (2) ① (3) ①

(1) ➡ ②는 '회상하다'의 사전적 의미이다.
(3) ➡ ⓑ의 '둘'은 서체와 폰트를 가리킨다. ⓑ의 바로 앞부분에서 보통 서체와 폰트는 비슷한 의미로 쓰인다고 했으므로 ⓑ의 의미로 알맞은 것은 ①이다.

09 정답

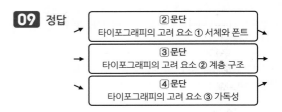

10 정답 ⑤

윗글에서는 구체적인 사례를 들어 타이포그래피의 개념을 설명하고, 타이포그래피를 할 때 고려할 점으로 서체와 폰트, 계층 구조, 가독성을 들었다. 따라서 윗글의 주제는 '타이포그래피의 개념과 타이포그래피를 할 때 고려해야 할 요소'이다.

11 정답 ④ ＊내용 파악하기

윗글을 읽고 알 수 없는 것은?

〉왜 정답 ?
④ 타이포그래피의 개념을 만든 ~~사람~~
이야기하지 않음.

윗글에서는 타이포그래피의 개념과 타이포그래피를 할 때 고려해야 할 요소들에 대해 설명했을 뿐, 타이포그래피의 개념을 만든 사람에 대해서는 이야기하지 않았다.

〉왜 오답 ?
① 가독성의 개념

[4]문단❷문장 가독성이란 글이 얼마나 쉽게 읽히는가 하는 능률의 정도를 의미한다.

---

② 서체와 폰트의 차이

> ②문단❸문장 서체는 '명조체', '고딕체'와 같은 글씨의 모양을 의미하고, 폰트는 글씨의 크기, 혹은 글씨를 굵게 하거나 기울이는 등 서체 안의 특정 스타일을 의미한다.

③ 타이포그래피의 개념

> ①문단❺문장 이처럼 글씨를 활용하여 시각적으로 분위기를 나타내는 것을 타이포그래피라고 한다.

⑤ 타이포그래피를 할 때 가장 중요하게 생각해야 하는 것

> ④문단❶문장 타이포그래피를 할 때 가장 중요하게 고려해야 할 것은 가독성이다.

12 정답 ⑤ ＊구체적 사례에 적용하기

다음은 국어 시간에 발표를 한 학생의 발표 자료이다. 윗글을 바탕으로 조언한 내용으로 알맞지 않은 것은?

> 제목의 서체가 너무 화려해서 가독성이 떨어짐.

> 한 화면 안에 글씨가 너무 많고, 다 같은 서체와 폰트로 되어 있어 중요한 부분을 알기 어려움.

＞왜 정답 ？

⑤ 가독성을 높이기 위해 글씨의 색을 연한 분홍색으로 ~~바꿔보는~~ 것은 어떨까?
가독성을 높이는 것과 관련 없음.
＊근거 : ④문단

<보기>는 학생의 발표 자료로, 제목의 서체가 너무 화려해서 가독성이 떨어진다.
타이포그래피를 할 때 가장 중요한 것은 가독성인데, 글씨를 연한 분홍색으로 바꾼다고 해서 가독성이 높아지지는 않는다.

＞왜 오답 ？

① 제목의 폰트를 좀 더 크고 두껍게 바꿔 보는 것은 어떨까?

> ③문단❹문장 예를 들어 영화 포스터에서는 영화의 제목을 가장 크고 두꺼운 글씨로 표기하거나 ~

전체적인 내용을 드러내는 제목은 두꺼운 글씨로 강조하는 것이 좋다.

② 제목의 서체를 깔끔한 것으로 바꾸면 가독성이 높아지지 않을까?

> ④문단❸문장 ~ 결국 글자는 사람들에게 읽히기 위한 것이기 때문에, 사람들이 정보를 쉽게 파악할 수 있도록 하는 것이 가장 중요하다.

발표 자료의 제목에 쓰인 서체가 너무 화려해서 가독성이 떨어지므로 서체를 깔끔한 것으로 바꾸면 가독성이 높아질 것이다.

③ 전체적으로 글씨 크기가 너무 작은데, 폰트를 바꾸는 것은 어떨까?

> ②문단❸문장 ~ 폰트는 글씨의 크기, 혹은 글씨를 굵게 하거나 기울이는 등 서체 안의 특정 스타일을 의미한다.

④ 전체 내용 중 더 중요한 부분만 강조하여 계층 구조를 나타내는 것이 어때?

> ③문단❸문장 전달하고자 하는 내용 중 더 중요한 부분은 강조하여 계층 구조를 나타내면 이것을 보는 사람들이 무엇이 중요한지를 더 쉽게 파악할 수 있다.

제시된 자료는 학생의 발표 자료로, 한 화면 안에 글씨가 너무 많고, 본문의 내용이 다 같은 서체와 폰트로 되어 있어 어떤 부분이 중요한지를 알기 어렵다.
전체 내용 중 중요한 부분을 강조한다면 계층 구조를 나타낼 수 있어 보는 사람에게 어떤 부분이 중요한지를 알릴 수 있을 것이다.

13 정답 ⑤ ＊어휘의 의미 파악하기

㉠~㉤의 사전적 의미로 알맞지 않은 것은?

＞왜 정답 ？

⑤ ㉤: 말하는 것이나 행동하는 것이 신통하여 귀여움성이 있다.
┌ '기특하다'의 사전적 의미임.
'독특하게' - '특별하게 다르다.'라는 의미임.

> ㉤ '독특하게'의 기본형 '독특하다'의 사전적 의미는 '특별하게 다르다.'이다. '말하는 것이나 행동하는 것이 신통하여 귀여움성이 있다.'는 '기특하다'의 사전적 의미이다.

＞왜 오답 ？

① ㉠: 적어서 나타내다.
'표기한'

② ㉡: 충분히 잘 이용하다.
'활용하는'

③ ㉢: 두 개의 대상이 크기, 모양, 상태, 성질 따위가 똑같지는 아니하지만 전체적 또는 부분적으로 일치하는 점이 많은 상태에 있다.
'비슷한'

④ ㉣: 어떤 부분을 특별히 강하게 주장하거나 두드러지게 하다.
'강조하여'

14 예시 답안 : 타이포그래피를 활용하여 발표 자료를 준비할 때는 자료를 구성하는 서체와 폰트, 계층 구조, 가독성 등을 고려해야 한다.

타이포그래피를 활용하여 발표 자료를 준비할 때 고려해야 하는 요소를 <조건>에 맞게 쓰시오.

─── <조건> ───
1. 윗글에서 2가지 이상을 찾아 쓸 것
2. 한 문장으로 쓸 것

＞왜 정답 ？

> ②문단❶문장 타이포그래피를 할 때 가장 먼저 고려할 것은 서체와 폰트(Font)이다.
> ③문단❶문장 두 번째로 고려할 것은 계층 구조이다.
> ④문단❶문장 타이포그래피를 할 때 가장 중요하게 고려해야 할 것은 가독성이다.

윗글에서 타이포그래피를 할 때 고려해야 할 것으로 서체와 폰트, 계층 구조, 가독성을 들었다.

채점 요소	채점 기준	배점	
내용의 적절성	윗글에서 요소를 찾아 적절히 제시한 경우 (조건 1)	5	5
	답을 쓰지 않거나 오답을 쓴 경우	0	
표현의 적절성	조건 2에 맞게 쓰지 않은 경우	-1	-2
	어법에 맞지 않거나 문맥에 어긋난 경우	-1	

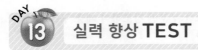

[01~05] 문신을 제거하기 어려운 이유 [과학·기술]

○ 각 문단 핵심어　◎ 글 전체 핵심어　— 각 문단 중심 문장　▬ 글 전체 중심 문장

1 최근에 ◎문신을 개성을 나타내는 자아 표현의 수단이자 하나의 예술로 보는 시각이 늘어나고 있다. 이와 같은 인식이 우리 사회에 퍼짐에 따라 자신의 몸에 문신을 새기는 사람들도 점차 늘어나고 있다. 반면 이미 자신의 몸에 새긴 문신을 다시 지우려고 하는 사람들도 늘어나고 있다.

*①문단 요약: 문신을 지우려는 사람들의 증가

2 하지만 ◎문신을 지우는 것은 문신을 새기는 것보다 간단하지 않다. 문신을 새길 때는 1회, 혹은 2회 정도의 시술을 ㉠ 받으면 되지만 문신을 지우기 위해서는 적게는 5회에서 많게는 수십 회 이상의 시술을 받아야 한다. 그렇다면 문신을 새기는 것보다 문신을 지우는 것이 더 어려운 이유는 무엇일까? 그것은 우리 몸에 문신을 새기는 원리와 우리 몸의 문신을 지우는 원리를 살펴보면 쉽게 파악할 수 있다.

*②문단 요약: 새기는 것보다 지우는 것이 어려운 문신

3 문신은 바늘을 이용해 피부 조직층인 진피에 잉크를 넣어
문신의 개념
그림이나 글씨 등을 새기는 행위이다. [진피에는 상처가 난 곳으로
[ ] 우리 몸에 문신을 새기는 원리
들어온 병원균을 잡아먹는 면역 세포인 대식 세포가 있는데, 이 대식 세포는 진피 속에 들어온 잉크를 병원균으로 인식해 문신을 새길 때 우리 몸에 들어온 잉크를 잡아먹고 잉크의 색으로 염색된다. 염색된 대식 세포는 수명을 다해 죽을 때 자신이 잡아먹은 잉크를 뱉어내지만, 죽은 대식 세포 근처에 있던 다른 대식 세포가 그 잉크를 다시 먹고, 죽은 대식 세포의 자리를 대체하게 된다.] 이러한 대식 세포의 특성 때문에 한번 진피에 들어온 잉크는 몸 밖으로
문신이 유지되는 원리: 대식 세포가 잉크를 병원균으로 인식해 계속해서 잡아먹음.
나가지 못하고 피부에 계속 남게 되어 문신이 유지된다.

*③문단 요약: 문신을 새기는 원리와 문신이 유지되는 원리

4 문신을 지우는 것이 어려운 이유도 이러한 대식 세포의 특성과 관련이 있다. 문신을 지우기 위해서는 대식 세포가 먹은 잉크를 몸 밖으로 내보내야 한다. 이를 위해 [병원에서는 레이저를 이용해
[ ] 문신을 지우는 원리
진피에 있는 잉크를 잘게 쪼갠다. 그러나 이렇게 쪼개진 잉크 입자를 주변의 다른 대식 세포가 받아먹기 때문에 진피에 들어온 잉크를 모두 몸 밖으로 내보내기란 쉽지 않다.] 이러한 이유 때문에
쪼개진 잉크 입자를 주변의 다른 대식 세포가 받아먹음.
한 번이 아니라 ㉯ 여러 차례 레이저 시술을 받더라도 문신을
문신을 지우기 어려운 이유
완벽하게 지우기 어렵다.

*④문단 요약: 문신을 지우는 원리와 문신을 지우기 어려운 이유

5 대식 세포의 특성으로 인해 한번 피부에 새긴 ◎문신은 쉽게
다른 대식 세포가 뱉어낸 잉크, 레이저로 쪼갠 잉크 입자를 다시 잡아먹음.
사라지지 않으며 나중에 지우더라도 그 흔적이 남아 본래의 상태로 돌아가기는 매우 어렵다. 멋과 개성을 위해 우리 몸에 문신을 새기는 데 걸리는 시간은 짧지만, 그것을 지우는 데 걸리는 시간은 매우 길다. 그만큼 문신을 지우는 과정에는 많은 고통과 비용이
문신을 지우는 데 시간이 매우 오래 걸리는 만큼

따르게 된다. 그러므로 몸에 문신을 새기기 전에는 자신이 문신을
글쓴이의 주장
새겨야 하는 이유 등에 대해 신중하게 생각해 보아야 한다.

*⑤문단 요약: 문신을 새기기 전에 진지하게 고민해야 한다는 글쓴이의 주장

■ 지문 이해

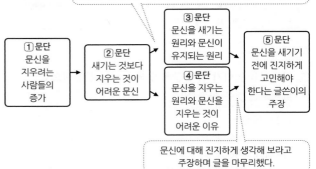

| 대식 세포 | – 상처가 난 곳으로 들어온 병원균을 잡아먹음.
– 문신을 할 때 진피 속으로 들어온 잉크를 병원균으로 인식해 잉크를 잡아먹고 잉크의 색으로 염색됨.
– 염색된 대식 세포가 잉크를 뱉어내고 죽어도 근처의 대식 세포가 이를 다시 먹고 죽은 대식 세포를 대체함. | 대식 세포의 특성 |

➡ 대식 세포의 특성 때문에 문신을 새기면 지우기 어려움.

■ 문단 간의 관계
①문단: 문신을 새기는 사람들이 늘어나는 반면 문신을 지우려는 사람들도 늘어나는 상황을 소개했다.
②문단: 문신을 새기고 지우는 원리를 살펴보면 문신을 새기는 것보다 지우는 것이 어려운 이유를 파악할 수 있다고 했다.
③문단: 몸에 문신을 새기는 원리와 문신이 유지되는 원리를 설명했다.
④문단: 대식 세포의 특성과 관련지어 문신을 지우는 원리와 문신을 지우는 것이 어려운 이유를 설명했다.
⑤문단: 문신을 하기 전에는 신중하게 고민해야 한다고 주장했다.

■ 글의 구조도

문신을 새기는 원리와 문신을 지우는 원리를 나누어 제시했다.

①문단
문신을
지우려는
사람들의
증가
→
②문단
문신을
새기는 것보다
지우는 것이
어려운 문신
→
③문단
문신을 새기는
원리와 문신이
유지되는 원리
④문단
문신을 지우는
원리와 문신을
지우는 것이
어려운 이유
→
⑤문단
문신을 새기기
전에 진지하게
고민해야
한다는 글쓴이의
주장

문신에 대해 진지하게 생각해 보라고 주장하며 글을 마무리했다.

■ 주제: 문신을 지우기 어려운 이유

01 정답 ②　* 내용 파악하기

윗글의 내용으로 알맞지 않은 것은?

＞왜 정답?
② 대식 세포는 상처가 난 곳의 병원균을 염색시킨다.
진피 속에 들어온 잉크를 잡아먹고 대식 세포가 염색됨.
　* 근거: ③문단 ❷문장
대식 세포가 병원균을 염색시키는 것이 아니다.
　우리 몸속에 문신을 새길 때 들어온 잉크를 병원균으로 잘못 인식한 대식 세포가 이것을 잡아 먹고 대식 세포 스스로가 염색되는 것이다.

＞왜 오답?
① 문신을 예술이라고 보는 사람들이 있다.

①문단 ❶문장 최근에 문신을 개성을 나타내는 자아 표현의 수단이자 하나의 예술로 보는 시각이 늘어나고 있다.

③ 우리 몸속에 들어온 병원균은 대식 세포가 처리한다.
잡아먹음.

③문단 ❷문장 진피에는 상처가 난 곳으로 들어온 병원균을 잡아먹는 면역 세포인 대식 세포가 있는데, ~

④ 문신을 새길 때보다 지울 때 더 많은 시술을 받아야 한다.
1~2회   5회~수십 회

②문단❷문장 문신을 새길 때는 1회, 혹은 2회 정도의 시술을 받으면 되지만 문신을 지우기 위해서는 적게는 5회에서 많게는 수십 회 이상의 시술을 받아야 한다.

⑤ 레이저를 활용하면 대식 세포가 먹은 잉크를 잘게 쪼갤 수 있다.

④문단❸문장 ~ 레이저를 이용해 진피에 있는 잉크를 잘게 쪼갠다.

02 정답 ⑤ *내용 파악하기

문신을 새긴 후 이것이 유지되는 과정을 잘못 나타낸 것은?

> 왜 정답 ?
⑤ 대식 세포가 뱉어낸 잉크가 몸밖으로 빠져나감.
다른 대식 세포가 그 잉크를 먹음.

③문단❸문장 염색된 대식 세포는 수명을 다해 죽을 때 자신이 잡아먹은 잉크를 뱉어내지만, 죽은 대식 세포 근처에 있던 다른 대식 세포가 그 잉크를 다시 먹고, 죽은 대식 세포의 자리를 대체하게 ~

> 왜 오답 ?
① 진피로 잉크가 들어옴.
② 대식 세포가 잉크를 잡아먹음.
③ 대식 세포가 잉크 색으로 염색됨.
④ 대식 세포가 죽으면서 잉크를 뱉어냄.

③문단❶~❸문장 문신은 바늘을 이용해 피부 조직층인 진피에 잉크를
①
넣어 그림이나 글씨 등을 새기는 행위이다. 진피에는 상처가 난 곳으로 들어온 병원균을 잡아먹는 면역 세포인 대식 세포가 있는데, 이 대식 ②
세포는 진피 속에 들어온 잉크를 병원균으로 인식해 문신을 새길 때 우리 몸에 들어온 잉크를 잡아먹고 잉크의 색으로 염색된다. 염색된 ③
대식 세포는 수명이 다해 죽을 때 자신이 잡아먹은 잉크를 뱉어내지만, ~
④

03 정답 ⑤ *내용 파악+추론하기

글쓴이의 주장으로 가장 알맞은 것은?

> 왜 정답 ?
⑤ 문신을 새기면 지우기 어려우므로 문신을 새기기 전에 깊이 생각해 보아야 한다.

⑤문단❶,❹문장 대식 세포의 특성으로 인해 한번 피부에 새긴 문신은 쉽게 사라지지 않으며 나중에 지우더라도 그 흔적이 남아 본래의 상태로 돌아가기는 매우 어렵다. ~ 그러므로 몸에 문신을 새기기 전에는 자신이 문신을 새겨야 하는 이유 등에 대해 신중하게 생각해 보아야 한다.

> 왜 오답 ?
① 문신을 자아 표현의 수단으로 받아들여야 한다.
글쓴이의 주장이 아님.

*근거:①문단❶문장
1문단에서 문신을 자아 표현의 수단으로 받아들이는 시각이 늘어나고 있다고 했을 뿐, 이러한 시각을 받아들여야 한다고 주장하지는 않았다.

② 레이저를 활용하여 문신을 완벽히 지워야 한다.
완벽히 지우기 어려움.

④문단❺문장 ~ 레이저 시술을 받더라도 문신을 완벽하게 지우기 어렵다.

③ 문신을 활용하여 자신의 멋과 개성을 표현해야 한다.

*근거:⑤문단❷~❹문장
글쓴이는 새긴 문신을 지우기가 매우 어렵다면서 멋과 개성을 위해 몸에 문신을 새기기 전에는 신중하게 생각해야 한다고 했다.

④ 문신을 지우는 과정에 따르는 고통과 비용을 최대한 줄여야 한다.
관련 없음.

글쓴이는 문신을 지우는 과정에는 많은 고통과 비용이 따르게 되므로 문신을 몸에 새기기 전에는 신중하게 생각해 보아야 한다고 했을 뿐이다.

04 정답 ④ *어휘의 의미 파악하기

각 문장의 밑줄 친 부분이 ㉠과 같은 의미로 쓰인 것은?
㉠'받으면' - '다른 사람이나 대상이 가하는 행동 등을 당하거나 입다.'라는 의미로 쓰임.
> 왜 정답·오답 ?

	밑줄 친 부분의 사전적 의미	같으면 ○ 다르면 ×
① 오늘은 손님을 그만 받자.	사람을 맞아들이다.	×
② 너는 파란색 옷이 잘 받는구나!	색깔이나 모양이 어떤 것에 어울리다.	×
③ 자동차가 가로등을 받고 부서졌다.	머리나 뿔 따위로 세차게 부딪치다.	×
④ 배가 아파서 의사 선생님께 진료를 받았다.	다른 사람이나 대상이 가하는 행동 등을 당하거나 입다.	○
⑤ 할아버지께서는 빗물을 양동이에 받으라고 하셨다.	흐르거나 쏟아지거나 하는 것을 그릇 따위에 담기게 하다.	×

05 예시 답안: 레이저로 쪼갠 잉크 입자를 몸 밖으로 내보내려고 해도 이를 다시 잡아먹는 대식 세포의 특성 때문에 잉크를 몸 밖으로 내보내기 어렵기 때문이다.

㉮의 이유를 <조건>에 맞게 쓰시오.
'여러 차례 레이저 시술을 받더라도 문신을 완벽하게 지우기 어렵다.'

─< 조건 >─
1. '대식 세포'라는 말을 활용할 것
2. '~ 때문이다.' 형식의 한 문장으로 쓸 것

> 왜 정답 ?

③문단❸,❹문장 ~ 죽은 대식 세포 근처에 있던 다른 대식 세포가 그 잉크를 다시 먹고, 죽은 대식 세포의 자리를 대체하게 된다. 이러한 대식 세포의 특성 때문에 한번 진피에 들어온 잉크는 몸 밖으로 나가지 못하고 피부에 계속 남게 되어 문신이 유지된다.
④문단❹,❺문장 ~ 쪼개진 잉크 입자를 주변의 다른 대식 세포가 받아먹기 때문에 진피에 들어온 잉크를 모두 몸 밖으로 내보내기란 쉽지 않다. 이러한 이유 때문에 한 번이 아니라 ㉮ 여러 차례 레이저 시술을 받더라도 문신을 완벽하게 지우기 어렵다.

레이저로 잉크를 쪼개도 근처의 대식 세포가 이를 잡아 먹기 때문에 잉크를 몸 밖으로 내보내기 어렵다. 그래서 문신을 완벽하게 지우기 어렵다.

채점 요소	채점 기준	배점	
내용의 적절성	이유를 찾아 적절히 제시한 경우	5	5
	답을 쓰지 않거나 오답을 쓴 경우	0	
표현의 적절성	조건 1에 맞게 쓰지 않은 경우	-1	-3
	조건 2에 맞게 쓰지 않은 경우	-1	
	어법에 맞지 않거나 문맥에 어긋난 경우	-1	

[06~10] 자존감을 높이는 방법 [인문]

○ 각 문단 핵심어 ◎ 글 전체 핵심어 — 각 문단 중심 문장 ▨ 글 전체 중심 문장

1 최근 몇 년간 사람들 사이에서 (자존감)에 대한 관심이 뜨겁다. **2** [서점에서는 자존감에 대해 다룬 책들이 날마다 쏟아져 나오고 있고,
[ ]: 사람들이 자존감 높이기에 열중하는 상황
각종 동영상 플랫폼에서도 자존감과 관련된 강연 영상들을 쉽게
찾아볼 수 있다.] **3** ㉮ 자존감을 높이기 위해서는 어떻게 해야 할까?

   *1문단 요약: 자존감과 관련된 의문

2 (자존감)이란 [자기 스스로 자신을 어떻게 ⓐ 인식하고
     [ ]: 자존감의 개념
받아들이는지에 대한 개념으로, 자신에 대한 신뢰와 존경을
의미한다.] **2** 어린 시절부터 형성되는 자존감은 가정 환경, 문화적
배경 등 많은 ⓑ 요인의 영향을 받게 된다. **3** 그중에서도 자존감
자존감 형성에 영향을 미치는 요인 ①
형성에 가장 큰 영향을 미치는 것이 바로 다른 사람들과의 관계
         자존감 형성에 영향을 미치는 요인 ②
속에서 그들로부터 받는 피드백이다. **4** 다른 사람들로부터 칭찬이나
인정 등 긍정적인 평가를 충분히 받은 사람은 높은 자존감을
ⓒ 형성하지만, 외면을 당하는 등 부정적인 평가를 많이 받은
사람은 낮은 자존감을 형성한다.

       *2문단 요약: 자존감의 개념과 자존감 형성에 영향을 미치는 요인

3 ㉠ 자존감이 높은 사람들은 [자신의 가치를 높게 평가하고
                       [ ]: 자존감이 높은 사람들의 특징
자신에게 긍정적인 태도를 보인다. **2** 이들은 자신을 존중하는 만큼
              자존감이 높은 사람들
다른 사람들도 존중하므로 다른 사람들과 건강한 인간관계를
이루며, 도전적인 목표를 세우고 그 목표를 이루기 위해 적극적으로
노력]한다. **3** 반면, ㉡ 자존감이 낮은 사람들은 [자신의 가치를 낮게
                            [ ]: 자존감이 낮은 사람들의 특징
평가하고 자신에게 부정적인 태도를 보인다. **4** 이들은 다른 사람들의
                    자존감이 낮은 사람들
반응을 ⓓ 비관적으로 받아들이므로 다른 사람들과 관계를 맺기
어려워하기도 하고, 실패를 두려워하며 모험을 하는 일이 적다.]

        *3문단 요약: 자존감이 높은 사람들과 낮은 사람들의 특징

4 중요한 것은 자존감을 형성하는 과정이 반복된다는 것이다. **2** 다른
                 자존감을 형성하는 과정의 특징
사람에게 긍정적인 피드백을 많이 받은 사람은 자존감이 높아지며,
높은 자존감을 바탕으로 다른 사람들과의 소통에도 적극적으로
ⓔ 임하게 된다. **3** 그래서 자존감이 높은 사람들은 다른 사람들로부터
다시 긍정적 피드백을 받을 확률이 높아지고, 이는 또 높은
                        다른 사람들에게 긍정적인 피드백을 받는 것
자존감으로 이어진다. **4** 마찬가지로 부정적 피드백을 많이 받아
자존감이 낮은 사람은 다른 사람들과의 소통에 소극적으로 임하게
된다. **5** 그 결과 다른 사람들로부터 또다시 부정적 피드백을 받게 되어
원래의 낮은 자존감이 더욱 굳어지게 된다.

          *4문단 요약: 자존감을 형성하는 과정의 특징

5 이와 같은 점들을 고려할 때 (자존감을 높이는 방법)은 다른
사람들과 긍정적인 피드백을 주고받으면서 적극적으로 소통하는
것이라고 할 수 있다. **2** 긍정적 피드백을 주는 사람과의 관계에
집중하고, 나 또한 다른 사람에게 긍정적 피드백을 많이 주기 위해
노력하는 것이다. **3** 다른 사람들과의 관계 속에서 자신의 소통 방식을
돌아볼 때, 높은 자존감을 형성할 수 있을 것이다.

                 *5문단 요약: 자존감을 높이는 방법

■ 지문 이해
자존감 형성 과정

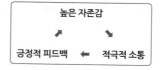
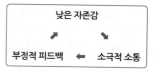

■ 문단 간의 관계
1문단: 자존감을 높이는 방법에 대한 의문을 드러냈다.
2문단: 자존감의 개념을 설명한 후, 자존감 형성에 영향을 미치는
요인들을 소개했다.
3문단: 자존감이 높은 사람들과 자존감이 낮은 사람들의 특징을
비교했다.
4문단: 자존감을 형성하는 과정의 특징을 설명했다.
5문단: 자존감을 높이려면 다른 사람들과 긍정적 피드백을 주고받으며
소통해야 한다고 했다.

■ 글의 구조도

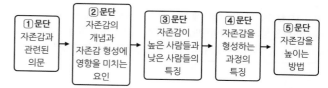

➡ 글의 순서대로 구조도를 그릴 수 있다.

■ 주제: 자존감을 높이는 방법

---

06 정답 ③ *내용 전개 방식 파악하기

〈보기〉 중 윗글에 대한 설명으로 알맞은 것을 모두 고른 것은?

> **왜** 정답 ?

③ ㄱ, ㄴ, ㄷ

ㄱ. 질문과 답변의 형식으로 내용을 전개하고 있다.

> **1문단 3문장** 자존감을 높이기 위해서는 어떻게 해야 할까? - 질문
> **5문단 1문장** 이와 같은 점들을 고려할 때 자존감을 높이는 방법은
> 다른 사람들과 긍정적 피드백을 주고받으면서 적극적으로 소통하는
> 것이라고 할 수 있다. - 답변

ㄴ. 자존감을 형성할 때 영향을 미치는 요인들을 나열하고
   가정 환경, 문화적 배경, 다른 사람들로부터 받는 피드백
있다.

> **2문단 2, 3문장** 어린 시절부터 형성되는 자존감은 가정 환경,
> 문화적 배경 등 많은 요인의 영향을 받게 된다. 그중에서도 자존감
> 형성에 가장 큰 영향을 미치는 것이 바로 다른 사람들과의 관계
> 속에서 그들로부터 받는 피드백이다.

ㄷ. 자존감이 높은 사람들과 낮은 사람들의 특성을 비교하고
있다.
   *근거: 3문단
   3문단에서 자존감이 높은 사람들의 특성과 자존감이 낮은 사람들의
   특성을 비교하고 있다.

> **왜** 오답 ?

ㄹ. 일상생활에서 자주 볼 수 있는 대상에 ~~빗대어~~ 자존감에
                                빗대지 않음.
   대해 설명하고 있다.
   윗글에서 자존감을 다른 대상에 빗대어 설명한 부분을 찾을 수 없다.

07 정답 ③ ＊내용 파악하기

윗글의 내용으로 알맞지 <u>않은</u> 것은?

>**왜** 정답 ?

③ 자존감 형성에 가장 큰 영향을 미치는 요소는 ~~가정~~
~~환경~~이다.　　　_{다른 사람이 주는 피드백}

> ②문단❸문장 그중에서도 자존감 형성에 가장 큰 영향을 미치는 것이
> 바로 다른 사람들과의 관계 속에서 그들로부터 받는 피드백이다.

>**왜** 오답 ?

① 많은 사람들이 자존감에 관심을 갖고 있다.

> ①문단❶문장 최근 몇 년간 사람들 사이에서 '자존감'에 대한 관심이
> 뜨겁다.

② 자존감은 문화적 배경의 영향을 받아 어린 시절부터
　형성된다.

> ②문단❷문장 어린 시절부터 형성되는 자존감은 가정 환경, 문화적
> 배경 등 많은 요인의 영향을 받게 된다.

④ 자존감이란 자기 자신을 어떻게 인식하고 받아들이는지와
　관련된다.

> ②문단❶문장 자존감이란 자기 스스로 자신을 어떻게 인식하고
> 받아들이는지에 대한 개념으로, ~

⑤ 자존감을 높이려면 다른 사람들과 긍정적인 피드백을
　주고받아야 한다.

> ⑤문단❶문장 ~ 자존감을 높이는 방법은 다른 사람들과 긍정적인
> 피드백을 주고받으면서 적극적으로 소통하는 것이라고 할 수 있다.

08 정답 ⑤ ＊정보 간 관계 파악하기
　_{'자존감이 낮은 사람들'}
㉠, ㉡에 대해 이해한 내용으로 알맞지 <u>않은</u> 것은?
_{'자존감이 높은 사람들'}
>**왜** 정답 ?

⑤ ㉠과 ㉡은 모두 자신의 가치를 ~~객관적~~으로 평가한다.
　　　　　　　　　　　　　_{주관적}

> ②문단❶문장 자존감이란 자기 스스로 자신을 어떻게 인식하고
> 받아들이는지에 대한 개념으로, ~

자존감은 자기 스스로 자신을 인식하는 것과 관련이 있으므로,
㉠'자존감이 높은 사람들'과 ㉡'자존감이 낮은 사람들' 모두 자신의 가치에
대해 주관적으로 평가할 것이다.

>**왜** 오답 ?

① ㉠은 어떤 것을 이루기 위해 적극적으로 노력한다.

> ③문단❷문장 이들(㉠자존감이 높은 사람들)은 ~ 도전적인 목표를
> 세우고 그 목표를 이루기 위해 적극적으로 노력한다.

② ㉡은 자신을 신뢰하지 않거나 존경하지 않는 등 자신에게
　부정적인 태도를 갖고 있다.

> ②문단❶문장 자존감이란 ~ 자신에 대한 신뢰와 존경을 의미한다.
> ③문단❸문장 ~ ㉡ 자존감이 낮은 사람들은 자신의 가치를 낮게
> 평가하고 자신에게 부정적인 태도를 보인다.

③ ㉠은 ㉡과 달리 건강한 인간관계를 이룬다.

> ③문단❷문장 이들(㉠ 자존감이 높은 사람들)은 자신을 존중하는
> 만큼 다른 사람들도 존중하므로 다른 사람들과 건강한 인간관계를
> 이루며, ~
> ③문단❹문장 이들(㉡ 자존감이 낮은 사람들)은 다른 사람들의 반응을
> 비관적으로 받아들이므로 다른 사람들과 관계를 맺기 어려워 ~

④ ㉠은 ㉡과 달리 자신의 가치를 높게 평가한다.

> ③문단❶문장 ㉠ 자존감이 높은 사람들은 자신의 가치를 높게
> 평가하고 ~
> ③문단❸문장 반면, ㉡ 자존감이 낮은 사람들은 자신의 가치를 낮게
> 평가하고 ~

09 정답 ④ ＊어휘의 의미 파악하기

ⓐ~ⓔ의 사전적 의미로 알맞지 <u>않은</u> 것은?

>**왜** 정답 ?

④ ⓓ: 현상이나 사물의 옳고 그름을 판단하여 밝히거나
　_{'비관적'}
　잘못된 점을 지적하는 것 - '비판적'의 사전적 의미임.

　'비관적'의 사전적 의미는 '인생을 어둡게만 보아 슬퍼하거나
　절망스럽게 여기는 것'이다.
　'현상이나 사물의 옳고 그름을 판단하여 밝히거나 잘못된 점을
　지적하는 것'은 '비판적'의 사전적 의미이다.

>**왜** 오답 ?

① ⓐ: 사물을 분별하고 판단하여 알다.
　_{'인식하고'}
② ⓑ: 사물이나 사건이 성립되는 까닭. 또는 조건이 되는
　_{'요인'}
　요소
③ ⓒ: 어떤 형상을 이루다.
　_{'형성하지만'}
⑤ ⓔ: 어떤 사태나 일을 대하다.
　_{'임하게'}

10 예시 답안: 자존감을 높이기 위해서는 긍정적 피드백을 주는
　　　　　사람과의 관계에 집중하고, 나 또한 다른 사람에게
　　　　　긍정적 피드백을 많이 주기 위해 노력해야 한다.
_{'자존감을 높이기 위해서는 어떻게 해야 할까?'}
글쓴이가 ㉮와 같은 질문을 하는 사람에게 무엇이라고 답할지
〈조건〉에 맞게 쓰시오.

　　　　　　　　── 〈조건〉 ──
　1. 윗글에서 찾아 쓸 것
　2. '~야 한다.' 형식의 한 문장으로 쓸 것

>**왜** 정답 ?

> ⑤문단❶, ❷문장 ~ 자존감을 높이는 방법은 다른 사람들과 긍정적
> 피드백을 주고받으면서 적극적으로 소통하는 것이라고 할 수 있다.
> 긍정적 피드백을 주는 사람과의 관계에 집중하고, 나 또한 다른
> 사람에게 긍정적 피드백을 많이 주기 위해 노력하는 것이다.

채점 요소	채점 기준	배점	
내용의 적절성	자존감을 높이는 방법을 윗글에서 찾아 적절히 제시한 경우 (조건 1)	5	5
	답을 쓰지 않거나 오답을 쓴 경우	0	
표현의 적절성	조건 2에 맞게 쓰지 않은 경우	-1	-2
	어법에 맞지 않거나 문맥에 어긋난 경우	-1	

[01~05] 내 생각은 네 생각과 틀려/달라 [인문]

○ 각 문단 핵심어 ◎ 글 전체 핵심어 ─ 각 문단 중심 문장 ▮ 글 전체 중심 문장

①[수현이는 얼마 전 같은 반 친구인 민서와 말다툼을 했다. 민서가
[ ]: '틀리다'와 '다르다'의 뜻을 헷갈려 다툼이 벌어짐.
수현이와 대화를 하다가 '너는 나와 생각이 틀려!'라고 말했는데,
수현이가 민서의 말을 '너는 나와 생각이 달라!'로 고쳐야 한다고
주장했기 때문이다.] 민서와 수현이 중 누구의 말이 정답일까?
*①문단 요약: '틀리다'와 '다르다'의 뜻을 헷갈리는 사례

②결론부터 말하자면 수현이의 말이 정답이다. 표준국어대사전에
따르면, 틀리다와 다르다는 서로 다른 의미의 단어이다.

틀리다	다르다
「1」 셈이나 사실 따위가 그르게 되거나 어긋나다.	「1」 비교가 되는 두 대상이 서로 같지 아니하다.
「2」 바라거나 하려는 일이 순조롭게 되지 못하다.	「2」 보통의 것보다 두드러진 데가 있다.
「3」 마음이나 행동 따위가 올바르지 못하고 비뚤어지다.	

*②문단 요약: '틀리다'와 '다르다'의 의미 차이

③"수학 문제를 푸는 과정에서 계산이 잘못되어 답이 틀렸다."라는
'그르게 되거나 어긋나다.'라는 의미로 쓰임.
문장의 '틀렸다'는 「1」의 의미로 사용된 것이다. 또 "오늘 이 일을
마치기는 틀린 것 같다."라는 문장의 '틀린'은 「2」의 의미로 사용된
'순조롭게 되지 못하다.'라는 의미로 쓰임.
것이다. "저 사람은 재능이 출중하지만 성격이 틀렸어."라는 문장의
'올바르지 못하고 비뚤어지다.'라는 의미로 쓰임.
'틀렸어'는 「3」의 의미로 사용된 것이다. 한편 "이 작품과 저 작품은
관객에게 주는 느낌이 서로 다르다."라는 문장의 '다르다'는 「1」의
'비교가 되는 두 대상이 서로 같지 아니하다.'라는 의미로 쓰임.
의미로 사용된 것이다. 또 "문을 이렇게 잘 고치다니, 역시 기술자는
'보통의 것보다 두드러진 데가 있다.'라는 의미로 쓰임.
달라."의 '달라'는 「2」의 의미로 사용된 것이다. 이처럼 틀리다와
다르다는 각각 다른 의미로 쓰인다.
*③문단 요약: '틀리다'와 '다르다'의 구체적 사용

④앞의 사례 속 민서처럼 단어의 의미를 명확히 구분하여 사용해야
하는 이유는 무엇일까? 단어의 의미를 명확히 구분하지 않고 잘못
사용하게 되면 의사소통이 원활하게 이루어지지 않기 때문이다.
단어를 잘못 사용하면 안 되는 이유 ①
의사소통이 원활하게 이루어지지 않으면 의사소통을 하는 사람
단어를 잘못 사용하면 안 되는 이유 ②
간에 오해와 갈등이 ㉠ 생길 수도 있다.
*④문단 요약: 단어의 의미를 명확히 구분하여 사용해야 하는 이유

⑤그렇다면 어떻게 해야 단어의 뜻을 바로 알고 상황에 알맞게
사용할 수 있을까? 방법은 간단하다. 헷갈리는 단어의 사전적
의미를 기억해 두고, 상황이나 문맥을 고려해 단어를 활용하면 된다.
[틀리다'나 '다르다'가 쓰인 문장에서 '틀리다'와 '다르다'를 번갈아
[ ]: 단어를 알맞게 사용하는 방법 ①
넣어보며 의미가 통하는지 판단해보자.] 이것이 어렵다면 [틀리다'
[ ]: 단어를 알맞게 사용하는 방법 ②
대신 '틀리다'의 반대말인 '맞다'를, '다르다' 대신 '다르다'의 반대말인
'같다'를 넣어보는 것]도 좋다. '틀리다'를 '맞다'로, '다르다'를 '같다'로
바꾸었을 때 문맥이 자연스럽게 이어진다면 그 단어는 정확한
의미로 쓰인 것이다. *⑤문단 요약: 상황에 알맞게 단어를 사용하는 방법

⑥'틀리다'와 '다르다'처럼 사람들이 헷갈려 하는 단어들은 생각보다
많다. 우리 모두 다른 사람과 원활한 의사소통을 하기 위해 '틀리다'
와 '다르다' 같이 헷갈리는 단어들의 정확한 의미를 알아 두고,
글쓴이의 주장
상황에 맞게 이를 사용하도록 노력하자.
*⑥문단 요약: 정확한 의미로 단어를 사용하자는 글쓴이의 주장

■ 지문 이해

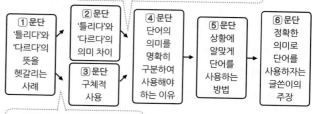

틀리다 ≠ 다르다

➡ 글쓴이의 주장: 단어의 사전적 의미를 기억해 두고 맥락을 고려해 단어를 활용함으로써 정확한 의미로 단어를 사용하자.

■ 문단 간의 관계
①문단: '틀리다'와 '다르다'의 뜻이 헷갈린 사례를 제시했다.
②문단: '틀리다'와 '다르다'의 사전적 의미를 통해 의미 차이를 설명했다.
③문단: '틀리다'와 '다르다'가 구체적으로 문장에서 어떤 의미로 활용되는지 설명했다.
④문단: 단어의 의미를 명확히 구분해서 사용해야 하는 이유를 설명했다.
⑤문단: 상황에 알맞게 단어를 사용하는 방법을 설명했다.
⑥문단: 헷갈리는 의미의 단어들을 정확한 의미로 사용하자고 주장하며 글을 마무리했다.

■ 글의 구조도

1문단의 사례 속 민서의 예를 들어 단어의 의미를 구분해서 사용해야 하는 이유를 제시했다.

①문단 '틀리다'와 '다르다'의 뜻을 헷갈리는 사례 → ②문단 '틀리다'와 '다르다'의 의미 차이 → ④문단 단어의 의미를 명확히 구분하여 사용해야 하는 이유 → ⑤문단 상황에 알맞게 단어를 사용하는 방법 → ⑥문단 정확한 의미로 단어를 사용하자는 글쓴이의 주장

③문단 구체적 사용

'다르다'와 '틀리다'의 의미를 제시한 후 구체적 사례를 제시했다.

■ 주제 : '틀리다'와 '다르다'의 의미 차이와 상황에 알맞게 사용하는 방법

01 정답 ④ * 내용 파악하기

윗글의 내용으로 알맞지 않은 것은?

> 왜 정답 ?

④ '다르다'는 '마음이나 행동 따위가 올바르지 못하고
'틀리다' 「3」의 의미임.
비뚤어지다.'라는 뜻도 가지고 있다.

> 왜 오답 ?

① '다르다'의 반대말은 '같다'이고 '틀리다'의 반대말은 '맞다'이다.

⑤문단 ❺문장 ~ '틀리다' 대신 '틀리다'의 반대말인 '맞다'를, '다르다' 대신 '다르다'의 반대말인 '같다'를 ~

② '다르다'는 '보통의 것보다 두드러진 데가 있다.'라는 의미도 가지고 있다.
'다르다' 「2」

③ '틀리다'는 '바라거나 하려는 일이 순조롭게 되지 못하다.'라는 의미도 가지고 있다.
'틀리다' 「2」

⑤ 민서처럼 '틀리다'와 '다르다'의 의미를 구분하지 않고 사용하면 다른 사람과 의사소통이 원활하지 않을 것이다.

④문단 ❷문장 단어의 의미를 명확히 구분하지 않고 잘못 사용하게 되면, 의사소통이 원활하게 이루어지지 않기 때문이다.

02 정답 ③ ＊반응의 적절성 파악하기

윗글을 본 사람이 〈보기〉에 대해 반응한 것으로 가장 알맞은 것은?

— 〈보기〉 —

❶ 최근 한 신문 기사에서 금요일에서 일요일까지의 휴일을 '사흘
간의 휴일'로 표현한 것이 큰 논란이 되었다. ❷ 일부 누리꾼들이
"사흘이 아니고 삼 일 아니냐?"라고 댓글을 달았기 때문이다.
❸ 이를 본 다른 누리꾼들은 '사흘'은 '삼 일'과 같은 뜻이지 '사 일'이
아니라고 반박하는 내용의 댓글을 달기 시작했다.

（'세 날'이라는 의미임.）

> **왜 정답?**

③ 다른 사람과 의사소통을 원활하게 하려면 정확한 의미로
단어를 사용해야겠군.

④문단 ❷문장 단어의 의미를 명확히 구분하지 않고 잘못 사용하게
되면, 의사소통이 원활하게 이루어지지 않기 때문이다.

단어의 의미를 명확하게 구분하지 않고 잘못 사용하면 의사소통이
원활하게 이루어지지 않는다는 것을 반대로 말하면 단어의 의미를
명확하게 구분하고 알맞게 사용하면 다른 사람과 원활하게 의사소통을 할
수 있다는 의미이다.

> **왜 오답?**

① 어렵고 헷갈리는 단어보다는 다른 쉬운 단어를 ~~써야지.~~
　　　　　　　　　　　　　　　　　　　　　　관련 없음.

윗글의 글쓴이는 어렵고 헷갈리는 단어의 의미를 정확히 알고 사용하도록
노력하자고 했을 뿐, 쉬운 단어를 사용하자고 하지는 않았다.

② 어휘력을 기르기 위해 평소에 독서를 많이 하는 습관을
갖춰야겠군. - 관련 없음.

④ '사흘'과 '삼 일'을 잘못 사용하여 피해가 발생한 일은
없는지 ~~조사해 보아야겠군.~~
　　　　　　　　관련 없음.

＊근거: ④문단

4문단에서 단어의 의미를 명확히 구분하지 않고 잘못 사용하면
의사소통이 원활하게 이루어지지 않고, 의사소통을 하는 사람들
사이에서 오해와 갈등이 일어날 수 있다고 했다.

윗글과 〈보기〉에서 피해가 발생한 사례를 조사해야 한다고 하지는
않았다.

⑤ '사흘'과 '삼 일'처럼 헷갈리는 단어를 사용하면 의사소통이
원활하게 이루어지지 않을 수 있으므로 헷갈리는 단어를
~~사용하지 말아야겠어.~~
　　　관련 없음.

⑥문단 ❷문장 ~ 다른 사람과 원활한 의사소통을 하기 위해 ~
헷갈리는 의미의 단어들의 정확한 의미를 알아 두고, 상황에 맞게
이를 사용하도록 노력하자.

윗글의 글쓴이는 다른 사람들과 원활하게 의사소통을 하기 위해 헷갈리는
의미의 단어들을 정확한 의미로 사용해야 한다고 주장했을 뿐, 그 단어들을
사용하지 말자고 하지는 않았다.

---

03 정답 ④ ＊구체적 사례에 적용하기

다음 중 밑줄 친 단어의 쓰임이 알맞지 않은 것은?

> **왜 정답?**

④ 나이가 드니까 몸이 예전과 <u>틀리다</u>.
　　　　　　　　　　　　　　　　다르다.

다르다 「1」 비교가 되는 두 대상이 서로 같지 아니하다.

④는 예전의 몸 상태와 나이가 든 후의 몸 상태를 비교했을 때 서로 같지
아니하다는 의미이다. 따라서 '틀리다'가 아니라 '비교가 되는 두 대상이
서로 같지 아니하다.'라는 의미의 '다르다 「1」'을 사용해야 한다.

> **왜 오답?**

① 역시 전문가의 솜씨는 달라.
　　　　　　'다르다 「2」'의 의미로 쓰임.

② 오늘 숙제를 마치기는 틀렸다.
　　　　　　'틀리다 「2」'의 의미로 쓰임.

③ 언니와 나는 성격이 매우 다르다.
　　　　　　'다르다 「1」'의 의미로 쓰임.

⑤ 맞춤법을 자주 틀리면 의사소통이 어렵다.
　　　　　　'틀리다 「1」'의 의미로 쓰임.

---

04 정답 ⑤ ＊어휘의 의미 파악하기

각 문장의 밑줄 친 부분이 ㉠과 같은 의미로 쓰인 것은?
㉠'생길' - '어떤 일이 일어나다.'라는 의미로 쓰임.

> **왜 정답?**

⑤ 진행 중인 계획에 문제가 생겼다.

㉠'생길'과 ⑤의 '생겼다'는 문맥을 고려하면 '어떤 일이
일어나다.'라는 의미로 사용되었다.

> **왜 오답?**

① 그녀는 이국적으로 생겼다.
'사람이나 사물의 생김새가 어떠한 모양으로 되다.'라는 의미로 쓰임.

② 나에게 공짜로 집이 생겼다.
'자기의 소유가 아니던 것이 자기의 소유가 되다.'라는 의미로 쓰임.

③ 몰래 한 일이 발각되게 생겼다.
'일의 상태가 부정적인 어떤 지경에 이르게 됨을 나타내는 말'임.

④ 역 주변에 큰 백화점이 생겼다.
'없던 것이 새로 있게 되다.'라는 의미임.

---

05 예시 답안: 다른 사람과 원활하게 의사소통을 하려면 상황과
문맥을 고려해 정확한 의미로 단어를 사용해야 한다.

다른 사람과 원활하게 의사소통을 하는 방법을 〈조건〉에 맞게 쓰시오.

— 〈조건〉 —

1. '상황', '문맥'이라는 단어를 활용할 것
2. '다른 사람과 원활하게 의사소통을 하려면 ~ (해)야 한다.'
형식의 한 문장으로 쓸 것

> **왜 정답?**

⑤문단 ❸문장 헷갈리는 단어의 사전적 의미를 기억해 두고, 상황이나
문맥을 고려해 단어를 활용하면 된다.
⑥문단 ❷문장 ~ 다른 사람과 원활한 의사소통을 하기 위해 ~ 헷갈리는
단어들의 정확한 의미를 알아 두고, 상황에 맞게 이를 사용하도록 ~

채점 요소	채점 기준	배점	
내용의 적절성	윗글에서 방법을 찾아 적절히 제시한 경우	5	5
	답을 쓰지 않거나 오답을 쓴 경우	0	
표현의 적절성	조건 1에 맞게 쓰지 않은 경우	-1	-3
	조건 2에 맞게 쓰지 않은 경우	-1	
	어법에 맞지 않거나 문맥에 어긋난 경우	-1	

[06~10] 도심에 나타난 얼룩말 [사회]

○ 각 문단 핵심어 ◎ 글 전체 핵심어 ― 각 문단 중심 문장 ▨ 글 전체 중심 문장

1 2023년, 서울 시내 한복판에 얼룩말이 나타났다. 모형이나 인형이 아니라 진짜 살아있는 얼룩말이 길거리에 나타난 것이다. '세로'라는 이름을 가진 이 얼룩말은 인근 동물원에서 탈출해 거리를 <u>확보하다가 3시간 만에 다시 동물원으로 돌아갔다.</u>
얼룩말 세로의 동물원 탈출
*1문단 요약: 동물원에서 탈출한 얼룩말 '세로'

2 세로가 동물원을 탈출한 이유는 무엇일까? 관련자에 따르면 세로는 굉장히 온순했는데, <u>세로의 부모가 연달아 세상을 떠나며</u> *세로에게 스트레스를 준 사건①* <u>세로의 성격이 변하기 시작했다고 한다.</u> 그러다가 옆 우리의 캥거루와 싸움을 벌이기도 했다고 한다. 이런 상황들이 복합적으로 *세로에게 스트레스를 준 사건②* 작용해 세로에게 큰 스트레스를 주었고, 스트레스를 견디지 못한 세로는 동물원을 뛰쳐나오게 된 것이다.
*2문단 요약: '세로'가 동물원에서 탈출한 이유

3 세로의 탈출 소동 후, 많은 사람들이 세로가 동물원을 탈출한 이유가 동물원의 환경이 열악한 것뿐만 아니라, 동물원에서 시설을 제대로 관리하지 않았기 때문이라고 비판했다. 또한 이 사건 이후 시행된 한 설문 조사에서는 전체 응답자의 74%가 동물원에서 동물을 사육하는 방식이 바뀌어야 한다고 응답했다. 또 현재 운영되고 있는 동물원의 문제점으로 동물의 특성을 고려하지 않은 사육 환경, 동물을 배려하지 않는 관람객을 제어하지 않는 것 등을 *사람들이 꼽은 동물원의 문제점* 꼽았다. 어떤 동물학 교수는 "동물마다 살기에 적절한 온도와 습도가 있는데, 국내 동물원은 <u>그러한 기본 조건도 제대로 맞추지 않는 곳이 많다.</u>"라고 지적하기도 했다.
*3문단 요약: 동물원에 대한 사람들의 비판

4 동물원은【사람들이 다양한 동물을 관람할 수 있도록 일정한 시설을 갖추어 놓은 인위적인 장소】이다. 자연에서 살아가던 【 】: 동물원의 개념 *동물원의 동물들이 스트레스를 받는 이유* 동물들이 자신의 특성에 맞지 않는 인위적인 환경인 동물원에서 살다 보니 그만큼 스트레스를 많이 받게 된다. 얼룩말 '세로'도 원래는 넓은 초원을 뛰어다니고 마음껏 풀을 뜯어 먹었어야 했지만 동물원의 좁은 우리에 갇혀 주어진 사료만 먹는 환경에서 *스트레스를 주는 인위적인 환경* 살아가면서 스트레스를 받았고, 그 결과 동물원을 탈출한 것이다.
*4문단 요약: 동물원에서 동물들이 스트레스를 받는 이유

5 그렇다면 이와 같은 문제를 없애기 위해 동물원을 없애야 할까? ㉮ 그럴 수는 없다.【동물원에 살던 동물들이 자연으로 돌아가더라도, 【 】: 모든 동물원을 없앨 수 없는 이유 자연에 적응하여 살아남기는 어려울 수 있기 때문】이다. 최근 일부 동물원에서는 동물원의 환경을 동물들의 실제 서식지와 비슷하게 조성함으로써 동물의 스트레스를 줄이려고 노력하고 있다고 한다. 하지만 일부 동물원의 노력만으로는 모든 문제가 해결되지 않는다. 제2의 세로가 나오지 않도록 우리 모두가 동물원에 관심을 가지고 *스트레스 때문에 동물원에서 탈출하는 다른 동물* 동물원의 환경을 개선하기 위해 노력해야 한다.
글쓴이의 주장
*5문단 요약: 동물원 환경 개선을 위한 노력의 필요성

■ 지문 이해

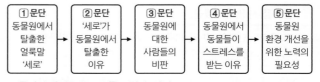

■ 문단 간의 관계
1문단: 얼룩말 '세로'가 동물원에서 탈출한 사건을 소개했다.
2문단: 얼룩말 '세로'가 동물원에서 탈출한 이유를 설명했다.
3문단: 동물원을 비판하는 사람들의 의견을 소개했다.
4문단: 동물원에서 동물들이 스트레스를 받는 이유를 설명했다.
5문단: 동물원의 환경을 개선하기 위해 모두가 노력해야 한다고 강조하며 글을 마무리했다.

■ 글의 구조도

| **1**문단 동물원에서 탈출한 얼룩말 '세로' | → | **2**문단 '세로'가 동물원에서 탈출한 이유 | → | **3**문단 동물원에 대한 사람들의 비판 | → | **4**문단 동물원에서 동물들이 스트레스를 받는 이유 | → | **5**문단 동물원 환경 개선을 위한 노력의 필요성 |

➡ 글의 순서대로 구조도를 그릴 수 있다.

■ 주제: 동물원 환경 개선을 위한 노력의 필요성

---

06 정답 ④ ** 내용 전개 방식 파악하기*

윗글에 대한 설명으로 알맞지 <u>않은</u> 것은?

> 왜 정답?

④ 동물원과 자연에서의 동물의 삶을 비교한 후, 동물원의 중요성을 강조했다.
  강조하지 않음.

> ④문단 ❸문장 얼룩말 '세로'도 원래는 넓은 초원을 뛰어다니고 마음껏 풀을 뜯어 먹었어야 했지만 동물원의 좁은 우리에 갇혀 주어진 사료만 먹는 환경에서 살아가면서 스트레스를 받았고 ~

4문단에서 동물원과 자연에서의 '세로'의 삶을 비교했다고 볼 수도 있다. 그러나 이것은 동물원에서의 삶이 동물들에게 스트레스를 준다는 것을 보여 주는 것일 뿐, 동물원의 중요성과는 거리가 멀다.

> 왜 오답?

① 동물원들의 문제점을 구체적으로 나열했다.

> ③문단 ❸문장 ~ 동물의 특성을 고려하지 않은 사육 환경, 동물을 배려하지 않는 관람객을 제어하지 않는 것 등 ~

② 전문가의 말을 인용해 국내 동물원의 환경을 비판했다.
  동물들이 살기에 적절한 온도와 습도도 맞추지 못한 곳이 많음.

> ③문단 ❹문장 어떤 동물학 교수는 "동물마다 살기에 적절한 온도와 습도가 있는데, 국내 동물원은 <u>그러한 기본 조건도 제대로 맞추지 않는 곳이 많다.</u>"라고 지적하기도 했다.

③ 설문 조사 결과를 인용하여 동물원에 대한 사람들의 생각을 소개했다.

> ③문단 ❷문장 ~ 한 설문 조사에서는 전체 응답자의 74%가 ~

⑤ 동물원의 동물 사육 환경을 개선하기 위해 모두가 노력해야 한다고 주장했다.

> ⑤문단 ❻문장 제2의 세로가 나오지 않도록 우리 모두가 동물원에 관심을 가지고 동물원의 환경을 개선하기 위해 노력해야 한다.

07 정답 ① * 내용 파악하기

윗글의 내용으로 가장 알맞은 것은?

> 왜 정답 ?

① 동물원은 사람들이 만들어 놓은 장소이다.

> ④문단 ❶문장 동물원은 사람들이 다양한 동물을 관람할 수 있도록
> 일정한 시설을 갖추어 놓은 인위적인 장소이다.

> 왜 오답 ?

② '세로'는 탈출한 ~~다음 날~~이 되어서야 동물원으로 돌아갈 수
                     3시간 만에
있었다.

> ①문단 ❸문장 '세로'라는 이름을 가진 이 얼룩말은 인근 동물원에서
> 탈출해 거리를 활보하다가 3시간 만에 다시 동물원으로 돌아갔다.

③ '세로'는 태어날 때부터 ~~예민한~~ 성격으로, 다른 동물과 ~~자주~~
                        온순한   알 수 없음.
싸웠다.

> ②문단 ❷, ❸문장 관련자에 따르면 세로는 굉장히 온순했는데, ~ 옆
> 우리의 캥거루와 싸움을 벌이기도 했다고 한다.

> 세로가 원래는 온순한 성격을 가지고 있었다고 했다. 또 세로가 옆 우리의
> 캥거루와 싸웠다고는 했으나, 다른 동물과 자주 싸웠는지는 알 수 없다.

④ 사람들은 '세로'의 탈출 소동을 원만하게 수습한 동물원을
~~칭찬~~했다.
비판

> ③문단 ❶문장 세로의 탈출 소동 후, 많은 사람들이 세로가 동물원을
> 탈출한 이유가 ~ 동물원에서 시설을 제대로 관리하지 않았기
> 때문이라고 비판했다.

⑤ ~~모든~~ 동물원은 각 동물의 특성에 따라 알맞은 온도와
대부분 그렇지 않음.
습도를 맞추고 있다.

> ③문단 ❹문장 어떤 동물학 교수는 "동물마다 살기에 적절한 온도와
> 습도가 있는데, 국내 동물원은 그러한 기본 조건도 제대로 맞추지
> 않는 곳이 많다."라고 지적하기도 했다.

08 정답 ② * 내용 파악+추론하기

윗글에서 〈보기〉가 들어갈 위치로 가장 알맞은 것은?

───── 〈보기〉 ─────

세로가 동물원을 탈출할 수 있었던 또 다른 이유는 동물원의
관리 부실에 있다. 세로는 울타리를 부수고 동물원을 탈출했는데,
만약 동물원에서 시설을 제대로 관리했다면 이러한 일은
일어나지 않았을 것이다. 포천의 늑대 '아리'와 대전의 퓨마
'뽀롱이'도 사육사가 우리의 문을 제대로 잠그지 않아 동물원을
탈출한 적이 있었다.

> 왜 정답 ?

② 2문단의 뒤

> 〈보기〉에서는 세로가 동물원을 탈출한 또 다른 이유로 동물원에서
> 시설을 제대로 관리하지 못했기 때문이라는 것을 들고 있다. 따라서
> 〈보기〉의 앞에는 세로가 동물원을 탈출할 이유가 와야 한다.
> 2문단에서 세로가 동물원을 탈출한 이유가 스트레스 때문이었다고
> 했으므로 이러한 윗글의 흐름을 고려하면 〈보기〉는 2문단과 3문단
> 사이에 들어가는 것이 가장 알맞다.

09 정답 ⑤ * 구체적 사례에 적용하기

3문단을 뒷받침하기 위해 추가할 자료로 알맞지 않은 것은?

───────────────────────────
ⓐ "국내 동물원, 동물이 살기에 너무 열악"
                              – 《×× 신문》
ⓑ "탈출 소동을 일으킨 얼룩말이 있을 곳은 초원"   열악한
                              – 《○○ 뉴스》   동물원의
ⓒ 관람객이 던진 '신발' 먹고 죽은 동물원 '한국호랑이'   환경
                              – 《△△ 신문》
ⓓ "동물원 코끼리, 독방에 갇힌 사람처럼 스트레스 극심"
                              – 《□□ 뉴스》
ⓔ ▽▽ 동물원, "멸종 위기종들이 살아가는 자연과 유사하게
   동물원 환경 개선해"
                              – 《◇◇ 뉴스》
───────────────────────────

> 왜 정답 ?

⑤ ⓔ

> 3문단에서는 사람들이 환경이 열악하고 시설을 제대로 관리하고
> 있지 않은 동물원을 비판하고 있다고 했다.
> ⓔ는 동물원의 환경을 멸종 위기종들이 살아가기에 적합한 환경으로
> 개선한다는 내용이므로, 동물원의 동물 사육 환경에 문제가 있다는
> 3문단의 내용을 뒷받침하기에는 적절하지 않다.

> 왜 오답 ?

①, ②, ③, ④

> ⓐ~ⓓ는 모두 동물원의 환경이 열악한 것을 비판하는 내용이다.
> 3문단에서는 사람들이 환경이 열악하고 시설을 제대로 관리하고 있지 않은
> 동물원을 비판하고 있다고 했으므로 ⓐ~ⓓ는 모두 3문단을 뒷받침하는
> 자료로 적절하다.

DAY
14

10 예시 답안: 동물원에 살던 동물들이 자연으로 돌아가더라도
         자연에 적응하여 살아남기는 어려울 수 있기
         때문이다.

글쓴이가 ㉮와 같이 이야기한 이유를 조건에 맞게 쓰시오.
         '그럴 수는 없다.'

───── 〈조건〉 ─────
1. 5문단의 내용에서 찾아 쓸 것
2. '동물원에 살던 동물들이 ~ 때문이다.' 형식의 한 문장으로 쓸 것

> 왜 정답 ?

> ⑤문단 ❶~❸문장 그렇다면 이와 같은 문제를 없애기 위해 동물원을
> 없애야 할까? ㉮ 그럴 수는 없다. 동물원에 살던 동물들이 자연으로
> 돌아가더라도, 자연에 적응하여 살아남기는 어려울 수 있기 때문이다.

채점 요소	채점 기준	배점	
내용의 적절성	5문단에서 근거를 찾아 적절히 제시한 경우 (조건 1)	5	5
	답을 쓰지 않거나 오답을 쓴 경우	0	
표현의 적절성	조건 2에 맞게 쓰지 않은 경우	-1	-2
	어법에 맞지 않거나 문맥에 어긋난 경우	-1	

[01~05] 인간은 잠을 자지 않고 살 수 있을까? [과학·기술]

○ 각 문단 핵심어　◎ 글 전체 핵심어　— 각 문단 중심 문장　■ 글 전체 중심 문장

1 요즘 새로 시작한 TV 예능 프로그램에 푹 빠져 있는 수현이는 자야 하는 시간에도 잠을 자지 않고 그 프로그램을 계속 보다가 아버지께 크게 혼나고 말았다. **2** 수현이는 인간이 잠을 자야만 하는 이유가 궁금해졌다. ㉠ 인간은 잠을 자지 않고 살 수는 없는 것일까?
　　　　　　　　질문
　　　　　　　　　　　　　　*1문단 요약: 잠에 대한 궁금증

2 인간은 잠을 자지 않고는 살 수 없다. 하지만 사람들은 이 사실을 외면하고 자는 시간을 줄이다가 결국 건강을 해치곤 한다. 한국의 청소년들은 밤늦게까지 밀린 숙제나 공부를 하며 잘 시간을 미루는 일이 많다. 또 일부 청소년들은 특별히 할 일이 없어도 컴퓨터 게임 등을 하느라 늦은 시간까지 잠을 자지 않는다. 최근 우리 사회 청소년들의 잠의 양과 질은 급속도로 나빠지고 있으며, 이것은 사회적 문제라고까지 여겨지고 있다.
　　　　　　　　　　*2문단 요약: 급속도로 나빠진
　　　　　　　　　　청소년들의 잠의 양과 질

3 [인간은 잠을 자는 동안 하루의 피로를 풀고 몸의 긴장을 낮추어
[ ] 수면의 효과
지친 몸 상태를 회복한다. 자는 동안 몸에서는 성장 호르몬이 활발하게 분비되는데, 이 호르몬은 청소년들의 성장을 돕고, 기억력이나 정신 건강에도 도움을 준다.] 반대로 잠이 계속 부족하면 우리 몸에서는 스트레스 호르몬인 코르티솔이 분비된다. [잠을 제대로 자지 못한 다음 날 아침에 일어날 때부터 짜증이 나고,
[ ] 코르티솔이 분비된 결과
온종일 피곤한 것]도 이러한 이유 때문이다. [잠을 충분히 자지 못하여 피로가 쌓여 있는 우리의 몸은 코르티솔이 분비됨에 따라 큰
[ ] 수면 부족 시 발생하는 문제점
스트레스를 느끼는 상태가 된다. 그래서 잠을 충분히 자지 못하는 상태가 계속되면 체력과 면역력이 떨어져 갈수록 피곤해지는 것은 물론, 불안과 우울함을 느낄 가능성이 높아진다.]
　　　　　　*3문단 요약: 수면의 효과와 수면 부족 시 발생하는 문제점

4 ㉡ 그렇다면 잠을 잘 자려면 어떻게 해야 할까? 첫째, 잠들기 좋은 환경을 만들어야 한다. 잠을 자기 전에 불을 완전히 끄고
잠을 잘 자기 위한 방법 ①
침실의 온도를 불편하지 않게 맞추어 몸이 편안한 상태로 잠들 수 있게 해야 한다. 둘째, 잠들기 전 1시간 정도는 스마트폰 등의 전자 기기를 사용하지 말아야 한다. 전자 기기는 뇌를 빠르게 자극하여
잠을 잘 자기 위한 방법 ②
뇌를 쉬지 못하게 하고, 전자 기기에서 나오는 빛은 수면 호르몬이 나오는 것을 막아 우리가 깊이 잠들기 어렵게 만든다. 마지막으로 규칙적인 생활을 하는 것이 가장 중요하다. 정해진 시간에 자고
잠을 잘 자기 위한 방법 ③
정해진 시간에 일어나야 우리의 몸은 혼란을 느끼지 않는다.
　　　　　　　　　　*4문단 요약: 잠을 잘 자는 방법

5 잠을 충분히 자지 못하면 우리의 몸은 심장병, 비만, 고혈압 등의 위험에 노출되고, 심지어 죽음에 이를 수도 있다고 한다. 인간이 잠을 자지 않고는 살 수 없다는 말은 과장이 아닌 셈이다. 늦은 밤의 ㉢ 짧은 재미보다는 앞으로의 오랜 건강이 더욱 중요하다는 점을
글쓴이의 주장
기억하고 항상 잘 자기 위해 노력해 보자. *5문단 요약: 잠을 잘 자기
　　　　　　　　　　위한 노력의 필요성

■ 지문 이해

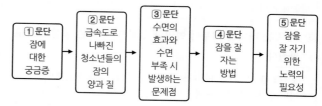

잠
　– **수면의 효과**: 피로 회복, 성장 호르몬 분비
　– **수면 부족 시**: 코르티솔 분비, 체력·면역력 ↓ 불안, 우울감 ↑
　– **잘 자기 위한 방법** ① 잠들기 좋은 환경 만들기
　　　　　　　　　　② 잠들기 전에 전자 기기 사용하지 않기
　　　　　　　　　　③ 규칙적인 생활하기

■ 문단 간의 관계
1문단: 인간은 잠을 자지 않고 살 수는 없는지에 대한 궁금증을 드러냈다.
2문단: 청소년들의 잠의 양과 질이 나빠지고 있음을 이야기했다.
3문단: 수면의 효과와 수면이 부족할 경우 발생하는 문제점을 설명했다.
4문단: 잠을 잘 자기 위한 3가지 방법을 제시했다.
5문단: 잠을 잘 자기 위해 노력해야 한다고 당부했다.

■ 글의 구조도

1문단 잠에 대한 궁금증	→	2문단 급속도로 나빠진 청소년들의 잠의 양과 질	→	3문단 수면의 효과와 수면 부족 시 발생하는 문제점	→	4문단 잠을 잘 자는 방법	→	5문단 잠을 잘 자기 위한 노력의 필요성

➡ 글의 순서대로 구조도를 그릴 수 있다.

■ 주제: 잠을 잘 자는 방법

01 정답 ⑤ ＊ 내용 전개 방식 파악하기

윗글에 대한 설명으로 알맞지 <u>않은</u> 것은?

> 왜 정답 ?
⑤ 비유적인 표현을 활용하여 글쓴이의 주장을 뒷받침하고
　　활용하지 않음.
있다.
　윗글에서 비유적 표현을 활용한 부분을 찾을 수 없다.
　글쓴이는 3문단에서 수면의 효과와 잠이 부족할 경우 발생하는 문제점을 제시한 후, 4문단에서 잠을 잘 자기 위한 방법을 소개하면서 5문단에서 잘 자기 위해 노력하자고 주장하고 있을 뿐이다.

> 왜 오답 ?
① 문제 해결 방안을 구체적으로 제시하고 있다.
　　잠을 잘 자는 방법
　＊근거: 4문단
　4문단에서 잠들기 좋은 환경을 만들 것, 잠들기 전에는 전자 기기를 사용하지 않을 것, 규칙적인 생활을 할 것이라는 잠을 잘 자기 위한 구체적인 방법을 제시하고 있다.

② 전문적인 용어를 사용해 신뢰성을 높이고 있다.
　　성장 호르몬, 코르티솔
　＊근거: 3문단 2, 3문장
　3문단에서 '성장 호르몬'과 '코르티솔'이라는 전문적인 용어를 사용하고 있다.

③ 현실에서 찾을 수 있는 사회적 문제를 소개하고 있다.
　[2문단 3~5문장] 한국의 ~ 청소년들의 잠의 양과 질은 급속도로 나빠지고 있으며, 이것은 사회적 문제라고까지 여겨지고 있다.
　2문단에서 청소년의 수면 부족이 사회적 문제라고 여겨지고 있는 상황을 이야기하고 있다.

④ 우리 주변에서 흔히 볼 수 있는 사례를 제시하고 있다.
　＊근거: 1문단 1, 2문장
　1문단에서 늦게까지 TV 예능 프로그램을 보다가 잠을 자지 않아 아버지께 혼이 난 수현이의 사례를 제시하고 있다.

02 정답 ④ * 내용 파악하기

윗글의 내용으로 알맞지 <u>않은</u> 것은?

>왜 정답?

④ 침실의 온도가 <u>높아야</u> 잠을 잘 잘 수 있다.
　　　　　　　불편하지 않아야

> [4]문단 ❸문장 잠을 자기 전에 ~ 침실의 온도를 불편하지 않게 맞추어
> 몸이 편안한 상태로 잠들 수 있게 해야 한다.

침실의 온도가 너무 높으면 잠을 잘 잘 수 없을 것이다.

>왜 오답?

① 인간은 잠을 꼭 자야 한다.

> [2]문단 ❶문장 인간은 잠을 자지 않고는 살 수 없다.

② 잠을 자지 못하면 코르티솔이 분비된다.

> [3]문단 ❸문장 반대로 잠이 계속 부족하면 우리 몸에서는 스트레스
> 호르몬인 코르티솔이 분비된다.

③ 잠이 부족하면 우울증이 생길 수도 있다.

> [3]문단 ❻문장 ~ 잠을 충분히 자지 못하는 상태가 계속되면 ~ 불안과
> 우울함을 느낄 가능성이 높아진다.

⑤ 정해진 시간에 자고 일어나는 것이 가장 중요하다.

> [4]문단 ❻,❼문장 마지막으로 규칙적인 생활을 하는 것이 가장
> 중요하다. 정해진 시간에 자고 정해진 시간에 일어나야 우리의 몸은
> 혼란을 느끼지 않는다.

03 정답 ⑤ * 정보 간 관계 파악하기

'그렇다면 잠을 잘 자려면 어떻게 해야 할까?'
㉠, ㉡의 공통점으로 가장 알맞은 것은?
'인간은 잠을 자지 않고 살 수는 없는 것일까?'

>왜 정답?

⑤ 질문의 형식을 통해 다음에 이어질 내용을 안내하고 있다.

> [1]문단 ❸문장 ㉠ 인간은 잠을 자지 않고 살 수는 없는 것일까?
> [2]문단 ❶문장 인간은 잠을 자지 않고는 살 수 없다.
> [4]문단 ㉡ 그렇다면 잠을 잘 자려면 어떻게 해야 할까? 첫째, ~
> 둘째, ~ 마지막으로 ~

1문단에서 ㉠ '인간은 잠을 자지 않고 살 수는 없는 것일까?'라고 질문을
한 후 2문단에서 '인간은 잠을 자지 않고 살 수 없다.'라고 답하고 있다.
4문단에서 ㉡ '그렇다면 잠을 잘 자려면 어떻게 해야 할까?'라고 한 이후
잠을 잘 자기 위한 3가지 방법을 소개하고 있다.

>왜 오답?

① 글쓴이의 주장을 <u>뒷받침</u>하고 있다.
　　　　　　　　　　뒷받침하지 않음.

② 구체적인 <u>실험 결과를 설명</u>하고 있다.
　　　　　　실험과 관련이 없음.

③ <u>전문가의 말을 빌려 답변을 하고 있다.</u>
　전문가의 말이 아님.　　　질문임.
> ㉠, ㉡ 모두 답변이 아니라 질문이며, 전문가의 말도 아니다.

④ 구체적인 <u>예</u>를 들어 읽는 사람의 관심을 끌고 있다.
　　　　　　예를 들지 않음.

04 정답 ② * 반응의 적절성 평가하기

윗글을 읽은 후의 반응으로 알맞지 <u>않은</u> 것은?

>왜 정답?

② 수연: 뇌를 빠르게 자극하는 전자 기기를 사용하면 잠을 잘
　　　잘 수 <u>있어.</u>
　　　　　　　없음.

> [4]문단 ❺문장 전자 기기는 뇌를 빠르게 자극하여 뇌를 쉬지 못하게
> 하고, ~ 깊이 잠들기 어렵게 만든다.

>왜 오답?

① 슬아: 깊은 잠을 자지 못하면 심장병에 걸릴 수 있어.

> [5]문단 ❶문장 잠을 충분히 자지 못하면 우리의 몸은 심장병, ~

③ 민지: 자기 전에 전자 기기를 사용하면 수면 호르몬이
　　　제대로 나오지 않을 수 있구나.

> [4]문단 ❺문장 ~ 전자 기기에서 나오는 빛은 수면 호르몬이 나오는
> 것을 막아 우리가 깊이 잠들기 어렵게 만든다.

④ 호겸: 우리 몸을 혼란스럽게 하지 않으려면 정해진 시간에
　　　자고 정해진 시간에 일어나야 해.

> [4]문단 ❼문장 정해진 시간에 자고 정해진 시간에 일어나야 우리의
> 몸은 혼란을 느끼지 않는다.

⑤ 산청: 잠을 제대로 자지 못하면 우리 몸속에서 코르티솔이
　　　분비되어 온종일 짜증을 느낄 수도 있어.

> [3]문단 ❸,❹문장 반대로 잠이 계속 부족하면 우리 몸에서는 스트레스
> 호르몬인 코르티솔이 분비된다. 잠을 제대로 자지 못한 다음 날
> 아침에 일어날 때부터 짜증이 나고, 온종일 피곤한 것도 ~

05 예시 답안: 밤에 컴퓨터 게임 등을 하는 짧은 재미를 추구하느라
　　　잠을 줄이지 말고, 항상 잘 자기 위해 노력하자.

글쓴이의 주장을 〈조건〉에 맞게 쓰시오.

> ───〈조건〉───
> '짧은 재미'
> 1. ㉮의 구체적인 내용을 포함하여 쓸 것
> 2. '~(하)지 말고, ~ (하)자.' 형식의 한 문장으로 쓸 것

>왜 정답?

> [2]문단 ❹문장 ~ 컴퓨터 게임 등을 하느라 늦은 시간까지 잠을 자지
> 않는다.
> [5]문단 ❸문장 늦은 밤의 ㉮ 짧은 재미보다는 앞으로의 오랜 건강이
> 더욱 중요하다는 점을 기억하고 항상 잘 자기 위해 노력해 보자.

㉮ '짧은 재미'는 많은 청소년들이 컴퓨터 게임 등을 하느라 늦은 시간까지
잠을 자지 않는 것을 의미한다. 글쓴이는 밤에 컴퓨터 게임 등을 하느라
잠을 줄이기보다는 잘 자기 위해 노력해야 한다고 주장하고 있다.

채점 요소	채점 기준	배점	
내용의 적절성	㉮의 구체적인 내용을 적절히 포함해 글쓴이의 주장을 쓴 경우 (조건 1)	5	5
	㉮의 구체적인 내용을 포함하지 않고 글쓴이의 주장을 쓴 경우	3	
	답을 쓰지 않거나 오답을 쓴 경우	0	
표현의 적절성	조건 2에 맞게 쓰지 않은 경우	-1	-2
	어법에 맞지 않거나 문맥에 어긋난 경우	-1	

DAY
15

[06~10] 사촌이 땅을 사면 배가 아픈 이유 [인문]

○ 각 문단 핵심어   ◎ 글 전체 핵심어   ━ 각 문단 중심 문장   ▨ 글 전체 중심 문장

1 ❶'사촌이 땅을 사면 배가 아프다.'는 인간이 느끼는 수많은 감정 중 질투와 관련된 옛 속담이다. ❷사촌이 땅을 사서 배가 아픈 일은 생각보다 흔하다. ❸[동생이 먹는 빵이 내 것보다 크면 심술이 나기도 하고, 친구가 나보다 달리기를 잘하면 분한 마음이 들기도
[ ]: 우리가 질투를 느끼는 구체적 사례
한다.]❹이러한 상황에서 우리가 느끼는 감정들은 모두 질투의 일종이다. ❺그렇다면 우리는 왜 질투를 느끼는 것일까? ❻다른 사람과 나를 비교해, 다른 사람이 가진 것에 비해 내가 가진 것이 부족하다는
우리가 질투를 느끼는 이유
생각이 들면 질투를 느끼게 된다.   *1문단 요약 : 질투를 느끼는 이유

2 ❶질투를 느끼는 것은 꼭 나쁜 것은 아니다. ❷건강한 질투는 나의 발전에 도움을 주는 자극이 될 수도 있기 때문이다. ❸[체육 시간에
질투를 느끼는 것이 나쁘기만은 않은 이유
친구가 나보다 달리기를 잘한다고 생각해 보자. 친구가 부러운 내가
[ ]: 질투가 긍정적인 영향을 주는 구체적 사례
친구보다 더 달리기를 잘하고 싶은 생각에 달리기 연습을 하면 어떻게 될까? 친구와 나의 달리기 실력을 비교함으로써 생겨난 질투를 동기로 삼아 열심히 노력한다면 나의 달리기 실력이 크게 발전할 수도 있다.]   *2문단 요약 : 질투의 긍정적 영향

3 ❶하지만 질투가 긍정적인 영향만 주는 것은 아니다. ❷[내가 친구와 나의 달리기 실력을 비교하여 나의 능력을 비하하거나, 친구를
[ ]: 질투가 부정적인 영향을 주는 구체적 사례
미워하게 될 수도 있기 때문]이다. ❸부족한 부분을 보완하여 발전하고 싶은 마음보다 내가 가진 부족함에만 집착하게 되면,
[자존감은 낮아지고 분노와 불안 등의 감정을 느끼게 될 수 있다.]
[ ]: 질투의 부정적 영향
❹이처럼 건강하지 못한 질투는 우리에게 좋지 않은 영향을 미칠 수도 있다.   *3문단 요약 : 질투의 부정적 영향

4 ❶그렇다면 건강한 질투를 하기 위해서는 어떻게 해야 할까? ❷질투라는 감정을 느낀 원인을 정확하게 이해하고 적절하게 대처하려고 노력해야 한다. ❸이를 위해서는 다른 사람과 자신을 과도하게 비교하지 말아야 한다. ❹나와 상대방의 개성은 무시하고
건강한 질투를 하는 방법 ①
상대방이 잘하는 것에만 집중하여 나와 상대방을 비교해서는 안 된다. ❺나에게는 나만의 가치가 있다는 점을 이해하고 나의 장점에 주목해야 한다.   *4문단 요약 : 건강한 질투를 하는 방법 ①

5 ❶건강한 질투를 하려면 스트레스를 해소하고자 노력해야 한다.
건강한 질투를 하는 방법 ②
❷스트레스를 많이 받은 상황에서 타인과 나를 비교하다 보면 질투를 지나치게 느낄 수 있다. ❸충분히 휴식하고 적당한 운동을 하면
스트레스를 줄이는 방법
스트레스가 줄어들어 마음에 여유가 생기므로, 지나치게 질투를 느끼기보다는 건강한 자기 발전에 집중할 수 있다.
*5문단 요약 : 건강한 질투를 하는 방법 ②

6 ❶감정은 자연스럽게 생기는 것이기 때문에 질투가 무조건 나쁜 것이라고 생각할 필요는 없다. ❷하지만 질투라는 감정이 나를 괴롭힌다면 그것은 문제가 된다. ❸질투를 나의 힘으로 만들 수 있도록 내 감정을 잘 이해하고 현명하게 대응하도록 노력해야 한다.
*6문단 요약 : 감정을 잘 이해하고 현명하게 대응하는 노력의 필요성

■ 지문 이해

질투
  – 긍정적 영향 : 자기 발전의 동기
  – 부정적 영향 : 자존감 ↓ 분노, 불안 ↑
  ➡ 건강한 질투를 하려고 노력해야 함.

■ 문단 간의 관계

1문단 : 구체적 사례를 들어 우리가 질투를 느끼게 되는 이유를 설명했다.
2문단 : 질투의 긍정적인 영향을 밝혔다.
3문단 : 질투의 부정적인 영향을 밝혔다.
4문단 : 건강하게 질투를 하기 위한 첫 번째 방법으로 다른 사람과 자신을 과도하게 비교하지 말아야 한다고 했다.
5문단 : 건강하게 질투를 하기 위한 두 번째 방법으로 스트레스를 해소하려고 노력해야 한다고 했다.
6문단 : 질투를 긍정적으로 활용할 수 있도록 자신의 감정을 잘 이해하고 현명하게 대응하도록 노력해야 한다고 했다.

■ 글의 구조도

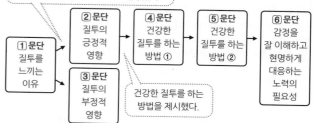

■ 주제 : 질투의 영향과 건강한 질투를 하는 방법

---

06 정답 ① ＊내용 전개 방식 파악하기

윗글에 대한 설명으로 가장 알맞은 것은?

〉왜 정답 ?

① 구체적인 사례를 들고 있다.

1문단에서 구체적 사례를 들고, 이때 느끼는 감정이 모두 질투의 일종이라고 설명하고 있다. 또 2, 3문단에서 친구가 나보다 달리기를 잘하는 상황을 가정하여 질투가 우리에게 미치는 영향을 설명하고 있다.

〉왜 오답 ?

② 질투에 대한 ~~편견~~을 이야기하고 있다.
                이야기하지 않음.
③ 질투에 대한 ~~전문가의 견해~~를 제시하고 있다.
                이야기하지 않음.
④ 질투를 ~~느끼지 말아야~~ 하는 이유를 설명하고 있다.
      건강한 질투를 해야 한다고 하였음.
⑤ 질투와 다른 ~~감정의 차이점~~을 찾아서 ~~분석~~하고 있다.
        이야기하지 않음.   분석하지 않음.

07 정답 ④ ＊내용 파악하기

윗글의 내용으로 알맞지 않은 것은?

〉왜 정답 ?

④ 충분히 휴식하고 적당한 운동을 한다면 질투를 느끼지 ~~않을~~ 수 있다.
                                      지나친 질투를 피할

> 5문단 ❸문장 충분히 휴식하고 적당한 운동을 하면 스트레스가 줄어들어 마음에 여유가 생기므로, 지나치게 질투를 느끼기보다는 건강한 자기 발전에 집중할 수 있다.

충분한 휴식과 운동을 하면 지나치게 질투를 느끼는 것을 피하고 자기 스스로의 건강한 발전에 집중할 수 있는 것일 뿐, 질투를 느끼지 않을 수 있는 것은 아니다.

DAY
15

> 왜 오답 ?

① 질투는 자연스러운 감정 중 하나이다.

> 6문단 ❶문장 감정은 자연스럽게 생기는 것이기 때문에 질투가 무조건 나쁜 것이라고 생각할 필요는 없다.

② 질투는 다른 사람과의 비교 때문에 발생한다.

> 1문단 ❻문장 다른 사람과 나를 비교해, 다른 사람이 가진 것에 비해 내가 가진 것이 부족하다는 생각이 들면 질투를 느끼게 된다.

③ 모든 질투가 부정적인 영향을 미치는 것은 아니다.

> 2문단 ❷문장 건강한 질투는 나의 발전에 도움을 주는 자극이 될 수도 있기 때문이다.

⑤ 나에게는 나만의 가치가 있다는 점을 이해하고 나의 장점에 주목하면 건강한 질투를 할 수 있다.

> 4문단 ❶, ❺문장 ~ 건강한 질투를 하기 위해서는 ~ 나에게는 나만의 가치가 있다는 점을 이해하고 나의 장점에 주목해야 한다.

08 정답 ① *내용 파악+추론하기

윗글을 읽고 <보기>를 이해한 내용으로 가장 알맞은 것은?

─〈보기〉─

❶[우리가 좋아하는 사람이 다른 사람에게 관심을 보이면
[ ]: 질투를 느끼는 구체적 사례
불안하거나 화나는 감정을 느끼게 되는 것]처럼 질투는 누군가를
좋아하는 마음과도 큰 관련이 있다. ❷이때의 질투도 지나치면
상대방에게 심하게 집착하거나 간섭하는 등 좋지 않은 형태로
질투의 부정적 영향
나타날 수 있고, 이로 인해 상대방과 멀어지게 될 수도 있다.

> 왜 정답 ?

① 지나친 질투는 인간 관계에 좋지 않은 영향을 미칠 수 있다.

> 3문단 ❷문장 ~ 친구를 미워하게 될 수도 있기 때문이다.
> <보기> ❷문장 이때의 질투도 지나치면 상대방에게 심하게 집착하거나 간섭하는 등 좋지 않은 형태로 나타날 수 있고, 이로 인해 상대방과 멀어지게 될 수도 있다.

지나치게 질투를 해서 상대방을 미워하게 되는 것과 상대방에게 심하게 집착하거나 간섭하는 것은 모두 다른 사람과의 관계에 좋지 않은 영향을 미칠 수 있다.

> 왜 오답 ?

② 상대방에게 심하게 집착하는 것은 질투로 인한 것이 ~~아니다~~
맞다.

> <보기> ❷문장 ~ 질투도 지나치면 상대방에게 심하게 집착하거나 ~

③ 질투는 누군가를 좋아하는 마음 때문에 생겨나는 것이
~~아니다.~~
생겨날 수도 있다.

> <보기> ❶문장 ~ 질투는 누군가를 좋아하는 마음과도 큰 관련이 있다.

④ 누군가를 좋아하는 마음 때문에 느끼는 질투가 ~~더 나쁜~~
알 수 없음.
영향을 미친다.

> 윗글과 <보기>를 통해 어떠한 질투가 더 나쁜 영향을 미치는지는 알 수 없다.

⑤ 질투라는 감정이 '나'가 아니라 내가 좋아하는 상대방을 괴롭힌다면 그것은 문제가 되지 ~~않는다.~~
문제가 됨.

> 6문단 ❷문장 ~ 질투라는 감정이 나를 괴롭힌다면 그것은 문제가 된다.
> <보기> ❷문장 이때의 질투도 지나치면 상대방에게 심하게 집착하거나 간섭하는 등 좋지 않은 형태로 나타날 수 있고, 이로 인해 상대방과 멀어지게 될 수도 있다.

09 정답 ① *구체적 사례에 적용하기

㉠으로 설명할 수 있는 사례는?
'사촌이 땅을 사면 배가 아프다.'

> 왜 정답 ?

① 흥부가 부자가 된 것을 알고 샘이 난 놀부

> ㉠'사촌이 땅을 사면 배가 아프다'는 질투와 관련된 속담으로, 남이 잘되는 것을 기뻐해 주지는 않고 오히려 질투하고 시기하는 경우를 비유적으로 이르는 말이다.
> 놀부는 흥부와 자신을 비교하여 부자가 된 흥부를 질투하고 있으므로, ㉠으로 설명할 수 있다.

> 왜 오답 ?

② 아버지를 돌보기 위해 매일 일을 하는 심청
관계 없음.

③ 자신의 부탁을 거절하는 몽룡에게 화를 내는 춘향
관계 없음.

> 춘향이 자신의 부탁을 거절하는 몽룡에게 화를 내는 것은 단순한 분노로 인한 것일 뿐, 질투와는 상관이 없다.

④ 해야 할 일은 하지 않고 매일 함께 놀기만 하는 견우와 직녀
관계 없음.

⑤ 거북이와 달리기 시합을 하면 반드시 자신이 이길 수 있다고 생각하는 토끼
질투가 아니라 자신감, 자만심과 관계 있음.

> 토끼가 거북이와의 달리기 시합에서 자신이 거북이를 이길 수 있다고 생각하는 것은 단순한 자신감이나 자만심으로, 질투와는 상관이 없다.

10 예시 답안: 건강한 질투를 하려면 스트레스를 줄이려고 노력해야 한다. 등

건강한 질투를 하는 방법을 <조건>에 맞게 쓰시오.

─〈조건〉─

1. 윗글에서 이야기한 내용 중 한 가지만 쓸 것
2. '건강한 질투를 하려면 ~ 야 한다.' 형식의 한 문장으로 쓸 것

> 왜 정답 ?

* 근거: 4문단, 5문단
건강한 질투를 하는 방법으로, 4문단에서 질투라는 감정을 느낀 원인을 정확하게 이해하고 적절하게 대처하려고 노력하기 위해 다른 사람과 자신을 과도하게 비교하지 말아야 한다고 했고, 5문단에서 스트레스를 해소하고자 노력해야 한다고 했다.

채점 요소	채점 기준		배점
내용의 적절성	윗글에서 제시한 건강한 질투를 하는 방법을 적절히 제시한 경우 (조건 1)	5	5
	답을 쓰지 않거나 오답을 쓴 경우	0	
표현의 적절성	조건 2에 맞게 쓰지 않은 경우	-1	-2
	어법에 맞지 않거나 문맥에 어긋난 경우	-1	

[01~05] 자율 주행 차량의 운전자는 누구? [과학·기술]

○ 각 문단 핵심어   ◎ 글 전체 핵심어   ━ 각 문단 중심 문장   ▨ 글 전체 중심 문장

1 ❶ 자율 주행 자동차가 사고를 내면 그 법적 책임은 누가 ㉠ 져야
운전자를 누구로 볼 것인지에 따라 사고의 법적 책임을 지는 주체가 달라짐.
할까? ❷ 일반적으로 자동차 사고가 났을 때 그 법적 책임은 자동차를
운전하는 사람, 즉 운전자가 지게 되어 있다. ❸ 그러나 자율 주행
자동차를 운행하다 사고가 난 경우에는 자동차에 적용된 자율 주행
기술에 따라 '운전자'라는 개념 자체가 달라질 수 있어 문제가 된다.
❹ 자율 주행 기술을 자동화 수준에 따라 레벨 0부터 5까지, 총
자율 주행 기술을 자동화 수준에 따라 나눈 것
6단계로 분류한 '자율 주행 기술 단계'를 중심으로 운전자의 개념을
살펴보자. ***1**문단 요약: 자율 주행 기술 단계에 따라 달라지는 운전자의 개념

2 ❶ 먼저, 레벨 2 이하는 자율 주행 시스템이 단순히 운전자의
운전을 부분적으로 지원하는 단계이다. ❷ 이때 사람은 운전대에서
레벨 2 이하
손을 떼면 안 되고 계속해서 앞을 보면서 운전해야 한다. ❸ 레벨 2
이하에서 자율 주행 시스템은 사람을 보조하는 기능을 할 뿐 운전의
궁극적인 책임은 사람에게 있으므로 운전자는 말 그대로 운전대를
잡은 사람이 된다.   ***2**문단 요약: 레벨 2 이하에서 운전자의 개념
레벨 2 이하에서 운전자의 개념

3 ❶ 다음으로, 레벨 3은 제한된 조건에서 자율 주행 시스템의 책임
아래 자동차가 스스로 주행하는 단계이다. ❷ 이때 사람은 운전대에서
레벨 3
손을 떼도 되고, 계속해서 앞을 보고 있을 의무도 없다. ❸ 다만 비상
상황이 발생하여 자율 주행 시스템이 요청한다면 사람이 직접
운전을 해야 한다. ❹ 이러한 이유 때문에 레벨 3에서 운전자를 누구로
볼 것인지에 대한 견해가 팽팽히 갈린다. 자율 주행 시스템의 책임
아래 자동차가 주행했으므로 운전자는 자율 주행 시스템이라는
레벨 3에서 운전자를 누구로 볼 것인지에 대한 상반된 견해
견해가 있는가 하면, 비상 상황이 발생하면 운전을 해야 하는 의무는
여전히 사람에게 있으므로 운전대를 잡은 사람이 운전자라는
견해도 있다.   ***3**문단 요약: 레벨 3에서 운전자의 개념

4 ❶ 마지막으로, 레벨 4 이상은 사람 없이 자율 주행 시스템만으로
자동차가 스스로 주행하는 단계이다. ❷ 이 경우 비상 상황이
레벨 4이상
발생하더라도 자동차가 스스로 대처할 수 있으므로 사람은
운전대를 잡을 필요가 없다. ❸ 그러므로 레벨 4 이상의 경우에
운전자의 개념은 기존과 전혀 달라질 수 있다. [자동차가 주행하는
과정 전체에서 사람이 개입하지 않아도 되기 때문에 운전대를 잡은
[ ] 레벨 0~3과 비교했을 때 레벨 4 이상의 경우에 운전자의 개념이 달라지는 이유
사람이 운전자라고 주장하기는 어려워지기 때문이다.]
***4**문단 요약: 레벨 4 이상에서 운전자의 개념

5 ❶ 이처럼 자율 주행 기술 단계에 따라 운전자는 '운전대를 잡은
사람'이 될 수도, '자율 주행 시스템'이 될 수도 있다. ❷ 그렇다면 다시
처음의 질문으로 돌아가 보자. ❸ ㉮ 자율 주행 자동차가 사고를 내면
그 법적 책임은 누가 져야 할까? ❹ 이 질문은 자율 주행의 시대를
맞이할 우리가 풀어야 하는 과제로 여전히 남아 있다.
***5**문단 요약: 자율 주행 시대를 맞아 운전자의 개념을 정립해야 할 필요성

■ 지문 이해

	자율 주행 시스템의 역할	운전자
레벨 2 이하	운전하는 사람을 보조함.	운전대를 잡은 사람
레벨 3	자율 주행 시스템의 책임 아래 자동차가 스스로 주행하지만 비상 상황 시엔 사람에게 운전을 요청함.	자율 주행 시스템 vs 운전대를 잡은 사람
레벨 4 이상	자율 주행 시스템만으로 자동차가 스스로 주행함.	운전대를 잡은 사람이 운전자에 해당한다고 주장하기는 어려움.

■ 문단 간의 관계

1문단: 자율 주행 기술 단계에 따라 운전자의 개념이 달라진다고 했다.

2문단: 자율 주행 기술 단계 중 레벨 2 이하의 자율 주행 기술을 소개하고, 이 단계에서 운전자의 개념을 정리했다.

3문단: 자율 주행 기술 단계 중 레벨 3의 자율 주행 기술을 소개하고, 이 단계에서 운전자의 개념을 정리했다.

4문단: 자율 주행 기술 단계 중 레벨 4 이상의 자율 주행 기술을 소개하고, 이 단계에서 운전자의 개념을 정리했다.

5문단: 자율 주행 자동차가 사고를 내면 법적 책임을 누가 져야 하는지에 대한 질문은 우리가 풀어야 할 과제로 남아 있다면서 글을 마무리했다.

■ 글의 구조도

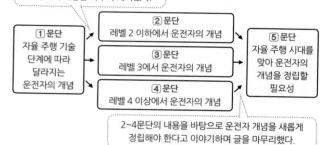

■ 주제: 자율 주행 기술 단계에 따라 달라지는 운전자의 개념

---

01 정답 ① * 내용 전개 방식 파악하기

윗글에 대한 설명으로 가장 알맞은 것은?

> **왜 정답 ?**

① **질문을 통해 읽는 사람에게 생각할 거리를 제공하고 있다.**
'자율 주행 자동차가 사고를 내면 그 법적 책임은 누가 져야 할까?'
 * 근거: **1**문단 ❶문장, **5**문단 ❸문장

　1문단에서 '자율 주행 자동차가 사고를 내면 그 법적 책임은 누가
져야 할까?'라고 질문을 한 후 2~4문단에서 자율 주행 기술 단계에
따라 운전자의 개념이 달라질 수 있음을 설명하였다. 이후 5문단에서
1문단에서 한 질문을 반복함으로써 읽는 사람에게 자율 주행 자동차가
사고를 낼 경우 책임의 주체는 누구인지에 대해 생각해 보게 했다.

> **왜 오답 ?**

② ~~전문가의 의견을 인용하여~~ 읽는 사람의 이해를 돕고 있다.
　　인용하지 않음.

③ 중심 화제의 ~~문제점을 제시하고~~, 이를 ~~해결할 방안을~~
　　　　　제시하지 않음.　　　　　　제안하지 않음.
~~제안하고 있다.~~

④ 중심 화제를 둘러싼 ~~찬성과 반대의 의견을 제시하고~~, 이를
　　　　　　　　제시하지 않음.
~~절충하고 있다.~~
절충하지 않음.

⑤ 중심 화제가 ~~발전해 온 과정을 제시하고~~, 이후에 나타날
　　　　　제시하지 않음.
~~문제점을 예상하고 있다.~~
예상하지 않음.

02 정답 ③ ＊내용 파악하기

윗글의 내용으로 알맞지 **않은** 것은?

>**왜** 정답?

③ 자율 주행 기술 단계 중 레벨 3이 적용된 자동차의 운전자는 자율 주행 시스템이다.
　　　운전대를 잡은 사람이 운전자라는 견해도 있음.

> ③문단 ❺문장　자율 주행 시스템의 책임 아래 자동차가 주행했으므로
> 　　　　　　　　　　　　　　　　　　　　　　　　견해 ①
> 운전자는 자율 주행 시스템이라는 견해가 있는가 하면, 비상 상황이
> 발생하면 운전을 해야 하는 의무는 여전히 사람에게 있으므로
> 　　　　　　　　　　　　　　　　　　　　　　　견해 ②
> 운전대를 잡은 사람이 운전자라는 견해도 있다.

>**왜** 오답?

① 자동화 수준에 따라 자율 주행 기술은 총 6단계로 나뉜다.
　　　　　　　　　　　　　　　　　　　레벨 0부터 5까지

> ①문단 ❹문장　자율 주행 기술을 자동화 수준에 따라 레벨 0부터
> 5까지, 총 6단계로 분류한 '자율 주행 기술 단계'를 ~

② 자동차 사고가 나면 법적 책임을 지는 사람은 운전자이다.

> ①문단 ❷문장　일반적으로 자동차 사고가 났을 때 그 법적 책임은
> 자동차를 운전하는 사람, 즉 운전자가 지게 되어 있다.

④ 자율 주행 기술 단계가 달라지면 자율 주행 자동차의 운전자 개념이 달라질 수 있다.

> ⑤문단 ❶문장　이처럼 자율 주행 기술 단계에 따라 운전자는 '운전대를
> 잡은 사람'이 될 수도, '자율 주행 시스템'이 될 수도 있다.

⑤ 자율 주행 자동차가 사고를 낼 경우 법적 책임에 관한 문제는 우리 사회가 풀어야 할 과제로 남아 있다.

> ⑤문단 ❸, ❹문장　자율 주행 자동차가 사고를 내면 그 법적 책임은
> 누가 져야 할까? 이 질문은 ~ 우리가 풀어야 하는 과제 ~

---

03 정답 ④ ＊내용 파악＋추론하기

'자율 주행 기술 단계'에 대한 설명으로 알맞지 **않은** 것은?

>**왜** 정답?

④ 레벨 3이 적용된 자동차의 경우 자율 주행 시스템이 비상 상황에 스스로 대처할 수 ~~있다.~~
　　　　　　　　　　　　　　　　　　　　　　　없음.

> ③문단 ❸문장　~ 자율 주행 시스템이 요청한다면 사람이 직접 운전을 ~

비상 상황이 발생했을 때 레벨 3이 적용된 자동차는 자율 주행 시스템이 스스로 대처하는 것이 아니라, 사람에게 운전을 하도록 요청한다.

>**왜** 오답?

① 레벨 2가 적용된 자동차의 경우 주행 과정에서 사람이 직접 운전을 해야 한다.

> ②문단 ❷문장　이때(레벨 2 이하) 사람은 ~ 운전해야 한다.

② 레벨 3이 적용된 자동차의 경우 자동차가 스스로 주행할 수 있다.

> ③문단 ❶문장　다음으로, 레벨 3은 제한된 조건에서 자율 주행
> 시스템의 책임 아래 자동차가 스스로 주행하는 단계이다.

③ 레벨 3이 적용된 자동차의 경우 자율 주행 시스템이 사람의 개입을 요구할 수 있다.
　비상 상황 시 사람이 직접 운전할 것을 요청함.
　＊근거: ③문단 ❸문장

⑤ 레벨 4가 적용된 자동차의 경우 비상 상황이라고 할지라도 사람은 운전하지 않아도 된다.

> ④문단 ❷문장　이 경우(레벨 4 이상) 비상 상황이 발생하더라도 자동차가
> 스스로 대처할 수 있으므로 사람은 운전대를 잡을 필요가 없다.

---

04 정답 ② ＊어휘의 의미 파악하기

각 문장의 밑줄 친 부분이 ㉠과 같은 의미로 쓰인 것은?
　㉠'져야 - 책임이나 의무를 맡다.'라는 의미로 쓰임.

>**왜** 정답·오답?

	밑줄 친 부분의 사전적 의미	같으면 ○ 다르면 ×
① 가을이 되자 낙엽이 **졌다**.	꽃이나 잎 따위가 시들어 떨어지다.	×
② 네가 한 말에 책임을 **져라**.	책임이나 의무를 맡다.	○
③ 오래 앉아 있었더니 바지에 주름이 **졌다**.	어떤 현상이나 상태가 이루어지다.	×
④ 혁진이는 태권도 시합에 **져서** 기분이 좋지 않다.	내기나 시합, 싸움 따위에서 재주나 힘을 겨루어 상대에게 꺾이다.	×
⑤ 구급차가 달려왔지만 환자는 이미 숨이 **져** 있었다.	목숨이 끊어지다.	×

---

05 예시 답안: 레벨 1의 경우, 자율 주행 시스템은 사람을 보조하는 기능만 할 뿐 운전의 책임은 사람에게 있으므로, 레벨 1이 적용된 자율 주행 자동차가 사고를 내면 그 법적 책임은 운전자인 '운전대를 잡은 사람'에게 있다.

㉮에 대한 답변을 〈조건〉에 맞게 쓰시오.
'자율 주행 자동차가 사고를 내면 그 법적 책임은 누가 져야 할까?'

──────〈조건〉──────
1. 레벨 1의 경우를 가정할 것
2. 운전자를 누구로 보아야 하는지를 포함할 것

>**왜** 정답?

> ①문단 ❷문장　일반적으로 자동차 사고가 났을 때 그 법적 책임은
> 자동차를 운전하는 사람, 즉 운전자가 지게 되어 있다.
> ②문단 ❸문장　레벨 2 이하에서 자율 주행 시스템은 사람을 보조하는
> 기능을 할 뿐 운전의 궁극적인 책임은 사람에게 있으므로 운전자는
> 말 그대로 운전대를 잡은 사람이 된다.

자동차 사고가 났을 때 법적 책임은 운전자에게 있고, 레벨 2 이하에서 운전자는 운전대를 잡은 사람이다. 따라서 레벨 1이 적용된 자율 주행 자동차가 사고를 내면 그 법적 책임은 운전대를 잡은 사람이 져야 한다.

채점 요소	채점 기준	배점	
내용의 적절성	레벨 1의 경우 운전자를 누구로 볼 수 있는지 알맞게 쓴 경우 (조건 1, 조건 2)	5	5
	답을 쓰지 않거나 오답을 쓴 경우	0	
표현의 적절성	어법에 맞지 않거나 문맥에 어긋난 경우	-1	-1

DAY
16

[06~10] 바나나가 미술 작품이라고? [예술]

○ 각 문단 핵심어   ◎ 글 전체 핵심어   — 각 문단 중심 문장   ▬ 글 전체 중심 문장

1 ❶벽면에 회색 박스 테이프로 붙여놓은 바나나 하나가 약 1억 5천만 원짜리 미술 작품이라고 하면 믿을 수 있겠는가? ❷미국의 예술가인 마우리치오 카텔란이 세계적인 예술 박람회인 아트 바젤에서 바나나에 ㉮〈코미디언〉이라는 제목을 붙이고 12만 달러에 이를 판매해 큰 논란이 되었다. ❸이 사건은 사람들에게
<u>〈코미디언〉이라는 제목이 붙여진 바나나</u>
<u>미술은 무엇인가</u>라는 근본적인 질문을 하게 했다. ❹우리는 벽에 붙여 놓은 바나나를 미술 작품이라고 볼 수 있을까?
　　　　　*①문단 요약: 〈코미디언〉이 불러온 현대 미술에 대한 논란

2 ❶<u>현대 미술의 시작</u>에 대해 이야기하기 위해서는 사진기가 발명된 시점으로 거슬러 올라가야 한다. ❷사진기가 발명되기 전까지 미술 작품들은 대상을 그대로 모방하는 것에 초점을 맞추어 만들어졌다.
　　　　　사진기 발명 전 미술 작품들의 특징
❸그러나 사진기가 발명되어 이러한 모방의 역할을 대신하게 되자, [미술가들은 사진과 미술의 차이에 대해 고민하며 작품을 통해
【　】: 사진기 발명 후 미술가들의 변화
자신의 마음을 표현하는 데에 집중]하기 시작했다. ❹거친 붓 터치로 자신의 정신적 불안을 표현했던 빈센트 반 고흐와 자신이 대상을 바라보는 다양한 각도를 하나의 그림에 담고자 했던 폴 세잔이 바로
대상 모방 → 미술가의 마음 표현
그러한 변화를 잘 보여 준다.
　　　　　*②문단 요약: 현대 미술의 변화 ① 대상 모방 ➡ 마음 표현

3 ❶이와 같은 미술계의 변화는 작품에 구체적인 대상 자체가 없는
대상 모방 → 미술가의 마음 표현　　추상 회화의 특징
<u>추상 회화</u>를 만들어 냈다. ❷추상 회화는 미술가의 감정 표현 여부에 따라 신조형주의와 추상표현주의로 나눌 수 있다. ❸먼저,
　　　　추상 회화의 구분
<u>신조형주의</u>는 작품에서 미술가의 감정을 최대한 뺀 것으로, 꼿꼿한
　　　　　　　　　신조형주의의 개념
직선과 단순한 색만을 이용해 순수한 아름다움을 나타내고자 했던
㉠ 피에트 몬드리안이 대표적이다. ❹그에 반해, <u>추상표현주의</u>는 작품에 미술가의 감정을 자유롭게 표현하는 것으로, 부드러운
　　　　　추상표현주의의 개념
곡선과 강렬한 색채를 통해 자신의 감정을 전하고자 했던 ㉡ 바실리 칸딘스키가 대표적이다.
　　　*③문단 요약: 현대 미술의 변화 ② 추상 회화 - 신조형주의와 추상표현주의

4 ❶현재는 작품에서 구체적인 대상을 없애는 데에서 더 나아가 미술가가 작품을 직접 만들지 않는 <u>오브제 미술</u>까지 등장했다.
❷오브제 미술이란 미술가가 기존에 존재하는 일상의 사물을 가져와
　　　　　오브제 미술의 개념
자신만의 새로운 의미를 부여하는 것을 말한다. ❸펠릭스 곤잘레스 토레스의 〈무제-Perfect lovers〉가 이러한 오브제 미술의 대표적 예이다. ❹그는 벽시계라는 일상의 사물을 통해 시간이 지날수록 점점 멀어지는 사랑을 표현했다. 　　*④문단 요약: 현대 미술의 변화 ③ 오브제 미술

5 ❶이제 <u>미술</u>이란 더 이상 미술가가 무언가를 그리거나 조각하는 것에 한정되지 않는다. ❷단지 미술가가 무언가를 선택하고, 어떠한
　　　　　　　　　　　현대 미술의 범위
가치를 드러내는 것만으로도 미술 작품이 될 수 있다. ❸만약 마우리치오 카텔란이 벽에 붙인 바나나에 〈코미디언〉이라는 제목을 붙임으로써 우리에게 전하고자 한 메시지가 무엇인지를 우리가
마우리치오 카텔란의 〈코미디언〉
고민했다면, 그것은 이미 미술 작품이다. *⑤문단 요약: 현대 미술의 범위

■ 지문 이해
현대 미술의 변화

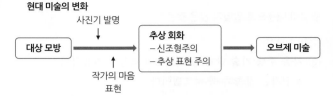

■ 문단 간의 관계
① 문단: 벽에 붙여놓은 바나나인 〈코미디언〉을 미술 작품으로 볼 수 있을지에 대한 의문을 드러냈다.
② 문단: 사진기의 발명으로 현대 미술이 대상을 모방하는 것에서 작가의 마음을 표현하는 것으로 변했다고 설명했다.
③ 문단: 추상 회화를 신조형주의와 추상표현주의로 나누고, 각각의 개념과 대표 작가를 소개했다.
④ 문단: 오브제 미술의 개념과 대표적인 작가, 작품을 소개했다.
⑤ 문단: 선택을 통해 가치를 드러내는 것도 미술이 될 수 있다고 설명했다.

■ 글의 구조도

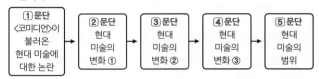

➡ 글의 순서대로 구조도를 그릴 수 있다.

■ 주제: 현대 미술의 변화와 범위

06　정답　③　＊내용 전개 방식 파악하기

윗글에 대한 설명으로 알맞지 <u>않은</u> 것은?

▷왜 정답?

③ <u>전문가의 의견을 인용</u>하여 현대 미술의 특성을 설명하고 있다.
　　　　　　　인용하지 않음.

▷왜 오답?

① 추상 회화를 두 가지 흐름으로 나누어 설명하고 있다.
　　　　　　　　신조형주의, 추상표현주의
　　*근거: ③문단 ❷~❹문장

② 현대 미술의 역사적 변화 과정을 차례대로 나열하고 있다.
　　대상 모방 ➡ 추상 회화 ➡ 오브제 미술
　　*근거: ②문단 ❷, ❸문장, ③문단 ❶문장, ④문단 ❶문장

④ 현대 미술의 변화 과정을 설명하면서 대표적인 작가와 작품을 소개하고 있다.

> ②문단 ❹문장　~ 빈센트 반 고흐와 ~ 폴 세잔이 바로 그러한 변화를 잘 보여 준다.
> ③문단 ❸,❹문장　신조형주의는 ~ 피에트 몬드리안이 대표적이다. 그에 반해, 추상표현주의는 ~ 바실리 칸딘스키가 대표적이다.
> ④문단 ❸문장　펠릭스 곤잘레스 토레스의 〈무제-Perfect lovers〉가 이러한 오브제 미술의 대표적 예이다.

⑤ 질문과 답변의 형식으로 무엇을 미술 작품으로 볼 수 있는지에 대해 이야기하고 있다.

> ①문단 ❹문장　우리는 벽에 붙여 놓은 바나나를 미술 작품이라고 볼 수 있을까? - 질문
> ⑤문단 ❸문장　만약 마우리치오 카텔란이 벽에 붙인 바나나에 〈코미디언〉이라는 제목을 붙임으로써 우리에게 전하고자 한 메시지가 무엇인지를 우리가 고민했다면, 그것은 이미 미술 작품이다. - 답변

07 정답 ② * 내용 파악하기

윗글의 내용으로 알맞지 <u>않은</u> 것은?

> **왜 정답?**

② 현대 미술은 사진기의 발명과는 <u>상관 없이</u> 발전하였다.
_{사진기의 발명은 현대 미술이 변화하는 계기가 됨.}

> ②문단 ❷, ❸문장 사진기가 발명되기 전까지 미술 작품들은 대상을
> 그대로 모방하는 것에 초점 → 사진기가 발명되어 이러한 모방의
> 역할을 대신하게 되자, 미술가들은 ~ 작품을 통해 자신의 마음을
> 표현하는 데에 집중 ~

> **왜 오답?**

① 현대 미술은 추상 회화에서 오브제 미술로 발전하였다.

> ③문단 ❶문장 이와 같은 미술계의 변화는 작품에 구체적인 대상
> 자체가 없는 추상 회화를 만들어냈다.
> ④문단 ❶문장 현재는 작품에서 구체적인 대상을 없애는 데에서 더
> 나아가 미술가가 작품을 직접 만들지 않는 오브제 미술까지 등장했다.

③ 사진기가 발명되자 미술가는 대상을 모방하는 역할에서
_{모방 → 마음 표현}
벗어나게 되었다. * 근거: ②문단 ❸문장

④ 〈코미디언〉은 사람들이 미술 작품이 무엇인지에 대해
고민하게 했다.

> ①문단 ❷, ❸문장 ~ 바나나에 〈코미디언〉이라는 제목을 붙이고 12만
> 달러에 이를 판매해 큰 논란이 되었다. 이 사건은 사람들에게 '미술은
> 무엇인가?'라는 근본적인 질문을 하게 했다.

⑤ 빈센트 반 고흐와 폴 세잔은 작품을 통해 자신들의 마음을
표현하는 데에 집중했다.

> ②문단 ❸, ❹문장 ~ 미술가들은 ~ 작품을 통해 자신의 마음을
> 표현하는 데에 집중하기 시작했다. ~ 빈센트 반 고흐와 ~ 폴 세잔이
> 바로 그러한 변화를 잘 보여 준다.

08 정답 ④ * 정보 간 관계 파악하기
_{'바실리 칸딘스키'}
⊙, ⓒ에 대해 이해한 것으로 알맞지 <u>않은</u> 것은?
_{'피에트 몬드리안'}

> **왜 정답?**

④ ⊙과 ⓒ은 모두 작품을 통해 자신의 마음을 표현하는 데에
_{신조형주의는 작품에서 감정을 최대한 빼려 함.}
집중했다.

> ③문단 ❸문장 먼저, 신조형주의는 작품에서 미술가의 감정을 최대한
> 뺀 것으로, ~ ⊙ 피에트 몬드리안이 대표적이다.

⊙ '피에트 몬드리안'은 신조형주의를 대표하는 사람이다. 신조형주의는
작품에서 미술가의 감정을 최대한 빼려고 했으므로, ⊙ 역시 작품을 통해
자신의 마음을 표현하려 하지 않았을 것이다.

> **왜 오답?**

① ⊙은 ⓒ과 달리 작품을 직선과 단순한 색으로 구성했다.

> ③문단 ❸, ❹문장 ~ 꼿꼿한 직선과 단순한 색만을 이용해 순수한
> 아름다움을 나타내고자 했던 ⊙ 피에트 몬드리안 ~ 부드러운
> 곡선과 강렬한 색채를 통해 자신의 감정을 전하고자 했던 ⓒ 바실리
> 칸딘스키 ~

② ⓒ은 ⊙과 달리 자신의 내면을 강렬한 색채로 자유롭게
표현했다. * 근거: ③문단 ❸, ❹문장

③ ⊙과 ⓒ은 모두 대상을 그대로 모방하는 것에서 더
_{추상 회화}   _{작품에 구체적인 대상 자체가 없음.}
나아갔다. * 근거: ③문단 ❶문장

⑤ ⊙과 ⓒ은 모두 무언가를 그리거나 조각하여 작품을 직접
만들었다. * 근거: ④문단 ❶문장

미술가가 작품을 직접 만들지 않는 오브제 미술은 추상 회화 이후인
오늘날에 등장한 것이다. 그러므로 추상회화를 그린 ⊙ '피에트 몬드리안'과
ⓒ '바실리 칸딘스키'는 작품을 직접 만들었을 것이다.

09 정답 ④ * 반응의 적절성 평가하기

윗글을 읽은 후 <u>〈무제-Perfect lovers〉</u>에 대해 반응한 것으로 알맞지
_{오브제 미술}
<u>않은</u> 것은?

> **왜 정답?**

④ 펠릭스 곤잘레스 토레스는 벽시계를 활용함으로써 자신의
감정을 <u>최대한 빼려고</u> 했겠군. * 근거: ③문단 ❸문장
_{신조형주의에 해당하는 설명임.}
〈무제-Perfect lovers〉는 오브제 미술의 대표적 예이다.
작품에서 감정을 최대한 빼는 것은 신조형주의에 대한 설명이다.

> **왜 오답?**

① 마우리치오 카텔란의 〈코미디언〉과 같은 오브제 미술이군.
* 근거: ④문단 ❷, ❸문장, ⑤문단 ❸문장
〈코미디언〉은 기존에 존재하는 일상의 사물인 바나나에 카텔란이 의미를
부여한 것이므로, 〈무제〉와 같은 오브제 미술의 예라고 할 수 있다.

② 펠릭스 곤잘레스 토레스는 벽시계를 직접 만들지 않았겠군.
_{작품을 직접 만들지 않는 오브제 미술}

③ 사진기가 발명되기 이전에는 이와 같은 작품이 만들어지지
_{대상을 그대로 모방하는 것에 초점}   _{오브제 미술}
않았겠군.

사진기가 발명되기 전에 미술 작품들은 대상을 그대로 모방하는 것에
초점을 맞추어 만들어졌기 때문에 일상의 사물을 가져와 의미를 부여하는
오브제 미술 작품이 만들어지지 않았을 것이다.

⑤ 펠릭스 곤잘레스 토레스는 벽시계에 시간이 지날수록 점점
_{일상의 사물}
멀어지는 사랑이라는 의미를 부여했군.
* 근거: ④문단 ❹문장

10 예시 답안: 〈코미디언〉은 미술 작품으로 볼 수 있다. 왜냐하면
마우리치오 카텔란이 바나나를 선택함으로써 어떠한 가치를
드러냈다면 그것은 미술 작품이 될 수 있기 때문이다.
_{〈코미디언〉}
㉮를 미술 작품으로 볼 수 있는지 없는지를 쓰고, 그 이유를
〈조건〉에 맞게 쓰시오.

─── 〈조건〉 ───
> 1. 이유는 한 가지만 제시할 것
> 2. 이유는 '~ 때문이다.' 형식의 문장으로 쓸 것

> **왜 정답?**
> 5문단을 고려하면 마우리치오 카텔란이 바나나를 벽에 붙이고 그
> 바나나에 〈코미디언〉이라는 제목을 붙임으로써 우리에게 어떠한 가치를
> 드러내고자 했다면 〈코미디언〉은 미술 작품이라고 볼 수 있다.

채점 요소	채점 기준		배점
내용의 적절성	이유를 찾아 적절히 제시한 경우 (조건 1)	5	5
	답을 쓰지 않거나 오답을 쓴 경우	0	
표현의 적절성	조건 2에 맞게 쓰지 않은 경우	-1	-2
	어법에 맞지 않거나 문맥에 어긋난 경우	-1	

[01~05] 과자 봉지, 버리지 마세요! [사회]

○ 각 문단 핵심어   ◎ 글 전체 핵심어   ─ 각 문단 중심 문장   ▩ 글 전체 중심 문장

1 우리 주변에는 과자, 라면, 음료수 등 가공식품이 많다. ❷이러한 가공식품 포장지에는 음식을 섭취하는 사람이라면 주목해야만 하는 다양한 정보가 제시되어 있다. *1문단 요약: 가공식품 포장지에 제시된 정보

2 우리나라에서 유통되는 가공식품은 포장지에 최소 13개 이상의 정보를 의무적으로 표기해야 한다. ❷가공식품의 포장지에 표기해야만
식품 표시 사항의 개념
하는 정보를 식품 표시 사항이라고 하는데, 식품 표시 사항에는 [상표명, 상품명, 원재료명 및 내용량, 영양 성분, 보관 방법 및 취급
[ ]: 식품 표시 사항의 종류
방법, 제조일자 및 유통 기한 등]이 있다. ❸소비자들 가운데 상당수는 가공 식품 포장지의 이와 같은 정보들을 확인하지 않는다. ❹하지만
식품 표시 사항 속 정보
식품 표시 사항을 보지 않고 가공식품을 구매하여 섭취하는 것은 때로는 위험한 선택일 수 있다.   *2문단 요약: 식품 표시 사항의 개념과 종류

3 우리가 가공식품 포장지의 식품 표시 사항을 확인해야 하는 이유는 첫째, [영양 정보를 확인함으로써 우리가 먹은 음식의 성분을 파악]할 수 있기 때문이다. ❷보통 1개의 표로 제시되는 영양
[ ]: 식품 표시 사항을 확인해야 하는 이유 ①
정보에는 해당 가공식품의 총 열량을 비롯해, 이 식품이 단백질, 지방, 탄수화물, 콜레스테롤, 나트륨 등을 얼마나 포함하고 있는지 등이 제시되어 있다. ❸영양 정보를 확인하면 내가 섭취해야 하는 영양소의 총량 가운데 어느 정도를 이 가공식품을 통해 섭취하고 있는지를 알 수 있고, 이를 바탕으로 부족하게 섭취하고 있는 영양소는 무엇인지 확인할 수 있어 영양소를 골고루 섭취하고자 할 때 도움이 된다.
*3문단 요약: 식품 표시 사항을 확인해야 하는 이유 ①

4 둘째, [원료명]을 통해 가공식품에 사용된 재료가 무엇인지,
[ ]: 식품 표시 사항을 확인해야 하는 이유 ②
원산지는 어디이고 어떠한 식품 첨가물이 들어 있는지 확인]할 수 있기 때문이다. ❷식품의 원재료 등을 확인하는 것은 알레르기 등이 있어 음식을 ㉠가려 먹어야 하는 사람들에게는 매우 중요한 정보이다. ❸알레르기를 유발하는 성분이 포함되어 있는 경우 섭취하는 것을 피해야 하기 때문이다.
*4문단 요약: 식품 표시 사항을 확인해야 하는 이유 ②

5 셋째, [제조 일자와 유통 기한, 소비 기한]등을 확인함으로써 해당
[ ]: 식품 표시 사항을 확인해야 하는 이유 ③
식품이 상하지는 않았는지, 식품을 섭취해도 되는지 등을 판단]할 수 있기 때문이다. ❷특히, 유제품과 같은 음식은 유통 기한과 소비 기한을 지켜서 섭취해야 한다. ❸유통 기한과 소비 기한이 지난 유제품을
유통 기한 및 소비 기한을 지켜서 음식을 섭취해야 하는 이유
먹을 경우, 식중독, 장염 등 다양한 질병에 걸릴 수 있기 때문이다.
*5문단 요약: 식품 표시 사항을 확인해야 하는 이유 ③

6 이와 같은 이유 때문에 가공식품을 섭취하기 전에는 포장지에
글쓴이의 주장
표기되어 있는 식품 표시 사항을 꼼꼼히 확인해야 한다. ㉮식품 표시 사항을 꼼꼼하게 확인하는 습관을 들이면 좀 더 안전하게 음식을 섭취할 수 있게 될 것이다.   *6문단 요약: 글쓴이의 주장

■ 지문 이해

식품 표시 사항을 확인해야 하는 이유	① 영양 정보: 음식의 성분(열량, 영양소)을 파악할 수 있음.
	② 원료명: 재료, 원산지, 식품 첨가물 등을 확인할 수 있음.
	③ 제조 일자, 유통 기한, 소비 기한: 식품 섭취 가능성을 판단할 수 있음.

■ 문단 간의 관계
1문단: 가공식품 포장지에 다양한 정보가 있다고 했다.
2문단: 식품 표시 사항의 개념과 종류를 소개했다.
3문단: 영양 정보를 통해 음식의 성분을 파악할 수 있기 때문에 식품 표시 사항을 확인해야 한다고 했다.
4문단: 원료명을 통해 식품에 사용된 재료와 원산지, 식품 첨가물 등을 확인할 수 있기 때문에 식품 표시 사항을 확인해야 한다고 했다.
5문단: 제조 일자, 유통 기한 등을 통해 식품을 섭취해도 되는지 등을 판단할 수 있기 때문에 식품 표시 사항을 확인해야 한다고 했다.
6문단: 가공 식품을 섭취하기 전에 식품 표시 사항을 꼼꼼히 확인해야 한다고 주장하며 글을 마무리했다.

■ 글의 구조도

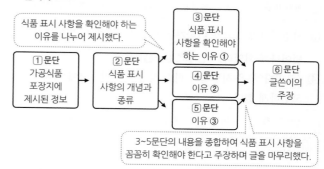

3~5문단의 내용을 종합하여 식품 표시 사항을 꼼꼼히 확인해야 한다고 주장하며 글을 마무리했다.

■ 주제: 식품 표시 사항의 개념과 식품 표시 사항을 확인해야 하는 이유

01 정답 ③ *내용 전개 방식 파악하기

윗글에 대한 설명으로 가장 알맞은 것은?

>왜 정답 ?

③ 주장을 뒷받침하기 위해 근거를 나열하고 있다.
   6문단   3~5문단
   글쓴이는 3~5문단에서 식품 표시 사항을 확인해야 하는 이유를 제시하고, 6문단에서 '이와 같은 이유 때문에 가공식품을 섭취하기 전에는 포장지의 식품 표시 사항을 꼼꼼히 확인해야 한다.'라면서 주장하는 바를 드러내고 있다.

>왜 오답 ?

① 중심 화제의 단점을 설명하고 있다.
   식품 표시 사항   이야기하지 않음.

② 여러 의견을 절충하여 대안을 제시하고 있다.
   절충하지 않음.   제시하지 않음.

④ 중심 화제를 둘러싼 다양한 관점을 제시하고 있다.
                        이야기하지 않음.

⑤ 질문을 하고 답변을 하는 방식으로 읽는 사람의 흥미를 끌고 있다.
   질문과 답변을 하지 않음.

02 정답 ④ *내용 파악하기

윗글의 내용으로 알맞지 않은 것은?

>왜 정답 ?

④ 대부분의 음료수 포장지에는 식품 표시 사항이 표기되어 있지 않다.
   음료수도 가공식품이므로 포장지에 식품 표시 사항을 표기해야 함.

1문단 ❶문장 우리 주변에는 과자, 라면, 음료수 등 가공식품이 많다.
2문단 ❷문장 가공식품의 포장지에 표기해야만 하는 정보를 식품 표시 사항이라고 하는데 ~

> **왜 오답?**

① 소비 기한이 지난 유제품을 먹으면 식중독에 걸릴 수도 있다.

> ⑤문단❸문장 유통 기한 및 소비 기한이 지난 유제품을 먹을 경우, 식중독, 장염 등 다양한 질병에 걸릴 수 있기 때문이다.

② 식품 표시 사항을 확인하면 음식을 안전하게 섭취할 수 있다.

> ⑥문단❷문장 식품 표시 사항을 꼼꼼하게 확인하는 습관을 들이면 좀 더 안전하게 음식을 섭취할 수 있게 될 것이다.

③ 많은 사람들이 식품 표시 사항을 보지 않고 가공식품을 구매한다.

> ②문단❸문장 소비자들 가운데 상당수는 가공 식품 포장지의 이와 같은 정보들을 확인하지 않는다. _식품 표시 사항_

⑤ 원료명을 통해 가공식품에 들어 있는 식품 첨가물의 종류를 확인할 수 있다.

> ④문단❶문장 둘째, 원료명을 통해 ~ 어떠한 식품 첨가물이 들어 있는지 확인할 수 있기 때문이다.

---

03 정답 ③ * 구체적 사례에 적용하기

윗글을 읽은 후 〈보기〉의 A와 B에게 할 말로 가장 알맞은 것은?

───── 〈보기〉 ─────
• A는 평소 복숭아에 알레르기 반응을 보인다.
• B는 최근 장염에 걸렸다.

> **왜 정답?**

③ A에게: 음료수를 마시기 전에 봉지에 표기되어 있는 식품 표시 사항에서 복숭아가 포함되어 있는지 확인해 봐.

> ④문단❷, ❸문장 식품의 원재료 등을 확인하는 것은 알레르기 등이 있어 음식을 가려 먹어야 하는 사람들에게는 매우 중요한 정보이다. 알레르기를 유발하는 성분이 포함되어 있는 경우 섭취하는 것을 피해야 하기 때문이다.

A는 복숭아에 알레르기 반응을 보인다고 했으므로, 과자 봉지의 식품 표시 사항을 확인하고 과자를 만든 재료 중 복숭아가 포함되어 있다면 그 과자를 먹지 말아야 한다.

> **왜 오답?**

① A에게: 라면을 먹기 전에 봉지에 표기되어 있는 원료명을 확인하여 원재료의 ~~원산지~~를 확인해 봐. _관련 없음._

> * 근거: ④문단❷, ❸문장
> 원재료의 원산지를 확인하는 것은 A가 알레르기 반응을 보이는 물질을 피하는 것에 도움이 되지 않는다.

② A에게: 과자를 먹기 전에 봉지에 표기되어 있는 ~~제조 일자~~를 확인하면 알레르기 반응이 일어나지 않을 거야. _관련 없음._

> 과자의 제조 일자를 확인하는 것과 A가 알레르기 반응을 보이는 물질을 피하는 것은 관련이 없다.

④ B에게: 앞으로 음료수를 마실 때 **총 열량**을 확인하면 장염에 걸리지 않게 될 거야. _관련 없음._

> 장염에 걸리는 것과 식품의 총 열량은 관련이 없다.

⑤ B에게: 라면에 **식품 첨가물**이 들어 있지는 않은지 _관련 없음._ 확인하지 않아서 장염이 걸린 거야.

> ⑤문단❸문장 유통 기한 및 소비 기한이 지난 유제품을 먹을 경우, 식중독, 장염 등 다양한 질병에 걸릴 수 있기 때문이다.

유통 기한 및 소비 기한이 지난 유제품을 먹을 경우 장염에 걸릴 수는 있다. 그러나 식품 첨가물이 들어있는 라면을 먹었다고 해서 장염에 걸린다고 할 수는 없다.

---

04 정답 ⑤ * 어휘의 의미 파악하기

각 문장의 밑줄 친 부분이 ㉠과 같은 의미로 쓰인 것은?

㉠ '가려' - '음식을 골라서 먹다.'라는 의미로 쓰임.

> **왜 정답 · 오답?**

	밑줄 친 부분의 사전적 의미	같으면 ○ 다르면 ×
① 나는 낯을 <u>가리는</u> 편이야.	낯선 사람을 대하기 싫어하다.	×
② 이번 판으로 승패를 <u>가려</u> 보자.	여럿 가운데서 하나를 구별하여 고르다.	×
③ 우리집 강아지는 대소변을 잘 <u>가려</u>.	똥오줌을 눌 곳에 누다.	×
④ 이 자리에서 너와 나의 잘잘못을 <u>가리자</u>.	잘잘못이나 좋은 것과 나쁜 것 따위를 따져서 분간하다.	×
⑤ <u>가리는</u> 것 없이 잘 먹으니 보기가 좋구나.	음식을 골라서 먹다.	○

---

05 예시 답안: 식품 표시 사항 중 제조 일자와 유통 기한, 소비 기한을 확인하면 해당 식품을 섭취해도 되는지를 판단할 수 있기 때문이다.

㉮의 근거를 〈조건〉에 맞게 쓰시오.

'식품 표시 사항을 꼼꼼하게 확인하는 습관을 들이면 좀 더 안전하게 음식을 섭취할 수 있게 될 것이다.'
───── 〈조건〉 ─────
1. 근거는 한 가지만 제시할 것
2. '~때문이다.' 형식의 한 문장으로 쓸 것

> **왜 정답?**

> ⑤문단❶문장 셋째, 제조 일자와 유통 기한, 소비 기한 등을 확인함으로써 해당 식품이 상하지는 않았는지, 섭취를 해도 되는지 등을 판단할 수 있기 때문이다.

채점 요소	채점 기준	배점	
내용의 적절성	윗글에서 알맞은 근거를 찾아 적절히 제시한 경우 (조건 1)	5	5
	답을 쓰지 않거나 오답을 쓴 경우	0	
표현의 적절성	조건 2에 맞게 쓰지 않은 경우	-1	-2
	어법에 맞지 않거나 문맥에 어긋난 경우	-1	

[06~10] 백두산이 터진다고? [과학·기술]

○ 각 문단 핵심어   ◎ 글 전체 핵심어   ─ 각 문단 중심 문장   ▨ 글 전체 중심 문장

➊ 최근 인터넷 누리집을 비롯해 SNS에서 많은 사람들이 ⟨백두산이 폭발할 가능성⟩에 대해 이야기하고 있다. ➋몇몇 사람들은 조만간 백두산이 폭발하여 우리나라에 큰 재난을 가져올 것이라고 이야기한다. ➌정말로 백두산이 폭발하는 것일까? ➍백두산이 폭발하면 우리는 어떻게 되는 걸까?
  　*1문단 요약: 백두산이 폭발할 가능성에 대한 의문

➋ ➊백두산이 조만간 폭발한다고 주장하는 사람들이 드는 첫 번째 근거는 백두산의 ⟨폭발 주기⟩이다. ➋기록에 따르면 백두산은 946년에 대폭발을 한 이후 1,000년 동안 100년에 최소 한 번 이상 크고 작은 폭발을 일으켜 왔다고 한다. ➌백두산이 100년에 한 번씩 폭발한다는
　　　　　　　　　　백두산 폭발 100년 주기설의 내용
㉮ '백두산 폭발 100년 주기설'을 믿는 사람들은 백두산의 마지막 폭발 기록이 1925이므로 다음 폭발은 2025년 전후일 가능성이 크다고 본다.　*2문단 요약: 백두산 폭발설의 근거 ① 폭발 주기

➌ ➊백두산이 폭발한다고 주장하는 사람들이 드는 두 번째 근거는 백두산이 보이고 있는 ⟨폭발 전조 증상⟩이다. ➋화산이 폭발한다는 것은 땅속에 있던 마그마가 땅 위로 올라오는 현상이다. ➌마그마가 땅 위로 올라올 때는 지진이 일어나기도 하고, 온천수의 온도가 상승하거나 화산 가스가 누출되기도 한다. ➍이를 화산 폭발의 전조
　　　　　　　화산 폭발의 전조 증상
증상이라고 하는데, 백두산에서는 이미 이러한 증상이 나타나고
　　　　　　　　　지진, 온천수의 온도 상승, 화산가스 누출
있다. ➎지난 2002년부터 2005년까지 백두산 천지의 지하에서 ㉠화산성 지진이 약 8천 회 이상 있었고, 백두산 온천수의 온도도 섭씨 83도까지 올랐으며, 화산 가스가 새어 나와 백두산 정상의 나무들이 말라 죽기도 했다.　*3문단 요약: 근거 ② 폭발 전조 증상

➍ ➊그렇다면 정말 백두산은 곧 폭발하는 것일까? ➋먼저, 백두산의 ⟨폭발 주기⟩와 관련하여 많은 주목을 받는 백두산 폭발 100년 주기설은 어디까지나 가설일 뿐 백두산이 정확히 100년에 한 번씩 폭발한다는 과학적 근거는 없다. ➌자연 현상은 더하기와 빼기를 하듯 오차 없이 일어나는 것이 아니다. ➍오랫동안 관측한 데이터를 바탕으로 아주 조심스럽게 예상해 볼 수 있을 뿐이다. ➎특히, 1925년에 백두산이 폭발했다는 기록 자체도 정확하지 않다. ➏해당
　　　　　　　　　　　　1925년에 백두산이 폭발했다는 기록
기록은 현재 북한에만 남아 있어 정확하게 확인하기 어렵기 때문이다. ➐현재까지 공식적으로 인정되는 백두산의 마지막 폭발은 1903년 백두산 천지에서 일어난 소규모 폭발이며, 이는 이미 120여
　　　　　　　　　　　　　　　　　　　100년이 이미 지남.
년 전의 일이다. *4문단 요약: 백두산 폭발설에 대한 반박① 폭발 주기의 불일치

➎ ➊다음으로, 백두산의 ⟨폭발 전조 증상⟩으로 여겨지던 여러 현상도 최근 사그라들었다. ➋2022년 6월까지 백두산에서 화산성 지진은 평균보다 자주 있었으나, 그 이후 화산성 지진은 평균 정도로 일어나고 있다. ➌온천수 온도도 안정적으로 돌아왔고, 화산 가스도 이전과 비슷한 수준으로만 새어 나오고 있다. ➍무엇보다 이러한
　　　　　　　　　백두산의 폭발 전조 증상으로 여겨지던 여러 현상
현상들은 백두산의 마그마 활동을 간접적으로 보여 주는 것일 뿐, 이를 통해 백두산이 언제 폭발할지를 정확히 예측하기는 어렵다.
　　*5문단 요약: 백두산 폭발설에 대한 반박 ② 폭발 전조 증상의 안정

➏ ➊이처럼 백두산이 당장 폭발할 가능성은 크지 않다. ➋하지만 대부분의 전문가들이 ⟨언젠가 백두산이 폭발할 것⟩이라는 데에는 동의하고 있다. ➌화산 폭발은 여러 가지 요인에 의해 발생하는 복잡한 현상이므로 백두산 폭발의 정확한 시기를 예측할 수는 없지만 ㉯백두산이 언제 폭발하더라도 조금도 이상하지 않다는
　　　　　　　　　　　　　　　　　　언제든지 폭발할 수 있음.
것이 전문가들의 의견이다. ➍왜냐하면 백두산은 지금도 뚜렷하게
　　　　　　　　　　　전문가들이 백두산이 폭발할 것이라고 이야기하는 이유
화산 활동을 계속하고 있는 활화산이기 때문이다.
　　*6문단 요약: 여전히 존재하는 백두산의 폭발 가능성

■ 지문 이해

	폭발한다고 보는 측의 근거	이에 대한 반박
폭발 주기	백두산은 100년에 한 번씩 폭발하며, 마지막 폭발 기록이 1925년임.	백두산이 100년에 한 번 폭발한다는 과학적 근거가 없으며, 공식적인 폭발 기록은 1903년임.
폭발 전조 증상	백두산에 화산성 지진, 온천수 온도 상승, 화산 가스 누출 등이 나타남.	최근 정상 수준으로 돌아왔으며, 이를 통해 폭발 시기를 정확히 예측하기는 어려움.

■ 문단 간의 관계
1문단: 백두산 폭발할 가능성에 대한 의문을 드러냈다.
2문단: 백두산이 폭발한다고 주장하는 사람들이 드는 첫 번째 근거로 백두산 폭발 100년 주기설에 대해 설명했다.
3문단: 백두산이 폭발한다고 주장하는 사람들이 드는 두 번째 근거로 화산 폭발 전조 증상에 대해 설명했다.
4문단: 첫 번째 근거에 대한 반박으로 백두산이 정확히 100년에 한 번씩 폭발한다는 과학적 근거가 없다고 했다.
5문단: 두 번째 근거에 대한 반박으로 백두산의 폭발 전조 증상으로 여겨지던 여러 현상이 최근 정상 수준으로 돌아왔다고 했다.
6문단: 백두산 폭발의 정확한 시기를 예측할 수는 없지만 백두산의 폭발 가능성은 여전히 존재한다고 이야기하며 글을 마무리했다.

■ 글의 구조도

■ 주제: 백두산 폭발설에 대한 주장과 이에 대한 반박

---

06 정답 ③ * 내용 전개 방식 파악하기

윗글에 대한 설명으로 가장 알맞은 것은?

〉왜 정답 ?
③ 중심 화제와 관련된 구체적인 현상들을 나열하고 있다.
　　백두산 폭발　　　　　　　폭발의 전조 증상
　　윗글의 중심 화제는 백두산 폭발이다. 3문단에서 화산 폭발의 전조 증상으로 여겨지는 화산성 지진, 온천수의 온도 상승, 화산가스 누출 등의 여러 현상들이 백두산에서 구체적으로 언제 일어났는지 등을 나열하고 있다.

〉왜 오답 ?
① 중심 화제의 유형을 분류하고 있다.
　　화산이나 화산 폭발의 유형을 분류하지는 않음.
② 중심 화제에 대한 다양한 학설을 검토하고 있다.
　　　　　　　　　　　　　　　　검토하지 않음.

④ 중심 화제와 관련된 참고 자료 내용을 인용하고 있다.
  인용하지 않음.
⑤ 중심 화제에 대한 전문가들의 견해 차이를 분석하고 있다.
  분석하지 않음.

  6문단에서 대부분의 전문가들이 백두산이 폭발한다는 것에 동의한다고 했으므로 견해 차이라고 할 수 없다.

07 정답 ④ * 내용 파악하기

윗글의 내용으로 알맞지 <u>않은</u> 것은?

> **왜 정답?**

④ 여러 가지 요인을 동시에 고려하면 백두산 폭발 시기를 정확히 예측할 수 있다.
  예측할 수는 없음.

> 6문단 ❸문장 화산 폭발은 여러 가지 요인에 의해 발생하는 복잡한 현상이므로 백두산 폭발의 정확한 시기를 <u>예측할 수는 없지만</u> ~

> **왜 오답?**

① 백두산 온천수의 온도는 현재 섭씨 83도보다 낮다.

> 3문단 ❺문장 ~ 백두산 온천수의 온도도 <u>섭씨 83도까지 올랐으며</u>, ~
> 5문단 ❸문장 <u>온천수 온도도 안정적으로 돌아왔고</u>, ~

② 화산 가스가 나온다는 것은 화산이 폭발한다는 의미일 수도 있다.

> 3문단 ❷,❸문장 화산이 폭발한다는 것은 땅속에 있던 마그마가 땅 위로 올라오는 현상이다. 마그마가 땅 위로 올라올 때는 ~ 화산 가스가 누출되기도 한다.

③ 전문가들이라도 백두산이 폭발하는 정확한 시기를 예측할 수 없다. * 근거: 6문단 ❸문장

⑤ 오랫동안 관측한 데이터를 통해 자연 현상을 예측했을지라도 오차가 있을 수 있다.
  예상만 가능함.

> 4문단 ❸,❹문장 자연 현상은 더하기와 빼기를 하듯 오차 없이 일어나는 것이 아니다. 오랫동안 관측한 데이터를 바탕으로 아주 조심스럽게 예상해 볼 수 있을 뿐이다.

08 정답 ③ * 내용 파악+추론하기

<보기> 중 ㉮에 대한 설명으로 알맞지 <u>않은</u> 것을 모두 고른 것은?
'백두산 폭발 100년 주기설'

> **왜 정답?**

③ ㄷ

ㄷ. 공식적으로 인정되는 마지막 폭발 기록을 고려하면 <s>2025년</s>에 백두산이 폭발할 것이다.
  1903년
  2003년에 폭발했어야 함.

> 2문단 ❸문장 백두산이 100년에 한 번씩 폭발한다는 '백두산 폭발 100년 주기설'을 믿는 사람들은 백두산의 마지막 폭발 기록이 1925년이므로 다음 폭발은 2025년 전후일 가능성이 크다고 본다.
> 4문단 ❼문장 현재까지 공식적으로 인정되는 마지막 폭발은 1903년 백두산 천지에서 일어난 소규모 폭발이며 ~

  1903년의 100년 뒤는 2003년이므로 백두산 폭발 100년 주기설에 따르면 백두산은 이미 2003년 경에 폭발했어야 한다.

> **왜 오답?**

ㄱ. 백두산이 100년에 한 번씩 폭발한다는 가설이다.
  * 근거: 2문단 ❸문장

ㄴ. 백두산이 2025년에 폭발한다고 주장하는 사람들이 근거로 삼는다.
  2025년 전후일 가능성
  * 근거: 2문단 ❶, ❸문장

09 정답 ⑤ * 반응의 적절성 평가하기

㉠에 대한 반응으로 알맞지 <u>않은</u> 것은?
'화산성 지진'

> **왜 정답?**

⑤ 2022년 6월 이후에는 발생하지 않았으므로 백두산이 당장 폭발할 가능성은 크지 않겠군.
  2022년 6월 이후에 평균 수준으로 돌아왔을 뿐, 계속 발생했음.

> 5문단 ❷문장 2022년 6월까지 백두산에서 화산성 지진은 평균보다 자주 있었으나, 그 이후 화산성 지진은 평균 정도로 일어나고 있다.

  2022년 6월 이후에도 백두산에서 화산성 지진은 발생했다.

> **왜 오답?**

① 마그마의 움직임이 활발해졌음을 의미하는군.

> 3문단 ❸문장 마그마가 땅 위로 올라올 때는 지진이 일어나기도 ~
> 5문단 ❹문장 무엇보다 이러한 현상들(화산성 지진 등)은 백두산의 마그마 활동을 간접적으로 보여 주는 것일 뿐, ~

② 온천수의 온도 상승과 함께 일어날 수도 있겠군.

> 3문단 ❸문장 마그마가 땅 위로 올라올 때는 지진이 일어나기도 하고, 온천수의 온도가 상승하거나 ~

③ 백두산 폭발의 가능성을 알려주는 신호로 볼 수도 있겠군.
  * 근거: 3문단 ❹문장

④ 이것을 통해 백두산 폭발의 정확한 시기를 예측하는 것은 매우 어렵겠군. * 근거: 5문단 ❹문장

10 예시 답안: 백두산은 지금도 뚜렷하게 화산 활동을 계속하고 있는 활화산이기 때문이다.

㉯의 근거를 <조건>에 맞게 쓰시오.
'백두산이 언제 폭발하더라도 조금도 이상하지 않다'

─ <조건> ─
1. 근거는 한 가지만 제시할 것
2. '~때문이다.' 형식의 한 문장으로 쓸 것

> **왜 정답?**

> 6문단 ❷~❹문장 하지만 대부분의 전문가들이 언젠가 백두산이 폭발할 것이라는 데에는 동의하고 있다. 화산 폭발은 여러 가지 요인에 의해 발생하는 복잡한 현상이므로 백두산 폭발의 정확한 시기를 예측할 수는 없지만 ㉮백두산이 언제 폭발하더라도 조금도 이상하지 않다는 것이 전문가들의 의견이다. 왜냐하면 백두산은 지금도 뚜렷하게 화산 활동을 계속하고 있는 활화산이기 때문이다.

  전문가들은 백두산이 활화산이기 때문에 백두산이 언젠가는 폭발할 것이라는 데에 동의하고 있다.

채점 요소	채점 기준	배점	
내용의 적절성	윗글에서 알맞은 근거를 찾아 적절히 제시한 경우 (조건 1)	5	5
	답을 쓰지 않거나 오답을 쓴 경우	0	
표현의 적절성	조건 2에 맞게 쓰지 않은 경우	-1	-2
	어법에 맞지 않거나 문맥에 어긋난 경우	-1	

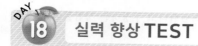

실력 향상 TEST

▶ 문제편 154쪽

[01~05] 악보란 무엇인가? [예술]

○ 각 문단 핵심어 ◎ 글 전체 핵심어 — 각 문단 중심 문장 ▬ 글 전체 중심 문장

1 ❶우리가 곡을 연주할 때 악기 말고도 꼭 챙기는 것이 있다. ❷바로 ⟨악보⟩이다. ❸악보는 음악의 곡조를 일정한 기호로 기록한 것으로, ▬▬▬▬▬▬▬▬▬▬ 악보의 개념 ▬▬▬▬▬▬▬▬▬ 가로로 그려진 5개의 줄 위로 다양한 기호가 표시되어 있는 ▬▬▬▬ 악보의 형태 형태이다. ❹작곡가들은 각 줄과 공간에 다양한 기호를 그림으로써 사람들에게 자신이 이야기하고 싶은 바를 전달한다.

▬▬ : 시대에 따른 악보의 변화   *1문단 요약: 악보의 개념과 형태

2 ❶⟨악보⟩를 처음 그린 사람은 고대 그리스인이라고 전해진다. ❷고대 그리스인들은 합창단과 하프 연주자, 관악기 연주자들을 위해 알파벳을 활용하여 곡조를 표현했다. 이후 9~10세기경 서양에서 악보가 생겨났고, 10세기경에 가로로 된 줄, 즉 보표를 활용하여 ▬▬▬ 보표 악보를 그리기 시작했다. 12세기경에는 4줄짜리 보표를 사용하여 악보를 그렸고, 13세기에 이르러 지금처럼 5줄짜리 보표를 활용하여 악보를 그리기 시작했다.   *2문단 요약: 시대에 따른 악보의 변화

3 ❶그렇다면 악보에 사용하는 ⟨기호⟩에는 어떤 것이 있을까? 먼저 ㉠'음표'는 음을 높거나 낮게, 혹은 길거나 짧게 연주하라는 기호이다. ❸음표의 위치는 음표의 높낮이를 나타낸다. ❹그리고 음표의 모양은 음의 길이를 나타내는데, [온음표, 2분음표, 4분음표, 8분음표, 16분음표] 등이 있다. ❺㉡'음자리표'는 절대적인 음높이를 [ ] : 음표의 종류 나타내기 위해 오선 악보의 맨 앞에 적은 표로, [높은음자리표, 낮은음자리표, 가온음자리표]가 있다. ❻음자리표에 따라 '도, 레, 미, [ ] : 음자리표의 종류 파, 솔, 라, 시'라는 '계이름'이 정해진다.

𝅝	𝅗𝅥	♩	♪	𝅘𝅥𝅯
온음표	2분음표	4분음표	8분음표	16분음표

𝄞	𝄢	𝄡
높은음자리표	낮은음자리표	가온음자리표

*3문단 요약: 악보에 사용하는 기호 ① 음표와 음자리표

4 ❶또 ㉢'쉼표'는 연주할 때 쉬어야 할 시간을 나타내는 ⟨기호⟩로, 쉼의 길이에 따라 온쉼표, 2분쉼표, 4분쉼표, 8분쉼표, 16분쉼표 ▬▬▬ 쉼표의 종류 등이 있다. ❷㉣'도돌이표'는 악곡의 전체 또는 한 부분을 되풀이하여 연주할 것을 지시하는 역할을 하고, ㉤'끝세로줄'은 연주를 여기서 마치라고 지시하는 역할을 한다. ❸그리고 '덧줄'은 오선 악보에 표현할 수 없는, 더 높거나 낮은 음을 그릴 때 이용한다.

*4문단 요약: 악보에 사용하는 기호 ② 쉼표, 도돌이표, 끝세로줄, 덧줄

𝄻	𝄼	𝄽	𝄾	𝄿
온쉼표	2분쉼표	4분쉼표	8분쉼표	16분쉼표

𝄆𝄇	𝄂	
도돌이표	끝세로줄	덧줄

5 ❶곡의 연주나 발표, 보존, 학습 등을 목적으로 일정한 약속이나 규칙에 따라 기호를 활용하여 악곡을 기록하는 방법을 ⟨기보법⟩이라고 ▬▬▬▬▬▬▬▬▬▬▬▬▬▬▬▬ 기보법의 개념 ▬ 한다. [작곡가가 아무리 기보법을 잘 사용해도 자신이 표현하고자 [ ] : 기보법의 한계 하는 모든 음악적 요소를 악보에 그려 넣을 수는 없다.] ❷㉥그래서 같은 악보를 보고 연주를 하더라도 연주하는 사람에 따라서 음악의 분위기가 달라진다.   *5문단 요약: 기보법의 한계

6 ❶음악 수업 시간에 배운 ⟨악보⟩ ㉦ 읽는 법을 떠올리며 유명한 작곡가가 그린 악보를 읽어 보자. ❷악보에 그려진 기호가 의미하는 ▬▬▬ 글쓴이의 권유 바를 생각하며 악보를 읽다 보면 활자로만 표시되어 있던 악보가 어느새 음악으로 와닿는 것을 느낄 수 있을 것이다.   *6문단 요약: 악보를 읽어 보자는 권유

■ 지문 이해

악보에 사용하는 기호	음표, 음자리표, 쉼표, 도돌이표, 끝세로줄, 덧줄

■ 문단 간의 관계

1문단: 악보의 개념과 형태를 설명했다.
2문단: 시대에 따라 악보가 어떻게 달라져 왔는지를 설명했다.
3문단: 악보에 사용되는 기호 중 음표와 음자리표에 대해 설명했다.
4문단: 악보에 사용되는 기호 중 쉼표, 도돌이표, 끝세로줄, 덧줄에 대해 설명했다.
5문단: 기보법의 한계 때문에 같은 악보를 보고 연주를 해도 연주하는 사람에 따라 음악의 분위기가 달라진다고 했다.
6문단: 악보에 그려진 기호의 의미를 생각하며 악보를 읽어볼 것을 권하며 글을 마무리했다.

■ 글의 구조도

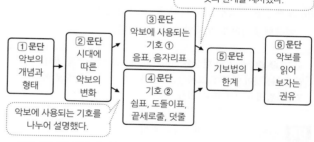

■ 주제: 악보와 악보에 사용하는 기호

---

01 정답 ① *내용 파악하기

윗글을 읽고 답할 수 없는 질문은?

⟫왜 정답?

① 악보의 단점은 무엇일까?
   이야기하지 않음.

⟫왜 오답?

② 기보법은 무엇을 의미할까?

5문단 ❶문장 곡의 연주나 발표, 보존, 학습 등을 목적으로 일정한 약속이나 규칙에 따라 기호를 활용하여 악곡을 기록하는 방법을 기보법이라고 한다.

③ 음자리표의 종류에는 무엇이 있을까?

3문단 ❺문장 '음자리표'는 ~ 높은음자리표, 낮은음자리표, 가온음자리표가 있다.

70   자이스토리 중학 국어 비문학 독해 1

④ 악보를 처음 그린 사람은 어느 나라 사람일까?

> ②문단❶문장 악보를 처음 그린 사람은 고대 그리스인이라고 ~

⑤ 음표의 모양과 위치가 의미하는 바는 무엇일까?

> ③문단❸,❹문장 음표의 위치는 음표의 높낮이를 나타낸다. 그리고 음표의 모양은 음의 길이를 나타내는데, ~

02 정답 ⑤ *내용 파악 + 추론하기

㉠~㉯에 대한 설명으로 알맞지 <u>않은</u> 것은?

>**왜** 정답?

⑤ ㉯은 오선 악보에 표현할 수 없는, 더 높거나 낮은 음들을
'덧줄'
그릴 때 이용한다.

> ④문단❷,❸문장 ~ ㉭ '끝세로줄'은 연주를 여기서 마치라고 지시하는 역할을 한다. 그리고 '덧줄'은 오선 악보에 표현할 수 없는, 더 높거나 낮은 음을 그릴 때 이용한다.

>**왜** 오답?

① 온음표와 4분음표는 ㉠에 해당한다.
'음표'

> ③문단❹문장 ~ 음표의 모양은 음의 길이를 나타내는데, 온음표, 2분음표, 4분음표, 8분음표, 16분음표 등이 있다.

② 계이름은 ㉡과 관련이 있다.
'음자리표'

> ③문단❻문장 음자리표에 따라 '도, 레, 미, 파, 솔, 라, 시'라는 '계이름'이 정해진다.

③ ㉢은 연주할 때 쉬어야 할 시간을 나타내는 역할을 한다.
'쉼표'

> ④문단❶문장 또 ㉢ '쉼표'는 연주할 때 쉬어야 할 시간을 나타내는 기호로, ~

④ 악곡의 전체 또는 한 부분을 되풀이하여 연주할 것을 지시할 때는 ㉣을 사용한다.
'도돌이표'

> ④문단❷문장 ㉣ '도돌이표'는 악곡의 전체 또는 한 부분을 되풀이하여 연주할 것을 지시하는 역할을 하고, ~

03 정답 ⑤ *반응의 적절성 파악하기

윗글을 읽은 후의 반응으로 알맞지 <u>않은</u> 것은?

>**왜** 정답?

⑤ 기보법을 사용하면 내가 전달하고자 하는 모든 음악적 요소를 악보에 그려 넣을 수 있겠구나.
없음.

> ⑤문단❷문장 작곡가가 아무리 기보법을 잘 사용해도 자신이 표현하고자 하는 모든 음악적 요소를 악보에 그려 넣을 수는 없다.

>**왜** 오답?

① 악보를 처음 그린 사람들은 알파벳을 활용했구나.

> ②문단❶,❷문장 악보를 처음 그린 사람은 고대 그리스인이라고 전해진다. 고대 그리스인들은 ~ 알파벳을 활용하여 곡조를 표현했다.

② 음악의 곡조를 일정한 기호로 기록한 것을 악보라고 하는군.

> ①문단❸문장 악보는 음악의 곡조를 일정한 기호로 기록한 것으로 ~

③ 내가 13세기 사람이었다면 5줄짜리 보표를 활용하여 악보를 그렸겠구나.

> ②문단❹문장 ~ 13세기에 이르러 지금처럼 5줄짜리 보표를 활용하여 악보를 그리기 시작했다.

④ 나와 내 친구가 같은 악보를 보고 연주를 하더라도 음악의 분위기는 달라질 수 있겠어.

> ⑤문단❸문장 ~ 같은 악보를 보고 연주를 하더라도 연주하는 사람에 따라서 음악의 분위기가 달라진다.

04 정답 ⑤ *어휘의 의미 파악하기

각 문장의 밑줄 친 부분이 ㉯과 같은 의미로 쓰인 것은?
㉯ '읽는' - '그림이나 소리 따위가 전하는 내용이나 뜻을 헤아려 알다.'라는 의미로 쓰임.

>**왜** 정답?

⑤ 화가의 그림 그리는 법을 읽어 나가면 작품을 더 깊게 감상할 수 있다.

> '악보 읽는 법'에서 ㉯ '읽는'은 '그림이나 소리 따위가 전하는 내용이나 뜻을 헤아려 알다.'라는 의미로 사용되었다. '화가의 그림 그리는 법을 읽어 나가면'에서의 '읽어'도 이와 같은 의미로 쓰였다.

>**왜** 오답?

① 그는 아침마다 신문을 읽는다.
'글을 보고 거기에 담긴 뜻을 헤아려 알다.'라는 의미로 쓰임.

② 그 아이는 동화책을 매우 크게 읽었다.
'글이나 글자를 보고 그 음대로 소리 내어 말로써 나타내다.'라는 의미로 쓰임.

③ 친구가 보낸 편지를 읽고 눈물이 흘렀다.
'글을 보고 거기에 담긴 뜻을 헤아려 알다.'라는 의미로 쓰임.

④ 사회의 변화를 읽을 줄 아는 능력을 길러야 한다.
'어떤 상황이나 사태가 갖는 특징을 이해하다.'라는 의미로 쓰임.

05 예시 답안: 작곡가가 아무리 기보법을 잘 사용해도 자신이 표현하고자 하는 모든 음악적 요소를 악보에 그려 넣을 수는 없기 때문이다.

㉮의 이유를 〈조건〉에 맞게 쓰시오.
'그래서 같은 악보를 보고 연주를 하더라도 연주하는 사람에 따라서 음악의 분위기가 달라진다.'

─── 〈조건〉 ───
1. 근거는 한 가지만 제시할 것
2. '~때문이다.' 형식의 한 문장으로 쓸 것

>**왜** 정답?

*근거: ⑤문단❷,❸문장

5문단에서 작곡가가 표현하고자 하는 모든 것을 악보에 그려 넣지 못하므로 악보를 보고 연주하는 사람에 따라서 음악의 분위기가 달라진다고 했다.

채점 요소	채점 기준	배점	
내용의 적절성	윗글에서 근거를 찾아 적절히 제시한 경우 (조건 1)	5	5
	답을 쓰지 않거나 오답을 쓴 경우	0	
표현의 적절성	조건 2에 맞게 쓰지 않은 경우	-1	-2
	어법에 맞지 않거나 문맥에 어긋난 경우	-1	

[06~10] 기업의 컬러 마케팅 [사회]

○ 각 문단 핵심어   ◎ 글 전체 핵심어   ― 각 문단 중심 문장   글 전체 중심 문장

1 우리가 노란색을 보면 메신저 애플리케이션을 떠올리고 자주 사용하는 인터넷 검색 누리집을 '초록창'이라고 부르는 이유는 무엇일까? 우리가 노란색을 보면 메신저 애플리케이션을 떠올리고 초록색을 보면 인터넷 검색 누리집을 떠올리는 것처럼 특정한 색상을 보았을 때 어떤 기업이나 상품이 떠오르는 현상은 컬러 마케팅과 관련이 있다.
　*1문단 요약: 컬러 마케팅의 구체적 사례

2 컬러 마케팅이란 색상을 활용하여 소비자의 구매 욕구를 ㉠ 자극하는 마케팅 기법이다. 컬러 마케팅을 주장하는 사람들은 【각각의 색상마다 고유한 파장과 진동수가 있으며, 각 색상의 파장과 진동은 그 색을 보는 사람으로 하여금 편안함, 따뜻함, 식욕 등을 느끼게 한다고 본다. 그리고 이러한 반응이 구매 욕구로 이어진다】고 여긴다. 【실제로 미국에서 진행한 어느 연구에 따르면 사람의 오감 중에서 시각이 어떤 상품의 구매를 결정하는 데 가장 큰 영향을 미친다고 한다. 사람이 상품을 ㉡ 인식하고 그 상품을 살지 말지 결정할 때, 그 상품이 눈에 어떻게 보이는지가 가장 큰 영향을 미친다는 것이다.】
　*2문단 요약: 컬러 마케팅의 개념

3 그렇다면 컬러 마케팅을 시도하는 기업들은 어떤 색상을 사용할까? 대표적으로 사용하는 색상에는 빨간색, 파란색, 초록색이 있다. 먼저, 감성을 자극하고 열정을 드러내는 강렬한 색인 빨간색은 흥분과 열정을 ㉢ 강조하고자 하는 스포츠 의류나 패션 의류에서 많이 활용한다. 또한 빨간색은 입맛을 돋우는 역할을 하기 때문에 음식점의 간판이나 음식을 홍보하는 광고지에도 많이 쓰인다.
　*3문단 요약: 컬러 마케팅에서 자주 사용하는 색상 ① 빨간색

4 다음으로, 파란색은 신뢰와 안정, 젊음의 이미지를 가진 색이다. 신뢰와 안정, 젊음 등은 대부분의 기업이 ㉣ 지향하는 것이기도 하다. 그래서 많은 기업들은 자신들의 기업을 상징하는 로고에 파란색을 많이 사용한다. 또한 파란색은 시원한 느낌을 주므로, 여름을 겨냥하여 출시된 상품이나 빙과류의 포장에도 자주 쓰인다.
　*4문단 요약: 컬러 마케팅에서 자주 사용하는 색상 ② 파란색

5 마지막으로, 초록색은 깨끗하고 순수한 자연을 떠오르게 한다. 그래서 신선한 식료품을 판매하는 기업 등에서 초록색을 많이 활용한다. 또한 제품이 친환경적이거나 건강에 좋다는 것을 강조하고 싶은 기업에서도 초록색을 자주 사용한다.
　*5문단 요약: 컬러 마케팅에서 자주 사용하는 색상 ③ 초록색

6 컬러 마케팅은 단순히 보기 좋은 색상을 고르는 기법이 아니다. 기업이나 상품을 ㉤ 대표할 수 있는 【색상을 활용하여 소비자의 눈길을 끌고, 이를 바탕으로 기업이나 상품을 소비자에게 각인시키는】하나의 전략이다. 상품을 구매할 때 상품의 포장지나 기업의 로고에 사용된 색상도 살펴보자. 그 상품과 기업의 특징을 더 잘 이해할 수 있을 것이다.
　*6문단 요약: 컬러 마케팅의 효과

■ 지문 이해

컬러 마케팅에 자주 사용하는 색상

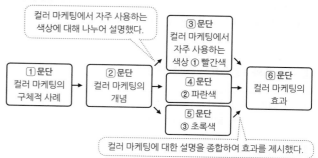

빨간색	파란색	초록색
감성, 열정, 강렬함, 입맛 돋움	신뢰, 안정, 젊음, 시원한 느낌	깨끗, 순수, 자연

■ 문단 간의 관계

1문단: 구체적 사례를 통해 색상을 보았을 때 기업이나 상품이 떠오르는 현상은 컬러 마케팅과 관련이 있다고 했다.
2문단: 컬러 마케팅의 개념을 설명했다.
3문단: 컬러 마케팅에 자주 사용하는 색 중 빨간색의 특징을 설명했다.
4문단: 컬러 마케팅에 자주 사용하는 색 중 파란색의 특징을 설명했다.
5문단: 컬러 마케팅에 자주 사용하는 색 중 초록색의 특징을 설명했다.
6문단: 컬러 마케팅은 소비자의 눈길을 끌고 기업이나 상품을 소비자에게 각인시키는 효과가 있다고 이야기했다.

■ 글의 구조도

컬러 마케팅에서 자주 사용하는 색상에 대해 나누어 설명했다.

1문단 컬러 마케팅의 구체적 사례 → 2문단 컬러 마케팅의 개념 → 3문단 컬러 마케팅에서 자주 사용하는 색상 ① 빨간색 / 4문단 ② 파란색 / 5문단 ③ 초록색 → 6문단 컬러 마케팅의 효과

컬러 마케팅에 대한 설명을 종합하여 효과를 제시했다.

■ 주제: 컬러 마케팅의 개념과 효과

06 정답 ② ＊내용 전개 방식 파악하기

윗글에 대한 설명으로 가장 알맞은 것은?

＞왜 정답 ?

② 컬러 마케팅과 관련된 연구 결과를 소개했다.

> 2문단 4문장 실제로 미국에서 진행한 어느 연구에 따르면 사람의 오감 중에서 시각이 어떤 상품의 구매를 결정하는 데 가장 큰 영향을 미친다고 한다.

＞왜 오답 ?

① 컬러 마케팅이 ~~성공하는 조건~~을 제시했다.
　제시하지 않음.

③ 컬러 마케팅이 성공한 사례와 ~~실패한 사례~~를 비교했다.
　제시하지 않음.

＊근거: 1문단

　1문단에서 소개하고 있는 노란색을 보면 떠오르는 메신저 애플리케이션과 초록창이라고 부르는 인터넷 검색 누리집을 컬러 마케팅의 성공 사례라고 볼 수도 있다. 하지만 윗글에서 컬러 마케팅의 실패 사례에 대해 이야기한 부분은 찾을 수 없다.

④ 컬러 마케팅의 사례를 들어 컬러 마케팅의 ~~문제점~~을
　노란색 - 메신저 애플리케이션 등　　　지적하지 않음.
지적했다.

⑤ 컬러 마케팅에 자주 사용하는 색 중 초록색이 ~~가장 유용하다~~고 주장했다.
　주장하지 않음.

＊근거: 3~5문단

　3문단에서에서 컬러 마케팅을 시도하는 기업들이 빨간색, 파란색, 초록색을 자주 사용한다고 설명했을 뿐, 초록색이 컬러 마케팅에서 사용하는 색 가운데 가장 유용하다고 주장하지는 않았다.

07 정답 ① ＊내용 파악하기

윗글의 내용으로 알맞지 <u>않은</u> 것은?

> 왜 정답 ?

① ~~파란색~~ 은 감성을 자극하고 열정을 드러내기 위한 상품에
　빨간색
　많이 활용된다.

> ③문단 ❸문장 먼저, 감성을 자극하고 열정을 드러내는 강렬한 색인
> <u>빨간색</u>은 흥분과 열정을 강조하고자 하는 스포츠 의류나 패션
> 의류에서 많이 활용한다.

> 왜 오답 ?

② 상품의 포장지에 사용된 색상을 보면 상품의 특징을
　이해하는 데 도움이 된다.

> ⑥문단 ❸, ❹문장 상품을 구매할 때 <u>상품의 포장지나 기업의 로고에
> 사용된 색상도 살펴보자. 그 상품과 기업의 특징을 더 잘 이해할 수
> 있을 것이다.</u>

③ 컬러 마케팅을 주장하는 사람들은 색채에 대한 반응이
　구매 욕구로 이어진다고 볼 것이다.

> ②문단 ❷, ❸문장 컬러 마케팅을 주장하는 사람들은 ~ 각 색상의
> 파장과 진동이 그 색을 보는 사람으로 하여금 편안함, 따뜻함, 식욕
> 등을 느끼게 한다고 본다. 그리고 이러한 반응이 <u>구매 욕구로</u>
> 이어진다고 여긴다.

④ 컬러 마케팅을 주장하는 사람들은 초록색과 파란색의
　파장과 진동수가 다르다고 볼 것이다.

> ②문단 ❷문장 컬러 마케팅을 주장하는 사람들은 각각의 색상마다
> 고유한 파장과 진동수가 있으며, ~

⑤ 사람의 오감 중 상품을 인식하고 구매를 결정하는 데 가장
　큰 영향을 미치는 감각은 시각이다.

> ②문단 ❹문장 실제로 미국에서 진행한 어느 연구에 따르면 사람의
> 오감 중에서 시각이 구매를 결정하는 데 가장 큰 영향을 미친다고 ~

08 정답 ⑤ ＊구체적 사례에 적용하기

윗글을 읽은 사람이 〈보기〉를 읽고 반응한 것으로 알맞지 <u>않은</u> 것은?

──────〈보기〉──────
❶ 최근 A 기업은 <u>초록색</u> 케첩을 만들었다. ❷하지만 사람들로 하여금
　　효과적이지 않은 컬러 마케팅의 사례
초록색은 상한 음식을 떠오르게 하였고, 그 결과 소비자들은 초록색
케첩을 구매하지 않았다. ❸한편, 온라인으로 쌈채소를 판매하는
B 기업은 기업의 누리집을 비롯해 각종 포장지에 <u>초록색을</u>
<u>적극적으로 활용</u>하였다. ❹ 그 결과 사람들은 초록색을 보면 B 기업을
　효과적인 컬러 마케팅의 사례
떠올리게 되었고, B 기업이 판매하는 쌈채소의 인기도 높아졌다.

> 왜 정답 ?

⑤ A 기업과 B 기업을 비교해 보니, 식료품을 홍보하고자 할 때는
　~~초록색만~~ 활용해야 소비자의 구매 욕구를 높일 수 있겠어.
　특성에 맞게 색을 활용해야 함.
　　초록색을 활용한다고 해서 무조건 소비자의 구매 욕구를 높일 수 있는
　　것은 아니다. A 기업에서는 식료품인 케첩에 초록색을 활용했으나,
　　소비자의 구매 욕구를 높이지 못했다.

> 왜 오답 ?

① A 기업은 상한 음식을 떠오르게 하는 초록색보다는 입맛을
　자극하는 빨간색을 활용하는 것이 좋겠어.

> ③문단 ❹문장 또한 빨간색은 입맛을 돋우는 역할을 하기 때문에 ~
> 〈보기〉❷문장 ~ 초록색은 상한 음식을 떠오르게 하였고, ~

② A 기업처럼 상품의 특성에 어울리지 않는 색상을 마케팅에
　활용하면 상품 판매에 부정적인 영향을 줄 수도 있겠어.
　　　　소비자들은 초록색 케첩을 구매하지 않음.
　＊근거: 〈보기〉❷문장

③ 초록색을 본 사람들이 B 기업을 떠올리게 된 것은 컬러
　마케팅과 관련이 있어.

> ①문단 ❷문장 ~ 특정한 색상을 보았을 때 어떤 기업이나 상품이
> 떠오르는 현상은 '컬러 마케팅'과 관련이 있다.

④ B 기업은 신선한 식료품을 판다는 것을 강조하고 싶었기
　때문에 초록색을 활용했을 거야.

> ⑤문단 ❷문장 그래서 신선한 식료품을 판매하는 기업 등에서
> 초록색을 많이 활용한다.

09 정답 ④ ＊어휘의 의미 파악하기

㉠~㉤의 사전적 의미로 알맞지 <u>않은</u> 것은?

> 왜 정답 ?

④ ㉣: 더 높은 단계로 오르기 위하여 어떠한 것을 하지
　'지향하는' - '지향하다: 어떤 목표로 뜻이 쏠리어 향하다'라는 의미임.
　아니하다. - '지양하다'의 사전적 의미임.

> 왜 오답 ?

① ㉠: 외부에서 작용을 주어 감각이나 마음에 반응이
　'자극하는'
　일어나게 하다.

② ㉡: 사물을 분별하고 판단하여 알다.
　'인식하고'

③ ㉢: 어떤 부분을 특별히 강하게 주장하거나 두드러지게 하다.
　'강조하고'

⑤ ㉤: 전체의 상태나 성질을 어느 하나로 잘 나타내다.
　'대표할'

DAY 18

10 예시 답안: 컬러 마케팅은 색상을 활용하여 소비자의 눈길을 끌고
　　　　 기업이나 상품을 소비자에게 각인시킬 수 있다는
　　　　 효과가 있다.

컬러 마케팅의 효과를 〈조건〉에 맞게 쓰시오.

──────〈조건〉──────
1. 6문단에서 찾아 쓸 것
2. '컬러 마케팅은 ~ 효과가 있다.' 형식의 한 문장으로 쓸 것

> 왜 정답 ?

> ⑥문단 ❷문장 ~ 소비자의 눈길을 끌고, 이를 바탕으로 기업이나
> 상품을 소비자에게 각인시키는 하나의 전략이다.

채점 요소	채점 기준	배점	
내용의 적절성	6문단에서 효과를 찾아 적절히 제시한 경우 (조건 1)	5	5
	답을 쓰지 않거나 오답을 쓴 경우	0	
표현의 적절성	조건 2에 맞게 쓰지 않은 경우	-1	-2
	어법에 맞지 않거나 문맥에 어긋난 경우	-1	

[11~15] 반려 식물의 시대 [인문]

○ 각 문단 핵심어 ◎ 글 전체 핵심어 — 각 문단 중심 문장 ▨ 글 전체 중심 문장

[1] ㉮ <u>반려 식물</u>이라는 말을 들어본 적이 있는가? 우리에게
'반려동물'이라는 말은 익숙하지만, '반려 식물'은 그렇지 않다.
_{반려 식물이라는 말은 익숙하지 않음.}
❸ 하지만 이제는 ㉠ <u>반려 식물의 시대</u>이다. 반려동물이 그러하듯
<u>가족의 한 구성원처럼 가까이에서 같이 생활하는 식물이 바로 반려</u>
<u>식물이다.</u> ❺ 반려 식물과 함께하는 사람들은 반려 식물을 아끼고,
_{반려 식물의 의미}
돌보고, 반려 식물이 성장하는 과정을 지켜보며 안정감과 행복을
느낀다고 말한다.
*_{**[1]문단 요약**: 반려 식물의 개념}

[2] ❶ 반려 식물을 키우는 사람이 늘어남에 따라 최근에는 식물들을
전문적으로 치료해주는 <u>식물 병원</u>까지 생겼다. ❷ 식물 병원에서는
시들거나 벌레 먹은 식물들의 문제를 해결해 주고, 잘 자라지 않는
식물들을 키우는 방법을 알려주기도 한다. ❸ 2023년에는 서울시에서
전용 치료실과 입원실을 갖춘 반려 식물 병원을 개원하기도 했다.
❹ 이처럼 전문적인 식물 병원이 생겨난 것은 <u>식물을 '반려'로 소중히</u>
_{식물 병원이 생긴 이유}
<u>대하고 잘 길러내고자 하는 사람들의 열정이 만든 현상</u>으로 볼 수 있다.
*_{**[2]문단 요약**: 반려 식물 병원의 개원}

[3] ❶ 그렇다면 사람들이 반려 식물을 키우는 <u>이유</u>는 무엇일까? ❷ 반려
식물을 키우는 사람들은 <u>반려 식물이 호흡을 하는 과정에서 공기를</u>
_{사람들이 반려 식물을 키우는 이유 ①}
<u>정화해 주고, 반려 식물을 키우는 공간이 밝고 건강한 분위기로</u>
_{사람들이 반려 식물을 키우는 이유 ②}
<u>바뀌기 때문</u>이라고 이야기한다. ❸ 그리고 자신들이 열심히 키우는
<u>반려 식물이 잘 자라면 큰 보람과 기쁨을 느낄 수 있어 스트레스도</u>
_{사람들이 반려 식물을 키우는 이유 ③}
<u>줄어든다</u>고 말한다.
*_{**[3]문단 요약**: 사람들이 반려 식물을 키우는 이유}

[4] ❶ 하지만 식물에 대해 모르는 사람이 <u>반려 식물</u>을 키우기는
어렵다. ❷ <u>식물에 따라 키우는 방법이 각양각색이기 때문이다.</u> ❸ 햇빛을
_{반려 식물을 키우기 어려운 이유}
많이 받아야 하는 식물이 있는가 하면, 햇빛을 피해 그늘에서만
키워야 하는 식물도 있다. ❹ 또 식물에 따라 주어야 하는 물의 양도
다르다. ❺ 어떤 식물은 물을 자주 주어야 하지만, 어떤 식물은 물을
자주 주면 죽을 수도 있다. ❻ 그러므로 <u>반려 식물을 잘 키우려면</u>
<u>키우려고 하는 식물의 특성을 먼저 파악한 후, 식물이 잘 자랄 수</u>
_{반려 식물을 키울 때의 유의점}
<u>있도록 각 식물의 특성에 맞추어 적절한 환경을 조성해 주어야만</u>
<u>한다.</u>
*_{**[4]문단 요약**: 반려 식물을 키울 때의 유의점}

[5] ❶ [먹기 위해서, 혹은 단순히 한쪽에 두고 감상하기 위해서 식물을
_{[ ] 과거와 달라진 식물 키우기의 의미}
키웠던 과거와 달리 요즘에는 교감의 대상으로 식물을 키운다.]
❷ <u>반려 식물</u>이라는 표현도 그래서 탄생한 것이다. ❸ [삶에 위로와
안정감을 주고, 즐거움과 보람, 행복을 주는 반려 식물은 앞으로도
[ ]: 반려 식물 키우기에 대한 글쓴이의 생각
많은 사람과 함께할 것이다.] ❹ 일상생활에서 교감의 대상이
필요하다면 반려 식물을 키워보는 것은 어떨까?
_{반려 식물 키우기를 권함.}
*_{**[5]문단 요약**: 과거와 달라진 식물 기르기의 의미와}
_{반려 식물에 대한 글쓴이의 생각}

■ 지문 이해

■ 문단 간의 관계
[1]문단: 반려 식물의 개념을 소개했다.
[2]문단: 반려 식물을 키우는 사람이 늘어나면서 식물 병원까지 생겼다고
  이야기했다.
[3]문단: 사람들이 반려 식물을 키우는 이유를 설명했다.
[4]문단: 반려 식물을 키울 때 유의해야 하는 점을 소개했다.
[5]문단: 과거와 달라진 식물 기르기의 의미를 밝히고, 반려 식물을
  키워보자고 권하며 글을 마무리했다.

■ 글의 구조도

[1]문단 반려 식물의 개념	[2]문단 반려 식물 병원의 개원	[3]문단 사람들이 반려 식물을 키우는 이유	[4]문단 반려 식물을 키울 때 유의점	[5]문단 과거와 달라진 식물 기르기의 의미와 반려 식물에 대한 글쓴이의 생각

⇒ 글의 순서대로 구조도를 그릴 수 있다.

■ 주제: 반려 식물의 개념과 사람들이 반려 식물을 키우는 이유

---

11 정답 ② ＊내용 파악하기

윗글을 읽고 답할 수 있는 질문은?

오왜 정답 ?
② 반려 식물 병원을 개원한 곳은 어디일까?
_{서울시}

> [2]문단 ❸문장 2023년에는 <u>서울시에서</u> 전용 치료실과 입원실을 갖춘
> 반려 식물 병원을 개원하기도 했다.

오왜 오답 ?
① 반려 식물이 시드는 이유는 무엇일까?
_{이야기하지 않음.}

> [2]문단 ❷문장 식물 병원에서는 시들거나 벌레 먹은 식물들의 문제를
> 해결해 주고, 잘 자라지 않는 식물들을 키우는 방법을 알려주기도
> 한다.

2문단에서 식물 병원에서 식물이 시든 문제를 해결해 준다고 했을 뿐,
반려 식물이 시드는 이유를 이야기하지는 않았다.

③ 반려동물이 인기를 끌었던 이유는 무엇일까?
_{식물}
  윗글에서는 주로 반려 식물에 대해 이야기하고 있을 뿐, 반려동물이
인기를 끌었던 이유에 대해 이야기하지 않았다.

④ 햇빛을 지속적으로 받아야 하는 식물은 무엇일까?
_{이야기하지 않음.}

> [4]문단 ❸문장 햇빛을 많이 받아야 하는 식물이 있는가 하면, 햇빛을
> 피해 그늘에서만 키워야 하는 식물도 있다.

4문단에서 햇빛을 많이 받아야 하는 식물이 있다고는 했지만, 그 식물이
무엇인지에 대해서는 이야기하지 않았다.

⑤ 반려 식물에 대한 정보가 많아진 이유는 무엇일까?
_{이야기하지 않음.}

12 정답 ⑤ *내용 파악+추론하기

글쓴이가 윗글을 쓴 이유로 가장 알맞은 것은?

> **왜 정답?**

⑤ 반려 식물의 개념을 설명하고 반려 식물에 대한 자신의 생각을 드러내기 위해서

> ① 문단 ④ 문장 ~ 가족의 한 구성원처럼 가까이에서 같이 생활하는 식물이 바로 반려 식물이다. - 반려 식물의 개념
> ⑤ 문단 ③, ④ 문장 ~ 반려 식물은 앞으로도 많은 사람과 함께할 것이다. ~ 반려 식물을 키워보는 것은 어떨까? - 글쓴이의 생각

글쓴이는 1문단에서 반려 식물의 개념을 설명하고, 5문단에서 반려 식물이 많은 사람과 함께할 것이라고 예상하면서 일상생활에서 교감이 필요한 사람들에게 반려 식물을 키워볼 것을 권하고 있다.

> **왜 오답?**

① 반려 식물을 죽이지 말자고 ~~주장하기~~ 위해서
주장하지 않음.

글쓴이가 4문단에서 반려 식물을 키우기는 어렵다고 했지만, 이것을 반려 식물을 죽이지 말라고 주장하는 것이라고 볼 수는 없다.

② 반려 식물의 의미를 바꾸자고 ~~주장하기~~ 위해서
주장하지 않음.

윗글의 글쓴이는 1문단에서 반려 식물의 의미를 설명하고 있으나, 반려 식물의 의미를 바꾸자고 주장하지는 않았다.

③ 반려 식물이 인기를 얻은 이유를 ~~분석하기~~ 위해서
분석하지 않음.

④ 반려 식물을 ~~모든~~ 사람이 키워야 한다고 주장하기 위해서
일상생활에서 교감이 필요한 사람
*근거: ⑤ 문단 ④ 문장

글쓴이가 5문단에서 반려 식물을 키워보자고 권하고는 있다. 그러나 글쓴이는 모든 사람에게 반려 식물을 키울 것을 권한 것이 아니라, 일상생활에서 교감의 대상이 필요한 사람에게 권하고 있을 뿐이다.

13 정답 ① *반응의 적절성 판단하기

윗글을 읽은 후의 반응으로 가장 알맞은 것은?

> **왜 정답?**

① 반려 식물을 잘 키우는 방법을 안내하고 있어.

> ④ 문단 ⑥ 문장 그러므로 반려 식물을 잘 키우려면 키우려고 하는 식물의 특성을 먼저 파악한 후, 식물이 잘 자랄 수 있도록 각 식물의 특성에 맞추어 적절한 환경을 조성해 주어야 한다.

4문단에서 반려 식물을 잘 키우는 방법으로 식물의 특성에 맞추어 적절한 환경을 조성해 주어야 한다고 했다.

> **왜 오답?**

② 반려 식물을 키우는 것에 대한 ~~다양한~~ 입장을 소개했어.
반려 식물을 키우는 사람들의 입장
*근거: ③ 문단

3문단에서 반려 식물을 키우는 사람들이 이야기하는 반려 식물을 이유를 나열하고 있다. 그러나 윗글에서 반려 식물을 키우지 않는 사람들의 입장을 소개하고 있지는 않다.

③ 반려 식물에 대한 글쓴이의 ~~경험~~을 제시해서 읽는 사람의 공감을 유도했어.
글쓴이의 경험을 이야기하지 않음.

④ 반려 식물에 대한 ~~신문 기사~~를 인용해서 신뢰성을 갖추고 있어.
신문 기사를 인용하지 않음.

---

⑤ 반려 식물을 ~~판매하는~~ 사람들의 반응을 소개해서 흥미를 끌고 있어.
이야기하지 않음.

반려 식물을 판매하는 사람들의 반응은 이야기하지 않았다.

14 정답 ① *구체적 사례에 적용하기

㉠과 거리가 먼 사람은?
'반려 식물의 시대'

> **왜 정답?**

① 쌈을 싸 먹기 위해 상추를 키운 하연

> ① 문단 ④ 문장 반려동물이 그러하듯 가족의 한 구성원처럼 가까이에서 같이 생활하는 식물이 바로 반려 식물이다.
> ⑤ 문단 ① 문장 먹기 위해서, 혹은 단순히 한쪽에 두고 감상하기 위해서 용도로만 식물을 키웠던 과거와 달리 요즘에는 교감의 대상으로 식물을 키운다.

㉠ '반려 식물의 시대'는 사람들이 식물을 단순히 먹기 위해서 키우는 것이 아니라 교감의 대상으로 키우는 시대인 요즘을 의미한다.
쌈을 싸 먹기 위해 상추를 키우는 것은 상추를 반려 식물로 키우는 것이 아니다.

> **왜 오답?**

② 식물에게 물을 주며 말을 건네는 진실
③ 식물을 키우며 안정감과 행복을 느낀 슬아
④ 시든 식물을 살리기 위해 반려 식물 병원에 간 은현
⑤ 식물을 키우면서 스트레스가 사라지는 것을 느낀 은미

> 모두 식물을 교감의 대상으로 대하고 있음.

②, ③, ④, ⑤의 진실, 슬아, 은현, 은미는 모두 식물을 가족의 한 구성원처럼 가까이에 두고 생활하고 있으므로 반려 식물을 키우는 사람들이라고 볼 수 있다.

15 예시 답안: 과거에는 먹거나 감상하기 위해 식물을 키웠지만, 요즘에는 교감의 대상으로 식물을 키우기 때문에 반려 식물이라는 표현이 등장하였다.

윗글의 ㉮와 같은 표현이 등장한 까닭이 무엇인지 〈조건〉에 맞게 쓰시오.
'반려 식물'

> ――――――― 〈조건〉 ―――――――
> 1. 식물에 대한 과거의 인식과 현재의 인식을 비교할 것
> 2. '과거에는 ~ 지만, 요즘에는 ~ 때문에 반려 식물이라는 표현이 등장하였다.' 형식의 한 문장으로 쓸 것

> **왜 정답?**

> ⑤ 문단 ① 문장 먹기 위해서, 혹은 단순히 한쪽에 두고 감상하기 위해서 식물을 키웠던 과거와 달리 요즘에는 교감의 대상으로 식물을 키운다.

요즘에는 교감의 대상으로 식물을 키우게 되었고, 이러한 영향으로 반려 식물이라는 표현이 등장하게 되었다.

채점 요소	채점 기준		배점
내용의 적절성	식물에 대한 과거의 생각과 현재의 인식을 알맞게 비교한 경우 (조건 1)	5	5
	답을 쓰지 않거나 오답을 쓴 경우	0	
표현의 적절성	조건 2에 맞게 쓰지 않은 경우	-1	-2
	어법에 맞지 않거나 문맥에 어긋난 경우	-1	

[01~05] 탄소 중립 실천하기 [과학·기술]

○ 각 문단 핵심어 ◎ 글 전체 핵심어 ― 각 문단 중심 문장 ■ 글 전체 중심 문장

① 최근 전 세계는 폭염, 폭설, 태풍, 산불 등의 ⊙ 이상 기후로 몸살을 앓고 있다. ② 이는 모두【환경 오염으로 인해 지구의 온도가 높아지는 현상, 즉 지구 온난화】때문이다. ③【 】이상 기후의 원인 전문가들의 예측에 따르면 우리가 살고 있는 지구의 온도가 2℃ 이상 높아지면 폭염, 폭설 등 우리가 감당할 수 없는 ⓒ 자연재해가 발생한다고 한다. ④ 하지만 지구의 온도 상승을 1.5℃로 제한할 경우 그러한 위험이 ⓒ 대폭 감소한다고 한다. ⑤ 그래서 전 세계적으로 지구의 온도 상승을 1.5℃ 안쪽으로 억제하고자 ㉮ 2050년까지 탄소 중립 탄소 중립을 하려고 하는 이유 사회로 전환하겠다는 목표를 세우고 이를 위해 노력하고 있다.

＊①문단 요약: 지구 온난화와 탄소 중립

② 탄소 중립이란, 탄소 배출 자체를 줄이고, 탄소를 배출하는 만큼 탄소를 없애 탄소 순 배출량을 0으로 만드는 것을 말한다. 탄소 중립의 개념 ② 지구의 온도를 높이는 가장 큰 원인은 온실가스인데, 이 온실가스의 대부분을 차지하는 것이 바로 탄소 관련 물질이다. ③ 개인이나 기업이 탄소의 배출을 줄이고, 탄소를 ㉣ 배출한 만큼 흡수하여 공기 중의 탄소 총량이 늘어나지 않게 하는 것이 바로 이 탄소 중립의 핵심이다.

＊②문단 요약: 탄소 중립의 개념

③ 그렇다면 어떻게 하면 탄소 중립을 실천할 수 있을까? 우리 같은 개인이 탄소 중립을 위해 할 수 있는 일은 친환경 활동에 ㉤ 참여하는 것이다.【종이 영수증 대신 휴대 전화 메시지를 통해 전자 영수증을 【 】개인이 할 수 있는 친환경 활동 받는다거나, 일회용 컵을 사용하는 대신 텀블러와 다회용 컵을 사용하는 것 등도 모두 친환경 활동에 해당한다. ④ 또한 음식점에서 음식을 구매할 때 다회용기를 활용하거나, 마트에서 플라스틱에 포장된 샴푸 등을 구매하는 대신에 친환경 상품을 판매하는 매장에 방문하여 원하는 만큼의 샴푸 등을 구매하고 집에서 사용하는 다회용기에 담아 오는 것】도 친환경 활동이다. ＊③문단 요약: 탄소 중립을 실천하는 방법 ① 개인

④ 국가나 기업이 탄소 중립을 위해 할 수 있는 일도 많다. 국가나 기업에서【탄소를 배출하는 양만큼의 숲을 만들어 산소를 공급하거나, 【 】국가·기업이 할 수 있는 친환경 활동 에너지를 생산하기 위해 화석 연료를 태워 탄소를 배출하는 대신에 태양열 에너지나 풍력 에너지 등의 재생 에너지를 활용하는 것도 탄소 중립을 위한 일이다. ③ 또 탄소 배출량을 돈으로 환산하여 시장에서 거래할 수 있도록 한 탄소 배출권을 구매하여 그만큼만 탄소를 배출하는 것】도 하나의 방법이다. ＊④문단 요약: 방법 ② 국가·기업

⑤ 개인이나 기업만 탄소 중립을 실천하고자 애를 쓴다고 탄소 중립을 할 수 있는 것이 아니다. ② 개인과 기업, 국가를 넘어서 전 세계가 탄소 중립을 함께 실천할 때 더 큰 효과를 기대할 수 있다. ③ 우리의 미래를 위해 탄소 중립에 관심을 갖고 이를 실천해 보자. 글쓴이의 주장 ＊⑤문단 요약: 탄소 중립에 대한 관심과 실천 촉구

■ 지문 이해

탄소 중립
－개념: 탄소 배출 자체를 줄이고 탄소를 배출하는 만큼 탄소를 없애 탄소 순 배출량을 0으로 만드는 것
➡ 전 세계가 함께 실천해야 함.

■ 문단 간의 관계

①문단: 전 세계적으로 탄소 중립을 실천하고자 하는 이유를 지구 온난화와 관련지어 설명했다.
②문단: 탄소 중립의 개념을 설명했다.
③문단: 탄소 중립을 위해 개인이 실천할 수 있는 일을 설명했다.
④문단: 탄소 중립을 위해 국가와 기업이 실천할 수 있는 일을 설명했다.
⑤문단: 탄소 중립에 관심을 갖고 이를 실천해 보자고 주장하며 글을 마무리했다.

■ 글의 구조도

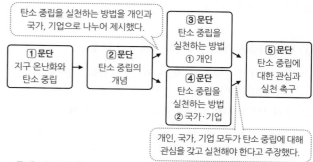

탄소 중립을 실천하는 방법을 개인과 국가, 기업으로 나누어 제시했다.

①문단 지구 온난화와 탄소 중립 → ②문단 탄소 중립의 개념 → ③문단 탄소 중립을 실천하는 방법 ① 개인 → ⑤문단 탄소 중립에 대한 관심과 실천 촉구
④문단 탄소 중립을 실천하는 방법 ② 국가·기업

개인, 국가, 기업 모두가 탄소 중립에 대해 관심을 갖고 실천해야 한다고 주장했다.

■ 주제: 탄소 중립의 개념과 실천

01 정답 ⑤ ＊ 내용 전개 방식 파악하기

윗글에 대한 설명으로 알맞지 않은 것은?

> 왜 정답?

⑤ 탄소 중립에 관심을 갖고 실천하자고 주장하기 위해 통계 5문단 자료를 인용하고 있다. 인용하지 않음.

글쓴이는 5문단에서 '우리의 미래를 위해 탄소 중립에 관심을 갖고 이를 실천해 보자.'라고 주장하고 있다. 그러나 윗글에서 통계 자료를 인용한 부분을 찾을 수 없다.

> 왜 오답?

① 이상 기후 현상을 나열하고 있다.

①문단 ❶문장 최근 전 세계는 폭염, 폭설, 태풍, 산불 등의 이상 기후로 ~

② 이상 기후 현상의 원인을 밝히고 있다.

①문단 ❷문장 이는 모두 환경 오염으로 인해 지구의 온도가 높아지는 현상, 즉 지구 온난화 때문이다.

③ 탄소 중립의 개념과 핵심 내용을 이야기하고 있다.

②문단 '탄소 중립'이란, 탄소 배출 자체를 줄이고, 탄소를 배출하는 만큼 탄소를 없애 탄소 순 배출량을 0으로 만드는 것을 말한다. ~ 공기 중의 탄소 총량이 늘어나지 않게 하는 것이 바로 이 탄소 중립의 핵심이다.

④ 탄소 중립을 실천하는 방법을 구체적으로 설명하고 있다.
＊근거: ③문단, ④문단

3문단에서는 개인이 탄소 중립을 실천하는 방법에 대해, 4문단에서는 국가와 기업이 탄소 중립을 실천하는 방법에 대해 이야기하고 있다.

02 정답 ⑤ *내용 파악하기

윗글의 내용으로 가장 알맞은 것은?

>**왜** 정답 ?

⑤ 지구의 온도가 1.5℃만 상승해도 자연재해가 발생할
  위험이 있다.

┌───┐
│ ①문단 ❹문장 하지만 지구의 온도 상승을 1.5℃로 제한할 경우 │
│ 그러한 위험이 대폭 감소한다고 한다.   │
└───┘

  1문단에서 지구의 온도가 2℃ 이상 높아지면 우리가 감당할 수 없는
자연재해가 발생하고, 1.5℃로 제한하면 그러한 위험, 즉 우리가 감당할 수
없는 자연재해의 위험이 줄어든다고 했다.
  위험이 대폭 감소한다는 것은 위험이 아예 없어진다는 것이 아니다.

>**왜** 오답 ?

  배출
① 탄소 ~~중립~~은 지구 온난화의 주된 원인이다.

┌───┐
│ ②문단 ❷문장 지구의 온도를 높이는 가장 큰 원인은 온실가스인데, │
│ 이 온실가스의 대부분을 차지하는 것이 바로 탄소 관련 물질이다.   │
└───┘

  탄소 중립은 탄소의 배출 자체를 줄이는 것이므로, 지구 온난화의 주된
원인이 아니라 지구 온난화를 막기 위한 방법이다.

     탄소 순 배출량을 0으로 만드는 것
② ~~국가 차원에서 탄소 배출을 막는 것을~~ 탄소 중립이라고 한다.
  *근거: ②문단 ❶문장, ④문단

  2문단에 따르면 탄소 중립은 탄소 순 배출량을 0으로 만드는 것이다.
4문단에서 국가가 탄소 중립을 위해 할 수 있는 일을 소개하고 있을 뿐,
국가 차원에서 탄소 배출을 막는 것을 탄소 중립이라고 하지는 않았다.

③ 일회용품을 쓰지 않으면 탄소 순 배출량을 0으로 만들 수

  ~~있다.~~
  알 수 없음.

┌───┐
│ ③문단 ❸, ❹문장 종이 영수증 대신 휴대 전화 메시지를 통해 전자 │
│ 영수증을 받는다거나, 일회용 컵을 사용하는 대신 텀블러와 다회용 컵을 │
│ 사용하는 것 ~ 음식점에서 음식을 구매할 때 다회용기를 활용하거나, │
│ 마트에서 플라스틱에 포장된 샴푸 등을 구매하는 대신에 친환경 상품을 │
│ 판매하는 매장에 방문하여 원하는 만큼의 샴푸 등을 구매하고, 집에서 │
│ 사용하는 다회용기에 담아 오는 것도 친환경 활동이다.   │
└───┘

  3문단에서 개인 차원에서 탄소 중립을 위해 할 수 있는 일로 일회용 품
대신 다회용 컵과 다회용기를 쓰는 것을 들었지만, 이것을 한다고 해서 탄소
순 배출량을 0으로 만들 수 있는지에 대해서는 이야기하지 않았다.

④ 개인이나 기업만 탄소 중립을 실천하면 탄소 중립은

  ~~이루어진다.~~
  할 수 있는 것이 아님.

┌───┐
│ ⑤문단 ❶문장 개인이나 기업만 탄소 중립을 실천하고자 애를 쓴다고 │
│ 탄소 중립을 할 수 있는 것이 아니다.   │
└───┘

03 정답 ① *구체적 사례에 적용하기

다음 중 탄소 중립을 실천하지 않은 사람은?

>**왜** 정답 ?

① 국어 시간에 지구 온난화 문제에 대해 글을 쓴 '다정'

┌───┐
│ ②문단 ❶문장 '탄소 중립'이란, 탄소 배출 자체를 줄이고, 탄소를 │
│ 배출하는 만큼 탄소를 없애 탄소 순 배출량을 0으로 만드는 것을 말한다. │
└───┘

  지구 온난화 문제에 대해 글을 쓴다고 해서 탄소 순 배출량이 0이 되지는
않는다.

>**왜** 오답 ?

┌───┐
│ ③문단 ❸, ❹문장 종이 영수증 대신 휴대전화 메시지를 통해 전자 │
│   ④   │
│ 영수증을 받는다거나, 일회용 컵을 사용하는 대신 텀블러와 다회용 │
│ 컵을 사용하는 것 등도 모두 친환경 활동에 해당한다. 또한 │
│   ②   │
│ 음식점에서 음식을 구매할 때 다회용기를 활용하거나, ~ 원하는 │
│   ③   │
│ 만큼의 샴푸 등을 구매하고 집에서 사용하는 다회용기에 담아 오는 │
│   ⑤   │
│ 것도 친환경 활동이다.   │
└───┘

② 카페에서 일회용 컵 대신 텀블러에 우유를 담아 달라고 한 '나영'

③ 떡볶이 집에 가서 다회용기에 떡볶이를 포장해 달라고
  요청한 '라미'

④ 편의점에서 초코 우유와 바나나를 산 후 휴대 전화로 전자
  영수증을 받은 '마루'

⑤ 친환경 상품 판매 매장에 가서 집에서 사용하는 용기에
  바디워시를 담아 온 '가을'

04 정답 ⑤ *어휘의 의미 파악하기

㉠~㉤의 사전적 의미로 알맞지 않은 것은?

>**왜** 정답 ?
                          ┌ '참석하다'의 의미임.
⑤ ㉤: 모임이나 회의 따위의 자리에 끼어들어 관계하다.
  '참여하는' - '어떤 일에 끼어들어 관계하다.'라는 의미로 쓰임.

>**왜** 오답 ?

① ㉠: 기온이나 강수량 따위가 정상적인 상태를 벗어난 상태
  '이상 기후'

② ㉡: 태풍, 가뭄, 홍수, 지진, 화산 폭발, 해일 따위의 피할
  '자연재해'
    수 없는 자연 현상으로 인하여 일어나는 피해

③ ㉢: 썩 많이
  '대폭'

④ ㉣: 안에서 밖으로 밀어 내보내다.
  '배출한'

05 예시 답안: 지구의 온도가 2℃ 이상 높아지면 폭염, 폭설 등
           우리가 감당할 수 없는 자연재해가 발생하지만 지구의
           상승 온도를 1.5℃로 제한할 경우 자연재해가 발생할
           위험이 대폭 감소하기 때문이다.

㉮의 이유를 <조건>에 맞게 쓰시오.
'2050년까지 탄소 중립 사회로 전환하겠다는 목표를 세우고 이를 위해 노력하고 있다.'

─────────────────〈조건〉─────────────────
1. 윗글에서 이유를 찾아 쓸 것
2. '~ 때문이다.' 형식의 한 문장으로 쓸 것
───────────────────────────────────────

>**왜** 정답 ?
  *근거: ①문단 ❸~❺문장

  1문단에서 지구 온난화로 인해 지구의 온도가 지구의 온도가 2℃
이상 높아지면 폭염, 폭설 등 우리가 감당할 수 없는 자연재해가
발생하지만, 1.5℃로 제한할 경우 자연재해가 발생할 위험이 대폭
감소한다고 했다. 그래서 전 세계에서 지구의 온도 상승을 1.5℃로
제한하고자 2050년까지 탄소 중립 사회로 전환하겠다는 목표를
세우고 이를 위해 노력하고 있다고 했다.

채점 요소	채점 기준		배점
내용의	윗글에서 근거를 적절히 찾아 쓴 경우 (조건 1)	5	5
적절성	답을 쓰지 않거나 오답을 쓴 경우	0	
표현의	조건 2에 맞게 쓰지 않은 경우	-1	-2
적절	어법에 맞지 않거나 문맥에 어긋난 경우	-1	

[06~10] 적금과 예금의 차이 [사회]

○ 각 문단 핵심어   ◎ 글 전체 핵심어   ― 각 문단 중심 문장   ■ 글 전체 중심 문장

1 열심히 모은 용돈을 저축하려고 은행에 간 민정이는 은행원이 (적금과 예금) 중 무엇에 가입할 것이냐고 묻자 굉장히 당황스러웠다. **2** 적금과 예금의 차이점을 몰라 자신이 저축하고 싶은 상품이 무엇인지 알 수 없었기 때문이다. **3** 민정이처럼 저축을 하고자 할 때 적금과 예금 중 무엇에 가입할지 결정하려면 먼저 적금과 예금은 무엇인지, 둘의 차이점이 무엇인지를 알아야 한다.
_{적금이나 예금에 가입하기 전 알아야 할 사항}

*1문단 요약: 적금이나 예금에 가입하기 전 알아야 할 사항

2 먼저 (적금)은 보통 일정한 금액을 일정한 기간 동안 꾸준히
_{적금의 개념}
저축하는 방식의 상품이다. 적금에는 [매달 정해진 금액을 정해진
[ ]: _{적금의 종류}
날짜에 저축하는 정기 적금과 금액과 날짜를 정해 두지 않고 매달
원하는 만큼만 저축하는 자유적립식 적금이 있다.] **3** 매달 10일에
용돈에서 2만 원씩 떼어 저축하는 것은 정기 적금이고, 아무 때나
용돈이 남는 만큼 저축하는 것은 자유적립식 적금이다. **4** 적금은
우리가 바람직한 저축 습관을 기르는 데 도움이 된다. **5** [매달 돈을
_{적금의 장점}
저축해야 하므로 용돈을 어디에 얼마나 쓸지 미리 계획해야 하기
때문]이다. **6** 따라서 적금은 가입하는 시점에는 많은 돈이 없어도
[ ]: 적금이 저축 습관을 기르는 데 도움이 되는 이유
_{적금에 가입하기에 적합한 사람}
앞으로 차곡차곡 저축하여 돈을 모으고자 하는 사람에게 적합하다.

*2문단 요약: 적금의 개념과 종류

3 한편 (예금)은 적금과 달리 일정한 금액을 한 번에 저축하는
_{예금의 개념}
방식의 상품이다. **2** 예금에는 [입금과 출금이 자유로운 보통 예금과
[ ]: _{예금의 종류}
정해둔 기한까지 입금하거나 출금하지 못하는 정기 예금이 있다.]
3 정기 예금은 가지고 있는 돈을 일정 기간 동안 안전하게, 이자까지
_{정기 예금의 장점}
받으며 보관할 수 있다는 장점이 있다. **4** 그래서 정기 예금은 이미
가지고 있는 돈을 쓰지 않고 보관해 두고자 하는 사람에게
적합하다.
_{정기 예금에 가입하기에 적합한 사람}
*3문단 요약: 예금의 개념과 종류

4 일반적으로 적금과 정기 예금은 저축하기로 미리 약속한 기한인
_{만기의 의미}
만기가 되기 전에는 저축한 돈을 사용하기 어렵다는 단점이 있다.
_{적금과 정기 예금의 단점}
2 만기가 되지 않았는데 급하게 돈이 필요하다면 적금이나 정기 예금을
해지해야만 그동안 저축해 두었던 돈을 사용할 수 있다. **3** 그러나
적금이나 정기 예금을 중간에 해지하면 처음 가입할 때 예상한
이자보다 적은 금액의 이자만 받게 된다. **4** ㉔ 따라서 적금이나 정기
예금에 가입할 때는 만기까지 상품을 유지할 수 있는지 고민해
보고, 자신의 형편에 ㉠ 맞는 금액과 기간으로 가입해야 한다.

*4문단 요약: 적금과 정기 예금의 단점

5 (적금과 예금)은 모두 사람들이 돈을 모으고 보관할 수 있도록
_{적금과 예금의 공통점}
도와준다는 공통점이 있다. **2** 자신의 상황에 맞게 적금과 예금을
적절히 활용한다면 앞으로 받을 용돈을 잘 모으고, 더 나아가 그
용돈을 불릴 수 있을 것이다.
_{자신의 상황에 맞게 적금과 예금을 활용하는 것의 의의}
*5문단 요약: 자신의 상황에 맞게 적금과 예금을 활용하는 것의 의의

■ 지문 이해

적금	예금
일정 금액을 일정 기간 꾸준히 저축하는 방식	일정 금액을 한 번에 저축하는 방식
↓	↓
가입하는 시점에는 많은 돈이 없어도 앞으로 저축하여 돈을 모으고자 하는 사람에게 적합함.	이미 가지고 있는 돈을 쓰지 않고 보관해 두고자 하는 사람에게 적합함.

■ 문단 간의 관계
1문단: 구체적인 사례를 통해 은행에 저축을 하기 전에 적금과 예금은 무엇인지, 각각의 차이점을 알아야 한다고 했다.
2문단: 적금의 개념과 종류를 소개하고, 어떤 사람에게 적금이 적합한 상품인지 설명했다.
3문단: 예금의 개념과 종류를 소개하고, 어떤 사람에게 정기 예금이 적합한 상품인지 설명했다.
4문단: 적금과 정기 예금의 단점을 설명했다.
5문단: 자신의 상황에 맞게 적금과 예금을 활용하는 것의 의의를 제시했다.

■ 글의 구조도

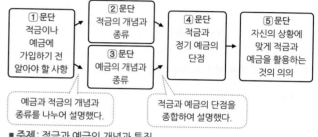

예금과 적금의 개념과 종류를 나누어 설명했다.

적금과 예금의 단점을 종합하여 설명했다.

■ 주제: 적금과 예금의 개념과 특징

---

06 정답 ① *내용 전개 방식 파악하기

윗글에 대한 설명으로 가장 알맞은 것은?

> **왜** 정답 ?

① **적금과 예금의 개념을 설명했다.**

> [2]문단 ❶문장 먼저 적금은 보통 일정한 금액을 일정한 기간 동안 꾸준히 저축하는 방식의 상품이다.
> [3]문단 ❶문장 한편 예금은 적금과 달리 일정한 금액을 한 번에 저축하는 방식의 상품이다.

2문단에서 적금의 개념을, 3문단에서 예금의 개념을 설명했다.

> **왜** 오답 ?

② 적금과 예금의 ~~위험성~~을 분석했다.
_{분석하지 않음.}

③ 예금이 ~~적금보다 우수한~~ 점을 강조했다.
_{이야기하지 않음.}

④ 바람직한 저축 습관을 길러야 한다고 ~~주장~~했다.
_{주장하지 않음.}

> [2]문단 ❹문장 적금은 우리가 바람직한 저축 습관을 기르는 데 도움이 된다.

2문단에서 적금이 바람직한 저축 습관을 기를 수 있도록 돕는다고 한 것은 적금의 장점일 뿐이다. 윗글에서 글쓴이가 바람직한 저축 습관을 길러야 한다고 주장한 부분은 확인할 수 없다.

⑤ 적금과 예금의 장점과 단점을 이야기한 후 ~~새로운 대안을~~ 제시했다.
_{제시하지 않음.}

2문단에서 적금에 대해, 3문단에서 예금에 대해 설명한 후 4문단에서 적금과 예금의 단점을 언급했지만 새로운 대안을 제시하지는 않았다.

07 정답 ③ *내용 파악하기

윗글의 내용으로 가장 알맞은 것은?

>**왜** 정답?

③ 만기 전에 정기 적금을 해지해도 이자를 받을 수 있다.
　　　　　　　　처음 가입할 때 예상한 이자보다 적은 금액

> ④문단 ❸문장 ~ 적금이나 정기 예금을 중간에 해지하면 처음 가입할 때 예상한 이자보다 적은 금액의 이자만 받게 된다.

>**왜** 오답?

① ~~보통~~ 예금은 입금과 출금에 제한이 있다.
　정기

> ③문단 ❷문장 예금에는 입금과 출금이 자유로운 보통 예금과 정해둔 기한까지 입금하거나 출금하지 못하는 정기 예금이 있다.

② ~~정기~~ 적금은 매달 입금하는 금액이 달라진다.
　자유적립식

> ②문단 ❷문장 적금에는 매달 정해진 금액을 정해진 날짜에 저축하는 정기 적금과 금액과 날짜를 정해두지 않고 매달 원하는 만큼만 저축하는 자유적립식 적금이 있다.

④ ~~정기~~ 예금은 만기가 되기 전에도 입금과 출금이 자유롭다.
　보통
　*근거: ③문단 ❷문장

⑤ ~~자유적립식~~ 적금은 매달 입금해야 하는 금액이 정해져
　정기
　있다.
　*근거: ②문단 ❷문장

08 정답 ⑤ *구체적 사례에 적용하기

윗글을 읽은 사람이 〈보기〉에 대해 한 반응으로 알맞지 않은 것은?

─────────〈보기〉─────────
　❶하은이는 작년에 모은 용돈을 다 써버리기 전에 은행에 맡겨두려
　　　　　　이미 가지고 있는 돈
한다. ❷지민이는 지금은 모아둔 용돈이 없지만, 앞으로 받을 용돈을
매월 조금씩 저축하고 싶어 한다.

>**왜** 정답?

⑤ 하은이와 지민이가 어떤 상품에 가입하든 만기까지 상품을 유지하지 못해도 처음에 예상한 만큼 이자를 받을 수 있다.

> ④문단 ❸문장 ~ 적금이나 정기 예금을 중간에 해지하면 처음 가입할 때 예상한 이자보다 적은 금액의 이자만 받게 된다.

>**왜** 오답?

① 지민이는 적금에 가입하는 것이 좋다.

> ②문단 ❻문장 따라서 적금은 가입하는 시점에는 많은 돈이 없어도 앞으로 차곡차곡 저축하여 돈을 모으고자 하는 사람에게 적합하다.

② 하은이는 정기 예금에 가입하는 것이 좋다.

> ③문단 ❹문장 그래서 정기 예금은 이미 가지고 있는 돈을 쓰지 않고 보관해 두고자 하는 사람에게 적합하다.

　하은이는 작년에 모은 용돈을 한꺼번에 보관해 두고 싶어하므로 자유적립식 적금이 아니라 정기 예금에 가입하는 것이 좋다.

③ 하은이와 지민이는 모두 예금과 적금이 무엇인지부터 자세히 알아야 한다.

> ①문단 ❸문장 ~ 적금과 예금 중 무엇에 가입할지 결정하려면 먼저 적금과 예금은 무엇인지, 둘의 차이점이 무엇인지를 알아야 한다.

④ 하은이와 지민이는 모두 만기까지 상품을 해지하지 않을 수 있는지도 고민해야 한다.

> ④문단 ❹문장 따라서 적금이나 정기 예금에 가입할 때는 만기까지 상품을 유지할 수 있는지 고민해 보고, 자신의 형편에 맞는 금액과 기간으로 가입해야 한다.

09 정답 ③ *어휘의 의미 파악하기

각 문장의 밑줄 친 부분이 ㉠과 같은 의미로 쓰인 것은?
㉠ '맞는' - '어떤 행동, 의견, 상황 따위가 다른 것과 서로 어긋나지 않고 같거나 어울리다.'라는
　　　　　　　　　　　　　　　　　　　　　　　　　의미로 쓰임.

>**왜** 정답?

③ 상황에 맞게 말하는 것은 매우 중요하다.

　　문맥을 고려하면 ㉠ '맞는'은 '어떤 행동, 의견, 상황 따위가 다른 것과 서로 어긋나지 않고 같거나 어울리다.'라는 의미로 쓰였다.
　　③의 '맞게'도 이와 같은 의미로 쓰였다.

>**왜** 오답?

① 선생님은 항상 맞는 말씀만 하신다.
　'말, 육감, 사실 따위가 틀림이 없다.'라는 의미로 쓰임.

② 음식 맛이 내 입에 맞아서 기분이 좋다.
　'어떤 대상의 맛, 온도, 습도 따위가 적당하다.'라는 의미로 쓰임.

④ 곰곰이 생각해 보니 네 말이 맞는 것 같다.
　앞 사람의 말에 동의하는 데 쓰여 '그렇다' 또는 '옳다'의 뜻을 나타냄.

⑤ 옷의 디자인은 마음에 드는데 치수가 맞지 않아서 아쉽다.
　'크기, 규격 따위가 다른 것의 크기, 규격 따위와 어울리다.'라는 의미로 쓰임.

10 예시 답안: 적금이나 정기 예금에 가입할 때 만기까지 상품을 유지할 수 있는지 고민해 보아야 하는 이유는 적금이나 정기 예금을 중간에 해지하면 처음에 예상한 이자보다 적은 금액의 이자만 받게 되기 때문이다.

㉮의 이유를 〈조건〉에 따라 쓰시오.
'따라서 적금이나 정기 예금에 가입할 때는 만기까지 상품을 유지할 수 있는지 고민해 보고'

─────────〈조건〉─────────
　1. '적금', '정기 예금'이라는 단어를 활용할 것
　2. '~ 때문이다.' 형식의 한 문장으로 쓸 것

>**왜** 정답?

> ④문단 ❸문장 적금이나 정기 예금을 중간에 해지하면 처음 가입할 때 예상한 이자보다 적은 금액의 이자만 받게 된다.

채점 요소	채점 기준	배점	
내용의 적절성	윗글에서 이유를 찾아 적절히 제시한 경우	5	5
	답을 쓰지 않거나 오답을 쓴 경우	0	
표현의 적절성	조건 1에 맞게 쓰지 않은 경우	-1	-3
	조건 2에 맞게 쓰지 않은 경우	-1	
	어법에 맞지 않거나 문맥에 어긋난 경우	-1	

[11~15] 약과의 역사 [인문+사회]

○ 각 문단 핵심어 ◎ 글 전체 핵심어 ― 각 문단 중심 문장 ▨ 글 전체 중심 문장

1 ❶요즘 강정, 과편, 다식, 엿강정, 약과 등 우리나라의 전통 디저트가 사람들 사이에서 큰 인기를 얻고 있다. ❷이 가운데 사람들 사이에서 최근에 가장 인기를 끈 디저트는 <u>약과</u>이다.
강정, 과편, 다식, 엿강정, 약과
  ***1**문단 요약: 최근 큰 인기를 얻고 있는 약과

2 ❶약과(藥果)의 <u>의미</u>는 약과라는 이름을 살펴보면 알 수 있다. ❷약과는 한약재를 사용해 만들기도 하고, 우리말에서 꿀을 약이라 부르기 때문에 '약 약(藥)' 자를 쓴다. ❸또 약과가 과일을 본떠 만든 것이기 때문에 '과일 과(果)' 자를 쓴다. ❹과일 모양이었던 약과가 제사상에 오르게 되면서 그릇에 쌓아 올리기 편한 평평한 모양으로 변해 오늘날에 이른 것이다. ❺즉 약과란, 한약재와 꿀을 사용해 과일을 본
약과의 의미
떠 만든 것이라고 할 수 있다.
  ***2**문단 요약: 약과의 의미

3 ❶약과의 <u>유래</u>는 정확히 밝혀진 바가 없지만, 고려 시대부터 이미 존재하였다는 기록이 남아 있다. ❷당시에는 선비들이 서로 한약재를
고려 시대
선물로 주고받았는데, 선물로 주고받은 한약재를 좀 더 오래 간직하기 위해 약과로 만들었다고 한다. ❸고려 시대 때 많은 사람들이 불교를 믿었는데, 불공을 드릴 때도 약과를 중요하게 사용했다고 한다.
  ***3**문단 요약: 약과의 유래

4 ❶이렇듯 긴 역사를 가진 <u>약과</u>는 요즘에는 흔히 볼 수 있지만, 예전에는 잔칫날이나 제삿날 아니면 먹지 못하는 귀한 것이었다. ❷밀가루가 쌀가루보다 귀했던 고려 시대와 조선 시대에는 밀가루에 참기름과 꿀을 넣어 만든 약과가 매우 ㉠ 사치스러운 음식이었기 때문이다. ❸⑦《고려사》*에 따르면 고려의 명종 22년, 공민왕 2년에는
  [ ]: 약과를 만들지 못하게 금했던 기록
아예 약과를 만들어 먹지 못하게 형법으로 금했다고 한다. ❹또
㉯ 조선 시대의 정조는 '민간인이 결혼식이나 장례식 때 약과 등의 유밀과를 사용하면 곤장 80대에 처한다.'라는 법령을 만들어 시행하기도 했다. ❺조선 시대에는 결혼식을 할 때 약과를 만들어 먹으면 곤장 80대를 ⓐ 맞아야 했던 것이다. ❻이와 같은 역사적 기록은 당시 사람들이 약과를 그만큼 사치스러운 음식으로 여겼다는 것을 드러낸다.
  ***4**문단 요약: 약과에 대한 인식 ① 사치스러운 음식

5 ❶시간이 흘러 약재를 사용한 음식이 흔해지고 참기름과 꿀도 구하기 쉬워지자 <u>약과</u>를 사치스러운 음식으로 보는 시선이 잦아들었다. ❷기록에 따르면 조선 후기에는 약재를 사용한 약과가 ㉡ 건강식으로 인정받게 되면서 사람들이 많이 먹게 되었다고 한다. ❸최근에는 전통적인 재료를 사용하여 만든 약과뿐만 아니라, 마카롱과 같은 서양의 디저트와 약과를 결합한 현대식 약과도 우리 주변에서 많이 접할 수 있게 되었다. ❹이 덕분에 약과는 더 이상 옛것이 아니라, 사람들이 많이 찾는 간식이 되었다.
  ***5**문단 요약: 약과에 대한 인식 ② 건강식, 인기 있는 간식

6 ❶다가오는 명절에는 <u>약과</u>를 비롯한 우리나라 전통 디저트를 먹으며
글쓴이의 권유
그 유래와 역사에 대해 생각해 보자. ❷역사와 전통이 있는 우리의 맛을 더욱 깊이 있게 즐길 수 있을 것이다. ***6**문단 요약: 글쓴이의 권유

*《고려사》: 고려 시대의 역사를 다룬 책

■ 지문 이해

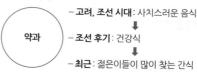

약과 ― 고려, 조선 시대: 사치스러운 음식
↓
― 조선 후기: 건강식
↓
― 최근: 젊은이들이 많이 찾는 간식

■ 문단 간의 관계

1문단: 최근 사람들 사이에서 약과가 인기를 얻고 있다고 했다.
2문단: 약과(藥果)의 이름을 통해 약과의 의미를 설명했다.
3문단: 약과의 유래를 설명했다.
4문단: 고려 시대와 조선 시대의 약과에 대한 사람들의 인식을 설명했다.
5문단: 조선 후기와 요즘의 약과에 대한 사람들의 인식을 설명했다.
6문단: 약과 등의 전통 디저트를 먹으며 유래와 역사에 대해 생각해
       보자고 권하며 글을 마무리하고 있다.

■ 글의 구조도

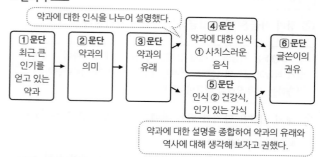

약과에 대한 인식을 나누어 설명했다.

1문단 최근 큰 인기를 얻고 있는 약과	**2**문단 약과의 의미	**3**문단 약과의 유래

4문단 약과에 대한 인식 ① 사치스러운 음식
5문단 인식 ② 건강식, 인기 있는 간식
6문단 글쓴이의 권유

약과에 대한 설명을 종합하여 약과의 유래와 역사에 대해 생각해 보자고 권했다.

■ 주제: 약과의 의미와 약과에 대한 인식 변화

---

11 정답 ⑤ * 내용 파악하기

윗글의 내용으로 가장 알맞은 것은?

> **왜 정답 ?**

⑤ 약과에 약과라는 이름이 붙은 이유는 한약재를 사용해 만들었기 때문이다.

> **2**문단 ❷문장 약과는 한약재를 사용해 만들기도 하고, ~

> **왜 오답 ?**

① 약과는 현대에 흔하지 ~~않은~~ 간식거리이다.
흔히 볼 수 있음.

> **4**문단 ❶문장 이렇듯 역사가 긴 약과는 요즘에는 흔히 볼 수 있지만 ~

② 약과는 ~~유교, 도교~~와 관련이 있는 음식이다.
불교

> **3**문단 ❸문장 고려 시대 때 많은 사람들이 불교를 믿었는데, 불공을 드릴 때에도 약과를 중요하게 사용했다고 한다.

③ 약과는 옛날에는 ~~임금님만~~ 먹었던 음식이다.
민간인도 먹음.

> **4**문단 ❹문장 또 조선 시대의 정조는 '민간인이 결혼식이나 장례식 때 약과 등의 유밀과를 사용하면 ~

약과는 민간인도 먹는 음식이었지만 사치스러웠기 때문에 임금인 정조가 결혼식에 사용하지 못하게 한 것이다.

④ ~~조선~~ 시대의 선비들은 서로 한약재를 선물로 주고 받았다.
고려

> **3**문단 ❷문장 당시(고려 시대)에는 선비들이 서로 한약재를 선물로 주고받았는데, ~

12 정답 ⑤ *내용 파악+추론하기

약과에 대한 인식이 ㉠에서 ㉡으로 변한 이유는?
　　　　　　　　　'건강식'
'사치스러운 음식'

> **왜 정답?**

⑤ 약재를 사용한 음식이 흔해지고 참기름과 꿀을 구하기
　쉬워졌기 때문이다.

> ④문단 ❷문장 밀가루가 쌀가루보다 귀했던 고려 시대와 조선
> 시대에는 밀가루에 참기름과 꿀을 넣어 만든 약과가 매우
> ㉠ 사치스러운 음식이었기 때문이다.
> ⑤문단 ❶,❷문장 시간이 흘러 약재를 사용한 음식이 흔해지고
> 참기름과 꿀도 구하기 쉬워지자 약과를 사치스러운 음식으로 보는
> 시선이 잦아들었다. ~ 조선 후기에는 약재를 사용한 약과가
> ㉡ 건강식으로 인정받게 되면서 ~

약과는 고려 시대와 조선 시대에 귀한 식재료였던 밀가루와 참기름, 꿀로
만들었기 때문에 당시 사람들에게 사치스러운 음식으로 여겨졌다. 그러나
시간이 흘러 약재를 사용한 음식이 흔해지고 참기름과 꿀도 구하기 쉬워져
더 이상 귀한 식재료가 아니게 되었다. 또 약과는 약재를 활용하여 만들었기
때문에 조선 후기에는 오히려 건강식으로 인정받게 되었다.

> **왜 오답?**

① 제사상에 ~~반드시~~ 올라야 하는 음식이 되었기 때문이다.
　반드시 그러한지는 알 수 없음.

② 불교에서 불공을 드릴 때 중요하게 사용하게 되었기
　때문이다. - 관련 없음.

③ 한약재를 좀 더 오래 간직하고자 약과를 만들게 되었기
　때문이다. *근거: ③문단 ❷문장
　관련 없음.
　고려 시대 때 선비들이 한약재를 좀 더 오래 간직하고자 약과를 만든
　것은 맞다. 그러나 이것과 약과에 대한 사람들의 인식 변화는 관련이 없다.

④ 결혼식이나 장례식에 약과를 사용하는 것이 법으로
　~~허용되었기~~ 때문이다. *근거: ④문단 ❹문장
　허용되었는지 알 수 없음.
　4문단에 따르면 조선 시대의 정조는 결혼식, 장례식 때 약과를
　사용하면 곤장에 처한다는 법을 만들었다고 했을 뿐, 이후 약과를
　결혼식과 장례식에서 사용하는 것을 법으로 허용하였는지는 알 수
　없다. 또 이러한 내용과 약과에 대한 인식 변화는 관련이 없다.

13 정답 ④ *반응의 적절성 판단하기

〈보기〉는 윗글을 읽은 학생이 보인 반응이다. 이를 알맞게 평가한 것은?

> ────────〈보기〉────────
> ❶ 윗글을 읽고 요즘 내가 즐겨 먹는 약과에 대해 많이 알 수 있었어.
> ❷ 제사를 지낼 때 매번 상에 약과가 올라와 있어 왜 그런지 궁금했었는데,
> 　　　　　약과와 관련된 자신의 경험과 궁금증
> 원래 약과가 과일을 본떠 만들어서 '과일 과(果)'자를 쓰고, 제사상에
> 　　　　　윗글을 읽고 알게 된 내용
> 놓이기 위해 모양도 변했다는 것을 알게 되었어.

> **왜 정답?**

④ 글의 내용과 관련된 자신의 경험을 떠올리며 궁금증을
　　　　　　　　　　　　　　제사상에 약과가 올라 있는 것을 보고 왜 올라왔는지
해결하고 있다. 　궁금해 한 경험
　*근거: ②문단 ❸, ❹문장, 〈보기〉 ❷문장
　〈보기〉의 학생은 '제사를 지낼 때 매번 상에 약과가 올라 있어 왜
　그런지 궁금했었다'면서 윗글에서 이야기하고 있는 약과에 대한 자신의
　경험을 떠올리고 있다.
　또 '원래 약과가 과일을 본떠 만들어서 '과일 과(果)'자를 쓰고, 제사
　상에 놓이기 위해 모양도 변했다는 것을 알게 되었어.'라면서 궁금증을
　해결하고 있다.

> **왜 오답?**

① 글에서 이야기하지 않은 내용은 없는지 ~~생각하고~~ 있다.
　　　　　　　　　　　　　　　　생각하지 않음.

② 글의 내용이 사실인지 글쓴이의 의견인지를 ~~구분~~하고 있다.
　　　　　　　　　　　　　　　　　구분하지 않음.

③ 글을 읽고 생겨난 궁금증을 해결하기 위해 계획을 세우고 있다.
　　　　　　　　　　　　　　　계획을 세우지 않음.

⑤ 글쓴이의 경험이 글쓴이의 주장을 잘 뒷받침하고 있는지
　윗글에 글쓴이의 경험은 나타나 있지 않음. 관련 없음.
　평가하고 있다.

14 정답 ② *어휘의 의미 파악하기

다음 중 ⓐ와 반대되는 의미의 말은?
ⓐ '맞아야' - '외부로부터 어떤 힘이 가해져 몸에 해를 입다.'라는 의미로 쓰임.

> **왜 정답 · 오답?**

	사전적 의미	반대되는 의미
① 묻어야	물건을 흙이나 다른 물건 속에 넣어 보이지 않게 쌓아 덮다.	×
② 때려야	손이나 손에 든 물건 따위로 아프게 치다.	○
③ 틀려야	셈이나 사실 따위가 그르게 되거나 어긋나다.	×
④ 대항해야	굽히거나 지지 않으려고 맞서서 버티거나 항거하다.	×
⑤ 부합해야	사물이나 현상이 서로 꼭 들어맞다.	×

　ⓐ '맞아야'의 기본형은 '맞다'로, '외부로부터 어떤 힘이 가해져 몸에 해를
입다.'라는 의미로 쓰였다. 이와 반대되는 의미라면 어떤 힘을 통해 다른
대상에 해를 끼친다는 의미여야 한다.
　'때려야'의 기본형 '때리다'는 '손이나 손에 든 물건 따위로 아프게
치다.'라는 의미이므로, '맞아야'와 반대되는 의미의 말은 '때려야'이다.

15 예시 답안: 고려와 조선에서 법을 만들어 약과를 만들어 먹지
　　　　　　못하게 한 이유는 고려 시대와 조선 시대에 약과는
　　　　　　매우 사치스러운 음식이었기 때문이다.
'조선 시대의 정조는 '~ 80대에 처한다.'라는 법령을 만들어 시행하기도 했다.'

㉮와 ㉯의 이유를 〈조건〉에 맞게 쓰시오.
'《고려사》에 따르면 ~ 약과를 만들어 먹지 못하게 형법으로 금했다.'

────────〈조건〉────────
1. '고려 시대'와 '조선 시대'라는 말을 활용할 것
2. '~ 때문이다.' 형식의 한 문장으로 쓸 것

> **왜 정답?**

*근거: ④문단 ❷~❹문장
　고려의 왕인 명종과 공민왕, 조선의 왕인 정조가 법까지 만들어
백성들이 약과를 만들어 먹지 못하게 한 이유는 고려 시대와 조선
시대에 밀가루에 참기름과 꿀을 넣어 만든 약과가 사치스러운
음식이었기 때문이다.

채점 요소	채점 기준	배점	
내용의 적절성	약과가 사치스러운 음식이었기 때문이라는 내용으로 쓴 경우	5	5
	답을 쓰지 않거나 오답을 쓴 경우	0	
표현의 적절성	조건 1에 맞게 쓰지 않은 경우	-1	-3
	조건 2에 맞게 쓰지 않은 경우	-1	
	어법에 맞지 않거나 문맥에 어긋난 경우	-1	

DAY
19

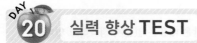
[01~05] 음악이 우리에게 미치는 영향 [예술+과학]

○ 각 문단 핵심어   ◎ 글 전체 핵심어   — 각 문단 중심 문장   ― 글 전체 중심 문장

1 몇몇 사람들은 ㉠ 고요한 공간보다는 음악이 흐르는 공간에 익숙하다고 말한다. 그들이 자주 가는 카페, 식당, 가게에서 계속해서 음악이 흐르기 때문이다. *일상에서 음악을 활용하는 사례 ①* 많은 사람들은 상황에 맞게 음악을 선택해서 듣기도 한다고 말한다. 공부할 때는 집중을 도와준다는 음악을 찾아 듣기도 하고, *일상에서 음악을 활용하는 사례 ②* 잠이 안 올 때는 자장가처럼 느리고 잔잔한 음악을 틀어놓기도 한다는 것이다. *일상에서 음악을 활용하는 사례 ③* 이처럼 우리는 일상생활에서 음악을 다양하게 활용하고 있다.

* **1**문단 요약: 일상에서 음악을 활용하는 사례

2 일상생활에서 우리가 자주 활용하는 음악은 우리에게 많은 영향을 미친다. 먼저 음악을 들으면 우리의 ⓐ 뇌파가 변한다. 속도, 리듬 등 음악의 여러 요소가 우리의 뇌파에 영향을 미치기 때문이다. *우리의 뇌파에 영향을 미치는 음악의 요소* 빠르고 강한 리듬은 우리의 뇌파를 빠르게 하는데, 이는 우리가 무언가에 집중할 수 있게 한다. 반면 느리고 부드러운 리듬은 우리의 뇌파를 느리게 하여 우리가 편안하게 쉴 수 있게 한다.

* **2**문단 요약: 음악이 우리에게 미치는 영향 ① 뇌파 변화

3 또한, 음악을 들으면 우리의 뇌 속에서 도파민이 분비된다. 도파민은 즐거움와 관련된 신호를 전달하는 것으로 알려져 있는 신경 전달 물질이자 호르몬이다. *도파민의 개념과 역할* 우리가 음악을 들을 때 즐거움을 느끼는 것도 음악을 들으면 뇌 속에 도파민이 분비되기 때문이다. 도파민이 분비되면 [신체의 활력이 높아지고, 기분이 좋아지며, *[ ] 도파민 분비의 영향* 어떤 일을 하고자 하는 동기가 생겨 집중력 역시 높아진다]고 한다.

* **3**문단 요약: 음악이 우리에게 미치는 영향 ② 도파민 분비

4 한편 음악을 들으면 우리는 정서적 안정을 느낄 수도 있다. 우리가 우울할 때 슬픈 음악을 듣거나 슬플 때 즐거운 음악을 들으면서 기분을 전환하려고 노력하는 것도 음악이 우리에게 정서적 안정을 주기 때문이다. 음악을 들으면 우리의 뇌 속에서 코르티솔 분비가 줄어든다고 한다. 코르티솔은 우리가 스트레스를 받을 때 분비되는 호르몬으로, *코르티솔의 개념* 코르티솔이 적게 분비된다는 것은 그만큼 스트레스를 적게 받는다는 것을 의미한다. 즉, 우리가 음악을 들을 때 몸속에서 코르티솔 분비가 줄어들어 우리는 정서적 안정을 찾을 수 있게 된다.

* **4**문단 요약: 음악이 우리에게 미치는 영향 ③ 정서적 안정

5 이처럼 음악은 우리에게 다양한 영향을 준다. 음악이 우리에게 *뇌파 변화, 도파민 분비, 정서적 안정* 미치는 영향을 생각하며 오늘은 어떤 음악을 들을지 생각해 보자. 음악을 효과적으로 활용하면 우리의 몸과 마음도 효과적으로 통제하고 조절할 수 있을 것이다.

* **5**문단 요약: 음악이 우리에게 미치는 영향을 생각하며 음악을 들어볼 것을 권유함.

■ 지문 이해
음악이 우리에게 미치는 영향

| 뇌파 변화 | + | 도파민 분비 | + | 정서적 안정 |

■ 문단 간의 관계

1문단: 일상에서 음악을 활용하는 구체적 사례를 소개했다.
2문단: 음악을 들으면 우리의 뇌파가 변한다고 했다.
3문단: 음악을 들으면 우리의 뇌 속에서 도파민이 분비된다고 했다.
4문단: 음악을 들으면 우리는 정서적 안정을 느낄 수도 있다고 했다.
5문단: 음악이 우리에게 미치는 영향을 생각하며 음악을 들어보라고 권하면서 글을 마무리했다.

■ 글의 구조도

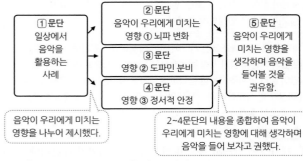

음악이 우리에게 미치는 영향을 나누어 제시했다.

2~4문단의 내용을 종합하여 음악이 우리에게 미치는 영향에 대해 생각하며 음악을 들어 보자고 권했다.

■ 주제: 우리에게 다양한 영향을 미치는 음악

---

01 정답 ④ * 내용 파악하기

윗글의 내용으로 알맞지 않은 것은?

〉**왜** 정답 ？

④ 음악은 우리에게 아무런 영향도 미치지 않는다. *미침.*

　2문단에서는 음악을 들으면 우리의 뇌파가 변한다고 했고, 3문단에서는 음악을 들으면 우리의 뇌 속에서 도파민이 분비된다고 했다. 또 4문단에서는 음악을 들으면 스트레스를 받을 때 분비되는 호르몬인 코르티솔이 적게 분비되어 정서적 안정을 느낄 수 있다고 했다.

〉**왜** 오답 ？

① 음악을 들으면 스트레스가 줄어든다.

> **4**문단 **3**, **4**문장 음악을 들으면 우리의 뇌 속에서 코르티솔 분비가 줄어든다고 한다. ~ 코르티솔이 적게 분비된다는 것은 그만큼 스트레스를 적게 받는다는 것을 의미한다.

② 좋아하는 음악을 들으면 활력이 높아진다.

> **3**문단 **3**, **4**문장 우리가 음악을 들을 때 즐거움을 느끼는 것도 음악을 들으면 뇌 속에 도파민이 분비되기 때문이다. 도파민이 분비되면 신체의 활력이 높아지고 ~

③ 음악의 리듬은 우리의 뇌파에 영향을 준다.

> **2**문단 **3**문장 속도, 리듬 등 음악의 여러 요소가 우리의 뇌파에 영향을 미치기 때문이다.

⑤ 도파민과 코르티솔은 모두 우리에게 영향을 주는 호르몬이다.

> **3**문단 **2**문장 도파민은 즐거움와 관련된 신호를 전달하는 것으로 알려져 있는 신경 전달 물질이자 호르몬이다.
> **4**문단 **4**문장 코르티솔은 우리가 스트레스를 받을 때 분비되는 호르몬으로, ~

02 정답 ① *내용 파악+추론하기

다음 중 음악이 ⓐ에 미치는 영향을 알맞게 표현한 것은?
'뇌파'

>**왜** 정답?

리듬	→	뇌파	→	효과
① 빠름		빠름		집중력↑

> ②문단 ④문장 빠르고 강한 리듬은 우리의 뇌파를 빠르게 하는데, 이는 우리가 무언가에 집중할 수 있게 한다.

>**왜** 오답?

리듬	→	뇌파	→	효과
② 빠름		빠름		집중력~~↓~~ ↑

  *근거: ②문단 ④문장

③ 빠름		~~느림~~ 빠름		집중력↑

  *근거: ②문단 ④문장

④ 느림		~~빠름~~ 느림		집중력~~↓~~ 편안하게 쉴 수 있게 함.

> ②문단 ⑤문장 반면 느리고 부드러운 리듬은 우리의 뇌파를 느리게 하여 우리가 편안하게 쉴 수 있게 한다.

⑤ 느림		느림		집중력~~↑~~ 편안하게 쉴 수 있게 함.

  *근거: ②문단 ⑤문장

03 정답 ① *반응의 적절성 파악하기

윗글을 읽은 사람이 〈보기〉에 대해 반응한 것으로 알맞지 않은 것은?

〈보기〉
❶음악 치료는 치료적 목표를 이루기 위해 음악을 이용하는
  음악 치료의 개념
치료 방법이다. ❷음악 치료를 하면 우울감을 줄이고, 스트레스를
        음악 치료의 효과 ①   음악 치료의 효과 ②
조절하는 효과가 있다. ❸또한 음악 치료는 숙면을 돕고 어떤 일을
          음악 치료의 효과 ③
하고자 하는 동기를 높이기도 한다.
          음악 치료의 효과 ④

>**왜** 정답?

① 음악 치료는 즐거운 음악만 활용하는 치료 방법이야.
          알 수 없음.

> 〈보기〉 ❶문장 음악 치료는 치료적 목표를 이루기 위해 음악을 이용하는 치료 방법이다.

음악 치료를 할 때 어떤 음악을 이용하는지는 윗글과 〈보기〉를 통해 알 수 없다. 〈보기〉에서 음악 치료를 할 때 음악을 이용한다고 했을 뿐이다.

>**왜** 오답?

② 음악 치료를 할 때 동기가 높아진다면 이것은 도파민이 분비되었기 때문일 거야.

> ③문단 ④문장 도파민이 분비되면 ~ 어떤 일을 하고자 하는 동기가 생겨 ~

③ 음악 치료를 할 때 스트레스가 줄어든다면 이것은 코르티솔이 적게 분비된다는 것을 의미할 거야.

> ④문단 ④문장 코르티솔은 우리가 스트레스를 받을 때 분비되는 호르몬으로, 코르티솔이 적게 분비된다는 것은 그만큼 스트레스를 적게 받는다는 것을 의미한다.

④ 음악 치료가 숙면을 돕는다고 했는데, 나 역시 잠이 안 오는 날 느리고 잔잔한 음악을 듣고 푹 잤던 경험이 있어.

> ①문단 ❻문장 ~ 잠이 안 올 때는 자장가처럼 느리고 잔잔한 음악을 틀어놓기도 한다.
〈보기〉 ❸문장 또한 음악 치료는 숙면을 돕고 ~

⑤ 나는 우울할 때 슬픈 음악을 듣고 기분이 나아진 경험이 있는데, 이것은 음악 치료를 하면 우울감이 줄어든다는 것과 관련이 있어 보여.

> ④문단 ❷문장 우리가 우울할 때 슬픈 음악을 듣고, ~ 음악이 우리에게 정서적 안정을 주기 때문이다.
〈보기〉 ❷문장 음악 치료를 하면 우울감을 줄이고 ~

04 정답 ⑤ *어휘의 의미 파악하기

다음 중 ⑤과 바꾸어 쓰기에 가장 알맞은 말은?
'고요한' - '조용하고 잠잠하다.'라는 의미로 쓰임.

>**왜** 정답?

⑤ 조용한
'고요한'의 기본형은 '고요하다'로 '조용하고 잠잠하다.'라는 의미이다. '조용한'의 기본형은 '조용하다'로 '아무런 소리도 들리지 않고 고요하다.' 라는 의미이다. 따라서 ⑤ '고요한'은 '조용한'과 바꾸어 쓸 수 있다.

>**왜** 오답?

① 지루한 – '지루하다: 시간이 오래 걸리거나 같은 상태가 오래 계속되어 따분하고 싫증이 나다.'라는 의미임.

② 심심한 – '심심하다: 하는 일이 없어 지루하고 재미가 없다.'라는 의미임.

③ 쓸쓸한 – '쓸쓸하다: 외롭고 적적하다.'라는 의미임.

④ 외로운 – '외롭다: 홀로 되거나 의지할 곳이 없어 쓸쓸하다.'라는 의미임.

05 예시 답안: 빠르고 강한 리듬의 음악은 우리가 무언가에 집중할 수 있게 하니까, 빠르고 강한 리듬의 음악을 들어보는 것이 어때?

아래의 학생에게 어떠한 음악을 들으라고 할 것인지 쓰고, 그 이유를 〈조건〉에 맞게 쓰시오.

유은: 나는 요즘 집중력이 떨어지는 것 같아. 집중력을 높이려면 어떤 음악을 듣는 것이 좋을까?

〈조건〉
1. '리듬'이라는 단어를 포함할 것
2. 대화체의 한 문장으로 쓸 것

>**왜** 정답?

> ②문단 ④문장 빠르고 강한 리듬은 우리의 뇌파를 빠르게 하는데, 이는 우리가 무언가에 집중할 수 있게 한다.

채점 요소	채점 기준	배점	
내용의 적절성	윗글의 내용을 바탕으로 알맞은 음악을 추천한 경우	5	5
	답을 쓰지 않거나 오답을 쓴 경우	0	
표현의 적절성	조건 1에 맞게 쓰지 않은 경우	-1	-3
	조건 2에 맞게 쓰지 않은 경우	-1	
	어법에 맞지 않거나 문맥에 어긋난 경우	-1	

20

[06~10] 조선 시대 장애인의 삶 [인문+사회]

○ 각 문단 핵심어   ◎ 글 전체 핵심어   ─ 각 문단 중심 문장   ━ 글 전체 중심 문장

1 ●조선과 대한민국 중, 어디가 더 살기 좋을까? ❷오늘날의 대한민국에는 조선 시대에는 없었던 편리한 기술들이 있으므로 대한민국이 더 살기 좋다고 생각하는 사람이 많을 것이다. ❸하지만 ㉮장애인들은 조선이 더 살기 좋다고 생각할 수도 있다. ❹조선 시대에는 장애인을 차별하지 않았고, 장애인의 삶을 지원하기 위한 ─────────────────────────
장애인들이 조선이 더 살기 좋다고 생각할 수도 있는 이유
정책도 잘 시행되었기 때문이다.

  *①문단 요약: 장애인들이 조선이 더 살기 좋다고 생각할 수도 있는 이유

2 ●《조선왕조실록》에 따르면, ⓐ조선 시대 사람들은 장애를 '잔질'이나 '폐질'이라고 불렀다. ❷잔질은 '몸에 남아 있는 병'을, 폐질은 '고칠 수 없는 병'을 의미한다. ❸이러한 표현을 통해 조선 시대 ──────────────
잔질, 폐질
사람들은 장애를 단지 질병의 일종으로 인식했다는 것을 알 수 ─────────────────────────────────
장애를 몸에 남아 있거나 고칠 수 없는 병에 불과하다고 여김.
있다. ❹조선 시대 사람들은 장애인들을 질병이 있는 사람이라고 여겼을 뿐, 그들의 능력이 부족하거나 신체에 결함이 있다고 보지 않은 것이다. ❺그래서 조선 시대에는 어떠한 일자리에 장애인을 고용하는 것에도 편견이 없었고, 장애인도 자신의 능력을 발휘하여 고위직 관리로 일할 수 있었다고 한다.

            *②문단 요약: 장애에 대한 인식 ① 조선 시대

3 ●조선의 가장 위대한 임금으로 손꼽히는 세종대왕도 장애를 가지고 있었다. ❷세종대왕은 35세부터 시력이 나빠지기 시작해 남은 평생을 시각 장애로 고생했다. ❸그래서 세종대왕은 장애인으로 살아가는 어려움을 잘 이해하고 있었고, 장애인의 삶을 지원하는 정책을 적극적으로 시행했다. ❹혼자서도 활동할 수 있는 장애인들에게는 일자리를 ㉠마련해 주고, 혼자서 활동할 수 없는 ────────────────────────────
세종대왕이 시행한 장애인 지원 정책 ①
장애인들에게는 생활비를 주는 등 경제적으로 지원해주었다. ──────────
세종대왕이 시행한 장애인 지원 정책 ②

      *③문단 요약: 장애인 지원 정책을 시행한 세종대왕

4 ●우리나라에서 장애에 대한 인식이 달라지기 시작한 시기는 ⓑ일제 강점기라고 볼 수 있다. ❷이때는 장애인을 '불구자'라고 불렀다. ❸일본어에서 비롯된 말인 불구자는 '무언가를 갖추지 못한 ──────────
불구자의 의미
사람'을 의미한다. ❹이 말을 통해 당시 사회에서는 장애인을 신체적, ─────────────────
일제 강점기
정신적으로 부족한 사람으로 인식하였음을 알 수 있다. ❺이러한 ──────────────────────────
장애인에 대한 일제 강점기 때의 인식
편견이 강해지면서 장애인들이 직업을 가지기가 힘들어졌고,
장애인은 신체적, 정신적으로 부족한 사람이라는 인식
장애인을 지원하는 국가 정책도 제대로 시행되지 않아 장애인들의 삶은 급격히 어려워졌다.   *④문단 요약: 장애에 대한 인식 ② 일제 강점기

5 ●그렇다면 ⓒ오늘날 대한민국을 살아가는 장애인들의 삶은 어떨까? ❷당장 주위를 살펴보자. ❸[휠체어 경사로가 갖춰지지 않은
                                [ ] 장애인들이 생활하기 어려운 환경
건물을 비롯해 시각 장애인들이 이용하기 어려운 무인 기계로만 운영되는 상점들도 흔하게 볼 수 있다.] ❹장애인들이 생활하기에 아주 어려운 환경인 것이다. ❺게다가 정부의 한 기관에서 조사한 바에 따르면 장애인 가운데 70%는 일을 하고 싶어도 하지 못한다고 한다. ❻종합하자면 오늘날 대한민국은 장애인들에 대한 배려와 지원이 몹시 부족해 장애인들이 살기 어려운 사회라고 할 수 있다.

           *⑤문단 요약: 장애인들이 생활하기 어려운 대한민국

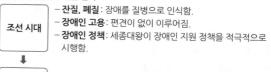

6 ●장애인도 우리 사회의 구성원이다. ❷우리 사회의 구성원 모두가 하나가 될 때 비로소 우리 사회는 발전할 수 있다. ❸그러므로 우리 사회가 장애인과 비장애인이 더불어 살기 좋은 곳이 될 수 있도록 ────────────────────────────────
글쓴이의 주장
모두가 관심을 가져야 한다.

                         *⑥문단 요약: 글쓴이의 주장

■ 지문 이해

장애와 장애인에 대한 인식

조선 시대	─ 잔질, 폐질: 장애를 질병으로 인식함. ─ 장애인 고용: 편견이 없이 이루어짐. ─ 장애인 정책: 세종대왕이 장애인 지원 정책을 적극적으로 시행함.
↓	
일제 강점기	─ 불구자: 장애인은 신체적, 정신적으로 부족하다고 인식함. ─ 장애인 고용: 장애인이 직업을 갖기 어려워짐. ─ 장애인 정책: 장애인 복지 정책이 제대로 시행되지 않음.
↓	
오늘날 대한민국	─ 장애인들이 생활하기 어려운 환경임. ─ 장애인 고용: 일을 하고 싶어도 하지 못하는 장애인이 많음.

■ 문단 간의 관계

1문단: 조선 시대에는 장애인이 살기 좋았다고 이야기했다.
2문단: '잔질'과 '폐질'이라는 표현을 바탕으로 장애에 대한 조선 시대 사람들의 인식을 설명했다.
3문단: 세종대왕의 장애인 지원 정책을 구체적으로 설명했다.
4문단: 일제 강점기부터 장애에 대한 인식이 나빠졌다고 설명했다.
5문단: 오늘날 대한민국은 장애인들이 살아가기에 어려운 환경이라고 했다.
6문단: 우리 사회가 장애인과 비장애인이 더불어 살기 좋은 곳이 될 수 있도록 모두가 관심을 가져야 한다고 주장하며 글을 마무리했다.

■ 글의 구조도

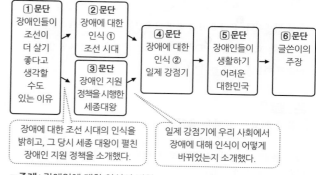

■ 주제: 장애인에 대한 인식의 변화

---

06 정답 ③ *내용 전개 방식 파악하기

윗글에 대한 설명으로 가장 알맞은 것은?

>**왜** 정답?

③ 시대별로 장애와 장애인에 대한 인식이 달라지고 있음을
   ────────────────────────────
   조선 시대: 잔질, 폐질 ➡ 일제 강점기: 불구자
  설명했다.

┌───┐
│ ②문단 ❸, ❹문장 이러한 표현을 통해 조선 시대 사람들은 장애를
│   잔질, 폐질
│ 단지 질병의 일종으로 인식했다는 것을 알 수 있다. 조선 시대
│ 사람들은 장애인들을 ~ 능력이 부족하거나 신체에 결함이 있다고
│ 보지 않은 것이다.
│ ④문단 ❶, ❹문장 우리나라에서 장애에 대한 인식이 달라지기 시작한
│ 시기는 일제 강점기 ~ 이 말을 통해 당시 사회에서는 장애인을
│   불구자   일제 강점기
│ 신체적, 정신적으로 부족한 사람으로 인식하였음을 알 수 있다.
└───┘

> **왜** 오답 ?

① 조선 시대에 장애인을 지원했던 정책을 ~~비판했다~~.
　　　　　　　　　　　　　　　　　　소개함.

> ③문단 ❸, ❹문장 ~ 세종대왕은 장애인으로 살아가는 어려움을 잘
> 이해하고 있었고, 장애인의 삶을 지원하는 정책을 적극적으로
> 시행했다. 혼자서도 활동할 수 있는 장애인들에게는 일자리를
> 마련해 주고, 혼자서 활동할 수 없는 장애인들에게는 생활비를 주는
> 등 경제적으로 지원해 주었다.

3문단에서 조선 시대의 세종대왕이 장애인을 지원하기 위해 어떠한
정책을 시행했는지 설명하고 있다. 그러나 세종대왕이 시행한 장애인 지원
정책을 비판하고 있지는 않다.

② 장애인을 대하는 우리나라 사람들과 외국인의 ~~태도를
비교했다~~.
　비교하지 않음.

④ 장애인이 생활하는 데 도움이 되는 ~~기술을 개발해야~~
한다고 주장했다.
　　　　주장하지 않음.

⑤ 일제 강점기에 국가적으로 장애인을 ~~지원했던~~ 정책에 대해
설명했다.
　　　　제대로 시행되지 않음.

> ④문단 ❺문장 ~ 장애인을 지원하는 국가 정책도 제대로 시행되지
> 않아 장애인들의 삶은 급격히 어려워졌다.

4문단에서 일제 강점기에 장애인을 지원하는 국가 정책이 제대로
시행되지 않았다고 했을 뿐, 일제 강점기에 장애인을 지원했던 국가 정책에
대해서는 이야기하지 않았다.

07 정답 ③ ＊내용 파악＋추론하기

ⓐ~ⓒ에 대한 설명으로 알맞지 않은 것은?
ⓐ: 조선 시대 ⓑ: 일제 강점기 ⓒ: 오늘날 대한민국
> **왜** 정답 ?

③ ⓑ: 장애를 질병의 일종으로 보았다.
　ⓐ

> ②문단 ❸문장 ~ 조선 시대 사람들은 장애를 단지 질병의 일종으로
> 인식했다는 것을 알 수 있다.
> ④문단 ❹문장 ~ 당시 사회에서는 장애인을 신체적, 정신적으로
> 　　　　　　　일제 강점기
> 부족한 사람으로 인식하였음을 알 수 있다.

장애를 질병의 일종으로 본 것은 ⓑ '일제 강점기'가 아니라, ⓐ '조선
시대'이다.

> **왜** 오답 ?

① ⓐ: 장애를 고칠 수 없는 병이라고 보기도 했다.
　'조선 시대'　　　　폐질

> ②문단 ❶, ❷문장 《조선왕조실록》에 따르면, 조선 시대 사람들은
> 장애를 '잔질'이나 '폐질'이라고 불렀다. ~ 폐질은 '고칠 수 없는 병'을
> 의미한다.

② ⓐ: 능력이 있는 장애인이라면 고위직 관리가 될 수 있었다.
　'조선 시대'

> ②문단 ❺문장 그래서 조선 시대에는 ~ 장애인도 자신의 능력을
> 발휘하여 고위직 관리로 일할 수 있었다고 한다.

④ ⓑ: 장애인이 신체적·정신적으로 부족하다고 여겼다.
　'일제 강점기'

> ④문단 ❹문장 이 말을 통해 당시 사회에서는 장애인을 신체적,
> 　　　　　　불구자　　　일제 강점기
> 정신적으로 부족한 사람으로 인식하였음을 알 수 있다.

⑤ ⓒ: 일하고 싶어 하는 장애인들을 위한 일자리가 부족하다.
　'오늘날 대한민국'

> ⑤문단 ❺문장 게다가 정부의 한 기관에서 조사한 바에 따르면 장애인
> 가운데 70%는 일을 하고 싶어도 하지 못한다고 한다.

장애인이 일을 하고 싶어도 일을 할 수 없는 이유는 장애인들이 일할 수
있는 일자리가 없기 때문이다.

08 정답 ② ＊반응의 적절성 파악하기

〈보기〉의 ㉯에 대해 세종대왕이 보였을 반응으로 알맞지 않은
것은?

> ─────〈보기〉─────
> ❶ 최근 ㉯ 청각 장애인인 택시 기사가 승객과 소통할 수 있도록
> 돕는 애플리케이션이 개발되었다. ❷ 그동안 택시 회사들은 승객들이
> 청각 장애인 택시 기사를 불편해 한다는 이유로 청각 장애인을 택시
> 기사로 고용하기를 꺼려 왔다. ❸ 하지만 이 애플리케이션이 개발됨에
> 　　　　　　　　　　　　　청각장애인 택시 기사와 승객의 소통을 돕는 애플리케이션
> 따라 청각 장애인 택시 기사는 점점 늘어날 것으로 예상된다.

> **왜** 정답 ?

② ㉯에게는 ~~생활비를 주어~~ 경제적으로 지원하는 것이
　　　　　일자리를 마련해
좋겠어.

> ③문단 ❹문장 (세종대왕은) 혼자서도 활동할 수 있는 장애인들에게는
> 일자리를 마련해 주고, 혼자서 활동할 수 없는 장애인들에게는
> 생활비를 주는 등 경제적으로 지원해 주었다.

청각 장애인은 혼자서도 활동할 수 있는 장애인이므로, 세종대왕은
생활비를 주는 등의 경제적 지원보다는 일자리를 마련해 주어야 한다고 할
것이다.

> **왜** 오답 ?

① ㉯에게는 질병이 있을 뿐, ㉯의 능력이 부족하지는 않아.

> ②문단 ❹문장 조선 시대 사람들은 장애인들을 질병이 있는
> 사람이라고 여겼을 뿐, 그들의 능력이 부족하거나 신체에 결함이
> 있다고 보지 않은 것이다.

세종대왕은 조선 시대 사람이므로 장애인들을 질병이 있는 사람으로 여길
것이다. 능력이 부족한 사람이라고 여기지는 않았을 것이다.

③ 혼자 생활할 수 있는 ㉯가 일자리를 가지는 것은 당연한
일이지.　　　　　　　　　세종 대왕은 혼자 활동 할 수 있는
＊근거: ③문단 ❹문장　장애인들에게는 일자리를 마련해 줌.

④ 나도 앞이 잘 보이지 않아서 ㉯의 마음을 조금이나마
이해할 수 있어.

> ③문단 ❷, ❸문장 세종대왕은 35세부터 시력이 나빠지기 시작해 남은
> 평생을 시각 장애로 고생했다. 그래서 세종대왕은 장애인으로
> 살아가는 어려움을 잘 이해하고 있었고, ~

⑤ ㉯가 나의 백성이었다면 다른 사람들이 ㉯를 고용할 때
꺼리지 않았을 거야.
　편견이 없었음.

> ②문단 ❺문장 그래서 조선 시대에는 어떠한 일자리에 장애인을
> 고용하는 것에도 편견이 없었고, 장애인도 자신의 능력을 발휘하여
> 고위직 관리로 일할 수 있었다고 한다.

09 정답 ④ ＊어휘의 의미 파악하기

㉠과 바꾸어 쓸 수 있는 단어로 가장 알맞은 것은?

㉠ '마련해' - '헤아려서 갖추다.'라는 의미로 쓰임.

＞왜 정답 ?

④ **만들어**

문맥을 고려하면 ㉠ '마련해'는 '헤아려서 갖추다.'라는 의미로 쓰였다. '만들어'의 기본형 '만들다'는 '돈이나 일 따위를 마련하다.'라는 의미이므로 ㉠ '마련해'는 '만들어'와 바꾸어 쓸 수 있다.

＞왜 오답 ?

① **세워** - '계획, 방안 따위를 정하거나 짜다.'라는 의미임.

② **꾸며** - '모양이 나게 매만져 차리거나 손질하다.'라는 의미임.

③ **이루어** - '어떤 대상이 일정한 상태나 결과를 생기게 하거나 일으키거나 만들다.'라는 의미임.

⑤ **일으켜** - '일어나게 하다.'라는 의미임.

10 예시 답안: 조선 시대에는 장애인을 차별하지 않았고, 장애인의 삶을 지원하는 정책도 잘 시행되었기 때문이다.

글쓴이가 ㉮와 같이 이야기한 이유를 〈조건〉에 맞게 쓰시오.

'장애인들은 조선이 더 살기 좋다고 생각할 수도 있다.'

─── 〈조건〉 ───
1. 한 가지 이상의 이유를 들 것
2. '~때문이다.' 형식의 한 문장으로 쓸 것

＞왜 정답 ?

①문단 ❹문장 조선시대에는 장애인을 차별하지 않았고, 장애인의 삶을 지원하기 위한 정책도 잘 시행되었기 때문이다.

채점 요소	채점 기준		배점
내용의 적절성	윗글에서 이유를 찾아 적절히 제시한 경우 (조건 1)	5	5
	답을 쓰지 않거나 오답을 쓴 경우	0	
표현의 적절성	조건 2에 맞게 쓰지 않은 경우	-1	-2
	어법에 맞지 않거나 문맥에 어긋난 경우	-1	

[11~15] 팬슈머와 팬덤 경제학 [사회]

○ 각 문단 핵심어　◎ 글 전체 핵심어　── 각 문단 중심 문장　▬ 글 전체 중심 문장

[1] ❶지현이는 어릴 때 즐겨 먹었던 A 과자를 다시 먹고 싶어서 마트에 갔다. ❷그런데 아무리 찾아도 A 과자는 보이지 않았고, 과자 회사에 알아보니 지금은 A 과자를 만들고 있지 않다고 했다. ❸그래서 지현이는 SNS를 통해 자신 외에도 A 과자를 그리워하는 사람들을 찾았고, 그 사람들과 함께 과자 회사에 A 과자를 다시 만들어 달라고 요청했다. ❹이러한 요청에 결국 과자 회사는 A 과자를 다시 만들기로 했다.
단종된 A 과자를 다시 만들어 달라는 지현이와 사람들의 요청

＊①문단 요약: 팬슈머와 관련된 구체적 사례

[2] ❶팬슈머(Fansumer)와 '팬(Fan)'과 '소비자(Consumer)'의 합성어로, 상품이나 브랜드에 애정을 가진 '팬'인 '소비자'를
팬슈머의 개념
가리킨다. ❷㉮ 위 사례의 지현이가 바로 팬슈머에 해당한다.
❸팬슈머는 [단순히 상품을 소비만 하는 것이 아니라 좋아하는 상품에
[ ]: 팬슈머가 하는 일
대한 의견을 적극적으로 기업에 전달하며 그 상품의 제조, 홍보 등 다양한 과정에 참여]한다. ❹지현이의 요청을 받은 과자 회사가 A 과자를 다시 만들기로 한 것처럼 요즘에는 기업에서도 팬슈머의 의견을 적극적으로 받아들이고 있다.

＊②문단 요약: 팬슈머의 개념과 팬슈머가 하는 일

[3] ❶한편 팬슈머처럼 팬덤에서 일어나는 경제적 활동과 그 영향을 연구하는 학문을 팬덤 경제학이라고 한다. ❷여기에서의
팬덤 경제학의 개념
'팬덤(Fandom)'은 [팬이 모인 집단으로, 특정한 인물이나 분야를
[ ]: 팬덤의 개념
열성적으로 좋아하는 사람들 또는 그러한 문화 현상]을 의미한다. ❸팬덤 경제학에서는 [팬덤 내에서 만들어지는 창작물의 경제적
[ ]: 팬덤 경제학의 연구 분야
가치와 영향력, 팬덤과 관련된 기업들의 마케팅 전략] 등을 분석한다. ❹팬덤의 영향력이 확대되면서 기업에서도 팬덤 경제학을 바탕으로 기업과 기업에서 만드는 상품의 팬덤을 만들고 활용하기 위해 노력하고 있다.

＊③문단 요약: 팬덤 경제학의 개념과 연구 분야

[4] ❶기업들은 다양한 방식으로 팬덤을 활용한다. ❷기업이 어떠한 상품을 만든다고 가정해 보자. ❸본격적으로 상품을 만들기 전에 설문 조사를 통해 팬덤이 원하는 상품이 무엇인지, 어떠한 디자인을 선호하는지 등을 파악함으로써 상품 제작 과정에 팬덤이 참여하도록
기업의 팬덤 활용 ① 상품 제작 과정에 팬덤의 참여 유도
㉠ 유도하기도 한다. ❹설문 조사 결과를 바탕으로 기업이 상품을 제작하고 판매하면 팬덤은 자신들이 상품을 만들었다는 즐거움을 느낄 수 있으며, 이러한 즐거움은 팬덤으로 하여금 그 제품을 다시 소비하게 한다. ❺이외에도 기업들은 제품을 판매하기 전에 팬덤에게 신제품을 먼저 체험하게 하고 제품에 대한 의견을 조사하여 제품을
기업의 팬덤 활용 ② 신제품 체험 후 의견 조사, 제품 수정
개선하거나, 신제품 공모전을 진행하여 팬덤의 의견을 반영한
기업의 팬덤 활용 ③ 신제품 공모전 진행
신제품을 만드는 등 다양한 전략을 활용한다.

＊④문단 요약: 기업이 팬덤을 활용하는 방법

[5] ❶지현이와 같은 팬슈머들은 보통 상품과 기업에 대한 애정을 갖고 있으며 SNS 등에 자신이 좋아하는 상품이나 기업과 관련된 글을

게시하는 등 자발적으로 활동한다. ❷ 이러한 팬슈머의 활동은 상품과
기업을 발전시킨다. ❸ <u>좋아하는 상품이나 기업이 있으며, 그것을</u> _{팬슈머의 의의}
발전시킬 수 있는 아이디어를 갖고 있다면 그 기업에 건의를 해
보자. ❹ 기업이 나의 이야기에 귀를 기울여 줄지도 모른다.

　　　　　　　　*⑤문단 요약: 상품과 기업을 발전시키는 팬슈머

■ 지문 이해

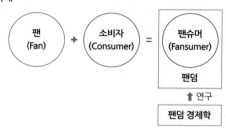

■ 문단 간의 관계
① 문단: 팬슈머와 관련된 구체적인 사례를 들어 읽는 사람의 관심을 끌었다.
② 문단: 팬슈머의 개념을 제시하고 팬슈머가 하는 일을 설명했다.
③ 문단: 팬덤 경제학의 개념과 연구 분야를 설명했다.
④ 문단: 기업이 팬덤을 활용하는 방법을 설명했다.
⑤ 문단: 팬슈머의 활동이 상품과 기업을 발전시킨다면서 글을
　　　　마무리했다.

■ 글의 구조도

➡ 글의 순서대로 구조도를 그릴 수 있다.

■ 주제: 팬슈머의 개념과 역할

---

11 정답 ① ＊내용 파악하기

윗글의 내용으로 알맞지 <u>않은</u> 것은?

>왜 정답 ?

① 팬슈머는 기업의 변화와 발전을 ~~방해한다~~
　　　　　　　　　　　　　　　　　도움이 됨.

> ⑤문단 ❷문장 이러한 팬슈머의 활동은 상품과 기업을 발전시킨다.

>왜 오답 ?

② 팬슈머는 제조와 홍보 과정에 자발적으로 참여한다.

> ②문단 ❸문장 팬슈머는 ~ 상품의 제조, 홍보 등 다양한 과정에
참여한다.
> ⑤문단 ❶문장 지현이와 같은 팬슈머들은 보통 상품과 기업에 대한
애정을 갖고 있으며 SNS 등에 자신이 좋아하는 상품이나 기업과
관련된 글을 게시하는 등 자발적으로 활동한다.

③ 기업에서는 자신들이 판매하는 상품의 팬덤을 일부러
　　만들기도 한다.

> ③문단 ❹문장 팬덤의 영향력이 확대되면서 기업에서도 팬덤
경제학을 바탕으로 기업과 기업에서 만드는 상품의 팬덤을 만들고
활용하기 위해 노력하고 있다.

④ 팬덤 경제학은 팬덤에서 일어나는 경제적 활동을 연구하는
　　학문이다.

> ③문단 ❶문장 ~ 팬슈머처럼 팬덤에서 일어나는 경제적 활동과 그
영향을 연구하는 학문을 '팬덤 경제학'이라고 한다.

⑤ A 회사의 〈B〉라는 과자를 좋아하는 사람들의 모임은 _{〈B〉라는 과자를 열성적으로 좋아하는 사람들}
　　팬덤이라고 할 수 있다.

> ③문단 ❷문장 여기에서의 '팬덤(Fandom)'은 팬이 모인 집단으로,
특정한 인물이나 분야를 열성적으로 좋아하는 사람들 또는 그러한
문화 현상을 의미한다.

---

12 정답 ② ＊반응의 적절성 파악하기

윗글을 읽은 후의 반응으로 알맞지 <u>않은</u> 것은?

>왜 정답 ?

② 내가 좋아하는 ○○출판사의 책을 구매하는 <u>~~것만~~</u>으로
　　　　　　　　　　　　　　　　　　　소비만 하는 것은 팬슈머가 아님.
　　팬슈머가 될 수 있구나.

> ②문단 ❸문장 팬슈머는 단순히 상품을 소비만 하는 것이 아니라
좋아하는 상품에 대한 의견을 적극적으로 기업에 전달하며 그
상품의 제조, 홍보 등 다양한 과정에 참여한다.

　좋아하는 상품을 소비만 하는 것은 팬슈머가 아니다.
　좋아하는 상품에 대한 의견을 기업에 전달하고, 그 상품이 판매되는 과정
등에 참여해야 팬슈머이다.

>왜 오답 ?

① ○○출판사에서 교재 체험단을 모집한 것도 팬덤을
　　　　　　　　　　신제품
　　활용하기 위한 것이겠구나.

> ④문단 ❺문장 이외에도 기업들은 제품을 판매하기 전에 팬덤에게
신제품을 먼저 체험하게 하고 제품에 대한 의견을 조사 ~

③ 내가 좋아하는 ○○출판사에 미술과 관련된 책을 내
　　달라고 건의를 해야겠어.

> ⑤문단 ❸문장 좋아하는 상품이나 기업이 있으며, 그것을 발전시킬 수
있는 아이디어를 갖고 있다면 그 기업에 건의를 해 보자.

④ 내가 좋아하는 ○○출판사에서 설문 조사를 진행하지는
　　않는지 확인해 봐야지.

> ④문단 ❸문장 본격적으로 상품을 만들기 전에 설문 조사를 통해
팬덤이 원하는 상품이 무엇인지, 어떠한 디자인을 선호하는지 등을
파악함으로써 상품 제작 과정에 팬덤이 참여하도록 유도하기도 ~

⑤ 내가 좋아하는 ○○출판사에서 출간된 책의 후기를 SNS에
　　올린다면 나도 팬슈머가 될 수 있겠다.

> ⑤문단 ❶문장 지현이와 같은 팬슈머들은 보통 상품과 기업에 대한
애정을 갖고 있으며 SNS 등에 자신이 좋아하는 상품이나 기업과
관련된 글을 게시하는 등 자발적으로 활동한다.

13 정답 ⑤ ＊구체적 사례에 적용하기

윗글을 참고하여 <보기>에 대해 가장 알맞게 설명한 것은?

─────── <보기> ───────

❶ A 회사에서는 평소 A 회사의 제품을 많이 구매한 소비자들을
대상으로 서포터즈를 모집하였다. ❷ A 회사는 서포터즈들에게
　　　　　　팬슈머의 사례
신제품을 제공하여 다른 사람들보다 먼저 사용하게 해 줄테니 제품
사용 후기를 솔직하게 말해 달라고 했다.

>오H 정답?

⑤ A 회사는 서포터즈들의 의견을 고려하여 신제품을
　　개선하고자 할 것이다.

┌─────────────────────────────┐
│ ④문단 ❺문장 ~ 기업들은 제품을 판매하기 전에 팬덤에게 신제품을 │
│ 먼저 체험하게 하고 제품에 대한 의견을 조사하여 제품을 │
│ 개선하거나, ~ │
└─────────────────────────────┘

A 회사는 신제품을 서포터즈들에게 제공하고, 서포터즈들의 의견을
받고자 한다. 이는 신제품을 개선하기 위한 것일 수 있다.

>오H 오답?

① A 회사는 ~~서포터즈만을 위한~~ 제품을 만들 것이다.
　　　　　　　알 수 없음.

┌─────────────────────────────┐
│ <보기> ❷문장 A 회사는 서포터즈에게 신제품을 제공하여 다른 │
│ 사람들보다 먼저 사용하게 ~ │
└─────────────────────────────┘

서포터즈들이 A 회사로부터 제공받는 제품은 A 회사의 신제품으로,
서포터즈만을 위한 제품인지는 알 수 없다.

② A 회사의 서포터즈는 A 회사의 제품에 애정이 ~~없을~~
　　　　　　　　　　　　　　　　　　　　　　　　있음.
　　것이다.

┌─────────────────────────────┐
│ <보기> ❶문장 A 회사에서는 평소 A 회사의 제품을 많이 구매한 │
│ 소비자들을 대상으로 서포터즈를 모집하였다. │
└─────────────────────────────┘

A 회사에서는 평소 A 회사의 제품을 많이 구매한 사람들을 대상으로
서포터즈를 모집했다고 했다. A 회사의 제품을 평소에 많이 구매한
사람들은 A 회사의 제품에 애정이 있을 것이다.

③ A 회사는 ~~서포터즈들에게만~~ A 회사의 제품을 홍보할
　　　　　　　알 수 없음.
　　것이다.
　　＊근거: <보기> ❷문장

　　<보기>에서 A 회사가 서포터즈들에게 신제품을 제공한다고 했을 뿐,
서포터즈들에게만 신제품을 홍보한다고 하지는 않았다.

④ A 회사는 서포터즈에게 ~~단종된~~ 제품에 대한 의견을 들을
　　　　　　　　　　　　　　신제품
　　것이다.
　　＊근거: <보기> ❷문장

　　<보기>에서 A 회사는 서포터즈들에게 신제품의 사용 후기를
솔직하게 말해 달라고 했을 뿐, 단종된 제품에 대한 의견을 듣겠다고
하지는 않았다.

14 정답 ③ ＊어휘의 의미 파악하기

㉠과 바꾸어 쓰기에 가장 알맞은 말은?
㉠'유도하기도' - 사람이나 물건을 목적한 장소나 방향으로 이끌다.'의 의미로 쓰임.

>오H 정답?

③ 이끌기도

㉠'유도하기도'의 기본형은 '유도하다'로, '사람이나 물건을 목적한
장소나 방향으로 이끌다.'라는 의미로 쓰였다.

'이끌기도'의 기본형 '이끌다'는 '사람, 단체, 사물, 현상 따위를
인도하여 어떤 방향으로 나가게 하다.'라는 의미이므로, ㉠'유도하기도'는
'이끌기도'와 바꾸어 쓸 수 있다.

>오H 오답?

① 막기도
'어떤 일이나 행동을 못 하게 하다.'라는 의미임.

② 꾸리기도
'일을 추진하여 처리해 나가거나, 생활을 규모 있게 이끌어 나가다.'라는 의미임.

④ 갖추기도
'있어야 할 것을 가지거나 차리다.'라는 의미임.

⑤ 다그치기도
'일이나 행동 따위를 요구하며 몰아붙이다.'라는 의미임.

15 예시 답안: '팬슈머'란 상품이나 브랜드에 애정을 가진 팬인
　　　　　　소비자를 가리키는데, 지현이는 좋아하는 상품에 대한
　　　　　　의견을 적극적으로 기업에 전달하며 그 상품의 제조에
　　　　　　참여했기 때문에 팬슈머에 해당한다고 볼 수 있다.

㉑와 같이 볼 수 있는 근거가 무엇인지 <조건>에 맞게 쓰시오.
'위 사례의 지현이가 바로 팬슈머에 해당한다.'

─────── <조건> ───────

1. '팬슈머'의 의미를 활용할 것
2. 한 문장으로 쓸 것

>오H 정답?

┌─────────────────────────────┐
│ ②문단 ❶~❸문장 '팬슈머(Fansumer)'란 '팬(Fan)'과 │
│ '소비자(Consumer)'의 합성어로, 상품이나 브랜드에 애정을 가진 │
│ '팬'인 '소비자'를 가리킨다. ㉑ 위 사례의 지현이가 바로 팬슈머에 │
│ 해당한다. 팬슈머는 단순히 상품을 소비만 하는 것이 아니라 │
│ 좋아하는 상품에 대한 의견을 적극적으로 기업에 전달하며 그 │
│ 상품의 제조, 홍보 등 다양한 과정에 참여한다. │
└─────────────────────────────┘

1문단에 따르면 지현이는 A 과자를 다시 만들어달라는 의견을 과자
회사에 적극적으로 전달했고, 그 결과 과자 회사에서 A 과자를 다시
만들기로 했다.

지현이는 기업에 자신의 의견을 적극적으로 전달하고, A 과자의 제조에
참여하고 있으므로 팬슈머라고 볼 수 있다.

채점 요소	채점 기준	배점	
내용의 적절성	윗글에서 근거를 찾아 적절히 제시한 경우 (조건 1)	5	5
	답을 쓰지 않거나 오답을 쓴 경우	0	
표현의 적절성	조건 2에 맞게 쓰지 않은 경우	-1	-2
	어법에 맞지 않거나 문맥에 어긋난 경우	-1	

개념 · 유형 · 서술형 으로 중등 수학 완성!!

자이스토리 중등 수학

＊ 2015 개정교육과정에 꼭 맞춘 **자이스토리**

- 수학 문제는 개념 부족, 계산 착오, 유형 미숙 등의 이유로 틀리지만,
  늘 틀리는 문제를 또 틀립니다.
- 자이스토리는 쉽게 이해되도록 개념과 유형을 촘촘히 잘라서 구성했습니다.
- 잘 틀리는 문제들을 모아서 1:1로 반복 훈련하게 구성했습니다.
- 서술형 문제는 [먼저], [그다음], [그래서]의 연결어로 단계 훈련을 하도록 해
  쉽게 접근하여 재미있게 풀어낼 수 있도록 하였습니다.
- 자이스토리와 함께 하면 수학 실력이 하루하루 달라지는 놀라운 경험을
  할 수 있습니다.

01 개념+유형 기본 다지기

개념 분석을 통해 정리된 대표유형을
시작으로 모든 유형의 문제를 반복,
확장하여 연습을 하자.

02 잘 틀리는 유형 훈련 +1Up

오답률이 높은 유형의 문제들을
학습하고, +1Up에서 비슷한 유형을
반복하여 풀어서 실수를 줄이자.

03 단계별 훈련 서술형 다지기

단계적으로 서술하는 방법을 익힌 후
스스로 논리적으로 서술하는 연습을
충분히 하여 서술형에 재미를 붙이자.

- 중등 수학1(상)
- 중등 수학1(하)
- 중등 수학2(상)
- 중등 수학2(하)
- 중등 수학3(상)
- 중등 수학3(하)

재미있는 공부, 중등내신 100점

자이스토리 중등 영어 시리즈

구문 중심 독해   수능 유형 독해

포인트 리딩 [Level 1 / Level 2 / Level 3 / Level 4]

- 중등 독해에 꼭 필요한 32개 포인트 구문 독해 훈련 (Level 1, 2)
- 수능 독해에 반드시 출제되는 17개 독해 유형 훈련 (Level 3, 4)
- 필수 구문과 독해 유형 해법을 차근차근 알려주는 Follow Me!
- 구문과 어휘를 완벽 정리하는 어휘 REVIEW와 시험 대비 실력 향상 TEST
- 필수 어휘 총정리 – 휴대용 단어장

영어 독해 기본 [Level 1 / Level 2 / Level 3]

- 단계별 수능 독해 유형 학습법
- 단계별 직독직해 연습 + 지문 해석을 위한 구문 체크
- 독해 유형 총정리 모의고사 + 어휘 Review 학습
- 전 지문 음성 파일 제공(QR코드 및 MP3파일 다운로드)
- 전 지문 직독직해 연습 (워크북)
- 필수 어휘 총정리(휴대용 단어장)

영문법 총정리 [중1 / 중2 / 중3]

- 쉬운 개념 이해, 다양한 서술형 문제로 문법이 저절로 암기!
- 문법 개념을 쉽게 이해시키고 확인하는 Check-up Test
- 학교 시험 기출 유형과 주관식 서술형 문제 훈련
  – Review Test, 단원 종합 문제
- 공부한 문법 개념을 반복 훈련 학습 – 대단원 총정리 문제, Workbook

듣기 총정리 모의고사 [중1 / 중2 / 중3 / 고1]

- 발음 집중 훈련 모의고사
- 출제 유형 분석과 반복적 집중 훈련 – 유형 집중 훈련 모의고사
- 최신 기출 문제와 고품격 예상 문제 – 기출+실전 모의고사, 실전 모의고사
- 잘 틀리는 유형 집중 훈련 – 잘 틀리는 유형 모의고사
- 어려운 표현과 긴 대본, 빠른 속도 문제 집중 훈련 – 고난도 모의고사
- 예비 고1을 위한 수능 맛보기 – 수능 유형 훈련 모의고사

● (주)수경출판사의 모든 교재에는 가 있습니다.

● 교재의 **마인드 트리** 5개를 모아서 보내주시는 모든 분께 선물을 드립니다.

● 각각 다른 교재의 **마인드 트리**를 모아 주셔야 됩니다.

>> 다음 교재 중 1권과 개념정리 노트 1권을 드립니다.
- 형상기억 수학공식집(중1)
- 형상기억 수학공식집(중등 종합)
- 보카 레슨 Level **1**   중 1권 +   개념정리
- 보카 레슨 Level **2**   노트 1권
- 보카 레슨 Level **3**

● 보내실 곳 : 서울시 영등포구 양평로 21길 26(양평동 5가) IS비즈타워 807호
　　　　　　 (주)수경출판사 (우 07207)

● 언제든지 엽서에 붙이거나, 편지 봉투에 넣어 보내 주세요.

*오려서 보내 주세요.

자이스토리
중학 국어 비문학 독해 [1]

자이스토리

Mind Tree

5개를 모아 보내 주세요!

(각각 다른 교재로)

풀이나 스카치 테이프를 이용해 붙여 주세요.

우 편 봉 함 엽 서

보내는 사람

*주소 _____

*이름 _____ *학년 (중 ___ , 고 ___)

□ □ □ □ □

우표

받는 사람
서울시 영등포구 양평로 21길 26(양평동 5가)
IS비즈타워 807호
(주)수경출판사 교재 기획실

0 7 2 0 7

자이스토리 중학 국어 비문학 독해 **1**

---

1. 이 책을 구입하게 된 동기는 무엇입니까? [교재명 : 　　　　　　　　　　　　　　　　　　]

　① 서점에서 다른 책들과 비교해 보고　　② 광고를 보고/듣고　　③ 학교/학원 보충 교재 [학교명(학원명): 　　]
　④ 선생님의 추천　　　　　　　　　　⑤ 친구/선배의 권유　　⑥ 기타 [　　　　　　　　　]

2. 교재를 선택할 때 가장 큰 기준이 되는 것은?(복수 응답 가능)

　① 유명 출판사　　　　　② 교재 내용　　　　　③ 디자인　　　　　④ 난이도
　⑤ 교재 분량　　　　　　⑥ 해설　　　　　　　⑦ 동영상 강의　　　⑧ 기타 [　　　　]

3. 이 책의 전반적인 부분에 대한 질문입니다.

　◆ 표지 디자인: 좋다 □　보통이다 □　좋지 않다 □　　　◆ 본문 디자인: 좋다 □　보통이다 □　좋지 않다 □
　◆ 문제 난이도: 어렵다 □　알맞다 □　쉽다 □　　　　　　◆ 교재의 분량: 많다 □　알맞다 □　적다 □

4. 이 책의 구성 요소를 평가한다면?

　• 지문 구성 (　)　　• 단계별 독해 방법 (　)　　• 지문 분석 특강, 문제 풀이 특강 (　)　　• 어휘력 향상 TEST (　)
　• 배경지식 (　)　　• 실력 향상 TEST (　)　　• 입체 첨삭 해설 (　)　　　　　　　　　• 왜 정답, 왜 오답 (　)

　　① 매우 만족　　　② 만족　　　③ 보통　　　④ 불만　　　⑤ 매우 불만

자이스토리
중학 국어 비문학 독해 [1]

5. 이 책에서 추가되어야 할 점이 있다면 무엇입니까?

6. 최근 본인이 크게 도움을 받은 책이 있다면?(또는 가장 인기있는 교재는?)

교재명 :   과목 :

7. 내가 원하는 교재가 있다면?

이름 :   연락처 :   이메일 :

학 교 :   학 년 :

Fighting!

외롭고 고된 자신과 싸움의 시간이 힘드셨죠?
꾹 참고 이겨내고 있는 당신의 모습에
경의를 보냅니다.
합격은 당신의 것입니다.

❄ **마인드 트리**를 붙이고 원하는 교재를 체크하세요.

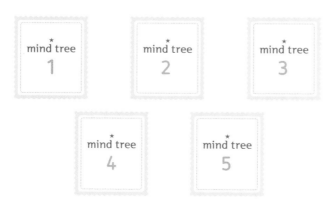

| mind★tree 1 | mind★tree 2 | mind★tree 3 |
| mind★tree 4 | mind★tree 5 |

※ 원하는 교재를 1권 체크

☐ 형상기억
  수학공식집
  중1

☐ 형상기억
  수학공식집
  중등 종합

☐ 보카 레슨
  Level 1

☐ 보카 레슨
  Level 2

☐ 보카 레슨
  Level 3